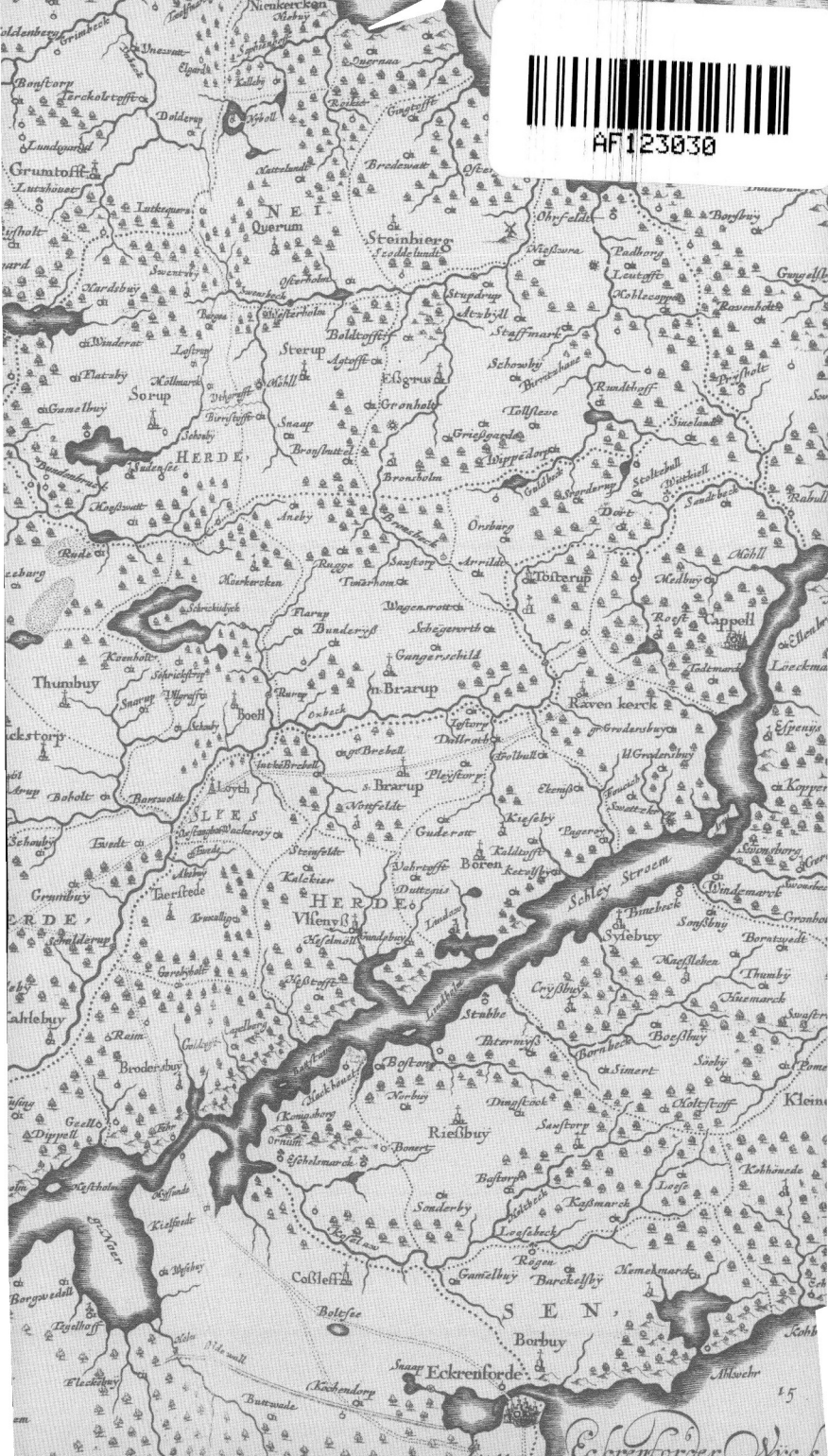

Geschichte ist wie ein Roman,
der gelebt wurde.

Ein Roman ist Geschichte,
wie sie hätte sein können.

denn wir sind hier die groben Leute. Die feineren Worte kommen aus dem Lateinischen bzw. Französischen, kommen also aus dem Süden. „Close" das französische Wort und „shut" das Wort aus Angeln.

Inzwischen ist unsere Welt so globalisiert, dass wir ein ganz anderes Heimatproblem haben als Sprachverständigung: Wir kämpfen im Moment als Menschen, die ja nebenbei auch zur Menschheit gehören – und nicht nur zu den Deutschen oder den Angelitern oder den Hamburgern –, wir kämpfen darum, dass dieser Planet Erde unsere Heimat ist. Denn wir gehören bei aller Verschiedenheit ja auch zusammen. Es ist ein schreiender Widerspruch, dass wir hier in dieser relativen Idylle leben, während die Welt aus den Fugen gerät. Wenn der Planet sich in einen toten Stern verwandelt, dann nützt uns unsere Idylle in Angeln nichts. Wir sitzen hier im Moment auf der angenehmen Seite des globalen Problems. Aber es gehört zu unserer Menschenwürde, dass wir trotzdem nicht vergessen, dass wir zur Menschheit gehören.

Unsere Probleme in Deutschland sind auf einem sehr hohen Niveau. Wir dürfen nicht vergessen, wie privilegiert wir eigentlich sind. Trotzdem werden wir nicht versauern und uns schämen für diese schuldlose Schuld. Was wir hier gerade genießen, ist keine Schuld, sondern das reine Glück. Denn wirklich verdient haben wir es nicht.

von solchen Reisen. Auch deshalb genieße ich einen solchen Ort wie unser Dorf hier, wo man mit Nachbarn redet, für mich ein großer Vorteil.

Aber Heimat ist Angeln für mich auch aus einem anderen Grund: Wenn ich aus meinem Fenster sehe, ich wohne am Weizenmeer, dann entdecke ich etwas Wunderbares: Ich sehe eine liegende Venus, eine Göttin der Schönheit. Wenn eine üppige Frau auf dem Rasen oder auf dem Bett liegt, dann sieht man ganz genau die Kurven ihres Körpers, und zwar genau so, wie die Hügel hier in dieser Landschaft sind. In der Geest sehe ich das gar nicht! In der Marsch sehe ich das ebenfalls gar nicht! Hier aber in Angeln habe ich das große Glück, dass ich diese liegende Venus beäugen kann. Freilich ist es eine Venus – die aber auf dem Rücken liegt. Die attraktiven Körperteile stechen nicht so aggressiv in die Welt herein, sondern da sie liegt, flacht sich ihr Busen ein bisschen ab. Das sind die Linien, die ich in dieser sanften hügeligen Landschaft sehe, ein sehr anregendes Bild, die erotische Schönheit dieser Landschaft.

Außerdem ist Angeln für mich auch das Zentrum der Welt, aus einem einfachen Grund: 500 Jahre nach Christi Geburt sind die Angeln zusammen mit den Sachsen übers Meer ins heutige Großbritannien gefahren und haben die römische Kolonie, die die Römer nicht mehr halten konnten, erobert. Und mit sich führten sie in ihrem Munde genau das Platt, welches heute noch in der englischen Sprache zu finden ist. Wortelemente, die sich dann allerdings noch verfeinert und raffiniert haben durch den Kontakt mit den Franzosen in Klein-Britannien. Darum ist die englische Sprache auch die Lingua franca geworden, also die Umgangssprache in der Welt, denn im Grunde ist sie eine Doppelsprache. Sie ist die Sprache der Angeln, die sie damals von hier mitbrachten, also ein skandinavisches Deutsch. Und sie ist das Französisch der Leute in der Bretagne, mit denen die Engländer einen engen politischen und kulturellen Kontakt hatten.

Mein Sohn Lukas, der mal Anglistik studiert hat, erklärte mir etwas sehr Interessantes: Im Englischen gibt es für ein und dieselbe Sache oft zwei Worte, eins aus Angeln und eins aus der Bretagne. „Close the door" und „shut the door". Dabei kommen die groben Worte von hier aus Angeln vom Platt her,

Warum Angeln für mich Heimat geworden ist!

Wolf Biermann

Seit über zehn Jahren lebe ich pendelnd hier in einer Gegend, die ich auch meine Heimat nennen würde. Heimat besteht für mich nicht aus Steinen und Häusern, sondern aus Menschen.

Seit 40 Jahren lebe ich in Hamburg-Altona. Aufgewachsen bin ich in Hammerbrook, also nicht auf der westlichen Seite von Hamburg, wo die reichen Leute wohnen. Das ist das Verrückte: Ich lebe in Altona wie alle Menschen in der großen Stadt, nämlich ohne große Nachbarschaftsbeziehungen. Wir wohnen in einem Haus, aber die Nachbarn drei Häuser weiter kennen wir kaum. Genau umgekehrt ist es hier in Angeln. In Hamburg haben wir zwar viele Freunde, aber wenig „Nachbarn". In der Großstadt begegnet man zufällig eher Leuten, mit denen man beruflich oder politisch verbunden ist. In Angeln genießen wir die nachbarschaftlichen Freundschaften: den kleinen Schnack am Straßenrand, das gemeinschaftliche Angrillen am 1. Januar, den Flohmarkt im Dorf oder das Osterfeuer. Hier kenne ich zwar nicht jeden, aber sehr viele Nachbarn.

Wenn ich mit meiner Frau Pamela hier spazieren gehe, wo auch immer wir hinkommen, sei es am Strand, nach Gintoft zu Erika und Uwe Jessen mit ihrem Landgasthof, nach Roikier, Habernis oder Langballigau, dann essen wir nicht nur ein Fischbrötchen, sondern wir begegnen auch den Leuten, die hier leben. Ein Hauptgrund, warum ich mich hier so wohlfühle, ist der lebendige Stoffwechsel mit den Menschen. Ich seh, wenn ich Konzerte in aller Welt mache, Tausende Menschen. Aber im Konzert sitzt man auf der Bühne und glotzt gegen die Scheinwerfer ins Publikum. Die Leute klatschen, man bekommt eine Gage für das Konzert. Doch vom Menschen gegenüber bekommt man kaum etwas mit – das geht rein zeitlich auch nicht. In diesem menschlichen Sinne hat man sehr wenig

Umschlag unter Verwendung eines Schulwandbildes aus der Schulwandbilder-Sammlung des Kleinen Angeliter Dorfmuseums in Bönstrup

Vorsatz: „Carte von den Ländern Angeln und Schwansen. Anno 1649" (Ausschnitt) von Johannes Mejer aus der „Newen Landesbeschreibung der zwey Hertzogthümer Schleswich und Holstein […]" von Caspar Danckwerth und Johannes Mejer, Husum 1652, Liegeort: Bibliothek des Landesarchivs, Signatur E I 2

Bibliografische Information der Deutschen Nationalbibliothek

Die Deutsche Nationalbibliothek verzeichnet diese Publikation in der Deutschen Nationalbibliografie; detaillierte bibliografische Daten sind im Internet über http://dnb.dnb.de abrufbar.

3. Auflage 2024

© 2018 by Husum Druck- und Verlagsgesellschaft mbH u. Co. KG, Husum

Gesamtherstellung: Husum Druck- und Verlagsgesellschaft
Postfach 1480, D-25804 Husum – www.verlagsgruppe.de
ISBN 978-3-89876-915-0

Wolfgang Börnsen

DIE ANGELN-SAGA

Band 1

Bedrohte Heimat

Vor der Landnahme in Britannien

Mit einem Vorwort
von Wolf Biermann

Husum

Gewidmet ist dieser erste Band der ‚Angeln-Saga‘
meiner Familie

Prolog

Wolfgang Börnsen

Die Angeln-Saga handelt von der einzigartigen Landnahme der Angeln in Britannien. Dieses Volk gab nicht nur England seinen Namen, sondern scheint ebenso zur Befriedung der heillos zerstrittenen Völkerschaften auf der Insel nach Abzug der römischen Besatzungsmacht beigetragen zu haben wie zur Schaffung einer staatlichen Einheit und einer einheitlichen Sprache.

Die Kernheimat der Angeln im 5. Jahrhundert war die Halbinsel zwischen der Schleswiger Schlei, der Treene und der Flensburger Förde, eine heute sehr nachgefragte Urlaubslandschaft, die diesen Namen immer noch trägt. Der hier aktive „Angler Heimatverein" mit ca. 2.500 Mitgliedern ist der größte seiner Art in Schleswig-Holstein.

Die Angeln waren freie Bauern, auch Handelsleute und Handwerker, als die Mehrheit dieses Volkes – mit „Pütt un Pann, Kind un Kegel" – aufbrach, die Heimat über einen äußerst gefahrvollen Seeweg „für immer" verließ, um in einem für sie völlig unbekannten Land eine neue Existenz zu wagen. Gemeinsam mit den Sachsen und Jüten vollzogen sie diese Landnahme, bzw. eine Inbesitznahme von Teilen Britanniens.

Die Angeln waren weder kühne Seefahrer, wüste Eroberer noch kampferprobte Krieger. Sie waren Flüchtlinge, Landnehmer, keine Besetzer! Die Lebensbedingungen in ihrer Heimat müssen sich in kürzester Zeit so extrem verschlechtert haben, dass ihnen die Abwanderung aus diesen Verhältnissen der einzige Ausweg zum Überleben und zur Sicherung ihrer Identität schien.

Historiker gehen davon aus, dass die drei nordgermanischen Völkerschaften, Angeln, Jüten und Sachsen, von den „Briten" zu Hilfe gerufen wurden, weil die „Barbaren" auf ihrer Insel sie entweder „abschlachteten oder zum Ersäufen ins Meer drängen würden".

Die Angeln unterschieden sich in Brauchtum, Traditionen, der Sprache und Begräbnisriten von ihren Nachbarvölkern.

Der Grund dafür lag in ihrem Glauben. Während andere, ob germanische oder slawische Völkerschaften, Hammer schwingende, Speer werfende, Dolch stoßende „Übermänner" anbeteten, die alle „Wunder der Welt" schafften, galt für die Angeln Nerthis, eine Frau, als höchste, einflussreichste Göttin.

In ihr erkannte man die Schöpferin allen Lebens. Sie verkörperte Tugenden wie Friedfertigkeit, Fleiß, Gemeinsinn, Achtung des Rechts und Respekt vor der Natur. Sie erwartete von ihrem Volk die Einhaltung dieser Verhaltensmaxime.

Die Quellenlage über die Angeln in der Zeit von 450 bis 550 n. Chr. ist kompliziert. Da die Angehörigen dieses Volks, wie auch die Sachsen, in den Jahren der Landnahme schriftlose „Heiden" waren, gibt es bis auf wenige Ausnahmen keine Aufzeichnungen. Die man gefunden hat, ob „Gildas Schriften" (ein britischer Kirchenmann), sein Brief an Aetius, „Bedas" Abfassung seiner Kirchengeschichte oder die Darstellung des Gallischen Chronisten von 452, die von Theodor Mommsen veröffentlicht wurde, finden in den kritischen Augen der gegenwärtigen Wissenschaft wenig Zustimmung, weil man deren Seriosität wie Neutralität arg bezweifelt.

Dagegen werden die archäologischen Quellen, die Gräber und Grabbeigaben, die Orts- wie Flurnamen sowie die Sprachforschung zur Landnahme der Angeln als zutreffend und glaubwürdig bezeichnet.

Während Fachkundige aus Deutschland, Dänemark oder Schweden nur selten und nur mit spitzen Fingern Spekulationen über das Volk der Angeln anstellen, ist man in Großbritannien großzügiger. So ordnet Bernhard Cornwell in seinen Königs-Chroniken den legendären König Artus und mehrere Ritter seiner Tafelrunde durchaus plausibel dem Volk der Angeln zu.

Insgesamt befassen sich englische Historiker ausführlich und kenntnisreich mit den um 448/49 angeworbenen Angeln und Sachsen, die den bedrängten Briten in ihren Auseinandersetzungen mit den Pikten und Scoten zur Hilfe kommen sollten.

Lange kann das Bündnis nicht gehalten haben, denn nach dem „Saxonrevolt" überzogen die Sachsen nur wenige Jahre später das Land mit Mord, Brandschatzung und Totschlag, weil die Briten mit ihren zugesagten monatlichen Verpflegungsrationen in Verzug gerieten. Bemerkenswert ist dabei, dass allein die Sachsen erwähnt werden.

Als es jedoch nach Beendigung der wüsten Schlachten wie Abschlachtungen darum ging, das Land auf Dauer unter ihre Gewalt zu bringen, wirkten die Angeln wieder aktiv mit. Die Überlebenden der besiegten Gegner flohen in den Norden und Westen der Insel (Schottland, Wales).

Flucht, Verfolgung, Vertreibung, doch auch Eroberungen, Kolonisierung, Inbesitznahme fremder Länder ziehen sich durch alle Jahrhunderte der Menschheitsgeschichte. Unvorstellbares menschliches Leid, tränenreiche Tragödien sind damit verbunden, wenn man sein Land verlassen muss, seine Heimat ohne Rückkehr aufgibt. Einen Neuanfang in einem anderen Kulturraum zu wagen, bzw. wagen zu müssen, setzt Wagnisbereitschaft, Mut und einen stabilen Pioniergeist voraus, will man zugleich seine Identität nicht aufgeben.

Das überschaubare Volk der „Angeln" hat bei seiner Landnahme in Britannien Kraft, Können und das notwendige Durchhaltevermögen aufgebracht. Auch wenn die Lebensbedingungen in ihrem Kernland erbärmlich waren, blieb der Auszug aus dem angestammten Lebens- und Kulturraum eine freiwillige Entscheidung. Den damaligen Anführern kann man durchaus visionäre Fähigkeiten unterstellen.

Ob Ocke von der Sippe der Offassons, Sibbern Grummelbuuk, Jesper vom Sonnenhof, Ida „Slappfoot" aus der Handwerkersippe der Sörenssons – sie alle würden darüber sofort ihre Köpfe schütteln. Haus und Hof für immer zu verlassen sei kein Menschenwerk, sondern Götterwille. „Pottkieker" Holger Levesson würde eifrig nicken, so wie Alma „Kruut", die wunderschöne Goodje und Ältermann Bernd Bengtsson aus Bönsbarg. Sie würden auf den Wunsch und den Willen ihrer Göttin Nerthis verweisen.

„So is dat, ass dat is, bi de Angeln", würde Offa der Mutige, genannt „Triefauge", lautstark bekräftigen und dabei so heftig mit der Faust auf die Tischplatte schlagen, dass das Dünnbier aus seinem siebten Becher bis zu seiner Säufernase spritzen würde.

Allein die alte Agnes, die Götternahe, würde mit gütigen wie wissenden Augen aufblicken und von Nornen erzählen, von Urd, Werdandi und Skuld, den Schicksalsgöttinnen.

Und damit beginnt eine fast wahre Geschichte von Leben und Leiden, vom Streiten und Sterben, vom Feiern und Freuen eines Volkes, bevor es in eine neue unbekannte Welt aufbricht.

Dem Inhalt entsprechend habe ich mich bei den Niederdeutschen Passagen für das „Angelner Platt" entschieden. Dazu gehört die „Derbheit" der Sprache, wie sie in den ersten Jahrhunderten durchaus üblich war, uns heute befremdlich klingt.

1

Die wundersamen Geschichten von Agnes der
Götternahen, von „Undeerten", Worten wie Bilder
gemalt, einer Katze, die die Zukunft bestimmt, und
den wohltuenden Wirkungen des Honigweines

Ocke wusste, die Eigenschaften eines Mannes beurteilte seine Sippe allein nach dessen Taten. Auf Worte gaben die Leute auf dem Thorsberger Hof wenig. „Anpacken mutt een. Snacker, de bruuken wi nich!", war die landläufige Auffassung. Er, über den man als „Putjehupp" spottete, wollte endlich einmal aller Welt beweisen, welche Kraft und Können in ihm steckten. Auch deshalb hatte er sich trotzig auf diesen beschwerlichen Weg begeben.

Wieder regnete es seit vielen Tagen. Dauerhaft! Regnete, unablässig. „Herbsttage" schienen die Frühjahrsmonate übergangslos abzulösen. Wie in den vergangenen Jahren, wieder kein Sommer!

Sobald der Wind aufbrieste, schüttelten die großstämmigen Buchen ihre Zweige und trieben ihm Regentropfen in die Augen. Sein Umhang war durchweicht. Ihm war kalt. Ihn fröstelte. Obwohl die Sommersonnenwende erst anstand, war von wohliger Wärme keine Spur! Wollgras und Heidekraut, Glockenheide, Steinbrech und Mondraute, sonst voller zarter Blüten um diese Zeit, ließ die anhaltende Nässe vermodern.

Früher, in grauer Vorzeit, erinnerte sich Agnes, seine Großmutter, die greise „Götternahe", war dieses Land mit dem Namen Angelii von der Sonne gesegnet. In den bitterkalten Wintermonaten, wenn sich die Sippe der Offassons vor dem prasselnden Herdfeuer zusammenfand, ließ die Alte ihre Sinne in die Vorzeit ihres Volkes wandern. Still, ganz still war es an solchen Abenden. Gebannt wartete man aneinandergerückt, denn die Greisin verstand es, mit Worten Bilder zu malen.

Bevor sie begann, rief sie die Uralten, die Ahnen, auf, die Tore für das Wissen über das Vergangene weit zu öffnen. Dafür warf sie Nüsse, rund geschliffene Kiesel und Knochen von Ratten, Mäusen und Kadekern, den Eichhörnchen, in die züngelnde feuerrote Glut. Dort zerplatzten die Opfergaben mit einem heftigen Knall, sodass blaugelbe Funken sprühten. Obwohl man von der Sprengkraft der Hitze wusste, schraken die Anwesenden zusammen. Kinder klammerten sich an die Körper der Großen.

In aufsteigenden grauweißen Rauchsäulen erkannte Agnes die ihr helfenden Geister. Gespenstisch waren diese Augenblicke.

Und ein weiteres Ritual folgte Abend für Abend, wenn die Alte mit heiserer, zittriger Stimme ihre nicht endende Geschichte fortsetzte. Zuerst holte sie tief Luft, sodass es in ihrem eingesunkenen, schmalen Brustkorb rasselte, als würde man über Geröll stürzen, dann gurgelte es und mit dem Atem zog sie einen durchaus ansehnlichen gelbgrünen Klumpen Schleim aus ihrer Kehle, den sie gekonnt ins Herdfeuer rotzte, wo er mit einem widerspenstigen Aufzischen verdampfte.

Anschließend pulte sie in aller Ruhe mit ihren erdbraunen Fingern Speisereste aus den wenigen verrotteten schwarzen Zähnen, die ihr verblieben waren. Schließlich fuhr sie blitzschnell mit beiden Händen in ihr noch volles Grauhaar, wo sie Läuse aufstöberte, diese zwischen ihre Fingernägel presste, ihnen den Panzer brach, sie dann auf ihre Zunge legte, um sie mit genussvoll geschlossenen Augen zu verspeisen.

Sie duldete während ihres Berichtes keinerlei Störung. Deshalb endete dieses Zeremoniell stets mit einem satten Furz, denn auch der Bauch musste frei sein. Manche der Anwesenden nutzten diesen letzten Augenblick auch, um sich von ihren Blähungen und Bauchgrimmen – gewissermaßen im Windschatten von Agnes – zu erleichtern, denn von nun an waren Ablenkungen verpönt.

Mit rauer Stimme und geschlossenen Augen erzählte sie ihren andächtig lauschenden Zuhörern: Das Volk der Angeln sei ein Volk gewesen, das anfangs nie wirklich auf Dauer sesshaft geworden sei, stets auf der Wanderung, oft auf der Flucht. Ihr Glaube habe oft zur erbitterten Gegnerschaft anderer Völker geführt. Denn im Gegensatz zu anderen Stämmen, wo die Götter allein Männer waren, galt bei ihrem Volk vor allem der Glaube an Nerthis, ein Weib, die Schöpferin der Erde, die Mutter der Götter.

Solcher Glaube stieß auf Widerspruch bei anderen Stämmen, denn die landläufige Auffassung lautete: Die Mannsleute seien nicht nur Herrscher im Himmel der Götter, sondern sie allein seien imstande, den Lauf der Welt und das Schicksal der Menschen zu bestimmen.

„Man, dat weer nich alln's, wat uns ünnerscheeden deit vun all de annern", fuhr die Alte fort, nicht ohne zu vergessen, den Krug mit dem Starkbier zur Hälfte zu leeren, „bi de annern geev dat Könige, Knechte, Unfriee, Herrn un Sklaven. Bi uns nich! Jedeneen hett dat sölvige Recht. Uns Angeln weer un is dat uk schietegal, opp een an Gott ‚Baldur', een Eekboom, de Buschemann, een, de Zeus heet, oder an de Füürgoot glovn deit. In Freeden levn, dat wülln wi, keen Krieg hemm. Man, wenn een Striet mit uns söcht, denn wehrn wi uns un dat mit Hann'n un Fööt!"

Wenn Agnes dann zum Schluss, bereits vom vielen Bier gezeichnet, in höchster Lautstärke die Stärken des Stammes pries, hielt es die Zuhörer nicht mehr auf ihren Plätzen. „Höö, höö, hööö", brüllte, grölte man von allen Seiten Zustimmung, schlug die Dreschflegel aneinander und genehmigte sich endlich das lang ersehnte Bier.

Im Mittelpunkt des Glaubens der Angeln ein Weib, eine Göttin, und dazu gleiche Rechte aller Menschen in den Sippen, friedfertig leben zu wollen, keine Sklaven zu dulden und gastfreundlich wie nachbarschaftlich Fremden gegenüber zu sein, gleich vor welchen Göttern diese auf die Knie fielen, so beschrieb Agnes die Seele ihres Volkes.

Weil diese Andersartigkeit der Angeln anderen Stämmen ein Dorn im Auge war, waren es ihre Dörfer, die man überfiel, niederbrannte und deren Bewohner man abschlachtete, vergewaltigte oder versklavte.

Als Ausweg blieb nur die Flucht, die ewige Wanderung. Endlich, erst nach unzähligen Jahren und mühseligen Fußmärschen mit „Kind und Kegel" fand man durch Nerthis Fügung Heimat in einem gesegneten Land, hier in Angelii.

Dafür musste man die lange Slie-See an ihrem Ende umgehen, um eine Landschaft zu betreten, in der nur wenige Menschen lebten, in der Jahre zuvor eine unaufhaltsame, grauenhafte Epidemie die Bewohner Flecken für Flecken, Dorf für Dorf bis zum jüngsten Säugling hingerafft, ausgeräumt, leer gefegt hatte.

Die lebhaften, verschmitzten Augen der Alten in ihrem faltenreichen Gesicht glitzerten in den zuckenden Flammen, als sie mit bewegenden Sätzen schilderte, wie es zu Beginn der Landnahme vermutlich gewesen sei.

Sie waren in einem „Sonnenland" angekommen, mit unendlich langen Sommern und nur kurzen, knackigen, eiskalten Wintern. Bereits bald nach der Wintersonnenwende erwachte dieses auserwählte Land unter wärmenden Strahlen vom tiefblauen, oft wolkenlosen Himmel zu neuem Leben.

Die vom Frost gefesselte Natur sprengte ihre Gefangenschaft und schuf grünsatte Weiden, reich geschmückt mit Glockenblumen und gelb strahlendem Löwenzahn. Die Kronen von Eichen, Buchen und Birken entfalteten ihre frischgrünen Blätter, die weißen Kerzenblüten an den Kastanien kündeten vom Aufbruch und Neuanfang.

Sanfte Täler luden zum Ackerbau ein, breite, flache, gemächliche Flüsse voller Fische, Netze auszulegen. Hänge boten sich für Obstbäume an, Hügel und Kuppen für die Errichtung von Häusern und Hütten.

Hier hatten die Angeln endlich Heimat gefunden. Ein sicheres Land! Geschützt im Norden durch den tiefen Buckholmer Fjord und dort, wo die Sonne ihren Tageslauf begann, durch das unendlich weite „Ostmeer".

In der Zeit der Wintermonde konnte dieses trügerische wellenbewegte Wasser durchaus wild, unberechenbar und zornig werden. Im Süden sicherte die Slie-See Land und Leute.

Allein dort, wo die Sonne Abschied nahm, fehlte es an einer natürlichen Barriere. Doch welcher Feind sollte von dort kommen, wo man knietief im Sand versank, wo tiefdunkle, undurchdringliche, dichte Tannen- und Fichtenwälder ein Durchkommen beschwerlich gestalteten.

Agnes unterbrach ihren Redefluss, trank aus dem wieder aufgefüllten Bierkrug, rülpste genussvoll, furzte nur kurz und schilderte mit neuem Schwung ein gepriesenes, weil auch wasserreiches Land, wo Teiche und Tümpel, Auen, Bäche und Quellen, viele Quellen unablässig, unaufhaltsam stets frisches, kühles, kostbares Nass spendeten.

Unwetter gab es nur wenige, den Regen oft zur rechten Zeit, sodass es gelang, die Ernte trocken einzubringen, um ausreichend Korn für Mehl und Brot in den Wintermonaten vorrätig zu haben. Es war ein reiches Land, voller fruchtbarer Schwarzerde, die Hafer, Gerste, Hirse und Roggen sprießen, wachsen und durch eine zuverlässige Sonne reifen ließ.

Und es war ein wildreiches Land gewesen mit Auerochs, Eber, Bär und Hirsch, Reh, Otter, jubilierenden Vögeln, emsigen Bienen, Hasen, einem Heer von Wildgänsen, Enten, Blesshühnern und Haubentauchern.

Ergriffen lauschten die Leute der Sippe, die Bediensteten und Fremden der Greisin, die aus einer nüchternen Darstellung ins Schwärmen gekommen war. Dem schäumenden Bier sprach sie weiter zu, ihr Durst schien unendlich, auch ihr Stehvermögen.

Doch niemals vergaß sie bei aller Lust auf das Land die Unholde, Dämonen und Kobolde zu erwähnen. Geister, Doppelköpfe, Halbmenschen, allesfressende Riesen, die bis zum heutigen Tage in finsteren, abgelegenen Wäldern, in nebligen, blubbernden, faulig stinkenden Schwarzmooren und tiefen, trügerischen Sümpfen ihr Unwesen trieben; besonders wenn es dunkel wurde, in mondlosen Nächten!

In solchen Momenten standen den Leuten die Haare zu Berge, klammerte man sich Schutz suchend aneinander, war nicht mehr bereit, in dieser Nacht vor die Tür zu treten. Manche schwitzten vor Angst, andere ließen ihr Wasser frei in die Beinkleider fließen.

Für die Alte keine Veranlassung, nicht auch die Waldgeister zu erwähnen und die bösartigen, rachsüchtigen Feen und Nebelfrauen, die wegen ihrer Hinterlist und Unberechenbarkeit von den Göttern zwar unter die Erde verbannt wurden, jedoch in Vollmondnächten für kurze Zeit der Dunkelheit in ihren Höhlen und dem Wurzelwerk entflohen. Dann trieben sie es wie toll, brachten Tier und Mensch Tod und Verderben.

Ein nicht enden wollendes Grauen überwältigte die Zuhörer. Kinder vergaßen vor Angst zu atmen. Frauen wie Männer nässten unter dem Rock und in die Hose. Jetzt half auch kein Bier mehr, kräftiger Met kam auf die Tische. Nur noch sturzbesoffen konnte man der Furcht begegnen.

Und es kam so, wie es kommen musste. Der betäubende Honigwein ließ diese schauderhaften Geschichten erträglicher werden, auch wenn die Köpfe am kommenden Morgen schwer wie Wackersteine waren. „Man, de Undeerten, de sünd blevn'", beendete die Götterkundige stets ihre Erzählung, „alleen de Sünn, de hemm wi verlorn!"

Angelii, ihre Heimat, war seit Väter- und Vorväterzeit nun nicht mehr von der Sonne gesegnet. Im Gegenteil, diese hatte sich zurückgezogen, Regen, dauerhafter Regen, Unwetter, nasskalter Nebel und mancher verheerende Sturm bestimmten ihr Leben.

Was hatten sie, die Angeln, nur falsch gemacht, dass die Götter sie mit der Geißel der ewigen Feuchtigkeit straften? „Ik weet dat nich", gestand die Alte freimütig ein, „man dat chruusige Wedder, dat makt mi bang!"

Agnes spürte es, behielt es aber für sich. Mit dieser ihrer Heimat ging es bergab. Keine Hoffnung war am Horizont auszumachen. Nicht einmal mit der Hand geworfene, aufgetürmte Runenhölzer versprachen einen Ausweg aus diesem Sog in das Unglück. „Man denn is doch wat passeert!" Ja, plötzlich hatte es ein Zeichen von Hoffnung gegeben.

Vor wenigen Monden erst, als sie ihre stets fauchende, bösartige Katze vom Küchentisch scheuchte, brachte diese bei ihrem Sprung unter die Küchenbank den Runenturm zum Einsturz und hinterließ ein völlig neues andersartiges Geflecht der Hölzer, geteilt auf zwei ungleiche Haufen. Zwei Länder, zwei „Angelii" waren entstanden, durch eine breite Lücke voneinander entfernt. Was wollte Nerthis, ihrer aller Göttin, damit sagen?

Würde das Land, in dem sie lebten, geteilt? Oder sollte es irgendwann zwei Länder, zwei Heimaten für die Angeln geben? Rätselhaft war und blieb es, was ihr Mäusefresser angerichtet hatte.

Nein, noch wollte sie ihre Weissagung nicht in geheimnisvollen Worten preisgeben, dazu brauchte es den rechten Zeitpunkt. Nur eine Person, zu der sie großes Vertrauen empfand und auf deren Verschwiegenheit sie bauen konnte, würde sie auf diesen unglaublichen Vorfall und die völlig neue Sichtweise für die Zukunft ihres Volkes hinweisen.

Ocke, den Sohn des Fürsten der Angeln, ihren Enkel, dem eine normale männliche Statur ein Leben lang versagt bleiben würde. Dem klebte geradezu das Pech am Schuhwerk. Endlich einmal Erfolg bei einer seiner zahlreichen Jagdunternehmungen zu haben, das würde sie ihm wünschen. Anerkennung zu erhalten, täte ihm gut.

Sie ahnte es bereits: Bei seiner Rückkehr würde es wieder spottend heißen: „Ocke is keen Angeliter, man alleen een Plummsteenschieter!"

2

Ocke Offasson der Jüngere, vom Spott über einen Putjehupp, warum Wasser Ockes Feind wird, wie „Kotze" zu seinem Namen kommt, ein Ei eine Verfolgung auslöst und warum sich Großmäuligkeit nicht auszahlt

Seit dem frühen Morgen bereits verfolgte Ocke die verwundete, trächtige Hirschkuh. Hufspuren, vom Wasser teilweise weggespült, Blutfetzen, geknickte Zweige wiesen ihm die Fährte. Die Tritte der Kuh verkürzten sich merklich. Jetzt wollte er erst recht nicht aufgeben. Ocke ertrug es nur schwer und es trieb ihn um. Eine Kuh mit einem ungeborenen Kalb zu töten war wahrlich nicht waidgerecht. Das schmerzte ihn. Doch Not und der erbärmliche Hunger bei ihm zu Hause auf dem Thorsberger Hof und im nahe gelegenen Steenfeldlund nahmen zu. Diese Sorge überschattete den Tod einer Tiermutter, der Zweifel an seinem Handeln blieb.

Der Regen hatte die Frühsaat vernichtet, eine Seuche den Viehbestand vermindert. Zu allem Unglück war die ansteckende Krankheit auf das Wild übergesprungen. Fleisch gab es deshalb schon lange nicht mehr. Es litten besonders die Kinder und die Alten.

Ein Geräusch – gleich würde er, die Hirschkuh vor Augen, den entscheidenden Stoß mit dem Speer setzen können. „Geduld, Durchhaltevermögen ist der Schlüssel zur Freude", so eine der vielen Redewendungen seiner Großmutter, Agnes der Weisen.

Da gab die weich gewordene Erde unter seinen Füßen nach. Er hatte zu sehr auf die Fährte, zu wenig auf den Pfad geachtet. Zuerst rutschte, dann stürzte er kopfüber in ein mit trübem

Wasser gefülltes, tiefes Loch, geschaffen vom Wurzelwerk einer umgestürzten mächtigen Buche.

Frösche, Käfer, Ringelnattern und anderes Getier schwammen in einer braunschwarzen abgestandenen Brühe.

Prustend und verzweifelt um sich schlagend kam Ocke wieder an die Oberfläche. Angst, schreckliche Angst überfiel ihn, weil das Wasser ihm bis zum Hals reichte. Die Füße steckten fest, vom dicken, saugenden Lehm umschlossen. Er spürte, wie der Sog ihn bei jeder Bewegung tiefer in die Grube zog. Wie konnte er sich hier, in der Einöde, ohne fremde Hilfe aus dieser trostlosen Lage befreien?

Mit Schrecken dachte er daran, dass er schon einmal in ein Wasserloch gesunken und fast zu Tode gekommen war. Ein Zittern überfiel ihn, nein, damals beim ersten Sturz nicht aus Unvorsichtigkeit!

Sein Stiefbruder, „Kotze" genannt, hatte ihn brutal, begleitet von einem höhnischen Lachen, hineingestoßen. Keine Götter standen ihm bei. Alleingelassen war er bei diesem Anschlag auf sein Leben.

Er, Ocke, Sohn von Offa Ockesson dem Mutigen, den man auch „Trief-" oder „Leckauge" nannte, dem Fürsten aller Angeln, war wohl sieben, acht Winter alt gewesen. Sein Stiefbruder, einen Winter älter, einen ganzen Kopf größer, ein kraftstrotzender, herrisch anmaßend auftretender Jungkerl. Kotze, trotz seines jugendlichen Alters völlig von sich und seinem Tun überzeugt, war selbst ernannter Anführer einer Horde von Jungmännern des Dorfes.

Ihn, Ocke, wiesen sie wegen seines Kleinwuchses und seiner großen Klappe zurück, schlossen ihn aus, verhöhnten, verspotteten, trietzten ihn unablässig. Trotzdem versuchte er immer wieder, in die Nähe der Gleichaltrigen zu kommen, einer der ihren zu werden.

Sein Stiefbruder war zu seinem wenig schmeichelhaften Namen – ungewollt – durch seine Mutter Ragna die Redselige gekommen. Sie liebte ihren Ältesten abgöttisch. Gleich was er für einen Unfug anstellte, sie fand dafür stets eine Entschuldigung. Ob er Regenwürmer zerteilte, Mistkäfer aufspießte, Frösche aufblies, bis deren Bäuche platzten, „laat de Jung, hee is noch lütt!" Auch wenn er anderen Speck vom Teller stahl, seinen kleineren Bruder, Klümmp, mit dem Messer piesackte, bis Blut floss, oder er seinem Stiefvater in dessen Stiefel pisste, blieb Ragna gnädig.

Doch einmal vergaß sie sich. Zweimal an einem frühen Morgen hatte sie schwere Eimer mit Wasser von der Quelle vor das Haus geschleppt. Immer wenn sie die Schöpfkelle holen wollte und zurückkam, fand sie die Eimer umgestürzt und das Wasser verschüttet.

Bei ihrem dritten Versuch war sie klüger, tat nur so, als wolle sie ins Haus gehen, und wandte sich blitzschnell um. Norbert, ihr eigener Sohn, ihr Ältester, war dabei, die Eimer auf die Seite zu kippen, was ihm auch gelang.

Vor einer Reihe grinsender und frohlockender Nachbarn rief sie erbost: „Weetst du Briet, wat du büst? Du büst reinwech to'n Kotzen!"

Von diesem Augenblick an wurde aus Norbert „Kotze", und dabei blieb es.

Ausgegrenzt, weggestoßen zu sein, bereitete Ocke elenden Kummer, in manchen Nächten weinte er. Doch er ließ in seinem Bemühen nicht locker. „Man muss sein Glück selbst mit den Händen schaffen, es hängt nicht in der Luft!", ermunterte ihn seine Großmutter.

Doch an dem Tag, als er es endlich einmal der Horde zeigen wollte, was in ihm, dem Kleingebliebenen, dem „Putjehupp" stecke, scheiterte er schrecklich.

Kotze hatte zu einem Wettkampf mit Pfeil und Bogen aufgerufen. Der Preis für den Sieger: ein geklautes Hühnerei. Als die Reihenfolge der Pfeilschüsse auf ein ungegerbtes, stinkendes Hundefell an seinen Stiefbruder ging und der tatsächlich fast in das Maul der Kreatur traf, erklärte Kotze den Wettkampf vorzeitig für beendet und sich zum Sieger.

Seine Anhänger fügten sich dem Willen ihres zur Gewalttätigkeit neigenden Anführers. Kotze griff sich das Ei.

Da hatte er, Ocke Offasson, wegen dieser offensichtlichen Ungerechtigkeit nicht an sich halten können. So war er nun einmal, statt erst zu denken, handelte er. Ungerechtigkeit war ihm ein Gräuel! Hätte er sich doch auf die Zunge gebissen! „Hätte, hätte, stöhnt die Schnecke!"

„Ik kann dat bannig beeder", tönte er großmäulig vom Rand des Wettkampf-Platzes. „Ik bün de Beste! Alleen ik!" Er sei also der Beste!

Kotze drehte sich ruckartig um, hob seinen Bogen ... musterte ihn verblüfft, dann zuerst unwillig, doch gleich darauf breit grinsend, nahm ihn beim Wort und verlegte die Abschusslinie um zwei Schritte zurück. Einen Einspruch von den anderen Jungen gab es nicht, im Gegenteil, frohlockende Zustimmung zu dieser Schikane. „Versöök dat, du klümmperkleene Grootmuul. Dröpst du nich de Köter, haun wi di blau un gröön!"

Im Vergleich zu den gleichaltrigen Mitgliedern der Horde war er ein Winzling. „Klümmperkleen" traf zu. Einige spotteten „Putjehupp" hinter ihm her, andere „dor kümmt Ocke de Lüürlütt!"

Er hatte sich weniger in die Höhe, dafür mehr in die Breite entwickelt. Seine Oberarme waren beinahe so muskulös wie seine Oberschenkel. Bogenschießen brachte ihm seit vorletztem Sommer sein väterlicher Freund, der in die Jahre gekommene, stumme Börge Bärentatze, bei.

Der wurde wegen seines fratzenhaften, durch tiefe Narben entstellten Gesichtes von den anderen Kindern gemieden. Früher war er ein geachteter Jäger gewesen, bis ein Braunbär ihm mit seinen Krallen durch das Gesicht fuhr, den rechten Arm abriss und den Hals so zerfetzte, dass er die Sprache verlor. Ocke ersetzte ihm, so gut es ging, die Stimme.

Der Junge konzentrierte sich, legte den Pfeil auf die gespannte Sehne, hob langsam, ohne Hast, wie Börge es lehrte, den Bogen, zog den Pfeil mit einer fließenden Bewegung zurück, nahm das aufgesperrte Hundemaul ins Auge und ließ ihn abschnellen. Sirrend fand der sein Ziel, die Mitte des Maules der toten Kreatur.

Während die Mitglieder der Bande noch über diesen meisterlichen Bogenschuss – der, wie sie meinten, sicher nur Zufall war – staunten, griff Ocke Offasson, der ahnte, dass er mit diesem Treffer seinen Stiefbruder bloßgestellt, blamiert hatte, den Siegerpreis, das Ei.

Kotze, der eine solche Demütigung nicht duldete, stellte

sich ihm in den Weg. „Dat weer reine Tofall, dat gellt nich! Dat Ei hört mi to!"

Da übermannte Ocke der Zorn, er zerdepperte kurz entschlossen das Hühnerei auf Kotzes Kopf, sodass diesem Dotter und Eiweiß über das Gesicht und in die Ohren liefen. Unfassbar, was gerade geschehen war!

Kein Teilnehmer des Wettkampfes, der wegen dieses Frevels an ihrem Führer nicht tief erschüttert war. Niemand wagte, auch nur das Gesicht zu verziehen, obwohl Kotze die gelbweiße, klebrige Soße von der Nase über das Kinn auf den Hals tropfte und er aussah wie ein mit saurer Sahne begossener Köter.

Einen Augenblick herrschte eine unheilvolle Stille. Dann zischte der Stiefbruder, dem jetzt die ersten Fäden in das offene Hemd liefen und dessen Gesicht unter dem Glibber kreideweiß geworden war: „Griep emm! Dat Miststück! Düsse Schmeißfleeg! Mit emm, dor maken wi kotte Prozess. Nienich ward he noch eenmal een Ei anfaaten!"

Kotze schien tatsächlich bis ins Mark getroffen, tödlich beleidigt durch den „Eiersalat". Alle spürten, was Kotze da von sich stieß, ging weit über eine Drohung hinaus. Er meinte es ernst, bitterernst mit seinem „kurzen Prozess".

Das fühlte auch Ocke. Er gab Fersengeld, fetzte, so schnell es seine kurzen Beine zuließen, in den nahen schützenden Wald. Weit kam er nicht. Von allen Seiten kreisten sie ihn ein, wie sie es von Treibjagden auf Hasen, Gockel, Rehwild und Wildschweine gewohnt waren. Ein mit Sumpfwasser gefülltes tiefes Wurzelloch versperrte dem Fürstensohn den Weg zu einer weiteren Flucht. Er gab auf, hob beide Hände.

Kotze versetzte dem Jungen dennoch einen kräftigen, brutalen Schlag. Putjehupp, der nicht schwimmen konnte, fiel in das Loch und ging elendig unter. Wasser drang in Mund und Nase. Atemnot und blanke Furcht überfielen ihn. Nur wenn er sich auf die Zehenspitzen stellte, gelang es ihm, Luft zu holen. Nein, sterben wollte er nicht! Er atmete in kurzen Stößen.

Da hörte er deutlich Kotzes wütendes Kommando. „Kiek, he kann noch goopen! Daal mit Steens in't Lock. De Eierdeef is noch nich dood."

Steine verschiedener Größe wurden in die Grube gerollt. Der Wasserspiegel stieg. Ocke, „Klümmperkleen", gelang es, sich auf einen der größeren Steine zu stellen. Zwar glitschte er bei seinem verzweifelten Bemühen, einen festen Stand zu bekommen, mehrfach ab, doch Halt fand er an den Wurzelstümpfen am Rande des Erdlochs.

Wieder vernahm Ocke hasserfüllte Worte des Stiefbruders, der ihn unter Wasser getaucht sehen wollte. „Büx daal! Wuddel ruut! Nu ward so veel pisst, dat düsse Rott versuupen deit." Und sieben Jungkerle pinkelten in das Wasserloch, was das Zeug hergab. Doch der Wasserpegel stieg nur mäßig.

Kotze und sein jüngerer Bruder, Klümmp, ein fetter Knabe voller Heimtücke und Gemeinheiten, waren die Einzigen, die diesen Vorgang mit grässlichem Lachen begleiteten. „Doodpissen, dat hett noch ni nich een hennkreegn!"

Die Vergeltung, fand Kotze, war ihm gelungen. Zufrieden mit sich ließ er seine Verbündeten abziehen. Das eiskalte Wasser würde dieser Schmeißfliege von Stiefbruder hoffentlich den Rest geben.

Erst in den Abendstunden, als er völlig erschöpft aufgeben und sich unter die Wasseroberfläche gleiten lassen wollte, wurde Ocke gerettet. Der alte Börge „Bärentatze" fand ihn. An seiner Brust, in seinen Armen, heulte der völlig entkräftete Junge Todesangst und erlebte Schrecken aus. Seit diesem Erlebnis hasste Ocke Offasson das Wasser.

Und nun saß er wieder in einem solchen Wurzelwerk, und diesmal steckten auch noch seine Füße fest! Es musste doch irgendwie möglich sein, aus diesem verdammten Wasserbottich herauszukommen.

Über das Wasser zu schimpfen half nichts. So wie es einige einfältige Dorfleute taten, die sich über die Dunkelheit in den Abendstunden beklagten und vergessen hatten, eine Fackel anzuzünden.

Ihm fiel ein, dass sein Jagdmesser vor dem Sturz in die Tiefe noch an seinem Gürtel steckte. Er zog es aus der Scheide und schnitt eine erste Trittstufe in die lehmige feste Grubenwand, eine zweite und weitere. Der erste Teil einer Treppe war entstanden. Ocke atmete auf. Jetzt musste er die heraushängenden Baumwurzeln auf ihre Festigkeit überprüfen, um sich hochziehen zu können.

Er fror, sein Körper bibberte, seine Arme waren bereits ganz steif. Der Regen hörte nicht auf. Fast erreichte er den Rand der Grube, als einer der Stränge riss, er zurück ins Brackwasser fiel, für einen Moment untertauchte und panisch um sich schlug, um wieder Luft zu bekommen.

Verbissen begann er den nächsten Versuch. Er gelang. Erschöpft blieb „Winzling" auf der regennassen Erde liegen. Barfuß. Seine Stiefel steckten weiter im Schlamm. Sie herauszuziehen, war nicht möglich gewesen.

Doch als er in seinem rechten Hosenbein eine drückende, kitzelnde Bewegung spürte, bemerkte Ocke, dass er tatsächlich etwas aus dem Loch herausgeholt hatte. Eine Schlange – die Ringelnatter wand sich auf seinem Körper. Ekelhaft! Kurzerhand griff er sie mit spitzen Fingern und warf sie in hohem Bogen in ein Brombeergebüsch, aus dem ein Hase aufgeschreckt heraustob.

Der Schrecken saß ihm noch in den Gliedern, als er anschließend den kümmerlichen Rest seiner Jagdwaffen einsammelte und sich platschnass bis auf die Knochen auf den Weg machte, um vielleicht doch noch die Spur der Hirschkuh zu finden.

Ein vermutlich aussichtsloses Unterfangen nach so viel verlorener Zeit. Jetzt aufzugeben war seine Sache nicht. „Mien Jung, wat di nich umsmieten deit", klang in solchen Augenblicken die Stimme von Agnes der Weisen in seinem Ohr, „dat makt di kröötiger un liek in de Bost!" Aufgeben? Nein!

Einen Versuch wollte er noch wagen. Hatte Nerthis, die allmächtige Göttin, ihm nicht gerade geholfen, aus der Wassergrube herauszukommen? Sie schien an seiner Seite zu stehen. Diese Gewissheit erfüllte ihn mit neuem Mut, stärkte seine Kraft.

Der Pfad, den er jetzt betrat, kam ihm bekannt vor, war er doch zugleich der Wildwechsel zum Alten Moor, wo es für die Waldtiere ausreichend Wasser und Schutz durch das Strauchwerk gab. Die Hoffnung auf eine erfolgreiche Jagd ließ ihn fast seine bloßen Füße vergessen, bis er auf den nächsten kantigen Stein trat. Vor Schmerz schrie er auf.

Er wollte, er musste mit dem Fleisch der Hirschkuh zum Thorsberger Hof zurückkehren. Nicht nur, weil die Not dort groß war. Sein Vater Offa Ockesson, der Fürst aller Angeln und zugleich Ältermann des dem Thorsberger Hof vorgelagerten Steenfeldlund, würde endlich erkennen, was in ihm, den man hinter vorgehaltener Hand als „Zwerg" bezeichnete, wirklich steckte.

„Togriepen und nich lang rumtüddeln", ja so war er, Ocke Offasson, der Sohn von Offa „Leckauge". Er hatte dazugelernt. Aber mit Wasser, da wollte er nie wieder etwas zu tun haben. Ocke schüttelte sich, doch der Schrecken mit und in der Wassergrube steckte ihm weiter tief in den Gliedern.

Der Thorsberger konnte nicht ahnen, dass er bereits wenige Wochen später eine Begebenheit mit dem Wasser haben würde, die er in seinem Leben nie mehr vergessen könnte.

Da bewegten sich vor ihm heftig die Äste eines Haselnussstrauches. Die Hirschkuh! Der Glücksfall war eingetreten! Er hob den Speer, nahm Maß, bog den Wurfarm weit zurück, wie Börge Bärentatze es mit ihm immer wieder geübt hatte.

In diesem Augenblick traf ihn ein heftiger Stoß in den Rücken. Ocke stürzte mit dem Gesicht in den schmierigen Morast, der Mund und auch die Augen verklebte, ihm in die Ohren drang. Er konnte knapp atmen, Angst überkam ihn. Zugleich krachte etwas Schweres auf seinen Körper.

„Wat, wiss du mien Broder dood maken?", erreichte ihn eine forsche, fremde, besorgte Stimme. Wehrlos war er. Seinen Speer hatte er beim Sturz verloren, das Messer war ihm entglitten. Sein Ende!

„Brää, brää", brabbelte da eine zweite Stimme. Sie klang kindlich, hilflos, schien näherzukommen. „Brää, brää, bräää", schrecklich laut klang sie jetzt. Unheimlich!

Ocke zuckte zusammen. Seine Bedrängnis nahm zu. Ein Kobold, ein Wurzelgeist, ein Ungeheuer? Da riss es ihn an seinen blonden, strähnig langen, klatschnassen Haaren. Heftiger Schmerz durchfuhr seinen Nacken. Brutal wurde er hochgezerrt. Schlamm bedeckte seine Augen, sehen konnte er nichts.

Der Fürst, sein Vater, hatte ihn noch gewarnt. Ein „Winzling", ein Kleinwüchsiger wie er zieht nicht allein auf die Jagd. Stets spielte er, wenn auch mit gutmütiger Nachsicht, auf seine geringe Körpergröße an. Klar, er war erheblich kleiner als die anderen jungen Männer. Na und!

Unter den Hunden und Hühnern, Rindern und Rössern gab es auch, trotz gleichen Alters, ganz erhebliche Größenunterschiede. Das bestimmten die Götter. Sie sorgten jedoch stets auch für einen Ausgleich durch andere Gaben.

Davon sprach auch Großmutter Agnes, die seine Geschicklichkeit, seine Klugheit und Körperkraft ebenso lobte wie seinen Gerechtigkeitssinn. Nur wenn er mit seiner Besserwisserei protzte, schüttelte die Alte missbilligend ihr Haupt. „Wenn de Lütte man nur sien groode Klapp holn dää!" Wichtigtuerei verabscheute sie.

Da Ocke mit dieser Auffassung über seine Allwissenheit, seine Klugheit nicht hinter dem Berg hielt, blieben ihm Freunde und Freundschaften versagt. Versäumnisse, die ihm unterliefen, Fehler, Widerworte, die er machte, verzieh man ihm, diesem „Klugscheißer", nicht.

So hatten ihn Kotze und Klümmp gemeinsam übel verdroschen, als er, nachdem sie ihn wieder einmal als „Putjehupp" hänselten, ihnen direkt ins Gesicht schrie: „Ji hemm dat inne Kopp, wat een Zieg ut dat Morslook falln deit!"

„Jung, laat dien Grootmuuligkeit", lautete der Rat der alten Agnes. Ihre Mahnung schlug der „krötige", übermütige, altkluge Fürstensohn in den Wind. Einsichtig wurde er nicht von den Prügeln, die er bezog. „Harr ik man op Grootmudder hört", kam es ihm manchmal in den Sinn. Und er erinnerte sich besonders an eine ganz böse Begebenheit.

Nur wenige Wochen nach der „Ziegenkacke" geriet er wieder mit seinem Stiefbruder aneinander. Bei dieser Begegnung war es „knüppeldick" für ihn gekommen.

Wieder einmal trafen sich die Jungkerls auf dem Dorfplatz zum „Steeken, Sticken, Staken"-Spiel, einem überaus beliebten Wettkampf, bei dem man mit armdicken, mannshohen Stäben aufeinander losdrosch, ohne dass es zu mutwilligen Wunden oder Verletzungen kommen durfte.

Wem die Luft ausging oder wen die Kräfte verließen, der packte sich der Länge nach in den Sand, fiel um wie ein gefällter Baum, tat, als sei er ‚tot', und wurde fröhlich von Helfern aus dem Ring getragen.

Lärmende, jubelnde, kreischende Deerns umstanden den Wettkampf-Platz. Ihre Anwesenheit förderte Eitelkeit und Ehre, Imponiergehabe und die Lust am Kampf wie die Bereitschaft zur Verletzung der Regeln bei den Jungmännern.

Ocke war sich sicher gewesen, in die Endrunde zu kommen. Bei diesem Kampfspiel waren klein gewachsene, flinke Teilnehmer mit gutem Auge im Vorteil. Selbstbewusst und mit lauter Stimme verkündete er seinen Anspruch. „Ik war ju wiesen, wer de Beste is!"

Bereits in der zweiten Runde wurde ihm Kotze als Gegner zugelost. Gleich zu Beginn des Kampfes verletzte er seinen Stiefbruder ungewollt am Bein, sodass der aus einer Wunde zu bluten begann. Sofort rannten zwei, drei der Mädchen zum heldenhaften, hoch aufgeschossenen Kotze, der keine Träne vergoss. Sie leckten ihm voller Eifer das Blut vom Unterschenkel und verbanden seine Wunde.

Hochrot im Gesicht, mit zornig blitzenden Augen, die Hände um den Kampfstab verkrallt, wartete der Gedemütigte das Zeichen zum Neubeginn der Auseinandersetzung gar nicht erst ab, sondern brachte Ocke mit einem brutalen Stoß zwischen den Beinen zu Fall und schleuderte dem Gestürzten mit der Fußspitze Sand in die Augen.

Der war wie geblendet. Doch statt sich fallen zu lassen, versuchte Ocke trotzig wieder auf die Beine zu kommen und bezog durch den knochenharten Stab seines Stiefbruders die härtesten Prügel seines Lebens.

Noch Tage später humpelte er mit bandagiertem Kopf durch das Dorf, begleitet von Hohn und Spott der Jungdeerns und Kinder. „Ocke is keen Angeliter, man alleen een Plummsteenschieter!"

Kotze, dem Sieger, verzieh man die Regelverletzung – ihm, dem Verlierer, seinen Hochmut nicht. So war es damals gewesen, demütigend. Jetzt jedoch war er weit weg vom Thorsberger Hof, allein und verlassen im „Alten Moor".

„Röhr di nich vun de Plack! Blief stahn, ass du büst!" Das war wieder die erste Stimme. „Brää, brää", folgte die zweite unmittelbar hinterher. Er sollte, er durfte sich nicht bewegen, lautete die strikte Aufforderung.

Ocke nahm allen Mut zusammen. „Ik, ik wull alleen de Hirschkoh ...", stammelte er und stockte, als er die Spitze eines Jagdmessers unter seiner Kehle spürte.

Jetzt war sein Ende gekommen.

Ocke Offasson holte noch einmal tief Luft. Er zitterte am ganzen Körper, hatte Angst vor dem Tod, der jetzt eintreten würde.

3

Leve Holgersson aus Hollenhude, vom Schicksal
eines Krüppelkindes, wie „Pottenkiekers" Nase
versagte, von Marga der „Affgünstigen" und warum
Dörfler ihre Hände mit Kuhmist reinigen

Nein, zustoßen mit seinem Messer würde er, Leve, nicht. Grundlos zu töten verabscheute er, zu heilen und helfen war seine Bestimmung, wie die seiner Großmutter. Doch diesem ungestümen Jäger an der Kehle kitzeln wollte er schon.

Was fiel diesem Winzling, der ihm gerade bis zur Brust reichte, ein, den Speer zu heben, ohne seine Beute genau in Augenschein zu nehmen! Dem müsste man die Grundregeln der Jagd einbläuen!

Ganz steif, wie festgefroren, stand dieser Zwerg neben ihm. Recht so, vielleicht würde er diese Lektion lernen. Und dann noch das ängstliche Gestammel: „Ik, ik wull alleen de Hirschkoh …" Rasch würde er ihn aus dieser Lage nicht befreien. Zur Besinnung kommen tat auch diesem Kleinwüchsigen gut. Leve dachte dabei auch an sein eigenes Schicksal.

Was war nicht alles in den letzten Wochen auf ihn eingestürzt, wenige erfreuliche, viele schreckliche Erlebnisse. Er blickte besorgt in den wolkenreichen Himmel.

Die Regentage schienen wieder kein Ende zu nehmen. Er hatte zum Glück Schutz unter dem Dach einer mächtigen Kastanie gefunden. Hier, wo es eine freie Fläche gab, wo Flieder- und Haselsträucher Sichtschutz boten, konnte „Lämmchen", sein kleiner Bruder, nach Herzenslust krabbeln. Er kam trotz des kürzeren Beines und des abgeknickten linken Armes voran, weil er es verstand, sich mit der gesunden Hand geschickt nach vorne zu ziehen.

Neugierde schien den Jungen zu treiben, vielleicht auch die roten Walderdbeeren vor seiner Nase unter den Büschen. Regentropfen liefen ihm den kleinen Höcker auf seinem Rücken hinunter. Wenn er sich mit „brää, brää, bräää" ab und zu meldete, wusste Leve ihn in zufriedener Sicherheit.

„Beter lütt un kregel as'n grooten Flegel", war die einzige Bemerkung der Großmutter gewesen, als Leve ihr erstmalig den „Kleinen" in den Arm legte. Pure Freude war bei der Alten zu spüren, dass es mit Hilfe der Götter gelungen war, dem Opfertod im Moor ein Schnippchen zu schlagen.

„Lämmchen" war ein Krüppelkind, eine Missgeburt würden die Leute sagen. Er, Leve, seine Schwester Elise sowie die alte Gisela sorgten für den Kleinen. Niemand sonst durfte wissen, dass es diesen missgebildeten Menschen gab. Es würde sein Ende bedeuten!

An dem Tag, als ein schreckliches Schicksal seinem gerade geborenen Bruder begegnete, begleiteten er und seine Schwester Großmutter Gisela in der frühen Morgenstunde nach Silberstede, einem Nachbarort. Die Heilerin kannte sich gut mit Kräutern aus, ihre Kunst, Kranke gesund werden zu lassen, war weithin anerkannt.

Nach Silberstede war sie gerufen worden, weil gleich drei halbwüchsige Kinder an derselben, einer oft tödlich verlaufenden, Krankheit litten. Ihre Körper waren dicht an dicht mit blutroten Pusteln besetzt, aus denen, schnitt man sie auf, grüngelber Eiter floss.

Klug waren die Menschen in diesem Dorf gewesen. Als die ersten zwei Mädchen von der „roten Seuche" befallen wurden und starben, schaffte man die Kinder, die sich angesteckt hatten, in eine eigene Hütte am Rand des Dorfes, versorgte sie mit Wasser und Brot über eine Fensteröffnung.

„Bi een Süük", das wusste man nicht nur in diesem Ort, „dor mutt man de wittsnutig, swack, peverig und puuksch sünd scheden vun de, de krall un kregel utsehn doon!" Kein weiteres Kind bekam die Seuche. „Dat kümmt", erklärte der Dorfälteste diesen ungewöhnlichen Vorgang, „wiel wi dree Göös för uns Götter opfert hemm!"

Die alte Gisela schüttelte den Kopf, sagte aber nichts. Mit Gänseopfern einer Seuche zu begegnen schien das einzige

Heil bringende Mittel für die Unkundigen zu sein. Man glaubte an die unermessliche Macht der Gottheiten.

Für die Heilkundige war die sofortige Trennung der Kranken von den Gesunden der eigentliche Grund für die vorläufige Unterbrechung einer Ausbreitung der Epidemie.

Großmutter war, wie immer, rigoros gewesen. Jeder von den Helfenden band sich ein Tuch vor Mund und Nase und alle drei betraten mit klopfenden Herzen die Hütte der Kranken. „All düsse lütten Basige, de Buuln, möhn fix opmakt warn!" Die Alte drückte Leve wie seiner Schwester einen Dorn in die Hand und gemeinsam erreichten sie mit der Öffnung der Eiterbeulen bei den „Lütten" eine sichtbare Erleichterung von deren Schmerzen.

Leve war kurz davor, kotzen zu müssen, so ekelhaft beißend war der Gestank. Gisela, die Alte, ging anders mit ihrem Übelsein um. Während sie nach links stach, erbrach sie zur anderen Seite, ohne dabei ihre Tätigkeit zu verlangsamen.

Elise kaute mit Beginn der Blasenstecherei – vorbeugend wie sie später sagte – auf einem Stück Sellerie. Mitleid für die beiden anderen empfand sie nicht. Ihr setzte mehr der stechende Geruch des braunen Breis zu, mit dem ihre Großmutter sich und ihre Enkel vor ihrem Einsatz eingerieben hatte. „Dat mutt sien", verlangte sie, „anners kriegn i uk de Süük." Ständig musste Elise niesen.

Die „Roten Pustel"-Kinder wurden nach einem vielstündigen Einsatz von ihren Schmerzen erlöst, die Mütter mit einer heilenden Salbe für die Kranken und Heilkräutern für die Genesung versorgt.

Die Hilfe der drei dauerte viel länger, als sie es beabsichtigt hatten. „Jurs Vadder, Kinner, mien Söhn, düsse Klookschieter, ward wiss segg'n: He harr dat veel gauer un beeder makt!", ging die Alte auf die lange Zeit ein, die sie in Silberstede verbracht hatten.

Die Großmutter wusste, was sie sagte, wenn sie von ihrem Sohn als „Klookschieter" sprach. Holger Levesson, ein passionierter Acker- und Viehbauer, war seit Jahren Ältermann des Dorfes. Er war flott mit dem Wort, faul bei der Arbeit, setzte seine Kinder und Knechte auf dem Hof, den Feldern und in den Ställen so ein, dass er selber nicht mit anpacken musste. Es sollte ihm ausreichend Zeit für seine Leidenschaft, das „Pottkieken", bleiben.

Man sah es Holgers strammem Leibesumfang sowie seinem Dreifachkinn an, dass er Speisen jeder Art und in großen Mengen zugetan war. Seine ausladenden Schenkel, die den Umfang von Schweinebäuchen erreichten, zwangen ihn zu einem watschelnden Gänsegang, den die Kinder – hinter seinem Rücken – übertrieben nachahmten und dabei viel Spaß hatten.

In der „Fremde" zu essen, also bei seinen Nachbarn, betrieb er mit Hingabe, weil es ihn, der auf Sparsamkeit bedacht war, nichts kostete. Besonders Suppen genoss er. Schon der Gedanke an diese Köstlichkeit ließ ihm den Speichel die Mundwinkel herablaufen. „Man, ik bün een Leckersnuut", versicherte er sich und den Nachbarn voller Zufriedenheit.

Holger genoss es, während der Mittagszeit von Haus zu Haus zu gehen, dort die Herdstellen zu betreten und oft, ohne vorher zu fragen, die Topfdeckel der über dem offenen Feuer in schwarzen Jütepötten brodelnden Suppen anzulüften, zu schnuppern, dann einen tiefen Atemzug zu nehmen. Für eine Vielzahl von Proben trug er seinen Suppenlöffel stets bei sich. Anschließend gab er sein „fachkundiges" Urteil über die Güte des Gekochten ab, ungefragt, was so manche Hausfrau durchaus ärgerte.

Dazu gehörte auch sein Schnack: „Mein Tung is man so watt von zoort, fee un fledig, mien Nääs keetelhoorig, dor kann keen Wiefsminsch mithooln!"

Er, der Levesson-Bauer, davon war er fest überzeugt, sei der beste Suppenkenner aller Zeiten, aller Dörfer, des gesamten Angeln-Landes, zart seine Zunge, empfindsam sein Gaumen, seine Nase auf jeden Genuss eingestellt. Großzügig, so fand er, musste er dieses Können nicht noch vor aller Welt bekunden. Er tat es trotzdem.

Niemand wagte so recht, den Dorfältesten in die Schranken zu weisen, bis diesem in seinem eigenen Haus, in der Küche seines Hofes, ein Missgeschick widerfuhr, das zu seinem wenig schmeichelhaften Zweitnamen Holger „de Pottenkieker" führte und zu einem Ende der Suppen-Rundgänge. Doch der Name Pottenkieker – den wurde er nie wieder los.

Holger hatte bei drei Nachbarn mal so eben in deren Küchen die Suppendeckel gelüftet und trotz seiner wieder einmal verstopften Nase am Duft erraten, was dort für das Mittagsmahl vorbereitet wurde. Allen Küchenweibern teilte er nach der Inspektion der Töpfe unumwunden, sogar verärgert, mit, hier würde er heute, sollte er eingeladen werden, darauf verzichten und lieber im eigenen Hause speisen – wie gesagt, so getan, und watschelte zum Heimathof zurück.

Mit den Worten „wat een Genuss, wat een Freude, hüüt gifft dat Gruumsupp bi di, Mudder", so sprach er sein Weib an. Den Namen Inge vermied er, davon kannte er zu viele. Mit diesem überschwänglichen Lob betrat er die Küche, in der es brodelte und dampfte, weil in mehreren Töpfen zugleich gekocht wurde. „Gruumsupp – wat een himmlische Gericht." Die Graupensuppe gehörte zu den Festtagsgerichten in vielen Häusern.

Wieder war es ihm gelungen, das Gekochte allein an seinem Duft zu erkennen. Er musste nicht einmal den Deckel des Topfes anheben. Sein Meisterkönnen verbot solche Einzelheiten.

Hätte er es nur vorher getan! Inge, ein kleines, zähes, abgearbeitetes Weib, das vor all seinen Geburten als liebreizende Schönheit galt, blickte genauso wie die zwei Küchen- und vier Dienstmägde verwundert auf. „Wat hest du seggt, Holger? Gruumsupp?" „Gruumsupp, hett mien feine Nääs ruutfunn!", antwortete er.

Da konnte der Haushaltsvorstand des Levesson-Hofes nicht mehr an sich halten, prustete laut lachend los, bis ihr, Inge, die Tränen die Wangen hinunterliefen. Damit war der Bann auch bei den Bediensteten gebrochen. Lachstürme fegten durch die Küche. Einige der jungen Weiber bogen sich kreischend wie junge Weiden im Wind.

Erst verdutzt, dann unwillig musterte Holger sein Weib, hob den Deckel des mächtigen Topfes, zückte seinen Löffel, nahm trotz Schnupfnase eine Probe, die er jedoch, weil der Kram so verdammt heiß war, nicht recht schmecken konnte. „Grummsupp is dat", verkündete er laut, „dor gifft dat nix to lachen!"

Er bestand auf Aufklärung für die hühnerhafte Heiterkeit hier in der stickigen Küche. Inge gab sie ihm. „Gruumsupp,

Holger Levesson, gifft dat hüüt nich! Nee, inne Pott is dien schietige Tüüch von gistern. Halsdoog, Hemd, Ünnerbüx un dien ole Footlappen. Mit all dat büst du inne Swienstall ween. Dat stinkt chräsich, dor hemm wi dat to't Kooken in de ole Suppenpott smeeten!"

Während er sprachlos die Küche verließ, bogen Inge und die Mägde weiter lachend ihre Bäuche. Diese Fehleinschätzung, statt Graupen Fußlappen und Unterzeug im Topf zu finden, verunsicherte seinen Vater – daran konnte sich Leve sehr wohl erinnern – nur für kurze Zeit. „Man, jedeneen kann sik mal vergriepen", tröstete Holger sich. Vor einem Irrtum sei niemand gefeit.

Bald stellte sich dessen Selbstgerechtigkeit, unter der der Sohn litt und wegen der er von den Gleichaltrigen oft verspottet wurde, wieder ein. Er, der Ältermann, wusste eben alles und alles besser! Auch wenn er als Suppenkenner nun mal versagte, war er doch sonst unfehlbar, fand er.

Elise stieß ihn unsanft in die Seite. „Broder, drööm nicht, noch sünd wi in Silberstede, wi möhn nah Huus!"

Der Dank der Dorfleute von Silberstede zum Abschied bestand aus zwei Krügen mit Honigwein, frisch gebackenem Fladenbrot und, was die drei noch mehr schätzten, aus ehrlichen und herzlichen Worten für die erhaltene Hilfe.

„Wat kann dat Leven schön sien", wiederholte Elise die Worte der glücklichen Mütter von Silberstede. „Kinner, dat möhn i ju marken! Hest an een Dag Swien, hol't fast. Dat kann vun hüüt op morn fix anners warrn!", gab die Großmutter ihren Enkeln als Ratschlag mit auf den Weg. Diese Mahnung änderte nichts an der Zufriedenheit der beiden Enkel, mit Erfolg geholfen und Leben gerettet zu haben.

Froh gestimmt erreichten sie ihr Heimatdorf Hollenhude. Die alte Gisela behielt recht, Glück bleibt flüchtig, das Unglück folgte auf dem Fuße!

Es war ein Tag in Hollenhude, dem Dorf am Ufer der breiten Traner Au, wie jeder andere gewesen. Alle waren eifrig mit Haus- oder Hofarbeit beschäftigt, auch Inge, die Mutter der beiden Geschwister. Sie, die vor einigen Wochen noch einen

„Nachzügler" geboren hatte, war auf dem Weg zur Koppel mit den Mutterschafen gewesen, um von dort zusätzliche Milch für das Neugeborene, einen Jungen, zu besorgen. Ihre Brüste waren dabei auszutrocknen, eine Amme gab es nicht.

Selten verließ die Mutter den Bauernhof der Levessons und wenn, meist zur frühen Morgenstunde. Merkwürdig, meinten die Nachbarn. Auch gab es den sonst üblichen „Kindskiek" des Bewunderns und Bestaunens des Neugeborenen diesmal nicht, noch nicht.

Misstrauen machte sich bei den Weibern breit. Dabei hatte Inge während der Geburt des Kindes viele Stunden lang in höchsten Tönen geschrien, so wie es bei einem kräftigen Jungen sein sollte. Was verbarg das Weib der Levessons in ihrem Schlafraum?

Marga die Missgünstige, stets voller Neid auf die geachteten Bauernweiber, „de Affgünstige", wie man sie nannte, sollte und wollte diesem Geheimnis auf den Grund gehen. Für wenige Silberlinge tat dieses Weib, das allein in einer Hütte lebte, alles.

Die Erfahrung machten auch die Männer des Dorfes, viele mehrfach. Das stets missmutige Gesicht hielt sie nicht vom Besteigen dieses rassigen Weibes ab, das sich auf der Lagerstatt wild, gierig und lautstark gebärdete. Margas Erfahrungen bestätigten sich mit jedem neuen Liebhaber: „Luud krakeeln is de halve Arbeit!"

Nur dem alten, tattrigen Hans Brackensson blieben die Silberlinge in der Tasche, als er die „Huren-Hütte" verließ, weil bei ihm allein der Wunsch der Vater des Gedanken blieb. Seine Hoffnung „je öller de Bock, je stiewer de Hörn" ging nicht in Erfüllung.

Gerade verließ an diesem Morgen Mutter Inge mit dem Milchkrug Schlafraum und Haus, als Marga, die ungesehen auf den Hof gelangt war, in den Raum mit der Wiege schlich. Sie entfernte die eine, die zweite Decke, dann schrie sie gellend auf.

Das Kind, das dort schlief, riss sie an sich, rannte mit ihm laut kreischend auf den Dorfplatz und ließ es dort vor den Füßen der herbeigeeilten neugierigen Frauen, die sie zu dieser Tat ermutigt hatten, voller Ekel fallen.

Da lag er, der Kleine, nackt, mit einem Buckel, verkrüppeltem Arm, verkürztem Bein und einem Klumpfuß.

Der Aufprall hatte das Baby zwar aus dem Schlaf gerissen, doch Schmerz zeigte sich nicht, die tiefblauen Augen leuchteten milde, fast wonnig.

„Kiek dor, kiek dor, de groode rode Plack op sien Kopp! Dat Teeken kümmt vun uns Götter. De warschaun uns! Dat Kind mutt weg!", schrie Marga in höchster Erregung und zeigte wieder auf den breiten Blutflecken auf der Schädeldecke, ein Schuldmahl der Götter!

„Ruut ut uns Dörp mit dat Undeert", forderte einer der durch den Lärm aufmerksam gewordenen Männer, „anners warn all uns Kinner Stackelminschen!" „Missgeburten" galten als Götterstrafe, dass sie ansteckend waren, davon ging man selbstverständlich aus.

Der Junge, der von unten in viele aufgeregte Gesichter blickte, blieb stumm, sanft und friedvoll.

„Ruut ut Dörp reekt nich, is nich nuch", meldete sich eines der Weiber, die Marga zu Silberlingen verholfen hatte. „In't Moor mit dat Lütt, in't Moor!" Eine Schubkarre war rasch besorgt, das „Unwesen" ohne große Vorsicht hineingepresst.

In diesem Augenblick wurde das weitere Vorgehen durch einen lautstarken Ruf aufgehalten. „Nee, nee, nee, mien Jung! Mien Lütt! Ik will emm trüch", schrie Inge voller Verzweiflung, die Bett und Haus leer vorgefunden hatte: „Dat dörm i nich!"

Es gelang ihr nicht, trotz wilder Schläge, Kratzen, Beißen und Fußtritten, durch die Menschenmauer, die die Dorfleute bildeten, durchzudringen.

Holger Levesson, der Ältermann von Hollenhude, der Vater des Kindes, durch den Lärm neugierig geworden, erschien. Auch „Pottenkieker" sah seinen Sohn erstmals im Tageslicht, denn seine Frau pflegte und wickelte das Neugeborene nur im dämmrigen Schlafraum und verbarg es voller Umsicht stets unter mehreren Decken.

Stille trat ein, bis auf das immerwährende Schluchzen der Mutter. Die hatte sich voller Verzweiflung auf die Erde geworfen, schlug mit ihren Fäusten hilflos auf den Boden. Mühsam kam sie auf die Knie und blickte ihren Mann mit rot geränderten, tränenfeuchten Augen flehentlich an.

Alles wartete auf die Weisung des Dorfältesten. Der ließ sich mit seiner Antwort Zeit. „Dat, dat is nich mien Söhn! Düsse Balg hemm Undeerten makt! De meen dat bös mit Hollenhude! So watt mutt mit Stump un Steel utreeten warn!"

Inge war fassungslos, glaubte, ihren Ohren nicht trauen zu können. Untiere, böse Geister, sollten für diesen Kleinen verantwortlich sein! Was für eine Verleumdung! Allein Holger, ihr angeheirateter Gatte, lag ihr bei, niemand sonst! Jetzt verleugnete er seinen Sohn. Welch eine Schande!

„In't Moor, in't Moor", riefen die Leute, angetan von der Entschlusskraft des sonst so wankelmütigen Ältermanns, immerhin sei der Lütte von seinem Hof! Sein Kind?

Dann ging alles ganz rasch. Eine Abordnung brachte das Neugeborene zum Alten Moor, warf es mit Schwung in das schwarze brackige Wasser, ganz in die Nähe einer schilfumwachsenen Insel, die den Göttern geweiht war. Im Hochsommer konnte man sie trockenen Fußes erreichen.

Anschließend reinigten sich alle die Hände mit feuchtem Kuhmist, um jede Ansteckung zu vermeiden. Geschafft! Die Fäulnis hatte man aus dem Dorf entfernt. Man war mit sich und der Tat durchaus zufrieden, hatte man doch dem Götterwillen gehorcht.

Niemand bemerkte ein weiteres Drama auf dem Hof der Sippe von Holger Levesson an diesem schrecklichen Tag.

4

*Von einer verzweifelten Mutter, einer Braut, die
sich widersetzt, einem Schaf, das Leben rettet,
einer unheimlichen Begegnung am Alten Moor und
wie aus einer Linde ein Vogelscheuchen-Baum wird*

Der Vater des verkrüppelten Kindes, Pottenkieker, war nicht zum Moor mitgegangen. Er hatte sein willenloses, erschöpftes, todtrauriges Weib untergefasst und es in den Heimathof gezogen. Inge, die Mutter, war zu keinen Tränen mehr fähig. Holgers Absicht war es, im Schutz der eigenen vier Wände seinem Weib zu erklären, warum er so und nicht anders handeln konnte. Dazu kam er nicht mehr.

Er setzte Inge, die völlig abwesend schien, ohne weitere Worte auf die Küchenbank. Dann begann er unverzüglich im Schlafraum alle Tücher, Töpfe und Windeln wegzuräumen, die sein Weib an ihre „Missgeburt" erinnern würden. Damit wäre, so glaubte er, aller Ballast beseitigt, ein neuer Anfang möglich.

Sein Weib würde auch bei diesem Nachzügler über dessen Tod hinwegkommen. Bei sechs anderen Kindern, die alle bereits kurz nach der Geburt gestorben waren, hatte sie auch Stärke bewiesen und seiner Auffassung zugestimmt, „wenn de Götter een Döör dicht maken, ward een anne Döör opp makt."

Mit dieser ihn aufmunternden und beruhigenden Gewissheit betrat er die Küche. Tief erschrocken blieb er stehen. Dort lag sein Weib auf dem gestampften Lehmboden in ihrem eigenen Blut. An beiden Handgelenken hatte Inge einen tiefen Schnitt angesetzt und noch ausreichend Kraft gehabt, sich anschließend das Messer in den Hals zu rammen.

Für ihre Kinder Leve und Elise folgten viele schmerzvolle Mondwechsel. Trost fanden sie bei ihrer verständnisvollen

Großmutter, nicht bei ihrem Vater. Holger Levesson soff lieber mit seinen Nachbarn und Freunden, hielt weiter große Reden. Seine Trauer reichte nur wenige Tage.

Bald verließ der weiblose Ältermann Holger Levesson Abend für Abend den Hof und vergnügte sich in den Armen von Marga der Missgünstigen. Wo der unersättliche Pottenkieker früher heimlich handelte, vollzog er jetzt vor den Augen der Dorfleute seinen nächtlichen heißen Ritt über Tal und Berge, der ihn erschlaffen und Marga genießen ließ. Manche der Hollenhuder empörten sich über seinen Lebenswandel, doch nicht in Anwesenheit von Holger.

Allein Marga brachte es zur Sprache. Er sei, bestätigte sie ihrem Beischläfer bei einem seiner Besuche, als Ältermann des Dorfes völlig frei in seinem Handeln. Er, Holger, könne tun und lassen, was er wolle! Sollten sich doch die Hollenhuder Weiber und Mannsleute ihre Mäuler zerreißen. Man müsse lange im Dorf suchen, um einen Kerl zu finden, der nicht auf ihrer Bettstatt gelandet sei. Dabei grunzte sie voller Stolz.

Die Missgünstige ärgerte sich jedoch über all die anderen scheinheiligen Mannsleute. Sie rammelten wie die Kaninchenböcke, aber wenn es darum ging, sich an die Seite des Levesson-Bauern zu stellen, kniffen sie. Der musste allein den Spott tragen: „Wer sik to'n Esel maken deit, de mutt de Sack uk dregen!" Wie zutreffend doch so mancher Dorfschnack war, fand das Weib, das sich endlich den Dorfältesten ganz geangelt hatte.

Erst am Morgen nach diesem grauenvollen Tag, an dem man seinen kleinen Bruder ersoffen und seine Mutter zur Beendigung ihres Lebens getrieben hatte, kam Leve zur Besinnung. An Schlaf war weder für ihn noch seine Schwester zu denken gewesen. Ja, geweint hatten sie und Trost miteinander gesucht.

Leve war zum Alten Moor gegangen, heimlich, denn sein Vater lehnte solche Ausflüge, wo es um neue Kräuter und Pflanzenarten ging, strikt ab. Jäger, Bauer und Viehzüchter sollte sein einzig verbliebener Sohn werden, kein „weibischer Kräuterheini".

„Düchdich achtern Ploog gahn", galt für den Vater. Zwei linke Hände für die bäuerliche Arbeit zu haben, war für den Bauern und Ältermann keine Entschuldigung. Alles sei Übungssache, so der Standpunkt von Holger Levesson. „Keen Boom fallt op den ersten Slag."

Die Einzige die, abgesehen von der Großmutter, Verständnis für Leve aufbrachte, war Elise, seine Schwester. Ihre Hochachtung erwarb er sich durch einen schmerzhaften wie gefährlichen Wespenstich. Der traf Elise in die Zunge. Die schwoll sofort an, Atemnot folgte. Die Jungdeern wurde krebsrot im Gesicht, verlor die Besinnung. Leve, zufällig in der Nähe, half, wie er es bei seiner Großmutter gelernt hatte, mit einem Strohhalm und einem tiefen Messerschnitt in den Hals. Elise bekam wieder Luft, überlebte.

Auch mit seiner Tochter war Vater Levesson höchst unzufrieden. Sie verhielt sich nicht so, wie er es sich wünschte. Gerade dreizehn Winter alt geworden, also bereits im heiratsfähigen Alter, strahlend schön und voll entwickelt, weigerte sie sich standhaft, vom Familienoberhaupt unter die Haube gebracht zu werden.

Stellte er Elise den Namen und die Vorzüge eines zukünftigen Bräutigams vor, pries ihn in höchsten Tönen, änderte sie ihr sonst so tadelfreies Verhalten radikal. Sie bekam Schreikrämpfe, warf sich auf den Boden, zuckte hektisch mit Armen und Beinen und rotzte, so lange der Schleim vorhielt. Während dieser Prozedur verfolgte sie das Gesicht ihres Vaters aus den Augenwinkeln, bis er seine Verkupplung aufgab.

Half aller Widerstand nicht, setzte sie ihre letzte wohlgeübte Waffe ein: hielt den Atem so lange an, dass ihr Gesicht erst gelb, dann rot, später blau anlief, die Augen aus ihren Höhlen traten und sie schließlich ihrem Vater vor die Füße kotzte. Sie bot einen schrecklichen, Mitleid erregenden Anblick. Er fiel so wüst aus, wie man sich ihn sonst von grausamen unter der Erde hausenden Halbmenschen erzählte.

„Nee, nee, nee, dien Brüdigam, de will ik nich! Ik söök mi sölm een Kirl!" Mit diesem Satz beendete sie von ihrer Seite jeden der Vermählungsversuche ihres Vaters, nicht ohne den Zusatz: „Da würde ich es lieber mit einem Schafbock treiben!"

Elises rasende Schreikrämpfe sprachen sich rasch herum. Die Bereitschaft anderer Bauern, ihre Söhne mit dieser Zank-

und Kreischzippe zu verkuppeln, wurde sichtbar weniger, obwohl die Tochter eines Ältermanns mit viel Ackerfläche und Vieh eine glänzende Partie zu sein versprach.

Auf dem Weg zum Moorsee bastelte Leve aus Zweigen und breiten Blättern ein kleines Boot. Es sollte ein Abschiedsgruß an den ersäuften Bruder sein, den er nicht einmal hatte anschauen dürfen. Inge, seine Mutter, hatte ihn stets auf einen späteren Zeitpunkt vertröstet.

Der junge Hollenhuder kniete sich an den Uferrand, belud das Schiffchen mit gelben und blauen Blüten, stieß es ab auf seine Fahrt in das düstere Moor. Seinem Bruder versprach er ein offenes Tor und eine liebevolle Aufnahme im Garten der Götter. Leve wünschte es sich von Herzen und mit aller Kraft.

Diese verkrüppelten Halbkinder seien doch auch Menschen in den Augen der Götter. Und gerade Nerthis, die Muttergöttin der Angeln, würde alles, was Seele und Herz habe, in ihre Arme schließen. An diese Gewissheit glaubte er.

Als Leve aufblickte, bemerkte er auf der sichtnahen, den Göttern zugesprochenen, heiligen Moorinsel zwei Auffälligkeiten, die dort nicht hinpassten: sich heftig bewegende Büsche, obwohl es windstill war, und einen anhaltenden meckernden Klagelaut.

Über eine Furt war die Insel, die voller Büsche stand, mühelos zu erreichen. Doch niemand betrat sie, war sie doch allein den Gottheiten vorbehalten.

Niemand, das traf nicht zu. Jahr für Jahr gab es ein Mutterschaf, das in Sicherheit vor Wölfen und Luchsen dort seine Lämmer ablegte.

Leve packte die Neugierde. Wenn Tiere straflos blieben, warum nicht auch die Menschen! Er blickte sich um, keiner der Dorfleute war zu sehen. Beklommen, zitternd, mit Herzklopfen, durchquerte er Schritt für Schritt die schmale Furt.

Was ihm auf der Insel begegnete, machte ihn sprachlos, entsetzte ihn und ließ ihn zugleich umsichtig wie tatkräftig handeln.

Eine Schafmutter war dort kopfüber in eine Grube gestürzt. Sie konnte sich nicht selbst daraus befreien. Am Rande der wassernahen Kuhle lagen kleine Leichen, zwei Lämmer und … ein Balg, sein Bruder!

Er zog das völlig erschöpfte Muttertier, dessen beide Vorderläufe gebrochen waren, aus seiner Gefangenschaft. Milch spritze ihm aus dem prall gefüllten Euter ins Gesicht.

Anschließend legte er die beiden toten Schafkadaver in das Loch und bedeckte sie mit Sträuchern und Moorerde. Für seinen Bruder, den er in seine Arme nahm, wollte er eine eigene Grabstelle schaffen.

Da erschauerte Leve. Der Kleine bewegte sich, er lebte! Wasser floss aus seinem Mund, er atmete! Er war nicht ersoffen, weil man das Neugeborene mit so viel Schwung heftig ins Moorwasser geworfen hatte. Es versank nur kurz, tauchte wieder auf und trieb an das Ufer der Insel. Den Göttern sei Dank!

Vorsichtig molk Leve Milch aus dem Schafseuter in den Mund des Neugeborenen. Der Kleine schluckte die Milchtropfen nicht. Der große Bruder war versucht aufzugeben. Gerade in diesem Moment öffnete sich der Mund, die Zunge wurde sichtbar, erste Tropfen erreichten den Schlund. Welch eine Erleichterung, welch eine Freude! Eine Rettung dieses jungen Lebens schien möglich!

Immer rascher schluckte der Kleine. Nach einer Weile schloss er die Augen – schlummerte ein und ließ sich in ein gepolstertes Grasbett legen.

Dann kümmerte Leve sich um das schwer verletzte Tier, schiente dessen Beine, pflockte es an, flößte ihm mit der flachen Hand Wasser ins Maul, zupfte Gräser und fütterte das Mutterschaf. Jetzt war es erst einmal versorgt. Hoffentlich würde es überleben, denn ohne die lebensspendende Milch würde sein Bruder sterben.

Wie sollte es weitergehen? Er musste seiner Schwester von dieser wundersamen Rettung berichten. Elise, da war er sich sicher, würde mit ihm einer Meinung sein. Ihr kleiner Bruder, dieses „Krüppelkind", habe ein Recht zu leben. Es war nicht im Moorwasser ersoffen. Also genoss es das Wohlwollen und den Schutz der Götter, insbesondere von Nerthis.

Leve war sich sicher, seine Sippe und das gesamte Dorf waren anderer Auffassung. „Undeerten, de hemm keen Recht opp Leven!" Außerdem würden die Leute auch ohne Gnade den bestrafen, der die heilige Insel betrat. Also mussten er und

Elise ihre Hilfe für das Kind unauffällig, still und leise, heimlich vollziehen.

Diese aufwendige Herausforderung gelang. Auch Gisela, die Heilerin, half, wo sie konnte. Das verletzte Mutterschaf blieb am Leben. Sein kleiner hilfloser Bruder überlebte. Leve erschien es wie ein göttliches Wunder. Niemand aus Hollenhude kam ihnen auf die Schliche.

„Plietsch, krötig mutt man sien", war die Meinung der Großmutter zu ihrem gemeinsamen Erfolg! „Kloog sünd se all!" Klug seien viele Menschen, jedoch lange nicht keck, findig, schlitzohrig genug, eine solche Aufgabe zu bewältigen. Der kleine, tapfere Kerl wuchs heran.

Ein regenreicher Sommer war ins Land gezogen. Für „Lämmchen", so nannten die Geschwister ihren Bruder, bauten sie versteckt zwischen Fliederbüschen eine einfache Hütte mit einem schützenden Gatter.

Wenn Leve eine passende Gelegenheit fand und es nicht auffiel, nahm er „Lämmchen" mit auf seiner Suche nach neuen Kräutern und seltenen Pflanzen, krabbeln konnte der Kleine bereits. Es war eine Freude!

Heilkräuter zu finden, löste bei Leve ein Hochgefühl aus. Bereits als „kleiner Schieter" schaute er der Großmutter über die Schulter und lernte von ihr, welch wundersame Wirkung der Saft aus einer Wurzel, zerkaute Körner oder Wickel hatten, die man vorher in einen Sud aus verschiedenen Pflanzen legte. Manch einer, der elendig erkrankt, hilflos und dem Tode nahe war, genas durch die Kräuterkur der Heilerin.

So segensreich wie sie wollte er, Leve, auch in Hollenhude wirken! Während gleichaltrige Jungen durch Wald und Flur streiften, sich in Kampfspielen übten, legte er unter dem Gespött der Jungkerle gerade ausgerichtete Beete für seine Pflanzen an. „Dat is de Arbeit vun Fruunslüüd, nich vun Mannslüüd", bekam er zu hören.

Auch Marga die Missgünstige, die bei solchen Anlässen immer vorneweg war, beteiligte sich an Hohn und Spott: „Kiek mal, de Leve Holgersson, de klaut uns Wiever de Arbeit!" Marga war und blieb ein Schandmaul. Sie lebte allein in ihrer Hütte, verdiente sich tagsüber ihre Kost durch Küchenarbeiten. In den Nachtstunden zeigte sie den Männern, wo die Scheuerbürste hing.

Bei Schimpf und Schande für Leve blieb es nicht. Zweimal zerstörte eine von erbosten Weibern angestiftete Horde von Jungdeerns seinen Heilpflanzengarten, zertrat die Kräuter und machte die Anlage dem Erdboden gleich.

Leve trug schwer an diesem Verlust, zeigte jedoch nach außen weder Zorn noch Verzweiflung. Gisela, seine Großmutter, half beide Male – und er war ihr unendlich dankbar dafür – mit Ersatzpflanzen aus. Aufgeben, nein, aufgeben war seine Sache nicht!

Es folgte zwei Monde später der Tag, von dem an die dreisten Dinger, diese Jungweiber, ihr Zerstörungswerk einstellten.

Es war an einem warmen Sommertag. Leve sah die Mädchenschar zur Traner Au abziehen, Wasserplanschen war angesagt. Er schlich ihnen, die sich bereits am Ufer aller Kleider entledigt hatten und fröhlich ins Wasser sprangen, nach.

Unbemerkt sammelte er ihre Röcke, Schürzen und Schultertücher ein, klemmte sie unter den Arm und machte sich in aller Ruhe auf zur Linde am Dorfplatz. Er kletterte in deren Wipfel und befestigte die Mädchenwäsche in den höchsten Zweigen, wo der Wind sie in Bewegung hielt. Als „Vogelscheuchen-Baum" schrieb die Linde später Dorfgeschichte.

Plötzlich war panisches Geschrei von der Auen-Bucht zu hören, sodass viele der Hollenhuder herbeieilten. Was sie sahen, war ein Haufen aufgescheuchter, nackter Junghennen, die ihre blondgelockten kleinen Vogelnester notdürftig mit Seerosenblättern bedeckten, die hüpften, sprangen, kopflos durcheinanderliefen, auf der Suche nach schützenden Kleidungsstücken. Die jedoch flatterten in der Krone des Dorfbaumes.

Später konnte Leve sich ein sattes Grinsen nicht verkneifen, wenn er sich an diesen Streich erinnerte. Seine Pflanzungen blieben von diesem „Kleiderklau" an unbehelligt.

Wieder waren seine Gedanken abgeschweift, verlor er sich in der Vergangenheit. Hier, heute, am Alten Moor war er jetzt gefordert!

Trotz des Zwischenfalls mit diesem kleinwüchsigen Jäger war er, abgesehen von seinem fehlendem Auge und dem entstellten Gesicht, mit sich im Reinen. Er galt nicht mehr als „Queeskopp, Dweerknüppel, Dwarsdriever" in seinem Heimatdorf.

Seine Fertigkeit mit Heilkräutern umzugehen, schätzte man. Außerdem gab es immer mehr Leute aus dem Ort, die sein Können bei Krankheiten in Anspruch nahmen, unabhängig von seiner Großmutter. Sogar sein Vater mäßigte sich in seinen Vorwürfen, er sei ein äußerst missratener Bauernlümmel. Jetzt hieß es: „Mag ween, ut di ward noch een düchtigen Kirl!"

Besonders die Rettung seines Bruders steigerte Leves Zufriedenheit, gab ihm Selbstvertrauen. Doch hier und heute, bei seinem Ausflug mit Lämmchen von der Insel des Alten Moores, durfte er nicht bei Vergangenem stehen bleiben, musste er daran denken, was mit Lämmchen weiter zu geschehen habe. Zurück nach Hollenhude? Dieses Tor war dem „Undeert" verschlossen.

Als er mit seinen Gedanken wieder bei der ungewissen Zukunft für seinen kleinen Bruder war, erblickte er zwischen dem Blattwerk an seiner rechten Seite diese merkwürdige breite, aber zwergenhafte Gestalt. Die holte gerade mit ihrem Arm zu einem kraftvollen Speerwurf aus. „Man, dat dörf nich angahn!", fuhr es dem Hollenhuder durch den Kopf. Der Speer wies gerade in die Richtung, in die Lämmchen gekrochen war, genau auf diesen Fliederbusch.

Geräuschlos aufzustehen, sich um den Baum herum unbemerkt hinter den Jäger zu schleichen, dabei sein Messer zu ziehen, alles folgte in einer fließenden Bewegung. Gerade korrigierte der kurzbeinige Speerwerfer noch einmal die Ausrichtung seiner Waffe, da schleuderte Leve den Kerl mit mächtigem Stoß in den Dreck, dass der Schmutz aufspritzte.

Mit dem Gesicht zuerst landete die triefnasse Gestalt in einer Lehmkuhle. Der Speer flog zur Seite, weitere Waffen konnte Leve nicht ausmachen.

Zuerst presste er den Jäger von Lämmchen mit Druck auf den Boden, dann zog er diese jämmerliche Figur, die wie Espenlaub zitterte, am Halstuch brutal hoch und setzte ihr sein Messer an die Kehle. Die Angst um das Leben seines kleinen Bruders hatte ihn so zornig werden lassen. „Wat, wiss du mien Broder dood maken?", zischte er in das total lehmverklebte Ohr.

Von den Geräuschen neugierig geworden, zog sich Lämmchen mit seiner gesunden Hand Zug um Zug mit seinem „brää, brää, bräää" näher an das Geschehen heran.

Der Schutz und die Sicherheit für seinen kleinen Bruder hatte Leves Aufmerksamkeit so gefangen genommen, dass ihm erst jetzt ein merkwürdiges, schlürfendes Geräusch auffiel. Welches Tier war zu solchen Tönen fähig? Es musste der Lautstärke nach ein Größeres sein. Ein Bär, der Beute gemacht hatte, hier im Alten Moor?

Um der Sicherheit willen für den Kleinen musste er den beunruhigenden Geräuschen auf den Grund gehen.

Er stieß dem verhinderten kleinwüchsigen Jäger in den Rücken, packte dessen Halstuch und drängte ihn, die wenigen Schritte zum Fliederbusch zu gehen. „Holt Muul, hörst du", zischte er ihm leise ins verdreckte Ohr.

Leve holte tief Atem, fasste sich ein Herz und bog die Zweige vorsichtig auseinander, doch einer der Äste zerbrach mit einem lauten Knacken. Leve blieb, wie vom Donner gerührt, stehen, musste sich mehrfach vergewissern! Kein Bär! Welch eine Erleichterung!

Doch dieses bis in die Haare blutverschmierte Unwesen dort, ein Dämon, sah grässlicher aus als jedes Tier, das er kannte. Eine Schreckensgestalt aus einer anderen Welt, der Geisterwelt! Leve konnte den Blick nicht abwenden, das Grauen fesselte ihn.

In seiner Erstarrung bemerkte er nicht das Fortkrabbeln von Lämmchen. Der Kleine hatte sich mit einem leisen „brää, brää, bräää" auf den Weg gemacht und schnupperte unbefangen an den Beinen dieses Fabelwesens.

Leve war zutiefst erschrocken. Am liebsten hätte er seinen Bruder auf der Stelle zurückgerissen, doch dieser gefährliche Kerl neben ihm hinderte ihn daran. Jetzt seinen Standort zu verlassen, war nicht ratsam. Er saß in einer Zwickmühle, hilflos fühlte er sich.

Da, Leve traute seinen Augen kaum, dieses fürchterliche, rotfarbene Ungeheuer beugte sich hinunter und streichelte Lämmchen sanft über den Kopf, tat ihm nichts zuleide! Aber damit nicht genug. Jetzt begann auch der Kleine ganz vorsichtig dieses gespensterhafte Wesen zu berühren, betastete die Füße, die Knöchel und Beine.

Der Hollenhuder nahm all seinen Mut zusammen. „Höh, höh, du Undeert, wer büst du!", rief er krächzend mit angstvoller Stimme.

Nun geschahen mehrere Dinge gleichzeitig. In die blutbesudelte Gestalt mit dem hexenhaften Haarschopf kam Bewegung. Arme wurden sichtbar und zu einer friedvollen Geste in die Höhe gestreckt.

Der „Putjehupp" neben ihm entglitt seinem Griff, fuhr sich mit den Händen durch sein verdrecktes Gesicht und befreite seine verklebten Augen vom Schmutz.

Doch zu einem Angriff gegen ihn, Leve, kam es nicht. Auch der Winzling starrte auf das Wesen vor ihnen.

Also setzte der Hollenhuder seine begonnene Frage fort. „Büst doch keen Hex, wenn du mien lüttn Broder strichelln deist?" Eine Antwort erhielt er nicht von dieser gespensterhaften Figur vor ihnen, sondern von dem Kurzbein-Jäger neben ihm.

Der zeigte sich plötzlich kregel, lebhaft: „Nee, nee, een Undeert is dat dor nich, uk wenn dat vull vun Blood is!"

Ein Mensch, kein Untier steckte hinter dieser bluterstarrten, angsterregenden Maske. Aber wer?

Der Jäger an seiner Seite rührte sich plötzlich, ein Zittern durchlief seinen Körper, mit beiden Händen umfasste er seinen Bauch.

Dann platzte es aus ihm heraus. Er prustete, wieherte, kicherte, brach in ein nicht enden wollendes Gelächter aus. Tränen liefen ihm aus den Augen. Es schüttelte ihn, bevor er zu einem ersten Wort fähig war.

„Deern! Een leibhaftige Deern steit dor!" Dieser Ausruf verbunden mit unbändigem Lachen brach die Schranken von Feindseligkeit, Misstrauen und Vorbehalten und erklärte auch das angstlose, rührende Verhalten von Lämmchen. Der legte trotz des Getöses seinen Kopf an die Beine des „Undeerts", schloss seine Augen und schlummerte.

Eine Welt voller Rätsel tat sich vor Leve Holgersson auf, auch für den jungen Fürstensohn Ocke Offasson. Er konnte sich an diese Momente des Schreckens wie der Erleichterung noch gut erinnern.

5

Agnes, eine wilde wie weise Alte, Angelner Tischsitten, von einem waghalsigen Feuersprung, Börge Bärentatze und „Tolle", dem tanzenden Hund

Windstill war es am Alten Moor gewesen, kein Regen mehr, nur noch einzelne Tropfen platschten auf die Erde. Trotzdem bebte er, Ocke, am ganzen Körper. Warum stach der Fremde nicht zu? Warum zögerte er noch? War nicht alles sinnlos geworden? Seine Jagd auf die Hirschkuh, seine Absicht, Fleisch für die Sippe zu besorgen, um den Hungernden in seinem Heimatort zu helfen? Wieder einmal versagte er. Wieder gab es keine Jagdtrophäe, damit keinen Zuspruch, kein Lob.

Wie gerne hätte er, der Kleinwüchsige, der Putjehupp, die Anerkennung aller erhalten. Winzlinge gab es auch in anderen Dörfern. Aber er, der Sohn eines Anführers, von dem erwartete man eine prächtige Figur, einen kraftvollen Körper oder wie seine Großmutter es beschrieb: „De Baas vun all de Angeln, dat mutt een staatschen Kirl ween!"

Nun, der Vorzeige-Angelner, der war er nicht, zwar ein stämmiger Zwerg, mehr nicht. Dass er klug im Kopf, schnell mit dem Wort und flink bei der Tat war, galt bei den Dorfleuten nur wenig. Sein „dickdoonsch" dagegen, seine Großspurigkeit, die verzieh ihm niemand. Aber wie sollte er, der Kleine, sonst auf sich aufmerksam machen?

Immer noch hatte er die Messerspitze gespürt. Seine Gedanken waren abgeglitten. Was wurmte es ihn Tag für Tag, wenn die Leute des Hofes durch die Schläge auf die eiserne Pflugschar zu Mittag gerufen wurden. Die ganze Sippe saß gemeinsam mit Knechten und Mägden bis zum Feuerhüter an einem Tisch. Eine Trennung zwischen Bauern und Bediensteten, die gab es bei den Angeln nicht. Wer zusammen den Acker bestellte, der gehörte an die gemeinsame Tafel.

Die Sitzordnung, die jedoch war festgelegt nach eisernen Regeln, vom Vorsteher des Hofes bestimmt. „Ordnung regert de Welt un de Knüppel, de liggt bi mi anne Siet!" Dieser Stecken war nicht nur Zierde. Wenn der Zorn den Alten packte, holte er den Prügel aus dem Sack.

Sein Vater nahm die gesamte Stirnseite des ausladenden, grob gezimmerten Eichentisches ein. Rechts von ihm saß Ragna die Redselige, wie sie heimlich bezeichnet wurde, seine Stiefmutter, ein scharfzüngiges Weib. Neben ihr Kotze und Klümmp, ihre Söhne. Agnes, seine Großmutter, ihr gegenüber, daneben Gäste, die gab es fast täglich. Großknecht Werner und die erste Binnen- und erste Buutendeern mit ihren Helferinnen folgten. Die einen waren für Haus und Küche, die anderen für Hof und Gemüsegarten zuständig.

Er, Ocke, saß mit den Jungknechten am Ende des Tisches, weitab von seinem Vater, der nur dann von ihm Notiz nahm, wenn ihm ein Versäumnis oder Fehler unterlief, er seinen hölzernen Esslöffel vergaß, einen nackten Fuß auf den Tisch legte, weil es ihn zwischen den Zehen juckte, oder wie alle anderen kräftig während des Essens in den großen Suppennapf rotzte, unbeabsichtigt.

Nur er wurde deshalb gemaßregelt. Seine Stiefbrüder, diese hinterhältigen Steißkriecher, die durften auf Geheiß des Fürsten auch bei Tisch das Wort nehmen. Er, Ocke, war zum Schweigen verdonnert. Entfuhr ihm ganz unbeabsichtigt doch eine Bemerkung und war es auch nur ein Lob für das lecker gebackene Brot, setzte es Prügel. Sein Vater schlug nie selbst. Großknecht Werner erledigte für ihn die Bestrafung. Da dieser ihn mochte, fielen die Schläge auf den blanken Arsch, „de Mors", wie Werner ihn nannte, weniger kräftig aus. Mehr schmerzte das höhnische Grinsen seiner Stiefbrüder.

Von seinen Fehlern zehrte Ocke oft mehrere Tage, denn zur Maßregelung, die Tischsitten verletzt zu haben, gehörte, dass man zehn Tage lang das Essen im Stehen einnehmen musste.

Zum Tischende kamen die Platten mit dem Fleisch – wenn es dann überhaupt etwas gab –, mit den Heringen, dem Mus, dem Brot, wenn man sich an der oberen Tischhälfte bedient hatte. Die besten Stücke mit viel fingerdickem Fettrand gab es nicht mehr, dafür aber die Knochen. Ocke hasste diese Regelung, denn es waren stets die Jüngeren, die dann mit knurrendem Magen die Tafel verließen.

Was ihn nicht störte war das gemeinsame Löffeln der Suppe „ut een Faat", einer Schüssel. Doch wenn Werner, der Großknecht, mit seiner ungewaschenen Drecksand vor Beginn der Suppenlöffelei die Brühe nach Fleischstücken absuchte, ärgerte ihn diese Grobheit beträchtlich, denn den Jungkerls am Untertisch war diese Art von „Fleischangeln" untersagt.

Mehrfach wurde er zum „Stehesser", weil es Kotze und auch Klümmp gelang, ihm, wenn die Runde kleiner war, unter dem Tisch schmerzhaft in die Beine zu treten. Seinem Aufschrei folgte die Bestrafung und dazu der Hohn und Spott, nicht nur der seiner Stiefbrüder, über sein Unbeherrschtsein.

Zu Anfang dieser Tortur beklagte er sich bei seinem Vater. Ungern erinnerte er sich daran, denn die Petzerei brachte ihm doppelte Prügel.

Auch außerhalb der Mahlzeiten ließen Kotze und Klümmp, die der Rückendeckung ihrer Mutter Ragna gewiss waren, nichts unversucht, ihn, den Putjehupp, zu ärgern, bloßzustellen. Ob er spitze Steine in seinem Schuhwerk, eine Kröte in seinem Wasserkrug, Brennnesseln in seinem Bett fand oder eine Schlange, die beiden ließen ihn ihre Überlegenheit spüren.

Als er nach dem Rat seiner Großmutter diese Streiche nicht mehr zur Kenntnis nahm, wurden die Mittel und Maßnahmen drastischer. Ocke war an einem heißen Sommernachmittag erhitzt und schweißnass vom Ernteeinsatz auf den Hof gelaufen, um zwei weitere Forken abzuholen.

Den Göttern sei Dank stand sein Trinkbecher bis zum Rand gefüllt bereits vor dem Haus auf der Gartenbank. Dieser Umstand hätte bei ihm Misstrauen auslösen müssen, wusste er später. Doch der Durst war übermächtig. Er stürzte den vollen Krug mit einigen tiefen Zügen vollständig hinunter. Welch eine Wohltat!

Als er aufblickte, grinsten ihn zwei schändlich-schadenfrohe, boshafte Gesichter an. Kotze und Klümmp. Warum? In diesem Augenblick spürte er es auf der Zunge. Dieses Wasser schmeckte merkwürdig salzig. Ekel befiel ihn. Unfassbar, seine Stiefbrüder hatten seinen Trinkbecher vollgepinkelt.

Bevor er seine Stimme wiederfand, waren diese „kläffenden, räudigen Köter" bereits laut lachend abgezogen, vermutlich um ihren Mitstreitern der Dorfbande von ihrem gelungenen Streich zu berichten. Wieder einmal machten sie ihn zum Gespött der Leute auf dem Hof und von Steenfeldlund. „Ocke is keen Angeliter, man alleen een Plummsteenschieter!"

Als sein Vater von diesem „stiefbrüderlichen" Trunk erfuhr, lachte der nicht nur, sondern klopfte Kotze und Klümmp wegen ihrer Gewitztheit anerkennend auf die Schultern. Trost für ihn, den diese entwürdigende Tat traf, gab es keinen.

Ocke konnte sich nicht daran erinnern, ob und wann und zu welchem Anlass der Fürst ihn überhaupt einmal berührt, geschweige denn in die Arme genommen hatte. War es sein Kleinwuchs, weshalb sich sein Vater schämte, sich so abweisend verhielt? Er verdrängte seine Frage, dem „Jetzt" musste er sich stellen, hier am Alten Moor.

Immer noch stand der gefährliche Fremde dicht hinter ihm. Irgendetwas, irgendwer schien auf dem Boden zu krabbeln und dabei das merkwürdig beunruhigende, unheimlich schnarrende, aber hell klingende „brää, brää, bräää" auszustoßen. Er, vom Schmutz blind, wagte es nicht, sich den Dreck aus den Augen zu wischen. Der Dolch an seiner Kehle blieb eine ständige Bedrohung, ließ ihn zaghaft und zögerlich sein.

Fast vergessen war der Augenblick, in dem er in seinem Heimatdorf Mut, Geschicklichkeit, Kraft und Können zeigen wollte und sein Übereifer ihm eine schmachvolle Niederlage einbrachte.

Es geschah während der Sommer-Sonnenwendfeier, dem bedeutendsten Dorfereignis im Wechsel des Jahresablaufes. Ein Fest zu Ehren der Götter mit viel, vom Fürsten gespendetem, Freibier und dem Höhepunkt für die Jungmänner, dem „Feuersprung" über hohe Flammen, glühende Holzkohle und qualmende Baumstümpfe.

Es war der Tag, an dem er groß getönt hatte und kläglich versagte. Die tief enttäuschten Augen seines Vaters verfolgten ihn noch viele Monde.

Wer den weitesten Sprung über die Feuerstelle wagte und stand, der wurde zum Boten für das einmal jährlich abgehaltene Groß-Thing auf dem Thorsberg berufen. Eine höchst ehrenvolle Auszeichnung, besonders begehrt von denen, deren erste Bartstoppeln den Übergang zum Mannesalter andeuteten.

Kotze und auch Ocke traten mit zehn weiteren Jungen zum Feuersprung an. „Ik war ju wiesen, dat ik de Beste, de Allerbest bün", prahlte der junge Fürstensohn vor seinen Mitbewerbern. „Ik bün man lütt, heff kotte Been, man springn kann ik ass een Hoppetuutz."

Alle wussten, Frösche waren, wenn man sie verfolgte, zu Riesensätzen fähig. Doch hier ging es um einen Feuer- keinen Fluchtsprung, wenn sich „Winzling" mit seiner Mutmacherei man nicht überschätzte.

Seine unglaubliche Beinkraft, die kannte man, zu unterschätzen war die nicht. Im Gegenteil, es wurde gemunkelt, dass dieser Fiesling, so sahen es seine Stiefbrüder, sich über Wochen gewissenhaft auf diesen Wettkampf vorbereitet habe.

Tatsächlich übte Ocke unter der Aufsicht von Börge Bärentatze in jeder freien Minute seine Sprünge auf einer abgelegenen Waldlichtung. „Von nix kümmt nix", galt die Erfahrung seiner Großmutter, also wiederholte er seine anstrengenden Übungen, bis es ihm schwarz vor Augen wurde.

Der alte Börge war in seiner Jugend, vor dem mörderischen Kampf mit dem Bären, einem Einzelgänger, mehrfach bester Feuerspringer des Dorfes gewesen. Es war ihm sogar einmal gelungen, nach einem Riesensatz über drei Pferderücken zu stehen. Ein Ereignis, dass bei den abendlichen Runden der Sippen um das Herdfeuer im Winter häufig Erwähnung fand.

Wie es bei solchen Überlieferungen nicht selten geschieht, gab es Geschichten über Bärentatze, die nicht bei drei Pferderücken haltmachten. Im Ullegraff, einem nahe gelegenen Nachbardorf, sollte Börge sogar ein Sprung über acht Rösser gelungen sein.

Auf dem Thorsberger Hof erhielt der einarmige stumme alte Börge mit seinem vom Bären zerstörten Gesicht sein Gnadenbrot. Ausgestoßen, abgeschoben wurden die Alten in keinem Dorf der Angeln, auch dann nicht, wenn sie Mägde oder Knechte gewesen waren. Wer dem Hof sein Leben lang diente, dem diente der Hof, wenn eine Mitarbeit nicht mehr möglich war.

Es galt die Auffassung im Land der Angeln: „Jeder kann einmal alt, krank und hilflos werden." Dann habe man sich umeinander zu kümmern. Auch und gerade ihre Göttin Nerthis verlange diese Zuwendung. So sagten es die Götternahen, und seine Großmutter Agnes gehörte zu ihnen. Nerthis nehme mit Wohlwollen die Helfer und Hilfreichen bei deren Eintritt in den Götterhimmel in ihre Arme. Gottgefälligkeit werde belohnt.

Wer dagegen Notleidende mied, Alte abschob, nur für sich allein sorgte, dessen zweites Leben nach dem Tode würde grauenhaft sein und grausam enden. Auf Einzelheiten ließ die weise Agnes sich nicht weiter ein. Sie fand solche Drohungen ausreichend. „Bang maken, dat hört to mien Opgaav!"

Mit seiner Großmutter, mit der gesamten Sippe, lebte Ocke unter einem Dach. „Dat weer jümmer so", erklärte die Großmutter, „vun't Suugkind bi't to de Grootöllern hörn all ünner een Dack. Man dat Veeh dat hört darto." So war es Brauch und Gewohnheit. Allein Tücher trennten Mensch und Tier.

Diese gewollte Gemeinsamkeit einer Sippe, die Herd, Feuer und Wärme miteinander teilte, hatte auch eine praktische Seite. Kleine Kinder blieben tagsüber unter der Obhut der Alten, sodass Mutter und Vater, ohne abgelenkt zu sein, ihrem vielfältigen Tagwerk nachgehen konnten.

In der Küche am Herdfeuer traf man sich, aß gemeinsam und dort war auch der Platz, wo die Alten in den Abendstunden ihre – wie Ocke und auch seine Schwester Goodje es empfanden – wunderbar schrecklich-schönen Geschichten von Zwergen und Riesen, Feen und Fabeltieren erzählten.

Dabei blieb es nicht. Der greisen Agnes war es wichtig, auch Mutmaßungen über die Herkunft der Angeln – aus dem Land der Ostensonne – anzustellen, über das Entstehen der Anglischen Sprache und über Völkerschaften, die lange vor der Zeit zwischen dem Buckholmer Fjord und der Slie-See hier zu Hause gewesen waren. Von riesenhaften, blonden Menschen mit Bärenkräften wurde berichtet, die eines Tages gemeinsam aufbrachen und wohl dorthin gezogen waren, wo die Sonne und nicht wie hier im Angelnland Regen, Sturm, Kälte und Nebel zu häufig Leben und Arbeit bestimmte.

Verlor sich die Alte in Wiederholungen, reichte man ihr gegen die Trockenheit ihres Gaumens einen Becher Bier, den man mit Honig veredelte. Eine Kanne reichte aus, damit die Großmutter genussvoll die Augen schloss und einschlief. Anschließend kamen an einem solchen Abend auch andere zu Wort.

„Leven un leven laten" galt als Richtschnur auf dem Thorsberger Hof. Und wenn Fremde den Fürsten danach fragten, was er von seinen Gästen erwarte, antwortete er mit seiner ständigen Redewendung: „Kümmst' in mien Huus, snaack graad un luut, geist herruut, höölst dien Snuut!" Aufrichtig sein und keine Schluderei betreiben, darum ging es ihm.

Goodje und Agnes waren Ockes Vertraute bei Kummer, Sorgen und Niedergeschlagenheit – die Folgen der Gemeinheiten seiner Stiefbrüder. Bei beiden Frauen fand er Verständnis und aufbauende Bemerkungen. Diese Augenblicke waren leider selten, viel zu selten, in denen er Zeit für sie und die beiden für ihn fanden.

Agnes, die unersetzbare Alte, mit den weißen Haaren, einem kleinen faltigen Gesicht, alterskrumm, aber ausgestattet mit blauen hellwachen Augen, denen nichts entging, genoss es, bei ihrem Sohn, Offa Ockesson dem Mutigen, Ratgeberin für die schicksalhaften Fragen der Angeln zu sein. Sie galt als geachtete Seherin, als Götternahe und beaufsichtigte den Heiligen Eichenhain und dessen Quelle. Eine Heilige war sie nicht.

Kein Mann des Dorfes und auch der Nachbarorte war in ihrer Jugend vor ihr sicher gewesen. Sie trieb es wie ein Rattenweibchen, so sagten die Leute, täglich, mehrfach und wo sich die Gelegenheit bot. Ihr Schnack während ihrer wollüstig wilden Zeit, mit dem sie voller Selbstbewusstsein unter die gleichaltrigen wenigen geilen Weiber trat, war: „Ob Herr, ob Knecht, mit jedeneen kam ik torecht!"

Doch Agnes überspannte den Bogen in ihrer Brunftzeit – nicht nur in den Augen des viel älteren Vaters, Fürst Ocke

Offasson, den man als den „Schweiger" bezeichnete – als sie es mit dem liebeshungrigen Sohn eines Bauern aus Grumbyholt im heiligen Eichenkratt auf dem Thorsberg trieb. Dieser Hain war allein den Göttern vorbehalten. Gottheiten ehrte man, zollte ihnen Respekt!

Die Empörung über diese ruchlose Tat, die sie mehrfach nacheinander begingen, von aufreizenden Lustschreien begleitet, schlug Wellen, weit über den Hof und Steenfeldlund hinaus.

Das Donnerwetter des sonst so maulfaulen „Baas aller Angeln" muss wohl überaus mächtig und wirksam gewesen sein. Von einem Tag auf den anderen änderte die zügellose Agnes ihr Verhalten, diente nur noch den Göttern, hielt sich von den Mannsleuten fern.

Fürst Ocke, auf diesen überraschenden Wandel von Agnes angesprochen, antwortete, wie es ihm eigen war, langsam, bedächtig und mit vielen Pausen: „Eenmal … noch … mit … anne … Manns … lüüd … heff … ik … ehr … seggt", dann folgte eine größere Pause, „… versuup …. ik … di … in't … Moor. Dat, dat kannst mi glöövn!" Schlusssätze folgten bei ihm zügig.

Dort im dunklen Moorwasser wollte man nach einem kurzen, knappen Gerichtsverfahren ihren Liebhaber aus Grumbyholt ertränken. Da der bei der Verhandlung eingestand, Agnes in den Heiligen Hain gezerrt zu haben, und seinen Frevel zerknirscht zugab, erlaubte man ihm, statt dem tödlichen Wurf ins Wasser mit schweren Wackersteinen an den Beinen, sich ins Schwert zu stürzen. Was er verzweifelt, mit einem sehnsuchtsvollen Blick auf Agnes, dann auch tat.

Viel Zeit verbrachte das geläuterte Weib mit dem ältesten Sohn ihres Vaters Offa, ihrem Bruder, dem späteren Fürsten, der mit dem Makel eines ständigen Leckauges und eines Klumpfußes zur Welt gekommen war. Ihre Fürsorge, ihre Geduld und Hingabe in der Pflege trugen wesentlich dazu bei, dass dieses verkrüppelte Kind zu einem selbstbewussten Mann heranwuchs, der nach dem Tode des „Schweigers" zu dessen Nachfolger auserkoren wurde.

Der hochgewachsene, kraftvolle Offa galt als passabler Bauer und unterhaltsamer Geschichtenerzähler. Sein Amt verdankte er seiner Fähigkeit, der weit und breit größte Säufer vor den Göttern zu sein. Diese Stärke ließ seinen Hinkefuß wie seine ständig eiternden Augen vergessen.

Zumindest in den ersten Jahren sollte sich diese Wahl als klug erweisen. Später jedoch entwickelte sich dieser Fürst als ungnädig, rüpelhaft und großkotzig, woran die täglichen Trinkgelage mit seinen Saufkumpanen ihren Anteil hatten.

Der Aus- und Umbau des Bauernhauses auf dem Thorsberg zu einem stattlichen Fürstenhof, den Ocke Offasson der Schweiger begann, führte Offa Ockesson, „Leckauge", zu Ende. Hier wuchs der kleine Ocke auf, hier fand die Sonnenwendfeier mit dem Feuersprung statt.

Die Jungmänner ordnete man nach der Größe für die Reihenfolge ihres Mutsprunges. Kotze, der hoch aufgeschossene, machte den Anfang. Ganz hintendran, der Letzte, war Ocke, der „Lüürlütt". Die Feuerstelle, mit Eichen- und Buchenscheiten ausgelegt, prasselte heftig, die Flammen zündelten hoch in den Abendhimmel.

Zu denen, die sich vor dem Feuersprung drückten, gehörte auch Klümmp, sein Stiefbruder. Viel Bewegung war nicht dessen Stärke. Beim Essen jedoch gab es niemanden, der seinem Tempo gewachsen war. Bei der traditionellen „Jungmänner-Bewährung" machte er sich als beflissener Helfer nützlich, wieselte eilfertig durch die Reihen der Wettkämpfer. Ocke erinnerte sich noch ganz deutlich.

Die Feuersprünge gingen ihrem Ende entgegen. Diesen Augenblick würde er nie vergessen. Nur vier Jungkerle schafften ihre hohen Sprünge, darunter Kotze mit dem weitesten Satz. Das sollte er überbieten können, schätzte der Kurzbeinige seine Lage ein. Er würde sogar, wenn er an seine Übungssprünge dachte, weit darüber hinauskommen.

Bei seiner Berechnung vergaß er die Dreistigkeit von Klümmp, der mit seinem Bruder ein Herz und eine Seele war. Für beide gab es nur einen Sieger – Kotze –, von dem seine Mutter sagte: „Düsse Jung, mien Söhn, de hett dat Tüüg för een Fürst vun de Angeln, wenn een bruukt ward."

Unbemerkt von allen Festteilnehmern goss der jüngere Stiefbruder in einem günstigen, unbeobachteten Augenblick Wasser auf die Absprungstelle und verschwand fast unbemerkt. Nur Börge Bärentatze, der sich auf die gegenüberliegende Seite gestellt hatte, um Ocke aufzufangen, war der Frevel nicht entgangen. Mit seinem verbliebenen einen Arm versuchte er hilflos und ohne Erfolg, seinen kleinen Freund zu warnen. Rufen war ihm versagt, weil er seit seinem verzweifelten Bärenkampf stumm war.

Ocke überdachte noch einmal all die Anweisungen von Bärentatze, holte tief Luft, winkelte seine Arme an. Seine Umgebung nahm er nicht mehr wahr, allein jetzt den Siegessprung zu schaffen, Bester zu werden, war sein Bestreben. Heute kam seine große Stunde! Jetzt!

Es war sein Vater, der Fürst, der ihn aus den Flammen zog. Ein glühender Eichenast, auf den er mit seinem Rücken prallte, hinterließ eine handbreite, tiefe, lange Brandwunde. Diese rotweiße, entstellende Narbe trug er sein ganzes Leben.

Die ersten Tage nach dem Fest der Sommer-Sonnenwende war er nicht bei Bewusstsein gewesen. Agnes, die Alte, und Goodje, die Schwester, pflegten ihn mit schmerzstillenden Seerosenblättern und einem lindernden Brei aus Blättern und Wurzeln verschiedener Heilpflanzen.

Da die Wunde sich zuerst nicht schließen wollte, erstach man einen Hasen und legte die blutige Innenseite des Fells auf die Brandstelle. Diese brutale Behandlung brachte trotz aller Schmerzen die Wende für den Todkranken. Äußerlich wurde Ocke nach wochenlangem Krankenlager wieder gesund.

Nicht ein einziges Mal suchte der Fürst seinen ungeliebten Sohn auf. Bitter enttäuscht war er von „Winzling", der so großsprecherisch aufgetreten war. Ihn tröstete, dass seine Sippe mit Kotze trotzdem den Sieger stellte. „Düsse Jung, de kann wat, de hett dat Tüüg to mehr", war er sich sicher, hatte die Voraussetzungen, sein Nachfolger als Erster der Angeln zu werden, doch darüber würden noch viele Winter vergehen. Er sollte sich irren.

Noch Monde nach dem Feuersprung erinnerten die Kinder des Dorfes Ocke an dieses in jeder Hinsicht schmerzhafte Ereignis. „Putz, putz, Hoppetutz", mit diesem Schmähspruch rannten sie hinter ihm her, hüpften und quakten wie die Frösche in den Abendstunden am Rande des Dorfteichs. Erst der Schaden, dann der Spott. So ging es einem wie ihm, der zu großmäulig auftrat. Diese Erfahrung sollte ihm eine Lehre sein, nahm er sich vor.

Nur wenig Trost empfand er, als Börge Bärentatze ihn zur Absprungstelle zog, um ihm umständlich und mit Handzeichen die hinterlistige Tat von Klümmp zu erklären. Der Stumme litt sehr unter diesem hinterlistigen Vergehen, das erkannte man an seiner verbitterten Miene. Der wassergetränkte, glitschig gewordene Absprungsort bewirkte das folgenreiche Unglück für seinen kleinen Freund.

Nicht sprechen zu können war eine Geißel von ganz eigener Art. Ocke nahm den alten Börge, der sich dafür bücken musste, tröstend in die Arme. Man gab auch in Steenfeldlund nichts auf „verschüttete Milch". Der Unglückssprung wurde Geschichte.

Immer noch schmerzte den Fürstensohn die Wunde bei jeder Bewegung. Sie nässte und Goodje tupfte ihm besorgt täglich den quellenden gelben Eiter und die Blutfäden weg.

Sein eigentlicher Schmerz saß tief in seinem Inneren. In den Augen der Dorfleute und besonders seines Vaters war und blieb er der ewige Versager. „De Jung is krank. Nee, nich an sien Lief, dat uk, man deep in emm, wo de Götter uns stüüern doon!", mit diesen Worten knöpfte Großmutter Agnes sich Fürst „Triefauge" vor. „Ocke mutt een Tied lang wech, ruut ut uns Dörp!" Nachdrücklich forderte sie Offa Ockesson dazu auf. Der Junge sei krank an seiner Seele, eine neue Umgebung würde ihm guttun.

Dem Fürsten gefiel der Vorschlag durchaus, musste er doch nicht mehr auf den matten, mutlosen Sohn blicken, wenn der schlurfend mit hängenden Schultern über den Hof schlich. Jedes Mal wurde er dabei an diesen enttäuschenden, peinlichen Feuerhüpfer von seinem Putjehupp erinnert.

Weniger gefiel Offa der Zusatz von Agnes: „He mutt to dien Süster. Een Wief ass Ose, de weet mit eem umtogahn!" Seine Schwester und er waren, als es um diesen verdammten Dänen ging, im heftigen Streit voneinander geschieden. Er hatte beide mit Schimpf und Schande vom Hof gejagt.

Nach einigem Nachdenken, dem Auswischen seiner Leckaugen und mehrfachem Zupfen am Ohr nickte er schließlich. Eigentlich sogar erleichtert, war er doch vor den Augen der

Alten über seinen Schatten gesprungen. Diesen Bengel mit seiner Besserwisserei für einige Monate loszuwerden, war ein solches Opfer wert.

Ose, seine ältere Schwester, trug den Zusatz „die Dritte" deshalb, weil es bereits zwei weitere „Oses" in der Sippe gab und man in der Namensgebung bei so vielen Geburten immer mal wieder durcheinanderkam. Warum sollte man sich bei Jungdeerns extra den Kopf zerbrechen, allein bei den Männern hatten Namen Bedeutung!

Ocke wurde zu diesem Ortswechsel gar nicht erst gefragt. Man stellte ihn vor vollendete Tatsachen. Noch recht genau konnte er sich an diesen Augenblick vor einigen Jahren erinnern. Er kam sich vor wie ausgewiesen, weggestoßen, ausgesperrt!

Er tat, was ihm aufgetragen wurde – an Kraft zum Widerspruch fehlte es ihm. Börge Bärentatze begleitete seinen Schützling auf dem Ritt in die Ungewissheit, in das Unbekannte. Doch was sollte er bei Ose der Dritten, einer Tante, die er gar nicht kannte, nie vorher gesehen hatte? „Een, de emm fremd un mit sien Vadder över Krüüz wer."

Viele Stunden später, die Abenddämmerung setzte bereits ein, erreichten sie das Lager von Dirk dem Dänen, dem Händler. Eine neue, völlig andere Welt tat sich dort für Ocke auf. Mit offenen Armen voller vorbehaltloser Herzlichkeit und Freude hieß man ihn und Börge willkommen. Niemand sprach ihn auf seinen zwergenhaften Wuchs, seine Blässe, Unsicherheit und seine grässliche Narbe an.

Im Gegenteil, bereits beim kargen Abendbrot, nachdem man sich um das Lagerfeuer herum auf Schaffelle gesetzt hatte, meinte er dazuzugehören. Als man später gemeinsam ihm unbekannte, aber wohlklingende Lieder sang, unterhaltsame Geschichten und Erlebnisse austauschte und die Männer Arm in Arm mit großer Freude mehr stampften als tanzten, überkam ihn das Gefühl von Nähe, Zufriedenheit und Freundschaft.

Ose der Dritten war es durch ihre unbeschwerte, fröhlich-offene Art gelungen, ihn mit der gesamten Händlertruppe, mit diesem „Fahrenden Volk", in kürzester Zeit bekannt zu machen.

Bereits am nächsten Tag mit Beginn der Morgendämmerung brach man auf, wurden ihm als Aufgabe die Zügel für das Führen des dritten Ochsengespannes in die Hände gelegt, die Peitsche und mehrere rote Wurzeln übergeben. Die schwerblütigen und zuweilen störrischen Ochsen würden eher bei schmackhaftem Futter und geduldigem Zuspruch denn auf die strafende Peitsche ihre Zugkraft verstärken, riet ihm der blondbärtige Dirk.

Mit drei vierrädrigen und drei zweirädrigen Wagen, die Ersteren mit Ochsen, die Letzteren mit Kaltblutpferden bespannt, und insgesamt zwanzig Fuhrknechten und Mägden reiste diese Händlertruppe von Dorf zu Dorf und führte alles mit, was im Haushalt, im Stall und auf dem Acker benötigt wurde. Es wurde getauscht, gekauft, verkauft und zugleich war man Überbringer von Ereignissen, Entwicklungen und Neuigkeiten.

Um mit den Angeln erfolgreich Handel zu treiben, musste man Geduld, Gespür und Geschick besitzen. Diese Dörfler waren zwar nicht richtig geizig, aber sparsam, sehr sparsam. Misstrauisch waren sie außerdem, befürchteten stets über den Tisch gezogen zu werden. Und als „langstielig" kennzeichnete Dirk der Däne seine Handelspartner.

Einmal, es war in Bökelund gewesen, zog sich der Tausch eines Otternfells gegen schlichte Hühnereier über drei Tage hin. Als man bei der nächsten Station die Eier zum Verzehr aufschlug, mahlte Dirk knirschend mit den Zähnen. Hatte dieser sture, hinterlistige Bökelunder Bauer ihnen doch angebrütete Eier untergeschoben. Trotz, vielleicht auch wegen ihrer Fleischeinlage kamen sie in den Suppentopf. Speisen wegzuwerfen konnte man sich nicht erlauben, der Hunger machte jedes Essen schmackhaft.

Nicht nur Ose fiel auf, dass Ocke nicht ein einziges Mal auf der Reise den Peitschenstock mit der scharfen Lederschnur einsetzte, sondern durch Zuruf und Zuspruch die Ochsen lenkte und bei tiefen Radspuren abstieg und den Wagen mit aus dem Dreck zog.

Als seine Tante ihn deswegen ansprach, war es Ocke selbst bisher nicht aufgefallen. Warum auch sollte man Tiere zusätzlich quälen, die ihr Bestes gaben? Nach Oses Ansicht war

Ocke ein kluger Kutscher, er führte mit Geschick die Zugtiere, achtete auf die Morastlöcher, gönnte den Tieren zu passender Zeit eine Pause und zeigte auch beim Auf- und Abladen der Waren und deren Verstauung viel Umsicht.

So viel Anerkennung in einem Satz hatte er in den vergangenen Jahren, abgesehen von Goodje und der Großmutter, nie erhalten. Röte überzog sein Gesicht beim Lob seiner Tante, ganz verlegen wurde er.

Ose nannte ihn einen „Weiterdenker". So viele gäbe es davon im Land der Angeln nicht. Weiterdenker, damit konnte er, der Putjehupp, nichts anfangen, nur weil er hier und da Dirk dem Dänen Verbesserungsvorschläge zu den Wagen, zur Ladung und den Zugtieren mit aller Vorsicht unterbreitete, denn rechthaberisch, nein, so wollte er nicht mehr auftreten. Dirk, der Führer dieses Trupps, nahm ihn ernst, Ocke ermutigte die Beachtung!

Sie waren bei diesem Gespräch über Veränderungen auf dem Weg nach Smedeby, einem Schmiededorf, gewesen. Auf ihrem vierrädrigen, durch Bohlen verstärkten, stabilen Kastenwagen türmten sich Stoffballen, Waffen, Werkzeuge, Haushaltsgüter, schwarze runde Jütepötte und eine besondere Kostbarkeit. Diese schützte man sorgfältig vor Regen und Nässe. Für viele ihrer Kunden war sie wertvoller als Gold oder Bernstein, Silber oder Seidentücher. Diese Ware war die Grundlage für den Erfolg des Handelsgeschäftes von Dirk und Ose geworden.

Im Dorf der Schmiede, in Smedeby, liefen die Tausch- und Verkaufsgeschäfte zwar nicht mehr so blühend wie in früheren Jahren, aber immer noch erträglich. Nicht nur hier, überall im Land der Angeln nahmen Not, Armut und Hunger zu. Die Menschen wurden nicht weniger, aber die Ernteerträge durch den häufigen Regen geringer und die Zahl von Seuchen beim Vieh nahm zu, daran hatte auch die anhaltende Feuchtigkeit ihren Anteil.

Vor vielen Monden war es noch anders gewesen, erfuhr der Fürstensohn von seiner Tante. Da wurde ihr Einzug als Händler in jedem Ort herzlich gefeiert. Es gab Tanz, Gesang und in so manchem Dorf ein tagelanges Gelage – Bier, Birkenwein und Honig-Met, bis man von den Bänken fiel oder auf den

Tischen einschlief, nur unterbrochen von handfesten Schlägereien.

Der Handelszug brachte willkommene Abwechslung in den Alltag eines Dorfes. Dazu trug auch „Tolle", der tanzende Hund, bei. Dirk hatte diesen kurzbeinigen, grau-struppigen Köter mit seinen treu blickenden Knopfaugen als Welpe hinter einer allein stehenden Scheune gefunden, zog ihn voller Hingabe auf und brachte ihm bei, auf den Hinterbeinen tanzähnliche Schritte vorzuführen. Auch Knochen und andere Gegenstände im Maul zu jedem gewünschten Ort zu tragen, erledigte Tolle auf Zuruf. Dass er mit der rechten Pfote sogar „zählen" konnte, begeisterte Kinder besonders. Wenn Tolle sich beim Zählen vertat, was auch Dirks Dressur-Geschick zu verdanken war, gingen die Spaßwogen hoch. „Tolle, Tolle, tell noch mal", riefen die Kleinen dann laut.

Solche Festtage fielen immer mehr dem Mangel an Tauschware in den Dörfern zum Opfer. Auch ihre Vermählung, so erzählte Ose ihrem Neffen, als sie von Smedeby aufbrachen, sei kein fröhliches Fest gewesen. Im Gegenteil. Ihr Ansinnen, Dirk, einen Dänen, zum Mann zu nehmen, ohne vorher die Sippe um Erlaubnis zu fragen, auf eigene Faust einen Mann zu heiraten, löste bei ihrem Bruder als Vorsteher der Sippe Widerspruch, Empörung, Ärger und eine sofortige eindeutige Ablehnung aus.

„Een Dän kümmt mi nich dür de Döör", brüllte er. „Dat sünd Ballerbüxen, snacken nich uns Angler Spraak, kenn' uns Götter nich, klaun uns Köh, döögen de chance Dag nix! Ik besorg di een Mann ut Angeln, een handfast een! Nee, Süster, slaa di dat utte Kopp!" Dänen würden nichts taugen? Im Gegenteil, widersprach Ose: Tüchtig seien sie und außerdem beherrschte Dirk die anglische Sprache! Ihn, diesen Dänen, den wolle sie – ihn allein – keinen Muss-Ehemann durch die Sippe.

Ose blieb standhaft. Noch am selben Tag verließ sie, die Dreizehnjährige, den Thorsberger Hof, traf sich mit Dirk in Sliestorp, einem kleinen beschaulichen Fischerdorf am Ende der Slie-See, wo sie sich an einem Markttag kennengelernt hatten, sofort Zuneigung zueinander fanden und übereingekommen waren, es miteinander zu versuchen. „De Levde, de weer uns wichtig, nich dat, wat de Öllern wulln!"

Auch Dirk der Däne biss bei seiner Sippe in Tingleffe-Holt wegen seines Ansinnens, ein Weib aus Angeln zur Frau zu nehmen, auf Granit. Doch auch er schlug alle Warnungen in den Wind. Ose und Dirk bewiesen in den Augen von Ocke Mut, viel Mut und Standhaftigkeit.

Zwei eiserne Regeln brachen die beiden: Sie handelten gegen die Oberhäupter ihrer Sippen und zugleich setzten sie sich über Stammes- und Völkerschaftsgrenzen hinweg. Ein Däne und ein Weib aus dem Angelnland! Zwei verschiedene Sprachen, unterschiedliche Brauchtümer, Gottheiten – wo sollte eine solche Entwicklung nur hinführen? Keine Unterschiede mehr, das konnte nicht gut gehen! Bei Fürsten und Königshäusern war es gerade noch vertretbar, da ging es um höhere Interessen, aber das galt doch nicht für das gewöhnliche Volk!

Aus beiden Sippen gab es Drohungen. Verwünschungen und sogar Flüche sandte man dem Brautpaar nach. Die Blitze der Götter, deren Beile und Lanzen würden sie treffen und zermahlen. Zu Kröten, Ratten und Schmeißfliegen würde man sie verwandeln, vielleicht auch zu Mistkäfern, die man mit der Hacke des Stiefels zertreten konnte.

Es waren besonders die vermählten Weiber, die Ose die Pest zwischen ihre Schenkel wünschten. Warum sollte gerade die da, vom Thorsberger Hof, aus eigener Entscheidung ihr Mannsbild wählen dürfen, das Brauchtum brechen! Ein Sonderrecht für Ose die Dritte dürfe es nicht geben!

Doch kein Bannstrahl traf die Wagemutigen. Im Gegenteil, die Dorfleute anderer Orte störten sich weder an der Zweisprachigkeit der beiden noch daran, dass Dirk gelbblond und Ose dunkelhaarig war. Man schätzte sie als aufrichtige Handelspartner, auch wenn man ab und zu den Eindruck gewann, durch Oses Fröhlichkeit und Dirks treu blickende blaue Augen doch in irgendeiner Weise übervorteilt worden zu sein.

Die Geschäfte von Dirk dem Dänen und Ose blühten noch mehr auf, als ihnen ein alter Fischer von Sliestorp bei viel Met und Silberlingen von Rungholt und weiteren Inseln im Nordmeer berichtete. Von Booten der Friesen und Sachsen, die nicht nur kostbare Tuche, bestickte Kleider und Goldringe an Bord lagerten, sondern auch mit dem hochbegehrten Salz handelten. Welch eine Glück bringende Kunde!

Man war diesem Hinweis mit drei Wagenladungen gefolgt und handelte an der Nordmeerküste das von Booten der Friesen gekaufte Salz. Bereits die erste Fuhre wurde ihnen von den Angeln und Jüten aus den Händen gerissen. Salz, das nicht nur die Speisen würzte, war Mangelware und wertvoll. Fleisch konnte damit durch Pökeln, das Einreiben mit Salz, über Monate gelagert und der Hering mit viel mehr Genuss verspeist und über Wochen haltbar gemacht werden. „Een Hering ohne Salt, dat is een Moors ohn' Büx", so pries Ose die Dritte diese Ware an.

Es machte Dirk wie sein Weib Ose nach den vielen Jahren des mühevollen Handels und dem schwierigen Beginn ihrer Beziehung zufrieden und stolz, dass bei ihrem Eintreffen in einem Ort nicht mehr gesagt wurde: „Een Dän mit een Wief ut Angeln, de hudeln mit uns!" Nein, jetzt hieß es: „Uns Dirk un Ose sünd dor!" Woher sie stammten, zählte nicht mehr, nur ihr freundliches Auftreten, ihre Ware und ihr Handeln galten.

Ocke sei ihnen ans Herz gewachsen, versicherten ihm beide, die kinderlos geblieben waren, als ein berittener Knecht vom Thorsberger Hof unvermittelt erschien und ihn am Abend eines erfolgreichen Handelstages aufforderte, zurückzukommen. Nein, kein Unglücksfall. Wegen der anfallenden Ernte und der begonnenen Rodung des Waldes, um mehr Ackerfläche zu erhalten, werde jede Hand gebraucht. Er, der Fürstensohn, solle unverzüglich in den Norden reiten zum Buckholmer Fjord. Wie in jedem Jahr wären dort die Bündel mit dem Trockenfisch abzuholen, die Tauschware dafür trüge das Packpferd.

Wenn Ocke damals gewusst hätte, welches erschütternde Erlebnis ihm widerfahren würde, hätte er sich mit Händen und Füßen gegen diesen Auftrag gewehrt, vermutlich zwecklos. Der junge Fürstensohn merkte, er verlor sich in Erinnerungen.

Doch jetzt wollte er keine Gedanken an die damalige Zeit verschwenden. War er nicht in eine böse Falle geraten? Hing sein Leben nicht am letzten dünnen Faden? Was geschah da?

Tief atmete Ocke durch. Der Druck der Klinge hatte nachgelassen. Endlich! Doch zugleich glitt ihm sein regenschwerer

Umhang, dessen Verschnürung beim Sturz gerissen war, von den nackten Schultern, sodass die breitflächige, hell leuchtende Brandnarbe vom missglückten Feuersprung auf seinem Rücken sichtbar wurde. „Man, wat een Narv! Wat mutst du een Wehdag hatt hemm", meldete sich die Stimme des Mannes, der hinter ihm stand, voller Besorgnis und wohl auch Mitleid. Mit einem lang gezogenen „Bräää" folgte die zweite Stimme. Vielleicht wurde sein Lebensfaden doch nicht zerstört! Hoffnung keimte in ihm auf.

Erschöpft ließ er seine Arme sinken, zu lange hatte er angespannt stehen müssen. Was würde auf ihn zukommen?

Als später seine Augen frei von Schmutz, Lehm und Pfützenbrühe waren, erfasste Ocke erst vollständig, in welches unglaubliche Abenteuer er geraten war. Und lachen hatte er müssen, herzhaft lachen, als sich das blutbespritzte Ungeheuer als tollkühne Deern entpuppte, als ein fixes, forsches, junges Weib. Und wie von Zauberhand lösten sich Angst und Schrecken.

Ganz ähnlich war es auch Idea, der Jägerin aus Smedeby, ergangen, wie sie später erleichtert erzählte.

6

Idea „Slappfoot" von der Sippe des Sigvald Sörensson, von der Jagdbeute süßem Blut, den Sorgen und Hoffnungen im Dorf der Schmiede, von einem Maskenmann, einem verheerenden Feuer, „Angelner Bruderschaften" und warum eine Mutprobe zu einem Spottvers führt

Der andauernde Regenschleier öffnete sich für einen kurzen Augenblick. Idea, die noch jugendliche Jägerin aus Smedeby, blieb erschrocken stehen. Rasch nahm sie die Hand vor den Mund, um keinen Laut auszustoßen. Sie traute ihren Augen nicht. Nur wenige Schritte von ihr entfernt, fast verborgen von einem ausladenden Holunderbusch, stand eine mächtige graubraune Hirschkuh mit klatschnassem Fall. Zitternd, den Kopf gesenkt, die Nüstern weit geöffnet, als wollte sie Witterung aufnehmen. Idea rührte sich nicht vom Fleck, stand stocksteif.

Vorsichtig, jedes Geräusch vermeidend, fasste die schlank gewachsene blondhaarige Jägerin mit der einen Hand ihren Dolch und hob mit der anderen den Speer. Vom Gegenwind begünstigt, trat sie, auf verrottete Zweige achtend, wenige Schritte näher. Die große Kreatur schien bewegungslos – oder doch nicht? Unvermittelt hob diese ihren Kopf mit großen, runden, schmerzvoll flehenden Augen, so schien es Idea.

Da bemerkte sie die Ursache: Zwei breite, vom Regen hellrot gefärbte Blutströme drangen aus einer tiefen Wunde in ihrem Nacken. Das Tier röchelte laut, der Atem kam nur noch stoßweise. War das die Gelegenheit, auf die sie so lange gewartet, gehofft, sie jedoch nie für möglich gehalten hatte? Heute konnte sie als Weib beweisen, dass sie zur Jägerin taugte!

Diese Hirschkuh würde ihre erste große Beute sein! Die

Götter schienen es so gefügt zu haben. Endlich einmal stand das Glück an ihrer Seite!

Dieses schwer verwundete Tier musste sie von seinen Leiden erlösen, eine Jägerpflicht! Tief drang die doppelt geschärfte Klinge ihres Dolches an der Tod bringenden Stelle in den muskulösen Hals der Hirschkuh. Der Speer wurde nicht mehr benötigt. Blut, dickes, warmes rotes Blut schoss stoßweise aus der offenen Wunde unterhalb des Kopfes.

Idea ließ ihr Messer fallen, formte, wie sie es bei anderen Jägern gesehen hatte, ihre Hände zu einer Schale, fing darin das dunkle Blut auf und schlürfte es in langen Zügen. Durstig und ausgehungert war sie. Und wie dieser Lebenssaft schmeckte: würzig, wohltuend, Kraft spendend! Es störte Idea keineswegs, dass ihre Hände, das ganze Gesicht bis über den Haaransatz hinaus, der Hals und auch der Umhang nun mit Blut verschmiert wurden.

Mit ihren Fingern voller Blut fuhr sie sich unbewusst auch durch die Haare, die ihr danach wie steif gefroren wild und weit vom Kopf abstanden.

Zum Jubeln war ihr zumute. Allein, ohne fremde Hilfe hatte sie ihre erste Hirschkuh zur Strecke gebracht! Sie, ein junges Weib. Sie hatte es geschafft! Jägerin war sie! Eindeutig. Der Beweis lag hier im Alten Moor. Was Mannsleute stolz werden ließ, schaffte auch sie, ein Weib.

Aus den Augenwinkeln nahm sie wahr, wie die Kuh zuerst auf die Vorderbeine fiel, dann nach vorn und anschließend zur Seite stürzte, die Hinterläufe streckte, kurz den Kopf hob, dann alles Leben aus ihr entwich. Nur die Augen blieben weit geöffnet und glotzten sie starr an.

Idea erschauerte; aber nicht nur deshalb. Ein fremdartiges Geräusch ließ sie aufblicken. Sie konnte jedoch nicht ausmachen, wo es herkam. Sie irrte sich wohl.

Ihre Gedanken schweiften ab zu ihrem Vater Sigvald Sörensson, Schmied und Ältermann von Smedeby, dem Dorf der Schmiede und Bauern.

Er, der nicht nur seit ihrem Unglückstag stets zu ihr stand, würde stolz auf sie und ihre Jagdleistung sein. Die jungen Mannsleute dagegen voller Neid, ohne es nach außen zu zeigen. Die Jungdeerns würden über ihre „Mannslüüd"-Leistung spotten und die älteren Dorfleute ihre Köpfe schütteln. Was sie stets taten, wenn jemand Gewohnheiten brach, Vertrautes in Frage gestellt wurde.

„Een Deern hört in't Huus, nich op Jagd! Düsse Deenst hemm de Mannslüüd to doon! De Kirls hemm de Statur, de Knööf, de Will un de rechte Kloogheit för de Jagd. Dat is se in de Weeg legt wurn! Achter Kreaturen rann to sien, is keen Arbeit för een Frunnsminsch!" Männersache! Da gackern doch die Hühner!

Wie Idea diese Zuordnungen verabscheute! Weiber mussten weben, waschen, Kinder wickeln, im Winter Wolle spinnen und aus Walnussschalen Farbe gewinnen. Sie durften neben der Zubereitung der täglichen Mahlzeiten und der Herrichtung von Kleidung stundenlang Häute der geschlachteten Kühe gerben. Eine verdammt harte Tätigkeit, bei der die Fingernägel brachen, die Hände blutige Risse bekamen und die Männer nie zufriedenzustellen waren. Stets hatten einige, nicht alle, etwas an ihren Gerberarbeiten auszusetzen.

Doch was Idea besonders in Rage versetzte war, dass die Jungdeerns, so wie sie, täglich Moos sammeln mussten, damit die Älteren des Dorfes sich damit den Arsch wischen konnten. Gegen diese, wie sie fand, ungerechte Aufteilung der Arbeit hatte sie sich zur Wehr gesetzt, war Köhlerin geworden. Nicht dauerhaft, doch für mehrere Sommer.

Auslöser dafür war ein unerwarteter, geheimnisvoller und großer Auftrag für das Dorf der Schmiede. Eines Nachts, so um die Mondstunde, wurde mit einem Ruck der Vorhang vor dem Schlafraum ihres Vaters und ihres kleineren Bruders zur Seite gerissen.

Sigvald Sörensson wachte durch das Geräusch auf, fuhr aus der Bettstatt hoch. Da legte sich eine Hand mit einem derben Lederhandschuh über seinen Mund und zwang ihn mit einem kräftigen Stoß auf sein Lager zurück: „Holt Muul un hör to!", zischte eine Stimme mit weingetränktem Atem in sein Ohr.

Ein Überfall, doch aus welchem Grund? Furcht erfasste Sigvald. Umbringen wollte ihn dieser Unbekannte offensichtlich nicht, noch nicht! Seine Angst blieb, auch um den weiterhin tief schlafenden Sohn.

Idea war die Einzige, der er von dieser denkwürdigen Nacht, die zugleich Freude wie Tränen brachte, in allen Einzelheiten erzählte. Eigentlich war er zum Schweigen gezwungen.

Dreißig Lanzen, genauso viele Breitschwerter mit doppelter Klinge, zehn Kettenhemden und hundertfünfzig Äxte sollte das Schmiededorf bis zum Tag der Wintersonnenwende liefern, in bester Qualität, hatte der Mann hinzugefügt.

Als sich die Augen von Sörensson an die Dunkelheit gewöhnten, erkannte er in dem ungebetenen Gast einen Krieger, bis an die Zähne bewaffnet. Zusätzlich trug er eine abstoßende eiserne Halbmaske. Feuerrot war sein Bart und strähnig die roten Haare.

Beim Volk der Chatten, hatte Sigvald erfahren, färbten sich die Männer, wenn sie dem Jugendalter entwachsen waren, ihre Haare dauerhaft mit roter Farbe. Aber das Volk der Chatten, das die Schädel ihrer Feinde als Trinkschalen nutzte, lebte doch weit weg vom Land der Angeln, tief im Süden!

Bedingung für die Waffenherstellung sei, dass der Ältermann niemandem etwas über den Auftraggeber verraten dürfe. Ihm, dem Baas des Dorfes, würde schon eine Ausrede einfallen.

Gerade war Imo, Ideas jüngerer Bruder, wach geworden. Der starrte angstvoll auf diesen unheimlichen Masken-Menschen.

Mit einer blitzschnellen Handbewegung griff der Rotkopf den Jungen und dessen Betttuch, versetzte dem Kleinen einen derben Stoß an den Kopf, sodass Imo die Besinnung verlor. Der Krieger wickelte den Jungen rasch in das Tuch und warf sich das Bündel über die Schulter.

„Mien Söhn, laat Imo bi uns", rief der Schmied voller Verzweiflung. „Schnuut holn, heff ik seggt! Hier is dat Sülver!" Ein schwerer Beutel mit Silberlingen landete auf der Brust des Dorfältesten. „Dien Söhn kümmt trüch an'ne Kaat, wenn wi mit jurs Arbeit tofreden sünd! Keen Wuurt to de Lüüd. Hol dien Gaffel! Anners geit dat dien Jung an de Kraag!"

Imo als Faustpfand in der Hand dieses Menschen. Mit einer Rückkehr seines Sohnes durfte er erst nach der Beendigung aller Arbeiten rechnen und dieser Auftraggeber musste beim Leben von Imo ein Geheimnis bleiben!

Mit den Drohworten war der Krieger lautlos, wie er gekommen war, verschwunden, ließ einen völlig verstörten, todtraurigen Vater zurück. Kein Wort verlor der Unheimliche darüber, wie und in welchem Zustand Imo zurückgebracht werden würde!

Ein besorgter, erschütterter, verzweifelter und unendlich trauriger Schmied blieb allein mit seinen Sorgen, seiner Todesangst, zurück.

Wer waren die Auftraggeber? Feinde aus dem Norden oder tatsächlich die Chatten aus dem Land der hohen Sonne? Würden sie, die Handwerker von Smedeby, die Waffen herstellen müssen, mit denen man ihre Sippen und die anderen Angehörigen des Angeln-Volkes später erschlagen würde?

Warum wählte man gerade Smedeby aus? Wussten die Unbekannten von den seit zwei, drei Wintern nachlassenden Aufträgen? Wurden sie beobachtet? Gab es Händler, die mit diesen Kriegern unter einer Decke steckten? Diese und andere Gedanken gingen dem Dorfältesten durch den Kopf.

„Man, an't Enn", so sagte er Idea, habe er sich, weil es um das Leben von Imo gegangen sei, für die Umsetzung des unheimlichen Auftrages entschieden, „man, dat Hart weer mi swoor".

Andererseits jedoch war ihr Vater erleichtert. Endlich war die quälend lange Zeit ohne ausreichende Beschäftigung für das Schmiededorf vorbei. „Man, wat hemm wi opp Arbeit luuert", fügte er mit einen Stoßseufzer hinzu.

Wie in Smedeby üblich, wurden die Gewerke nach gründlicher Beratung und manchem Streit auf alle Handwerksbetriebe verteilt. Jede Sippe erhielt nach der Größe ihrer Werkstatt und Anzahl der Schmiedeleute ihren Anteil.

So handhabte man es hier bereits seit Generationen, wie in anderen Handwerker-Dörfern des Angeln-Landes. Gemeinsam beschaffte man Erze und Kohle, verteilte die Aufträge; gemeinsam tauschte oder verkaufte man die fertiggestellten Schmiedearbeiten.

Hier in Smedeby war es darüber hinaus Brauch, das Braunerz, das Raseneisenerz wie auch die Holzkohle mit allen zur Verfügung stehenden Ochsenkarren vom Herstellungsort der Rohstoffe abzuholen, den Transport nicht an Fuhrleute abzugeben. Die Silberlinge dafür sparte man, erledigte selbst die aufwendige Arbeit.

Die Fuhrleute hatten für diesen zusätzlichen Fleiß der Smedebyer wenig Verständnis. „Gierig, nerig, sündig sünd düsse Isenklopper, gönn uns nich dat Swatte ünner'n Fingernagel." Doch bei solchen Beschimpfungen blieb es nicht immer, es kam vor – ausgelöst durch eine große Menge Bier –, dass man sich in die Haare geriet und mit blauen Augen und platter Nase des Gegners seinen Zorn besänftigte. Bedauert wurden von den Fuhrleuten die Jahre, wo es keinen Streit gab, denn den Fäusteschwingern gefiel es, sich so richtig auszutoben.

Die Güte der hergestellten Geräte oder Waffen prüfte der Ältermann gemeinsam mit zwei dafür gewählten Vertrauensmännern. Erkannte man bei einem Spieß eine Bruchstelle, fehlte die Blutrinne bei einem Dolch, war der Griff eines Schwertes nicht ausreichend ausgeschmiedet, ging das Produkt an seinen Hersteller zurück.

Ärger folgte oft auf dem Fuße. Doch die drei Prüfer ließen sich nicht umstimmen. „Wat wi maaken, dat mutt good sien, Hand un Foot hemm", erläuterte in einem solchen Fall Sigvald, „anners köfft uns keen wat aff!"

Gab es wiederholt Fehlerhaftes oder Pfusch von einem Schmied, entzog man ihm für zwei Winter sämtliche Aufträge. „Angelner Bruderschaft" nannte man diese Tradition gemeinsamen Wirkens. So geschah es auch in anderen Orten bei anderen Handwerkerschaften.

Jetzt hieß es, mit aller Kraft tätig zu werden. Die Zeit bis zur Wintersonnenwende betrug nur wenige Monate. Noch wichtiger war Sigvald die baldige Rückkehr seines Sohnes. Wenn er an den kleinen Imo dachte, weinte er. Und er weinte oft.

Bereits wenige Tage nach dem ermutigenden Arbeitsbeginn, als man den Amboss wieder zum Klingen bringen und die Kohle dauerhaft brennen lassen konnte, geschah mitten im kurzen Sommer ein folgenreiches Unglück. Ein verheerender Waldbrand zerstörte in Egge an de Beeck, dem Dorf, aus dem die Schmiede die notwendige Holzkohle bezogen, den gesamten Baumbestand.

Einer der zahlreichen Meiler am Waldrand war unbeaufsichtigt geblieben, der Wind brauste am späten Abend noch einmal auf und versetzte den riesigen, mit Torf und Farn abgedeckten Holzstoß in Flammen. Das Feuer sprang auf andere Meiler über, erfasste den nahen Wald, brach sich eine glühendberstende Bresche. Die Glutwalze erreichte alsbald Egge an de Beeck und weitere Ortschaften. Mehr als dreißig Sippen verloren Haus, Hütten, Heimat und ganze Getreidefelder wurden Opfer der Flammen.

Für Smedeby eine böse Botschaft. Denn mit Frischholz ließ sich keine Gluthitze entwickeln, Eisen benötigte höchste Brandstärke. Der Gedanke von Sigvald, in diesem Notfall eine eigene Köhlerei zu betreiben, die Holzkohle selber herzustellen, fand Unterstützung im gesamten Dorf.

Zugleich beschloss man auf einem Thing, der Dorfversammlung aller Männer, Unterstützung und Hilfe für die in Not geratenen Sippen zu leisten. Dafür ließ der Ältermann alle Haus- und Hofbesitzer benachrichtigen. „Wat hüüt in Egge an de Beeck passeert is, dat kann Morn bi uns in Smedeby sien. Wenn wi in de Schiet sitten doon, bruuken wi uk Hölp", begründete der Ältermann seine Aufforderung zur Unterstützung. Alle stimmten für den Vorschlag. Was man entbehren konnte, lud man auf Ochsenkarren und noch am gleichen Tag begaben sich die Smedebyer auf den Weg in die Orte, wo das verheerende Feuer gewütet, der Brand getobt und Leid und Not über die Menschen gebracht hatte.

Doch damit war die Frage nach der fehlenden Holzkohle nicht gelöst. Wer sollte die Aufgabe für einen Meiler-Bau übernehmen? Der große Schmiedeauftrag benötigte jede Hand, auch die der älteren Jungkerls.

„Vadder, ik gah nah Egge an de Beeck, snack dor mit de Köhlers, laat mi vertelln, wat to doon is. Een vun de Lüüd dor schall mi hölpen, kümmt mit nah Smedeby, geit mi to Hand." Rat und Hilfe von den kundigen Köhlern zu holen, ein kluges Unterfangen!

Durchaus vernünftig fand der Vater diesen Vorschlag seiner Tochter. Ihn störte es keineswegs, dass eine Jungdeern ihn unterbreitete. Ohne weitere Holzkohle würden sie die Auftragsfrist nicht einhalten können. Und das Leben seines Sohnes blieb in höchster Gefahr.

Imo, das Nesthäkchen. In der Stunde seiner Geburt war dessen Mutter, sein Weib Burgitt, im Kindbett gestorben. Ein plötzliches Fieber überfiel sie, Hals und Schlund schwollen an. Nicht einmal mit einem Strohhalm gelang es, ihr Wasser einzuflößen. Wie schmerzvoll hatte sie leiden müssen!

Neun Kinder schenkten die Götter ihrer Sippe, den Sigvaldssons, fünf davon entrissen sie sofort wieder den Armen der Mutter. Tränen und Trauer herrschten dann auf dem Schmiedehof. Was hatte ihre Sippe Unrechtes getan? Der Wille der Gottheiten blieb unerklärlich. Das galt auch für das Schicksal der weiteren Kinder.

Die Älteste, eine Tochter, ersoff, gerade einmal vier Winter alt, im Dorfteich. Die Zweitälteste, ein überaus hübsches Mädchen, verschwand eines Tages, als eine Händlerschar aus Jütland das Dorf aufsuchte, spurlos. Gleich begonnene Nachforschungen führten zu keinem Erfolg.

Imo und Idea erinnerten ihn immer wieder an Burgitt, weil sie der Mutter wie aus dem Gesicht geschnitten schienen.

Sein Vater, Sören Sigvaldsson der Ältere, hatte ihm befohlen, sich mit diesem Weib zu vermählen. Burgitt war es bei ihrem Vater nicht anders ergangen. Fremde waren sie sich zu Anfang gewesen.

Bereits nach kurzer Zeit entwickelte sich zwischen ihnen beiden durch viele Gespräche und gemeinsame Arbeit in Haus und Hof Verständnis, Vertrauen, Zuneigung. Jede Gelegenheit nutzten sie, um miteinander zu schnacken, ihre Sorgen, ihr Glück, ihre Verbundenheit miteinander auszutauschen. Im Dorf galten sie als „een Pott un een Pann".

Lange trauerte Sigvald der Toten nach. Es kam ihm nicht in den Sinn, ein neues Weib zu wählen, obwohl mancher Nachbar mit heiratsfähigen Töchtern dem Eigentümer einer Schmiede und Bauernhofes ein durchaus verlockendes Angebot unterbreitete.

Gustav Evoldsson, ein Kleinbauer aus Bollingstede, gesegnet mit zwölf ansehnlichen Töchtern, ließ sogar durchblicken, auf vier von ihnen zugleich verzichten zu können.

Es war Idea mit Überzeugungskraft und einer Handvoll Silberlingen gelungen, zwei Köhler für einige Tage von Egge an de Beeck zum Aufbau eines ersten Meilers in der Nähe von Smedeby zu gewinnen. Für den Gegenwert von zwei Ferkeln versprachen diese eine weitere Begleitung des Versuches unter der Bedingung, dass man später die Holzkohle wieder aus Egge beziehen würde.

Erlenholz wurde geschlagen, Scheite in eine Rundform verlegt und zu einem Turm mannshoch aufgeschichtet. Für den Kern dieses „Kunstwerkes" hatten die beiden Meister aus Egge an de Beeck Holzkohlenstücke mitgebracht, die den Brand überstanden hatten.

Sorgfältig überdeckte man das Holz nicht nur mit breiten Farnkraut-Zweigen, sondern auch mit Moos und Erde, stieß Luftlöcher von allen Seiten in den Holzberg und zündete ihn von unten her an.

Idea lernte, dass die Seitenlöcher, auf denen der Wind stand, stets zu schließen seien, um ein schnelles Feuer zu vermeiden. Die Holzscheite mussten langsam durchglühen, durften nicht in Brand geraten!

Sieben Tage dauerte der Aufbau, sieben weitere Tage durfte der Meiler bei Tag und während der ganzen Nacht nie ohne Aufsicht bleiben. „Dat mutt alln's sien Schick hemm", erklärten die beiden Kenner, „anners geit dat Füür dood oder de Meiler brennt aff."

Als die Köhler aus Egge, mit zwei Hühnern zusätzlich reich belohnt, sich nach dem Entzünden des Holzkerns mit guten Ratschlägen an Idea auf den Heimweg machten, wurde ihr angst und bange. Wie sollte sie allein diesen Meiler beschicken, sichern, pflegen, ein Feuer verhindern?

Da erschien Lasse, einer der Bauernsöhne aus Lundewitt, ein fröhlich, frecher Kerl mit blitzenden Augen, stets launigen Worten und ständig auf Brautschau. Er hatte von der überaus selbstständigen, ansehnlichen Köhlerin gehört, von seinem Vater freie Tage erbeten und ging Idea jetzt zur Hand. Dieser falsche Windhund! Doch die ernüchternde Erfahrung machte die Jungdeern erst sehr viel später.

Tagsüber, wenn die Meiler-Beaufsichtigung es zuließ, tändelte er um sie herum, neckte sie, wo er konnte, und des Nachts kitzelte er nicht nur ihre Nase. Idea war glücklich. Lasse, ein Mann für ein ganzes Leben! Idea wagte zu träumen.

Der erste Smedebyer Meiler wurde tatsächlich ein Erfolg. Die Holzkohle blieb geformt, fest und versprach von Qualität zu sein. Jetzt konnten die Essen in den Schmieden wieder zum Einsatz kommen, der Ambossschlag fortgesetzt und die umfangreiche Bestellung erfüllt werden.

An diesem glücklichen Tag schwor Lasse Idea ewige Treue, bevor er sich auf den Rückweg in sein Heimatdorf Lundewitt begab. Die Zustimmung seines Vaters und seiner Großmutter, denn sie sei die heimliche Herrscherin im Hause, würde er bekommen, so erklärte er selbstbewusst und ein wenig gönnerhaft, wenn, ja wenn die Mitgift von Ideas Vater hoch genug ausfallen würde. Drei Kühe, ein Hammel, zehn Hühner und die Hälfte der Einnahmen aus dem Schmiedehandwerk sollten es gerne sein.

Idea holte tief Luft. Eine solche aufwendige Aussteuer würde ihrem Vater zusetzen, denn weder die Schmiede noch der Hof waren eine Goldgrube.

Erstmalig wurde sie Lasse gegenüber misstrauisch, begann seine Worte aufmerksamer abzuwägen. Die Arbeit des zukünftigen Bräutigams übernahmen Helfer aus der Nachbarschaft.

Die neue Smedebyer Kohle versetzte den ganzen Ort in eine Art Aufbruchstimmung. Die Hungertage waren vergessen sowie die Flaute bei den Aufträgen.

Die Suche nach dem vermissten kleinen Imo blieb erfolglos, was viele bereits von Anfang an vermuteten, denn immer wieder strichen Wölfe, wilde Hunde und auch Bären um Smedeby. Diese Kreaturen machten mit allein streunenden Kindern kurzen Prozess, töteten sie und verschleppten die Beute zu den Höhlen ihrer Jungtiere.

Sigvald Sörensson nahm das Mitgefühl und den Trost der Dorfgemeinschaft zum Verlust seines Sohnes still entgegen. Was sollte er auch dazu sagen? Ihm blieben wegen der Schweigpflicht die Hände gebunden. Über seine persönliche Not verlor er kein Wort.

Allein Idea, seine Tochter, blieb ihm als Verbündete. Dieses Vertrauen ihres Vaters rechtfertigte sie mit absoluter Verschwiegenheit.

„Slaap nich! Drööm nich!" Idea kniff sich kräftig in die linke Hand. Sie befand sich hier im Alten Moor, nicht in Smedeby!

Sie musste jetzt an die Beute, die Hirschkuh, nicht an ihre Sippe denken! Es war von Beginn der Jagd an ihre Absicht gewesen, die Landbrücke zwischen dem Schlangensee und diesem großflächigen Moor zu erreichen. Hier, wo es Quellen und ausreichend Nahrung gab, traf man häufiger auf jagdbares Wild als dort, wo Wasser und Wildkraut knapp waren.

Mit der Ausrede gegenüber den neugierigen Dorfleuten, „ik will kieken, wat dat an wille Korn gifft, an Eeten för uns Dörp", war sie aufgebrochen. Speise, Fleisch, Fisch und Brot für die Sippen konnte es nicht genug geben. Auch in Smedeby waren die Einkünfte klein und der Hunger groß. Auch wild gewachsenes Getreide wurde für das Fladenbrot gerne verwendet.

Das braune Eisenerz aus dem Erdboden unter der Grasnarbe blieb wegen seiner mangelnden Bruchfestigkeit eine unsichere Grundlage für das ortsgebundene Schmiedehandwerk.

Bei einer ihrer Fuhren nach Jerresholt zeigte ihr Vater, wo und wie man dort die rotbraunen, zerlöcherten, schmalen Rostschichten freilegte. Grassoden hob man aus, stieß mit Hacker und Handschaufeln in die Tiefe, und wenn der Zufall es wollte, legte man eine hauchdünne dunkelfarbige Eisenschicht frei oder fand rostbraune Eisenklumpen.

In kleinen Hochöfen aus Lehm, die man von unten befeuerte, trennten die Jerresholter die Erde vom Erz. Aufwendig war die Arbeit. Die Ergebnisse blieben mager, die Jerresholter dennoch unerschütterlich. Weil der Sandboden als Acker ungeeignet war, musste ein weiterer Verdienst her. Koste es, was es wolle! Das Raseneisenerz blieb eine gesuchte Tauschware.

Wieder schweiften ihre Gedanken ab. Verflixt! Jetzt ging es um die Hirschkuh, ihre Jagdbeute. Die Zeit drängte. In der Nacht unter Bäumen zu schlafen machte Idea nichts aus. Den ewigen Regen, den hasste sie.

Nur ihr Vater wusste, weshalb sie aufgebrochen war. Allein diesem vertraute sie. Sigvald Sörensson hatte ihr vor Monaten bereits zu einem Jagdmesser verholfen. Sie trug es verdeckt und auch ihre Zielwürfe übte sie heimlich.

„Waffen, de hörn nich inne Hänne vun Wiever!", galt im Dorf. Frauen und Jagdmesser! Die würden sich ja selber damit umbringen, unglücklich damit werden. Bei Männern sei alles anders. Die trugen bereits bei der Geburt ein Messer in der Hand und denen müsse man nicht erklären, was die Klinge oder wo der Griff sei.

Idea ließ sich weder ein- noch unterordnen. Sie hatte ihren eigenen Kopf. Vom Vater erhielt sie den knorrigen, durch eine Efeuranke gedrehten Wanderstab, ohne den sie seit ihrem trostlosen Unfall nicht mehr auskam.

Beim Ausplündern eines Elsternestes, einer Mutprobe, die eigentlich allein den Jungen zustand, war sie von der Spitze der Dorfbuche so unglücklich gestürzt, dass ihr rechtes Bein mehrfach brach. Ein zersplittertes Knochenteil war durch Fleisch und Haut gestoßen, gut sichtbar gewesen. Schrecklich sah dieser Stumpf aus, voll von Blut, Knochenstücken und Sehnen!

Alle Leute, die Ideas Sturz bemerkten, eilten neugierig herbei, glotzten, ekelten sich, kehrten rasch wieder um. Nur wenige halfen, trugen sie in die Hütte ihres Vaters.

Allein Alma „Kruut", wie man sie nannte, ihre Großmutter, wusste Rat. Sie presste den weißroten gespaltenen Knochen wieder ins Fleisch und seine ehemalige Lage zurück, schiente das Bein mit fingerdicken Ästen, umwickelte die Wunde ganz fest mit Rinde von Bäumen und Sträuchern, um den Blutfluss zu stoppen.

Sie ordnete an, ihre Enkelin dürfe die Lagerstatt bis zum kommenden Vollmond nicht verlassen. Schreien vor Schmerz hätte Idea können bei dieser Art von roher Behandlung und der langen Untätigkeit, zu der sie verdammt war.

Doch unter den Augen der zahlreichen Nachbarn, jung wie alt, durfte sie – eine zukünftige Jägerin – keine Schwäche zeigen. Kein Laut kam bei der Behandlung des Bruches über ihre Lippen, kein Muskel zuckte.

Die jungen Kerle aus dem Dorf zogen enttäuscht ab. „Een Deern, een örnliche Deern, de huult bi so veel Wehdaag!" Ideas Tränen flossen nachts, lautlos.

Sie wollte allen beweisen, welche Kraft, welche Geschicklichkeit, aber auch welche Tapferkeit in ihr, einer Jägerin, steckten. Also stand sie bereits nach wenigen Tagen, der Mond zeigte gerade seine erste Sichel, aus ihrer Bettstatt auf und …

verlor dabei den Halt. Das geschiente Bein brach unter ihr weg und sie stürzte auf den hart gestampften Lehmboden.

Diesmal versagten Kunst und Können von Alma „Kruut". Der Fuß, zur Seite geknickt, wuchs schief an. Seitdem zog sie ihr Bein mit einer Schleifspur nach. Dieser ungewöhnliche Schleppgang brachte ihr nicht nur die Sticheleien vieler Kinder, sondern auch einen Spottnamen ein. Idea „Slappfoot" nannte man sie! „Kiek, kiek, Idea Kloog, löppt dwarsaff mit een scheefe Foot", so riefen die Kleinen hinter ihr her. Blieb Idea stehen und wandte sie sich um, verschwanden die Göörn blitzschnell hinter den Hütten und Häusern. Von dort klang es zwar leiser, aber es schmerzte das Mädchen trotzdem. „Kiek, kiek, Idea Kloog, löppt dwarsaff mit een scheefe Foot." Idea litt unter diesem Schimpf, verbiss es sich jedoch, ihr Leiden zu zeigen. Aufgeben? Sich entmutigen lassen? Nein! Den höhnenden Kindern die kalte Schulter zeigen, ja!

Was sagte ihre Großmutter „Kruut Alma" noch immer: „Deern, dat Leven geit bargdaal, man uk bargopp!" Es würden für sie auch wieder bessere Tage folgen.

Und so kam es tatsächlich! Doch die Götter mahlten langsam!

7

Von Lasse dem Schlawiner, Ideas Treffen mit
„Unholden", dem Mut der jungen Agnes, dem
Schiedsspruch eines Götternahen und warum die
Ohrenschmalzleckerei zu Eingebungen beiträgt

„Kiek, kiek, Idea Kloog, löppt dwarsaff mit een scheefe Foot!" Idea merkte es sehr wohl, je weniger sie ihre Betroffenheit zeigte, umso weniger Spaß schienen diese „Büxenschieter" an ihren Sticheleien zu haben. Bald ließ deren Interesse an ihr nach, andere Opfer wurden gefunden.

Ohne den stützenden Stab ihres Vaters kam Idea nicht mehr aus. Trotzdem, aufgeben wegen dieser erheblich einschränkenden Gehbehinderung wollte sie nicht. Nein, ihren Traum zu leben blieb ihr Ziel. Freude sollte ihr Vater an ihr, einer geachteten Jägerin, haben!

Die Großmutter, zornig über die Unvernunft ihrer Enkelin, teilte Idea unverblümt mit: „Du Deern, ass Bruut von Lasse, dat kannst di ut'n Kopp slaan. Mit een Krüppel will keen een wat to doon hem!" Und so geschah es zum Kummer von Idea, obwohl Lasse und sie sich Gemeinsamkeit bis zur Ewigkeit zusagten, sie von seinen herrlich blauen Augen ganz hingerissen war und verzaubert von seinem gewinnenden Wesen. Das Ende des möglichen Brautpaares kam unvermittelt, aus heiterem Himmel.

Idea und Lasse – hätten passen können! Ein prächtiger Bauernhof in Lundewitt, dazu eine Schmiedewerkstatt in Smedeby mit fünf Bediensteten, das würde Wohlstand und ausreichendes Auskommen geben für das Brautpaar, für beide Sippen und zugleich Sicherheit für die Eltern und die ganz Alten. Bedenken gegenüber einer solchen Verbindung gab es weder bei der Sippe in Lundewitt noch der in Smedeby.

Vor dem abschließenden Handschlag der Familienoberhäupter war Idea von ihrem Vater ob dieser Verbindung gefragt worden. Sie wusste, in anderen Sippen war so etwas nicht üblich, da hatten die Bräute sich still zu fügen.

Idea hatte gern zugesagt, weil Lasse nicht nur ein heller Kopf und gut gewachsen, sondern stets fröhlich und zu Späßen aufgelegt war. Sie beide würden ein abwechslungsreiches und sicher nie langweiliges Eheleben mit vielen Kindern führen.

Aber: Kruut-Alma behielt recht. Nicht die Väter lösten das Bündnis, es war ihr möglicher Bräutigam. Das traf Idea wie ein Keulenschlag. Er sei von einer gesunden, unversehrten Braut ausgegangen. Jetzt stimmte die Grundlage des Handels nicht mehr! „Een mit een scheefe Been, nee, de wull ik nich bileng!" Nicht ein einziges Mal besuchte er Idea an ihrem Krankenlager, auch Genesungswünsche und Grüße trafen keine aus Lundewitt ein!

Was Idea nicht wusste: Ihr Vater hatte aus Zorn wegen ihres Leichtsinns allen Besuchern die Tür gewiesen, Lasse hatte dazugehört.

Und wie Ida erst viel später erfuhr, ließ Lasse seinen Vater um die blutjunge Bauerntochter Kirsten aus Hande-Busch werben, die erst neun Winter zählte. Dieser erbärmliche Schuft! Lasse, so fand sie, war die größte Enttäuschung ihres Lebens!

Nie wieder würde sie einem Kerl trauen, heiraten auf keinen Fall, so schwor sich die junge Smedebyerin, ohne in diesem Augenblick daran zu denken, dass nicht die Menschen, sondern die Götter die Lebensfäden spinnen.

Es waren besonders der Trost und das Verständnis ihres Vaters, die ihr in diesen traurigen Tagen halfen. Sigvald Sörensson, der Schmied, war in jungen Jahren in manchen anderen Dörfern gewesen, auch bei Dänen und Jüten, deren Sprache er beherrschte. Er hatte dort gearbeitet, sich umgesehen, Menschen und andere Sitten kennengelernt, neue Einsichten gewonnen.

Diese auswärtigen Jahre hatten ihn geprägt, nachdenklich, aber auch nachsichtig werden lassen. Sein Ratschlag wurde in seinem Heimatort zunehmend gesucht.

Und als ein neuer Ältermann für das Dorf, der zugleich Thingmann für den Heiligen Thorsberg sein würde, zu wählen war, entschieden sich die Männer für Sigvald Sörensson, jedoch nicht einstimmig, manche lehnten ihn wegen seiner Klugheit sogar ab.

Sein Vorgänger, auch ein Schmied, war unter die Hufe eines wild gewordenen Ochsen geraten und förmlich bis zur Unkenntlichkeit zertreten worden, weil der Stich einer Hornisse den Bullen zur Raserei gebracht hatte und der Schmied – ein Koloss von Kerl – glaubte, das wütende Ungetüm mit bloßen Händen stoppen zu können.

Sigvald war umstritten, weil er aus den Erfahrungen seiner Wanderschaft Auffassungen äußerte, die einige im Dorf empörend fanden, da sie an den Grundfesten der Dorfregeln rüttelten. „Ob Mann, ob Fruu, ob arm, ob riek, för mi dor sünd de Lüüd in uns Angelnland all gliek!"

Bei Weibern, Mägden und Knechten fand der Ältermann für solche Worte breite Zustimmung. Sie wiederholten auf den Höfen und in den Häusern gerne, was er äußerte. Alle gleich zu behandeln, gleiche Rechte zu haben, fanden sie durchaus richtig.

Die Männer dagegen, die Handwerker und Hofbesitzer, widersprachen. „Dat mach angahn bi uns Götter in Walhalla, man hier bi uns in't Dörp, dor gifft dat Klooge un Unklooge. Man de Plietschen, de Smitten un Buuern, de möhn segg'n wo't lang geit. De Mannslüüd, de Huus un Hoff tohörn doon, dat sünd se, de Plietschen!" Wer tüchtig war, es zu Besitz und Gütern brachte, sollte auch mehr Rechte erhalten, fanden die Bauern und Handwerksmeister.

„Alle Menschen gleich! Bauer bleibt Bauer, Knecht bleibt Knecht, Magd bleibt Magd." Da konnte man doch nur über die Ansichten des Sörensson den Kopf schütteln, vor allen Dingen, wenn es um die Weiber ging. „Fruunsminschen sünd keen Mannslüüd!" Auch wenn der höchste Gott der Angeln, Nerthis, eine Frau war, segensreich, gerecht und klug. Hier auf der Erde hatten die Mannsleute zu herrschen, besonders die den Ackerbau und ein Handwerk betrieben. Männer dachten praktisch, handelten, wie es sein musste, wussten, was gerecht war. So dachte man nicht nur in Smedeby. Mann und Weib, Herr und Knecht – diese Ordnung war von den Göttern gewollt. Zu einer Einigung kam man nicht – noch nicht!

Idea, durch das Blut der Hirschkuh gesättigt, vom Jagdglück beseelt, fiel es nicht leicht, sich von den Erinnerungen an Smedeby zu lösen. Ein Krüppel zu sein setzte ihr schwer zu, auch wenn sie es nach außen hin verbarg.

Jetzt jedoch musste sie mit ihren Gedanken im Alten Moor bleiben, hier zu einer Entscheidung kommen. Was sollte mit der Hirschkuh geschehen? Weil sie immer noch an die oft hungernden Menschen in ihrem Dorf dachte, bemerkte sie nicht, wie neben ihr die Zweige des Fliederstrauches auseinandergebogen wurden.

Da brach lautstark ein Ast. Idea schrak zusammen, blickte auf und traute ihren Augen kaum. Ein zweifacher Aufschrei ließ sie erstarren. An Flucht war mit ihrem verkrüppelten Fuß nicht zu denken.

Zwei Gesichter wie Fratzen glotzen sie aus der Lücke zwischen den hochgebogenen Zweigen an. Auch diese Gestalten schienen erschrocken, von Furcht geprägt zu sein – oder doch nicht?

Das Aussehen des Kleinwüchsigen war schauderhaft. Nase, Mund und Augen waren durch schwarzbraunen Lehm maskenhaft bedeckt. Bei dem anderen spaltete eine blassweiße Narbe das Gesicht von der Stirn über die Wange bis zum Kinn. Und dort, wo einmal ein Auge gewesen war, befand sich ein tiefschwarzes Loch. Welch ein abstoßendes Aussehen!

Ihr Dolch lag irgendwo im Schlamm, beim Auffangen des Hirschblutes hatte sie ihn einfach fallen gelassen. Speer wie Bogen waren nicht zu sehen. Regungslos stand sie, war waffen- und wehrlos.

Waren die Schreckenswesen vor ihr aus dem Wurzelwerk der Unholde? Eine beklemmende Angst packte sie. Gegen solche Ungetüme, mochten sie groß oder klein sein, koboldhaft oder zwei Köpfe tragen, durfte man nicht die Hand erheben. Das waren die Worte von Kruut-Alma, ihrer Großmutter. „Uk se, de Grusigen un Gräsigen, hemm de Schutz vun uns Götter!"

Was sollte, was konnte sie überhaupt tun? Ratlosigkeit befiel sie.

Da bemerkte Idea eine weitere, eine dritte Gestalt. Diese kroch, nur auf einen dünnen kleinen Arm gestützt, direkt auf sie zu. Eines ihrer Beine zog sie schleppend hinter sich her.

Jetzt stieß dieses verkrüppelte Wesen auch noch Töne aus, „brää, brää, bräää", und blickte sie mit liebevollen grüngrauen Augen erwartungsvoll an.

Und dann schmiegte es sich sogar an ihre Beine. Idea zitterte. Doch unbeabsichtigt streichelte sie zurückhaltend, zuerst nur mit den Fingerspitzen, dieses hexenhafte Kind. Vorsicht, Misstrauen und Zweifel blieben.

Da unterbrach eine heisere Männerstimme diesen Augenblick, den sie nie vergessen würde. „Höh, höh, du grääsige Undeert, wer büst du?" Idea erschrak, erschauerte, fuhr zusammen, erblasste. „Büst doch keen Hex, wenn du mien lütt Broder strichln deist!"

Der Einäugige, das Fratzengesicht, konnte ihre Sprache sprechen!

Jetzt hob der kleinere der beiden Kerle, der mit dem Lehmgesicht, das Maskenungeheuer, die Hände und strich sich energisch den Morast aus Gesicht und Augen. Noch ein Mensch, kein Kobold!

Idea merkte, wie ihre Anspannung Stück um Stück nachließ. Der Winzling nahm den Satz des Einäugigen auf. „Nee, nee, een Undeert is dat nich, uk, wenn se vull vun Blood is. Dat Haar, de Bost, de Been, dat all süht na een Deern ut!" „Bangmaken gellt nich!" Idea war verwundert. Was sagte der Kleine, vor ihr als Mäken brauchte man keine Angst zu haben, weil Haare, Brust und Beine zu einem Weib gehörten?

Sie blickte auf ihre blutroten Hände. Wenn sich so viel Blut am ganzen Körper befand, musste sie ja auch schrecklich aussehen!

Idea atmete auf, nahm vorsichtig und behutsam den kleinen „Brää, brää, bräää"-Kriecher auf ihren Arm. Der störte sich nicht an ihrem blutverschmierten Gesicht. Im Gegenteil, er schmiegte seinen Kopf an ihre Schultern, schloss seine Augen und schlummerte friedlich ein.

Dieses Zeichen von Vertrautheit brach den Bann, wie auch das lautstark japsende, fröhliche Lachen des Winzlings, das durch den Ausruf: „Deern! Deern, een leibhaftige Popp" unterbrochen wurde. Erst ein dicker Brummer, der sich in dessen offenen Mund verflog, beendete die Lachsalve abrupt.

„Ik bün Ocke Offasson vun de Thorsbarger Hoff, blang

bi Steenfeldlund", stellte sich der Kleinwüchsige vor. Nachdem er den Brummer zerkaut und heruntergeschluckt hatte, reichte er Idea seine Hand. „Bün achter een Hirschkoh ran, de ik mit mien Speer drapen heff. Man nich so, ass ik dat wull!"

Ocke, der keine Messerspitze mehr an seinem Hals spürte, wurde recht was mutiger. Bevor er jedoch seine Erzählung fortsetzen konnte, meldete sich der hochgewachsene, stattliche Kerl neben ihm. „Ik heet Leve Holgersson. Ik bün in Hollenhude to Huus. Krieger hemm in mien Gesicht kleit. Vör Dag un Dau kunn ik noch beeder kieken!"

Er wusste, sein entstelltes wüstes Aussehen mit dem fehlenden Auge und dem breiten Schnitt im Gesicht erforderte eine rasche wie beruhigende Aufklärung; deshalb sein Hinweis auf die Krieger und dass er vor dem Überfall noch mit beiden Augen ausgestattet gewesen war.

„Idea, so roopen mien Broder, Vadder un de Lüüd ut uns Dörp mi. Ik kam ut Smedeby. Mien Vadder is Groffsmitt, mien Mudder …". Sie brach ihren Satz unvermittelt ab. „Bün op Jagd", dabei warf sie ihren Kopf hoch, „alleen!" Sie wusste wohl um das Risiko dieser Wahrheit!

Die beiden jungen Männer blickten sie ohne Argwohn aufmerksam, sogar mit Interesse und Neugierde an. Weder Häme, Spott noch Besserwisserei kam von ihnen. Hier musste sie sich nicht als „Deern" rechtfertigen, das spürte Idea.

Sie fasste sich ein Herz und obwohl es zwei Fremde waren, teilte sie ihnen ihr bisher streng gehütetes Geheimnis mit. Ihr war einfach danach, endlich einmal laut zu sagen, was sie seit vielen Wintern bewegte. „Ik will Jägerin warn. Man, in mien Dörp, dor lachen se mi watt ut. Een Deern will dat mit een Wolf, een Bär, een Wildswien opnehm, dat ward ni un nümmer watt!"

Tränen traten in ihre Augen. „De Jungs, uk de Manns- un Fruunslüüd meen, ik bün döösig, bün mall in'ne Kopp. Dat döcht nix för een Deern, nix för een Slappfoot!"

Eine beklemmende Pause entstand. Dann räusperte sich Leve. „Dat is mi schietegal, ob Mann, ob Wiev …" Ocke unterbrach ihn „Ob Mann, ob Fruu, ob arm, ob riek, för mi, dor sünd de Lüüd in Angeln all gliek!"

„Du, dat wull ik uk seggn", meldete sich verdutzt Leve und Idea ergänzte: „Mien Vadder, Sigvald Sörensson, de seggt dat uk jümmer!" „Uk een Mäken", meldete sich Ocke noch einmal, „kann een düchdige Jägerin sien!"

Seine Großmutter Agnes auf dem Thorsberger Hof gehörte in ihrer Jugendzeit dazu, auch Ose die Dritte, seine eigenständige Tante, war allein auf die Jagd gezogen. Beide kümmerten sich wenig um die Meinung anderer. Ihre Lebenserfahrung war: „Maak wat du wullt, de Lüüd snackt doch!"

Idea hätte die beiden Jungmänner umarmen können, so glücklich war sie über deren Meinung.

„Mien Grootmudder meent, wi Angelner hemm een Fruunsminsch ass Böberste vun uns Götter. De fraagt nicht, watt is Wiever- watt is Mannslüüd-Saak. Nee, de deit, watt ehr inne Kopp kümmt! Un wenn dat so is, kann een Deern uk op Jagd gahn", schloss Ocke diese Übereinstimmung der drei mit einem kräftigen, schmatzenden Tritt in die Matscherde ab. An den Vorbildern, den Göttern, habe man sich auszurichten, das sei allein die Richtschnur, so sagte es seine Großmutter Agnes.

Der Kleine auf Ideas Arm zuckte kurz zusammen, räkelte sich und schlug die Augen auf. „Dor an dien Bost, dat's mien lütte Broder, Lämmchen hemm wi emm nöhmt. Een Schaapsmudder, de hett emm mit Melk hulpen", erläuterte Leve und berichtete den beiden die tragische, traurige und doch so wundersame Geschichte seines verwachsenen Bruders von der heiligen Moorinsel, der mit der Milch einer Schafmutter aufgezogen worden war.

„Dat maken se bi uns in Smedeby uk", flüsterte Idea, „smieten lütte Kinner in't Moor, man so, dat keen een dat marken deit. Mien Vadder, de Öllermann, will dat nich! Man, he weet uk, dat gifft Sippen, de sünd so arm, de köhnt sik keen Krüppel leisten!" Schicksal oder Götterstrafe! In Smedeby war es die bittere Armut, die Sippen dazu veranlasste, Krüppelkinder zu töten, zu vergraben oder in einem Teich zu ersäufen, auch wenn der Ältermann dagegen war.

Ocke steuerte seine Erfahrungen aus Steenfeldlund bei. „Bi uns warn Kinner, de scheef wussen sünd, nich dood makt." Seine eigenwillige Großmutter Agnes, die allein den Göttern nahe sein wollte, hatte in ihrer Jugendzeit mit anderen Weibern gemeinsam diesen Sinneswandel bewirkt.

Ausgelöst wurde dieses Ereignis durch eine bereits ältere, nicht verheiratete Magd. Sie gebar ein blindes Kind. Ein Opfer für das Moor, fanden die Leute in Steenfeldlund. Also zerrte man das Neugeborene aus den Armen seiner hilflos schreienden, verzweifelten Mutter, wickelte es nachlässig in ein Tuch und presste das Bündel in eine Karre.

Da warf Agnes sich in ganzer Länge vor die Schubkarre. Sie, gerade im zwölften Sommer, empfand das Vorgehen der Dorfleute als eine schreiende Ungerechtigkeit. „Wenn ji de Lütt dood maken, möhn ji uk mi dood maken!"

Ungläubig, verdutzt, dann verärgert waren die Dorfleute stehen geblieben. Sie alle wollten den Wurf in das Moorwasser miterleben, die Schreie der Mutter, ihre Verzweiflung. War diese nicht selber schuld? Kein Ehemann an ihrer Seite und doch ein Kind. Da musste doch die Götterstrafe auf dem Fuße folgen!

Gofried der Grinser, damals ein junger Heißsporn, war zu Agnes getreten. „Weg mit di, du Stiefkopp; nur de hett dat Recht to levn, de bruukt ward! Een, de nich kieken kann, döcht nix för de Arbeit!" Eine kluge Rede, fanden die Leute und schlugen Gofried auf die Schulter, lobten ihn.

Doch Agnes lag weiter mit ausgebreiteten Armen auf der Erde, direkt vor dem Rad der Karre, rührte sich nicht. Grinser Gofried hob bereits die Hand, um seinen Willen mit Gewalt durchzusetzen.

Da rief Agnes ihm zu: „Weetst du lütte Schieter, wat een Fruu bi een Geboort utholln mut? Weetst du, dat de Levde vun een Mudder all dor is, wenn't Lütt noch inne Buuk is?" Dann wurde sie laut, ganz laut: „ Man dörf keen Kind wechsmieten ass een Steen. Uk Nerthis uns Göttin will dat nich!"

Da geschah etwas Unerwartetes. Ein noch ganz junges Weib, Heidelinde, erst zwölf Monde alt, der man die Schwangerschaft ansah, löste sich aus dem Kreis der Neugierigen und legte sich, ohne ein Wort zu sagen, neben Agnes auf den Boden. Eine zweite, eine dritte, fast alle folgten diesem Beispiel.

Eine Ältere, die dabeistand, stemmte ihre Hände in die Hüften und zeterte: „Krüppel hörn in't Moor. Dat wer all jümmer so. In mien Huus heff ik keen Eeten för een, de nich hölpen kann!"

Dann wandte sie sich an die Liegenden. „Maak de Wech frie, anners warn de Götter noch bös opp uns Dörp! Dat Veeh starvt. De Hunger kümmt!" Diese Drohungen mit der Strafe für das ganze Dorf durch die Gottheiten zeigten durchaus Wirkung. Einige der Frauen erhoben sich bereits wieder.

Da schoss Agnes hoch, blieb jedoch vor der Karre stehen, verhinderte das Weiterschieben. „Wi weeten doch all, uk in Walhalla gifft dat een Gott, de hett keen Ogen. De Annern hemm emm nich dood haut. Denn dörm wir dat uk nich!" Wollten die Heiligen, dass blinde Kinder im Moor ertränkt wurden oder nicht? „Nee, lütt Göörn, de sünd een Gaav vun uns Götter", trumpfte Heidelinde auf.

Fast das gesamte Dorf war versammelt und auch der greise Fürst Offa der Kühne stellte sich ein. Als junger Fürst der Angeln war er entscheidungsfreudig, durchsetzungsfähig gewesen und hatte sich mancher Gefahr ausgesetzt. Diese Tugenden nahmen mit zunehmendem Alter deutlich ab. Als Vermittler sah der Fürst seine Aufgabe, weniger als Handelnder.

Sein Vorschlag, Henning den Götternahen, der zu der Zeit das Heiligtum der Angeln auf dem Thorsberg betreute, zu befragen, fand Zustimmung bei den Stehenden wie bei den Liegenden.

Man zog gemeinsam zum Heiligen Hain. Dort saß der Uralte auf einem breiten Granitbrocken, den Beutel mit den Runen trug er – wie stets – bei sich.

Zuerst der eifernde Gofried mit vielen lauten Worten, dann die erzürnte, aufsässige Agnes unterrichteten ihn über den Anlass der Auseinandersetzung, das blind geborene Kind.

Henning nickte bedächtig, als wollte er andeuten, er habe verstanden, um welchen Fall es sich handelte. Dann kratzte er sich mit seinen überlangen Fingernägeln zuerst am Kopf, dann am ganzen Körper, als ob man ihm Läuse in sein Bärenfell gesetzt hätte.

Er blickte auf, streckte beide Arme gen Himmel, als wollte er die Wolkenbank dort oben zerreißen, schloss beide Augen, wartete auf eine Eingebung. Ganz still war es geworden, niemand wagte ein Wort zu sagen.

Gespannt sahen die Dorfleute auf den Greis, der schüttelte nun seinen kahlen Kopf. Zuerst langsam, dann immer schneller und schneller, als sei er rasend geworden. Schon wollten die Ersten ihm in den Arm fallen, den „Schüttler" stoppen, da hielt er inne, öffnete seine Augen, brabbelte mehrere unverständliche Worte.

Die Spannung stieg. Mit Bedacht, Sorgfalt und Gelassenheit öffnete Henning einen gewebten, rot gefärbten Beutel und schüttelte die darin enthaltenen hölzernen Runenteile in eine Opferschale. Lange blickte er auf die verschachtelten Holzstücke von oben und von allen Seiten.

Erste Ungeduld macht sich bei den Zuschauenden bemerkbar. Der Uralte ließ sich weder aus seiner Beobachtung noch aus der Ruhe bringen.

Dann steckte er sich ganz langsam den linken Finger ins Ohr, drehte ihn mehrfach, und als die Fingerspitze schwarz bis tiefgelb herauskam, leckte er sie mit Genuss ab, so schien es den Anwesenden. Einige ekelten sich, zeigten es jedoch nicht, denn Götternahe durften tun, was ihnen beliebte.

Andere betrieben eine ähnliche Ohrenschmalzleckerei. Sie wurde nicht nur in Steenfeldlund praktiziert, in Ullegraff, nur eine Tagesreise mit dem Ochsenkarren entfernt, sogar beidhändig, nicht nur von Götternahen!

Henning holte tief Luft, hob dann seine klauenartigen, knochigen Hände gen Walhalla in den Himmel und verkündete seine Sichtweise: „Dat dröppt to, de Götter wülln Opfer vun uns Angeln hemm. Man de möhn lebendig sien. Schaap, Koh, Peerd, wat dat so gifft."

Dann unterbrach Henning der Weise seine Rede, nahm seinen rechten Finger und gab sich noch einmal dem Ohrenschmalz hin. „Hier", und damit wies er auf einen längeren Runenstab in der Mitte der gehäuften Zauberteile, „hier, dat mag Nerthis uns böberste Göttin sien", und dabei sah er Agnes an, die ihm täglich Brot und Getränke und vor allem süßen Honig im Auftrage ihrer Mutter brachte. Auf die Speisen wollte er, dem das Gehen immer mühseliger wurde, nicht verzichten und blickte Agnes deshalb tief in die Augen.

Die Deern, diese frisch-fröhliche, junge, damals mit zwei langen blonden Zöpfen hübsch anzusehen, blickte ihn mit strahlenden Augen an und hob dabei den Honigkrug in ihren Händen ein Stück höher, damit auch der Alte ihn wahrnahm, jedoch nicht die Umstehenden.

Also Nerthis ließ ausrichten, fuhr der Götternahe, der sich kurz mit der Zunge die Lippen leckte, fort, Kinder seien ihr Geschenk an die Angeln, ob weiß, braun, schwarz, ob ohne Arme, blind, mit einer Hasenscharte oder zwei Köpfen. Sie, die Göttin, erwarte, dass jedes Geborene aufgenommen, gehütet, ernährt und geliebt werde. Es sei denn, da machte Henning eine längere Pause, es würden Kinder geboren, für die das Leben eine andauernde Quälerei sei. „Een, de alleen keen Oogen hett, för de gellt dat nich!" Also auch Augenlose waren Wille der Götter.

Diese Ausdeutung des Weisen aus den Runen war Gesetz. Danach hatte man sich zu richten, wollte man nicht den Zorn der Götter auslösen. Zufrieden waren die Frauen, die den Tod des blinden Kindes verhindert hatten.

Auch die andere Gruppe fand die Auslegung durchaus gerecht. Andauernde Qual eines Neugeborenen ließ so manche Möglichkeit offen. Das Leben zu schützen, nicht zu vernichten, erhielt von der Stunde an Vorrang am Thorsberg und in den Nachbarorten.

„Vun de Tied an keem in Steenfeldlund Kröppelkinner nich mehr in't Moor", kam Ocke zum Schluss seiner Geschichte. Doch auf einen Zusatz, der ihm Sorgen bereitete, konnte und wollte er nicht verzichten. „Man, keeneen weet, watt in de annern lütten Dörper allns passern deit!"

Das Land der Angeln war weitläufig. In Tälern, Wäldern, Mooren und an Seen lagen einsame Flecken, wo manche alten Sitten und merkwürdige Opferrituale immer noch galten.

Man merkte es am Rascheln der Blätter, Wind kam auf und trieb graue Wolken über das Alte Moor. Bald würde es die ersten Schauer geben und ein Dauerregen folgen.

Dort, wo die Sonne unterging, baute sich ein pechschwarzes Wolkenungetüm auf. Regen, Regen, Regen.

Keiner der drei, der nicht dieses ewige Nass verabscheute. Es förderte zwar das Wachstum, zugleich zerstörte es Ernte für Ernte und führte zu Hunger und Not.

Auch wenn jeder gerne noch mehr von den anderen erfahren hätte, von ihrem Leben in den Heimatdörfern, jetzt blieb dafür keine Zeit, schnell aufbrechen musste man, der Weg zurück würde noch lang und mühevoll werden. Und nicht zu vergessen, in jedem ihrer Heimatorte wurde dringend frisches Fleisch benötigt.

So hilfreich es war, sich auszutauschen, voneinander zu hören, so durften sie nicht die Notlage zu Hause in ihren drei Dörfern vergessen. Es war Idea, die auf die Jagdbeute hinwies: „Wat maken wi mit de Hirschkoh? Dör mien Mess is de Kreatur to Dode kam!"

„Wenn ik de Koh nich mit mien Speer drapen harr, weer se all lang affhaut, weer hier an't ole Moor keen Kreatur wesen", trumpfte Ocke auf, der der Hirschkuh durch seinen Speerwurf die entscheidende Verwundung zugefügt hatte.

Schließlich meldete Leve als dritter mehr scherzhaft seine Ansprüche an: „Opp düsse Placken, wo dat Deert lingn deit, hört dat Land to mien Dörp, to Hollenhude." Rechtmäßig gehörte das tote Tier zum Eigentum seines Dorfes.

Drei begründete Belege für eine Hirschkuh, deren Fleisch man überall dringend benötigte.

Wie kam man aus dieser schwierigen Entscheidung nur heraus? Einen eindeutigen Alleinanspruch gab es nicht. Jeder der drei spürte, keiner wollte auf seinem Recht bestehen. Eine Lösung, die jedem guttat, die musste her.

Aber welche?

8

Leve Holgersson und der Überfall in einer
Regennacht, von Tjurweens Unerschrockenheit,
Giselas Güte, einem Disput, der Hollenhude spaltet,
und wie eine Blaumeise bestimmt, was Schicksal
bedeutet

Leve griff an seine leere Augenhöhle. Wieder schmerzte sie. Heftig pochte die schlecht verheilte Wunde. Nicht nur bei Wetterwechsel, auch wenn er, wie in der letzten Stunde, höchst angespannt war, dröhnte sein Kopf. Er blickte sich um. Schlehe und Weißdorn, Haselsträucher und Kopfweiden, vielfältiges Buschwerk umgab sie von allen Seiten, fast wie ein Mauerwerk.

Lämmchen mit seinem „brää, brää, bräää" hatte sich vertrauensvoll in die Arme von Ocke, dem Jäger vom Thorsberger Hof, gelegt. Idea, die Schmiedetochter aus Smedeby, ihr Gesicht und die Hände notdürftig vom Blut gereinigt. Er, Leve, die verstreut liegenden Jagdwaffen eingesammelt und für trockene Sitzplätze unter der Kastanie gesorgt. Nur vereinzelt fielen noch Tropfen aus der Krone des Baumes.

Sein kleiner verkrüppelter Bruder schlief, und wenn man genau hinsah, huschte immer einmal wieder ein kleines Lächeln von seinen Mundwinkeln aus über dieses sonnige Gesicht.

Frieden war eingekehrt, doch nicht bei dem Heranwachsenden aus Hollenhude. Auch wenn Idea und Ocke, die er erst hier im Alten Moor bei der Jagd auf die Hirschkuh kennengelernt hatte, keine Frage zu seinem entstellten Gesicht an ihn richteten, so lag ihm daran, es hier und heute noch zu erklären. Vertrauen würden sie zu ihm erst dann fassen, wenn beide sein schreckliches Schicksal kannten.

Um Mitleid ging es ihm nicht, allein um Verständnis. Die Schilderung der Ereignisse in dieser bösen Nacht, die sein Leben schlagartig verändert hatten, würde ihm Erleichterung verschaffen, ein Vergessen jedoch nicht. Er musste seine Geschichte erzählen, er tat es und fand aufmerksame Zuhörer. Vielleicht auch deshalb, weil er beide Überfälle erwähnte.

Stockend, doch mit fester Stimme, suchte und fand er die passenden Worte: Der große, der zweite folgenreiche, furchtbare und zerstörerische Überfall auf sein Dorf Hollenhude erfolgte in einer mondlosen, düsteren Nacht. Niemand bemerkte das Eindringen der Feinde. Alle schliefen fest, die schwere Ackerarbeit vom Vortage hatte die Dorfleute erschöpft.

Die Bösen kamen von der Wasserseite, überquerten mit ihren Booten die Traner Au. Dort gab es keine Palisade, keinen Schutz. Warum auch? Noch nie waren Krieger von dort gekommen. Ein anhaltender Regen begünstigte die listenreichen Beutesucher.

Wieder waren sie zu einem Zeitpunkt aufgetaucht, als alle jagderfahrenen Männer unter Führung seines Vaters Holger Levesson, des Dorfältesten, einer Herde wilder Auerochsen auf der Spur waren.

Leve, obwohl einer der Jungkerle, gehörte nicht zur Gruppe der Jäger. Sein Vater, der „Pottenkieker", wie ihn die Hollenhuder – und nicht nur die – stets mit einem Grinsen im Gesicht spöttisch nannten, trug ihm auf, das Gatter der Viehweide auszubessern. Ein Vorwand!

Immer wieder versuchte er seinem Sohn, der nur Kräuter im Kopf zu haben schien, mit solcher Art von Bestrafung durch Ausschluss von der Männerarbeit eine Lehre zu erteilen. „Buur schasst du warn, Jung! Planten un Blöm, dat sünd Wieverkram! Du hest dat to maken, watt all de Jungs in dien Öller doon, achter't Veeh kieken, de Acker plögen, Holt haun, Köh melken!"

Leve blieb stur, gab der Aufforderung seines Vaters nicht nach. Das Vieh zu versorgen, den Acker zu pflügen, Holz zu machen und Kühe zu melken würde er noch früh genug erlernen!

Wichtiger war ihm, Kranken zu helfen. Zweimal gelang es dem Hollenhuder bereits unter Anleitung seiner Großmutter, sehr kranke Kinder durch den Saft seiner Heilkräuter so zu heilen, dass sie nicht starben. Darin sah er seine Bestimmung. Er legte weiter Beete für neue Heilkräuter an.

Seine Großmutter Gisela stärkte ihm nicht nur den Rücken, sondern ermunterte ihn zum Widerspruch, denn es gab zwischen Vater und Sohn einen weiteren Zwist, der alle Hollenhuder angehen sollte. Doch außer der Alten nahm ihn niemand ernst.

Es ging um die bestmögliche Sicherheit des Dorfes an der Traner Au.

Im vergangenen Herbst war es geschehen, Monate vor dem großen Überfall. Fast alle Männer befanden sich in der Sträucherlandschaft vom Alten Moor, um Wild zu jagen und Fleisch für die Wintermonate zu beschaffen.

Auch damals war es eine Regennacht gewesen, als eine Horde des Krähenvolkes mit Äxten, Speeren, Messern und Keulen bewaffnet zielstrebig zum Vorratshaus des Dorfes zog, um es zu plündern. Die Krähen-Krieger sahen mit ihren Masken aus Fellen und Knochen toter Wildhunde und den mit Blut beschmierten nackten Oberkörpern grässlich aus.

Es wäre wohl beim Ausrauben des Wintervorrats geblieben, wenn nicht die junge anmutige Tjurween leichtsinnig aus einer fremden Hütte getreten wäre, um sich in ihr eigenes Haus zurückzuschleichen. Die Deern erschrak zwar vor den dunklen Gestalten, doch statt zu schreien, um Hilfe zu rufen und die Dorfleute damit zu warnen, stellte sie sich den „grauen Geistern" mutig in den Weg, denn im Dorfhaus lagerten gepökeltes Fleisch, gesalzene Heringe, Rüben, Korn und viele andere Dinge, damit niemand im Winter hungern musste, Vorräte, die das Überleben der Dorfgemeinschaft sicherten.

Außerdem musste nicht jeder von ihren regelmäßigen nächtlichen Ausflügen wissen.

Sie griff sich den Besen, der neben der Hoftür stand. Ihre Unerschrockenheit bezahlte die selbstlose Tjurween mit ihrem Leben.

Der Anführer der Horde stieß sie grob zur Seite, fast wäre sie gefallen. Als sie sich rasch aufrichtete schlug sie, wohl aus Versehen, mit ihrem Hinterkopf so kräftig gegen die Nase des Mannes, dass dem mit breitem Strahl Blut aus seinem lädierten Riecher strömte.

Wie versteinert blieb der riesenhafte Fremde stehen, riss dann seinen Axt-Arm mit der messerscharfen, beidseitigen Schneide hoch, schrie vor Schmerz, schrie in ohnmächtiger Wut laut auf und fiel wie toll über Tjurween her.

Zuerst schlug er wie wild auf das junge Weib ein, dann zerlegte er sie, die es wagte, ihn, den Anführer, anzugreifen, wie nach einem Plan. Trennte die Hände von den Armen, die Füße von den Beinen, entfernte mit kurzen seitlich angesetzten Hieben die Ohren vom Kopf und öffnete mit einem einzigen Schlag die Bauchdecke, um seinen Kopf in die blutige Masse zu tauchen.

Erst in diesem Augenblick wurde Tjurween von ihren unermesslichen Schmerzen erlöst.

Das berserkerhafte Wutgebrüll riss die Dorfleute aus ihren Betten. „Överfall, Överfall, wech in't Holt", diese Rufe eilten von Haus zu Haus und alle, auch Leve und seine Schwester Elise, versuchten trotz der Dunkelheit rasch ihren Hof in Richtung Wald zu verlassen.

Ein älterer Knecht und dessen Weib, beide nicht mehr gut zu Fuß, waren zu langsam. Tödliche Axthiebe trafen sie auf ihrer Flucht. Zwei Küchenmägde, die sich hinter einem Schuppen versteckten, nicht ins Gehölz wollten, weil sie die Dunkelheit fürchteten, wurden von der Horde gefunden, als Geisel genommen, gefesselt und zusammen mit allen Vorräten in die am Ufer vertäuten Boote verstaut.

Das Vorratshaus wurde vollständig ausgeräumt, bis auf zwei tote, fettgefressene Ratten.

Erst als die Männer mit enttäuschend geringer Jagdbeute am nächsten Tag zurückkehrten, wagten sich die Frauen, Kinder und Alten aus ihren Verstecken.

Eine Gruppe zorniger, aufgebrachter junger Mannsleute machte sich trotz der eindringlichen Warnung der alten Gisela auf zur Verfolgung der Mörder und Diebe. Holger Levesson, dem Ältermann, war die Zustimmung zu diesem riskanten Rachefeldzug gegen die Krähen-Krieger, die Mägde und die Beute abzujagen, schwergefallen.

Die Hollenhuder konnten zwar wie alle Angeln gut mit Pferd und Vieh umgehen, den Wäldern Ackerland abgewinnen, waren flott, fleißig und pfiffig, wenn es um einen Handel oder auch um die Herstellung von Werkzeugen ging, doch eines waren sie nicht: Krieger.

Zwar verteidigten sie ihre Sippe, wenn es um Tod oder Leben ging, mit Mut und Entschlossenheit, doch Angriffe auf andere Stämme lehnten sie ab. Lieber zahlten sie Lösegeld bei Entführungen, oder Tribut, wenn ein kriegerisches Nachbarvolk sie herausforderte.

Die dann oft viele Monde dauernde Not und Armut trugen die Angeln mit tapferer Geduld, wenn damit ihr kostbares Leben gerettet war.

Bedingt durch die notwendige Jagd auf Wildtiere war ihnen der Umgang mit Waffen zwar geläufig, doch Menschen damit mutwillig abzuschlachten widerstrebte ihnen und war auch nicht im Sinne ihrer höchsten Gottheit, der zu Frieden, Verständigung und Güte neigenden Nerthis, die Leben schuf, jedoch keines vernichtet sehen wollte.

Bereits nach zwei Tagen gerieten die Verfolger in einen geschickten Hinterhalt der Krähen-Krieger. Zwei Hollenhuder starben durch Pfeile, zwei weiteren schlug man die Köpfe ab. Der Rest rettete sich in einer heil- wie kopflosen Flucht.

Über viele Tage zog Trauer in das Dorf an der Traner Au ein. Doch auch Streit kam auf. War das räuberische Gesindel über das Land oder vom Wasser her in den Ort gedrungen und wie konnte man Hollenhude besser schützen, Leben und Vorräte sichern?

Während der Ältermann mit Rückhalt durch die Bauern und Handwerker für den, was Aufwand und Silberlinge anging, zeitsparenden Aushub eines Grabens und die Errichtung eines Schutzzaunes halbrund um den Ort eintrat und dadurch die Landseite geschützt sehen wollte, war es doch tatsächlich sein Sohn Leve, der sich als Wortführer der Frauen und Alten für eine zusätzliche Palisade zur Wasserseite hin aussprach.

Der Vater, voller Zorn, ärgerlich, aufgebracht, befahl seinen Sohn zu sich: „Mien Jung, du makst mi Schann! Du hest dat to doon, wat dien Vadder will!" „Nee", antwortete Leve und Holger Levesson glaubte seinen Ohren nicht zu trauen, so heftig widersprach ihm dieser „Kräuter-Heiopei": „Wenn dat um Dood oder Leven geit, mutt uk een mitsnacken dörm, de nich to de Oln hörn deit!" Leve war ganz weiß im Gesicht, so erregte ihn der Widerspruch. Stets sollten nur die Alten recht haben! Nein!

Da schlug ihn Pottenkieker, der eine andere Auffassung nicht duldete, wieder mit der Peitsche, sodass man die blutigen Striemen auf der Haut noch tagelang erkennen konnte. Zwei Knechte hielten ihn bei diesem schmerzhaften Strafgericht fest, wehren konnte Leve sich nicht.

Während dieser bitteren Tage, an denen andere Jungkerle ihn für seine Schandstreifen auf der Haut hänselten, hielten allein die Großmutter und seine Schwester Elise zu ihm. Überraschend auch für Leve stellte sich ein dritter Mitstreiter an seine Seite, Nico Lennersson.

Nico war blond, strohblond, gefiel mit strahlenden Augen, lockeren Redewendungen, konnte zupacken und sein gewinnendes Wesen brachte ihm bei Groß und Klein viele Freunde ein. Warum er sich schützend zu Leve, dem Versager als Bauer, als Rinder- und Schweinehalter, stellte, blieb vielen ein Rätsel. Oder galt sein eigentliches Interesse dessen Schwester Elise, der Tochter des Ältermanns, vielleicht dem Bauernhof? Vermutungen solcher Art gehörten zum Dorfklatsch und waren boshafter Neid.

Auch Nico teilte selten die Meinung seiner Vaters, des Lenner Nicosson, eines wegen Mangel an Land und Erfolg verbitterten Kätners. Prügel bezog Nico nicht, dafür war er zu gewitzt.

Sein Vater, der Kleinbauer, versuchte bei der Aussaat oder Ernte stets eigene Wege zu gehen. Einigte sich das Dorf auf einen gemeinsamen Tag, um Gerste und Hafer in die Erde zu bringen, begann Lenner damit schon zwei Monde früher, wodurch letzter Frost große Teile der Saat vernichtete.

Begannen die anderen Bauern nach der Sommer-Sonnenwende mit der Ernte, wartete der Nicosson-Kätner auf noch mehr Sonnenschein, was um diese Zeit selten eintrat. Sein Getreide brachte er feucht in die Scheune, wo es verrottete.

Eine Pechsträhne folgte der anderen, Lenners Eigensinn blieb. Für Fehler und Versäumnisse machte er nicht sich, sondern stets seine Nachbarn verantwortlich. Deshalb war er mit den Dorfleuten oft über Kreuz, was ihn immer mehr zu einem Außenstehenden werden ließ. Auf die Bauern, Händler und

Handwerker von sich aus zuzugehen, lehnte er ab. Sollten sie doch zu ihm kommen, er sei auf andere nicht angewiesen. Da irrte sich Lenner Nicosson.

Während der Vater glücklos und einsam blieb, suchte Nico die Nähe des Sohnes vom Dorfältesten. Neben dem eher wortkargen, zurückhaltenden und ernsten Leve glänzte der Strahlemann Lennersson besonders. Wohl auch deshalb, weil er stets Silberlinge bei sich trug. Gar nicht so wenige. Wie kam der Sohn eines Kätners nur zu diesem Reichtum? An solchen Fragen beteiligte sich Leve nicht. Ihn trieb die Sicherheit für das Dorf um. Doch er stritt auf verlorenem Posten.

Natürlich setzten der Dorfälteste und dessen Freunde ihren Willen durch: Die Dorfseite Hollenhudes zum Wasser blieb ohne Schutz. Die an dieser Stelle besonders breite Au sei Absicherung genug. Dazu noch eine Palisade aus Baumstämmen wäre übertrieben, würde viel Zeit und Mühsal kosten.

Die Alten und die Frauen sollten ihre Ängstlichkeit nicht übertreiben. Das gelte auch für den Sohn des Ältermanns. „Dick doon, wat de Seekerheit angeit! De Jung, de mutt erst mal dröög achter sien Löppel warn", so kanzelten die Männer Leve Holgersson ab. Er solle erst einmal was leisten, sich als tüchtiger Bauer bewähren, als mutiger Jäger zeigen. Dann stände es ihm zu, sich auch zu den Geschicken des Dorfes zu äußern.

Mit viel Kraft und Schweiß errichteten die Hollenhuder gemeinsam die Palisaden an der Landseite. Als Leve wegen des fehlenden Schutzzaunes am Ufer der Au von einer Scheinsicherheit sprach, hätten ihn einige der Männer am liebsten aus dem Dorf gejagt.

Jetzt nach der Plage mit der Landpalisade noch eine zweite, noch einmal Einsatz bis zu Erschöpfung? Nee! Nee, dreemal nee! Dabei blieb es. Die Wasserseite erhielt keinen zusätzlichen Schutz.

Auch wenn Leve diese Niederlage schmerzte, hatte er sich doch bei so manchem Hollenhuder Respekt und Anerkennung beim Bau des ersten Wehrzaunes verschafft, denn er hatte hartnäckig darauf gedrängt, auf gründliche Arbeit bestanden und tüchtig mit angepackt.

Wenn es um die Ausrichtung und Festigung der Stützbalken ging, um deren Aufstellung, wo und was an welchem

Standort einzugraben sei, wie man geeignetes Handwerkszeug einzusetzen habe, überall dort wurde nach ihm, dem Sohn des Ältermanns, gerufen.

Großmutter Gisela die Weise beobachtete voller Freude und Genugtuung die Umsicht, Besonnenheit wie auch die Sorgfalt, die ihr Enkel bei dieser Baumaßnahme an den Tag legte. Es bereitete ihr Stolz, dass ihr Enkel bereits in jungen Jahren verlässliche Tugenden zeigte. Leve war anders als die anderen Jungen in seinem Alter.

Die alte Gisela erinnert sich noch sehr genau, wie er eines Tages in der Abendstunde ihre Weisheit und Weitsicht auf die Probe stellen wollte. Gerade hatte sie die Runenstäbe geworfen, um mehr Klarheit über die Zukunft des Dorfes von den Göttern zu erhalten, da war ihr Enkel erschienen, fasste sich ein Herz und trat in ihre halbdunkle Hütte. Er holte tief Luft, entschuldigte sein Stören und trug ihr zuerst stockend, dann sicherer werdend sein Anliegen vor.

„Grootmudder, hest wat Tied för mi? Wenn nich, kam ik annern Dags wedder!" Sie war neugierig geworden, was diesen sonst so schweigsamen Jungen beschäftigte. „Kumm, mien Jung, sett di to mi. Wat ik to doon heff, dat duuert wat länger. Vertell, wat di umdrifft!"

Leve hielt seine Hände, in denen er eine kleine Blaumeise gefangen hielt, hinter seinem Rücken. „Grootmudder, achter mien Rüch heff ik een lütte Vagel. Wat meenst du, levt he noch oder is he all lang dood." Der Junge hatte sich vorher überlegt, würde die Großmutter antworten, der Vogel lebt, würde er blitzschnell der Meise den Hals umdrehen, ihr den toten Kadaver zeigen und damit beweisen, die Seherin könne sich auch gründlich irren, Fehler machen. Ihre Vorhersagen würden gar nicht immer zutreffen!

Eine lange Pause setzte ein. Die Großmutter sah ihrem Enkel aufmerksam und tief in die Augen. Dem wurde ein wenig Angst, was hatte er sich nur bei diesem Spiel gedacht! Er verehrte, ja er liebte diese alte Frau!

„Mien Jung", so begann sie ihre Antwort ganz ruhig und voller Nachsicht, „ob de lütte Vagel levt oder dood is, dat liggt alleen in dien Hand." So recht wusste der Enkel mit dieser Antwort nichts anzufangen. Die Blaumeise überlebte.

Irgendwann, das wusste die alte Gisela, als Leve nachdenklich die Hütte verließ, würde er erkennen, dass man sein Schicksal in die eigene Hand nehmen muss, sich nicht auf andere verlassen darf. Es galt, sich selbst und den Göttern zu vertrauen.

In diesem Jahr, so schien es der Alten, hatte Leve einen Lebensabschnitt erreicht, in dem er begann, seine Stärken wie Schwächen, seine Fähigkeiten wie Fertigkeiten zu erkennen. „Gut so", dachte sie. Er ist auf dem richtigen Weg, seinen windigen wie arbeitsscheuen, allein kurzfristig denkenden Vater als Ältermann einmal abzulösen. Das Rüstzeug hat er dazu!

Obwohl Pottenkieker ihr Sohn war, fand sie selten ein gutes Wort für dieses unberechenbare Oberhaupt ihrer Sippe. Der Vater schlug seine Kinder bereits bei nichtigen Anlässen, denn auch Elise, die Tochter, wurde von ihm gezüchtigt.

Bei beiden Kindern erreichte Holger Levesson das Gegenteil. Sie wurden nur scheinbar folgsamer. Immer mehr taten sie das, was sie selbst für wichtig und richtig hielten. Nur ihr Vater merkte es nicht. Als ihm die Erkenntnis kam, dass er dabei war, sie zu verlieren, war es zu spät, Leve wie Elise wendeten sich endgültig von ihm ab.

Auf die Fertigstellung des Rundwalls für das Dorf folgte ein maßloses Fest. Drei Tage lang feierten die Hollenhuder sich, ihre neue Sicherheit und den tüchtigen Dorfältesten Holger Levesson, den Garanten für den Schutz des Ortes.

Der Baas des Ortes konnte in seinen Reden an jedem der Festtage es nicht unterlassen, seine eigene Tüchtigkeit hervorzuheben. „Een Kirl ass ik, de weet, wat good is för uns Dörp. Ik heff all jümmer seggt, wi bruuken een Palisade!"

Dabei wusste die Großmutter, dass Holger, „düüt Grootmuul", viele Monde lang der eigentliche Verhinderer eines Schutzzaunes gewesen war, weil er den Einsatz von Arbeit und Silberlingen scheute. Andere im Dorf zu Hand- und Spanndiensten zu zwingen war nicht seine Art.

Beliebt wollte er sein, nicht gefürchtet. Der Levesson-Bauer konnte es bei seinen Auftritten vor den trinkfreudigen Dorfleuten nicht unterlassen, die Traner Au mit ihrer schnellen Fließgeschwindigkeit als die „vierte Palisade" zu bezeichnen. „Wat mien Söhn Leve un annern seggt hemm, dat weer tumpich! Dor bruuken wi keen Tuun, dat Water is ass een Muuer!" Dabei blickte der Ältermann zu Leve, Elise und Nico und den Frauen, die gegensätzlicher Auffassung waren.

Tatsächlich, Pottenkieker behielt recht. Monde gingen ins Land. Keine Überfälle gab es mehr. Die stabile Wand aus Baumstämmen schreckte mögliche Feinde ab. So glaubte es die Mehrheit in Hollenhude, wollte es so glauben.

Doch diese Sicherheit war trügerisch. „Man, mi gruust hüüt noch, wenn ik an de tweede Överfall denken do", setzte Leve seinen Bericht fort.

Lämmchen hatte sich unbemerkt aus dem Staube gemacht, naschte genussvoll an den reifen Walderdbeeren. Zuweilen gelang es ihm auch, einige der schwarzen wie gelb getupften Käfer zu erhaschen. Auch die landeten in seinem rot verschmierten Mund, knackten zwischen den Zähnen und verschwanden im Schlund des Kindes. Nur als seine Finger eine weiche, schleimige Kröte voller Warzen umfassten, zuckte Lämmchen zurück. Auf einen solchen Bissen verzichtete sogar er.

Von alledem merkten seine Beschützer nichts, sie erlagen dem Schrecken der Krähen-Krieger.

9

Wie Leve Holgersson ein Auge verliert und Freunde
gewinnt, vom Hohen Priester „Te-Trumm-To",
vom sagenumwobenen Berg der Kolkraben,
„Tweeschen" und was ein sanfter Kuss bewirkt

Der Tod kam unvermutet und heimlich von der offenen Wasserseite nach Hollenhude. Er kam mit wendigen Booten, die das rasch fließende Gewässer der Au zu ihrem Vorteil nutzten.

Von Hütte zu Hütte zog er seine blutige Spur, tötete die noch Schlafenden mit Keulen und Messern, mordgierig, ohne Sinn und Verstand. Erst im dritten Haus bemerkte eine Mutter, die ihr Kind stillte, die Eindringlinge, schlug Lärm, bis sie durch ein Messer in ihrem Leib zum Schweigen gebracht und dem Säugling der Hals durchtrennt wurde.

Leve schoss aus tiefem Traum von seiner Lagerstatt hoch. Da war es bereits zu spät. Zwei an ihren weißen über die obere Kopfhälfte gestülpten Hundeschädeln zu erkennende kraftvolle Krähen-Krieger packten ihn an seinen Oberarmen und pressten ihn auf die Bettbohlen zurück. Ein dritter Wüstling tauchte mit einem Kienspan, der nur spärliches Licht gab, auf. Dann folgte ein vierter, ein hoch gewachsener Einäugiger mit einem schmalen Dolch, in dessen scharfer langer Klinge sich das flackernde Licht spiegelte.

Dieses Messer trieb der Mann in Leves eine Augenhöhle ohne den Augapfel zu beschädigen, löste diesen aus Sehnen und Vernetzungen, griff den blutig gewordenen Augenkörper mit der anderen Hand, steckte ihn ins Maul und schluckte ihn im ganzen Stück hinunter. Ein Grinsen folgte, zwei wüste Rülpser und Töne des Wohlbefindens wie nach einer satt machenden Mahlzeit.

Der rasende Schmerz gab Leve zusätzliche Kraft, sodass er nach einem kurzen Kampf eine Hand frei bekam, um sich damit gegen den Augenstecher zu wehren. Das hätte er nicht tun sollen. Seinen Arm fingen die Krieger sofort wieder ein.

„Einauge" schien durch Leves Widerstand erbost. Mit einem brutalen Schnitt spaltete er das Gesicht des jungen Holgerssons vom ausgehöhlten Auge bis zum Kinn und rotzte ihm anschließend direkt in das gespaltene Antlitz. Seine Helfer taten es ihm hohnlachend nach.

Leve ließen sie in seinem Blut und mit all seinem Schmerz zurück.

Insgesamt vierundzwanzig Hollenhuder töteten die Krähen-Krieger, wesentlich mehr noch verletzten sie schwer, sehr schwer. Zu ihnen gehörte auch der Sohn des Dorfältesten.

Keiner konnte die Abgründe des Schmerzes und der Einsamkeit nachempfinden, in die Leve stürzte. Blutrote Wellen schlugen über ihm zusammen, er krümmte sich, taumelte aus der Bettstatt, der rote Lebenssaft floss aus seiner zerschnittenen Wange, aus Stirn und Lippen.

Er winselte um Erbarmen, keiner hörte ihn, seine Stimme versagte, nicht einmal zu einem entlastenden Schrei war er mehr fähig. Auch dann nicht, als seine Großmutter die abgesplitterten Knochenteile vorsichtig aus seiner Wunde entfernte, diese und auch die Augenhöhle mit heißem Wasser auswusch und mit Heilkräutern und gekneteten Lehm bestrich.

Tage und Nächte, in denen sich wegen des Schmerzes kein Schlaf einstellen wollte, litt der junge Hollenhuder qualvoll. Als ihn endlich das Fieber verließ, er sein entstelltes Gesicht ertasten konnte, wurde ihm bewusst, dass er zu einem Krüppel geworden war. Diese Erkenntnis traf ihn wie ein Schock.

Schon wollte er sich in einer mondlosen Nacht voller Verzweiflung auf den Weg zum Moorsee machen, als die alte Gisela ihn daran hinderte. Sie setzte sich zu ihm an die Lagerstatt. „Mien Jung, uns Götter wülln nich, dat du dood geist. Anners harn se mi nich hulpen, di opp de Been to bring."

Dann ergriff sie seine Hände und eine lange Pause setzte ein. „Du Leve, ik heff dat in't Geföhl, du schasst för all' von uns Angeln wat Groot's opp'n Weg bring!" Diese Weissagung der

Alten schufen bei dem Geschundenen Hoffnung und Überlebenswillen.

Von einem Händler hörte man später, dass diese grausame Mörderbande sich vom großen Krähenvolk abgespalten hatte und jetzt einer Gottheit diente, die allein die Gewalt verherrlichte, auf das Recht des Stärkeren setzte. Wer sich diesem Glauben nicht beugte oder andere Gottheiten verehrte, der hatte sein Leben verwirkt.

Wie ein unaufhaltsamer Wirbelsturm fegte diese Truppe aufgehetzter Glaubensfanatiker durch das Land und hinterließ eine breite Schneise von Tod und Verderben. Ihr oberster Priester „Te-Trumm-To" bestärkte die kaltblütigen Menschenvernichter scharfzüngig, voller Hass und ohne Skrupel, nach jeder Rückkehr von einem Überfall von der Richtigkeit ihres Vorgehens.

Doch nicht nur Leute anderen Glaubens zu vernichten zogen sie aus, sondern sie nutzten ihre Opfer auch als Quelle neuer Kraft. Natürlich tranken, nein schlürften sie das frische Blut der Erschlagenen, verzehrten deren Organe. Besonders das Herz, roh verzehrt, sollte zu weiterer Stärke bei den Eroberern beitragen.

Wunderwirkung versprach der Hohe Priester durch die Augen der Opfer. Dieses musste von einem Mann sein mit gleichem Alter und gleicher Augenfarbe. Ein unversehrt heruntergeschluckter Augapfel würde ein fehlendes Auge ersetzen, die Sehkraft unmittelbar wieder herstellen, dafür würde der Großgott sorgen. Aber die Regeln dafür seien einzuhalten. Erst als die Mörderbande siegestrunken in ihr Wehrdorf zurückkam, stellte der immer noch einäugige Anführer fest, dass er es übersehen hatte, auf die Augenfarbe des Jungkerls der Angeln zu achten. Te-Trumm-To vertröstete den Enttäuschten auf einen kommenden Raubzug.

Und die Hollenhuder? Der Gedanke an Rache und Vergeltung beherrschte sie über viele Monde. Die Morde mussten gesühnt werden! Von einer Verfolgung der Krähen-Krieger sahen sie jedoch vorerst ab.

Weder Idea von Smedeby noch Ocke vom Thorsberger Hof wagten sich bei dieser Schilderung des Hollenhuders zu rühren, so gebannt, ja gefesselt waren sie. „Dat weer in ringe Tied för mi. Ik weer mehr dood ass in't Leven!"

Leve kämpfte in dieser Zeit um sein Leben, hoch war der Blutverlust gewesen. Am Ende siegte die Großmutter. Ihre Heilkräuter halfen ihrem Enkel, den Weg nach Walhalla doch nicht antreten zu müssen. Giselas rührende Pflege und die seiner aufopfernden Schwester trugen dazu bei.

Wenn der junge Hollenhuder sein zerstörtes Gesicht im Wasser einer Pfütze oder eines Teiches erblickte, kamen ihm Zweifel, ob es nicht doch besser gewesen wäre, jetzt bei den Göttern zu sein. Die tiefe Narbe, die sein Gesicht spaltete, die es wie eine verzerrte Fratze aussehen ließ, löste nicht nur bei Kindern Angst und Schrecken aus.

Zu einem Feldzug gegen die Krähen-Mörder kam es doch nicht, weil es im Dorf an Führung, Waffen, Mut und Einigkeit fehlte. Eine Palisade, eine Absperrung zur Wasserseite hin, die wurde errichtet, ein später Trost für die Sippen, deren Angehörige umgebracht worden waren. Es gab keinen nachträglicher Triumph bei dem jungen Holgersson, der zwar recht behielt, doch für sein ganzes Leben gezeichnet war.

Der erschütternde Bericht von Leve hinterließ bei Ocke wie Idea eine anhaltende Nachdenklichkeit. Ein langes Schweigen folgt. Die Smedebyerin strich dem Hollenhuder mit einer Geste, die ihm eher Anerkennung statt Mitleid zollte, über sein Haar, sagte aber nichts.

Sie mit ihrem Schleppfuß konnte sein Leid, seine Verzweiflung verstehen. War es ihr nicht ähnlich ergangen in den vielen Wochen nach ihrem Unfall und musste sie Fremden nicht immer noch erklären, warum man sie Idea Slappfoot rief?

Auch Ocke wurde durch Leves Schicksal an sein eigenes Elend, diese verdammte Kleinwüchsigkeit, erinnert. Es musste wohl der Wille ihrer Gottheiten sein, sie alle drei mit einem sichtbaren Makel auszustatten und doch zu einem tapferen Leben zu ermutigen und sie dabei helfend zu begleiten.

An Nerthis' Nähe glaubte Ocke fest und seine Großmutter, die Götternahe, bestätigte ihn darin. In irgendeiner unerklärlichen Weise meinte diese Göttin es doch gut mit ihnen. Oder?

Der zu klein geratene Fürstensohn vom Thorsberger Hof atmete geräuschvoll und tief aus, stand unvermittelt auf, presste seine Fäuste in die Hüften. Erstaunt, erschrocken sahen ihn die beiden anderen an.

„Wat sünd wi dree man för Buschemänner. Een treckt dat Been nah, een annere kann nicht recht wat kieken un een is to lütt", beschrieb der Thorsberger ihre Versehrtheit. „Stackel, de sünd wi! Dat is so, ass dat is, ännern geit nich", dazu müsse man sich – wie die drei es taten – zu einer Einschränkung bekennen und damit ohne Furcht leben, setzte er fort. „Man Bang maken, dat gellt nicht!" Und dann begann Ocke eine kleine Rede, die ihnen allen Mut machte, Worte, die Idea wie Leve nie mehr vergaßen.

Natürlich, so wie sie drei aussähen, seien sie ein „Kinderschrecken", Krüppel mit Behinderungen, die sie ein Leben lang begleiten würden. Doch hatten sie nicht jeder einen klugen Kopf, zwei tüchtige Hände, konnten die richtigen Worte wählen und ließen sich trotz des Leidens nicht unterkriegen?

Tapfer seien sie, aufrecht, durchsetzungsfähig, bereit, denen in die Parade zu fahren, die über sie lachten, sie hänselten oder mieden. Ihm, Ocke, dem Putjehupp, mache es Mut, wie sie, Idea und er, Leve, sich ihrem körperlichen Schicksal stellten. Nerthis, ihre Muttergöttin, so wisse er von Agnes der Götternahen, stände stets liebevoll an der Seite der Gezeichneten. Darauf könne man vertrauen. „Dör de Welt komm wi all", würde seine Großmutter in einem solchen Augenblick sagen. „Man jede hett sien eegen Weg!"

Dann trat Ocke zwei Schritte vor und zeigte auf die Jagdbeute. Jetzt stand die Zeit zum Handeln an, reden konnte man später noch. Die Eigentumsfrage um die Hirschkuh war noch nicht gelöst. Er habe dafür einen Vorschlag. „Jede een vun uns kann segg'n, emm hört de Kreatur alleen. Dat hölpt keen! Wi sünd dree Lüüd. Wi deeln dat Deert in dree Deele!"

Er blickte die anderen beiden an. Beide lächelten und nickten ihm zu, einen ähnlichen Vorschlag hätten sie auch unterbreitet. „Man, dat ward Last nuuch, alleen een Deel to sleepen", gab Idea zu bedenken. Wie sollte man das Wild ins Dorf zurückschaffen?

Sicher, die Fleischberge waren arg schwer, man würde viele Pausen einlegen müssen, aber irgendwie zu meistern war es schon.

Leve erhob sich, brach zwei längere und mehrere kurze Zweige aus dem Buchenbusch, stellte die Längeren schräg gegen den Baum, vor dem sie saßen, und legte die kleinen quer über die Langhölzer, das Grundgerüst einer Schleppe. Natürlich! Welch ein kluger Einfall!

Begeistert schlug Ocke dem Hollenhuder auf die Schulter. „Dat nenn ik plietsch! Wi treeken dat Fleesch. Dat geit beeder. Dat kost nich so veel Knööv! Dank di, Leve!"

Aber wie sollte man erklären, warum jeder nur mit einem Teil der Hirschkuh in seinen Heimatort zurückkam? Bei der Not, die in jedem Dorf herrschte, war von solchen Nachfragen auszugehen. Dass man Fremden einen Teil der Beute gegeben hatte, würden nur wenige verstehen.

Es war Idea, die einen Ausweg anbot. „Wat is, wenn een Wolf uns anfulln hett, man een chanze Rudel?" Sie blickte in fragende Gesichter, also erklärte die Smedebyerin ihren Vorschlag. Wölfe waren neben Luchs, Wildhunden und Bär die ärgsten Feinde für Mensch und Tier im Land der Angeln. Weil besonders der Wolf schwer zu bejagen war, hatte er sich stark vermehrt. Wölfe waren schnell, verschlagen, voller List. Auch wenn ihr Hunger gestillt war, rissen sie aus Mordlust weitere Beute.

In Rudeln überfielen sie ganze Schafherden, töteten sogar ausgewachsene Rinder und nicht nur im Winter machten sie auch vor Menschen nicht Halt. „In uns Naberdörp bi Is un Snee sünd letzt' Johr tein Lüüd vun Wölfe dood beeten wurn, fief weern Kinner", ergänzte Idea.

„Wölfe hemm een grode Deel vun uns Hirschkoh klaut, dat mag angahn", ging Leve auf die Überlegung der Schmiedetochter ein.

Wölfe also mussten für die Notlüge herhalten. In jedem ihrer Dörfer nahmen die Leute diese Begründung, ohne Zweifel zu haben, ab. Es gab keine Sippe, die durch diese mörderischen Tiere nicht geschädigt worden war, Angeln litt unter diesen Bestien.

„Lämmchen? Lämmchen!" Wo war der kleine Krabbler geblieben? „Wo is de Lütt?" Die besorgte Frage von Leve machte auch den anderen beiden bewusst, dass sie bei all ihren Überlegungen zur Rückkehr in ihre Heimatorte den Kleinen aus dem Blick verloren hatten. Während Idea die Hirschkuh zerlegte, begannen Leve und Ocke sofort mit der Suche.

Das Glück war auf ihrer Seite. Hinter der Kastanie war das Kind mit erdbeerrotem Gesicht in ein Wurzelwerk geraten und dort steckengeblieben. Geklagt hatte es nicht – nur ein wenig gegreint. Rasch wurde der Junge befreit und kuschelte sich anschließend in die Arme seines Bruders.

„Wi schall dat mit emm wiedergahn?", wandte sich der Thorsberger direkt an Leve. „Dat weet ik nicht! Man, wenn se Lämmchen in mien Dörp wies warn, versuupen se emm noch eenmal." Angst, Besorgnis und Ratlosigkeit sprach aus seinen Worten.

Um sich abzulenken, fütterte er seinen kleinen Bruder weiter mit Walderdbeeren, von denen es hier viele gab. „Du weetst, bi uns rund um de hillige Thorsbarg smieten se Kröppel-Kinner, ass de Lütt, nich in't Moor. Ik kunn Lämmchen in uns Huus gevn. Mien Groodmudder, de ole wiese Agnes, un mien Süster, de warn sik um emm kümmern! He woor dat good bi uns hemm!"

Dankbar und voller Erleichterung blickte Leve den Fürstensohn an, als sei ihm ein Stein vom Herzen gefallen. Sein Bruder für mehrere Monde auf dem geschützten Thorsberger Hof, behütet von einem alten Weib und einer jungen Deern, da wäre er in Sicherheit. „Wenn dat geit, dat weer dat Beste för mien lütt Broder. Man segg: Agnes heet dien Grootmudder?"

Wenn es um seine Großmutter ging, geriet Ocke stets ins Schwärmen. Trotz ihres Steinzeitalters – mit über fünfzig Wintern – habe sie noch alle Gedanken beieinander, kenne keine Furcht, widerspreche den Männern, sei hilfsbereit und beschütze mit Umsicht den Heiligen Hain, das Eichenkratt und die Leben spendende Nerthis-Quelle.

Nur zwei Schwächen habe er bei ihr festgestellt, erstens sei sie von Neugierde geplagt, sie wolle immer alles wissen, auch was sie überhaupt nichts angehe, und zweitens, wenn es um Honigwein gehe, davon könne sie nie genug bekommen.

Verstehen könne man sie nur mit Mühe, das verständliche Sprechen falle ihr schwer, weil ihre Zähne vor Monden bereits, bis auf zwei, verrottet und ausgefallen waren. Ihr Geburtsort war Steenfeldlund gewesen, von dort aus sei sie mit ihrem Vater Offa dem Mutigen, dem ersten Fürsten der Angeln, gemeinsam mit ihrer Zwillingsschwester Gisela im Alter von zwölf Wintern zum Thorsberger Hof gewechselt.

Von den beiden Schwestern sei Gisela die zurückhaltende, die stets sanfte gewesen, sodass für sie eine Vielzahl von Sippen bei ihrem Vater wegen dieser liebevollen Braut anfragten. Man habe sie noch im gleichen Jahr weit entfernt vom Hof in den Westen des Angeln-Landes verheiratet, weil dort das geringste Brautgeld erwartet wurde. Der Hof war damals sehr arm gewesen.

Wegen der großen Entfernung hätten sich die beiden Schwestern von dem Zeitpunkt an nie mehr gesehen.

„So weer dat, so hett mien Grootmudder mi dat vertellt", schloss Ocke, und als er aufblickte, sah er Leve breit lächeln, sein ganzes zerstörtes Gesicht schien vor Freude zu leuchten.

„Man, de Geschicht, de kenn ik. So een hett mi mien Grootmudder uk vertellt. Gisela heet se! Se is, du magst dat nich glöövn, de Süster vun dien Agnes!" „Dat bedüüd, Lämmchen hört uk uns Sippe to!" Die Zwillinge, „de Tweeschen", über Jahrzehnte voneinander getrennt, beide uralt, sie lebten noch.

Als Idea von der überraschenden Sippenverbindung hörte, stellte sie scherzhaft ihre liebenswerte Großmutter, die „Kruut Alma", als möglichen Drilling zur Verfügung. Doch so weit reichten die Familienbande nicht.

Für eine kurze Zeit wurden die Großmütter zum bestimmenden Thema zwischen den dreien. Jeder konnte mit eigenen, oft übereinstimmenden Erfahrungen beitragen. „Mit düsse oln Fruunsminschen, dor kunn een Köh un Karnickel klaun", meinte Ocke mit drastischen Worten, so vertrauensvoll, verlässlich und mutig seien diese uralten Weiber.

Jeder von ihnen wusste, weshalb das Lob so eindeutig ausfiel. Ocke, der Thorsberger als ein Putjehupp, Idea mit dem Slappfoot und Leve mit dem Fratzengesicht, sie alle erhielten Zuversicht, Stärke und Ermutigung ganz direkt und dauerhaft durch ihre Großmütter.

Auch das Trennungsschicksal von Agnes und Gisela kam noch einmal zur Sprache. „Een Traag is dat man ass wat, wenn Tweeschen deelt sünd", riss Idea die beiden jungen Männer aus ihren Gedanken. Gemeinsam geboren, dann ein Leben lang geschieden, nur weil die Wege zu weit waren?

„Nee, dat's nich alleen, dor liggt noch een Klümmp in'ne Supp", ging Leve auf die Zweifel der Schmiedetochter ein.

Der einzige passierbare Weg, ein Viehtritt, wenn man von Hollenhude über viele weite Stege nach Steenfeldlund wolle, gehe über die Fischersiedlung Sliestorp am Rande der Slie-See. Doch zwischen beiden Orten, gut auf der Hälfte des Weges, befinde sich eine riesige Anhöhe, die von uralten, fast schwarzen Bäumen umgeben sei. Dunkel, düster und drohend zeige sich „de Rabenbarg", wie ihn die Leute bezeichneten, der Berg der Kolkraben.

Feuerspeiende Untiere, Menschen fressende Wesen sollten dort leben, Flammen würden aus dem Boden schießen, krank machender Nebel aufsteigen, Riesenameisen so groß wie Ratten umherlaufen und Pferde mit fünf Beinen, drei Köpfen und einem Schwanz aus Farnkraut.

Dass die schwarzen Raben, diese Göttervögel, dort ihre Nistplätze hätten, zeige die Verbindung dieses grauenhaften Ortes zu Gottheiten, die jedoch nicht zu denen von Walhalla gehörten. Niemand wage sich in die Nähe dieser Angst verbreitenden Anhöhe.

Der Weg zwischen den Dörfern war also versperrt. Umwege führten durch Wälder, in denen Bären und Wölfe ihre Reviere verteidigten, machten sie nicht nur für Handelsleute unpassierbar. „Ik heff hört vun de Rabenbarg. Wenn dat Wuurd fallen deit, kriegt de Lüüd dat Gruusen", ergänzte Ocke. „Man ik glöv nich, wat seggt ward, dat is all Spökenkram!"

Da wollten wohl Leute nicht, dass durch ihr Land, ihren Besitz, ein Weg führte, weil damit Ärger, Unsicherheit und Unruhe verbunden war. Oder die dort auf dem Berg hausten, wollten für sich sein, dort allein ihren Göttern dienen, ihre Geheimnisse mit niemandem teilen. Aber wenn die Ängstlichen doch recht hätten, dass der Rabenberg ein unheilvoller Ort der Götter sei?

So ganz traute Ocke trotz seiner mutigen Worte dem Frieden nicht. Die Wege durch das Land der Angeln seien für alle da. Ohne eine freie Zuwegung sei kein Austausch von Waren und Werkzeugen, kein Handel möglich. Alle Menschen in den Dörfern seien darauf angewiesen.

„Schull ik eenmal Fürst vun uns Angelnland warn", verkündete er vor den Freunden, „wat ni nich passeern deit, war ik de Undeerten vun de Rabenbarg verdriewn!" Ocke erschrak über seine eigene Ankündigung. „Recht hemm de Lüüd, een Grootmuul bün ick!" Solange es die Sperre durch den Berg gab, war die Landbrücke zwischen der Traner Au und der Slie-See nicht zu überwinden.

Ein wenig verlegen wandte er sich an die beiden Mitjäger: „Ik weet, alleen kann een dat nich hennkriegn. All möhn hölpen, an een Tau treeken!"

Seit Generationen galt der Rabenberg, diese düstere Höhe, als eine uneinnehmbare Festung, eine „Hochburg der Dämonen- und Drachenwesen". „Ik op jeden Fall mak mit", ging Leve auf ihn ein. „Un wenn du een mit een Slappfoot bruuken deist, kannst di opp mi verlaaten", bot sich Idea an. Niemand konnte an diesem Tag voraussehen, wie bald der Berg die Angeln beschäftigen würde.

Jetzt jedoch war es höchste Zeit, aufzubrechen. Es galt, das Fleisch baldmöglichst frisch zu verzehren und die Reste zu pökeln.

Alle drei spannten sich wie Zugpferde vor ihre Schleppschlitten, als sie sich auf den Heimweg begaben. Ocke trug zusätzlich Lämmchen, der friedlich in einem geflochtenen Korb schlief. Leve winkte den beiden noch lange nach, seinen Kampf mit den Tränen verlor er. Bitterlich weinte er, bis sich plötzlich ein Arm um seine Schulter legte. Idea! Sie war unbemerkt umgekehrt, drückte ihn an sich und streichelte ihn. „Dat Lämmchen mit Ocke geit, is dat Best', watt du vör dien lütte Broder deist"– dann drückte sie ihm einen sanften Kuss auf die Wange, dort, wo das Messer sie gespalten hatte. Leve stockte der Atem und er erschauerte, dieses Mal vor Freude.

Beschwingt trat er den Rückweg in sein Heimatdorf an, in dem eine überraschende Aufgabe auf ihn zukam.

Wenn Idea Slappfoot geahnt hätte, was sie in Smedeby erwartete, und Ocke von den neuen Geschehnissen im Thorsberger Hof Kenntnis gehabt hätte, wäre sicher manches anders verlaufen.

Doch den Göttern und Nornen, deren Macht und Möglichkeiten, waren sie hilflos ausgeliefert.

Eifrig spann Werdandi, die Schicksalsgöttin der Gegenwart, gleichzeitig ihre hauchdünnen Fäden für Ocke Offasson den Winzling, Idea von Smedeby, die Jägerin mit dem Knickfuß, und Leve Holgersson, dessen Gesicht Menschen in Schrecken versetzte.

Hier am Alten Moor sollte ein neues Kapitel über die Geschichte der Angeln entstehen. Sie fand in Skuld, der Göttin der Zukunft, dafür eine Verbündete. Nur die Dritte der Nornen, Urd, die Schicksalsgöttin der Vergangenheit, gab widerwillig einige ihrer schwarzen Fäden hinzu. Ihr Augenmerk lag auf der verschlungenen Wanderung eines alten Mannes aus dem Land der Angeln, der im Herzen jung geblieben war. Nur wenige Tagesritte vom Alten Moor ließ Urd ihn nach einem wechselvollen, abenteuerlichen Leben voller Verlockungen, Anfeindungen und Entbehrungen in seine Heimat zurückkehren. An Herausforderungen für ihn sparte sie auch dort nicht.

10

Jesper vom Sonnenhof, seine elenden wie aufreibenden Jahre in der Sklaverei, von „Eier-Grete", Seeräubern im Buckholmer Fjord, einem Verräter und wie Snörre seinen Backenzahn und McCloud sein Leben verliert

Tatsächlich, Jesper hatte eine Aufforderung erhalten, an die er in seinen Träumen manches Mal gedacht, die er aber nie für möglich gehalten hatte. Man erwartete seine Teilnahme am Großen Angelner Thing auf dem Thorsberg. Er, der Kahlköpfige, der Alte, der weder Ältester eines Dorfes noch Vogt, noch Vornehmer, nur ein Kleinhändler mit Schmuckstücken, Tand und Trödel war, sollte über seine Erfahrungen in Britannien, dieser fernen grünen Insel im Nordmeer, Auskunft geben.

Viele erlebnisreiche, jedoch auch bittere Jahre seines Lebens hatte er dort verbringen müssen. Zuerst als fast totgeprügelter Sklave, der die Latrinen seines Herrn zu reinigen hatte, anschließend als Lastträger bei den Handelsschiffen im Hafen von Lundonia. Dann verdonnerte man ihn zu weiterer Knochenarbeit beim Bau von gepflasterten Straßen und schließlich musste er für seinen Herrn, einen reichen römischen Kaufmann von edler Herkunft, die Steuern eintreiben.

Durch Geduld und Pflichtbewusstsein, Geschick bei handwerklicher Tätigkeit, Höflichkeit bei Antworten, ohne zu buckeln oder zu dienern, wie es fast alle anderen taten, erhielt er am Ende eine Vertrauensstellung im Hause des Römers. Nur mit dem Verwalter, der ihn oft willkürlich mit einer Peitsche traktierte, verstand er sich nicht.

Jesper, der einzige Blondschopf unter all den Dunkel- und Schwarzhaarigen der Dienerschaft, war dem bulligen Kraftprotz, der zum Volksstamm der Scoten zählte, stets ein Dorn im Auge. Diese Abneigung ging über das „fremdartige Aussehen" des Angeln hinaus.

Jesper ließ sich selten aus der Ruhe bringen, erledigte, was man ihm auftrug, aber vermied es, eine der billigen Schänken im Hafenviertel aufzusuchen. Einzelgänger hasste McCloud, also hasste er Jesper.

Er piesackte ihn täglich bis, ja bis Jesper an einem frühen Morgen beobachtete, wie er einen Strauchbesen ergriff, zurück ins Zimmer rannte und dort wild-wüst um sich schlug. McCloud fürchtete nichts auf der Welt, nur Mäuse. Die jagten ihm seit seiner Kinderzeit panischen Schrecken ein.

Von dem Tag an spazierten die grauen flinken Spitzmäuler bei ihm ein und aus, weil sie dort viele verschiedene und äußerst schmackhafte Leckereien vorfanden. Nicht nur Jesper allein, die gesamte Dienerschaft, die unter der Brutalität des Scoten litt, beteiligte sich an der Proviantbeschaffung für die Nager.

Auch weitere Mäuse besorgte man, weil es McCloud immer mal gelang, einige seiner Todfeinde zur Strecke zu bringen. Doch die Mäuseplage riss für ihn nicht ab, ließ ihn toben, verzweifeln, trieb ihn zu Schweißausbrüchen, zitternden Händen, zur Schlaflosigkeit.

Trotz eines Raumwechsels, die Mäuse blieben ihm erhalten. Panik überfiel ihn, besonders wenn Jesper in einem unbeobachteten Augenblick, wie in seinem ersten Jahr in Britannien, am Hafenbecken von Lundonia Mäuse in dessen Beinkleider verschwinden ließ. McCloud erstarrte, als er die ersten Nager an seinem Leib, den Beinen, sogar an seinem Hals spürte.

Zornig blickte er um sich. Doch die Dienerschaft war mit dem Antäuen eines Lastkahns voller Getreide beschäftigt. Verzweifelt schlug der gewalttätige Scote um sich. Als dabei eine vorwitzige Maus von seinem Kopf über die Nase in die Nähe seines Mundes kam, war es um seine Fassung geschehen. Todesmutig sprang der Riese von Kerl in das Hafenbecken voller Schmutz, Abfälle und toter Ratten. Dass er nicht schwimmen konnte, hatte er vergessen.

Keiner der Bediensteten aus dem Steinhaus des römischen Kaufmanns weinte McCloud eine Träne nach. Seine grausamen Schikanen jedoch blieben unvergessen.

Jesper dagegen, der auf Geheiß seines Herrn Steuereintreiber wurde, aber Sklave blieb, erfuhr Achtung und Zuspruch. Zweimal kam es bei seinem neuen Amt zu Anschlägen auf sein Leben. Die volle Holztruhe mit den Silberstücken lockte böse Buben.

Doch Jesper hatte gelernt, mit seinen Fäusten umzugehen, und Nerthis, daran glaubte er, stand ihm zur Seite, denn bei beiden Überfallen erhielt er unerwartete Hilfe von anderen Sklaven. Sein Mäusetribunal über McCloud sprach sich allenthalben herum. Ohne Waffen trotzdem zu siegen, war aller Achtung wert. Doch auch dem wohlhabenden Römer, seinem späteren Gönner, verdankte er, dass er am Leben blieb. Damals!

Jetzt erlebte Jesper den ersten Sommer wieder in Bönsbarg, seinem Heimatdorf. Es lag nicht weit von der Küste des Buckholmer Fjords, der zum Ostmeer gehörte, entfernt, eingerahmt von Buchen- und Eichenwäldern. Es waren Bauern-, Händler- und Handwerker-Sippen, die hier gesiedelt hatten und in zäher, mühevoller, kraftraubender Arbeit durch Rodungen der Wälder versuchten, mehr Erntefläche zu gewinnen.

Die Menschen auf den Höfen waren arm, aber kinderreich, trotz vieler Totgeburten, denn wer sonst sollte für die Alten sorgen? Bereits auf dem ersten Hof, der außerhalb des Dorfes lag, nahm man ihn, den Fremden, gastfreundlich auf. Ja, man stellte ihm und seinem Begleiter sogar eine halbverfallene Waldhütte zur Verfügung.

Sein Hinweis, in Bönsbarg geboren zu sein, öffnete ihm die Tore noch weiter. Der Sohn dieser Bauernstelle schien wohl Mitleid mit ihm, dem Greis, der lahmte und dem drei Finger an der rechten Hand fehlten, zu haben. Er brachte ihm nicht nur Bauholz und Handwerkszeug, sondern dieser Rotschopf, den man Bernd Bengtsson den Jüngeren nannte, half durchaus geschickt bei der Ausbesserung seiner neuen Wohnstatt. Dieser Jungkerl mit dem wuscheligen roten Haar war es auch, der ihm am zweiten Tag seiner Ankunft – im Dorf war er noch gar nicht gewesen – eine Frau in seinem Alter vorstellte: „Dat is Grete. De Olsch, de hudelt mit Höhnerkram, wi nöhmt ehr Eier-Grete. Een düchdige Wief, dat is se!"

Die beiden Alten sahen sich an, stutzten, Jesper rieb sich die Augen, Grete begann zu grienen. Jesper zupfte verlegen an seiner Nase, Gretes Lachfältchen in den Augenwinkeln vertieften sich. „Dat kann nich angahn!" „Doch, dat deit dat!" „Dat is een Büx!" „Veel mehr ass dat." „Jesper!" „Grete!" „Du levst!" „Dat süühst du doch!"

Voller Freude fielen sich diese Uralten, wie Bernd es empfand, in die Arme. Grete lachte, Jesper weinte vor Glück. Es wurde ein Abend voller Erinnerungen, der nicht enden wollte. Als Grete trotz der tiefschwarzen Dunkelheit aufbrechen wollte, nahm Jesper ihre beiden Hände. „Muutst weg? Rööp di een?" „Nee", Grete schüttelte ihren Kopf. „Bünn alleen! Keeneen fragt achter mi!" „Wenn't so is, bliev bi mi!", bat Jesper und blickte sie mit hoffnungsvoll bittenden Augen an.

Grete zögerte. Da wurde Jesper auf seine alten Tage noch einmal verwegen. „Man, nich alleen hüüt Nacht. Nee, so lang ass du dat wullt, bi mi dat uthooln deist!"

Grete blieb. Nicht ein Mal bereute sie diese Entscheidung. In den Armen von Jesper war sie endlich zu Hause. Dieser Mann, voller Falten, dem sämtliche Haare abhandengekommen waren, war nicht nur ein Freund aus der Kinderzeit. Er hatte ihr das Leben gerettet, weil er dreimal falsch gezählt hatte.

Nach über drei Jahrzehnten Trennung fand man im Alter wieder zueinander.

Sie war fünf, er sieben Jahre gewesen, als das Schicksal, vielleicht ein missgelaunter Junggott oder eine Verwünschung aus der Unterwelt, erbarmungslos in Bönsbarg zuschlug. „Kinner, Kinner, aff mit ju! Dor sünd dree Scheep an'n Strand. All hemm se een rode Doog an'n Mast. Fix wech!"

Es war die aufgeregte Stimme seines Vaters, Jochen Jespersson, gewesen, die alle Kinder aufforderte, sich in der vom Dorf abseits gelegenen Erdhöhle zu verstecken. Alle rannten, so rasch es ging, aufgeschreckt und angstvoll zu dem mit Grassoden gut getarnten Erdloch.

Boote mit roter Flagge, Seeräuber vermutlich, verhießen nie etwas Gutes. Nur Dietmar der Dicke, der unmäßig essen konnte und wollte, der mit seinem Leibesumfang prahlte, verbarg sich hinter einem Haselnussstrauch. „Ji Bangbüxen", schrie er ihnen nach. „Man, wat sünd ji för Bangbüxen. Dor in dat Lock kann keen een wat kieken. Man ik war wies warn, wat passeert."

Mucksmäuschenstill war es in der engen, stockdunklen Höhle. Einige reichten sich die Hände. Herzklopfen! Alle lauschten. Die Zeit verging. Alles blieb ruhig. Man war noch einmal davongekommen! Erleichterung machte sich breit. Jetzt die Luke hochgestemmt und dann ins Freie!

Plötzlich: Waffen klirrten, Rufe kamen näher. Grässliche Schmerzensschreie nahmen zu. Den Kindern wurde es bang, immer unheimlicher. Einige hielten sich die Ohren zu. Jesper tat es nicht, weil er mit beiden Händen, wie vom Vater beauftragt, den Lukenschließer festhielt.

Er zuckte zusammen. Eine Stimme, die ihm bekannt vorkam, rief voller Eifer: „Dor, dor sünd all de Görn! Ünner de Luuk!" Der dicke Dietmar verpetzte sie! „Jung, seggst du uk de Wohrheit", meldete sich eine heisere herrische Männerstimme. „Dor ünn sünd all de Kinner, de mi piesacken doon, wiel ik dick bün. De hemm Straf verdeent, düsse Schieter!"

Mit einem heftigen Ruck wurde die Luke aufgerissen, die Kinder lautstark aufgefordert alle herauszukommen, sich anzufassen und hinzuknien. Alle! Acht, neun grimmige Gesellen mit langen Haaren, zottigen Bärten, schwarzen Kopftüchern und Beilen, von denen Blut tropfte, standen vor ihnen. Grimmige Gestalten, ohne Mitleid, ohne Mitgefühl.

Der heisere Mann wandte sich Jesper zu. „Du tellst de Görn hüüt un an all de annern Dag! Dat mi keen verlorn geit! Anners", und da schwang er seine Axt mit doppelter Schneide, „anners hau ik di de Kopp aff!" Er meinte es so, wie er es sagte. Erbarmungslose Entschlossenheit sprang Jesper entgegen.

Nächtelang verfolgte dieser schreckliche Augenblick noch den Schlaf des Jungen, bestimmte seine Träume. Vor lauter Angst und Aufregung verzählte er sich, was niemandem auffiel. „Achtuntwindig!" Nicht einmal der Schiffsführer hörte zu, das Aufteilen der Beute war wichtiger.

Jesper wusste, sie waren 29 Kinder in dem Erdkeller gewesen, zweimal war er die Anzahl durchgegangen. War jemand im Loch geblieben? Das durfte nicht sein!

Im Gänsemarsch, von den Aufsehern mit Hieben begleitet, an brennenden Hütten und im wahrsten Sinne niedergemetzelten Dorfleuten vorbei, trieb man die Kleinen wie Vieh an Bord, um sie anschließend an den Ruderbänken festzutauen.

Jesper blieb voller Sorge. Sie waren doch neunundzwanzig Kinder in der Erdhöhle, doch nur achtundzwanzig hatte er verkündet. Noch einmal zählte er, und diesmal nahm er die Finger zur Hilfe, über alle drei Boote hinweg. Achtundzwanzig. Wo war neunundzwanzig?

Die Höhle war leer gewesen. Und war nicht noch der mit der schwarzen Augenklappe nach unten gestiegen? Platz für ein Versteck bot die Höhle nicht. Aber was war mit der Kuhle unter der Öffnungsklappe?

Bevor die Segel gesetzt und die Ruder belegt wurden, vergatterte der glatzköpfige Anführer, der sich „Großer Jo" nennen ließ, seine Männer lautstark und befehlsgewohnt: „Keen leggt Hand an'ne Kinner! Keen vun ju!"

Die Ware, die Kinder, die für den Sklavenmarkt im Süden vorgesehen war, durfte nicht „beschädigt" werden, damit werde sie wertlos, drohte er. Dazu hob Jo seine Doppelaxt, um die Ernsthaftigkeit seiner Worte zu unterstreichen, begab sich dann zum Achtersteven, um die Waffe vom Blut zu säubern.

Bereits in der ersten Nacht nach dem Überfall schlug einer der Kinderräuber die Worte und Warnung des Kapitäns in den Wind. Er machte sich in der frühen Morgenstunde, als alles noch schlief, über die kleine Sophie, Jespers Schwester, her. Von vorne wie von hinten misshandelte er sie brutal und ohne jegliches Mitgefühl. Ein in ihren Mund gepresster schmutziger Lappen verhinderte jeglichen Schrei.

In ihrem Blut liegend fand der Wachgänger sie. Er schlug sofort Alarm. „Wer hett dat makt", brüllte der haarlose Schiffsführer außer sich vor Wut. Mit dieser Vergewaltigung ging ihm ein lukratives Jungfrauengeschäft durch die Lappen. Unberührte Mädchen, besonders wenn sie blond waren, handelte man zu Höchstpreisen auf den muslimischen Märkten.

Je mehr von diesen blondgelockten Turteltäubchen den Harem eines Sultans füllten, umso mehr an Ansehen genoss dieser, weißes Frischfleisch, jungfräulich gepflegt, war gefragt.

Keiner der Raubgesellen gab sich zu erkennen. „Dat krieg ick ruut", schrie der Große Jo wie besessen. „Büx daal!" Dieses Bild der Piraten, mit heruntergelassener Hose, blieb für Jesper unvergessen.

Der Anführer zog Dörte, Jespers ältere Schwester, mit einem heftigen Ruck zu sich, riss ihr Schürze und Kittel vom Körper. Völlig entkleidet stellte er diese Gefangene seinen Gefolgsleuten gegenüber. Mit ihren eingekrausten blonden Locken zwischen den Beinen und den fast voll entwickelten, festen Brüsten bot sie trotz ihrer Angst einen erregenden Anblick für die Mannsleute an Bord.

Diese Wirkung wollte der Schiffsführer auch erzielen. Neun helle, dunkle, dicke, dünne, auch zwei krumme Gurken schnellten in die Höhe. Nur ein Gürkchen blieb klein, schlaff und schrumpelte vor sich hin. Dessen Träger erblasste.

Noch bevor der eine Erklärung stammeln konnte, traf ihn die mit wütender Wucht geworfene Axt des Glatzkopfes. Sie spaltete Brust und Bauch des gierigen Vergewaltigers, sodass die Gedärme herausquollen und das Blut bis über die Bordwand spritzte.

Totenstill wurde es an Bord. Und während alle wie gebannt die drakonische Bestrafung verfolgten, glitt die kleine Sophie unbemerkt lautlos, wortlos, abschiedslos von Bord. Begleitet von unsagbarem Schmerz ersoff sie. Fünf Jahre wurde Sophie alt.

Fünf Jahre betrug auch die Zeit von Jespers Gefangenschaft auf diesem Schiff des Sklaven- und Kinderhändlers. Die geraubten Kleinen wurden auf Märkten weit entfernt vom Land der Angeln gegen klingendes Silber verhökert. Erbarmungslos, mitleidslos!

Wer von den Kindern an Bord sich wehrte oder trotzig zeigte, dem entzog man die tägliche Wasserration. Jeden machte diese Durststrafe gefügig. Geschlagen wurden die Kleinen nicht, denn ihre Körper sollten schier und makellos sein.

Vor dem Verkauf ölte man sie ein, damit sie in der Sonne glänzten. Kleine Jungen, die man als Lustknaben anpries, schminkte man vorher. Eine der vielen Tätigkeiten, die Jesper verrichten musste. Er tat es mit Widerwillen. Der Große Jo behielt ihn ständig im Blick.

Allein sein anfänglich angespanntes, später vertrauensvolles und am Ende sogar ein wenig freundschaftliches Verhältnis zum betagten Steuermann, der den Sternenhimmel wie seine Seemannskiste kannte, ließ Jesper seine lange, die elendig lange Leidenszeit auf diesem Schiff mit der menschlichen Fracht überstehen.

Ein grässlich entzündeter Backenzahn, der den Steuermann piesackte, den alle „Snörre" riefen, weil er weit im Norden beim Volk der Dänen die Führung eines Schiffes gelernt hatte, brach das Eis zwischen ihm und Jesper. Davor war er nur ungnädig mit dem Heranwachsenden aus Angeln umgegangen. Manchmal trat er mit dem Fuß nach ihm, grundlos.

Nun stand Snörre mit dem Rücken zum Ruder, zwei Messer in den Händen. Der Backenzahn blähte seine Wange prall auf, fast blau war sie geschwollen. Eiter lief ihm aus dem Mund.

„Wer vun ju Baggeluuten treckt mi de Tähn?" Keiner der Helden an Bord rührte sich. Alle wussten aus früheren Jahren: Ein falscher Griff, und Snörre trieb dem Helfer eines der Messer in die Kehle.

Davon hatte Jesper, der neu war, keine Kenntnis. Also fasste er sich ein Herz. „Wohr di Jung, de Stüüermann, de stickt too!", rief man ihm hinterher. Bevor sich Snörre versah, stürzte sich Jesper, der die Warnung vernahm, mit geballter Faust auf ihn und drosch dem Steuermann einen Bönsbarger Schwinger gezielt auf die ausgebeulte Backe, dass der dahinter sitzende angerottete, fast lose Zahn aus dem Kiefer geschleudert wurde. Zugleich ging Snörre betäubt vom Schwinger zu Boden, ließ beide Messer fallen und erst drei Eimer Meerwasser erweckten ihn wieder zum Leben.

Diese Art von Zahnbehandlung habe er noch nicht kennengelernt, gestand er. Sie sei zwar erfolgreich, doch noch zwei Tage später habe er einen Brummschädel gehabt. „De Decksjung, düsse Jesper, de döcht wat, de kann mehr ass Brood eeten!"

War Snörre anfangs noch unwirsch zu ihm, entspannte sich die Lage für Jesper nach der Zahnbehandlung merkbar. Bald nahm ihn der Alte auch in Schutz gegen Grobheiten der Mannschaft. Auch lehrte er ihn das Steuern des Bootes und die Bestimmung des Kurses nach den Bildern der Sterne oder dem Stand von Mond und Sonne. Jesper lernte rasch und gern.

Was Snörre tat, war nicht ganz uneigennützig, denn der Steuermann war blind auf dem linken Auge und das rechte verlor an Sehkraft. Jesper ersetzte ihm die Augen, so gut es ging. Sogar der Große Jo, der den heranwachsenden kräftigen

Angeln am liebsten von Bord haben wollte, war damit einverstanden. Woher hätte er auch einen so erfahrenen Rudergänger bekommen sollen, von denen gab es wenige.

Der Schiffsführer duldete auch in den Stunden, in denen Flaute herrschte, dass sein Steuermann, der auf vielen Meeren gereist war, Jesper in den Sprachen anderer Stämme, der Franken, Sachsen und sogar der Römer unterrichtete. Auch lernte Jesper das Knoten der Taue und vieles mehr. Mit dem Messer, einem Beil oder Spieß zu üben, blieb ihm verboten.

In Leupelte, einem viel besuchten Hafen, wo die Trüve in das Ostmeer mündete, verkaufte Glatzkopf Großer Jo Jesper an eine Händlergruppe, die starke Träger suchte. Groß, breit und blondlockig war der Jungkerl aus Angeln in den fünf Jahren seiner Gefangenschaft auf dem Boot geworden. Er stellte wohl eine Gefahr für den Schiffsführer dar, der ihm bis zu seinem letzten Tag misstraute und ihm die Sklavenketten nie abnahm.

Gefesselt führte man Jesper auch dem fränkischen Kaufmann vor. Ein harscher, harter Herr, dem das Geschäft über alles ging. Der erlöste ihn zwar von den Fußketten, weil die für einen Träger hinderlich waren, doch Sklave mit dem eisernen Halsring blieb er. Zudem stellte man ihm einen bis an die Zähne bewaffneten Aufpasser zur Seite.

Mit seinen Waren zog der gut zwanzig Sklaven umfassende Handelstrupp kreuz und quer durch das Sachsen- wie das Frankenland. Beide Sprachen lernte Jesper immer besser zu beherrschen. Die Plackerei mit den schweren Stoffballen war, trotz mancher Schläge, aushaltbar.

Seine Anstellung bei diesem Franken-Kaufmann endete durch den heftigen Tritt eines Maultieres. Das linke Bein des Angeln brach. Voller Schmerz krümmte er sich am Boden. Trotz auffordernder Zurufe, trotz Peitsche und Stichen mit einem Spieß kam er nicht auf die Beine, brach immer wieder zusammen, blieb hilflos liegen.

Man ließ ihn am Straßenrand ohne Wasser und Brot, ohne das Bein zu richten, einfach liegen. Träger, die nicht gehen konnten, waren Ballast, die brauchte man nicht! „Ein Lastenträger soll Lasten tragen, aber nicht zur Last werden!" Mit dieser abfälligen höhnischen Bemerkung des Franken-Kaufmanns verließ man Jesper, der fast vier Jahre lang dem Händler treu gedient hatte. Lohn gab es keinen, ausreichend zu Essen ja, durchaus.

Allein, von Durst und Hunger gequält, dazu die höllischen Schmerzen, war Jesper dabei, mit seinem Leben abzuschließen. Wenn nicht Wandermönche zufällig den Handelsweg eingeschlagen hätten, Jesper wäre wohl elendig krepiert. Die besorgten Braunkittel schienten sein Bein, bauten eine Schleppe und brachten den völlig entkräfteten Mann in ihr Kloster.

Von solcher Art merkwürdiger „Götterhäuser" hatte Jesper bei den Gesprächen der Kaufleute und durch die Reden der Sklaven bereits gehört. Allein Männer lebten dort hinter Mauern, abgeschieden. Sie taten von der frühen Morgen- bis zur letzten Abendstunde nichts anderes, als auf die Knie zu fallen, zu beten, zu singen und in der Zwischenzeit der Arbeit nachzugehen.

Alle waren sie einheitlich mit sackähnlichen Kitteln, die mit einer Kordel zusammengehalten wurden, gekleidet. Fromm müsse man sein, um hinter den Schutz dieser Klostermauern zu kommen, auch gehorchen, wie die Seeleute auf einem Schiff, und niemandem sei es erlaubt, ein Weib zu greifen, beschied ihm der Klostervorsteher.

Grässlich, gerade diese letzte Mönchstugend: Ein Leben ohne die Langhaarigen sei wie Suppe ohne Salz, eine Hose ohne Träger, dachte sich Jesper.

Die Freuden mit den Frauen lernte der jetzt erwachsene, breitbrüstige, ansehnliche Blondschopf aus Angeln im Frankenlande kennen und schätzen. Sein gutes Aussehen, die höflichen Manieren, die er an den Tag legte, ließen ihn zur gesuchten Beute von Bräuten, ungebundenen Weibern und denen im Ehestand werden.

Der Neid anderer Männer folgte seiner „Liebesfährte". Beinahe hätte ein aufgebrachter betrogener Kaufmann ihm seine Gurke abschneiden lassen. Doch dessen gieriges Weib nahm alle Schuld an dieser Sünde auf sich und versprach ewige Besserung. Diese hielt gerade zwei Tage vor.

Jetzt war er also unfreiwillig bei den andauernd Gottes Lob preisenden Kurzhaar-Männern untergekommen, die sich unablässig bekreuzigten, aber ihr Handwerk als Heiler verstanden. Sein gebrochenes Bein musste nicht, wie anfänglich befürchtet, abgesägt werden, weil sich „Brand" in den zahlreichen Wunden entwickelte, das Fleisch blau anlief und der Eiter floss.

Kräuterpaste und tägliche neue Wickel sorgten für die Vernichtung der Keime. Bald konnte er, gestützt auf einen Stock, stehen. Seinen Fuß, der schief anwuchs, zog er seit dieser Zeit nach. Ein „Humpelbeen" würde er für sein ganzes Leben bleiben.

Als er weitgehend zu Kräften gekommen war, bot man ihm Arbeit im Haus der Braunkittel an. Ein kugelrunder Mönch, den seine Brüder, wenn er nicht anwesend war, wegen seiner zartrosa Haut „Schweinchen" nannten, war für die Vermittlung des Angebotes zwischen ihm und dem Abt, dem Vorsteher, zuständig, weil er der Einzige war, der, wenn auch gebrochen, die Sprache der Angeln beherrschte.

Jesper ließ aus Vorsicht und schlechter Erfahrung seine fränkischen Sprachkenntnisse nicht erkennen. „Schweinchen" war nicht nur rundum hellhäutig. An ihm, dem Schmierbauch, der Tonne, wabbelte alles, die Fettfalten unter dem Zweifachkinn, die Wülste im Nacken, unter den Augen und über den Handgelenken. Es wabbelte der Bauch, die Schenkel und seine aufgestülpten Lippen. Von den listigen wie lüsternen Augen war bei so viel Speck wenig zu erkennen.

Auch wenn der monströse Körper nur einen Platschgang zuließ, war „Schweinchen" flink, wenn es an das karge Essen ging oder neue junge Mönche, die man hier Novizen nannte, eintrafen. „Schweinchen" bevorzugte „Frischfleisch" für seine hier im Kloster streng untersagten Gelüste.

Bei Jesper, als der noch erschöpft auf der Lagerstatt lag und nicht flüchten konnte, versuchte er es auch, Hand an ihn und seine Gurke zu legen. Als der Mann aus Angeln ihm mit einem kräftigen Strahl mitten ins Gesicht pinkelte, gab es keinen weiteren Annäherungsversuch, beließ er seine flinken Finger in den Ärmeln seiner Kutte.

Jungmönche, auf die er ein Auge geworfen hatte, verfolgte er bis in das Scheißhaus des Klosters. Er zwang sie in den Sommermonaten in die Ackerfurche oder unter Fliedersträucher und gebot ihnen zu schweigen, ansonsten würde man sie aus dem Kloster jagen. Da „Schweinchen" es beim Klostervorsteher durch schleimige Schmeicheleien und eine unglaublich helle und wohltönende Singstimme zu einer Vertrauensstellung gebracht hatte, waren seine Drohungen durchaus ernst zu nehmen.

„Schweinchen", durch Jespers Abfuhr als kundiger Liebhaber ihm gegenüber tief gekränkt, überbrachte Jesper keine Bitte, sondern einen Befehl des Abtes. Er habe täglich die Abtritte der Mönche zu säubern, mit Kalk auszustreuen und in Ordnung zu halten.

Jesper nahm, was blieb dem Lahmen übrig, die Arbeit an. Was sollte er, den der Maultiertritt zum Krüppel werden ließ, der immer noch den eisernen Sklavenring um den Hals trug, auch sonst tun. Hier im Kloster erhielt er täglich seine Suppe, bekam einen Schlafplatz neben den Schweinen und manches abgelegte Kleidungsstück.

Auf die wiederholten Versuche der Braunkittel, ihn vom „Heidentum", wie sie es nannten, zum Christentum zu bekehren, ging er gar nicht erst ein. „Wenn dat de Bedingung för mien Arbeit hier in't Kloster is, köhn ji jurs Schiet alleen maken, hau ik aff. Nee, nie un nümmer nich will ik mien Gottheiten verlaaten!" Was er nicht laut sagte, aber dachte.

Was seien diese Braunkittel doch bei ihrem Glauben betrogen. Nur einem Gott durften sie dienen. Wie armselig! Da hatten doch die Angeln im Götterhimmel von Walhalla eine überaus reichere Auswahl. Einen Gott für den Donner, einen anderen für den Regen, für das Gedeihen der Ernte, die Gesundheit der Rinder, für den Frieden in der Sippe, für Alter und Jugend, Trost, Trauer, Tapferkeit, sogar für das Gedärm, wenn es mit dem Scheißen nicht klappte, und viele mehr.

Für jeden Wunsch, jedes Verlangen war gesorgt, eine reiche Auswahl gab es. Bei seinen Göttern wusste man, woran man war. Sie konnten ganz in der Nähe, in einem Baum, einer Quelle, einem Wald, in einer Blume oder auch in einem Vogel verborgen sein.

Jespers Ankündigung, dem Kloster den Rücken zu kehren, wenn man ihm seinen Glauben nicht ließ, wirkte Wunder. Der Grund dafür war ein – wenn man so will – „Abort-Unfall". Er war zwei Monde vor der Einlieferung des kranken Angeln geschehen.

Der Knecht, der die überaus unangenehme Arbeit in den Latrinen versah, glitt bei dieser Tätigkeit aus, verlor den Halt und stürzte kopfüber in die bis an den Rand gefüllte mannstiefe Grube voller Fäkalien, ohne noch einen Schrei ausstoßen zu können, ohne Worte des Abschieds.

Da man keinen Ersatz fand, mussten die Mönche selber ihre Notdurft beseitigen. Bereits vom ersten Tag an waren die Braunhemden dieses „Honigschleuderns", wie man verniedlichend diese Tätigkeit bezeichnete, überdrüssig. Jesper konnte – bedingungslos – unverzüglich mit der Tätigkeit in den Latrinen beginnen.

Von dem Tag an erhielt er auch noch am Abend eine Suppe; nur nicht mehr in der Küche des Klosters, weil er stank, weil er erbärmlich stank. Das brachte eben die Arbeit so mit sich, meinte der Mann aus Angeln.

Ihm fiel zwar auf, dass die Mönche einen weiten Bogen um ihn schlugen, wenn er ihnen begegnete, dass sich keiner mehr zu ihm setzte, wenn er auf der Bank vor dem Tor seine Suppe löffelte, der Klostervorsteher ein Tuch vor seine Nase hielt, wenn er sich in seiner Nähe aufhielt. Aber diese Leute übertrieben ihre Abscheu! „Man, ik kaam uk mit düsse Stinkerie trecht, heff mi an de Stinkkram wennt! Wat maken de Bruunkittel för een Aggewaars!", sprach er mehr zu sich selbst.

Wie Jesper es gewohnt war, ging er einmal in der Woche an einen See, einen Bach oder hier im Kloster zum Brunnen, um Gesicht und Hände zu säubern. Für ihn reichte eine solche Reinigung völlig aus.

Es half alles nichts, er stank so dermaßen, dass die ersten Mönche sich erbrachen, allein wenn sie ihn sahen. Da machten vier kräftige Gottesmänner eines Abends kurzen Prozess mit dem bestialisch stinkenden Nordmann, der es nicht gewohnt war, auch seinen Körper zu reinigen. Als bösartig, hinterfotzig, niederträchtig empfand der Sonnenhofer die demütigende Behandlung durch die Viererbande.

Auch wenn Jesper es nur widerstrebend zugab, am Ende war sie herrlich wohltuend gewesen.

11

Von der Wonne eines Badebottichs, einem niederträchtigen Schmied, Goldlingen ohne Glanz, der verführerischen Lucretia und warum Jesper aus Angeln drei Finger seiner rechten Hand einbüßt

Da Jesper über alle Monde bei seiner wöchentlichen Katzenwäsche blieb, musste – aus Notwehr – gehandelt werden. Das Mönchs-Kleeblatt schleppte den Abort-Bediensteten, der sich mit Händen und Füßen wehrte, an Beinen und Armen in das Waschhaus, riss ihm den Stinkerock von den Schultern und warf ihn kurzerhand in einen gut gefüllten Waschbottich. Das Wasser schlug über ihm zusammen, er glaubte ertrinken zu müssen. Noch nie hatte er in einer solchen Tonne gesessen, noch nie war seinem Körper eine solche Tortur angetan worden.

Doch die Bet-Brüder ließen nicht locker, tauchten ihn wiederholt unter, schrubbten ihn mit Steinbein und einer Paste, die sie Seife nannten, die sie aus gekochtem Tierfett herstellten. Noch nie in seinem Leben war der Bönsbarger an seinem Körper so gesäubert, so blütenweiß, so ohne Schmutz wie an diesem, dem ersten Vollwaschtag seines Lebens. Völlig entkräftet, doch gar nicht unglücklich, sank er auf sein Lager.

Er fühlte eine Frische und einen Wohlgeruch, den er vorher nie wahrgenommen hatte. Sich gründlich zu säubern konnte tatsächlich auch ein Vergnügen sein. Er lernte dazu. Am nächsten Morgen wurde er beim Klostervorsteher mit der Bitte vorstellig, am wöchentlichen Waschtag – einem Freitag – beteiligt zu werden. Dem Prior fiel ein Stein vom Herzen.

Von dem Tag an war auch für Jesper an jedem Freitag „große Wäsche", wie für alle Klosterbrüder. Der erste Holzzuber mit angewärmtem Wasser war dem Abt vorbehalten, dann folgten, ohne das Wasser zu wechseln, sein Stellvertreter, dann „Schweinchen", anschließend alle anderen. „Scheißhaus-Jesper", so hieß er hier, kam zum Schluss an die Reihe.

Das Badewasser war zwar abgekühlt, braun gefärbt und Haare verschiedener Farben schwammen auf der Oberfläche, doch daran störte der „Lahme aus Angeln" sich nicht. Er genoss das Abschrubben, den Duft der Seife, das Gefühl, rundum erneuert zu sein. Nackt wie er war, die Beine über den Rand des Bottichs gestreckt, ließ er das Wonnegefühl auf sich wirken.

Lange konnte er so geruhsam liegen. Zu lange, fanden die Mönche, die den Waschraum zu säubern hatten. Als diese ihm an einem solchen Freitag – Jesper lag mit geschlossenen Augen in der Waschtonne – ein totes Ferkel auf seinen Bauch warfen, wurden die Badezeiten von Scheißhaus-Jesper doch recht was kürzer. „Wat sünd jem för Lumpen", rief er den flüchtenden Braunkitteln nach, „kann een, de Dag för Dag in jurs Schiet klein deit, dat nich een beeden kommodich hemm?"

Gerne wäre der Angelner trotz der stinkenden Tätigkeit im Kloster geblieben, aber die beschädigte eiserne Eingangspforte zwischen den mächtigen Mauern führte zu einem Wechsel seines Arbeitsplatzes. Einem grobschlächtigen, maulfaulen, nachtragenden fränkischen Schmiedemeister, dem sein einziger Geselle abhandengekommen war, fiel, während er die erneuerte Pforte einsetzte, der kräftige Jesper ins Auge. Der sei als Ersatz für den Gesellen, der sich einfach in die Büsche geschlagen hatte – so mir nichts, dir nichts abgehauen sei –, durchaus geeignet, fand der Meister.

Er wolle auf die vielen Silberlinge für die aufwendige Instandsetzung des Gitters verzichten, wenn man ihm diesen blonden Kerl mit dem Sklavenring mitgeben würde. Und als der Klostervorsteher seine Stirn runzelte, keine Antwort gab und ihn nur ansah, ergänzte der Schmied, dass er auch einen goldverzierten, kostbaren Kelch diesem Haus der Gottgefälligkeit gerne überlassen würde. Auf das Geschäft ging der Abt ein. Ein Goldgefäß, das sei selten, einen Knecht für die Latrine, den würde man schon finden.

Über seine Schmiedezeit verlor Jesper fast nie ein Wort. Zu sehr, zu oft wurde er brutal geschlagen, wurde Sündenbock für jeden Fehler in der Schmiede, bekam mehrfach die glühend heiße Greifzange ins Kreuz. Noch immer waren die Narben davon erkennbar.

Weil man ihn mit einer langen Kette an den Amboss geschmiedet hatte, war an Flucht nicht zu denken. Zu mancher Misshandlung kam es durch Missverständnisse in der sprachlichen Verständigung. Zwar verstand Jesper das Fränkische, doch dieser Schmied gehörte einem Volksstamm aus dem Norden des Landes an, wo man eine ganz eigene Sprache praktizierte, die wenig Übereinstimmung mit der Frankensprache zeigte.

Sein Meister nahm auf Fehler keine Rücksicht. Im Gegenteil, ihn schien es zu freuen, wieder einen Anlass dafür zu haben, seinen Sklaven an der Kette zum Amboss zu zerren, ihn dort bücken zu lassen, um ihm ein weiteres Brandmal zwischen die Schulterblätter aufzudrücken.

Manchmal, wenn das glühende Eisen sich zischend durch seine Haut fraß, verlor Jesper vor Pein die Besinnung. Ein Eimer voller Wasser, den man über ihm ausschüttete, weckte seine Lebensgeister. Trotz höllischer, anhaltender Schmerzen, trotz Blut und quellendem Eiter musste er sofort weiter mit anpacken, ließ dieser Menschenschinder ihn nicht zur Ruhe kommen.

Jesper war kurz davor aufzugeben, als ein vornehm gekleideter Römer mit Packpferden, Begleitschutz und vielen Bediensteten vor dem Haus des Handwerkers erschien. Er, Grachus Livius, der im Auftrag eines römischen Senators unterwegs sei, habe sich beim Kloster nach einem hoch gewachsenen, kraftvollen, bärenstarken Kerl für seine Sänfte erkundigt.

Der vierte Sklave, der sie bisher getragen habe, sei durch Erschöpfung dazu nicht mehr in der Lage. Bedingung sei, der neue müsse gleich groß sein, sonst käme die Sänfte in eine Schieflage. „Schweinchen", in der Absicht, Jesper, diesem Pisser, an dessen Demütigungen vor den anderen Mönchen er sich noch bestens erinnern konnte, eins auszuwischen, verwies den Kaufmann an den Schmiedemeister. Bei dem könne er einen Träger in der gewünschten Größe finden.

Den nachziehenden Fuß von „Humpelbeen" erwähnte er wohlweislich nicht. Sollte sich dieser Krüppel bei seiner neuen

Beschäftigung doch quälen, bis er umfiel, verfluchte ihn der Gottesanbeter.

Der römische Händler verglich die Größe von Jesper mit den drei anderen Trägern; sie stimmte überein, sie gewährleistete eine ausgeglichene Sänfte. Doch zwei Auffälligkeiten fielen dem weitgereisten Händler fast gleichzeitig ins Auge, die schlecht verheilten vielen Narben auf dem Rücken des blonden Sklaven und sein geschwollener Knöchel. Ob er damit gehen könne, wandte sich der Handelsherr direkt an Jesper. Nicht nur einen Tag, Wochen, Monate?

Der Angelner nickte nicht nur einmal, mehrfach. Nur fort von diesem Schinder und Schläger, allein dieser Gedanke beherrschte ihn, obwohl ihm bewusst war, dass lange Gänge für sein geschädigtes Bein eine Folter darstellen würden.

Eine Spur von Mitleid, Mitgefühl erschien in den Augen des Käufers, doch zugleich Zweifel. Er zögerte, dann schien er sich entschieden zu haben. Der Römer ließ sich einen mit Eisenbeschlägen verzierten hölzernen Kasten mit rundem Deckel bringen, schloss ihn auf, öffnete den Runddeckel und bot dem Schmied nach einigem Zögern drei in der Mittagssonne blinkende Goldstücke.

Gleich drei! Welch ein Vermögen, dachte Jesper. Der Schmied, der mit einem Blick erkannte, dass es von den Goldlingen noch mehr gab, sagte nichts, schüttelte nur den Kopf. Sechs! Wieder eine abweisende Kopfbewegung. Alle, sagte der Schmied, es mussten mindestens zwanzig Stück sein. Der Römer ließ Jesper noch einmal kommen, betrachtete ihn von allen Seiten, schickte ihn weg und schien sich auch entfernen zu wollen.

„Die Hälfte, nicht weniger", forderte forsch der Meister. Der Römer nickte zustimmend. Die Münzen teilte man, kettete Jesper los, wobei sein bisheriger Herr es nicht unterlassen konnte, ihn mit einem kräftigen Fußtritt zu verabschieden.

Am Abend, nach getaner Arbeit, zählte der Handwerker voller Genugtuung über das erfolgreiche Geschäft mehrfach die Goldlinge durch. Sein Verhandlungsgeschick, seine Klugheit waren siegreich gewesen. Hinzu kam, und dies freute ihn diebisch, dass er diesem hochherrschaftlich auftretenden Fremden, der so würdevoll tat, einen Krüppel angedreht, einen Lahmen verkauft hatte, der vermutlich keinen Schritt mit den anderen mithalten würde. Er rieb sich die Hände und konnte ein boshaftes Lachen nicht unterlassen.

Da fielen ihm seine Finger auf, alle voller gelber Farbe und bei den Münzen schimmerte es schwarz durch. Verdammt! Eisenstücke, keine Goldlinge. Er prüfte einmal, immer wieder seine ernüchternde Entdeckung. Man hatte ihn getäuscht, betrogen, tatsächlich übers Ohr gehauen, ihn! Diesen Römer mit seiner Leibwache zu verfolgen – zwecklos. Der Schmiedemeister heulte vor Wut. Seine Niederlage, seinen Zorn ließ er am nächsten Morgen an seiner Frau und den fünf Kindern aus. Eines verlor dabei ein Auge.

Jesper trug den hinteren Teil der Sänfte von Lucretia, dem Weib des Römers, die es entschieden ablehnte, selber zu gehen. Sie war eine mollig weiche, temperamentvolle, schwarzhaarige, vornehm gekleidete Frau, die es liebte, bei Sonnenschein ihren goldfarbenen Umhang zu öffnen, damit ihre Brüste Farbe bekamen. Trotz aller Einwände ihres Gatten, trotz aller erregten Männerblicke, sie blieb bei ihrem Sonnenbad. Es schien ihr Freude zu machen, die vielen Gaffer aufzugeilen.

Die Sänfte war klobig und schwer. Jesper konnte nachvollziehen, warum sein Vorgänger zusammengebrochen war. Wie hatte er sich vor den ersten Schritten im Gleichklang mit den anderen Trägern gefürchtet. Doch wider Erwarten war die Qual aushaltbar.

Zudem rettete ihn eine Heilpaste, die er bereits am ersten Abend neben seiner Lagerstatt fand. Von wem sie stammte, woher sie kam, erfuhr er erst viele Tage später. Sie half. Die Schwellung und zugleich die Schmerzen gingen zurück.

Er galt weiter als Sklave, als Heide, als blonder Schönling, als stark, aber dümmlich. Niemand merkte, dass er der Sprache der Römer mächtig war. So erfuhr er recht bald von ihrem Reiseziel: Britannien. Eine Insel sollte es sein, eine ganz große. Von den Römern vor unzähligen Monden erobert, kultiviert und seitdem mit Hilfe von Legionen-Kriegern beherrscht.

Häuser – tatsächlich aus behauenen Steinen – sollte es dort geben, gepflasterte Wege und Trinkwasser aus steinernen Rohren. Unglaublich! In einer Ansammlung unzähliger Steinhäuser, Hütten, Lagerhäuser und Handwerker-Stätten, einer Stadt, so sagte man wohl dazu.

An einem solchen Ort mit dem Namen „Lundonia" sollte ihr Herr, der vornehme Grachus Livius, auch solch ein Gebäude, einen Stein-Palast, besitzen, mit zahlreichen Räumen, einem überdachten Innenhof und, Jesper mochte es nicht glauben, einem riesengroßen steinernen Wasserbottich, ein Bad, so bezeichnete man es, aufgesetzt aus gebrannten Steinen und verkleidet mit gemusterten Ornamenten.

Es war dieses wunderbare, betörend duftende, verfluchte Bad, das ihm den Verlust der drei Finger seiner rechten Hand einbrachte.

Mit vier bis auf den letzten Mann besetzten Booten setzten sie von der Küste des Frankenreiches aus über das Nordmeer bei mäßigem Wellengang, aber dichtem Nebel, ihre Reise mit dem Ziel Britannien fort. Voll beladen mit lohnender Handelsware war jeder Kahn.

Da es fast windstill war, allein die Rudersklaven die Boote voranbrachten, nutzte der Römer die Zeit für ein vertrauliches Treffen mit Lucretia, seiner Frau. Er nahm keine Notiz von Jesper, der zu den Füßen der abgestellten Sänfte hockte. Er hatte den Kopf auf die Knie gelegt, als schliefe er, und verstand das Gespräch der Eheleute. Grachus Livius betonte, es sei vermutlich eines seiner letzten Geschäfte auf der Insel. Immer mehr Legionen, die ihnen in Lundonia Schutz und Sicherheit garantierten, würden nach Rom zurückbeordert. Der Cäsar sei dabei, Britannien endgültig aufzugeben, eine Schande! Diese Insel garantiere hohe Steuereinnahmen und viele der Sklaven in Rom hätten hier ihre Heimat gehabt.

Würden seine Landsleute tatsächlich abziehen, folgten hier Kleinkriege, Verderben, Mord und Totschlag! Ob Kelten, Pikten, Briten oder die anderen Völkerschaften, alle seien sie untereinander verfeindet, nicht einmal eine Sprache verbinde sie, auch keine gemeinsamen Götter.

„Nur wir Römer garantieren hier den Frieden", schwadronierte er vor seinem Weib. „Wir sorgen für Recht und Ordnung, für einen ungestörten Handel." Ohne hinsehen zu müssen, merkte Jesper, wie stolz Grachus Livius auf die Leistungen seiner Landsleute war. Von den Schattenseiten, dem Leid und der Not der Menschen durch die Unterdrückung erfuhr der Sklave aus Angeln später auch am eigenen Leibe.

Jesper erinnerte sich an den damaligen Bericht seines Herrn noch sehr genau, denn er wurde durch einen wütenden, lautstarken Streit der vier Bootsführer unvermittelt abgebrochen. Die Männer lagen sich buchstäblich in den Haaren, weil man durch den dichten Nebel vom Kurs abgekommen war. Jeder der vier zeigte in eine andere Richtung, wo es hingehen sollte. Kein Land war in Sicht, die Sonne drang nur schemenhaft durch das milchig trübe Grau.

Da sich die Streithähne nicht einigen konnten, kamen diese listigen Seeleute überein, dem Römer die Entscheidung zu übertragen. Als der dieses Ansinnen rigoros ablehnte und darauf verwies, sie, die Schiffseigner, für die Überfahrt bezahlt zu haben, setzten diese ihre Auseinandersetzung fort.

In der Zwischenzeit kräuselten sich die Wellen, Wind kam auf, die Lage begann bedrohlich zu werden. Aus dem Wortwechsel, dem Zank und Hader der Kapitäne, war eine handfeste Rauferei geworden. Zwei von ihnen – beide waren des Schwimmens nicht mächtig – stürzte man über Bord, ein weiterer erhielt einen so kräftigen Schlag mit einem Ruder an den Kopf, dass er auf der Stelle krepierte, und der vierte lag bereits durch die Keilerei ohnmächtig niedergeschlagen zwischen zwei Ruderbänken.

Erst in diesem Augenblick – so erging es auch dem Mann aus Angeln – wurde allen bewusst, wie heikel, risikoreich und gefahrvoll ihr Übersetzen auf die Insel geworden war. Aus dem Lüftchen, das anfänglich wehte, entwickelte sich ein handfester Sturm.

Die stolze Lucretia verkroch sich voller Angst unter die mitgeführte Sänfte, mehrere der Diener streckten ihre Arme gen Himmel und beteten, die Ruderksklaven waren wegen der ausstehenden Befehle völlig ratlos. Wirrwarr auf allen vier Booten.

Es war Jesper, dem in diesem Durcheinander die Ratschläge vom alten Snörre, dem Steuermann, einfielen. „Ward dat gries und grau opp See, kieck nah de Sünn, denn weet'st wo't lang geit!" Tagsüber sollte er seinen Kurs nach der Sonne bestimmen.

Hier auf dem grauenhaften Nordmeer wollte er auf keinen Fall ersaufen. Er erhob sich, ging die schwellenden Wellen geschickt ausgleichend bis vorne zum Bug der Boote, drehte sich um und verschaffte sich mit einem laut gebrüllten „Hol jurs Gaffel! Hol jurs Snut!" Gehör.

Keiner verstand das Anglisch, doch alles schwieg verblüfft und neugierig, auch der Römer. Dann setzte er seine Anordnungen in fränkischer Sprache fort, zeigte zur ganz schwach erkennbaren Sonne und zeigte den Kurs an, dem man zu folgen hatte.

Keinen Zweifel ließ seine starke Stimme in die Einsichtigkeit seiner Entscheidung aufkommen. Sein Boot nehme jetzt die Führung ein. Die anderen drei hätten seinen Anordnungen strikt zu folgen. Aus den Wellenbergen waren mannshohe Brecher geworden. Es gehörte viel Geschick dazu, sie im richtigen Winkel anzusteuern.

Es gelang. Schweißnass, erschöpft, aber voller Demut und Dankbarkeit für ihre Rettung erreichten sie nach Stunden den Strand Britanniens. Ein merkwürdiges Bild bot sich dort dem Betrachter. Die Geretteten knieten betend im Sand und wohl alle Gottheiten der Welt hatten gut davon, denn auch unter den Galeerensklaven gab es Männer verschiedenster Völkerschaften. Die hellenischen, die römischen Götter wurden gewürdigt, der Sonne, dem Christengott, einem Buddha und Konfuzius Dank gezollt.

Die Vielfalt der Sprachen, der Umfang verschiedenster Gottheiten beeindruckten den Angeln, für den eines unumstößlich blieb: Die eigentlichen Wohltäter, die das Schicksal der Bootsbesatzungen in die rettende Richtung gelenkt hatten, waren seine Götter aus Walhalla, die sich mit Wind, Wellen und Wasser wirklich auskannten.

Jesper opferte ihnen – schweren Herzens – sein Amulett, einen pechschwarzen, glatt geschliffenen Stein mit einem Loch in der Mitte. Nerthis, die ihre schützende Hand über ihn hielt, sie verdiente diese Kostbarkeit!

Trotz der glorreichen Tat, trotz des überschwänglichen Dankes durch Lucretia und seinen Herrn, Sklave blieb Jesper, befreit wurde er nicht. Die Vorbehalte, das Misstrauen des römischen Kaufmanns ihm, dem Angeln, gegenüber waren weniger durch seine Person, sondern durch seine Herkunft begründet. „Ein Nordmann", so erklärte er ihm viele Jahre später nach einer Rückkehr als Steuereinnehmer mit großen Beuteln voller Gold und Silberlinge, „ist für einen aufrechten Römer eine Zumutung, ein Gräuel, eine Herausforderung."

Aus dem Land, wo es nur Schnee und Eis gäbe, Drachen und Kobolde ihr Unwesen treiben würden, aus dem Jesper komme, habe Rom nur Not, Unglück, Verderben und Zerstörung erfahren. Die Vandalen, so könne man alten Schriften entnehmen, hätten wie wütende Wölfe in Rom, der Stadt am Tiber, gehaust, deren Heiligtümer, Tempel und Arenen geschleift, keinen Stein auf dem anderen gelassen, die Menschen niedergemeuchelt. Alles, was den Reichtum, die Kultur, die Schönheit und Herrlichkeit des Römischen Reiches ausmache, bekämpft, gefährdet.

Aber am Ende, Zeus sei Lob und Dank, sei Rom über diese Bauernlümmel, diese Tiermenschen, Sieger geblieben. Auch viele Generationen später, als die teuflischen Teutonen, die kläffend krakeelenden Cimbern und andere mordgierige germanische Stämme ihre Raubzüge bis in das Herz des römischen Weltreiches ausdehnten, habe der Geist, die schöpferische Begabung, Überlegenheit und Klugheit seines Volkes dem ein Ende gesetzt.

Die Römer seien eben einzigartig, zum Herrschen geboren, zum Siegen auserwählt. So wie mit den Menschen Roms sei es auch mit den Göttern. Allein ihre Götter regierten im Himmel, alle anderen Gottheiten seien ihnen untertan.

Sollte er, der Sklave Jesper, der Nordmann, dessen Vorfahren diese verdammten Vandalen und Cimbern seien, einmal in seine Heimat zu den Angeln zurückkehren, habe er diese Botschaft seinem Volk und den anderen Völkerschaften zu berichten. Rom, auch wenn es gerade allein aus Gründen der allgemeinen Sicherheit einzelne Legionen aus Britannien zurückbeordern würde, sei unbezwingbar. Jetzt und für alle Zeit!

Was Jesper für seinen Herrn tat, erledigte der Bönsbarger stets korrekt, zuverlässig und mit gebührender Verantwortung. Erst nach Jahren wurde er der Vogt des prächtigen Anwesens, zuständig für alle Bediensteten, und weil ihm dabei selten Fehler unterliefen, setzte der Römer ihn auch als Proviantmeister und obersten Verwalter ein.

Auf Vorschlag von Lucretia, wie er später erfuhr, ließ man seinen Sklavenring entfernen. Er war frei! Endlich wieder ein vollwertiger Mensch! Die Demütigung, nur ein Mensch zweiter Klasse zu sein, Spielball von Herrschenden, hatte ihm schwer zugesetzt.

In seiner wenigen freien Zeit versuchte er sich als Händler. Ein ausgefuchster Kaufmann wurde er bei seiner grundsätzlichen Ehrlichkeit nie. Schmuckstücke, Ringe, Ketten, Haarreifen, Fibeln, Broschen, die gefielen ihm und die begann er zu fertigen.

Als er mit Gold- und Silberdraht, Perlen, Bernstein und Nadeln aus Bronze von einer seiner Einkaufs-Reisen in die große, prächtige Villa seines Herrn zurückkam, fand er weder ihn noch jemanden von der Dienerschaft vor. Leer, wie ausgestorben wirkte das Haus. Alle schienen unterwegs zu sein, entweder gab es neu angekommene Schiffe im Hafen oder eine Hinrichtung.

Woche für Woche rollten in Lundonia die Köpfe. Kleinste Vergehen bestraften die Römer mit dem Verlust des Lebens. Das Recht galt nur für die Herrscher, nicht für die Nichtrömer.

Jesper ging durch die verwaisten Räume und kam dabei auch in das geräumige Bad. Dort traf er zu seiner Überraschung auf Lucretia. Sie räkelte sich völlig nackt, verführerisch schön, allein im duftenden Wasser. „Komm zu mir, Blondkopf", lockte sie ihn. Es fiel dem Angeln nicht leicht, „nein" zu sagen.

Da erhob sie sich aus dem Wasser, sodass ihr vollschlanker, prachtvoller Körper ihm mit all seinen Begehrlichkeiten und Versuchungen immer näher kam. Ja, und dann war es um Jesper geschehen. Noch heute könnte er sich dafür ohrfeigen.

Eine vorzeitig zurückgekehrte, von Lucretia stets herablassend behandelte Dienerin beobachtete sie unbemerkt, gab ihrem Herrn, dem Gebieter des Palastes, einen Bericht mit allen Einzelheiten. „Dreimal haben sie es miteinander getrieben", einmal davon habe der Mann aus Angeln die Herrin wie ein Hund besprungen.

Grachus Livius kannte seine Lucretia, ihre Stärken und Schwächen, ihre Vorlieben und Versäumnisse, ihre Begierde sowie ihre Bedenkenlosigkeit. Trotzdem, Strafe musste für den Angelner sein, es Abschreckung für andere mögliche Besteiger geben. Für die dreifache Begattung wurden Jesper drei Finger seiner rechten Hand mit einem Beil abgehackt. Der Hundesprung wurde trotz seiner akrobatischen Anordnung nicht doppelt gewertet.

Seine Stellung als Vogt und Verwalter behielt er bis zum Tag der endgültigen Abreise seines Herrn. Der verabschiedete sich aus Britannien, kehrte in seine römische Heimat zurück. Dessen ernst gemeintes Angebot, ihn nach Rom zu begleiten, um dort sein Haus zu führen, lehnte Jesper dankend ab. Er spürte es, dieser Römer vertraute ihm weiter, schätzte seine Art, die Arbeit anzupacken und umsichtig zu erledigen.

Auch begann Grachus Livius ihn, den Mann aus Angeln, nicht mehr persönlich für die Vergehen der Vandalen verantwortlich zu machen. Auch deshalb nicht, weil er, Jesper, als sich die Gelegenheit ergab, sein Herr wieder einmal die räuberische Gesinnung der germanischen Völkerschaften anprangerte, ihm mit wohlgesetzten Worten widersprach. Jesper nahm sich ein Herz und antwortete dem Römer ruhig, offen, aber nicht unterwürfig.

Es war der Tag, bevor ihm der Sklavenring abgenommen werden sollte, daran erinnerte Jesper sich noch ganz genau. Der Kaufmann sah ihn zuerst verblüfft, dann verärgert bei so viel Dreistigkeit an, schwieg jedoch, als der Mann aus dem hohen Norden erklärte:

„Auch die Römer sind nicht alle Menschenfreunde. Auch unter ihnen gibt es Gewalttätige, Ungerechte und sogar Totschläger. Wenn die Vandalen, die Cimbern, Teutonen und Goten oder wer sonst noch in das Reich der Römer eingedrungen ist, eine solche beschwerliche Wanderung auf sich – mit Kindern und Frauen – nimmt, der tut es doch nur, weil in seiner Heimat Hunger, Not, Krieg und Elend herrscht. Ihr einziger Ausweg, um zu überleben, ist der Wechsel in eine neue Heimat gewesen."

Als der Römer immer noch nichts sagte, fügte Jesper forsch hinzu: „Wenn Rom klug gewesen wäre, hätte man diese Völkerschaften nicht gleich zu Feinden erklären müssen! Auch ein friedliches Nebeneinander hätte es geben können, denn freies Land ist ausreichend vorhanden gewesen."

Jesper ahnte es, jetzt war die Erlösung aus dem Sklavendasein verspielt, der Ring um den Hals würde ihn weiter begleiten. Zugleich war ihm irgendwie leichter ums Herz. Man konnte doch nicht jeden ungerechten Vorwurf hinunterschlucken. Auch als Sklave blieb er doch ein Mensch mit eigenen Ansichten!

Da geschah etwas Unerwartetes. Sein Herr trat auf ihn zu und legte ihm beide Arme auf die Schultern. Um die Höhe des Angeln zu erreichen, musste sich Grachus Livius auf die Zehenspitzen stellen. Dann sah er ihm lange in die Augen. Jesper senkte seinen Blick nicht.

„Mein lieber Nordmann", hob der Römer an, „verzeih mir. Ich hätte dich aufrechten Mann viel früher in die Freiheit entlassen müssen. Wer so viel Mut, Klugheit und Willensstärke zeigt", da legte er eine Pause ein und lächelte ein wenig, „damit hast du nicht nur das Zeug, ein ‚Freier' zu sein, sondern du wärst sogar ein würdiger Römer!" Gern erinnerte sich Jesper an diesen denkwürdigen Augenblick.

Auf dem fränkischen Festland angekommen, gab es einen Abschied in Freundschaft zwischen ihm und seinem Herrn. Jesper wollte nach Angeln, endlich in seine Heimat zurück.

Unbemerkt von ihrem Mann steckte Lucretia ihm dreißig Goldlinge zu. Es waren echte aus purem Gold, nicht aus Eisen. Die drei verlorenen Finger ließen sich dadurch nicht ersetzen.

Jespers Gedanken kehrten der Zeit in Britannien den Rücken. Morgen, nahm er sich vor, würde er erstmals ins Dorf gehen, wo die Höfe und Handwerkerhütten dicht an dicht standen, wo es wohl immer noch, wie er es aus seiner Kinderzeit kannte, den Dorfplatz mit der Linde in der Mitte gab und den Teich, wo man die Pferde tränkte.

Was erwartete ihn wohl sonst noch, nach so vielen Jahren in der Fremde? Wenn er geahnt hätte, was alles in den nächsten Tagen auf ihn zukam, welche tragischen Geschehnisse, ein friedlicher, ruhiger Schlaf wäre ihm dann nicht mehr vergönnt gewesen.

Zufrieden kuschelte sich Eier-Grete in den Arm des liebevollen Jugendfreundes und auch sie schloss ihre Augen.

Bei diesem Anblick der beiden Alten voller unschuldigen Friedens wurde sogar Urd, die Schicksalsgöttin der Vergangenheit, schläfrig.

Bevor sie ein kurzes Nickerchen einlegte, blickte sie zu ihren beiden Mitschwestern Werdandi und Skuld, die bereits wieder ihre Fäden aufgenommen und eine filigran anmutende Spinnerei um den kleinwüchsigen Fürstensohn begonnen hatten.

12

*Vom gewaltigsten Ungeheuer aller Zeiten,
der Katastrophe am Kattrotter Haff,
Dörtes Unglück, Ragnas Eroberung und wie es
gelingt, Wölfe mit Hilfe von Schafen zu vertreiben*

Ocke schmeckte es; wenn man den bitteren Sauerampfer zerkaute, schätzte man die Süße der Himbeere umso mehr. Lebensweisheiten solcher Art erfuhr er, oft ungefragt, von seiner Großmutter. Davon trug sie einen reichen Schatz. Ging es um ihr betagtes Alter, war ihr Schnack stets: „Jung, dat muttst di marken, een nüe Bessen mag fix kehrn, man de ole, de kennt all de Ecken." Oder wenn es um das Wetter ging: „Nee, nich dat junge Blood markt', wenn't Wedder wesseln deit, dat sünd de olen Knaaken, de dat toerst spitz kriegn."

An diesem Tag, dem Rückweg von seiner erlebnisreichen Jagd auf die Hirschkuh, die Kiepe mit Lämmchen in der Hand, regnete es nicht mehr. Welch eine Erleichterung! Trotzdem war er nassgeschwitzt. Auch wenn er das Hirschfleisch nicht tragen musste, es auf die Schleppe geschnürt hatte, schwer war die Last allemal. Sorgfältig hatte er die noch blutige Beute mit breiten Blättern und Farnkraut abgedeckt und sie regelmäßig mit kaltem Wasser übergossen, damit das Fleisch nicht verdarb.

Wie es wohl den anderen mit ihrer Fracht erging, Leve Swattoog und Idea Slappfoot?

Ocke legte eine kurze Rast ein, weil er an einem Himbeerbusch voller reifer Früchte vorbeikam. Es raschelte im Gebüsch. Er beachtete das Geräusch nicht. Endlich einmal eine Rückkehr zum Thorsberger Hof, die Freude bereiten würde! Wieder Fleisch für Tage und stärkende, frische Brühe statt aufgekochten Schwarzwurzeln oder diesem faden Bohnenbrei.

Was sollten die Mütter und Mägde auch kochen, wenn die Zutaten fehlten, die Ernte mangelhaft, ja erbärmlich ausfiel.

So war es auch vor zwei Wintern gewesen, als er von seinem Vater, Offa Ockesson, dem Fürsten der Angeln, den Auftrag erhielt, mit Packpferden zum Kattrotter Haff zu reiten, um dort, wie man es seit vielen Sommern gewohnt war, den übel riechenden Trockenfisch abzuholen. Man lagerte ihn von Wind und Wetter abgeschlossen in einer tiefen Eishöhle in Steenfeldlund, bis der Winter kam.

Klümmp und Kotze, seine Stiefbrüder, betonten bei seinem Aufbruch heuchlerisch die besondere Verantwortung, die ihm, dem Lüürlütt, dem Winzling, damit übertragen wurde. „Uck een Schieter is to watt to bruuken!" Welch ein Unsinn, der jüngste Knecht konnte mit der Überführung eines solchen Handelsgutes fertig werden.

Ocke überhörte den Spott dieser beiden Fieslinge. Der Aufenthalt bei dem Handelszug von Ose der Dritten und Dirk dem Dänen ließ ihn schweigen, wenn es ihm auch schwerfiel. Bei der stets wohlgesonnenen und so herzlichen Schwester seines Vaters und ihrem verständnisvollen wie hilfsbereiten Ehemann war ihm eines klar geworden:

Auch einer wie er, der zwergenhaft klein blieb, benötigte keine große Klappe, um geschätzt und anerkannt zu werden. Auf das, was man mit seiner Kraft und seinem Können leistete, kam es an, weder auf Prahlerei noch darauf, alles besser zu wissen.

Als Ocke keine Anzeichen einer Gegenrede erkennen ließ, zogen die Stiefbrüder enttäuscht ihres Weges. Der junge Fürstensohn ritt einem Ereignis entgegen, das nicht nur die Menschen an der Küste des Bockholmer Fjords erschüttern würde.

Ausgestattet mit reichlich Tauschware, die Salz und Bierfässer ebenso umfasste wie Gartenfrüchte und Getreide, wurde er, der erstmalig einen solchen Auftrag erfüllte, vom Vormann der Fischersiedlung, Ethel Einersson, „Ede Dösch", mit offenen Armen empfangen, als sei Ocke bereits ein alter Bekannter. Pure Gastfreundschaft vermittelte dieser füllige Mann.

Laut, fröhlich, lachend und lärmend war er, der erste Mann des Fischerdorfes. Mit dem Handel, das sollte warten. „Du glövst dat nicht! Dat muttst di ankieken!" Und damit zog er Ocke, an der anderen Hand seine Enkeltochter Rieke, die einzige, die ihm geblieben war, an den Rand der Steilküste. „De Götter, uns Götter, de meen dat hüüt good mit uns Kattrottern!"

Dabei vergaß er nicht das Unglück seiner Sippe vor drei Wintern zu erwähnen, als sein Sohn, dessen Weib und vier weitere seiner Kinder durch einen plötzlich aufkommenden Sturm gar nicht weit von der Küste entfernt mit ihrem Boot voller Fische kenterten. „All' sünd se versaapen! De Meeresgott wer bös mit uns, dor hett he mien Kinner holt", dabei wischte er sich die Spur einer Träne von der Wange.

Die Trauer hielt bei ihm nur kurz vor, schon schlug sich der Vormann mit Begeisterung auf die Schenkel, wies auf die See und die kleine Rieke klatschte, die Freude ihres Großvaters teilend, in die Hände.

Unglaublich. So etwas hatte Ocke noch nie gesehen. Da lag nicht weit von der Küste ein Koloss im Wasser. Ein Berg von Fisch, dessen Schwanzflosse so ausladend war wie die Krone einer uralten Linde.

„Een Wal nöhmt man so'n Ries", erklärte der Fischer voller Stolz, als ob er, Ede Dösch, diesen Riesenfisch allein gefangen hätte, und dabei lief ihm der Speichel wegen des anstehenden Festschmauses aus beiden Mundwinkeln. Sein rundes, völlig bartloses, rosafarbenes Gesicht bestand nur noch aus Freude. „Man, dat ward een Festdag för de chanze Küst! Fleesch för all, un Ölkram för uns Funzeln." Der aus der meterdicken Fettschicht gekochte Tran, wusste man auch auf dem Thorsberger Hof, war die Quelle für Licht und Leuchten.

Tatsächlich, der Strand unter ihnen war schwarz von Menschen und auf dem Wasser, um den Wal herum, dümpelte ein Boot neben dem anderen. Sie waren bis an den Rand besetzt von Fischern, die Harpunen oder breite Schneidemesser in den Händen hielten.

Die Botschaft von der Strandung eines gigantischen Meeressäugers hatte sich wie ein Lauffeuer im Osten bis Buddelhoch, im Westen über Langlund sogar bis nach Flenstorp am Ende des Bockholmer Fjords herumgesprochen.

Aus Erzählungen der Uralten war zu entnehmen gewesen, dass es bereits einmal einen Riesenfisch, größer als ein ausgewachsener Drachen, im Fjord gegeben habe. „Alln's Tüddelkram", meinten die Jungen, „dat gifft dat nich!" Nun wurden sie eines Besseren belehrt.

Zu Pferde, zu Fuß, mit Schubkarren und Ochsenwagen kamen die Männer, begleitet von ihren Sippen, um dieses Weltwunder zu bestaunen, doch eigentlich, um möglichst viel der fetten Schwarte und der fast unzerbrechlichen, aber gut schnitzbaren Knochen mit nach Hause zu nehmen.

Von der Geltinger Enge und der Wackerbucht nutzten die Walfänger alle verfügbaren Boote, derer man habhaft wurde, und ruderten zum sterbenden, mächtigen Ungeheuer. Noch lag der Gigant im tieferen Wasser, war fußläufig nicht zu erreichen.

Wer weder Schiff noch Floß sein Eigen nannte, kam ihm nicht näher. Fachkundige Fischer jedoch legten um die Schwanzflossen lange Taue und spannten sie bis zum Rand des Steilufers, um von dort mit allen Kräften den Riesen auf den Strand zu ziehen. Um möglichst viele der fetttriefenden Speckstücke für die Winterzeit zu gewinnen, zogen Fischer wie Schaulustige aus Leibeskräften, doch noch ohne sichtbaren Erfolg.

Ein aufziehendes Herbstgewitter, mit ersten fahlen Blitzen und noch leisem Donner, trieb alle zur Eile. Rasches Handeln war geboten. Höhere Wellen würden die Bergung erschweren. „Wenn de Storm tonimmt", erklärte Ede Dösch, „drückt dat Water dat Viech trüch in't Meer! Hest Kaluun to mi in't Boot to klaarn?", fragte ihn der Vormann. „De lütte Rieke, de is mit dorbi!"

Später konnte Ocke es nicht erklären, was – oder wer ihn – in diesem Moment von der Mitfahrt abhielt. Nerthis, die Göttin? Fehlender Mut oder die Wissbegier, die Eroberung des Wales in ihrem gesamten Umfang von weit oben vom Küstenkamm zu beobachten?

„Nee, ik bliev hier baben oppe Küst, kiek mi von hier dat Spektakel an. Bün Buur, keen Fischer." Seine Urängste vor dem Wasser verschwieg er.

Wohl an die einhundert Männer machten sich ans Werk, um den Wintervorrat zu bergen. Überall, ob am Strand oder oben auf der Steilküste, hörte man wiederholt eine Lobpreisung für die freigiebigen Götter, die es so gut mit den Angeln meinten.

Die unaufhörlich sich nähernde fast blauschwarze, drohend wirkende, aufgetürmte Gewitterwand wurde nicht als Warnung aus Walhalla verstanden. Die Gier auf Beute gestattete keinen Blick auf die Umgebung.

„Ik kann dat verdammte Oog nich mehr sehn!" Eine laut knarrende Männerstimme übertönte mühelos den zunehmenden Wind und allen Lärm. Unbestreitbar, da der Koloss durch den Tauzug vom Strand zur Seite gekippt war, wurde das eine seiner tief liegenden Augen erkennbar. Und wie es glotzte, grauenhaft, furchterregend, heimtückisch, starr, vom Tode gezeichnet, doch auch verzweifelt, verstört und hilflos. „Wo is de swatte Hans?", meldete sich wieder die Knarrstimme. „He mutt dat Oog utlöschen, kaputtschööten. Dat Ding mutt weg!"

Regelmäßig, stetig, in gleichen Abständen lief, nur für den, der genau hinsah, ein wellenförmiges Zittern durch den mächtigen Walkörper. „Nee, nee", schrie da jemand, „he will alleen starv'n! Laat emm in Ruh." Es war Ocke Offasson vom Thorsberger Hof, der da ungefragt, voller Besorgnis von seinem Stand auf dem Steilufer seine Stimme erhob.

„Du Spökenkieker, du Bangbüx", meldete sich Ede Dösch, „de Deert ist all lang dood!" Ein schadenfrohes, lautes Lachen setzte ein, begann bei den Leuten am Strand und setzte sich zu den Booten fort. Von dort zeigten einige Fischer nach oben, auf die Küstenkante, wo Ocke verloren, verlassen, verspottet ganz alleine stand. Man war abgerückt von ihm, dem Schwarzseher. Auf ihn wirkte das Auge wie eine stumme Anklage.

„Wo blifft de swatte Hans?" Wieder rief man nach diesem Mann.

Der schwarze Hans aus Tolkfeld galt als bester Jäger weit und breit. Bei Treibjagden war er wegen seiner Treffsicherheit gern gesehener Gast, solange er sich im Freien aufhielt. Aus den Innenräumen hielt man ihn fern.

Hans war stark und stank, stank gewaltig. Das Waschen lehnte er, gleich an welcher Stelle seines Körpers, ab. Krank werden wollte er nicht! Lieber roch er ein wenig streng, denn waschen macht krank! Alles an Hans war tief dunkel, überzogen mit einer dicken Schmutzschicht. Die gute Laune ließ er sich von all denen, die ihre Nase rümpften, nicht vermiesen. Seine Kunst als Bogenschütze blieb unübertroffen.

Jetzt war er zur Stelle, um dem Urtier den Todesschuss zu setzen. Stille trat ein. Der Pfeil, verstärkt an der Spitze mit einem eisernen, geschmiedeten Nagel, sirrte durch die Luft, traf die Mitte des Walauges, durchbohrte es und drang, weil kraftvoll geschlossen, tief in das Hirn des waidwunden Giganten. Hochrufe auf Hans ertönten. Meisterhaft! „Man, wat een Schööt, basig maakt! Hans, dat is een Düvelskirl!"

In diesem Augenblick, wo der Siegesjubel keine Grenzen kannte, brach eine meterhohe blutrote Fontäne aus dem Luftloch des Tieres, zugleich erscholl ein schriller Angstschrei, wie ihn ein Kind in höchster Not ausstößt, dann folgte ein dumpfes, unheilvolles, schmerzverzerrtes Wehklagen. Alle erstarrten.

Der Riesenberg von Wal richtete sich aus dem Wasser auf, hoch wie eine ausgewachsene Eiche, stürzte anschließend mit solcher Wucht zurück, dass die in seiner Nähe befindlichen Boote und Flöße von den hohen Wellen umschlugen und Fischer wie Schaulustige unter sich begruben. Die hohen Aufschlagswellen ließen auch Schiffe ins Schlingern kommen, die weiter entfernt ankerten.

Froh, nicht von Bord geworfen worden zu sein, richteten sich diese Fischer auf. Doch da setzte der Koloss in seinem Todeskampf seine gefährlichste Waffe, die breite Schwanzflosse, ein. Mit dieser zertrümmerte er weitere Boote und erschlug die Menschen, die hilflos versuchten, aus den Fluten an den Strand zu gelangen. Gnadenlos schien sich die verwundete Kreatur bei ihren Feinden rächen zu wollen.

Gebannt, voller Angst und tief erschüttert starrten die Zuschauer, die auf der Krone der Steilküste mit den Händen fest an dem Zugtau standen. Zu spät bemerkten sie, dass der Koloss sich noch einmal ruckhaft auf die Seite warf, das Seil dabei straffzog und ganze Gruppen von Menschen in die Tiefe zog. Ausgelöst durch den Druck von oben kam der vordere Teil des Steilufers ins Rutschen und begrub viele Unglückliche unter den Sandmassen.

Die Wenigen, die das verheerende Unheil überlebten, fielen auf die Knie, schrien, heulten ihr Elend zum Himmel. Ein mit Heftigkeit einsetzender Gewitterguss, der kurz danach niederprasselte, deckte das Massensterben für einen Moment zu. Die Unverletzten waren wie gelähmt.

Auch Ocke konnte sich nur ganz allmählich aus seiner Starrheit lösen. Er stürzte zum Strand hinunter, barg so rasch er konnte Lebende wie Leichen aus dem Wasser, bettete Verwundete auf den Strand, versorgte Erschöpfte mit Wasser. Unermüdlich rannte er in die reißend gewordenen Wellen, um die herauszuziehen, die sich in ihrer Angst vor dem Ersaufen an die Planken zerstörter Flöße klammerten.

Zu denen, die Ocke rettete, gehörte „Ede Dösch". Für die kleine Rieke kam jede Hilfe zu spät, sie wurde hinaus ins Meer getrieben. Als man Tage später ihren wieder angeschwemmten Körper am Strand fand, hatten Möwen bereits Teile davon herausgehackt und Aale sich in ihrem Brustkorb eingefunden.

„Harrn wi man hört op di", sagte Ede leise zum jungen Offasson, als er wieder zu Kräften kam, und dankte ihm für seine unermüdliche Hilfeleistung. Um Rieke, sein letztes verbliebenes Enkelkind, trauerte er bis zum Ende seines Lebens.

Bei den Geschichten, die später über das große Sterben am Kattrotter Haff erzählt wurden, rühmte man besonders Ocke Offasson als Helfer in der unendlichen Not. Für Ede Dösch gab es keinen Zweifel: „Ut düsse lütte Kirl ward een groode Mann!"

Kein Dorf an der Küste, das nicht betroffen war. In einigen gab es keine arbeitsfähigen Mannsleute mehr. Jugendbanden der kriegerischen Warnen waren die Ersten, die diese wehrlosen Orte überfielen, Kinder und Frauen raubten und als Sklaven verkauften. Die Alten, die nicht fliehen konnten, kein Silber einbrachten, schlug man tot.

Die Unterstützung von Bauern und Bediensteten, ausgerüstet mit Dreschflegeln, Forken und Speeren, um den Sippen an der Küste zu helfen, schlug fehl. Zu schnell waren die Räubertrupps mit ihren Pferden, zu langsam die Angeln mit ihren Ochsen. Als es keine Beute mehr gab, hörten die Überfälle auf.

Ocke beließ die Trockenfische, für die er gekommen war, vor Ort in der geschundenen Fischersiedlung, weil es hier eine unendliche Not gab. Auch die Tauschware, mit der er gekommen war, verteilte Ocke – wenn auch mit klopfendem Herzen – an die Überlebenden in den anderen Unglücksorten. Hier, wo es keine Boote mehr für den Fischfang, die einzige Einnahmequelle für die meisten, gab, würde noch Monate Hunger herrschen.

Dem jungen Fürstensohn war durchaus bewusst: Auf dem Thorsberger Hof und besonders im dazugehörenden benachbarten Steenfeldlund würde er bei seiner Rückkehr mit leeren Packtaschen einen mächtigen Ärger bekommen, denn auch in seinem Heimatort hing der Brotkorb ganz weit oben, Vorräte für den Winter gab es noch keine.

Als er vor dem Fürsten, seinem Vater, und in Anwesenheit seiner Sippe und vieler Neugieriger aus der Nachbarschaft seinen Bericht über den Massenmord des Walfisches und die unendliche Not in den Fischerdörfern und am Kattrotter Haff beendete, weinten nicht nur die Frauen, auch die Männer wurden still.

Nur Kotze nicht. Von den schrecklichen Geschehnissen völlig unberührt, fragte er Ocke nach dem Verbleib der Trockenfische. „Wiel du Putjehupp dumm, dämlich un driest büst, hemm wi in uns Dörp nix to eeten! Schann över di!" Und der dickliche Klümmp konnte es nicht unterlassen, ihn, den Winzling, als elendigen, unfähigen Versager zu bezeichnen. „Een ass du, de is to nix to bruuken", brüllte er Ocke nieder und sah sich um, auf Zustimmung aller anderen wartend. Zu der kam es nicht. So grobe, ungerechte Anschuldigungen gingen sogar dem Ältesten, Offa Ockesson, zu weit. Er blickte seine Stiefsöhne ungnädig an, mehr geschah nicht.

Diese Bosheiten der Brüder waren auch in den vergangenen Wintern nicht weniger geworden. Er, der Zwergenhafte, blieb ihnen ein Dorn im Auge. Auch alle seine Versuche, ihnen auszuweichen, führten nur zu mäßigem Erfolg.

Tief getroffen hatten sie ihn im vergangenen Frühjahr mit ihrem Anschlag auf seine Entenküken. Die Mutterente, was nach der Erfahrung seiner Großmutter durchaus vorkam, verließ die zwölf ausgebrüteten Entenjungen, gleich nachdem sie geschlüpft waren. Ocke nahm sich der Küken an, fütterte und tränkte sie und schon bald folgten die zwölf, nacheinander aufgereiht wie Perlen auf einer Schnur, dem Thorsberger auf Schritt und Tritt. Für die Kleinen wurde er ihre Ersatzmutter.

Alle Hofleute und auch die Nachbarn im Dorf erfreuten sich an diesem fröhlichen Anblick folgsamer unbeschwerter Entenküken, und Ocke heimste – ungewollt – rühmliche Worte zu ihrer Aufzucht ein.

Damit war wenige Tage später Schluss. Aufgereiht, wie zu Lebzeiten, lagen zwölf geköpfte kleine Entenküken vor seinem Schlafraum. Seine Stiefbrüder streuten das Gerücht, ein gefräßiger Marder sei in die Hütte des Dorfältesten eingedrungen und habe mit den Kleinen kurzen Prozess gemacht.

Obwohl die Freunde der Brüder diese Vermutung breittraten, wusste Ocke sehr wohl, wer die Mörder der hilflosen, putzigen Entenjungen waren. Nur beweisen konnte er es nicht. Deshalb schwieg er und litt unter seinem Verlust. Seine „Kinder", die waren ihm, trotz der kurzen Zeit ihres Lebens, ans Herz gewachsen. Der Junge schüttelte den Kopf. Immer diese Erinnerungen! Er hatte sich um das „Jetzt" zu kümmern, um das Fleisch der Hirschkuh, um Lämmchen.

Was wohl bei dieser Rückkehr ins Dorf auf ihn zukam? Er genoss die ausgereiften roten Himbeeren. Sie gaben ihm Kraft. Von seiner Erschöpfung erholte er sich allmählich. Wieder raschelte es seitwärts in den Büschen. Da seine Gedanken wieder am Thorsberger Hof weilten, fielen ihm diese Geräusche nicht weiter auf.

Er dachte an seinen Vater oder wenn er gehässig oder boshaft sein würde, an „Trief"- oder auch „Leckauge". Wie viel Feuer aus ihm, dem Fürsten, mit zunehmendem Alter gewichen war.

Früher, da konnte er aufsässige Jungkerle mit einer Hand von der Bank heben, ihnen mit der anderen Streiche versetzen, dass ihnen Hören und Sehen verging, und sie anschließend mit Schwung aus der Tür werfen.

Ochsenbullen packte er, der hochgeschossen und breitbrüstig war, bei ihren tödlichen Hörnern, zwang sie in die Knie, um sich anschließend in Siegerpose auf sie zu stellen. Er markiere mal wieder „den starken Thor", spottete Agnes in solchen Augenblicken.

Es waren sein Augenleiden und das Alter, die seiner Kraft, Stärke und Entscheidungsbereitschaft zusetzten. Er war zwar als Ältermann seines Ortes stets vom Thing bestätigt worden, trug dazu den Titel „Fürst der Angeln", was ihn als Beschützer der Heiligtümer auf dem Thorsberg auswies, aber sein Ruhm verblasste.

Auch von Ockesson dem Mutigen wurde am abendlichen Feuer nur noch selten gesprochen. Seit geraumer Zeit fiel es Offa immer schwerer, sich seiner Verantwortung zu stellen, Führung zu zeigen. Er war eben auf dem Weg nach Walhalla, zu den Göttern, spürte seine Knochen und rotzte unentwegt grüngelben Eiter, weil sich die letzten schwarz gewordenen Zahnstümpfe entzündet hatten, heftig schmerzten und ihm den Schlaf raubten.

Kotze, der Kraftvolle, der schnellste Renner des Dorfes, der geschickteste Kletterer, der Speer, Streitaxt und Schwert meisterlich beherrschte, den berief der Ältermann zu seiner rechten Hand. Konnte der kraftstrotzende Alleskönner eine Frage des Fürsten nicht beantworten, sprang Ragna die Redselige, seine Mutter, eilfertig bei.

Offa Ockesson zog sie nach dem Unglück mit seinem ersten Weib, der ansehnlichen, fröhlichen Dörte, auf seine Lagerstatt. Als Gegenleistung zeigte Ragna Gefühl und Fähigkeiten, dass dem alten Fürsten in manchen Nächten, auch im Freien auf der Erntekoppel, Hören und Sehen verging. Vernarrt war er in sein zweites Weib. Ihre Begierde, ob echt oder berechnend, ließ sie zu seiner wichtigsten Ratgeberin werden.

„Rammeln, dat kannst du ehr", war die Warnung von Agnes der Götternahen, „ass Fru döcht se de chanze Dag nix!" Sie spielte damit auf den unaufgeklärten Tod von Ragnas Mann, Kurt „de Kotte", an, den man eines Morgens ersoffen in der Jauchegrube gefunden hatte.

Neben Kotze und Klümmp brachte sie auch zwei Töchter mit auf den Hof, die sie als Mägde einsetzte. Ihr Augenmerk galt jedoch ganz bewusst ihrem Ältesten, Kotze. Seine unglaublichen Leistungen, sein Können, seine alles andere in den Schatten stellende Fertigkeiten lobte sie über den Klee beim

Frühstück, zu Mittag, zur Vesper, jede Gelegenheit war ihr dafür recht.

Kotze, der vom Mutterlob trotz der ständigen Wiederholungen nie genug bekam, blickte sich in solchen Momenten wie ein Triumphator um, zugleich herablassend heuchlerisch. Abgesehen von seinem jüngeren Bruder, der sich im Glanz von Kotze dem Größten, dem Allergrößten sonnte, litten die Bediensteten unter diesen überzogenen Lobpreisungen.

Das galt auch für Offa. Da er aber Frieden auf der nächtlichen Lagerstatt wollte, schwieg er, nickte sogar manchmal. Wenn er es an einer unpassenden Stelle tat, gab es von Ragna zornige Blicke. Für dieses Weib galt nur Schwarz-weiß. War Kotze der „Gute", so war in ihren Augen der Fürstenwinzling der „Schlechte". Seine Fehler und Vergehen, und wenn sie auch noch so unbedeutend waren, bügelte sie breit und genüsslich vor den Augen aller Anwesenden aus.

Manchmal ärgerte Triefauge diese Einseitigkeit, doch er sagte nichts, weil dann Ragna sich auf dem doppelten Ochsenfell verweigern würde. Auf eine fleißige, möglichst auch schamlose Bettteilerin mit ungezügeltem Temperament wollte er trotz seiner Altersschwächen nicht verzichten.

Wenn auch sonst der Glanz seiner Zeit als Fürst der Angeln langsam erlosch, seine Manneskraft würde er bis zum letzten Atemzug beweisen! „Man, in mien Lenden, dor sitt noch Kafüüt", prahlte er vor seinen Freunden, „wenn ik will, kann ik ballern ass een Bull!" Dass er ohne die flinken Hände von Ragna, ihre weichen Lippen und den täglichen Zaubertrank eigentlich ein elendiger, schlapper Versager war, verschwieg der Fürst.

Mit Dörte, der blondzopfigen, war er glücklich gewesen, obwohl deren Eltern und sein Vater Ocke Offasson der Ältere, „de Muulfuule", ohne Wissen ihrer Kinder die Vermählung einleiteten, weil es gemeinsame Interessen gab.

Obwohl die beiden sich vor der Hochzeitsfeier nicht einmal sahen, nur die Väter, nicht die Sippen, zusammentrafen, sie sich völlig fremd waren, fassten sie bereits nach kurzer Zeit Zuneigung zueinander.

Die Auswahl der Brautleute wurde wie überall im Land der Angeln in großer Sorgfalt und mit deutlichem Einfluss der

Mütter und Großmütter vorgenommen. „Op jede Pott mutt uk een akkurate Deckel passen! Püük mutt dat mit de Bruutlüüd sien!"

Wenn äußerlich auch die Anzahl der Kuhschwänze, die Vielzahl von Weide- und Ackerland bei den Bauern bedeutend erschien, eine Vermählung die Größe des Hofes festigte und damit mehr Ansehen für die Sippe brachte, so stand doch ungefragt im Mittelpunkt: „Wat makt de beiden tofreen?"

Ob Brautwerber oder ob „Vadder un Mudder vun Bruut un Brüdigam", sie alle wussten aus eigener, oft auch leidvoller Erfahrung, es mussten auch Neigungen, Eigenarten, Reize und häusliche Gewohnheiten zueinanderpassen. Dann würden sich bald Vertrauen und die Bereitschaft zu vielen Kindern einstellen.

Bei Offa und Dörte, so hatte Agnes aufmerksam beobachtet, war die Annäherung durch viele, viele Gespräche, die sie miteinander führten, rasch gegangen. „Snackt hemm se buten, binn' bi de Köh un Schaap, inne Köök, Kammer un vör de Schlaap."

Kinder bekamen sie viele. Bis auf den Erstgeborenen, einen Sohn, Goodje und Ocke überlebte keines auch nur einen Winter. Es war, als liege ein Fluch über dieser Sippe. Nach jedem Kindstod verlor die Mutter an Kraft.

Ocke war ihr Nachzügler gewesen. „Er brachte seiner Mutter den Tod", so sagte man es im Dorf. Dörte, mit kugligem Bauch und zwei Eimern in den Händen, wollte von der Quelle am Hang Wasser holen, verfing sich mit einem Fuß in einer Wurzel, stürzte, überschlug sich mehrfach und prallte mit voller Wucht gegen den Stubben einer im vergangenen Winter gefällten Buche. Der Stumpf sollte bereits lange entfernt sein, doch Offa verschob die Aufforderung dazu immer wieder, weil er, den Klagen der vielen Weiber, die stets einen Umweg einschlagen mussten, um zu ihrem Kochwasser zu kommen, überdrüssig, stur blieb. Auch Dörte gehörte zu denen, die eine Entfernung der hinderlichen Baumwurzel anmahnten.

Das Kind, ein Sohn, wurde viel zu früh geboren. Die Mutter starb wenige Stunden später in den Armen ihres Mannes. Mit keinem Blick würdigte der Vater das Neugeborene.

Am Verlust von Dörte trug er schwer, bis Ragna ihn – wie zufällig – allein hinter dem Knick einer Erntekoppel traf. Die frische Witwe – von allen Zwängen befreit – angelte sich den Baas des Thorsberger Hofes. Ihren in der Jauche ersoffenen Mann beließ man dort, weil die Leiche sich bereits auflöste.

Ragna wählte für ihre erste Begegnung einen für sie günstigen Augenblick, in dem Offa empfänglich war und schwach werden könnte. Die Sonne wärmte, das geschnittene Heu duftete, Bienen brummten, Vögel jubilierten, der Wind wehte nur lau, entspannt und voller Friede zeigte sich die Natur. Ragna bot sich entblößt, nackt. Ein Blick genügte. Trotz ihrer Kinder – sie hatte etwas zu bieten. Offa erlag Ragna. Auch wenn Dörte damit aus seinen vordringlichen Gedanken verdrängt wurde, verzieh er den Verlust seines Weibes seinem Jüngsten nie.

Für Ocke, „düsse klimperkleene Jung", fand man eine Amme. Und nicht nur dieses vollbusige, milchträchtige Weib, das vier Neugeborene gleichzeitig versorgte, bemerkte, wie viel langsamer, zögerlicher dieser Fürstensohn wuchs. Den Vergleich mit Gleichaltrigen trug sie täglich in ihren Armen. Die Zuneigung und Geborgenheit einer Mutter erfuhr „Winzling", wie er bald bezeichnet wurde, nie.

Ragna herrschte im Haus. Ihr Redeschwall setzte bereits vor dem Aufstehen ein, sodass „Triefauge", denn als Fürst im Bett galt er in den Augen seiner neuen Frau nicht, unverzüglich unter der Decke aus Ochsenfell verschwand, sich schlafend stellte.

Ihren Zorn ließ die Stiefmutter in solchen Fällen an Ocke aus. Er erhielt als Letzter, noch nach den Knechten, das Essen, musste als Erster den Mittags-Raum fegen und die Arbeit an der Latrine mehrfach in der Woche verrichten, während seine Stiefbrüder diesen „Stinkedienst" nur selten leisteten. Seine Kinderjahre waren schwer, freudlos, belastend und voller Ungerechtigkeiten gewesen.

Nun musste er sich endlich zwingen, seine Gedanken an die Vergangenheit zu lösen. Die Himbeeren waren aufgezehrt, die Druckstellen auf den Schultern durch die Schleppe spürte er nicht mehr, Lämmchen schlummerte immer noch, es konnte weitergehen.

Die Abendsonne vergoldete noch einmal den Himmel. Die aufkommende Nacht würde ihre Rückkehr unterbrechen. Heute konnte er den Thorsberger Hof nicht mehr erreichen. Den schmalen Trampelpfad durch den dunklen, düsteren Wald im Finstern weiterzugehen wäre, gerade mit Lämmchen, von dem nur einige Schmatzlaute zu vernehmen waren, ein zu großes Wagnis. Er würde versuchen, irgendwo einzukehren, oder musste, wie in den Nächten zuvor, im Freien sein Lager aufschlagen.

Ein scharrendes, streifendes Geräusch weiter hinten in der Nähe einer beschnittenen Hecke ließ ihn aufblicken. Jetzt begriff er es. Waren solche Bewegungen in den Büschen, das Schlagen von Zweigen, obwohl es hier windstill war, nicht bereits vorher gewesen? Wurde er verfolgt? Machte jemand Jagd auf seine Beute, auf ihn?

Der erste Griff galt seinem Messer. Es steckte noch in seinem Gürtel. Den Göttern sei Dank! Das beruhigte ihn ein wenig. Seinen Speer trug Idea, weil ihrer zerbrochen war. Über eine weitere Waffe verfügte er nicht. Ocke sah sich um, versuchte genauer hinzuhören. Nichts!

Doch da! Gar nicht weit entfernt zuckten, sah man genau hin, Flammen. Da musste es eine Feuerstelle geben. Erste Rauchwolken kitzelten in seiner Nase. Er schulterte die Schleppe, griff die Kiepe, eilte auf das Feuer zu.

Mit einem Mal sprang ihn ein großer, schlanker, sehniger Mann mit langer schwarzer Mähne, geflochtenem Bart und einem schräg gekreuzten weißen Kreuz auf der Stirn von der Seite an. Über seinen Kopf schwang er ein im Feuerschein blitzendes Schwert. Die Zöpfe am Kinn, das Kreuz auf der Stirn, die ungekürzten Haare – ein Avione!

Ocke hatte von diesem Stamm mit ganz eigenem Glauben bereits gehört. Bis zu diesem Augenblick war er noch nie jemandem von ihnen begegnet. Sie lebten zumeist auf Einzelgehöften weitab von den Dörfern in den Wäldern.

In den Augen anderer Volksstämme galten die Avionen als arglistig, wenig friedfertig. Sie lebten von Milch, bevorzugten Getreide und Wurzeln, alles, was mit dem Boden verbunden war, denn tief unten im Wurzelwerk alter Bäume lebten ihre Götter, fleißige und mächtige Kobolde. Die Erde war ihnen heilig.

Deshalb begruben sie die Körper der Toten auch nicht, weil der Boden nicht unrein werden durfte. Den Leichnam hängte man mit dem Kopf nach unten – um den Blick auf die verehrte Erde bis zuletzt zu behalten – in die Zweige hoher Bäume. Dort wurden sie eine Beute von Aasvögeln, von Krähen und Raben. Die zerpickten die Leichen bis auf die Knochen. Den Rest erledigten Ameisen und Käfer.

Fische und Fleisch aßen die Avionen selten. Diese Zurückhaltung galt nicht für ihre einflussreichen Priester. Für die sollten Herz, Hirn und Leber von Weibern anderer Völker mit anderem Glauben schöpferische Eingebung, Erleuchtung geben.

Doch nur Jungfrauen waren die, nach Auffassung der Priesterschaft, Glücklichen, die als Spender in Frage kamen. Die Avionen mieden ansonsten die Begegnung mit anderen Völkern, das galt auch für die Angeln. Über deren Götter, die weit entfernt in Walhalla wirkten, spotteten sie.

Ihre Allmächtigen waren, weil unter der Erde, stets und ständig in ihrer Nähe. Deren Macht und Begleitung war gegenwärtig, da wussten die Avionen, woran sie waren. Nur wenn es sich, wie beim Handel mit Milchvieh, Ziegen und Schafen, nicht vermeiden ließ, kam es zu kurzem Austausch mit Andersgläubigen. Mit den Angeln, deren Glauben nach Walhalla ausgerichtet war, lehnten sie ein Zusammenleben, bis auf den Handel, ab.

„Wat wiss du hier?", wurde der völlig erschrockene und überraschte Thorsberger, der sich, weil er auch an den Schutz von Lämmchen dachte, sofort wieder fing, in gebrochenem Anglisch angefahren. „Ik bruuk Melk för de Lütt un een Dack övern Kopp!"

Hinter den Flammen wurde eine geräumige Hütte und daneben zwei durch Dornenhecken geschaffene Pferche für Schafe und Ziegen erkennbar. „Water kannst di ünn an de Beek holn, schlapen kannst buuten." Damit wandte sich der Mann ab, ging zu seinem Haus und verschwand hinter einem geflochtenen Vorhang, der die Türöffnung verdeckte.

Verdutzt, zugleich tief enttäuscht wegen der kaltblütigen Abfuhr, machte sich Ocke auf den Weg, um Wasser für Lämmchen zu besorgen. Anschließend richtete er neben dem Schafgehege seine Schlafstelle ein.

Da beging er einen verhängnisvollen Fehler, der ihm erst später bewusst wurde. Es dauerte eine längere Zeit, bevor der Thorsberger einschlief. Die verweigerte Gastfreundschaft beschäftigte und erboste ihn beträchtlich. Immer wieder wachte er vor Zorn auf.

Bei seinem Volk, den Angeln, war es eine Selbstverständlichkeit, jemandem der an die Tür klopfte und um Einlass bat, mindestens für einen Tag und eine Nacht Unterkunft und Essen zu geben, auch wenn es ein völlig Fremder war. Viele Dörfer hielten diese Form der Gastaufnahme sogar für wichtiger als die Einzäunung von Weiden; was für Bauern ein großes Opfer bedeutete.

Mag sein, überlegte Ocke, dass die Avionen mit Auswärtigen keine gute Erfahrung gemacht hatten. Aber er mit einem kleinen Kind war doch keine Gefahr. Wieder war er wach geworden.

Er hob den Kopf. Es raschelte nicht nur an einer, sondern an mehreren Stellen. Dunkel, tief dunkel war es geworden, noch zeigte sich kein Mond.

Da, ein Knurren, ein Reißen, ein Beißen, ein Schlingen. Sein Fleisch! Seine Beute! Die Hirschkuh! Die Schleppe stand noch immer am Rand des Weges weit ab von seinem Schlafplatz. Von dort wollte er sie am nächsten Morgen aufnehmen.

Er hätte sie mitnehmen, in seine Nähe stellen sollen! Jetzt erkannte er auch die Geräusche. Ihm wurde Angst und Bange. Rasch legte er seinen Umhang über die Kiepe mit dem Kind.

Wölfe! Eine ganzes Rudel, angelockt durch das Blut der Hirschkuh. In diesem Augenblick kamen die ersten dieser blutrünstigen Bestien, angeführt von einem mageren, fast mannshohen Rüden, auf ihn und Lämmchen zu. Verzweifelt schrie Ocke um Hilfe. Im Haus tat sich nichts. Die Meute rückte näher. An den scharfen Reißzähnen einiger Kreaturen hingen noch Hautfetzen von der Hirschkuh.

Der Kleine gluckste im Schlaf, rührte sich nicht. Auch alle weiteren Notrufe verhallten ungehört oder … man wollte ihnen nicht zur Hilfe kommen.

Mit dem blank gezogenen Messer in der Hand wartete „Winzling", so fühlte er sich in diesem Augenblick, auf den ersten anspringenden Wolf.

Die drei Schafe im Gatter neben seinem Lager waren aufgesprungen, rannten voller Panik aufgeschreckt an der Umzäunung entlang. Doch damit erregten sie erst recht die Aufmerksamkeit der hungrigen Wölfe. Der Leitwolf sprang bereits an den hohen Holzzaun, der sogar für seine Größe unüberwindbar schien.

Ocke erfasste die Lage sofort. Die Sperre musste weg, sollten doch die Schafe das Opfer bringen. Mit seinem Messer grub er in rasender Eile den Eckpfosten frei, stürzte ihn in den Pferch. Dabei brachen mehrere Latten, der Fluchtweg für die in Panik geratenen Schafe wurde frei.

Schrill meckernd flohen die fetten Kreaturen. Die Wölfe schlossen sich ihnen an. Der tödliche Spuk wurde von der Dunkelheit aufgesogen. Nur wenn man genau hinhörte, vernahm man weit in der Ferne noch das Bellen und Siegesjaulen der Wölfe.

Bis auf einige wenige Knochen war die Schleppe leergefegt. Keine Hirschkuh, keine Beute, kein Mundvorrat für die Menschen in seinem Dorf. Warum hatten die Götter nicht endlich ein Einsehen mit ihm. Warum bestrafte man ihn immer doppelt: mit seinem Zwergwuchs und dem fehlenden Jagderfolg?

Er würde also wieder einmal mit leeren Händen auf den Hof zurückkehren. Die hämisch grinsenden Gesichter von Kotze und Klümmp sah er ebenso vor seinen Augen wie die Enttäuschung der hungernden Nachbarn und die seiner Sippe.

Doch jetzt hatte er sich erst einmal um den Kleinen, um Lämmchen, zu kümmern. Er war mit ihm auf eine kleine Insel mitten in einer Au geflüchtet. Hier, geschützt durch das Wasser, fühlte er sich sicher. Hier schuf er mit Moosresten, Zweigen und Blattwerk eine provisorische Bettstatt. Das fahle Licht eines Halbmondes half ihm, sich zurechtzufinden.

Einzuschlafen gelang ihm nicht. Die unmittelbare Todesgefahr durch die mordhungrigen Wölfe ließ ihn nicht zur Ruhe kommen. Also versuchte er sich abzulenken, an zurückliegende andere Geschehnisse zu denken.

Werdandi, die Schicksalsgöttin der Gegenwart, hatte ein Einsehen mit ihm, half ihm dabei. Sie hatte der schlafenden Urd, der Norne der Vergangenheit, die hauchdünnen Fäden aus der Hand genommen, weil das Gesponnene drohte, zu

Boden zu gleiten. Damit wäre nicht nur Ocke Offasson in die Unendlichkeit eingetaucht, auf ewig verschwunden, sondern auch Jesper vom Sonnenhof. Die Lebensfäden des jungen Fürstensohnes fand sie zuerst.

Ocke beugte sich über den Korb mit dem friedlich schlummernden Kleinen. Ihm würde er jetzt seine Geschichten erzählen, die vom erfolgten Anschlag auf sein Leben und die, von denen die Thorsberger meinten, es seien zwei Heldentaten gewesen. Eigentlich waren es nur Zufälle gewesen, fand Ocke.

Oder doch nicht?

13

Von einer Schlange und zwei Heldentaten, einem
Anschlag und einer Untat, Rückkehr in eine trost-
lose Heimat und wie der Fürstensohn es schafft,
ein Wildpferd zu bändigen

Auf dem Thorsberger Hof, wo er, Ocke, aufgewachsen war, vertraute er Lämmchen an, schloss man ihn von allen Mannsleuten-Tätigkeiten immer noch aus, obwohl er bereits über achtzehn Winter zählte. „Ocke, sun lütten Schieter ass di köhn wi bi de Arbeit nich bruuken. Wenn du inne Been kümmst, groot büst, kumm wedder!" Doch er war und bleib ein Zwerg. Solche Bemerkungen trafen ihn bis ins Mark.

Die Schafherden durfte er hüten, Ratten jagen, Ställe ausmisten, für die Weiber Wasser von der Quelle besorgen, Feuerholz spalten, blauen Ton für die Töpfer ausgraben, Netze flicken und die vollgeschissenen Gruben mit Grassoden abdichten. Mannsleute-Arbeit jedoch verweigerte man ihm.

Stets musste er bei allen Tätigkeiten seine Stiefbrüder Kotze und Klümmp im Auge behalten. Sie triezten, zwiebelten, quälten ihn, wo sie nur konnten.

Nicht vergessen würde er den Sommermorgen, als er, noch völlig verschlafen, zu Hemd und Hose griff und unter den Kleidungsstücken eine giftige, armdicke Kreuzotter sich aufrichtete, aus deren geöffnetem Maul eine gespaltene Zunge herausschoss. Er war vor Schreck auf die Bettstatt zurückgefallen, war unfähig gewesen, sich zu rühren. Kalt und drohend hatte die Schlange ihn fixiert und war auf das Fußende seines Bettes gekrochen, blitzschnell in einer fließenden Bewegung.

Aus den Erzählungen seiner Sippe wusste der Fürstensohn: Der Biss einer Kreuzotter war tödlich, das Anrufen der Götter zwecklos. Unendliche Angst packte ihn. Sterben, nein sterben wollte er nicht.

Das grau-glänzende Reptil mit dem Kreuzmuster auf dem dunklen Rücken glitt näher, richtete sich auf. Ocke glaubte, dessen giftigen Atem spüren zu können. Die schmale Zunge zischelte, die gelben Augen leuchteten wie polierte Bernsteine. Ein Biss und er war verloren! Ocke brach der kalte Schweiß aus, er wagte nicht mehr zu atmen.

Da schoss der Kopf der Kreuzotter haarscharf an seinem Gesicht vorbei. Ein Jaulen ertönte, ein Heulen, ein Winseln, direkt an seinem Ohr. Dann trat Stille ein, tödliche Stille.

Erst nach längerer Zeit hatte er es gewagt, mit seiner Hand vorsichtig an sein Ohr zu fassen. Doch seine Finger berührten etwas Haariges, Pelziges, mit Zotteln, Borsten, und dazu eine feuchte klebrige Masse. Blut!

Abrupt richtete Ocke sich auf. Hatte die grauenhafte Kreatur ihn ins Ohr gebissen, er in seinem Schrecken es gar nicht bemerkt? Er drehte seinen Kopf zur Seite. Zuerst erfasste ihn wieder die Furcht, dann eine unendliche Erleichterung.

Auf dem Kopfende seines Bettes lag eine dicke, fettgefressene, tote Ratte. Dieses stets nach Futter spürende Tier war den kurzen Bettpfosten hochgeklettert, hatte flink nach allen Seiten geschnüffelt, dabei das Reptil übersehen. Diese Unaufmerksamkeit bedeutete seinen Tod, sicherte Ocke das Leben. Nerthis, die Göttin seines Volkes, hatte ihre Hand über ihn gehalten.

Schweißnass und unsicher auf den Beinen erhob er sich. Von der Schlange war nichts mehr zu sehen. Doch als er seine Hose anzog, erblickte er einen schwarz gebrannten Jütetopf, dessen Deckel verrutscht war, die Lagerstatt der Kreuzotter!

Von diesen Töpfen gab es viele im Dorf, unmöglich, deren Besitzer ausfindig zu machen. Ocke traute seinen Stiefbrüdern alles zu, aber ein Anschlag auf sein Leben, so weit würden sie bei aller Abneigung, die sie ihn spüren ließen, nicht gehen! Oder doch?

„Brää, brää, bräää!" Da rissen ihn wohlvertraute Töne aus seinen Gedanken. Lämmchen, das Krüppelkind, sein friedlicher und stets zufriedener Wegbegleiter, war erwacht, gähnte herzhaft. Seit der lebensbedrohenden Begegnung mit den Wölfen hatte der Kleine, ohne einen Laut von sich zu geben, in seinem Korb geruht. Auch ihre hastige Flucht vom Gehöft des Avionen zur buschbewachsenen Bachinsel mit einer hohen Buche in der Mitte hatte er verschlafen.

Doch jetzt schien Lämmchen Durst und Hunger zu verspüren. Mit der gewölbten Hand flößte Ocke dem Kleinen frisches, kühles Wasser ein. Himbeeren und Sauerampfer, die er vorkaute und zu kleinen Kügelchen formte, ergänzten das Morgenmahl. Diese Art von Essen gefiel dem Kind, es lächelte ihm zufrieden entgegen.

„Man, mien Lütt, watt hemm wi een Glück hatt", sprach er den Kleinen an, der ihn zwar nicht verstand, aber weiter mit strahlenden Augen anblickte. „Weest wat, uns Göttin wull nich, dat uns de Wölfe doodbietn!"

Und dann erzählte Ocke dem Kleinen von zwei Vorkommnissen, wo er auch das Gefühl gehabt hatte, Nerthis, ihre Schicksalsgöttin, oder eine sonstige Gottheit beschütze ihn.

Es war erst zwei Monde her gewesen, an einem milden Vorsommerabend. Niemanden hielt es in Haus oder Hütte. Man traf sich mit seinen Nachbarn unter der Dorflinde. Die kleineren Kinder planschten mit Wasser auf dem Dorfplatz, formten Tiere aus Lehm. Die größeren hatten sich an den Waldrand verzogen. Nur Ocke, den Kotze und Klümmp bei ihren Freunden nicht duldeten, befand sich in der Nähe der Kleinkinder.

Da fiel plötzlich ein riesenhafter Schatten auf die Spielenden, dann folgte ein immer stärker werdendes Rauschen, Flügelschläge und der entsetzliche Schrei eines Kindes. Ein mächtiger Weißkopfseeadler war gelandet!

Der hatte sich auf ein kleines Mädchen gestürzt, das abseits der anderen Kinder selbstvergessen dabei war, einen Brunnen aus Lehmringen zu formen. Feelinde, die jüngste Tochter von Gunnar Larsson, dem einbeinigen Töpfer.

Tief trieb der riesengroße Greifvogel seine Krallen in den Rücken der Kleinen. Alle auf dem Spielgelände erstarrten. Schon war der Adler dabei, wieder mit ersten Flügelschlägen in die Lüfte zu steigen, um seine Beute zum Nest der Jungvögel zu tragen, als Ocke sich ohne nachzudenken auf den Rücken des Adlers stürzte.

Während die Dorfleute noch wie gelähmt vor Entsetzen waren, die anderen Kinder in alle Richtungen davonstoben, umklammerte er mit beiden Händen den Hals des Riesenvogels, um diesem die Luft abzuschnüren. Doch der Kinderräuber zog mit einer ruckhaften Bewegung den Hals aus dem Würgegriff und hackte mit seinem gelben Krummschnabel voller Angriffswut auf Ocke ein.

Dreimal wurde er in Hals und Schulter getroffen, ganze Hautfetzen riss ihm der Greifvogel vom Körper. Doch dieser kurze Moment der Ablenkung hatte ausgereicht, um die Dorfleute zum Handeln zu bewegen. Männer wie Frauen stürzten sich auf den Adler. Der ließ seine heftig blutende Beute fallen. Als er aufstieg, traf er mit seinen Flügeln zwei Männer so heftig, dass sie zu Boden fielen und für eine kurze Zeit die Besinnung verloren.

„Jaa, mien lütt Lämmchen, so weer dat mit den groode Adler-Vogel. Feelinde wurr wedder gesund un kreegel. Mi hett Agnes, mien Grootmudder, kuureert. Dat hett wat duueert." Tief holte der Fürstensohn Luft, schüttelte sich, weil die Schmerzen damals heftig gewesen waren. „Ik harr een Hümpel an Blood verlorn. Man vun de Dag an heff ik een Fründ funn, Gunnar Larsson, de Töpfer vun Steenfeldlund, de mit de eene Been!"

Noch viele Tage nach dem Angriff des Greifvogels war die Heldentat von Ocke in aller Munde. Nur Kotze widersprach dieser Auffassung im Kreis der anderen Jungkerls. Hätte er Kurzbein nicht abgewiesen, wäre der gar nicht in der Nähe der Unglücksstelle gewesen. Eigentlich stünde ihm, Kotze, Lob und Anerkennung für seine weitsichtige Entscheidung zu.

Seine Freunde, die ihn achteten wie fürchteten, nickten zustimmend, aber dachten sich ihren Teil bei dieser Selbstüberschätzung.

Lämmchens Augen blickten weiter voller Zufriedenheit und Vertrauen. „Man, wenn du mi so ankieken deist, will ik di von een anne Beleevnis vertelln, wo uns Göttin mi uk hulpen hett."

Es war am Beginn des letzten Winters gewesen. Man hatte eine Herde Wildpferde eingefangen und auf einer Wiese einsperren können. Sie einzureiten, sie für Pflug und Wagen gefügig zu machen, ihren Willen, ihre Wildheit, ihren Stolz zu brechen, war seit jeher die Aufgabe der Jungkerls.

Alles verlief wie gewohnt. Man hatte den Jungpferden mit geflochtenen Bändern Fesseln angelegt, Tücher über ihre Köpfe gestülpt und an die Hinterbeine schwere Steine gekettet. Die Tiere wurden an einem kurzen Tau so lange im Kreis geführt, bis sie auf Kommandos reagierten. Gehorchten eine Stute oder Hengst nicht, wurden sie so lange blutig gepeitscht, bis sie taten, was man von ihnen verlangte.

Manche der leidenden Geschöpfe waren bereits nach zwei Tagen gebrochen. Sie fügten sich, am ganzen Körper zitternd und erschöpft, dem Willen ihrer Peiniger. Während des Einreitens gab es kein Wasser für die Pferde. Erst nach einer solchen Tortur führte man sie zur Tränke.

Es war ein grauhaariger, magerer Hengst mit einer weißen Blesse, die wie ein Stern aussah, der sich ungewöhnlich heftig widersetzte. Er schlug um sich, befreite sich geschickt vom Tuch über seinem Kopf, biss wütend um sich, verletzte dabei einen der Zureiter und trat so wild und verzweifelt hinten aus, dass sich einer der Steine aus der Kette löste und den fetten Klümmp mitten in den Bauch traf.

Der schrie von Schmerz gepeinigt laut auf, fiel zu Boden, rappelte sich wieder hoch und riss voller Wut sein Messer aus der Scheide, um das Pferd, „dat Beest", diesen Beißer und Schläger abzustechen.

Da war Ocke, der wegen seines Kleinwuchses vom Zureiten ausgeschlossen war, dem Stiefbruder in den Weg getreten. „Dat deist du nich! Dat Peerd ward nich dood makt!" Klümmp stieß ihn wuchtig zur Seite, rannte zum Grauen, der scharf durch die Nüstern blies.

Mit der langen Klinge versetzte er dem Tier so tiefe Schnitte in die Hinterhand, dass sofort Blut strömte, die Kreatur gepeinigt aufwieherte und sich angstvoll an das Gatter der Weide zurückzog. Doch Klümmp, rasend vor Wut, rannte zu Kotze, seinem Bruder, entriss ihm dessen Peitsche und schlug damit unbändig und brutal besonders über die empfindlichen Nüstern auf das Pferd ein. Voller Qual knickten dessen Vorderbeine ein und der Graue stürzte zu Boden.

Für Ocke gab es kein Halten mehr. Er warf sich auf Klümmp, der ihn um zwei Hauptslängen überragte, und prallte dabei gegen dessen Beine. Sein Stiefbruder kam ins Straucheln und fiel auf die Knie. Um sich abzustützen, ließ er in diesem Moment die Peitsche mit den messerscharfen Lederstreifen fallen.

Ocke ergriff blitzschnell das Marterwerkzeug und peitschte seinen Stiefbruder mit voller Kraft über dessen Rücken. Klümmp brüllte mit jedem Peitschenhieb lauter auf und versuchte sich seitwärts wegzurollen, aus der Gefahrenzone zu entkommen.

Wären nicht Kotze und seine Freunde in diesem Augenblick in das Gatter gerannt, um Ocke die Peitsche aus der Hand zu winden, wer weiß, welche Narben den dicken Klümmp sein Leben lang geziert hätten.

„Een Peerdeschinner büst du, een tücksche, booshaftige Peerdeschinner", brüllte Ocke, der sich aus der Umklammerung der Jungkerls nicht befreien konnte. Er wusste sehr wohl, man durfte den Zureitern eines Wildpferdes nicht in ihr Handwerk pfuschen. Wer einen solchen Frevel beging, musste mit einer empfindlichen Strafe rechnen.

Pferde, die einen Pflug zu ziehen hatten oder an der Deichsel eines Fuhrwerks gingen, mussten zahm, gefügig und gehorsam sein. Allein der Nutzen war für die Bauern der Maßstab. Störrische Tiere tötete man sofort.

Ockes Strafzeit begann bereits am Abend dieses denkwürdigen Tages. Sein eigener Vater, der Fürst, verhängte sie. Beraten von seinen Nachbarn, aufgehetzt von Ragna, Ockes Stiefmutter: „Dree Dage un dree Nächte blievn du un dat Beest, düsse Krüffenbieter, tosam'n in de lütte Peerdebucht. För de Klepper gifft dat keen Water, för di nix to eeten! Du hest Schann över uns Sipp bröcht. Ik heff all jümmer seggt, du büst nix ass een Grootmuul." Und mit diesen Schimpfworten war sein Vater gegangen.

Zwei Knechte fassten den Fürstensohn fest an den Armen und warfen ihn über das Holzgatter in den engen Pferch, in dem das geschundene, voller Unruhe auf der Stelle tretende Pferd bereits auf ihn zu warten schien.

Die Kreatur, von allen Fesseln befreit, bleckte ihre Zähne, schlug mehrfach mit der Hinterhand gegen den Zaun aus massiven Buchenstämmen. Das Pferd tänzelte und warf voller Widerwillen seinen Kopf in die Höhe, weil ihm der Geruch eines Menschen in die aufgeplatzten Nüstern geriet. Die Augen, blutunterlaufen, waren angstvoll und voller Wut weit aufgerissen.

Ocke rührte sich nicht. Wie sollte er sich bei einem Angriff des Grauen auch wehren, völlig waffenlos, wie er war.

Auf der anderen Seite des Gatters standen Kotze, Klümmp und ihre Mitläufer mit höhnischer Miene, voller Gier auf den Augenblick wartend, in dem der Graue ihn zertreten würde. An eine Flucht war nicht zu denken. Obwohl der dicke Klümmp, bis an den Hals angefüllt mit Rachegedanken, dem Gaul mit einem Spieß von außen in die Weichteile stieß, rührte der völlig erschöpfte Graue sich nicht. Auch aufmunternde Rufe und weitere Peitschenhiebe prallten von der Kreatur ab.

Als es zu dunkeln begann, verließen die Gaffer enttäuscht den Pferdestall.

Auch am kommenden und dem nächsten Tag das gleiche Bild. Das Tier stand wir eine Statue, wie festgefroren, ließ sich zu keiner Bewegung verleiten.

Ocke überlebte beide Nächte. Was niemand sah und wusste, Goodje, seine Schwester, ließ unbemerkt um Mitternacht an einem Tau zwei Eimer in den Pferch hinunter, einen gefüllt mit Wasser, in dem anderen Karotten, Brot, ein Tuch und eine Kräuterpaste, die Schmerzen linderte.

Damit rieb Ocke, verbunden mit vielen beruhigenden Worten, die Wunden des Grauen ein, gab ihm zu trinken und streichelte behutsam seinen Hals. Mehrere Stunden und viele vergebliche Versuche hatte es gedauert, bis das Tier ihm vertraute. Noch vor der Morgendämmerung zog Goodje die Eimer wieder nach oben.

„Man, Lämmchen, so wer dat. Wenn mien Süster mi nich hulpen harr, weer dat to Enns weesen mit mi!"

Doch der Kleine war bereits wieder eingeschlafen, räkelte sich in seinem Korb und ein zartes Lächeln umspielte seine Lippen.

Das Ende der Geschichte war rasch erzählt. Als man nach drei Tagen die Box öffnete, wussten die vielen herbeigeströmten Dorfleute nicht, was sie zuerst bestaunen sollten: den unverletzten winzigen Fürstensohn, die fast verheilten Wunden des Grauen oder dass Ocke mit der Hand in der zottigen Mähne des Pferdes friedlich Seite an Seite mit dem „Beißer und Schläger" das Gefängnis verließ.

„Een Wunner is dat", waren sich die Weiber wie Mannsleute einig, „dat is dat Wark vun uns Göttin Nerthis. Se will nich, dat uns Lüürlütt dood geit. Se hett een Oog opp emm smeeten!"

Voller Ehrfurcht glotzten die Dörfler auf den Kurzbeinigen, der offensichtlich unter dem Schutz ihrer Göttin stand.

Sogar sein Vater Offa Ockesson blieb von diesem sonderbaren Ereignis nicht unberührt. Er merkte, die Leute wollten von ihm ein Bekenntnis zu diesem Vorgang. „Dat Peerd, düsse griese Graue, düsse Bieter, de schall mien Söhn tohörn!" Niemand sonst hätte diese arglistige Kreatur als Reittier oder in ein Gespann nehmen wollen. Sollte doch sein Sohn sich mit diesem Biest herumschlagen. „Een Beest blifft een Beest", war seine Meinung. Für Gäule galt es allzumal: Ein hinterlistiger, bösartiger Charakter ließ sich nicht umerziehen!

Doch nur wenige Monde später erlebten die Menschen vom Thorsberger Hof ein zweites Wunder. Bereits seit einigen Tagen beherrschte der von der Slie-See herkommende Nebel die Landschaft, kündigte frühe nasskalte Tage an.

Da erschien aus der Nebelwand am Dorfeingang ein Reiter. Grau das Pferd, grau der Umhang und auch die Kapuze, die das Gesicht des Ankommenden fast verdeckte, war aus grauem Stoff gefertigt. Als der Unbekannte den Dorfbrunnen erreichte, brauchte man sich nicht mehr die Augen zu reiben. Tatsächlich, der zwergenhafte Ocke, hoch zu Ross! Und sein Pferd, das sogar nur auf einen Schenkeldruck, ohne Peitsche, nur mit einem Halfter gelenkt wurde, der Graue, den nicht nur der alte Fürst als „dat Beest" bezeichnete.

Dem Kleinen war es doch wirklich gelungen, den schwierigen Gaul fügsam zu machen! Das Werk der Götter, doch nicht von dem Winzling! Oder doch?

Ocke, der wie eine Katze auf dem Rücken des Pferdes hockte, genoss die Anerkennung und spürte erstmalig so etwas wie Respekt der Dorfleute.

„Mien Graue smitt mi nich mehr aff", verkündete er stolz. „Man, sien eegen Kopp, de behölt he!"

In diesem Augenblick setzte sich eine letzte Sommerbiene auf die Hinterhand des Pferdes. Und weil das Tier dadurch einen Kitzel erfasste, ein Zittern über dessen Fell lief, stach das Insekt zu. Es wehrte sich!

Der Graue stieg vor Schreck zuerst hinten, dann vorn hoch und Ocke landete in hohem Bogen im Matsch des Dorfplatzes. Das Gesicht voller Dreck, die Augen verklebt, die Knochen jedoch waren heil geblieben.

In das gutmütige Gelächter der Dörfler stimmte er ein. Da hatte er wieder einmal den Mund zu voll genommen! Abgestraft wurde er diesmal nicht, das Wohlwollen, die Achtung seiner Sippe und Nachbarn blieben. Endlich! Weder er noch seine Schwester Goodje widersprachen dem zweimaligen Götterwunder, das die beiden mit Hilfe von Eimern und viel Geduld beim Zureiten auf den Weg gebracht hatten. „So weer dat, mien lütt Lämmchen", schloss er.

Erschrocken fuhr Ocke zusammen. Ganz in der Nähe des Bachlaufes wieherte ein Pferd. Vorsichtig verließ er das Eiland, watete ans Ufer, kletterte auf eine buschige junge Birke. Wieder meldete sich das Tier. Jetzt konnte er endlich den Gaul und seinen Reiter erkennen. Der stumme, breitschultrige Börge Bärentatze auf seinem Pferd, dem Grauen, den alle im Dorf nur „dat Beest" nannten.

Rasch stieg er vom Baum, rannte zum Pfad, winkte freudig mit den Händen und erfuhr damit die Aufmerksamkeit seines stummen Freundes und Lehrmeisters. Der glitt vom Grauen, nahm ihn in seine Arme und … weinte. Das hatte er, der legendäre Jäger, noch nie getan! Es musste am Thorsberger Hof etwas geschehen sein. Doch was? Es waren Tränen großer Trauer, die mit ihrem Wiedersehen nichts zu tun hatten, glaubte Ocke zu erkennen.

Börge war wohl auf der Suche nach ihm gewesen. Mit wiederholenden Handzeichen versuchte der Alte auf eine rasche Rückkehr zu drängen. Ocke eilte zur Insel, griff sich die Kiepe mit Lämmchen, rannte zurück und schwang sich hinter Börge auf den Rücken des Grauen.

Mit einem Galopp sollte es losgehen. Doch „dat Beest" verweigerte sich. Eine doppelte Last und zugleich höchstes

Tempo, da schüttelte das Ross seinen Kopf, blieb einfach stehen.

Als der Kleine ihm voller Ungeduld die Hacken in den Bauch trat, wandte der Graukopf sich den beiden Reitern zu, als wollte er zu verstehen geben: „Töv aff is uk een Leed". Zu mehr als einem Zuckeltrab war der eigensinnige Gaul nicht zu bewegen.

Als sie nach etlichen Stunden endlich in dem dem Hof vorgelagerten Dorf Steenfeldlund eintrafen, beschlich Ocke ein mulmiges Gefühl. Warum wurde gerade nach ihm gesucht? Warum gingen die Leute hier mit gebeugten Köpfen, schlurfendem Gang durch das Dorf? Die Gesichter wirkten faltig und blass, kaum ein Willkommen. Leid und Trauer schienen zu herrschen.

Zugleich waberte ein merkwürdig schaler wie beißender, ekelerregender Geruch durch die mit Untiefen, Furchen und Pfützen versehene Dorfstraße, als habe sich dort eine oder sogar mehrere Seelen ausgekotzt. Merkwürdig! Rätselhaft!

Ocke wandte sich Börge zu, der ihm zwar nicht antworten konnte, aber verstand. „Snaaksch is dat hier in't Dörp, afsünnerlich!" Bärentatze hob die Achseln, rollte mit den Augen und führte die Hand, als wolle er einen Krug an die Lippen setzen. „Meenst, de Lüüd hier sünd all besaapen ween, hemm een inne Kist' hat?"

Börge grinste über sein ganzes Gesicht und nickte mehrfach, zugleich trat Wehmut in seine Augen. Also trugen die Leute hier tatsächlich an einem dicken Kopf nach einem mächtigen Besäufnis.

Auf dem Thorsberg würde er mehr zu hören bekommen. Ocke wurde enttäuscht. Sein Vater, wie stets um diese frühe Abendzeit, war nicht im Hause. Keine Schwester anwesend, keine Großmutter und die Bediensteten grüßten ihn sonderbar ehrfürchtig, gingen ihm aus dem Wege.

Diesem Rätsel musste er auf den Grund gehen. Also machte er sich auf den Weg zum Heiligen Hain, wo er Agnes die Götternahe antreffen würde. Er benötigte Aufklärung und Lämmchen musste versorgt werden.

Warmherzig und tröstend nahm das alte, krumme, faltenreiche Weib, seine Großmutter, Ocke in die Arme. Sie strich ihm behutsam über seine zottigen, langen Haare. In diesem Augenblick wusste er, es musste auf dem Hof oder im Dorf etwa Tragisches geschehen sein – und tatsächlich: „Dien Vadder, mien Jung, is dood! He is opp'n Weg nah Walhalla. De Angeln hemm een nüe Fürst!"

Den letzten Satz seiner Großmutter hörte er schon gar nicht mehr.

Verdammt, hätte der Alte mit seinem Tod nicht warten können, bis er von der Jagd zurück war? Wieder einmal hatte der Vater auf ihn, den Winzling, wie er ihn stets geringschätzend genannt hatte, keine Rücksicht genommen! Schmerz empfand Ocke durch diesen unvorhergesehenen Verlust, doch seine Trauer hielt sich in Grenzen.

Lämmchen, der aufgewacht war, lenkte ihn von weiteren Gedanken ab. In wenigen Worten erklärte der Fürstensohn seiner Großmutter, warum er den Kleinen mitgebracht hatte. Agnes fackelte nicht lange, rief zwei Mägde und übergab ihnen den Korb. So war sie, die Götternahe, so kannte er sie. „Topacken, nich lang snacken", gehörte zu ihren Grundsätzen.

„Kumm Jung, sett di bi mi daal, ik heff di een wunnerliche Geschicht to vertelln." Und während sie ihm in einem Becher erfrischendes Quellwasser reichte, erfuhr Ocke von fröhlichen, tragischen, absonderlichen, haarsträubenden, einmaligen Vorgängen, die sich hier auf dem Thorsberger Hof während seiner Abwesenheit abgespielt hatten.

„Ik olett Wiev heff all veel belävt, man so wat, so wat ni un nümmer nich!" Ockes Neugierde war geweckt.

Die Alte, noch ganz erfüllt von den Vorgängen und Aufregungen der vergangenen Tage, sprang mitten in die Geschehnisse: Man habe am Abend zuvor ein rauschendes Fest gefeiert. Das größte Gelage aller Zeiten. „Un Steenfeldlund, uns Dörp, stunn opp'n Kopp!" Es sei der Leichenschmaus für Offa Ockesson, „för dien Vadder ween"!

Leute aus Nah und Fern seien dabei gewesen und die Leiche persönlich erschienen. Auf diese Art und Weise erfuhr Ocke von der Wiederauferstehung seines Vaters. „Wi hemm dien Ole sien ‚Fell versaapen', un de Fürst sölm weer duun ass dusend Dän'n. Dat veele Beer keem de Lüüd ut Nääs un Ohr'n wedder ruut." An den Tischen wurden gesoffen, unter die Tische gekotzt, in bemerkenswerter Regelmäßigkeit, wie seine Großmutter mitteilte. Der mit Abstand größte Säufer sei sein Vater gewesen. Auch bei den anderen Gästen sei der Gerstensaft aus Nasen und Ohren wieder herausgeströmt, so voll hatten die sich auf dieser Trauerfeier laufen lassen.

Agnes reichte ihrem Enkel noch einmal das Quellwasser, nahm selber einen kleinen Schluck und begann von den Ereignissen in ihrer Reihenfolge zu erzählen.

Doch die für die Vergangenheit zuständige Schicksalsgöttin Urd musste ihre Fäden zuerst einmal neu ordnen. Die Norne der Gegenwart setzte ihr kunstvolles Geflecht fort.

14

*Jespers Heimat ist eine andere geworden:
von Dietmar Dollfriedsson dem Despoten,
dem Gastrecht der Angeln, einer „Milchstraße",
der Sturheit der Angeln, Töve dem Dorftrottel
und warum manche Mannsleute mehr Zeit im
Kuhstall statt in der Küche verbringen*

Die Heimat hatte ihn wieder! Einstmals als Kind geraubt, jetzt Greis geworden, endgültig zurückgekehrt. Die Erinnerung an die ersten Tage in Bönsbarg nach so vielen Sommern der Abwesenheit holte ihn immer wieder ein.

Es waren sehnsuchtsvolle schöne, aber auch schrecklichschauerliche Bilder, an die Jesper sich erinnerte: Ein jütländisches Handelsschiff setzte ihn am Strand unterhalb des Dorfes, zusammen mit seinem eigenwilligen Begleiter, ab. Zwei der Goldlinge, die ihm die hinreißende Lucretia, das Weib des Römers, seines Dienstherrn, zugesteckt hatte, sorgten für eine komfortable Schiffsreise. An Bord behandelte man ihn wie einen Herrn.

Die Frühjahrssonne über Angeln bescherte ihm einen milden, angenehmen Ankunftstag. Zu Hause! Jesper hätte jedes der vielen tausend weißrosa Buschwindröschen vor lauter Glück einzeln streicheln können.

Wie angenehm, ermutigend war doch die Aufnahme durch Bernd Bengtsson, diesen hilfsbereiten Jungbauern, gewesen. Mit klopfendem Herzen war er über die Schwelle dieses Bauernhofes, der am Rande des Dorfes lag, getreten, hatte sich als Jesper vom Sonnenhof vorgestellt.

Weder dieser Bernd noch seine Knechte konnten mit seinem Namen oder mit der Bezeichnung der Hofstelle etwas anfangen. Und doch bot man ihm Speise und eine Herberge an. Gastrecht war der Wille der Götter. So war es bereits in seiner Kindheit gewesen, konnte doch jeder in die Lage kommen, Fremder in einem anderen Dorf zu sein.

Es war ein älterer Knecht, den man „Heiner Haahn" nannte, weil er krähen konnte wie ein kraller Hahn, der nach einigem Grübeln mit dem Sonnenhof etwas in Verbindung brachte. Diese Kleinbauernstelle habe es früher hier tatsächlich gegeben. Jetzt gehöre das Land Dietmar Dollfriedsson, dem mächtigen Ältermann des Dorfes. „Mit emm, dor is keen good Plumm eeten. Truun kannst emm nich! Wat he will, dat sett he döör!"

Der bärtige Knecht hielt sich erschrocken die Hand vor den Mund, als habe er zu viel gesagt, gerade einem Unbekannten gegenüber. Warum musste er auch gleich mit der ganzen Wahrheit herausrücken, mit dem Misstrauen aller gegenüber dem Ältermann, dessen eigenmächtigem Handeln und herrischem Auftreten. Gesagt war gesagt, hoffentlich behielt dieser Jesper es für sich. Der Dollfriedsson verbat sich jedes Kreekeln, jeden Widerspruch und strafte gleich.

Auch Grete verkündete laut: „Dietmar, düsse Öllermann, de mag ik nich! Dat segg ik emm uk batz in sien Snuut! He is een Beest un Slöpendriever!"

Wie herzlich hatte dieses Weib ihn, Jesper den Heimkehrer, umarmt, als sie ihn erkannte. Auch Grete machte ähnlich wie Bernd Bengtsson deutlich, dass es im Dorf zu erheblichen Änderungen gekommen war.

Äußerst beunruhigt und misstrauisch geworden, machte der ehemalige Sklave sich auf den Weg zum Hauptdorf. Die Häuser, an denen er vorbeikam, sahen armselig und vernachlässigt aus. Von Bauernstolz auf den eigenen Besitz sah und spürte man nichts.

Keine Dorfleute, keine Kinder, keine Alten zu sehen, Bönsbarg wirkte wie ausgestorben. Und doch hörte er Stimmen. Je näher Jesper einem hochragenden, fast pompösen Gebäude kam, umso deutlicher waren Worte und Ausrufe zu vernehmen. Hier also war das Dorf versammelt.

Der Rückkehrer erkannte sofort den Zweck dieser Zusammenkunft. Gerichtstag!

Auf der Veranda, unter dem Vordach des hohen Hauses vor der Sonne geschützt, residierte in einem Armstuhl mit einer hohen Rückwand, der an einen Thron erinnerte und auf einem Podest stand, ein voluminöses Mannsbild mit aufgedunsenen Hängebacken, einem spärlichen Haarkranz und einer für seine massige Figur ungewöhnlich piepsigen Stimme. Obwohl er lasch und träge dort hockte, strahlte er eine wuchtige Gewalt aus.

Eine gewisse Zita wurde gerade als Zeugin vor den Richtertisch gerufen. „Hest dat sölm sehn, dat Elfriede de Ring klaut hett?" Eingeschüchtert durch den Koloss, der mit seinen lüsternen, flinken Augen besonders die schweren Brüste des Weibes fixierte, nickte sie mehrmals. „Segg ‚ja', anners hau aff", fuhr er sie an: „Ja, dat heff ik", antwortete sie eilfertig.

„Dat is nich wohr", meldete sich ein anderes abgehärmtes, unscheinbares Weib. Das konnte nur Elfriede sein. Ihren Einspruch nahm der Richter nicht zur Kenntnis.

Kraftvoll schlug er mit einem Holzhammer auf den Tisch und verkündete seine Entscheidung: „Klaut meent dördich Slääg mit de Pietsch. Dat hett een Deev verdeent! Hett een noch wat to seggn?", rief der Richter in die Menge.

Zögernd wurde ein Kinderarm gehoben. „Wat du, Oskamp, du lütte Schieter? Büst lang nich dröög achter de Ohrn, hest hier nix to melden." Mit dieser Schmähbemerkung fertigte der Dorfvorsteher den Kleinen kurzerhand ab.

Tage später wurde Jesper von einem der Jungkerls des Dorfes angesprochen. Der berichtete ihm eilfertig, er habe einen solchen blanken Ring im Nest einer diebischen Elster gesehen. Weil aber das Elsternpaar auf ihn losgegangen sei, sodass er fast von der Birke gefallen wäre, habe er das Schmuckstück nicht mitgenommen.

Jesper besprach den Vorfall mit Bernd Bengtsson, der ihm die erste Herberge geboten hatte und dem er freundschaftlich zugetan war. Der veranlasste eine Überprüfung des Elsternnestes. Dort fand man das Schmuckstück tatsächlich; außerdem zwei Silberknöpfe, eine Bronzenadel – auch diese Gegenstände waren als verloren, vermutlich gestohlen, gemeldet worden. Doch diese schwarz-weiß gefiederten Diebe der Lüfte waren weder greifbar noch vor Gericht zu ziehen.

Das Urteil an Elfriede wurde sofort vollstreckt. Ein grimmiger, grobschlächtiger Knecht packte sie, band das Weib an den Schandpfahl, raffte ihr den Rock über den Rücken und peitschte genussvoll das bloße Gesäß. So gepeinigt schrie die Frau mit schriller Stimme, beteuerte ihre Unschuld, doch Gnade fand sie keine. Blut spritzte bei jedem Schlag und man hörte, wie die Anwesenden mitfühlten, voller Anteilnahme waren, doch keinen lauten Widerspruch wagten.

In Jesper stieg Zorn auf. Nicht nur wegen des einseitigen barbarischen Urteils, sondern dieser Richter selbst löste eine wachsende, fast nicht mehr zu kontrollierende Wut in ihm aus.

Irgendwie kam ihm der Mann bekannt vor. Konnte es angehen? Ja, ja, er war es tatsächlich. Dietmar Dollfriedsson war Dietmar der Dicke aus seinen Kindertagen. Der fette Junge, durch dessen Verrat die Kinder des Dorfes in die Sklaverei und viele in den Tod getrieben wurden.

Unfassbar, nach so vielen Wintern beggnete er dem Mann, der ihrer aller Leben preisgegeben hatte, dem Verräter! Zur weiteren Besinnung kam Jesper nicht, weil man eine nächste Anklage aufrief.

Es handelte sich um die angebliche Vergewaltigung eines Kindes in einem Ziegenstall durch Töve, den Trottel des Dorfes, wie Jesper von den Umstehenden erfuhr. Die aufgebrachte Mutter der geschändeten Tochter riss sich während ihrer Beschuldigungen wütend ganze Büschel von Haaren vom Kopf. Sie forderte Töves Tod und dazu die Überlassung seiner Hütte, seiner Wiesen und des Waldes an ihre gedemütigte Sippe. Auch Töves trächtige Milchkuh, das hätte sie fast vergessen, müsste den Besitzer wechseln!

Der Angeklagte, auf den Tathergang angesprochen, verstand die Welt nicht mehr. Er hatte die kleine Thea doch nur gestreichelt, so wie er alle Kinder streichele, wenn sie nett zu ihm seien. Und was den Ziegenstall angehe, dort habe er ihr gezeigt, wie man die Zitzen eines Euters anfasst, wenn es gilt, eine Mutterziege zu melken. Sich gefreut und herzlich gelacht habe Thea dabei, weil es ihr gelang, Milch aus den kleinen Stummeln am Euter in ihren Mund zu spritzen. Auch anderen Jungen und Mädchen habe er das Melken von Ziegen beigebracht.

Doch Theas Mutter, in Tränen schier aufgelöst, schrie alle Rechtfertigungen des Beschuldigten in Grund und Boden.

Dietmar Dollfriedsson, den man hinter vorgehaltener Hand als „de Rott", die Ratte, bezeichnete, machte kurzen Prozess. Töve, der Trottel, sollte nicht aufgehängt werden, weil es für seine Tat keine Zeugen, sondern nur den Kindermund gab, deshalb werde er nur entmannt. „Düsse Verbreker, düsse Spitzboov, de mutt de Büddel un sien Wuddel verleern", brüllte der Ältermann über den Gerichtsplatz. „Man gau, gau. Ik heff nich veel Tied", schloss er sein Urteil!

Wieder erschien der Gerichtsknecht, grinste genussvoll hämisch, band Töve, der gar nichts begriff, auf einen umgestürzten Baum, riss dessen Hose auf, nahm das beträchtliche Gemächt in die Hand. Ein Schnitt, ein tierischer Schrei, der Lebenssaft spritzte bis zum Richtertisch. „Vollstreckt!" Triumphierend und laut, unbändig lachend, reichte der Großknecht dem Richter das Gehänge.

Der steckte es, zufrieden, als habe er ein Geschenk erhalten, mit spitzen Fingern in einen mitgebrachten Beutel. Er würde diese Fleischstücke, diese Klöten mit dem Klunker, heute Abend, ohne dass jemand es erfuhr, aufs Rost legen, sie krosch braten, bis sie knusprig sein würden, und sie anschließend mit Genuss verzehren. Der Ältermann Dietmar Dollfriedsson war zuversichtlich, Töves bemerkenswerte Manneskraft würde seine schwindende Zeugungskraft wieder zum Leben erwecken.

In der Zwischenzeit schob der Henkersknecht dem Opfer ein hohles Holunderrohr in den Unterleib und presste einen dreckigen Lumpen zum Stillen des Blutes auf die Wunde. Mit den Worten „Wenn du in dree Dag nich pissen kannst, geist dood", band er Töve vom Baum, verpasste ihm einen Fußtritt und schob ihn zu den Zuschauern zurück.

Zunächst tief betroffen, anfangs schweigsam, dann doch zunehmend murrend begleiteten die Leute das Geschehen. „Unrecht is dat", rief einer. „Een Schann!", war eine Frauenstimme zu vernehmen. Töve verhielt sich zwar oft tollpatschig, aber ein Kinderschänder, nein, der war er wahrlich nicht. Da sah wohl jemand, dem jedes Mittel recht war, es auf Haus und Hof des Beschuldigten ab. „Snuut holn, Snuut holn!", tönte die hohe Fistelstimme des Richters. „Anners smiet ik ju all ruut!" Um seine Drohung, den Mund zu halten, deutlich werden zu lassen, ließ er seinen Knecht das Schwert ziehen.

Ein weiterer Streitfall betraf drei Jungkerle, die als Schafhirten auf einer zur Steilküste hin nicht eingezäunten Weide in einer Gewitternacht fünf Schafe verloren hatten. Die Tiere waren durch grelle Blitze in einen solchen Schrecken versetzt worden, dass sie das steile Ufer hinunterstürzten und durch einen Genickbruch zu Tode kamen. Welch ein erheblicher Schaden, fünf tote Schafe!

Jeder der Anwesenden teilte die Auffassung des Dorfältesten, dieser Sache gleich, ob Unglück, Versehen oder Nachlässigkeit, auf den Grund zu gehen, weil Schafe ein kostbares Gut waren.

Der Verlust sei für den Besitzer dieser Kreaturen immens, rechnete der Richter den Jungen vor. Ohne Schafe keine Lämmer, keine Milch, kein Käse, kein Essen auf dem Tisch!

Diese Faulheit und Fahrlässigkeit der drei Hirten, so der Dollfriedsson, müsse eine drakonische, abschreckende Strafe nach sich ziehen. Ohne die Jungmänner anzuhören, ohne Zeugen aufzurufen, verkündete der harte Richter in seiner Machtvollkommenheit zugleich den Schuldspruch: Wieder fiel der Hammer.

Die Angeklagten sollten mit einem Brandmal der Schande auf der Brust durch ein glühendes Eisen gezeichnet werden. Jeder würde dann wissen, auf diese Schafhirten könne man sich nicht verlassen! Zusätzlich forderte er die Sippen der Fahrlässigen auf, für sechs gesunde Schafe als Ersatz zu sorgen. Das sechste Schaf müsse als Schmerzensgeld für den Besitzer der Tiere zusätzlich geliefert werden.

Nach dieser Begründung reichten drei Hammerschläge nicht aus.

In den Zuhörern kochte der Zorn bei so viel Ungerechtigkeit. Da die Unruhe unter den Dorfleuten an Lautstärke zunahm, traten auf Wink des dicken Dietmar fünf weitere Knechte mit Forken und Spießen neben den Richtertisch. Dieser Aufmarsch wurde verstanden. Der Unmut legte sich nur äußerlich, die Empörung der Dorfleute blieb.

Da wagte es doch dieser rot gelockte unverschämte Bauer Bernd Bengtsson aufzustehen, die Fäuste in die Seiten zu stemmen, sich nicht einschüchtern zu lassen. „Dat mit dat Krüüz oppe Bost geit nich! Nie nich kriegn de Jungs wat to doon, warn se ut jede Dörp ruutsmeten!" Die Leute nickten zustimmend.

„Hol dien Klöter", fuhr ihm der Richter ins Wort. „Wat ik seggt heff, dat ward makt! Hennsetten." Doch der Jungbauer blieb trotzig und selbstbewusst stehen. „Wer hört dat Land to, wo de Schaap dood gahn sünd?" Stille setzte ein, alle blickten sich wohlwissend an. Jeder wusste über die Besitzverhältnisse im Dorf Bescheid und freute sich deshalb über Bernds Frage, rieb sich die Hände.

„Mi hörn de Kuppeln, mi alleen", schrie Dietmar Dollfriedsson völlig außer sich, „dat weeten ji doch! Un ik bruuk uk ass Öllermann keen Tuun to trecken, dat heff ik nich nödig!"

Da begann das Murren, die Entrüstung wieder, lauter als zuvor. Zu den Dorfregeln gehörte von alters her, dass jede Koppel, auf der Vieh weidete, eingezäunt zu sein habe. Ohne Ausnahme galt diese Regel. „Dat gifft alleen een Recht för all Lüüd, nich een för de Grooden un een för de Lütten", eiferte sich der Rotkopf, der ins Stottern kam, „dat gellt uk för een Öllermann!" Von allen Seiten erhielt der mutige Bönsbarger Zustimmung.

Über die anschwellende Lautstärke hinweg kreischte der Richter, für den Widerspruch ein Gräuel war. „Brandisen in't Füür! Brandisen in't Füür!" Dem Befehl gehorchend legten die Knechte drei Brandeisen in die Glut, Funken sprühten auf.

Jetzt, fand der alte Jesper, sei die Zeit für ihn gekommen. Er trat an den Richtertisch, hob beide Hände und rief: „Nix dor!"

Was wollte der, dieser völlig Fremde, hier bei ihren Bönsbarger Dorfangelegenheiten? Dietmar Dollfriedsson erhob sich zu voller Größe und rief lauthals: „Een, de nich to uns Dörp hörn deit, hett hier nix to sööken! Ruut mit di!" Und wie auf Kommando hoben die Knechte Spieße und Schwerter.

Jesper rührte sich nicht. Durch sein weniges grauweißes Haar, seine buschigen Augenbrauen und die zahlreichen Altersfalten erkannte ihn Dietmar nicht, noch nicht. Wie man eine lästige Fliege mit einer schnellen Handbewegung versucht wegzuscheuchen, so wollte auch der Richter verfahren. Die „Fliege" rührte sich nicht, Jesper blieb.

Schon wollte der Dollfriedsson die Knechte auffordern, den Lästigen gewaltsam zu entfernen, da drängte sich eine pummlige alte Frau mit schneeweißem Haar nach vorn und stellte sich vor den Richtertisch in Position: Eier-Grete.

Sie lebte allein, handelte oder tauschte mit Eiern und hatte es fertiggebracht, dass einige ihrer Legehennen sogar grüne Eier legten. Von Zauberei sprach man, doch tauschte man trotzdem diese ungewöhnlichen, grasfarbenen Eier gerne bei ihr ein, weil gerade der Verzehr dieser Grüneier Lust und Leidenschaft bei Mann wie bei Weib bewirken würden. Der Glaube an die Erfüllung eines solchen Wunsches versetzte auch bei den Bönsbargern Berge. Nach einem ausreichenden Eierkonsum bogen sich nachts in den Hütten die Balken, zitterten die Bretter, quietschten nicht nur die Holzrahmen der Strohhütten. Die Grüneier machten Mut, gaben Kraft. Nicht einmal Mäuse, Ratten und Marder wagten sich in solchen Stunden höchster Erregung aus ihren Löchern. Ameisen kamen nicht umhin, mit ihren Lasten lange Umwege zu machen. Die Haushunde heulten gegen den Mond.

Grete stellte sich an Jespers Seite. Auf dem Gerichtsplatz wurde es ganz still. „De, de hier blang mi steit, dat is Jesper vun de Sonnenhoff!", und ohne eine Pause zu machen, ohne dass Dietmar, der Richter, einschreiten konnte, berichtete sie von dem furchtbaren, folgenreichen Überfall vor über dreißig Wintern, als achtundzwanzig Kinder geraubt, als Sklaven gehalten und verkauft wurden und es im Dorf neun Tote und viele, viele Verletzte gab.

Es habe damals, was das Versteck der Kleinen angehe, einen Verräter gegeben. Der lebe immer noch in Bönsbarg. Sie, Grete, habe die ganze Zeit geschwiegen, weil sie um ihr Leben hatte fürchten müssen. Der Verräter verhalte sich wie eine feige Ratte.

Keiner rührte, keiner bewegte sich, dieser Bericht war beklemmend für alle. Grete wandte sich wieder zum Richtertisch, hob den Arm und zeigte auf Dietmar Dollfriedsson.

„Dat, dat is de Verräter – un Jesper is mien Tüüg." Dietmar, leichenblass, erhob sich und rief. „Dat is nich wohr! Grete lücht! Ik hol mien Wief, de kennt de Wohrheit!" Unverzüglich verschwand er in seinem prachtprotzenden Haus. Er kam nicht wieder zurück. Der Stuhl des Richters blieb leer.

Dietmars Knechte mit gezückten Waffen vor der Haustür sperrten den Zugang vor den erregten, aufgeladenen Dorfleuten. Der Gerichtstag war beendet, die Brandeisen blieben im Kühlwasser. Das Urteil an den Jungkerls wurde nicht vollstreckt. Die Bönsbarger zogen Grete und Jesper mit sich zum Dorfplatz, weil man Einzelheiten vom Kinderraub in der alten Zeit wissen wollte.

Noch in der gleichen Nacht verschwand Dietmar Dollfriedsson, Richter und Ältermann in einer Person. Von den Bönsbargern unbemerkt raffte er seine angehäuften Reichtümer zusammen und verstaute sie auf Packpferden. Seinen Knechten, von denen er annahm, dass sie ihm treu ergeben waren, befahl er, ihn und sein Weib zu begleiten.

Sein prachtvolles Haus legte er aus Rache für die undankbaren Dorfleute in Flammen und in Gedanken verfluchte er diese dummen, faulen, undankbaren Dörfler. „De Buulenpest schall ju hooln, de Rotten ju dood bieten, de Kreihn jurs Kütt verteehrn!" Zu einem längeren Satz war der feiste Richter nicht fähig, weil er kurzatmig war.

Drei Tage später fand man seine verstümmelte Leiche und die seines Weibes. Die hatte man auf einen umgestürzten Baum gefesselt, um sich besser an ihr vergehen zu können. Von den „treuen" Knechten keine Spur, auch die Pferde mit den reich gefüllten Satteltaschen wurden nicht gefunden.

Über diesen denkwürdigen Tag sprach man im Dorf noch viele Winter. Alle waren erleichtert, weil sie Dietmars Allmacht endlich nicht mehr ertragen mussten.

Ein Neuanfang für Bönsbarg musste her, das Dorfregulativ wieder uneingeschränkt gelten. Die Besitzverhältnisse an den Hütten und Häusern und die Allmende aller Acker- und Wiesenflächen waren neu zu ordnen!

„Wi bruuken een Öllermann, de to dat Recht stieht", war die allgemeine Meinung. Doch wer sollte es werden? Einer von den älteren Bauern, die den Dollfriedsson hatten gewähren lassen, die ihn an seinem unrechten Handeln nicht hinderten? Wer stand für die Einhaltung des Rechtes?

War einer von den Jüngeren nicht geeigneter für einen Neubeginn? Aber es sollte auf keinen Fall ein Anwärter mit unreifen Vorstellungen sein. „Nee, keen Perd, dat jung un oppsternaatsch is!"

Bei Jesper und Grete, den Alten, suchte so manch einer Rat, auch der Jungbauer Bernd Bengtsson, die Rotlocke, gehörte dazu. Eine außergewöhnliche Angelegenheit, wie die Wahl eines neuen Ältermanns, des Oberhauptes für das gesamte Dorf, musste wohl erwogen und durchdacht sein, denn ein solcher würde über viele Sommer die Geschicke der Menschen bestimmen. Einmal ins Amt gesetzt, blieb dieser Baas, der Erste unter ihnen hier in Bönsbarg, bis er das Zeitliche segnete, ein Leben lang! Auch wenn er durch das Regulativ angehalten war, sich mit den Ältesten im Dorf zu beraten, traf er am Ende die Entscheidung.

Vom ersten Tag seiner Ankunft an erlebte Jesper die Bönsbarger als uneigennützig, hilfsbereit und gastfreundlich. Was er so benötigte, von Fußlappen für seine Holzpantinen über Werkzeuge bis zu einem Bottich, um sich darin gründlich zu reinigen, erhielt er, als gehöre er zu den Sippen.

Man merkte den Dorfleuten an, sie waren waschechte Angeln: regsam, auf Ordnung bedacht, viele von ihnen durchaus reinlich, jedoch auch stur und trotzköpfig. Diese letzten Tugenden galten im Guten wie im Schlechten, beobachtete Jesper.

Wollte einer der Bauern dem wohl mundenden Birkenwein auf immer entsagen, um damit dem Frieden im Hause zu dienen und nicht mehr dem Gezeter seines Weibes ausgesetzt zu sein, handelte er von einem Tag auf den anderen, rührte den Weinkrug nicht einmal mehr an, blieb stur!

Auf stur hatte sich auch der Jungbauer Jürn Jörgesson, „Kloogschieter", gestellt, der den Hof seiner Sippe führte, weil sein Vater wegen seiner Gicht nicht mehr aus dem Haus konnte. Alles musste neu, alles anders, besser werden.

Er begann damit, nicht nur zwei Pferde vor seinen neugebauten Milchwagen zu spannen, um im Nachbardorf Grummeltoft seine Milch zu tauschen, sondern er ließ drei Gäule einschirren. Damit würde es für die anderen Mähren einfacher, den schweren Karren durch den tiefen Morast zu ziehen, und er sei rascher wieder in Bönsbarg zurück.

Altbauern rieten ihm von dieser Änderung dringend ab. Bereits beim Zusammenspannen von zwei Rössern müsse man auf deren Unterschiedlichkeit achten. Jürn wusste es besser. Er blieb bei seiner Auffassung. „De Oln, de hemm keen Moot, keen Mumm, eenfach keen Kuraasch!"

Das Unglück geschah bereits bei der ersten Überführung der vollen Milchkübel in den Nachbarort. Die Knechte hatten die Fracht gerade sorgfältig auf dem vierrädrigen Wagen verstaut, als der Jungbauer fröhlich, selbstbewusst und mit breiter Brust aus der Tür trat, die Peitsche in der Hand.

Das dritte Pferd, nicht direkt an die Deichsel gebunden, erschrak vor der Knute, schlug aus, traf den Nebengaul, der zog an, riss das dritte Pferd mit nach vorn, sodass das lederne Geschirr brach und die Fracht ohne Kutscher in rasender Fahrt durch die Bönsbarger Dorfstraße gezogen wurde.

Bei jedem Schlagloch, und davon gab es zahlreiche, purzelte ein Milchkübel vom Wagen, sodass die verschüttete Milch eine breite weiße Spur hinterließ, als sei mitten im Sommer Schnee gefallen.

Die gesamte Belegschaft des Hofes Jörgesson begab sich sofort – erfolglos – auf die Verfolgung des in Panik geratenen, stürmischen Gespanns. Erst in Grummeltoft gelang es, die erschöpften Tiere einzufangen. Auf dem Weg dorthin sammelten die Knechte die verstreut liegenden Einzelteile des einstmals prächtigen Karrens ein.

Was für Jungbauer Jürn mit seinem Dickkopf blieb, waren zwei Erfahrungen: der Spott seiner Nachbarn, jedoch auch der „Erfolg", dem schlichten Weg nach Grummeltoft zu einem Namen verholfen zu haben. Als „Uns Melkstraat" ging diese Verbindung zweier Angelner Orte in die Dorfgeschichte ein, die „Milchstraße" war geboren.

Seine Überlegungen zur Verbesserung von Vieh- und Ackerwirtschaft gab der Jungbauer trotz des Fehlschlages nicht auf. Nicht nur die Bönsbarger sollten bald einen hohen Nutzen von diesem trotzigen Veränderungswillen des Bauern haben.

Ansonsten waren die Bönsbarger wortkarg. Es konnte vorkommen, dass zwei Mannsleute sich zueinander auf die Bank am Dorfteich setzten, der eine nach einiger Zeit einen „Oin-Laut" grummelte, was so viel wie „Moin" heißen sollte, und der zweite recht viel später zweimal diesen merkwürdigen „Oin-Laut" über seine Lippen kommen ließ. „Moin, Moin".

Mit Blick auf Dorf, Wald und Weide, Teich und Tümpel schwieg man sich zwei, drei Stunden geduldig an, genoss die stille Zweisamkeit und ging durchaus zufrieden und erfüllt auseinander. Aufdringlich zu werden, war nicht die Art der Angeln. „Keen Snack to veel!" Kein Wort mehr als notwendig!

Für die Frauen galt das Anschweigen weniger. Wer von morgens früh mit dem ersten Hahnenkräh für Kinder und Küche, Wolle und Wäsche, Flachs und Feuer sorgte, der kam ohne ein lockeres, zuweilen auch loses Mundwerk nicht aus. Wortkarg waren die Weiber nicht, im Gegenteil. Wurde einem Bauern das Geschnöter, „de Quakelee vun de Wiever", zu viel, verzog sich dieser gewöhnlich in den Stall, wo er von Kuh und Kalb nicht belästigt wurde. Manche seiner Nachbarn, so erfuhr Jesper, verbrachten mehr Zeit im Kuhstall denn in der Küche des Hauses.

Für Weib und Mann gemeinsam galt bei den Angeln eine übergroße Vorsicht bei Gesprächen. Die Dörfler ließen sich nicht gerne „in die Karten sehen", praktizierten „dat Affluhrn". Sollten doch erst Gäste oder Fremde mit ihrer Auffassung über Götter, die Tugenden der Nachbarn oder Acker- wie Gemüseanbau herausrücken. Auseinandersetzungen, möglichem Ärger, eigenen Meinungsäußerungen ging man damit aus dem Wege.

Und noch etwas erfuhr Jesper recht bald: Bönsbarger waren Kümmerer, Nachbarschaftler.

Da seine Grete ihn mehrere Tage wegen ihres Eierhandels allein ließ, er unbekocht in der bescheidenen Waldhütte zurückblieb, erhielt er bereits einen Tag später von seinen Nachbarn zur Rechten eine Einladung zum Mittagsmahl. Anschließend eine von den Nachbarn zur linken Seite. Diese Art von Beköstigung setzte sich dann Tag für Tag durch das ganze Dorf, Hof für Hof, Haus für Haus, fort. Die Gastgeber wechselten. Was blieb, war die Art der Mahlzeiten: abwechselnd Erbsen-, Grieß- oder Gerstenbrei in den ersten drei Tagen – dann Gersten-, Grieß- und Erbsenbrei in den folgenden. Und weil Grete sich verspätete, begann es wieder mit dem Gersten-, dann dem Grieß- und zum Abschluss dieser Nachbarschaftsrunde dem Erbsenbrei.

Fleisch von den Haustieren aus dem Stall kam selten auf den Tisch, weil man das wenige Vieh zur Nachzucht benötigte. Wenn es Fisch gab, waren es oft die bunt schillernden flachen Karauschen aus dem Dorfteich, mit herzlich wenig Fleisch, aber voller spitzer Gräten, besonders für Kinder ein Graus und nicht selten eine tödliche Gefahr.

Beschwerden über das karge Essen hörte Jesper nie, auch wenn manche Mannsleute, weil es wieder einmal nicht gereicht hatte, mit knurrendem Magen zur Feldarbeit abzogen. Mit ihm, dem Neuen, eigentlich dem Fremden, wurde das Wenige, das man hatte, geteilt.

Die Bönsbarger, so wurde gespottet, seien in diesem Jahr so arm, dass in mancher Kleinbauernstelle sogar die vielen Mäuse mit Empörung Reißaus nahmen, weil für sie nicht einmal Brotkrümel nachblieben. Trotz solcher Not gaben die Angelner ihren Lebensmut nie auf. Nerthis, ihre Göttin, würde es schon irgendwie richten. Also nutzte man manche Abendstunde, um miteinander zu singen, zu feiern, sich fröhliche, kurzweilige Döntjes zu erzählen.

Jesper nahm sich vor, dass alle Bönsbarger gut von seinem viel bestaunten Reisebegleiter haben sollten. Für ihn errichtete er einen Unterstand, einen Fressplatz sowie ein Gatter für den Auslauf ins Freie.

Doch noch wollte der ehemalige Sklave sein Geheimnis nicht lüften. Er wartete auf den geeigneten Augenblick. Dafür musste Jesper viel Geduld aufbringen, denn die Ereignisse in Bönsbarg überschlugen sich.

15

*Vom neuen Selbstvertrauen der Bönsbarger,
dem Wunder um Wippsteert, Opferbräuchen,
Verteidigungs-Strategien und wie es Mannsleute
schaffen, sturzbesoffen einen grandiosen Sieg
zu erringen*

Jesper vom Sonnenhof hatte die Umzäunung für seine „Beute" aus dem Reich der Franken fertiggestellt. Jetzt, fand er, war der Moment gekommen, um seinen Reisebegleiter den Bönsbargern zu präsentieren, da betrat unerwartet Bernd Bengtsson seine Hütte. Er kam, um ihn einzuladen, und durchkreuzte damit alle Pläne des Sonnenhofers.

Ein großes Ereignis stand unmittelbar für Bönsbarg an: die Wahl eines neuen Ältermannes auf dem Dorfthing. Für den geflüchteten, elendig umgekommenen und von vielen verfluchten Dietmar den Despoten, die Ratte, musste ein Nachfolger gefunden werden.

Missbraucht hatte dieser Ältermann seine Macht, das Dorfregulativ außer Kraft gesetzt und damit das ganze Gefüge einer friedlichen und vertrauensvollen Nachbarschaft zerstört. Dieser Baas praktizierte alle Jahre das Recht des Stärkeren. Wer sich ihm widersetzte, dem rückten dessen Knechte – vorwiegend nachts und stets vermummt – mit Knuten und Keulen auf den Pelz. Zuerst prügelten sie den Menschen die Seele aus dem Leib, dann schlug man Küche und Kammern kurz und klein. Dietmars Schergen versetzten die Bönsbarger in Furcht und Schrecken.

Drei Sippen konnten dieser Angst machenden Unterdrückung nicht standhalten, verließen ihre Heimat bei Nacht und Nebel. Dietmar verleibte sich deren Wiesen und Äcker ein und höhnte den „Schlappschwänzen", wie er sie nannte, hinterher.

Beschwerden über diesen Despoten beim alt gewordenen Fürsten auf dem Thorsberger Hof waren ins Leere gelaufen. Versprechungen, diesen Dietmar Dollfriedsson zu maßregeln, gab es zwar wiederholt, doch dabei blieb es. Aber diese Geißel war jetzt Vergangenheit, welch eine Erlösung!

Endlich konnte es in Bönsbarg zu einem Neubeginn kommen. Dazu gehörte auch, für mehr Sicherheit und Schutz für das gesamte Dorf zu sorgen. Denn zu oft kreuzten unbekannte Schiffe auf dem nahen Buckholmer Fjord. Dem Dollfriedsson war diese Gefahr schnurz gewesen, weil er über schnelle Pferde zur Flucht verfügte.

Rotschopf Bernd gelang es, die anderen Bauern und auch die Handwerksleute für den Bau einer Palisade aus stabilen, angespitzten Baumstämmen zu gewinnen. Auch einen Wehrgang erstellte man auf Anleitung von Jesper, der in seiner Zeit als Sklave verschiedene Verteidigungsanlagen kennengelernt hatte.

Die Mannsleute hoben Gräben aus, errichteten einen massiven, hoch herausragenden Wachturm und legten grüne buschige Zweige auf die leicht entflammbaren Stroh- und Reetdächer des Ortes. „Man, wi hemm doch keen Krieg", wehrten sich einige gegen diesen Aufwand, ohne deshalb ihre Mitarbeit zu verweigern.

Jetzt um die Sommersonnenwende war die Zeit, in der Wenden, Warnen, Suardenen, Dänen, Jüten und andere „Böswillige" ihre Raubzüge entlang der Küste praktizierten. Diese wiederholten Überfälle von der Wasserseite schufen eine ständige Angst, verstärkten Armut und Ausweglosigkeit. Die Angeln waren auf Zusammenarbeit eingestellt, wie es ihre Götter verlangten, nicht auf Krieg, Konflikte und Eroberungen. Wurden die Raubkrieger früh genug bemerkt, floh man in Verstecke wie Sumpf, Moore oder Waldstücke.

Die Bönsbarger wollten sich endlich den Feinden widersetzen, machten sich gegenseitig Mut. Die Flucht des allmächtigen Ältermanns hatte befreiend auf die Dorfleute gewirkt, neue Kräfte geschaffen und den Willen befördert, selbst für ihr Schicksal verantwortlich zu sein. „Vun hüüt an, dor haun wi de ‚Bagaasch' in Gruus un Muus. Kann nich angahn, dat wi uns affslachten laaten!" Die Flucht in die Wälder mit Viehzeug, Hab und Gut, wenn gefährliches Gesindel sich zeigte, war eine Notlösung, kein Ausweg. Kamen die Bauern aus dem Unterholz zurück, waren Kühe, Schafe und Schweine abgetrieben, standen die Häuser in Flammen.

So mancher zweifelte an dem Verteidigungswillen wie auch an der Verteidigungsfähigkeit der Dorfleute. Sie waren geborene Bauern, geschickte Handwerker, pfiffige Händler, aber Krieger, Krieger, die waren sie wirklich nicht.

Die Mutter ihrer Götter, die gnadenreiche Nerthis, so verkündeten die Alten, die Götternahen in den Dörfern landauf, landab, erwarte Frieden, Fleiß, Eintracht und gute Nachbarschaft von ihrem Volk der Angeln. Streit, Händel, Zwietracht finde sie abscheulich! Es sei denn, das eigene Leben wäre in Gefahr, dann hätten auch die Angeln nicht nur das Recht, sondern auch die Pflicht, sich zu wehren, Kinder und Alte zu schützen! Nerthis wolle den Mittelweg, eine wirksame Verteidigung.

Die Jungmänner des Ortes zeigten in diesen Wochen besonders Elan, Energie, Tatkraft, Einfallsreichtum. Auch die jungen Weiber waren sich nicht zu schade, bei der Errichtung der Schutzwand um das Dorf mit anzupacken.

Deren Mütter willigten in diese Mannsleute-Arbeit nicht nur ein, sondern forderten ihre Töchter sogar dazu auf. Ein bisher noch nie dagewesener Vorgang. War doch alles seit alters genau geordnet: Die einen gehörten in die Küche, die anderen auf den Acker.

Es war besonders Rotkopf Bernd, der dazu aufforderte, endlich einmal den Augenblick kommen zu lassen, sich nicht feige in den Wäldern zu verkriechen, sondern dem Angriff einer Meute hungriger Schurken auf der Suche nach Beute Widerstand zu leisten.

In wenigen Wochen war es geschafft. Gräben und die Palisaden mit dem Wehrgang waren fertiggestellt. Sogar das doppelflügelige Haupttor hing, wenn auch ein wenig schief, in seinen Angeln.

Da Jesper für diese körperlich-kraftraubende Schanzarbeit zu alt war, führte er die Bönsbarger in eine halbwegs wehrhafte Handhabung von Waffen ein. Er hatte bei Franken, Römern und anderem Volk damit zu tun gehabt, wusste, wie man Speer und Messer bei einem Kampf einsetzen konnte.

Der Vielgereiste erkannte rasch: Wer mit Pferd und Pflug zurechtkam, war noch lange kein talentierter Schwertkämpfer, und gab die Unterweisung ernüchtert auf. Auch deshalb, weil sich manche der Bönsbarger mit den Schwertern eine Vielzahl eigener Verletzungen an Kopf und Körper zufügten, zwei ältere Mannsleute fast ihr Gemächt dabei eingebüßt hatten.

Nur beim Umgang mit Lanzen und Spießen ließ Jesper nicht mit sich handeln, ob Alte, Frauen oder Kinder, die Mannsleute eingeschlossen. Es wurde geübt, geübt und wieder geübt, bis die Ersten vor Erschöpfung umfielen.

Wer sich in den Augen von Jesper besonders standhaft und geschickt zeigte, war der kleine elternlose Oskamp, den man hier „de Wippsteert", die Bachstelze, rief. Tatsächlich, er hüpfte unablässig von einer Stelle zur anderen, tauchte dort auf, wo man ihn nicht vermutete, war pfiffig, pfeilschnell wie dieser schwarz-weiß-grau gefiederte, lebhafte Vogel, der sich an Teichen und Tümpeln zu Hause fühlte.

Der Junge schien noch nicht einmal acht Winter alt zu sein, war „lütt" für sein Alter, doch voller Eifer. Den Spieß zielgenau zu führen, gelang ihm bereits nach wenigen Übungsstunden. Diese Fertigkeit, so sollte es sich später zeigen, brachte ihm Schrecken, einen Schock und am Ende Erfolg und Freude ein.

Jesper erfreute sich an Wippsteert, seinem Können und der Leichtigkeit seines Umganges mit der doch recht schweren Waffe. Sein Lob für diesen tüchtigen, kernigen Kerl teilte er Oskamp dann mit, wenn sie alleine waren, um den Neid der anderen Jungen nicht noch zu schüren.

Dessen Vater, Oskamp der Ältere, war an vergiftetem Blut krepiert, weil er einem tiefen Schnitt mit der scharfen, verschmutzten Sichel in seiner Hand keine Beachtung schenkte. Die Wunde entzündete sich, Blut und Eiter quollen. Rettung gab es nicht, weil keines der Heilkräuter bei vergiftetem Blut Wirkung zeigte.

Oskamps Vater schüttelten die Schmerzkrämpfe so heftig, dass man ihn auf seiner Bettstatt festband, bis er, mit Schaum vor dem Mund, aus dem Leben schied. Alle fünf elenden Krankheitstage war sein Sohn nicht von der Seite seines Vaters gewichen, eine Mutter kannte er nicht.

Oskamp der Jüngere befand sich damals in einem Alter, in dem Sprache sich bilden sollte. Dazu kam es nicht, Wippsteert blieb stumm, lebte allein, half dort aus, wo er gebraucht wurde.

Bei jeder noch so kleinen Anerkennung nickte Wippsteert mehrfach mit dem Kopf. Antworten gab er keine, taub jedoch war er nicht.

Mit lauter Stimme wiederholte Jesper vor seiner bunten Hilfstruppe der „Muss-Verteidiger" ständig: „Dat geit um Dood oder Leven, wenn de Undeerten kam."

Um den Ernst von Überfällen zu verdeutlichen, erinnerte er an sein eigenes Schicksal, als er gemeinsam mit siebenundzwanzig anderen kleinen Kindern in die Sklaverei verschleppt wurde. Von heute auf morgen fort aus Bönsbarg, getrennt von Mutter, Vater und der Sippe.

Als Einziger sei er aus dem Sklavendasein nach Hause zurückgekehrt. „Man wat ut all de annern wurn iss, weet keeneen. Dood, dood, dood ward de Mehrtall sien. Wülln ji dat?", schloss er seinen Appell.

Nein, weder sterben noch in die Gefangenschaft wollten sie. Auch wenn die ständigen Wiederholungen bei der Handhabung der Waffen mühevoll, schweißtreibend waren und ihnen den Atem raubte, strengten sie sich weiter an, den Weisungen und Wünschen des Sonnenhofers zu folgen.

Als der neue Ältermann zu wählen war, wurde eine Pause eingelegt.

An diesem Tag des Things zog Nebel vom Meer her auf, verdüsterte die Sonne. Ein böses Vorzeichen, orakelten manche der Alten. Die Mannsleute fanden ihren Platz auf den kreisrund um den Opferstein angeordneten Sitzen. Jesper war erstmals dabei. Mit klopfendem Herzen fand er sich ein, denn mit seiner Aufnahme in diese Runde gehörte er endgültig zur Dorfgemeinschaft. Er durfte mitberaten, mitentscheiden und besaß das Recht, den zukünftigen Baas des Ortes zu wählen. Jetzt war er ein echter Bönsbarger!

Mit Tieropfern für die Götter – so wollte es der Brauch – begann das Treffen der Thingmänner. Ohne den Beistand der Gottheiten würde der Erste des Dorfes glücklos bleiben. Der Göttin Nerthis treu zu dienen, die Verbundenheit zu den Menschen des Ortes nie zu verlieren und mit Gerechtigkeit, Fleiß und Frohsinn das Amt zu führen, diese Tugenden erwartete man von dem Auserwählten. „Een Fründ bi't Breeken vun't Brood, een Fründ inne Not, een Fründ bi de Dood", so sollte ein Thingmann sich verhalten.

Die feierliche heilige Opferhandlung begann. Dafür erhoben sich alle Thingmänner und kreuzten ihre Arme vor der Brust. Ein Hund, Inbegriff der Treue zu den Menschen, wurde zuerst den Göttern übergeben. Gefesselt legte der Götternahe des Dorfes, ein Greis mit schlohweißem Haar, das Tier auf den Opferstein und stach es treffsicher direkt in die Ader am Hals, sodass das Blut stoßweise austrat. Es wurde in einer Opferschale aus braunem Ton aufgefangen.

Auch den Lebenssaft, der aus der Bauchdecke des Erdtieres, eines aufgeschlitzten Maulwurfs, strömte, fing man in dieser Schale auf, sowie den einer Singdrossel, der der Alte mit einem geübten Griff den Hals umdrehte, dann ihren Kopf in die Blutschale tauchte. Anschließend leckte er das tropfende Blut genussvoll mit geschlossenen Augen von seinen Fingern und verzehrte den gefiederten Kopf. Jede der getöteten Kreaturen stand für eine der drei Tugenden, die einen rechtschaffenen Dorfältesten auszeichneten. Treue, Erdverbundenheit, frohe Dankbarkeit.

Das Blut wurde zusammengerührt, dann die Opferschale zum Trunk dem Kandidaten für das Amt des Ältermanns gereicht. In vollen Zügen schluckte Bernd Bengtsson der Jüngere, auf den sich die Versammlung geeinigt hatte, tapfer die braunrote, klumpig gewordene Flüssigkeit.

Wohlgefällig nickten die Männer des Things, als der Rotschopf die ausgeleerte Schale herumzeigte. „Man, wat hett de Jung een Kaluun, hett dat Blood in een Törn soopen! Wat mutt dor een Kafüüt in emm sitten!" Ein Ältermann, der den Opfertrunk in einem Zug schaffte, da waren sich die Männer einig, der so unerschrocken war, in dem musste viel Kraft sitzen. Jetzt waren endlich die Voraussetzungen für die eigentliche Abstimmung erfüllt. Sie konnte beginnen.

Der Götternahe wollte gerade zu einer Erklärung ansetzen, als der kleinwüchsige Oskamp mit hochrotem Gesicht, außer Atem und zitternd am ganzen Körper den Ring der Männer durchbrach, sich vor den Opferstein stellte und sechsmal beide Hände mit gespreizten Fingern in die Höhe hob.

Wippsteert hatte Wachdienst auf dem neuen hohen Aussichtsturm gehabt: Noch einmal warf er die Arme in die Luft und wiederholte die Geste mehrfach, schien immer verzweifelter zu werden. Die Männer gafften ihn nur an, einige schüttelten den Kopf, andere grinsten, weil die Hopserei des Kleinen aussah, als habe ihn eine Wespe gestochen. Der Junge, bleich, kalkweiß, blickte mit schreckensstarren Augen in ratlose Gesichter.

Oskamp riss sich an den Haaren, krümmte sich, als müsste er erbrechen. Dann geschah etwas, was alle erschütterte, ein heiserer, erlösender Schrei: „Räuber, Räuber sünd ünn an'n Strand mit swatte Haar, rode Büxen un geele Lanzen!"

Einen Augenblick herrschte Totenstille im weiten Rund des Things. Manche der Männer wussten in diesem Moment nicht, was ihnen mehr in die Glieder gefahren war, der gemeldete Anschlag auf das Dorf oder das Wunder um den kleinen Oskamp.

Der konnte auf einmal sprechen, sogar einen ganzen Satz! Was war da geschehen? Gaben die Götter ihnen für heute, für die Verteidigung ihrer Heimat, nicht ein deutliches und hoffnungsvolles Zeichen? Alle blickten auf den Alten, der für die Tieropfer verantwortlich zeichnete.

Dieser götternahe Greis, gewitzt, wie er war, schritt zum Opferstein, hob beide Hände mit den Handflächen nach außen. „Nerthis steit op unse Siet. Hüüt loopen wi nich weg. Winn, sieg'n warn wi, dat meent dat Teeken vun uns Mudder-Gott!"

Auch Jesper war von dem Einschreiten der Götter bei dem Sprach-Wunder von Wippsteert überzeugt, weil er so etwas Ähnliches einmal bei seinem Kaufmannszug durch das Reich der Franken erlebt hatte. Damals war es ein junges, sehr hübsches Weib. Susanna galt als stumm. Als jedoch eines Nachts ein Bär mitten im Lager und direkt vor ihr auftauchte, fand sie wohl durch den Schock zu ihrer Stimme. Susanna schrie so laut, so grell und durchdringend, dass dem Bären nicht mehr nach Beute war und er verstört abzog. Der abschreckende, den Bären vertreibende Schrei des Weibes, so erfuhr Jesper später, machte bald die Runde im Land der Franken. In zwei Dörfern habe man Susanna geholt und sie habe erfolgreich Bären in die Flucht geschrien. Beim dritten Ort jedoch habe sie Pech gehabt. Der Bär, ein alter Einzelgänger, auf den man dieses Weib gegen einen Beutel fränkisches Silber angesetzt hatte, war taub gewesen.

Dem Wippsteert musste wohl auch der Schrecken um das Auftauchen so vieler Feinde so zugesetzt haben, dass die Sprechblockade riss. Auf jeden Fall: Mit der Feierlichkeit der Thing-Versammlung war Schluss. Feinde kamen auf ihr Dorf zu. Ihre Heimat, ihr Zuhause musste verteidigt werden!

Bernd Bengtsson fand als einer der Ersten wieder zu Worten. Er fragte den aufgeregten kleinen Überbringer der Unglücksbotschaft nach der Anzahl der Beutesucher. „Heff ik doch seggt", betonte Wippsteert, überglücklich, reden zu können, und hob beide Hände, spreizte alle Finger wieder sechsmal. „Söstig?" Oskamp nickte.

Wie sollten sie, knapp fünfzig einsatzfähige Mannsleute, die Abwehr gegen diese Überzahl schaffen?

Der Rotschopf, noch nicht gewählt, aber erfüllt von seiner zukünftigen Aufgabe als Ältermann, wollte es besonders richtig machen und fragte: „Wer kümmt mit mi to de Palisaden?" Ein klarer Befehl wäre angebrachter gewesen. Jesper meldete sich, er allein. Die anderen Männer senkten ihre Köpfe, hoben nicht ihre Hände.

Da rief aus dem Kreis der Thingleute Klaas Plattnase, genannt „de Querdriever", der aus Prinzip gegen alles war und, wenn er es gekonnt hätte, sogar den Sonnenuntergang verhindern würde. „Ik bün dorför, wi haun aff, ass jümmer! Daal in't Holt! Wer geit mit mi?"

Alle bis auf Bernd und Jesper reckten ihre Arme und grunzten ihr „Hoo, hoo, hooo!". Das Thing hatte sich für die Flucht und damit gegen die Verteidigung entschieden.

Da kam Bernd blitzartig ein Gedanke, denn er kannte die schwache Stelle der Bönsbarger. Um seine Wahl gebührend zu feiern, hatte er fünf Fässer mit Starkbier aufstellen lassen. „Wer mit mi tosam uns Dörp verteidigen deit, kann so veel Beer suupen, ass he will. Wer vun ju is dorbi?" Fünfzig Arme wurden pfeilschnell in die Höhe gestreckt. Sogar Klaas Querdriever, zusätzlich mit Geiz gesegnet, gehörte dazu. Freibier für die Verteidigung, da konnte man nicht nein sagen!

Obwohl der Feind im Anmarsch war, öffnete man die Fässer und stürzte das würzige Bier hastig in die Kehle. Wenn schon tot, fanden mehrere, dann besoffen nach Walhalla. Dafür hätten die Götter sicher Verständnis. „Toerst dat Beer, achterran dat Blood!"

Wie an den Vortagen geübt, griff sich jeder der mindestens bereits halb besoffenen Mannsleute einen Arm voll mit mehreren Lanzen, bestieg stolpernd die Treppe zur Palisade und steckte diese dort in ausgehöhlte passende Löcher. Von Weitem sah es so aus, als wären weit über einhundert Verteidiger auf dem Wehrgang in Stellung gegangen. Jesper, mit Erfahrungen aus Britannien, hatte Bernd zu diesem Täuschungsmanöver geraten.

Und eine zweite Neuerung wollte man ausprobieren: Im unteren Teil der Palisaden waren in Bauchhöhe Spalten gelassen und mit Tüchern ausgestopft. Diese wurden schnell entfernt und Frauen sowie die größeren Kinder kamen hier zum Einsatz, standen hinter diesen Löchern mit Speeren in Positur.

Würden die Schurken sich nah an die Schutzwand stellen, sollten die Verteidiger ihnen mit Spießen oder Speeren in die Bäuche bohren, möglichst tief!

Zu dieser Gruppe der Bauchstecher gehörte auch Wippsteert. Er sah fratzenhaft-schrecklich aus, weil er, als alle vom Thingplatz aufbrachen, unbemerkt mit beiden Händen durch die feuchte Opferschale gewischt und das klebrige rote Blut in seinem Gesicht verstrichen hatte. Er, Oskamp, wollte auch einmal Ältermann werden. Vielleicht trug das Tierblut mit dazu bei.

Was er in diesem Augenblick noch nicht ahnen konnte: Der Lebenssaft von Maulwurf, Hund und Drossel in seinem Gesicht sollte ihm das Leben retten.

Die Abenddämmerung zog auf, legte sich über den Nebel und verdichtete die beginnende Dunkelheit. Der Feind rückte lautstark vor, wollte allein durch sein grässliches Gebrüll die Dorfleute zur Aufgabe bewegen. Doch die wilden Krieger, mit Schild, Streitaxt und Schwert gerüstet, blieben erschrocken und verunsichert vor der Palisade mit den vielen Lanzen stehen. Mit dieser Menge an Verteidigern hatten sie nicht gerechnet, denn die Angeln galten weder als mutige Kämpfer noch Kriegsstrategen. Und nun das! Keine Flucht, sondern eine wehrhafte Verteidigung!

Die Verblüffung hielt nicht lange vor. Um den auf dem Wehrgang stehenden Dorfleuten kein Ziel für Pfeil oder Lanze zu geben, rannten die Beutemacher, die Schilde über den Köpfen, schnurstracks auf den Holzwall zu, um ihn zu stürzen. Sie pressten ihre Körper direkt an die Baumstämme. Ihre Schilde hielten einige weiter über ihre Körper, weil sie annahmen, man würde von oben Feldsteine und Pisseimer auf sie werfen.

Doch dazu waren die eigentlich wehrwilligen Kämpfer auf der Palisade nicht mehr in der Lage. Das überhastet getrunkene Starkbier zeigte seine Wirkung. Wie die Reiher kotzten die Bönsbarger Männer über die Brüstung, schütteten die Angreifer voll mit Erbrochenem.

Begleitet wurde der Vorgang im letzten Abendlicht von schrecklichen Grunz- und Stöhngeräuschen der Volltrunkenen. In den Ohren der Feinde klang das nicht enden wollende Geröhre wie ein Aufbruch von Geistern aus den Unterwelten.

Doch für die, die jetzt mit bestialischem Gestank bedacht wurden, kam es noch dicker, denn Bernd Bengtsson gab das Kommando zum „Bauchstechen": „Piek to! Piek to!" Und das taten die Tapferen. „Speere anpacken, döör dat Lock rinn in de Buuk." Die Frauen und Kinder machten sich gegenseitig Mut. „Piek to!" Den Speer gepackt, durch den Schlitz geschoben und hinein in die Bäuche der Feinde.

Viele der spitzen Stecken fanden ihr Ziel. Endlich konnte man sich einmal von der Angst durch die Überfälle der Vorjahre befreien. Jeder Schmerzensschrei der Getroffenen tat gut. Gebrüllt, geflucht und gelitten wurde von den Feinden an allen vier Seiten der hohen, stabilen Wand aus Baumstämmen.

Manche der Verletzten ließen Schwert und Schild fallen, pressten ihre Hände auf die blutenden Wunden an Brust und Bauch und verließen fluchtartig den Kampfplatz. Der Rest der Feinde, vollgekotzt, gab auf, wankte stolpernd zurück zu den Booten an der Küste.

Lautstarker Jubel brandete bei den Siegern auf. Es waren jedoch fast nur Frauen- und Kinderstimmen zu vernehmen. Die sturzbetrunkenen Männer verschliefen die Schlacht der Bönsbarger gegen die Schurken von der See.

Der kleine Oskamp, Wippsteert, war besonders fröhlich und fidel. Er war berauscht von seinem Erfolg. Da ihm, dem Wicht, nur ein unterer Spalt zur Verfügung stand, hatte er nicht den Bauch, sondern den Beutelsack des Angreifers vor seinem Loch getroffen, dafür in ganzer Tiefe.

Wie ein Wolf jaulte sein Gegner auf, rannte jedoch nicht weg, sondern ging mit einem Speer in der Faust in die Knie und glotzte mit wutverzerrter Fratze Oskamp direkt in die Augen und drückte von seiner Seite seine Waffe in den Schlitz direkt auf Wippsteert zu. „Mien Dood", dachte der Kleine und verzerrte sein blutfarbenes Gesicht.

„Mien Dood", dachte auch in diesem Moment der Krieger. Er glaubte offensichtlich, einen katzenhaften Kobold gesehen zu haben, denn Oskamps Rotgesicht sah wirklich grauenvoll aus. Blitzschnell, laut schreiend, verschwand der Angreifer mit der Hand am geschundenen Gemächt aus dem Blickfeld des Kleinen. Die Götter hatten diesem noch einmal das Leben geschenkt, war die Auffassung der Dorfleute später.

Alle strömten vor die Palisade. Auch Wippsteert hielt es nicht mehr an seinem Platz. Er machte sich auf den Weg zu seinem endgültigen Erfolg! Deshalb flitzte er aus dem halb geöffneten Tor der Palisade, lief einige Schritte hinter den Halunken her, rief ihnen nach, dass sie elendige „Bangbüxen" seien, drehte sich um, zog seine Beinkleider herunter und zeigte den abziehenden Feinden seinen kleinen dreckigen Bönsbarger Hintern.

Was für ein Tag! Was für ein Sieg! Die Dorfleute waren trunken vor Glück.

Nur einen Verletzten hatte es auf ihrer Seite gegeben. Klaas Plattnase. Der war volltrunken über die Außenseite der Schutzwand gefallen und so heftig mit der Nase auf einen Stein gestürzt, dass sein bereits eingedellter Riechkolben noch breiter gequetscht wurde. Wenn später Dorfbesucher nach Klaas fragten, bekamen sie zur Antwort: „Meenst du Klaas Querdriever, de mit de breede Plattnääs?"

Solche außergewöhnlichen Ereignisse wie dieser Sieg wurden oft, das hatte Jesper mehrfach miterlebt, von den Menschen weiter ausgeschmückt. Das geschah auch hier. Besonders die Mannsleute, die nur zu einem bescheidenen Teil zum Erfolg beigetragen hatten, rühmten ihren Mut, ihre Tapferkeit, die Kraft ihrer Kotzerei sowie ihre Kühnheit, ganz ohne herkömmliche Waffen einen Krieg zu gewinnen.

Einer verstieg sich sogar in die Empfehlung, diese Art von Verteidigung anderen Dörfern vorzuschlagen. Den Feinden einfach was „auf die Köpfe zu kotzen!". Aber da schüttelten sogar die Gutwilligsten ihre Köpfe mit den langen Mähnen. Mit solcher Prahlerei, da sollte man es nicht übertreiben!

Einen amtierenden Ältermann hatte das Dorf damit immer noch nicht. Beim anstehenden Vollmond sollte die Wahl endlich vollzogen werden. Doch die Götter verfolgten andere Pläne mit den Bönsbargern.

Urd, die Schicksalsgöttin der Vergangenheit, war wieder aufgewacht. Während sie noch einmal herzhaft gähnte, erhielt sie von Werdandi alle ihre Fäden zurück.

16

Leve Holgerssons gefeierte Heimkehr, von Chrischan Pinnswien und Sibbern Grummelbuuk, einem neuen Seeweg, vom größten Leichenschmaus aller Zeit und warum „Pottenkieker" das Wasserlassen unter dem Weißdornbusch besser unterlassen hätte

Welch ein Empfang in seinem Heimatort! Darauf war Leve gar nicht eingestellt! Schweißüberströmt hatte er Hollenhude erreicht. Trotz der Schleppe war es ein kräfteraubender, mühevoller Weg vom Alten Moor zurück gewesen, zumal er nur wenige Pausen eingelegt hatte. Wildfleisch war knapp, der Hunger groß, Eile geboten, die Sippen mussten versorgt werden, das Fleisch durfte nicht verderben.

Um sich von dem Schmerz der in die Haut schneidenden Schleppgurte abzulenken, hatte er laut und unablässig einen Zungenbrecher über das Handwerk der Dachdecker wiederholt, den seine Großmutter Gisela ihm in Kindertagen beigebracht hatte, „een Tungenbreeker": „De Dackdecker deckt dien Dack. Dank dien Dackdecker, dat he dien Dack decken deit!" Zum Eindecken der Häuser und Hütten mit Stroh oder Reet gehörte Geschick und Geduld. Nur wenige Mannsleute beherrschten dieses Handwerk, sie zogen von Dorf zu Dorf und boten bei Bauern und anderen Handwerkern ihre Dienste an.

Da Leve häufiger den Ort verließ, war sein Fernbleiben über mehrere Tage gar nicht recht aufgefallen. Man ging davon aus, dass Leve Holgersson, dieser einäugige Einzelgänger mit dem gespaltenen Gesicht, irgendwann wieder mit Kräutern oder fremdartigen Pflanzen auftauchen würde.

Allein Elise, seine Schwester, und die Großmutter waren wegen der Länge der Abwesenheit in großer Sorge um ihn gewesen.

Nun strömten von allen Seiten Neugierige auf den Heimkehrer zu, begafften seine üppige Last, schlugen ihm wohlwollend, anerkennend, einige sogar fröhlich auf die Schultern. Auch die alte Gisela humpelte herbei. „Dat is een goode Dag för Hollenhude. Dank di, mien Jung!", und bevor sie ihn umarmte, wischte sie ihm den strömenden Schweiß von Stirn und Nacken – nicht ohne ihn voller Neugierde auszufragen.

Mit stiller Freude und voller Dankbarkeit nahm dies betagte Weib die Nachricht von der noch lebenden Zwillingsschwester entgegen. Ihr „Tweeschen" Agnes noch einmal von Angesicht zu Angesicht zu sehen, sie umarmen zu können, auszutauschen, was in den Jahrzehnten der Trennung alles anders, besser oder schlechter geworden war, diesen Wunsch teilte sie ihrem Enkel bescheiden, zögerlich mit. Zu wissen, dass ihre Zwillingsschwester lebte, erschien ihr wie ein Geschenk der Götter. Vielleicht würden die Mächtigen in Walhalla auch dazu beitragen, den sie trennenden Berg der Unholde zu überwinden.

Auch Gisela die Greisin kannte die grauenhaften Vorgänge um den Kolkrabenberg, das Treiben der Trolle und Kobolde dort. Wie eine undurchdringliche Mauer trennte dieser bewachsene Hügel mit den vielen Fabelwesen nicht nur die Bauern, Händler und Handwerker Hollenhudes von Sliestorps Fischer-Sippen, er ließ auch eine Verbindung zwischen der Slie-See und der Traner Au nicht zu, die Landbrücke blieb unüberwindbar. „Lang vör uns Tied", so erzählte die Großmutter, „dor kunnst vun een Dörp to dat annere kam, vun de Au liek henn to de Slie."

Gisela wusste von einer Überlieferung zu berichten, wo zwei Handelsboote der Friesen ganz vom Westmeer gekommen waren. Deren Reise hatte beim Elisenhof begonnen, dem Dorf an der Mündung der Traner Au in das stürmische Westmeer. Der Anführer war ein gewisser Sibbern Grummelbuuk gewesen. Der unerschrockene Schiffsführer wollte die Au bis zu ihrer Quelle erkunden, wollte wissen, welches Volk dort hauste.

Mit Booten voller Handelsgüter, mit Salz, gewebten Stoffen, Werkzeugen und Fischen, war man das Wagnis, in eine unbekannte Welt zu kommen, eingegangen. Ganz in der Nähe von Hollenhude nahmen damals die Fernreisenden ihre Waren, die sie in Fässern lagerten, von Bord, verluden sie auf Ochsenwagen, um deren Preis man mit den Dorfleuten heftig feilschte.

Drei Tage habe der Handel, weitgehend ohne eine größere Prügelei, bei viel Met und Bier zwischen den geizigen Friesenschiffern und den äußerst sparsamen Hollenhudern um Ochsengespanne und Frachtwagen gedauert. Man einigte sich schließlich, stockbesoffen, auf zwei Fässer mit Fisch und eines bis zur Hälfte mit Salz gefüllt sowie fünfundzwanzig von Ästen befreite Rundhölzer. Ein merkwürdiges Handelsgut, fanden die Dörfler. Holz gab es doch in Hülle und Fülle. „Mag ween, dat de Friesen een beeten tumbig sünd." Hatten die Friesen ihren Grips eingebüßt, Rundhölzer gegen Salz einzutauschen?

Was die Westmeerleute mit diesen Baumstämmen beginnen wollten, erschloss sich den Bauern und ihren Bediensteten nicht. „De Lüüd in Sliestorp, de hemm Holt nuch. De kopen keen Bööme! Man Salt, dat bruuken se. Anners fuult de Hering noch an de sölbige Dag, wenn he ut Nett' ruut kleit ward", belehrte man die Männer vom Elisenhof. Salz wurde zur Haltbarmachung von Fleisch und Fisch benötigt, doch keine Bäume, die gab es auch in Sliestorp in Hülle und Fülle!

Aber Handel war Handel. Der Handschlag zwischen den Tauschhändlern vollzogen. Prost!

Niemand stieß sich daran, dass das Angebot bereits am ersten Tag des Handels auf dem groben Holztisch gelegen hatte. Drei Tage streiten, saufen, prahlen, drohen, einschüchtern, nachgeben, scheinbar Härte zeigen, Bier und gebratene Heringe genießen waren ein ganz eigenes Vergnügen in einer sonst trostlosen Zeit. Gemeinsam war beiden Handelspartnern ihr Grundsatz bei diesen Gelagen: „Brot, Beer, Klümmp un Grütt sünd Lief un Freude nütt!"

Es war der Vormann der Friesen, Sibbern Grummelbuuk, der nach zehn Krügen Bier und sechs gebratenen Hühnerbeinen mit vollen Backen gröhlend feststellte: „Lecker bün ik nich, man ik weet, wat good smecken deit!"

Am Ende des Festes, kurz vor Sonnenaufgang, kam es doch noch zu einem erbitterten Streit. Das bereits beschlossene Geschäft schien höchst gefährdet. Die Auseinandersetzung entzündete sich an einer Behauptung des Schiffsführers der beiden

Friesenboote, Grummelbuuk. Seine Schiffe seien so gebaut, dass sie auch auf dem Land vorwärts kämen, ganz ohne Wasser!

„Dat kann nich angahn!", war die Antwort des damaligen Dorfältesten von Hollenhude, Chrischan Pinnswien, gewesen, der es fertig brachte, sich wie ein Igel zusammenzurollen und daher den Spitznamen „Pinnswien" trug. Dieser eingefleischte Bauer rief: „Een Scheep, dat bruukt Water un Wind! Weetst du, wat du deist, du Fries", war der Baas gegen dieses Lügenmärchen aufgebraust, „du lüügst ass een Katt, de keen Muus freeten deit!"

Da erhob sich der wettergegerbte, hagere, aber knochenstarke Friese von seiner Bank, krempelte die Ärmel seines Hemdes hoch und brüllte so laut, dass alle Säufer verstummten. „Wer seggt, ik bün een Lögenmuul, de smiet ik mit een Schisslaweng in de See", und damit stellte er sich vor Chrischan den Bauern, der etwa gleich groß war, doch doppelt so viel Gewicht bot, in Positur.

Pinnswien hatte sich bereits vollständig vom Hemd befreit und mit mächtigem Wabbelbauch vor seine Bank gestellt, dort wartete er kampfbereit auf seinen Gegner.

Beide mit hochrotem Kopf, das Hirn vom vielen Bier benebelt, hoben ihre Fäuste zur „Schlacht der Giganten". Der Friesenführer blähte sich mächtig auf, um gegen den ausladenden Angeln mithalten zu können. Da geschah es. „Brrrumm, bum, bum. Brrrumm, bum, bum!"

Dem tapferen Friesen entwich ein unglaublich lauter, langer und für Kenner durchaus wohltönender Wind aus seinen schlaffen Arschbacken, der die gesamte Feiergesellschaft zutiefst verblüffte, einige sogar entzückte! Welch ein Furz!

Alle Männer, ob Angeln oder Friesen, erhoben sich zutiefst beeindruckt, wobei sie ihren Bierkrug nicht vergaßen, und mit einem lautstarken „höö, höö, hööö" würdigten sie diesen legendären Augenblick und seinen Verursacher: Sibbern Grummelbuuk.

Sibbern, dessen blähfreudiger Polterbauch bereits in seiner Heimat Friesland einen beachtlichen Ruf genoss, blickte aus zwei Gründen erleichtert. Der bohrende Druck auf seinen Darm war ebenso entwichen wie sein Zorn. Er grinste seinem Gegner Chrischan ins Gesicht.

Der ließ beide Fäuste sinken, aber mit gedämpfter Wucht auf dessen Schultern krachen. „Man Sibbern, wat heest du för een Knööf in dien Achtersteven! So wat hemm wi in Hollenhude nienich mitmaakt! Du büst een Held inne Boddermelk!" Die unglaubliche Furzfanfare des Friesen nahm Chrischan allen Wutwind aus den Segeln.

Der Streit wurde beigelegt, Platz für weitere Biere beim Friesen war durch die „Erleichterung" wieder geschaffen und Einigkeit für die Lösung des Streits erzielt. Sollte es den Seeleuten tatsächlich gelingen, ihre Boote über das Land zu bewegen, würden die Dörfler auf eine Tonne Trockenfisch verzichten.

Alles, was in Hollenhude Beine hatte, war am kommenden Tag an die Au geeilt. Boote, die kein Wasser benötigten, dieses Wunder wollte man miterleben.

Die vier Ochsengespanne voller Fässer standen zur Abfahrt nach Sliestorp und der Slie-See bereit. Noch dümpelten die von ihrem Ballast befreiten Schiffe – fast federleicht, so schien es – auf dem Wasser.

Da erschienen die Friesen noch steifbeinig, bleichgesichtig und mundfaul von der durchzechten Nacht. Jeder trug zwei Rundhölzer auf seinen Schultern.

„Wülln ji mit dat Holt Füür maaken, dat dat fixer geit?", rief ein Spötter aus dem Kreis der Zuschauer. Die Besatzung ging auf die Frage gar nicht ein, sondern verteilte die Baumstämme hintereinander vom Strand hin zum Trampelpfad Richtung Sliestorp.

Dann packten sie den Vordersteven des ersten Bootes nach dem Kommando von Grummelbuuk: „Scheep hoch! Schuuf an!" und stellten den flachen Kiel mühelos auf die ersten Rundhölzer. Von hinten wurde kraftvoll geschoben und schon glitt das Boot über die rollenden Stämme nach vorn. Wenn dort Hölzer fehlten, holte man von hinten die „Roller", die nicht mehr benötigt wurden. Seitliche Stützpfeiler verhinderten ein Umkippen des Bootes.

Die Hollenhuder wollten ihren Augen anfangs nicht trauen. Das „Friesenwunder" war eingetreten, aus „Wasserschiffen" wurden „Landboote".

Auch wenn die Rennerei mit den Rundhölzern mühselig und kraftraubend war, würde man auf diese Art in wenigen

Tagen das Ufer der Slie-See erreichen. Dort würde man die Handelsgüter von den Ochsenwagen zurück auf die Schiffe umladen und könnte die Slie-See bis zu ihrer Mündung in das Ostmeer befahren. Die Wagen würde man nach der Rückkehr für die neue Fracht wieder benötigen und anschließend von Hollenhude aus die Reise in die Heimat, an die Küste des Nordmeeres, fortsetzen.

Sogar mit den Fischern von Cappela bis Nie-Bär und weit darüber hinaus wäre ein Handel möglich. Diese forschen, furchtlosen Friesen würden das Westmeer mit dem Ostmeer verbinden. Eine neue Welt tat sich für alle auf.

Chrischan Pinnswien, der Baas der Hollenhuder, so beendete die Großmutter ihre Erzählung über die Geschehnisse aus einer lange zurückliegenden Zeit, habe sich die Hände gerieben, weil alle diese Frachtboote zwischen den beiden Meeren stets an ihrem Dorf halten, umladen und den „rollenden Landweg" nehmen mussten.

Welch ein Geschäft tat sich für Hollenhude auf. Silberlinge für die Ochsengespanne, das Umladen, die Nutzung der Hafenbucht, für die Verpflegung der Besatzungen! Und was die Freude auf die Spitze trieb: Feste, fröhliche, tagelange Gelage würde es ebenso geben wie das Feilschen um den besten Erlös.

„Suupen könnt wi, Dag un Nacht, de Been hoch leng'n, dat Levn geneeten." Die Silberlinge würden ihnen, ohne dass sie eine Hand rühren mussten, in den Schoß fallen, verkündete der Baas selbstgefällig seinen Dörflern. Als Zeichen für den zu erwartenden Reichtum und das honigsüße Leben hielt er eine bronzene, fein gearbeitete Speerspitze empor, ein Geschenk seines neuen Freundes Sibbern, das der von einer fernen Insel mit dem Namen Britannien mitgebracht hatte.

Dort, so habe sein Kumpan aus dem Friesenland berichtet, gäbe es nicht Häuser aus Holz, sondern aus Steinen, dort würde ein Volkstamm, der sich Römer nannte, herrschen. Diese würden keine Felle, sondern Kleider tragen, sich täglich waschen, nicht mit den Fingern essen, sich oft die Haare schneiden und nicht auf den Boden, sondern in Tücher rotzen! Ein brüllendes Gelächter setzte ein. Besonders das tägliche Waschen erheiterte die Gemüter. Damit würde es an Gestank fehlen, der allen selbstverständlich war, an den man sich so gut gewöhnt hatte.

Bereits zwei Vollmonde später endeten die Hoffnungsträume der Hollenhuder.

Ein feindliches, fremdes, andersgläubiges Volk nahm den Kolkrabenberg in seinen Besitz, sperrte den Handelsweg und verbreitete zwischen Sliestorp und Hollenhude Furcht und Schrecken, unterjochte Dörfler, verbrannte deren Hütten, verschleppte deren Kinder.

„So weer dat in de oln Tieden", seufzte die alte Gisela und wischte sich mit ihrem Ärmel die neu gebildeten Tropfen unter ihrer Nase ab. „Dat mutt doch mal een Enn hemm mit dat Böösardige opp düssen Barg", wandte sie sich an ihren Enkel Leve. Immer mal wieder hatte es Versuche zur Befreiung von dieser Geißel gegeben. Sie alle waren aus Angst vor den fremdartigen Gottheiten und der Brutalität dieses Volkes gescheitert.

„Wat meenst du, Jung, mutt dat mit de Kolkrabenbarg opp Ewigkeit blievn?" Der Einäugige schüttelte den Kopf, lächelte verständnisvoll … aber schwieg. Auf immer und ewig durfte dieser Stachel im Fleisch der Angeln nicht bleiben. Seine Absicht, den Fürsten des Thorsberger Hofes für eine Rückeroberung des Kolkrabenberges zu gewinnen, verschwieg er vorerst. Die Zukunft seines Heimatdorfes hatte Vorrang.

Mit Genugtuung beobachtete er, dass man die Vorderschinken der Hirschkuh bereits an Ort und Stelle zerlegte und sie gerecht unter allen Sippen verteilte. Allein von der Brühe der aufgekochten Knochen konnten die Kinder viele Tage zehren. Damit bahnte sich endlich wieder einmal ein Schlachtfest für das ganze Dorf an.

Doch dieser Wunsch wurde nicht nur Leve, sondern auch manch einem mehr von „Pottenkieker", seinem eigenen Vater, gründlich vermiest. Der Dorfälteste mäkelte neidvoll über die vielen Sehnen im Fleisch dieser alten Kuh und besonders über die geringe Fleischmenge. „De Wölfe hemm de annern Deele klaut? Harst wohl Bang vör de elendigen lütte Köters!"

Wie so oft nach einer bissigen Bemerkung folgte von Holger Levesson ein Loblied auf seine eigenen stets erfolgreichen Jagdleistungen. Jeder kannte diese Jägergeschichten, nickte achtungsvoll mit dem Kopf und ... überhörte sie; diese ewige Prahlerei eines alternden Mannes! „Ass ik noch so jung un fidel ass du werst, mien Söhn, dor heff ik an een Dag alleen acht Wölfe dood makt! Ik alleen!"

Früher, so konnten sich einige bei dieser „Heldentat" seines Vaters erinnern, waren es anfänglich zwei, dann vier Wölfe gewesen. Als Leve ihn in einem günstigen Moment auf diese Steigerung ansprach, hatte der Vater schlagfertig geantwortet: „Mien Jung, to de Tied werst du noch lütt, kunnst de vulle Wohrheit nich aff."

Es sollte ein Wolf sein, der Hollenhude erschütterte.

Leve erboste es, der Schutzzaun zum kleinen Hafen an der Traner Au war zwar behelfsmäßig errichtet, aber mehr war in der Zeit seiner Abwesenheit nicht geschehen. Der folgenreiche Überfall durch die mörderischen Krähen-Krieger blieb unvergessen. Keine Sippe, die nicht Opfer beklagte.

Es waren die Mütter, die Weiber, die auf mehr Schutz drängten, die Mannsleute jedoch nahm bereits der Arbeitsalltag wieder gefangen. „Jung, dat kann un dörf nich so blievn", forderte Großmutter Gisela Leve auf, „een mutt dat anpacken. Uns Dörp is lang nich seeker! Dien Vadder, de Öllermann, is nich to bruuken, emm hett de wüste Marga twischen ehr Been klemmt! Dor kümmt he nich wedder ruut! Dat Wief hett he in sien Kopp, anners nix!"

Aber es war doch nicht seine Aufgabe, bei seinem jugendlichen Alter und ohne Amt, für mehr Sicherheit zu sorgen. Er würde sich mit Nico, seinem Freund, beraten, der bei dem letzten Streit um mehr Dorfsicherheit an seiner Seite gestanden hatte. Also, auf zu Nico.

„Laat mi in Ruh", fuhr ihn sein Freund barsch an, als er ihn ansprach, „ik bün keen Öllermann, will nix dormit to doon hemm! Man, un nu mutt ik achtern oppe Wisch, nah de Köh kieken", kurz angebunden und weg war der sonst stets fröhliche und flotte Nico.

Leve war wie vor den Kopf gestoßen. Warum verhielt sich sein zeitweiliger Weggefährte so merkwürdig? Nur weil er ihn auf einen möglichen neuen Überfall durch die wüsten Krähen-Krieger ansprach? Es ging doch auch um den Schutz seiner eigenen Sippe – oder nicht?

Wenn Nico sich weigerte, für mehr Schutz für Hollenhude einzutreten, blieb nur noch sein Vater. Er wusste, das Wort des Ersten des Dorfes hatte Gewicht, ihm vertraute, ihm folgte man. Auch wenn dieser derzeit mehr Stunden auf der Bettstatt bei der unersättlichen Marga verbrachte als beim Bau weiterer Befestigungsanlagen.

Doch der Vater lachte ihn aus, als er seine Vorschläge unterbreitete. „Wat, jede Nacht een Wächter opp een Turm? Wat, uk de Wiever schülln Hollenhude verdeffendern? Wat, wi Mannslüüd schülln lehrn, uk mit een Swert umtogahn, wi Buuern? Ik lach mi krumm, scheef, ik kunn vun de Bank falln", so abfällig niederschmetternd war die Antwort des Ältermannes, der alle Neuerungen rigoros ablehnte. „Jung, du makst di to'n Narr mit all dien Höhnerkram!"

Der Ältermann lachte noch aus vollem Halse, als er zu seinem regelmäßigen abendlichen Weg zu Marga der Missgünstigen aufbrach. Da die anhaltende Heiterkeit zu Tropfen in seiner Hose führte, schlug er einen Umweg zum Dornendickicht ein, um dort sein Wasser abzuschlagen. Beim Abschütteln seiner bereits leicht erregten Wurzel gingen ihm noch einmal die Verrücktheiten seines Sohnes durch den Kopf, denn „Weiber an die Waffen", einen Wachturm zu errichten und aus Ackerbauern Krieger zu bilden, „man tumpig is mien Söhn, rein weg tumpig", prustete er vor sich hin. Das waren seine letzten Worte.

Ein uralter Wolf, ein riesenhafter Einzelgänger, lauerte im Dornengestrüpp. Der schlug ihm die wenigen Zähne, über die er noch verfügte, tief in den Nacken, tötete Holger Levesson mit dem ersten Biss, schleppte den Leichnam tiefer ins Gebüsch und zerfleischte ihn.

Grauenvoll kam Hollenhudes Ältermann zu Tode.

Einen angefressenen Fuß, ein Ohr und die Hälfte seines Kopfes fand man später. Ein Dorfköter brachte die Suchenden, weil Marga wegen des ausbleibenden Beischläfers zuerst geklagt, gezetert und zum Schluss in höchsten Tönen gekeift hatte, am späten Abend auf die Spur.

Als man der Missgünstigen die Nachricht vom Tode ihres beständigsten Bettgenossen überbrachte, bekam sie einen solchen Schreikrampf, dass der Unterkiefer sperrte, sie die Zähne nicht mehr zueinander brachte, sich noch Monate später nur lallend verständigen konnte. Die Dorfleute dankten den Göttern.

Wie es im Dorfe Brauch war, trafen sich betagte Klageweiber vor dem Gehöft des Getöteten, um mit ihrem eintönigen Singsang den Angehörigen Trost, dem Verschiedenen Beistand und den Göttern einen neuen Dauergast anzukündigen.

Wer von den Dorfleuten die Möglichkeit hatte, verschwand während des schrecklichen Gesanges, der eher Tote aufwecken als sie zum ewigen Leben führen konnte, tief im Wald. Andere wickelten sich ihre Bettdecke dreimal um den Kopf. Besonders Findige steckten sich Schafsköteln die Ohren, so schrecklich war dieses weibische Abschiedsgeschrei, das die ganze Nacht lang anhielt.

Die Trauer selbst hielt sich in Grenzen. Holgers treueste Freunde vermissten besonders einen legendären Säufer, der es in seiner Glanzzeit fertigbrachte, sieben Metkrüge hintereinander ohne Pause in seinen Schlund zu stürzen, um erst dann krachend von der Bank zu kippen. Der nächstbeste Hollenhuder kam am „Abend der Könner" über drei Krüge nicht hinaus und kotzte deren Inhalt kurz danach über gleich mehrere Tische. Pottenkieker blieb bei diesem Wettkampf unerreichbar!

Die Mehrzahl der Männer fand, der Levesson sei ein passabler Dorfältester gewesen. Stets umgänglich, leutselig, oft anerkennend auf die Schulter schlagend, zwar rau im Ton, doch wenig fordernd, was die gemeinsame Arbeit für das Dorf anging. Er habe sie in Ruhe ihren Tätigkeiten an Haus und Hof nachgehen lassen. „Pottenkieker, de hett uns Dörp good doon", war ihre Auffassung.

Die Weiber fanden das nicht. „Een Fuuljack weer he! För't Dörp, dor weer he nich to bruuken. Hett nix maakt för de Seekerheit för uns un de Kinner!"

Gisela, Elise und Leve trugen zwar Trauer, weil Holger Levesson ihr engster Angehöriger war, doch der Schmerz hielt sich auch bei ihnen in Grenzen.

Zu oft hatten sie ihn launisch erlebt und unter den widerwärtigen Ausbrüchen von Verhöhnung und Schlägen gelitten, die er außerhalb des Hauses vermied. Deshalb zog Leve auch nur halbherzig los, um die Fährte des Mörder-Wolfes zu verfolgen. Das Einzige, was er fand, war ein Daumen seines Vaters. Diesen „beerdigte" er in einem Maulwurfshügel.

Die Bestattung der wenigen Einzelteile des einst imposanten Körpers übernahmen die Klageweiber, Alte aus der Nachbarschaft. „Wat een Gnade", äußerte eines der Weiber, „hemm wi düttmal veel Platz för all dat, wat Holger mit opp sien Reis nah Walhalla bruuken deit."

Selten war es ihnen vergönnt, so großzügig mit dem Beiwerk umzugehen, denn die Restteile der Leiche, der Knöchel, der halbe Kopf und das Ohr, ließen sich mühelos in der Mitte anordnen. Dem gefräßigen Wolf wurde, wenn auch nur still, gedankt.

Für die Lagerung von Speer, Spieß, Pfeil und Bogen, Holgers schweißdurchweichten Fußlappen, seinem nach Urin stinkenden Sitzkissen, von Trockenfleisch und Trockenfisch dachten sich die Begräbnis-Weiber ein ansehnliches Muster nach dem Vorbild eines Thorshammers aus.

Den Kadaver des frisch abgestochenen Lieblingsköters des Dorfältesten, der seinen Herrn auf dem fremden, himmlischen Pfad zu begleiten hatte, legte man in eine Ecke und verband dessen Leine mit dem Rest des Fußes von Holger, weil Hände und Arme vermutlich im Magen des Wolfes gelandet waren. Zum Schluss wurde der selten gebrauchte Festtagsmantel des Hingeschiedenen über dessen spärliche Überreste gedeckt.

Auf den ersten Blick sah es in der Grube wie bei einem echten Begräbnis aus. Die Weiber waren mit ihrem Werk zufrieden. Sie begaben sich auf den Heimweg ins Dorf, als von der Waldseite zwei Saufkumpane von Pottenkieker mit Krügen voll Met und einer Kanne Bier zur Grabstelle schlichen, die von Steinen begrenzt war. Diese treuen Freunde beflügelte die Auffassung: „Mit een örnliche Haarbüddel is de Reis nah Walhalla bannig beeder uttohooln!" Rasch wurden die Getränke unter dem Umhang verborgen, einen vollen Krug behielten sie in der Hand. Zum Trost riefen sie ihm in ihrer Grabrede ein baldiges Wiedersehen zu. Er, Holger, möge den Platz an seiner Seite in der himmlischen Festhalle für sie freihalten.

Bevor sich die beiden in die Büsche schlugen, stellten sie sich an den Rand der Grube, pinkelten hinein und verabschiedeten sich von ihrem beständigsten Mitsäufer mit dem Ruf: „Holger, hol dien Ohr stief", aus Gründen der Pietät vermieden sie die Mehrzahl, „över kott oder lang sünd wi bi di. Man, wat warn wi suupen! Dat ward een Festdag. Seh too, dat Platz för uns blifft! Prost! Prost! Prost! Un vergitt nich: Nich lang snacken, Kopp in'n Nacken!" Vor Rührung über ihre, wie sie meinten, zutreffenden Worte, liefen ihnen die Tränen. Auf dem Rückweg tauschten sie sich aus über andere Arten von Grablegungen im Land der Angeln.

Im unter mächtigen Eichen verborgenen Flecken Une-Watt herrsche die Auffassung, es sei der Wille und Wunsch einiger Gottheiten, bevorzugt Betrunkene aufzunehmen. Diese sorgten bereits mit ihrem Eintritt in die Festhalle über den Wolken für eine aufgeräumte, fröhliche Stimmung. Und darauf käme es in dem zweiten Leben an.

Volltrunkene seien unverzichtbar! Deshalb stellten die Mannsleute dieses Ortes den Toten Bierkannen als Reiseverpflegung auf die linke, Met-Krüge für das Saufen vor dem „Tor zur Seligkeit" auf die rechte Seite. Eine solche Art von Bestattung wünschte sich jeder der Bauern und Bediensteten.

Die Weiber von Une-Watt hielten alles für Schnickschnack. Sie bestanden auf Pott und Kochlöffel, Knochennadel, Faden und Spindel, wenn die Zeit zum Abschied für sie kam. Man konnte ja nicht wissen, ob auch im großen immergrünen Reich hinter den mächtigen grauen Wolken Hosen zu flicken und Schwarzsauer zu kochen war.

„Wat dat nich allns gevn deit", sagte der eine der beiden Freunde, als sich ihre Wege trennten und der andere kurz ernüchtert erwiderte: „Dat will ik di seggn, uk de beste Dood döcht nix!" Merkwürdig, was es so an Begräbnis-Brauchtum gab.

Marga die Missgünstige erschien wegen ihrer Maulsperre nicht zur Grablegung ihres treuesten Liebhabers. Anregungen anderer Frauen, sie sollte sich als engste Vertraute von Holger ins Schwert stürzen, wies sie weit von sich. „Wat een Unding", lautete ihre kaum verstehbare Antwort, „wi weern nich Mann un Fruu. Hochtied hemm wi nich hatt!" Darum gebe es keinen Grund zur Trauer. Diese Erklärung fand man einleuchtend.

Pottenkiekers drei Körperteile mussten ihren Weg nach Walhalla ohne Margas Begleitung antreten. Besonders Holger Levessons Trinkfreunde zeigten dafür Verständnis. „Marga ehr Schandmuul harr ik de chanze Dag nich uthooln! Man, nu hett he sien Freeden un kann suupen ohn' dat een quaaken deit!"

Die Grabrede beim Aufgang der Sonne hielt die alte Gisela. Da es im Dorf keinen Ältermann mehr gab, fiel der nach Jahren Ältesten die Aufgabe für Abschiedsworte zu.

„Mien Söhn", hob diese an, „is nich bi de Arbeit, nich bi't Suupen, nee bi't Pissen to Doode kam. Dat is een groode Malör för uns all. Man uk för Holger sölm. Harrn wi en Tuun um uns Dörp hat, weer keen Wolf rinnkam. Mien Söhn wull dat nich, wiel dat to veel Arbeit weer. Nu hemm wi de Salat. He is dood, un de Seekerheit för Hollenhude is meist jümmer noch inne Moors. Dat mutt anners warn!" Giselas Bestattungsrede wurde zu einer Abrechnung über den Mangel an Schutz für Hollenhude.

Als sie jetzt bewusst eine längere Pause einlegte, brandete heftige Zustimmung bei allen Weibern auf. Die Mannsleute behielten trotzig ihre Hände in den Hosentaschen.

Die alte Gisela war klug genug, die Frage der Dorfsicherheit nicht zu vertiefen, denn Zorn war bei den Mannsleuten zu spüren. Sie hatten stets auf der Seite des Dorfältesten gestanden. „Wat düsse ole Schrulle meent, wi Mannslüüd sünd Schuld, dat de grääsige Wolf uns Öllermann dood beeten un utenannerkleit hett! De Gisela is woll mall in ehrn Kopp!"

Die Grablegung artete in einen lautstarken Protest aus. Die Alte hatte die Totenfeier missbraucht. Grasbüschel, Erdklumpen flogen durch die Luft. Man rotzte vor Verachtung auf die Erde, Gisela geriet in Not.

Die Seherin jedoch wechselte geschickt den Gegenstand ihrer Rede. Ihr Sohn hatte ihr – vor längerer Zeit bereits – mitgeteilt, sollte er einmal ins Gras beißen, sollte sein Ende wie sein Leben sein, voller Frohsinn und Freude! Dafür habe er Mengen von Met und Bier vorsorglich kalt in der Erdhöhle hinter seiner Hofstelle gelagert. Diesen Hinweis verstanden die Männer, rissen die Arme hoch und jubelten laut auf. „Ho, ho, hoo", erscholl es über das offene Grab hinweg, Lustgewinn machte sich breit.

Die Weiber dagegen blieben stumm, wollten von einer solchen Beerdigungs-Sauferei nichts wissen, obwohl es Brauch bei den Angeln war, „‚dat Fell' vun een, de dood is, to versuupen". Der Eintritt eines Verstorbenen in das himmlische Walhalla war keine Strafe, nein, ein freudiges Ereignis. Ein solcher Vorgang verdiente es, gefeiert zu werden – ausgelassen!

Vom anschließenden Totenfest sprachen noch Generationen. Nicht nur was die Menge von Honigwein, Bitterbier und Suppenverzehr anging, sondern weil an diesem Ausnahmetag die Hunde von Hollenhude außer Rand und Band gerieten.

Das Ganze begann damit, dass man die Dorfköter per Fußtritt aus der Festscheune vertrieb. Die zogen knurrend, die Zähne fletschend den Schwanz ein, hoben die Nasen, um die Witterung von etwas Fressbarem aufzunehmen.

Tatsächlich, ein leicht süßlicher, an Verwesung erinnernder Geruch zog vom Gräberfeld her durch das Dorf. Nun gab es kein Halten mehr. Die Meute stürmte das noch offene Grab mit den kläglichen Resten von Holger Levesson, nagte die wenigen Knochen kahl und geriet in Streit um das verbliebene Auge des Verblichenen.

Da geschah es. Die bis an den Rand gefüllten Bierkrüge und Metkannen kippten um und ein – auch für Köter – köstlicher Saft verteilte sich auf dem Boden. Da dieser fest gestampft war, versickerte nur wenig der Flüssigkeit.

Genussvoll zogen Hundezungen immer wieder durch das gut Gegorene. Wurde zu Anfang noch alles aufgeschlabbert, weil die Tölen nach dem Fleischverzehr durstig waren, teilte sich bald die Hundeneigung. Die älteren Tiere bevorzugten mehr den Met, die Jüngeren schlürften laut schmatzend das Bier.

Bereits in der Grube des Toten verloren die ersten Dorfköter ihren anerzogenen Anstand und bepissten frech Leves Knochenreste. Anschließend machte sich das Rudel, mehr schwankend als rennend, auf den Weg zurück zur Scheune, angelockt von einem fröhlichen Gesang. Nur knapp die Hälfte erreichte das Ziel, die anderen blieben volltrunken, schlafend oder kotzend auf der Strecke.

Die Starken unter den Hunden jedoch sprangen furchtlos auf die Tische derer, die das „Fell" von Pottenkieker versoffen.

Dort stellten sich einige übermütig auf die Hinterbeine, andere versuchten allein auf den Vorderläufen Halt zu finden. Kleinere Köter drehten sich wie Kreisel zwischen Krügen und Kannen, wälzten sich auf dem Rücken, hüpften aufgedreht in die Höhe, bellten, fletschten ihre Zähne und rollten unentwegt ihre Kulleraugen. Tanzende Hunde in Hollenhude, so etwas hatte man noch nie erlebt, nie gesehen, so viel Können in den Kötern bisher nicht vermutet.

Die Trauergäste schlugen sich voller Freude auf die Schenkel, ja, sie ermunterten ihre sonst trägen Tölen zu noch größeren Sprüngen und höheren Hopsern bis, ja bis zu dem Moment, wo die ersten dieser aufgedrehten volltrunkenen Tiere ihren Darm, die Blase oder beides gleichzeitig entleerten. So mancher Hollenhuder wurde in Mitleidenschaft gezogen, vollgekleckert mit Hundekot. Da floh die Trauergesellschaft stande pede, die Bierkrüge jedoch behielt man in den Händen, um das Freibier bis zur Neige zu genießen.

An diesem denkwürdigen Abend beherrschten die Hunde Hollenhude. Ihre Besitzer, die sie wenige Stunden vorher mit Fußtritten ins Freie befördert hatten, stürmten vom Dorfplatz weg, konnten ihre Vierbeiner nicht mehr bändigen.

Es sei, so fanden die Dorfleute, als sie sich gegen Abend des folgenden Tages trotz Katerstimmung und eines unsäglichen Gestanks in der Festhalle wieder zu neuen Taten aufrafften, der ungewöhnlichste und unterhaltsamste Leichenschmaus aller Zeiten gewesen. Schade nur, dass Pottenkieker nicht selber habe dabei sein können! „Man, wat harr he sik vergnöögt! Rein ut de Tüüt weer he wesen!"

Trotz Begräbnis, Besäufnis und der Hunderandale waren die turbulenten Tage für die arg strapazierten Hollenhuder nicht zu Ende. Eine Thingversammlung hatte noch über ein neues Dorfoberhaupt zu entscheiden.

Was dort geschah, würden die Dorfleute bis zum Ende ihres Lebens nicht vergessen.

17

*Vom Aufstieg und Fall des Nico Lennersson,
dem Wagemut von Marga, was eine Maske verrät,
verschmähte Liebe bewirkt, eine Rache auslöst
und wie Hollenhude auf Umwegen zu einem neuen
Ältermann kommt*

Wer sollte die Geschicke des Ortes für die kommenden Jahre bestimmen? Wer garantierte den besten Schutz für das Dorf, die klügsten Entscheidungen, die gerechteste Verteilung des Gemeindelandes bei der jährlichen Allmende? Wem gelänge es, bei Streitigkeiten ein Urteil zu fällen, das nicht zu Rachegedanken bei dem Unterlegenen führe? Und schließlich hatte dieser Erste des Dorfes auch Hollenhude beim Großen Thing auf dem Thorsberg zu vertreten.

Ein Alleskönner wurde gesucht. „He dörf nich to old un nich to jung sien. Wi bruuken een, de mutt plietsch, patent un passabel wehn, keen Grootmuul un keen Kloogschnacker", so etwa war der Maßstab der handelnden Mannsleute.

Wieder einer aus der Sippe der Holgerssons? Warum nicht, gab es manche Stimmen in der Thingrunde, nachdem man den Göttern geopfert und einige Jungmänner, die vierzehn Winter alt geworden waren, in die Dorfversammlung aufgenommen hatte. „Nee, nee, keen een vun de Holgerssons!", war die Auffassung vieler. „Mit Leve, dat ward ni watt!"

An ihm schieden sich die Geister. Ein Kräutersammler war er, zwar ein kluger Kopf, aber kein kantiger Krieger, ein Pflanzenzüchter, kein echter Bauer und Viehzüchter. Weder ein Könner mit dem Speer noch dem Messer. Gut, seine Handwerksarbeiten mit der Axt konnten sich sehen lassen, mehr aber auch nicht. Was für die Mannsleute besonders ins Gewicht fiel: Von den Trink-Qualitäten seines Vaters hatte der

Sohn nichts, gar nichts geerbt. Über den Tisch ziehen würde man diesen stets ernsthaften jungen Kerl bei jedem Handel. „Twee Beer, un he fallt vun de Bank! Nee, mit emm weer keen Staat to maken!"

Was seine Widersacher eigentlich beanstandeten, jedoch verschwiegen, war das schreckliche Aussehen dieses Mannsbildes mit dem fehlenden Auge und der hässlichen Narbe quer durch das Gesicht. Als Kinderschreck, „als Buschemann", da konnte man sich ihn vorstellen, jedoch nicht als Dorfältesten.

Da ertönte laut eine Stimme: „Mien Söhn will dat un kann dat", meldete sich Lenner Nicosson, der die bronzene Speerspitze aus Britannien als Zeichen seiner Wortmeldung hochhob.

Alle Köpfe der Männerrunde wandten sich Nico Lennersson, diesem Strahlemann, zu. Goldblondes Haar, kraftvoller Körper, eckiges Kinn, beide Augen vorhanden, ein unzerstörtes Gesicht. Der Jungkerl brachte es bei Saufgelagen bereits auf zwei Krüge Met hintereinander, war geschickt mit dem Wort wie mit Pfeil und Bogen. Ein durchaus fähiger Bewerber, wenn auch nur der Sohn eines Kleinbauern.

„Dat is een Büx! De Vörslag, de hett watt! Nico Lennersson! Mal een Öllermann, de ut een annere Sipp kümmt, un een, de jümmer veel Sülver in de Tasch hett! Un spendabel, dat is he uk!" Wenn es um eine Bierrunde ging, war Nico stets zur Stelle, war freigiebig, trinkfreudig und warf mit Silberstücken nur so um sich. Seine Spendierfreudigkeit wurde gelobt. Seine Gegner sahen in ihm einen undurchsichtigen Hallodri. „Ut emm warst nich kloog!"

Verwundert schaute Leve zu seinem Freund, der ihn vor einigen Tagen so merkwürdig abweisend behandelt hatte. Der grinste mit Unschuldsmiene zu ihm herüber, rieb sich die Hände.

Er selber, Leve, war bisher noch gar nicht wegen einer Bewerbung gefragt worden. Über seinen Kopf hinweg führte man die Aussprache. Die Bereitschaft, für das Dorf tätig zu werden, die spürte er wohl, doch er sah auch seine Grenzen. Die begannen bereits mit seinem verdammt zerstörten Gesicht.

Gut, jetzt gab es einen Vorschlag, den würde er mittragen. Gegen Nico war nichts einzuwenden – oder doch?

Schon wollte er, wie die Thingmänner vor ihm, seinen weißen Zustimmungsstein in die getöpferte kostbare Thingschale werfen, als es am Eingang zum Versammlungsort zu einem Tumult kam. Marga die Missgünstige, noch immer mit ausgerenktem Unterkiefer, kämpfte sich mutig den Weg frei in die Mitte der Thingmänner.

Da stand sie nun mit zerrissenem Rock, aufgelöstem Haar, schwer atmend.

Empörte Rufe wurden laut. „Keen Wief hört to't Thing! Alleen Mannslüüd hemm dat Recht! Ruut mit ehr! Ruut!" Wer genau hinsah, erkannte, Marga wollte eine Botschaft verkünden, die ihr sehr wichtig zu sein schien. Trotzdem, nur Mannsbildern stand das Recht einer Thing-Mitgliedschaft zu!

Leve fasste sich ein Herz, trat neben das aufgebrachte, hilflose Weib, das von allen Kerlen benutzt, aber von keinem geliebt wurde. Jeder, ob jung oder alt, fand bei Marga Trost und Entspannung.

Doch ohne Tauschware gab es keine Liebe. Salzheringe für ein Schäferstündchen oder ein Krug eingelegte Gurken für eine ganze Nacht mussten es schon sein, denn Marga lebte von ihrem Liebesdienst.

Allmählich kehrte Ruhe ein. Der Greis, der Götternahe, nickte Leve zu. Der hob seine Stimme. „Wo Marga all hier iss, schulln wi weeten, wat se opp'n Harten hett! Dat duurt wiss nich lang", besänftigte er die Runde. „Achteran setten wi ehr vör de Döör", kündigte der Einäugige an, den viele auch abfällig als Swattoog bezeichneten, wenn er nicht in der Nähe war.

Marga war selbst zu wenigen Worten nicht fähig, weil die Aufregung ihre Maulsperre zusätzlich verstärkte, nestelte an einem grauen mehrfach geflickten Sack, den sie in den Händen hielt. Endlich gelang es ihr, ihn zu öffnen. Mit einer Hand griff sie zielsicher hinein.

Gespannt verfolgten die Männer diesen Vorgang. Was brachte da „de Affgünstige" dem Thing? Was führte sie im Schilde? In ihren Armen hatte jeder von ihnen bereits gelegen. Wollte sie vielleicht verkünden, wer aus der Runde der fleißigste Rammler sei? Das wäre ein Spaß.

Die Spannung nahm ebenso zu wie das schlechte Gewissen bei der Mehrzahl der Mannsleute. Welches Geheimnis wohl dieser alte Beutel enthielt?

Eine Art schwarze Kopfbedeckung zog Marga heraus, einen Helm! Nein, wie grauenvoll, die Kopfmaske eines Krähen-Kriegers mit dem Oberteil, dem grässlichen bleichgekochten Hundeschädel!

Atemloses, eisiges Schweigen breitete sich aus. Die unvergessenen Erinnerungen an die Mörderbande, die den Tod über das Dorf gebracht hatte, kehrten zurück.

Marga, die verzweifelt nach Worten suchte, sie jedoch nicht formulieren konnte, drehte ihren Kopf in Richtung der jüngeren Thingmänner, hob ihren Arm und zeigte mit ihrer Hand auf, ja, auf Nico Lennersson, den vorgesehenen Ältermann.

Nico, was hatte der mit dieser Kriegsausrüstung der „Krähen" zu tun? Der blondhaarige Draufgänger war kalkweiß im Gesicht, sprang auf und schrie wie von Sinnen: „Ruut mit ehr! Ruut mit Marga! Dat Wief hett ehr Klooghait verlorn! Ehr Verstand is in'ne Achterback, inne Mors. Ruut mit dat Wief!"

Marga rührte sich nicht, blieb in der Mitte des Thingplatzes stehen. Stattdessen wies sie mit ihrer anderen Hand auf den roten gewebten Stoff, der am Helm befestigt war. Ein Halstuch. Ein Tuch, das allein wegen seiner leuchtenden Farbe allen bekannt vorkam. Das Halstuch von Nico Lennersson! Was hatte dieses Kleidungsstück, wenn es denn Nico überhaupt gehörte, mit den Krähen-Kriegern zu tun?

Die Männer drängten nach vorn zu Marga. Tatsächlich, Krieger-Maske und Lennerssons Tuch gehörten zusammen. Das musste geklärt werden, erst dann würde man den Blonden zum neuen Dorfältesten ausrufen können. „Nico, kam rann, vertell, wat dat bedüüd'n schall!", wurde der Blonde aufgefordert. „Nico, wo büst du?" Der jedoch war nicht auffindbar.

Lennersson hatte das Durcheinander genutzt, um aus dem Thingkreis zu verschwinden. Dabei blieb es nicht. Wo man in Hollenhude auch suchte, der mögliche Kandidat für das Amt des Ältesten war nicht auffindbar.

Nico, der jeden Schleichweg, jedes Versteck in seiner Heimat kannte, hielt sich diese Nacht verborgen, denn er sann auf Vergeltung, auf Rache, bevor er endgültig das Weite suchte.

Diese Angeln, die ihn, den Sohn aus der Sippe eines Kleinbauern, immer von oben herab gönnerhaft behandelt hatten, die würden ihn noch kennenlernen! Er würde Mittel und Wege finden, doch der Erste in diesem Dorf und der Mächtigste im Angelnland zu werden. Das Zeug zum Führer aller Sippen – das habe er allemal. Davon war er überzeugt.

Es war gegen Mitternacht, eine bleiche Halbmondsichel verbreitete ein gespenstisches Licht über Hollenhude, als die Dorfleute durch einen grässlichen Schrei aus ihrem Schlaf gerissen wurden.

Fackeln wurden angezündet, dicke Zweige an der verglimmenden Feuerstelle zum Brennen gebracht.

Bei der Suche nach dem Ort des Aufschreis wurde man bald fündig. Wieder war es das Dornendickicht, in dem bereits Pottenkieker sein Leben gelassen hatte.

Leve, einer der Ersten an der Fundstelle, sorgte dafür, dass die mitsuchenden Kinder fortgeschickt wurden. Zu grauenvoll war der Anblick, der sich ihnen bot. Da lag Marga, von vielen tiefen Messerstichen getötet, beide Augen herausgeschnitten, zwischen den Brüsten den Wotans-Hammer in die Haut geritzt.

Hier war kein blutrünstiger Wolf zu Werke gegangen, sondern ein blindwütiger Mörder, der zugleich die Botschaft verkündete: Abrechnung mit der Verräterin. Es kam nur ein Täter in Frage: Nico Lennersson. Unfassbar! Was trieb ihn dazu, so über Marga herzufallen?

„Ik heff all jümmer seggt", meldete sich einer der Sucher, als man betroffen um den Leichnam herumstand, „man kann in een Minsch nich rinnkieken!" Eine Allerweltsweisheit, wussten die Leute, die aber klarstellte: Das Verhalten eines Menschen bleibt rätselhaft.

Marga also, sie, die den Verrat des Blonden an das Kriegsvolk der Krähen aufgedeckt hatte.

Nico war es gewesen, der dem Feind den Zeitpunkt mitgeteilt hatte, an welchem Tag die Männer das Dorf verließen, um Jagdbeute zu machen. Der Umtriebige, stets die Taschen voller Silberstücke, wurde vom Krähenvolk fürstlich dafür belohnt. Doch diesem Verräter wurde zugleich deren Geschenk, die Hundemaske, zum Verhängnis.

Voller Wolllust hatte sich der Blonde diese Maske auf der Bettstatt bei der stets bereiten Marga in der Hoffnung über sein Haupt gestülpt, sie würde ihm bei der Begattung zu noch mehr Kraft und Ausdauer verhelfen. Auch im Bett wollte er der Beste sein. Diese Absicht war ganz im Sinne von Marga, die von markigen, ausdauernden Männern nie genug bekommen konnte.

Nico war nach dem wilden, wuchtigen Akt jedoch so erschöpft, schwach und schlottrig, dass er nicht nur seine Maske nebst dem roten Halstuch vergaß, sondern auch das Entlohnen der Liebesdienerin. Diese vermeidbare Nachlässigkeit wurde ihm zum folgenschweren Verhängnis.

Beim Tausch von Begehrlichkeit gegen Befriedigung bestand Marga auf der ungeschriebenen Regel: Kein Bockspringen ohne Begleichung! Geiz hasste sie, Betrug verabscheute sie. Silberlinge erhielt sie keine von Nico.

Deshalb entschied sie in einer Aufwallung von Zorn, Nico, diesen Säumigen, öffentlich zu brandmarken. Der Thingplatz wurde ihre Bühne, die Rache ihres Liebhabers ihr Tod.

Nach Auffassung der Hollenhuder mussten bei der Rettung ihres Dorfes vor einem zukünftigen verbrecherischen Ältermann auch die Götter gehandelt haben, Marga allein missgönnten sie den Erfolg.

„Magst segg'n, wat du wullt", rief einer der Männer, als man die zahlreichen Messerstiche zählte, die Marga vom Leben zum Tode gebracht hatten, „uns Götter, de hemm ehr een Barg an Kuraasch, Moot andeent, anners weer se nich to uns Thing kam'n!"

Es war Elise, Leves Schwester, die dafür sorgte, dass die Tote trotz ihres umstrittenen Lebenswandels eine Bestattung auf dem Gräberfeld des Ortes erhielt, obwohl eine Reihe zu kurz gekommener, neidvoller Weiber ihre Leiche lieber weitab im Moorwasser versenkt gesehen hätten.

„Wenn Marga nich weesen weer, harr dat böös utgahn kunn für uns Dörp! Nee", sagte Elise trotz ihrer Jugend und voller Selbstbewusstsein, „utslooten ward se nich!" Pottenkiekers Tochter wusste bei diesen Worten den neuen, von allen Mannsleuten gewählten Ältermann von Hollenhude auf ihrer Seite, ihren Bruder Leve.

Tatsächlich, das Thing war dem Vorschlag der alten Gisela gefolgt, ihren Enkel zu benennen. „Mit Leve, dor weeten ji, wat ji hemm! Een Windbüddel ass Nico, de iss he nich!"
Die Alte, die vor der Wahl um Rat gebeten wurde, versuchte den Thingleuten, durch ihre erste Fehlentscheidung erheblich verunsichert, klar zu machen, dass es bei dem Ersten des Dorfes nicht um dessen Aussehen gehe, sondern darum, ob der Auserwählte Verantwortung für die Gemeinschaft des Ortes, für alle hier lebenden Sippen übernehmen würde. Bei Leve sei sie sich dessen sicher.
Da sich sonst niemand fand, für das arbeitsreiche Amt anzutreten, stand der Wahl von Leve Holgersson zum Baas des Dorfes nichts mehr im Wege.
Genugtuung bei den Frauen, Besorgnis bei den Männern löste die Entscheidung aus. Endlich ein Dorfältester, der von der Sicherheit für die Sippen nicht nur sprach, sondern dafür etwas tat. Zwei blutige Überfälle nacheinander in kurzer Zeit durch die Krähen-Krieger waren Aufforderung für mehr Schutz. Die Männer dagegen befürchteten, es würde viel Arbeit auf sie zukommen. Und so kam es auch.
Der frisch gekürte Ältermann forderte von den Bauern Hand- und Spanndienste für die Befestigung der Palisaden wie für den Bau eines hohen Wachturmes. „Ik will", erklärte Leve, „dat wi fröh weeten, wenn een Fiend kam'n deit. All möhn wi uns to Wehr setten, uk uns Wiever, uk de Kinner, de keen Büxenschieter sünd! Keen vun Hollenhude is een Hasenfoot!"
Ein wehrhaftes Dorf zu schaffen, war seine Vorstellung, um Leid, Mord, Raub und Entführungen wirkungsvoll zu begegnen. Er, mit seinem verwüsteten Gesicht, wusste um die Folgen vernachlässigter Sicherheit.
Auch Waffen mussten her. Forken, Mistgabeln und Keulen reichten nicht. Er entsandte einen Boten nach Smedeby ins Dorf der Schmiede. Hatte nicht Idea von der Fertigkeit ihres Vaters und der anderen Meister berichtet, Spieße, Äxte und Schwerter aus Eisen herzustellen?
„Verdorri, verflixt", dachte er bei sich, „geit mi düsse Deern nich ut'e Kopp!" Als Idea ihn beim Abschied vom Alten Moor unerschrocken auf seine vernarbte Wange küsste, war es, als

sei ein Blitz in ihn eingeschlagen. Ihre strahlenden Augen, das anmutige Antlitz, ihre Fürsorge, ihr Verständnis für ihn als Einäugigen, ohne Mitleid zu heucheln, das nahm ihn für die Smedebyerin gefangen. Er seufzte tief auf.

Nicht nur in seinen Träumen verfolgte sie ihn. Auch im Tagesablauf konnte es geschehen, dass der junge Ältermann für einen Augenblick abwesend schien. „Wat is mit uns Leve", fragten sich die älteren Männer, „ward emm dat to veel mit all de Arbeit?" Die alte Gisela, die diese Besorgnis vernahm, schüttelte mit wissendem Gesicht ihren Kopf. „Tööv aff, jede Putt find' sien Deckel, dat gellt uk för mien Enkelsöhn!"

Wenn sie jedoch beobachtete, wie die Jungdeerns Leve auswichen, sich vor dem grausam zerstörten Gesicht schüttelten und ängstigten, wurde sie rasch wieder mutlos. Swattoog Einauge blieb ihr Kummer.

Die Schicksalsgöttinnen machten sich weniger Sorgen um Leve, ihre Absichten hatten sie bereits auf den Weg gebracht.

18

Von behutsamer Zuneigung, einer wilden Reiterhorde, Elises „Froschhüpfen", von Weiberlist, Hector Horsasson, geraubten Kindern und warum das Hollenhuder Honiglecken nicht bei jedermann Heißhunger auslöst

Mit Blick auf den neu erbauten, hohen Beobachtungsturm wechselten Leves Gedanken wieder einmal zur Schmiedetochter, als ihn das beunruhigende Gefühl beschlich, heimlich beobachtet zu werden. War Nico, der Hochverräter, wieder aufgetaucht? Blitzschnell wandte er sich um.

Ein Schock, ein Schreck: Bestürzung überfiel ihn. Zu seiner großen Überraschung blickten ihn fröhliche Augen in einem verschmitzt lächelnden Gesicht an. Idea! Idea war da, stand nur wenige Schritte von ihm entfernt. Ihm verschlug es die Sprache, zugleich brannte sein Körper.

Ideas Vater hatte ihr aufgetragen, den Tauschhandel der Waffen und Werkzeuge mit diesen Dörflern an der Traner Au zu übernehmen, weil er nicht abkömmlich sei. Gegen diesen Auftrag, das Ochsengespann selbst zu kutschieren, war er bei seiner Tochter nicht auf Ablehnung gestoßen. „Dat is doch gediegen", ging es dem Schmiedemeister durch den Kopf, „fröher hett se sik mit Hann un Fööt wehrt, opp een Kutschbock to klarn, alleen de Jagerie interessere ehr! Absünnerlich is mien Deern!" Dabei beließ er es.

Dass Idea mit ihrem Schleppfuß den Göttern für die Gelegenheit dankte, Leve so rasch wiederzusehen, kam dem Ältermann von Smedeby überhaupt nicht in den Sinn. Seine Tochter, der Krüppel, würde als alte Jungfer sterben, befürchtete er.

Merkwürdig, dachten die Hollenhuder, wie unaufgeregt und zügig der Tauschhandel zwischen dieser ansehnlichen jungen Smedebyerin und ihrem Ältermann abgewickelt wurde. So einen Ablauf waren sie nicht gewohnt. Bei Pottenkieker erfolgte jeder Handel, ob groß oder klein, laut, lärmend und endete stets in einem gewaltigen Besäufnis.

„Dat mutt Leve lehrn", war man der Meinung, „wenn't um dat Hudeln geit, hört wat to suupen dorto! Vergnöögt sien, Spiöök maken, Pläsier hemm hört to't Leven ass dat Schieten achtern Boom!" So dachte man nicht nur in Hollenhude.

Auf all diese für die Dorfgemeinschaft wesentlichen Begleitumstände achteten die beiden Verhandlungsführer überhaupt nicht. Sie hatten genug mit sich selbst zu tun, denn niemand sollte wissen, wie gut sie sich bereits kannten. Solche Vertrautheit würde dem Ansehen ihres Handels schaden, glaubten sie übereinstimmend.

Doch es gelang ihnen nicht, die Blicke voneinander zu lassen, sich nicht unauffällig über die Hände zu streichen oder unter dem Tisch, ganz vorsichtig, die Beine zu berühren.

Mit dem Endergebnis des Tausches waren alle zufrieden: Gegen die Waffen und Werkzeuge aus dem Schmiededorf wechselten drei fette Schweine, ein alter, aber noch starker Hammel, zwei Entenpaare und fünf Töpfe mit Heidehonig die Seiten.

Unter dem Tisch steckte Idea Leve ein persönliches Geschenk, eingeschlagen in Ahornblätter, zu. Leve verbarg es sofort in seinem Umhang. An was dieses wunderbare, anziehende und aufmerksame Weib wohl gedacht hatte? Bei einem nächsten Treffen, so nahm er sich vor, würde er sie ebenfalls mit einer Gabe überraschen.

Die Schweine und der Hammel wurden auf dem Ochsenkarren festgebunden, die Enten in einer Kiepe gesichert, der Rest ebenso fachmännisch verstaut, denn Schlaglöcher, Untiefen und hinderliche Steine auf dem Weg gab es zuhauf.

Idea hob die Ochsenpeitsche zu einem Abschiedsgruß. Zeitgleich rief Leve: „Deern, nich so gau, ik bring di noch opp'n Weg!" Die Hollenhuder sahen sich verwundert an. So eine aufmerksame Behandlung eines Händlers erlebten sie das erste Mal.

Das Ochsengespann, einschließlich ihres Ältermanns, war bald hinter dem Hügel, der das Dorf einrahmte, verschwunden. „Wenn dor mit de beiden nich wat in'ne Busch is", ließ sich eine Stimme vernehmen. „Kumm, laat uns mal kieken", antwortete ein anderer. Schon kletterten die ersten Hollenhuder den Hügel hinauf. Großmutter Gisela, von Hühneraugen geplagt, ließ sich von ihrem Nachbarn tragen.

Da stand der Karren in der Talsenke und Idea und Leve lagen sich in den Armen, „Slappfoot un Swattoog" – Knickfuß und Einauge – küssten sich mit Hingabe, lange und wiederholt. Die Welt um sich herum vergaßen sie. Es war ein so rührender, so persönlicher Anblick, dass sich die Dorfleute ohne Spott und Häme still und heimlich zurückzogen.

Auf dem Dorfplatz angekommen, fand die alte Gisela zuerst ihre Sprache wieder. „Heff ik dat nich seggt, jede Pott find sien Deckel!" Auch Elise, ihre selbstbewusste Enkelin, die als Einzige von ihrem Bruder in sein Geheimnis eingeweiht war, meldete sich. „De Smedebyer, de kriegn Schaap un Swien un mien Broder een Bruut. Is dat nix?"

Damit wies sie vorsichtig auf eine mögliche Hochzeit hin. Also würde auch dieser Handel mit einem fröhlichen, ausgelassenen Fest enden. Jetzt waren die Hollenhuder mit ihrem neuen Ältermann restlos zufrieden.

Wer meinte, jetzt zöge wieder der Alltag im Dorf an der Traner Au ein, der wurde wenige Tage nach dem Tauschhandel eines Besseren belehrt. Eine unvermutete Gefahr tat sich am Horizont auf. Eine Horde, nein, ein ganzes Heer von Reitern, gerüstet mit eisernem Nasenhelm und blitzendem Harnisch, Schwert, Lanze und Schild an ihrer Seite.

Die Männer des Dorfes waren zur Jagd auf Wildschweine aufgebrochen, Leve hatte sich ihnen angeschlossen. Nur die Frauen, die Kinder und wenige Greise waren im Ort geblieben.

Elise leistete Wachdienst hoch oben auf dem Aussichtsturm. Als sie die galoppierenden Reiter in voller Rüstung erblickte, schlug sie sofort Alarm, ließ sich an einem Tau von der Turmspitze hinuntergleiten, um das mächtige Tor in der Palisade zu schließen, bevor die ersten Pferde es erreichten.

Sie kam zu spät, viel zu spät. Die Vorhut dieses Trupps preschte bereits an ihr vorbei und brachte ihre schnaubenden, schweißnassen Gäule auf dem Dorfplatz zum Stehen. Lange spitze Speere steckten in den Steigbügeln der Berittenen. Die Keulen und hölzernen Heugabeln, mit denen Hollenhudes

Weiber ihre Kinder und ihre Ehre verteidigen wollten, sahen dagegen wie Spielzeuge aus.

Jetzt war alles verloren! Die Übermacht der Eindringlinge schien zu groß und auch an Flucht war bei diesen schnellen Pferden nicht einmal zu denken.

Doch Elise ließ sich nicht einschüchtern. Wie ein Derwisch rannte sie vor den Reitern hin und her, hüpfte, sprang in alle Richtungen mit stets erhobener Faust. „Ruut, ruut heff ik seggt! Keen kümmt in uns Dörp, de nich ankloppen deit! Ruut mit ju, aver fix, flink, gau!"

Da nahm der Anführer dieses Trupps seinen Helm ab. Darunter steckte ein jugendliches, kantiges, frech grinsendes, schwarzbärtiges Gesicht, dem Tränen über die Wangen liefen. Dann prustete dieser verdammte Kerl laut lachend los.

Elise, völlig irritiert, unterbrach ihren Tanz, der mehr einem Froschhüpfen glich. Was waren das für merkwürdige Krieger, die weder Schwert noch Messer zogen, sondern ein ohrenbetäubendes Gelächter anstimmten?

Alle Reiter befreiten sich in der Zwischenzeit von ihrem Kopfschutz und stimmten in die Lachsalve ihres Anführers ein. Der glitt trotz des schweren Kettenhemdes locker von seinem tänzelnden Rappen, dessen Zügel er in der Hand behielt, und trat mit wenigen Schritten auf Elise zu.

Die wich nicht von der Stelle. „Ruut, heff ik secht", entgegnete sie trotzig diesem verdammt gut aussehenden, immer noch spöttisch lächelnden Kerl. Der schüttelte nur seinen Kopf und näherte sich ihr bis auf Armeslänge.

Da gab es bei Elise kein Halten mehr. Sie rotzte dem Feind direkt in das fröhliche Gesicht. Der wischte den Rotz, der ihm die Wange hinunterlief, nicht ab. Stattdessen griff er sich mit einer blitzschnellen Bewegung Elise, legte sie über sein Knie, hob ihren Rock und versohlte ihr mit sanften Schlägen den blanken Hintern.

Empört, weniger wegen der Prügel, mehr wegen ihrer öffentlich zu Schau gestellten Blöße, kreischte die Jungdeern in höchsten Tönen.

Die Krieger feixten bei diesem Schauspiel. Hollenhuders Frauen, die dem Spektakel zusahen, wussten nicht recht, wie sie sich verhalten sollten, denn Elise war nicht nur keck, kess und kühn, sondern im wahrsten Sinne des Wortes rotzfrech gewesen. Sie entschieden sich dafür, abzuwarten und die mitgebrachten Keulen, Kochlöffel und Heugabeln ruhen zu lassen.

Der hochgewachsene Jungkerl stellte die atemlose, zerknirschte Elise wieder auf die Beine, griff unter ihr Kinn und zog sie ganz nahe an sich heran. „Een Baas vun de Sachsen, de spiet man nich oppe Nääs, du lütte Gröölbüddel."

Zwar schien dieser Krieger der anglischen Sprache nicht ganz mächtig zu sein, doch man verstand ihn durchaus. „Is dat de Art vun de Angeln, Besöök to begrööten? Hest nich sehn, dat wi in Freeden kam sünd? Hemm wi blank truuken?"

Elise wurde es abwechselnd heiß und kalt, ihr Gesicht rötete sich vor Verlegenheit. Sie hatte mit ihrem Verhalten gegenüber den Fremden das auch in Hollenhude geltende heilige Gastrecht gebrochen.

Jetzt half nur noch Weiberlist. Mit unschuldig bittenden Kulleraugen blickte sie den Sachsen an, hob ihren Rocksaum und wischte ihm – fast liebevoll – den Rotz von Nase und Kinn. „Deit mi leed! De Peerde sünd mal wedder mit mi düürgahn!" Ja, sie hatte doch nur aus Besorgnis gehandelt und sah ihm dabei tief in die Augen.

„Dat doon de Peerde uk aff un an mit mi", antwortete dieser kraftstrotzende, markige Held und zog Elises Kinn, das er immer noch umklammerte, dichter an sich heran und drückte ihr einen Kuss mitten auf den Mund.

Elise erstarrte, jedoch nur einen kurzen Augenblick. Dann klatschte sie dem Sachsen ihre Hand in sein übermütiges Gesicht.

Wenn in diesem Moment nicht Großmutter Gisela erschienen wäre und die Gäste zu Tisch mit Speis und Trank gebeten hätte, wer weiß, was nicht noch alles zwischen der Kampfhenne aus Hollenhude und dem furchtlos frechen Sachsenhahn geschehen wäre.

Kurze Zeit später kehrte auch Leve mit seinen Jagdgenossen zurück. Man stellte sich einander vor, prostete mit Met und Bier und lauschte voller Spannung dem Bericht des Fremden.

Er sei Hector Horsasson, Jungfürst des Sachsenvolkes. Sie kämen aus dem Süden, seien seit vielen Tagesritten unterwegs.

Und bevor er weitersprach, nahm er einen langen Schluck Bier, wischte sich den Schaum aus dem mit braunen Bändern geflochtenen ansehnlichen Bart. Sie seien auf der Suche nach zwei geraubten Kindern: Helfried und Heimo aus den Sippen ihrer Fürsten Hengist und Horsa.

Wer die Entführer seien, wisse niemand. Aber die Strafe für diese ruchlose Tat werde fürchterlich ausfallen, versicherte er und leerte den Krug bis zur Neige.

Lösegeld, viel Lösegeld werde für die beiden gefordert. Doch niemand wisse, wo sie gefangen gehalten werden. Seit vielen Wochen seien verschiedene Suchtrupps des Sachsenvolkes unterwegs, doch alle ohne Erfolg.

Ob die Angeln zur Unterstützung bereit wären, fragte Hector zum Schluss. „Keen Fraag, wi packen mit an, wo een in Not iss!", antwortete Leve. „Nich alleen uns Dörp, uk annern maken mit", diese Zusage zur Mithilfe erfolgte so selbstverständlich, ehrlich und überzeugend, dass Hector den fast gleichaltrigen Leve umarmte und auf beide Wangen küsste. Hier hatten sich zwei gefunden, die etwas voneinander hielten, einander vertrauten!

„Un ik bün uk darbie", meldete sich Elise, die wieder mutig wurde und Selbstvertrauen fand und die zugleich eine Vermutung über die Kindesräuber lieferte. „Dat Kreienvolk!" Natürlich konnte die Annahme zutreffen, aber es gab eine Vielzahl verschiedener wilder Volksstämme zwischen dem Land der Angeln und dem der Sachsen, zu den möglichen Tätern mussten auch die Sklavenhändler von der Nordmeerküste gerechnet werden.

Elise, die Abstand von Hector Horsasson und seinen schlagkräftigen Händen hielt, bekundete unmissverständlich, bei der Suche nach den Fürstensöhnen mitzumachen. Wenn es um Kinder ginge, seien Mannsleute wie Weiber gefordert. „Wenn mien Süster sik wat in'n Kopp sett hett, kannst nix maken. Se kann stur sien, deit, wat se will!", ging Leve entschuldigend auf den Zuruf seiner Schwester ein.

Das reizvolle Aussehen dieser Deern, ihre schlanke Gestalt, das goldblonde Haar, die blitzenden Augen und das ebenmäßig hübsche Gesicht übten im Licht der Sonne eine besondere Wirkung auf die Sachsenkrieger und besonders auf deren Anführer aus. Wie allerliebst unschuldig dieses kratzbürstige Biest lächeln konnte. Die Sachsen waren hingerissen von diesem anmutigen jungen Weib.

Die Jungmänner von Hollenhude teilten diese Auffassung nicht. „Elise, dat is een Beest", galt bei ihnen. Hinter ihren Reizen verbargen sich Spott, Witz und Eigenwilligkeit. „Övern Disch treeken kannst de Deern nicht!" Obwohl noch blutjung, wusste dieses Weib sich seiner Haut zu wehren. So mancher ihrer zahlreichen Verehrer musste seine Annäherung mit einem blauen Auge oder einem treffsicheren, schmerzhaften Tritt in sein Gemächt beklagen, wenn sich abweisende Worte als wirkungslos erwiesen.

„Iss dor een, de Lust hett an uns Hollenhuder Honnigslicken?", rief Elise mit bewusst glockenheller, äußerst lieblicher, Stimme. Die Aufmerksamkeit aller wandte sich ihr zu. Die Sachsen neugierig, die Hollenhuder feixend, vielsagend.

Die Fragestellerin stand direkt neben einer riesengroßen Bienenwabe, weitere Jungdeerns daneben. Sie führten einen Stecken in die Wabe ein, wendeten ihn dort mehrfach hin und her, zogen ihn anschließend vorsichtig heraus, damit die süße Honigköstlichkeit nicht vom Stab tropfte. Anschließend schienen sie mit herzhaftem Genuss die wonnige Süße abzulecken.

Nur wer ganz genau hinsah, dem fiel auf, dass die Zungen den Honig der Bienen nur beinahe erreichten, Abstand hielten.

Zwei seiner Unterführer baten Hector Horsasson, auch probieren zu dürfen. Knapp deutete ihr Anführer mit einer Handbewegung seine Zustimmung an, schon stürzten die Krieger zum Baum, erhielten dort die Leckstange und begannen zu lecken.

Sie machten tapfere, aber keine zufriedenen Gesichter. Und es schien so, als würde jeder von ihnen eine Bemerkung unterdrücken, zumal die jungen Weiber ihnen vielsagend in die Augen blickten und einen Finger auf ihren Mund legten. Also schwiegen die beiden.

Merkwürdig, dachte Hector, und bevor ihn Leve aufhalten konnte, schritt auch er zum Bienenstock. Elises Lächeln war einer auffordernden schelmischen Fröhlichkeit mit einladender Geste gewichen.

„Welch ein Weib", dachte Hector. Der Truppführer bediente den Honigstab, rührte tief bis in den Boden der Wabe, hob ihn heraus, schloss die Augen und begann genussvoll mit breiter Zunge den Honigstab von der Spitze her abzulecken.

Plötzlich hielt er inne, öffnete die Augen und holte zuerst tief Luft, dann spuckte er in hohem, ansehnlichem Bogen alles das, was er in sich hineingeschlürft hatte, wieder aus. „Dat, dat is keen Honnig, dat is Schiet, Schiet, Kacke is dat", und dann warf er mit viel Schwung den Stab in den Staub des Dorfplatzes. Als er aufblickte, sah er rundherum vergnügt grinsende Gesichter. Leichtgläubig war er in die Falle getappt, die Elise ihm gestellt hatte.

Er spuckte noch mehrfach den Honig vor seine Füße und besann sich. Auch wenn es ihm schwerfiel, wandte er sich der unschuldig blickenden Elise zu. „Dat heff ik verdeent, harr di nich prügeln un keen Sööten geven schullt. Man dien runne blanke Mors, de war ik nienich vergeeten", damit ging er zurück zum Ältermann des Dorfes.

Leve klärte den Sachsen über das „Hollenhuder Honiglecken" auf, einen Spaß, den man zu gerne an Fremden ausprobierte. Das Rezept war schlicht, einfach und kinderleicht. Man benötigte eine ansehnliche leere Bienenwabe, einen längeren Stab und einen „Könner" aus dem Dorf, der seinen vollen Darminhalt in die leere Bienenwabe drückte. Dieser gut gefüllte Bienenbeutel wurde unter einen Baum gehängt und die um ihn Herumstehenden taten so, als würden sie am Stab genussvoll lecken.

Die Erfahrung lehrte, dass zahlreiche Lecker ihren Reinfall geschickt verbargen, um auch andere ihre Erfahrung machen zu lassen. Der Schwindel flog oft erst dann auf, wenn auch der letzte die „Kostprobe" genossen hatte.

Nachdem sich Hector wie auch dessen Stellvertreter zuerst mit Bier, dann mit Birkenwein mehrfach den Mund ausgespült hatten, rankte sich die Unterredung nur noch um die Entführung der beiden Sachsenkinder.

„Verbreeker sünd dat", polterte Hector Horsasson, „lütte Kinner to klaun, dat maken alleen Bangmoorsen un Waschlappen." Ob Sachse oder Angelner, einer solchen Einschätzung konnte man nur zustimmen. „Man Schimpen hölpt nix", mischte sich Elise ein, die besonders bemüht war, Hector mit ausreichend Wein zu versorgen, „finn mööten wi de Bengel, un dat mutt gau gahn!"

Da erhob sich Hollenhuders Ältermann: „Wi warn uns Göttin Nerthis anroopen", erklärte Leve zur Verwunderung der Sachsen, deren Götter nur Männer waren. „Wenn't hölpen deit", meinte Hector, „uk een Wief kann een Wunner warken", und dabei zeigte er lächelnd auf Elise. Obwohl sie es nicht wollte, errötete sie verlegen. Doch dann steckte sie ihm die Zunge heraus und kehrte ihm ihren Rücken zu.

Als der Trupp im Galopp abritt, wäre sie fast versucht gewesen, diesem „Scheusal" von Hector hinterherzuwinken.

Die Suche nach den beiden schmerzlich vermissten Kindern sollte sich gerade für die Hollenhuder als ein Abenteuer besonderer Art herausstellen.

Noch während im Dorf an der Traner Au über die Hilfe für die geraubten Sachsenkinder beraten wurde, hatten die beiden Nornen Urd und Werdandi bereits ihre Fäden miteinander verworben, um das Wirken der Fürstensippe, der Offassons, für das Volk der Angeln kenntlich zu machen.

19

Birger der Bedächtige, der Beginn seines Berichtes, von der Wahl eines neuen Fürsten, von Ragna der Redseligen, den vier Eheweibern von Matts Jürgensson, von Offa, der nicht sterben will, Träume von Walküren und warum Klümmp mit Bier ruhig gestellt wurde

Ocke war ungeduldig. Wieder verzögerte sich der zugesagte Bericht von seiner Großmutter. War für die Götternahe zuerst ein Schluck Quellwasser wichtig gewesen, stocherte sie jetzt mit ihrem Kauholz zwischen den wenigen Zähnen, über die sie noch verfügte. Ein Fleischfetzen schien die Alte zu stören. Da sie ihn mit dem Holz nicht herausfischen konnte, nahm sie schließlich ihre krumm gewordenen Finger zur Hilfe. Ocke atmete auf, als Agnes eine lange, durchgekaute Sehne aus ihrem Mund zog.

Endlich erfuhr er von den ungewöhnlichen Ereignissen hier auf dem Thorsberger Hof. Begonnen hatte es wohl an dem Morgen, an dem er als einsamer Jäger aufgebrochen war, um frisches Wildbret für das Dorf zu besorgen.

Ragna die Redselige, seine Stiefmutter, sei laut schreiend, völlig aufgelöst, nackt, nur mit einem goldenen Band im Haar aus dem Haus seines Vaters mit dem Ruf gestürzt: „De Fürst is dood! De Fürst is dood!"

Sie habe sich in den Schmutz der Straße geworfen und herzzerreißend geheult, gejammert, ihre Klage in den Himmel geschmettert. „Uns Fürst is dood!"

Da Ragna zu dramatischem Verhalten neigte und in solchen Augenblicken nicht klug im Kopf schien, betraten mehrere Nachbarn den Hof des Fürsten, um die ganze Wahrheit zu erkunden. Der Baas der Angeln war zwar leichenblass, schien wie gelähmt, doch der Tod hatte ihn noch nicht in seine Arme genommen.

„Veel Trara um nix", urteilte Birger der Bedächtige, den man bei zweifelhaften Todesfällen stets hinzuzog. Doch auch er war der Auffassung, der alte Fürst würde bald seinen Esslöffel abgeben. Sorge und Unsicherheit machten sich im Ort bemerkbar.

Auch Vorwürfe, besonders von den Weibern, bei denen Triefauge nicht in das Bett gekrochen war, machten die Runde. „Hett doch sölm Schuld, düsse geile Rammler. Wiewer, un Dag för Dag suupen, dat bringt uk de mastigste Kirl in't Graff!" Er sei ein Opfer seiner vielen Frauen und seiner Sauferei geworden.

Nach alter Gepflogenheit durfte eine Siedlung der Angeln keinen Tag ohne einen Ältesten, ohne Führung sein. Das gebot allein der Schutz für Mensch und Tier, Haus und Hof. Bei Notfällen, bei einem Feuer zum Bespiel, musste jemand sagen können, was zu tun sei.

Jetzt, bei dem im Sterben liegenden Offa Ockesson, war die Aufforderung zum Handeln noch notwendiger, denn Offa war in einer Person Fürst der Angeln und zugleich Ältermann für das Nachbardorf Steenfeldlund. Jetzt war schnellstmöglich ein Nachfolger für beide Ämter zu finden.

Am gleichen Abend fand das Thing, die Versammlung aller Männer mit Besitz, statt. Birger der Bedächtige, ein angesehener und tüchtiger, älterer Kuhbauer, riet zur Geduld, auf die Rückkehr des jungen Ocke zu warten. Dieser Kurzbeinige sei der leibliche Sohn des Fürsten und mit der Sippe der Offassons sei man doch gut gefahren.

Die Rede erzeugte nicht nur Unwillen, sondern lautstarken Widerspruch. Daran trug Ragna die Redselige einen erheblichen Anteil. Sie war klagend und Mitleid erheischend von Haus zu Haus gelaufen. Dabei erwähnte sie nicht nur mit feuchten Augen den todesähnlichen Zustand ihres Gatten, sondern flocht durchaus geschickt die unbedingte Einhaltung des Regulativs – einer sofortigen Wahl – ein sowie die äußerst geringe Eignung von Ocke, dem Zwerg, für eine solche Aufgabe. „De Jung is man een lütt Kirl mit een groode Klapp. Dat Tüch för een erste Mann hett he nich! Nienich!"

Klümmp, der seine Mutter auf ihrem Rundgang voller scheinbarer Sorge um ihr Wohl begleitete, ergänzte gehorsam: „De annern Völkerschaften, de lachen uns doch wat ut, wenn so een fipsige Lüttkirl an de Spitz steit!"

Die Saat war gesät, die Saat ging auf. „Dat mit dat Afftöwn geit nich!", wurde Birger entgegengerufen. „Wer weet, to wat Tied de lütt Schieter von sien Jagd trüch kam deit! Nee, dat Snacken mutt een Enn hemm. Wir bruuken een nüe Baas för't Land un Volk!" Birger blieb stur, gab nicht auf. „Man uns Fürst liggt lang, dood is he nich, noch lang nich! Wi hemm Tied!"

Da sprang der dicke Klümmp auf, den Ragna genau instruiert hatte. Mit weinerlicher Stimme, ein Tuch in der Hand, obwohl es ihm nicht gelang, auch nur eine Träne herauszupressen, berichtete er: Bevor sein geliebter Stiefvater seine Augen schloss, um in den langen Schlaf zu gleiten, habe er ihm und seiner Mutter noch flüstern können, dass er Kotze, seinen prächtigen Stiefsohn, als seinen geeigneten Nachfolger ansehe. Niemanden sonst! „Alleen Kotze de kann dat", seien seine letzten Worte gewesen.

Die Thingmänner hatten voller Aufmerksamkeit zugehört. Als Birger in die Stille laut: „Nee, nee, dat kann un dörf nich sien!", rief und damit seine Zweifel weiter äußerte, erhob sich Klümmp, der bisher noch nie zu mehr als einem halben Satz fähig gewesen war, wandte sich dem Altbauern zu und antwortete trotzig: „Een Stiefsöhn, dat is uk een Söhn!" Würde Kotze der neue Fürst, bliebe der Schutz der Heiligtümer, der Eichenhain, die Quelle und der Opferstein in den Händen der Sippe der Offassons. Damit war die Entscheidung gefallen.

Kotze wurde von der Thingversammlung zum neuen „Öllermann" und damit auch zum Nachfolger des Fürsten, jedoch ohne Begeisterung, gewählt. Er war zwar ein staatscher, ansehnlicher Kerl, hochgewachsen, stark wie ein Ochse, gewohnt, Befehle zu geben, doch wer ihn näher kannte, hatte Zweifel an seiner Aufrichtigkeit. „Truun kannst emm nich", war das Urteil. „Wenn emm dat inne Kram passen deit, geit he öwer een Liek!" Wer so dachte, sagte es nicht vor den anderen Dörflern, dafür war die Furcht vor der Gewalttätigkeit Kotzes zu groß.

Jetzt, so fuhr die Großmutter nach einem weiteren Schluck Quellwasser fort, hatte man zwar einen neuen Führer, doch der alte Offa Ockesson, genannt Triefauge, war nicht bereit, seinen letzten Atemzug zu tun. Alle Versuche von Ragna, auch mit Hilfe einschlägiger Kräuter, den Vorgang zu beschleunigen, schlugen bei diesem zähen Dauerschläfer fehl. Nicht einmal der Saft einer Tollkirsche zeigte die erhoffte Wirkung. Verflucht sei dieser alte Knochen!

Ragna war verbittert, hatte sie doch bereits sein Ableben verkündet. Der alte Knacker wollte einfach nicht sterben! Beileidsbesuche der Nachbarn wehrte das Weib mit Hinweisen auf eine mögliche ansteckende Krankheit ab.

Solange es zwei Fürsten gab, konnte ihr Sohn Kotze nicht der tatsächliche Herrscher sein. Auch die Bemühungen ihres dreisten Sohnes Klümmp, um die Mitternachtsstunde schwarz verkleidet mit verstellter Stimme und einem kahlen, bleichen Totenkopf in der Hand den Stiefvater durch einen Schock ins Jenseits zu rufen, versagten. Offa verschlief den „bösen Geist aus der Unterwelt".

Am Morgen nach diesem Fehlversuch nahmen die Kurzatmigkeit und das rasselnde Röcheln „endlich" zu und damit die Aussicht auf ein baldiges Ableben des Altfürsten. Davon wurde das Dorf unterrichtet.

Eine Amsel, die sich voller Vertrauen ganz in der Nähe seiner Großmutter absetzte, lenkte Agnes aber nur kurz von ihrem Bericht ab. „Du glövst dat nich", und damit wandte sie sich wieder ihrem Enkel zu. „Kotze spraare sik ass een geile Hahn in sien nüe Amt. Stolt weer he, rein överkandiedelt", bezeichnete die Alte sein Verhalten.

Sein Bestreben schien es zu sein, sich und aller Welt zu beweisen, er allein sei der gewünschte, zupackende Anführer aller Angeln. Sein Tatendrang, seine Tatenlust, sein Tatendurst, sein Feuereifer waren nicht zu bremsen.

Sein Eifer ließ ihn zugleich unbedacht werden. Ganz allein schaufelte er für den mit dem Tode ringenden Offa dessen Grab. Jede Hilfe lehnte er ab. Auch als es um die Auswahl der Beigaben für den Verstorbenen ging. Er war es, der die Totenfeier plante, die Reihenfolge der Mahlzeiten festlegte so wie die Anzahl der Bierfässer.

Was jetzt nur fehlte, war der Tote! Der schlief immer noch tief und fest, ohne dass sich sein Brustkorb merkbar hob und senkte. Völlig bewegungslos, starr, vom Tode gezeichnet, so schien es. Nur um den allerletzten Atemzug zu tun, mangelte es ihm an Kraft oder am Willen. Offa Ockesson, genannt Triefauge, wehrte sich dagegen, eine Leiche zu werden. Er war kurz davor, seinen Kampf zu verlieren.

Kotzes Ehrgeiz, endlich der Fürst aller Angeln zu werden, war grenzenlos. Zusätzlich trieb ihn Ragna an. Seine Mutter sehnte sich danach, die Erste aller Weiber im Land der Angeln zu sein, es den anderen Frauen zu zeigen, was in ihr steckte. Durch ihren blindwütigen Geltungsdrang merkte sie nicht, dass ihrem Sohn seine Ruhmessucht immer mehr zu Kopfe stieg.

„So keem dat, ass dat schull", griente Agnes. „He sette sik in de Netteln!" Spott- und Lachfalten bildeten sich bei dieser Bemerkung in ihren Augenwinkeln.

Er machte nicht nur viele, sondern verhängnisvolle Fehler! Mitten am Tage ließ er sich von seinen Bediensteten Krüge voller Met bringen. Mit seinen engsten Freunden feierte er seinen Erfolg. Die anderen Dörfler durften zusehen, eingeladen wurden sie nicht.

Bereits erheblich angetrunken griff er seiner hübschen Stiefschwester vor aller Augen grob zwischen die Beine. Goodje wehrte sich geschickt, verpasste Kotze ein blaues Auge und einen Tritt in die Stelle, wo dessen winziges Gürkchen beheimatet war. Kotze musste sich zur Beherrschung zwingen. Er zeigte keinen Schmerz. Laut rief er: „Süster, dat deit mi leed. Mi iss alleen de Hand utrutscht!" Er dachte jedoch: „Töv aff, du Miststück, hüüt Abend war ik di bändigen!"

Anschließend war er leicht schwankend im Haupthaus des Thorsberger Hofes erschienen, hatte die älteren Bediensteten hinausgeworfen und sogar sie, die Seherin des Dorfes, von ihrer Bettstatt verbannt. „Du ole Kreih", so hatte er Agnes angeschrien, „kannst bi de Swien slaapen, hier iss keen Platz för di!"

Ocke spürte den immer noch tief sitzenden Zorn der Alten über die rücksichtslose Behandlung.

Bereits am ersten Abend wollte sich der neue starke Führer aller Angeln so richtig beweisen und befahl fünf Dienstmägden zugleich, mit ihm die Lagerstatt zu teilen.

Am kommenden Morgen erzählten diese unaufgefordert und übereinstimmend: der Herr sei wie ein in die Jahre gekommener Klopphengst. Er springe zwar, decke jedoch nicht.

Und dann verdarb sich Kotze es auch noch mit den Bauern und Handwerkern von Steenfeldlund. „Stell di dat vör, Ocke. Nich vun emm sölm, nee, düür sien Broder Klümmp kreegn de Buuern Bescheed!" Der Thorsberger Hof würde für alle weiteren Winter nicht für die Pflege und den Unterhalt des Heiligen Hains aufkommen. Diese Arbeit hätten die Ackerbauern aus dem Dorf zu übernehmen. Die Regelung gelte auch für die Beköstigung der Götternahen.

„Man, wat weern de Steenfeldlunder vertürnt!" Agnes lachte, auch mit ein wenig Schadenfreude, kurz auf. „Wenn't um ehr Sülver geit, kenn uns Lüüd keen Spijöök, keen Höög, keen Broder un keen Süster!"

Nicht nur Unverständnis, sondern Empörung und Entsetzen hätten sich bei den Weibern wie Mannsleuten im Dorf und auf dem Hof breitgemacht. „Düsse Öllermann is to nix to bruuken", lautete die einhellige Ablehnung. An nur einem Tag hatte der Neue es fertiggebracht, die Bauern vor den Kopf zu stoßen, es mit den Bediensteten zu verderben, die Frauen zu demütigen. Was alles mehr würde auf sie in den kommenden Wintern zukommen? Er war der gewählte Fürst, blieb es bis zu seinem Lebensende!

„Man, wat weern uns Lüüd daalsneert", teilte Agnes mit und begann selbstvergessen an ihren langen Fingernägeln zu kauen.

Zum Verhängnis wurde dem selbstherrlich auftretenden, frech-forschen Anführer, auch aufgehetzt von Mutter Ragna, fügte die Großmutter erklärend hinzu, als er anordnete, den alten Fürsten mit Pracht, Prunk und Pomp zu Grabe zu tragen. Aus allen Orten der Umgebung seien die Trauernden gekommen. Die Mannsleute brachten ihren Durst, die Weiber Früchte, Fladenbrot, Honig und in Salz gelegte Heringe mit.

Fürst Offa Ockesson sollte es auf seinem Gang in das Reich der Götter gut haben, ja nicht schlappmachen. Der Pfad nach

Walhalla sei unendlich lang, also müsse man ausreichend Essen und Trinken für ihn ins Grab schaffen. Dazu gehörten auch etliche Krüge mit Bier und Birkenwein. Auch die von ihm genutzten Waffen und Geräte bis hin zu seinem Suppenlöffel und dem spitzen Holzspan, mit dem Offa ständig zwischen seinen verrotteten Zähnen gestochert hatte, legte man zu dem in ein gegerbtes Kuhfell eingeschlagenen Toten. Das Fürstengrab sah trotz der Mumie in der Mitte prachtvoll aus.

Nur merkwürdig: Der Leichnam wollte gar nicht so recht kalt werden, erstarren.

Das mit groben Granitsteinen umrandete Grab blieb, so war es der Brauch, für einen Tag offen, damit der Tote sich ungehindert auf den Weg in das prächtige neue Land hinter den gewaltigen Wolken begeben konnte.

Kotze hatte eigenhändig, was ihm viele hoch anrechneten, seinem ablebenden Stiefvater dessen Zierschwert an das Handgelenk gebunden. So war es Fürstensitte im Land der Angeln. Trotzig, mit der Klinge in der Hand war es damit dem Ockesson möglich, sich den Weg zum Tor der Götterwelt „freizukämpfen", sollte sich ihm jemand in den Weg stellen.

Die Dorfleute waren sich jedoch einig, dazu würde es bei diesem Fürsten der Angeln, der in seiner Jugendzeit ein mutiger, später eher ein träger, jedoch stets gerechter, Herrscher gewesen war, nicht kommen. Ihn würde man mit offenen Armen in der ewigen Götterwelt aufnehmen.

Traumhaft schön sei es in dieser Welt, waren sich die Zechkumpanen des Fürsten einig. Und sie malten sich Bilder in ihren Köpfen: Vier herrliche, blonde, barbusige schmachtende Walküren mit goldenen Speeren und silbernen Lanzen würden Offa mit sanften Händen und lieblichem Lächeln aus dem Grab heben. Damit nicht genug. Die anmutigen Grazien würden mit ihm gen Himmel entschweben. Natürlich würde es Pausen geben, Schäferstündchen, in denen die vier nacheinander und miteinander seine Männlichkeit auf die Probe stellen würden. Ganz heiß wurde es dem Mannsvolk bei diesem Bild einer Totenreise.

Angekommen in der mit Eichenblättern geschmückten Festhalle der Götter würde der Fürst seine erste Begegnung mit ihrer Göttin Nerthis haben. Er würde ihr berichten, was es alles an Veränderungen im Land der Angeln gäbe. Nach dieser Pflicht würde sich endlich das Tor zur eigentlichen Feierhalle öffnen und die Väter und Vorväter der Angeln den Neuankömmling mit allen Köstlichkeiten empfangen, die das zweite Leben so angenehm gestalten. Täglich braun geschmorter Schweinebraten, Fische ohne Gräten, duftendes Brot, süße Beeren und keine Krüge, sondern ganze Fässer voll von Bier, Met und Birkenwein. Die himmlische Sauferei und Fresserei konnte beginnen. Dazu Tanz und Gesang den ganzen Tag.

Tief seufzten die vielen Mannsleute an den Tischen und Bänken auf. „Man, wat hett Offa dat good, mit all de Wiever, dat Suupen un Freeten!"

Dieses Wissen um die wunderbare Götterwelt nahm dem Tod jeglichen Schrecken. Vorzeitig zu sterben lehnte man trotzdem ab. Das irdische Leben hatte auch manche angenehme Seite.

Auch im Dorf ergaben sich Gelegenheiten, das Dasein zu genießen. Der Leichenschmaus gehörte dazu.

Nach den heiligen Ritualen am Grab durch Agnes die Götternahe, nach dem Wehgeschrei der Klageweiber, nach einem donnernden „hoo, hoo, hooo" Hunderter von Männerkehlen ging es endlich zum Dorfplatz, wo sich die Tische unter Essbarem und Getränken bogen.

Da die Sonne schien, es warm wurde, trocknete manche Kehle rasch aus. Mit reichlich Starkbier verhinderte man ein mögliches Ersticken. Aus der Trauerfeier wurde ein wüstes Gelage. Kotze erwies sich als einer der Trinkfreudigsten an diesem Tage. Bereits in kürzester Zeit hatte der junge Fürst, um seine Führungsstärke auf allen Gebieten zu beweisen, drei seiner Zechkumpane unter den Tisch gesoffen. Das Starkbier floss, der Lärmpegel stieg. Erste Raufereien begannen.

Die Leiche war vergessen, der Tote weit weg. „Hoo, hoo, hooo, wat is dat Leven wunnerbar", gröhlte die Trauergesellschaft. Die ersten standen bereits auf den Tischen, hatten sich untergehakt, ein Tanz war angesagt

Da erhob sich Altbauer Birger der Bedächtige. Tränensäcke, tiefe Furchen, ein Gesicht voller Altersflecken, jedoch mit aufmerksamen, hellwachen Augen. Er forderte Ruhe. Die kehrte nicht ein. Da leerte der Bedächtige seinen vollen Bierkrug über den blonden Kopf vom dicken Klümmp, Kotzes

Bruder. Der Fettsack, wie viele ihn nannten, soff unmäßig, war lautstark, rotze und rülpste zwischendurch und wedelte seinen Nachbarn seine ekelhaft stinkenden Fußlappen um die Ohren. Damit war Schluss. Das Bier lief ihm vom Haupt in den Kragen, suchte seinen Weg am ungewaschenen Körper hinunter und bescherte dem Säufer ein nasses Beinkleid.

Auf einen Schlag trat Ruhe ein. Neugierde macht sich breit. Was wohl der Fürst zu der beleidigenden Behandlung seines Bruders sagen würde. Kotze, blass im Gesicht, erhob sich voller Wut. „Blief sitten!", brüllte Birger ihn an. „Hüüt is de letzte Dag vun uns ole Öllermann! Nich von di! To Tieds geit dat alleen um uns Fürst Offa!" Offa Ockesson hatte an diesem Tag Vorrang, nicht er, der neue Fürst!

Und dann folgte die unglaubliche Geschichte von einem Mann aus der Sippe der Offassons, die die Uralten miterlebt hatten, von der die Alten am winterlichen Herdfeuer berichteten und von der jeder der Jungen erfahren haben sollte. Warum wohl, hatte Birger die Anwesenden gefragt, warum trug der alte Fürst den Ehrentitel „de Modige", der Mutige?

Die Aufmerksamkeit aller war ihm gewiss. Die Tänzer stiegen von ihren Tischen, die Säufer setzten behutsam ihren Becher ab und schwiegen. Nur der einfältige Klümmp tanzte aus der Reihe, hob drohend die Faust gegen Birger und rief: „Ik war di de Jack vull haun! Ik heff mi verfeert, heff mi inne Büx pisst! Dat ...", weiter kam er nicht. Gelächter zog wie ein Sommergewitter auf und wollte nicht enden.

Als jedoch der Bedächtige seinen wieder gefüllten Krug hob und auf den Tisch stieg, brach das Lachen ab. Niemand wollte der Nächste für einen Bierguss werden. „Dat, wat Offa Ockesson makt hett, hett uns Angeln estemert un Respekt vun alle de annern Völker inbröcht", hob Birger erneut an und steigerte damit die Aufmerksamkeit.

Wenige Winter nach Offas Wahl zum ersten Ältermann war es zu diesem Ereignis gekommen. Ausgangspunkt waren Plünderungen durch die Warnen, dann Überfälle und schließlich das Abbrennen ganzer Dörfer an der Nordgrenze des Angelnlandes. „De Warnen, düsse Driever un Verbreeker, wulln uns Lüüd un uns Land!" Dieses kriegerische Volk lebte nördlich des Buckholmer Fjords und galt, so betonte Birger, als zu faul, um der Ackerarbeit nachzugehen. Hinterlistig und bösartig waren die Warnen außerdem.

„Rüüksch un verslaan, dat is de Warnen Voss!", erklärte Birger zornig. Zwei seiner Brüder, die in Twett und in Trugelslund siedelten, waren mit ihren Familien bei einem Raubzug hingeschlachtet und ihre Höfe abgefackelt worden. Damals hatten die Warnen es jedoch nicht dabei gelassen. Dem König dieser Mörderbande war es gelungen, die Völker der Dänen und Jüten als Verbündete zu gewinnen. Alle drei machten Front gegen das Angelnland.

Man hatte einen Boten zum Thorsberger Hof mit folgender Aufforderung an den Fürsten entsandt: vollständige Aufgabe und Tributzahlung oder Unterwerfung und Krieg. „Pest oder de swatte Dood, so weer dat", und der Bedächtige gönnte sich einen tiefen Schluck aus seinem Bierkrug.

Bevor er jedoch die Antwort des damaligen Fürsten Offa Ockesson, genannt Triefauge, verkündete, erinnerte Birger an den Friedenswillen und die Friedensliebe ihres Volkes. Es sei Wunsch und Wille von Nerthis, in steter Verständigung miteinander auszukommen. Sie, die Schöpferin allen Lebens, sie die Behüterin ihres Angelner Volkes, lehne es ab, Leben mutwillig zu vernichten! Das schlösse einen Krieg aus, jedoch nicht die Verteidigung von Sippe und Bediensteten, Hab und Gut.

„Un wat hett Offa antert?", rief Kotze voller Ungeduld, weil ihm dieses ewige Friedensgefasel zuwider war.

Birger schwieg, trank einen weiteren Schluck, blickte dann zum neuen Herrscher. „Wat meenst du?" Kotze, von der Gegenfrage überrascht, grummelte vor sich hin, vermied eine Antwort und knurrte unwirsch: „Wat denn? Wat hett Offa seggt to de Bott-Bringer?"

Nun wartete alles gespannt auf die damalige Antwort des Fürsten und sie kam von Birger sofort: „Segg dien Könige, wi warn mit Mann un Muus uns Heimat verdefferndeern! Bangbüxen sünd wi nich!"

Da riss es die gesamte Begräbnisgesellschaft von den Bänken. Diese Antwort gefiel den Anwesenden, machte sie stolz. Ein dreifaches „Hoo, hoo, hooo" erscholl in einer Lautstärke, dass sich die Zweige der Dorflinde schüttelten, Hunde das Weite suchten und Kühe drei Tage keine Milch gaben.

Als alle sich wieder gesetzt, getrunken und beruhigt hatten, berichtete Birger der Bedächtige von der Großen Schlacht, der Auseinandersetzung zwischen den Angeln und den Kriegern von gleich drei Völkerschaften. Voller Spannung lauschte man seinen Worten. Die Rülpser vergaßen ihren gärenden Magen, die Säufer ihre trockene Kehle, die Krakeeler ihre Streitlust.

Die unheilvolle Nachricht von dem Aufmarsch der Feinde erreichte den Thorsberger Hof durch den Bernsteinhändler Matts Jürgensson, den alle als „de Deegte", den Tüchtigen, bezeichneten, weil er nicht nur ein gewitzter, sondern zugleich ein redlicher und erfolgreicher Handelsmann war.

Niemand stieß sich daran, dass er es zugleich mit vier Frauen trieb, die er von eins bis vier nummeriert hatte, weil er ihre Namen zu oft verwechselte. Jede von ihnen musste eine besondere Arbeit für ihn verrichten. So polierte Nummer vier, die geschickte Hände hatte, die stumpfen Bernsteine, bis sie wie Gold glänzten. Nummer zwei webte seine Beinkleider, Nummer eins reichte ihm die Speisen und die dritte führte sein Zugpferd. Nur wenn die Schlafenszeit anbrach, alle zu ihm auf die extra breite Bettstatt kletterten, wurde die Arbeitsteilung aufgehoben.

Man hatte gerade sein kärgliches Mittagsmahl – dünne, wasserreiche Brennnesselsuppe, dazu knochenhartes Fladenbrot – eingenommen, als Matts Jürgensson und seine Truppe mit einem „Moin! Moin!" erschienen.

Die Gäste wurden zu Tisch gebeten, man goss noch mehr Wasser in die Suppe, weil sie sonst nicht für alle gereicht hätte, und teilte die Reste des Brotes miteinander. Satt wurde niemand davon. Nur das Gefühl des Hungers entschwand für eine kurze Zeit. Kohl, Bohnen, gepökelten Speck gab es schon lange nicht mehr im Dorf. „Dat weer to de Tied ass hüüt", ergänzte Birger, „Not un Elend, wo du hennkieken deest!"

Bereits nach seinen ersten Bissen in das Brot, das er, der erfahrene Händler, zuvor in die Suppe eingetaucht hatte, war es aus ihm herausgebrochen: „Dat geit los. Ik heff se sehn. De Dän'n, de Jüten un de Warnen drapen sik in Rinkenass. Dusend Mann hemm se opp de Been stellt, fiefhundert Peerde darbi"! Diese Schreckensbotschaft fuhr allen in die Glieder. Ein mächtiger Feind hatte sich aufgestellt, um von dort nach

Thingleffe zu ziehen, wo die Schlacht ausgetragen werden sollte!

Doch damit nicht genug. Die Warnen, die Oberräuber, hatten verkündet, man wolle das Land der Angeln nicht nur erobern, einnehmen und besiedeln, sondern dieses weibische Volk, das eine Göttin, ein Weib, anbeten würde, vollständig vernichten. Bei richtigen Völkern wären allein Männer die Götter. Da wüsste man, woran man sei. Die Angeln mit ihrer Nerthis stellten die Welt auf den Kopf, seien dabei, die alte Ordnung abzuschaffen. Dazu dürfe es nicht kommen!

„Man, dat hett uns bang makt", gestand Birger ein. „Wat weer to doon?" Nun sei guter Rat teuer gewesen. Ergeben oder verteidigen! Krieg oder Versklavung! Kampf oder Zahlung von Tribut über mehrere Generationen?

Auf dem eilig einberufenen Thing habe man viel geschnackt, doch zu keiner Entscheidung finden können. Ratlosigkeit und Angst habe sich breit gemacht, auch wegen der eintausend hochgerüsteten Krieger. Bei manchen sei es auch zu Mutlosigkeit gekommen, zum Gedanken, aufzugeben oder außer Landes zu fliehen.

„Un in düsse Momang", Birger legte eine kleine Pause ein, „dor keem uns Fürst Offa Ockesson hoch vun sien Stohl. Un he hett seggt, wat maakt ward."

Birger erinnerte sich noch genau an den Aufruf des damals noch jungen Fürsten mit den entzündeten Triefaugen, wiederholte dessen Worte jedoch nicht: „Wenn uns die Warnen und ihre Verbündeten, wie sie sagen, ‚vernichten' wollen, werden wir uns nicht ergeben. Wir werden uns nicht wie Schafe abschlachten lassen. Wir wollen nicht, dass unsere Kinder in die Sklaverei verkauft werden, nicht dass man sich an unseren Weibern vergeht, nicht unsere Äcker verwüsten und unser Vieh abschlachten lassen. Diesmal verteidigen wir Angeln uns! Einen Ausweg haben wir nicht. Über die See zu flüchten, dafür fehlen uns die Boote. Die Völker im Süden haben einen Wall an ihren Grenzen errichtet. Auch dorthin gibt es keinen Ausweg."

Anschließend hatte sich Offa an den Beschützer des Heiligen Hain, den uralten Hellemut gewandt: „Wat seggt uns Göttin?" Hellemut blieb stumm, gab keine Antwort. Doch er zog seinen verrosteten Dolch langsam aus dem Hosenbund und wies mit erhobener Hand nach Norden. Für den Fürsten war diese Geste Aufforderung genug.

Boten ritten sogleich in alle Dörfer. Wenn in wenigen Tagen halber Mond sei, träfen sich alle Angeln in Thingleffe. Alle bedeute: auch die Weiber und die Jungleute. Jeder, der abkömmlich sei, die Alten eingeschlossen. „Hoo, hoo, hooo", bölkte man. „Dat is good, wat uns Fürst seggn deit, hett Hand un Foot. Wi sünd darbi! Wi maaken mit!"

Eine wahre Völkerwanderung setzte zum Treffpunkt Thingleffe ein. Zu Fuß, zu Pferd, mit Kindern an der Hand und in der Kiepe, mit Schubkarren und Ochsengespannen. Wehrhaft zog man in den Krieg mit Stecken und Keulen, Peitschen und Dreschflegeln, sogar Schleudern führten einige mit. Auch Küchenlöffel waren zu sehen, Holzschaufeln, Taue, Stricke, Steine, nur wenige Lanzen und Spieße. Was man auf die Schnelle finden konnte, was gerade griffbereit war, wurde geschultert.

Jedoch mehr Sorgfalt verwandte die Mehrzahl der Dörfler zum Marsch in die Schlacht, als es um die Zusammenstellung von Ess- und Trinkbarem ging. Weder auf Hering noch Hirsebrei wollte man verzichten, nicht auf Rübe, Rettich und Rapunzel. Gut gesättigt würde man dem Gegner zeigen, wo die Hungerharke hing.

Eine längere Überlegung ließ man auch bei den Getränken walten. Ein ordentlicher Schluck Bier vor, während und nach dem Schlachtgetümmel – dazu wurde geraten. Bei längeren Unterbrechungen des Kampfes sollte man viel Met in den Schlund stürzen, weil der die Kampfeslust kitzelt, müde gewordene Knochen wieder wach und den Blick für eine mögliche Flucht klar werden ließ. Die Mehrzahl der für eine solche Herausforderung völlig ungeübten und wohl auch wenig geeigneten Mannsleute begann bereits vor dem Aufbruch nach Thingleffe, den Met als Mutmacher zu probieren, mit zweifelhaftem Erfolg. Viele erreichten deshalb erst verspätet das Schlachtfeld, doch in einer überaus fröhlichen Verfassung.

Die Dorfleute aus Dollerott trafen mit Gesang ein, die aus Twedt und Silberstede tanzten auf dem vorgesehenen Kriegsschauplatz, die aus Korrehüe krochen mehr zum Ort des Geschehens, weil sie gleich den unverdünnten Met gewählt hatten. Trotzdem, der Aufruf des Fürsten zur gemeinsamen Verteidigung war vielerorts erhört worden.

Doch niemand wusste so richtig, was er hier auf dem Schlachtfeld von Thingleffe sollte. Von Kriegen hatten die Angeln zwar gehört, jedoch noch nie einen geführt.

20

Birger der Bedächtige, das Ende seines Berichtes,
vom Schicksalstag der Angeln in Thingleffe,
einer denkwürdigen Rede, von Joochen Blondlocke,
vom Knacken der Knochen, der Gnade vor Recht
und warum den Angeln jährlich sechzig Jungfrauen
zustehen

Offas Aufruf zur gemeinsamen Verteidigung der Freiheit hatte Erfolg. Sogar einige Sachsen, die weiter im Süden zu Hause waren, und viele Friesen mischten sich unter die Angeln. Im Gegensatz zu denen trugen sie echte Waffen. Wurden sie auf ihre Teilnahme angesprochen, antworteten sie in gut verständlichem „Anglisch", denn die Sprache der Angeln wurde durch rechtschaffene Händler in andere Völkerschaften hineingetragen: „Hüüt erobern de Warnen, de Dän'n un de Jüten dat Angelnland, un Morn, dor stahn se bi uns Sippen vör de Döör! Nee, dat wülln wi nich! De Angeln, de schülln uns Nachborn blievn!"

Es war eine wahrhaft bunte Truppe, die sich in Thingleffe traf und dort eine längere Rast mit mitgeführten sauren Gurken, Roter Bete, gesalzenem Fisch, Beeren, Bucheckern, Brot und Bier einlegte. „Nee", so teilte Birger der Bedächtige mit, „nich ass Hungerleider mit leere Maag wull man sien Friesien opgewn. Mit vulle Buuck wull man de Fiend wiesen, wat för een Knööf un Kraft in een düchtigen Angeln steeken deit", trumpfte Birger auf. Höchst gespannt lauschte die Trauergemeinde den Worten des Alten.

Da der Tag der Entscheidung ein trügerischer, stickiger Sonnentag gewesen sei, legten sich die Verteidiger ihrer Heimat vorsorglich in den Schatten der Bäume am Rande des Schlachtfeldes zur Ruhe. Den Krieg würde man nicht verschlafen, dafür würde der Fürst sorgen. Das viele Essen und Trinken verlangte jedoch seinen Preis mit einer ausgiebigen Mittagsstunde. Die wurde durch Fürst Offa vorzeitig beendet. „Man, uns Öllermann bröche uns opp Draff!" Mit bellender Stimme habe er seine schlummernden, stöhnenden, furzenden, schnarchenden Landsleute aus deren Mittagsruhe getrieben. Die, die noch müde waren, wurden mit einem Schlage wach, als sie vor sich auf dem „Feld des fragwürdigen Heldentums" das bereits in Reih und Glied angetretene Heer der Nordvölker erblickten. Die Musskrieger aus dem Angelnland rieben sich erstaunt, erschrocken, voller Hochachtung die Augen. Auch wenn die helle Sonne das Aussehen dieser in voller Rüstung aufgereihten Krieger begünstigte. Vor ihnen standen eintausend behelmte Mannsleute in Prunk, Pomp und Pracht! Alle Achtung!

Fürst Offa jedoch gönnte diesem fast feierlichen und trotzige Furcht erregenden Aufzug seiner Gegner keinen weiteren Blick. Seine Aufgabe war es, die ihn beunruhigende Festtagsstimmung seiner Leute, die deren Angst verdeckte, in ein heldenhaftes Handeln umzuwandeln.

Er schwang sich auf sein Pferd, einen breitarschigen Gaul, der mit seinem Rundbauch aussah wie eine wandelnde Biertonne. Duuv, Taube, nannte er die Stute, wenn ihn eine wehmütige Stimmung übermannte. Dafür war in diesen bedeutungsvollen Stunden weder Zeit noch Anlass. Er ritt mit seinem Pferd, das gewöhnlich einen Pflug zog, vor seine Kampfgesellschaft, die auch wohl an die tausend Mitmacher zählte.

Birger der Bedächtige holte tief Luft, fuhr sich mit der Zunge um seine trocken gewordenen Lippen, trank von seinem Bier und stellte sich auf dem Tisch wohl so in Positur, wie es damals Offa als Heerführer der Angeln getan hatte, und wiederholte dessen Worte:

„Dat geit hüüt um uns Land, uns Lüüd, uns Heimat. Dat geit um uns Wischen, dat Holt. Dat geit um dat, wat wi leev hemm – so hett uns Fürst snackt!" Er hatte seinen Weckruf mit dem Hinweis auf die eigene Stärke der Angeln fortgesetzt.

Der Fürst habe an das Roden der Wälder erinnert, um mehr Ackerfläche zu erhalten. Vor keiner noch so mächtigen Eiche hatte man Halt gemacht, aufgegeben. Nein, kühn und kraftvoll hätte man auf den Baum eingeschlagen, bis er stürzte.

So wäre es auch heute, hier in Thingleffe. Dieses kriegerische Mannsvolk ihnen gegenüber sehe zwar machtvoll und unschlagbar aus, sei aber genauso besiegbar wie eine hochwüchsige uralte Eiche. „Man", so betonte der Bedächtige, „dat harrn i hörn schullt. Hoo, hoo, hooo, bölkten uns dusend Lüüd."

Ein berauschender, beflügelnder Eifer brandete so laut bei den Leuten aus den Dörfern auf, dass Offa sogar seine Taube hatte zügeln müssen. Duuv missfiel ein solches Gebrülle, sie war auf sanfte Töne eingestellt.

Gleich danach hatte der Fürst seine Hand erhoben, Ruhe sei eingekehrt: „Wat hett mien Grotvadder, Offa de Drieste, jümmer seggt: Hölp di sölm, hölpen di de Götter!"

Die Legende über Offa den Ersten blieb unter den Angeln unvergessen. Auch der musste sich in seiner Jugend einem mächtigen Heer stellen. Die Feinde meinten mit ihm, der blind war, leichtes Spiel zu haben. Doch am Ende siegten die Angeln, weil es dem Fürsten mit Geschick, Glück und den Göttern gelang, die Gegner in die Flucht zu treiben. Seit dieser Tat trug der Erste aus der Fürstensippe der Ockessons den Ruhmestitel Offa de Drieste, denn kühn, klug und mutig sei dieser gewesen. „Nich vergeeten, Nerthis, de weer opp uns Siet."

Die Erinnerung an die Gottheiten und diese gewonnene Schlacht hatten damals letzte Zweifel besiegt. Warum sollten ihnen die Mächtigen aus Walhalla heute nicht auch bei diesem Kampf wieder Beistand leisten? Es gehe doch für alle Angeln, für das ganze Volk, um Tod oder Leben! Frieden zu Friedenszeiten, Krieg zu Kriegszeiten war der Appell von Offa Triefauge damals gewesen.

Jubel sei bei Kindern wie Greisen aufgebrandet, schiere Begeisterung habe sich unter den Verteidigern breit gemacht! Nerthis, ihre wunderbaren Göttin, an ihrer Seite! Jetzt würde man es den Nordkriegern zeigen!

Mit dem Kampfruf „Angeln sünd wi, Angeln wülln wi bliev'n" stellte man sich dem übermächtigen Drei-Völker-Heer. Dieses war bis an die Zähne mit Kettenhemden, Helmen, Beilen, Speeren, Dolchen, Keulen, Messern und breiten Schwertern gerüstet. Düster, feindselig, mörderisch blickten die Kämpfer der Dänen, Jüten und Warnen.

Doch als sie, die Angeln, mit ihren Weibern, den Kindern, Alten und Krüppeln aus dem Schatten des Waldrandes auf das offene Feld zuerst mit „hoo, hoo, hooo" gestürmt seien, sich rasch verlangsamten, stoppten und anschließend mehrere Schritte zurückwichen, seien die Gesichter ihrer Feinde entgleist, hätten sich schlagartig verändert. Aus bitterem, bösem Ernst sei ein ungläubiges Grinsen geworden. Lauthals gelacht hatten die Gegner, unbändig und anhaltend. Sich vor Vergnügen zu Boden geworfen, in das Beinkleid gepinkelt, Freudentränen wegen dieses jämmerlichen Kriegshaufens vergossen.

Birger räumte vor der Begräbnis-Versammlung ein: Die Angeln seien zwar kein geordnetes Heer gewesen, aber auch kein hilfloser Haufen mit ihren Acker- und Küchengeräten als Waffen.

Jeffe Jaffasson, König der Warnen, Führer des Feldzuges der drei Verbündeten gegen die Bauern und deren Bedienstete, schien mit ihrer armseligen Armada Mitleid zu haben. Er hob, weithin sichtbar, einen Eichenzweig und galoppierte gemeinsam mit den beiden anderen Königen zur Mitte des Kampffeldes. Dort habe er gehalten und alle hatten das Eichenlaub als Zeichen des Friedens geschwenkt. Erst zu diesem Zeitpunkt sei das Gelächter der tausend Krieger verebbt.

Dann seien sie, die Unterhändler der Angeln, in die Mitte geritten, führte Birger aus. Jedoch nicht mit Galopp. Der Gaul ihres Fürsten, Kugelbauch Duuv, sei nur im Schritt gegangen, zu einem höheren Tempo nicht zu bewegen gewesen. An der Seite ihres Anführers sein Sohn Joochen, der einmal sein Nachfolger werden sollte.

Als dritter Begleiter für die Angeln habe er, der zu der Zeit junge Birger, die ehrenvolle Aufgabe erhalten, die Bedingungen für den Waffengang mit auszuhandeln.

Joochen, gerufen Blondlocke, gerade zehn Winter alt, sei das bis dahin einzig überlebende Kind des Fürsten gewesen. Ein strohblonder fröhlich-frecher Kerl. Der konnte bereits in jungen Jahren geschickt einen Dolch führen, flink wie ein Eichhörnchen in die Spitze einer Birke klettern und, was in der Sippe der Ockessons noch nie vorgekommen war, ein Lied so genau und melodisch singen, dass niemand Haus und Hütte verlassen musste.

Alle auf dem Thorsberger Hof hatten Blondlocke gern, wenn sie auch durch seine stete Fragerei nach dem Warum und Weshalb an manchen Tagen die Geduld verloren und ihn in die Fohlenbox sperrten.

Was war der Junge froh, an diesem Tag der Großen Schlacht seinen Vater, den Fürsten, begleiten zu dürfen. Auch er trug einen kleinen grünen Zweig mit vielen Blättern in der einen Hand. Die andere hatte er in der Mähne seines Pferdes verkrallt, um nicht herunterzufallen.

Die Rüstungen der Nordkrieger hatten geglänzt, sich im Sonnenschein gespiegelt. „Uns Tüüch, uns Klamotten weern swatt, bruun un gries, stunken hemm se gegen de Wind." Da man von einem längeren Disput ausging, setzte sich die Armee der Angeln ins Gras und verzehrte den Rest der Gurken und Wurzeln.

Auf der gegnerischen Seite wurde auch abgewartet, jedoch stehend mit dem Schwert in der Hand. Und mancher von diesen bulligen Mannsleuten hatte sich in Vorfreude auf eine massenhafte Vergewaltigung der Weiber der Angeln mehrfach die Lippen geleckt. Einige sogar gehechelt wie geile Hunde.

„Ja, wi dreepen uns inne Mitt." Offa Ockesson hatte gemeint, verhandeln sei allemal besser, als gegeneinander zu kämpfen. „Ja, wi dreepen uns in de Mitt", und Birgers Stimme wurde ganz leise bei seiner Wiederholung.

Dann habe man die Friedenszweige ausgetauscht. Der kleine Klaus sei ganz stolz gewesen, mit dem König der Dänen die Geste vornehmen zu dürfen. Er habe das Grün des Königs fest an seine Brust gepresst. Still sei es in diesem Augenblick auf dem Schlachtfeld geworden, ganz still. Mit dem Austausch der Zweige verbunden galt das Ruhen aller Waffen. Die Krieger des Nordheeres steckten ihre Schwerter wieder zurück in die Scheiden. Die Friedensgespräche konnten beginnen.

In dem Augenblick geschah etwas Furchtbares. Ein scharf geschossener Pfeil mit einer eisernen, scharfen Spitze und Gänsefedern am Schaft sirrte durch die Luft. Er schoss haarscharf am Fürsten vorbei und traf mit voller Wucht seinen Sohn mitten in die Brust. Der konnte gerade noch „Vadder, ik bün…" rufen, dann stürzte er kraftlos vom Pferd. Blut spritzte aus einer tiefen Wunde. Nur wenige Augenblicke später verstarb Joochen Blondlocke in den Armen seines Vater, ohne noch den Satz beenden zu können, weil das Blut auch aus seinem Mund floss.

Eine mit den Händen zu greifende Betroffenheit machte sich auf beiden Seiten der Schlachtordnung breit. Niemand konnte es bestreiten, der Todespfeil war aus den Reihen der Nordkrieger abgeschossen worden. Nur aus dieser Richtung musste er gekommen sein.

Mit Händen voller Blut, Tränen in den Augen, erhob sich der Angelnfürst und blickte voller Zorn auf die Abordnung der Nordmänner. Die Könige waren erstarrt. Gegner während einer Friedensverhandlung zu ermorden, gleich welchem Gott man diente, war ein ungeheurer Frevel. Der musste sogleich gesühnt werden. Eine solche verruchte Tat galt als eine Schande für ein ganzes Volk. Gekämpft, getötet und gemordet wurde Auge in Auge, nicht feige aus dem Hinterhalt!

Der Warnen-König galoppierte zurück zu seinem Heer, doch der Mörder war nicht aufzufinden. Bestrafung, Vergeltung waren nicht möglich!

Niemand konnte sich an einen solchen Verstoß gegen das Friedensgebot erinnern. Nieder mit den verräterischen Warnen! Auch die Truppen der Jüten rückten von ihren Verbündeten deutlich ab, verurteilten diese Tat!

„So weer dat", betonte Birger immer noch mit verhaltener Stimme. Tränen flossen dem Alten dabei aus den Augen. „Keeneen wusse, wi dat wiedergahn schull!" Ratlos sei man gewesen. Nur die drei Könige berieten sich leise.

Auf dem Schlachtfeld war es totenstill. „Ass se to Enn weern mit dat Verhackstücken", und da schwoll die Stimme des Bedächtigen wieder an, „reep de König vun de Warnen: ‚Keen Krieg mehr.' Man, wat weern wi all froh." Eine tiefe Erleichterung machte sich bei den Angeln breit.

Doch dann sei dieser hintertückische König Jeffe Jaffasson mit dem „Pferdefuß" gekommen. Über Sieg oder Niederlage, so diktierten die drei Herrscher, sollte ein Zweikampf – ohne jegliche Waffen – entscheiden.

„Un watt is, wenn wi verleern?", hatte Offa gefragt, der trotz aller Trauer um seinen getöteten Sohn einen klaren Kopf behielt. Für Jeffe Jaffasson aus der Königssippe der Warnen mit über eintausend Kriegern im Rücken fiel die Antwort einfach und plausibel aus. „Anners maken wi Krieg. All ji Angeln betahln Johr för Johr Tribut an uns un de Kinner verkoopen wi in'ne Slaaverie."

„Un ik", betonte Birger, „heff dann seggt: Wat is, wenn uns Mann Sieger ward?" Da hatten die Könige aufgelacht und einen Sieg von uns Angeln weit von sich gewiesen. Sie schienen genau zu wissen, warum sie so selbstsicher auftrumpfen konnten.

Auch die Angeln berieten sich und Offa schlug vor, dass bei einem Erfolg von ihrer Seite zwanzig Sommer Frieden zwischen den vier Völkern gelten sollte. Jeffe bot zehn Sommer an. Man einigte sich auf fünfzehn, mit dem Zusatz einer jährlichen Tributzahlung von 50 Kühen, 100 Schafen und 60 Jungfrauen, je zwanzig von jedem Volk. Die Nordkönige rieben sich die Hände. Ohne einen Krieg würden sie die Angeln zu ihren Untertanen, Tributpflichtigen und Sklaven machen.

Fürst Offa Ockesson bestand darauf, dieses Abkommen im Angesicht beider Heere und für jedermann hörbar durch einen Eid der Könige zu bekunden. So geschah es. Fünfzehn Jahre sollten – vorausgesetzt, ein Angelner würde den Zweikampf gewinnen – die Waffen ruhen. „Hoo, hoo, hooo", brüllten die Sippen aus dem Angelnland.

Die Streiter aus dem Norden dagegen drehten sich wie auf ein unausgesprochenes Kommando um, streiften ihre Beinkleider auf die Knöchel, bückten sich dabei, hoben ihre Hemden und zeigten ihren Gegnern ihre schmutzstarrenden Ärsche. Dabei lachten sie voller Hohn.

„Wer schull för uns Volk inne Ring?", fragte Birger in die Runde. Bevor aus der Trauergesellschaft eine Antwort kam, erzählte der Bedächtige von den mächtig starken Brüdern Ruck und Zuck, die es damals schafften, alleine ein Pferd zu stemmen, Ochsen auf die Seite zu legen und mit zehn Gegnern gleichzeitig fertig zu werden.

„Man dat keem anners, ass ik dacht heff", setzte er fort. Keiner der beiden wurde ausgewählt, weil der Fürst selber den Kampf bestreiten wollte. Dieses sei sein Vaterrecht. Es sei sein Sohn, der getötet worden war. Alle Einwände wegen seiner nur durchschnittlichen Kraft, seiner entzündeten Augen und dem Schock durch den Tod seines Sohnes habe er zur Seite gefegt. „Dat is mien Söhn, de dood gahn is! Ik mutt mi stelln, ik alleen!"

Und dann machte sich Offa aufrecht und tapfer, immer noch besudelt mit dem Blut von Joochen, zum abgesteckten Viereck in der Mitte des Schlachtfeldes. Dort, vor aller Augen, sollte es zum Zweikampf kommen. Der rote Lebenssaft seines Sohnes klebte zwischen seinen Fingern, ließ seinen bloßen, blutgefärbten Oberkörper schmierig und furchterregend aussehen. Ein wenig keuchend, aber voller Wut und Entschlossenheit, stand er, der mit keiner besonderen Körpergröße ausgestattet war, im Ring und erwartete seinen Gegner.

Es ging nicht nur um Leben und Tod, sondern, was den Fürsten viel mehr bewegte, um das Wohl seines gesamten Volkes. Verlöre er, würden die Sieger nicht nur das Land besetzen, sondern die Menschen schinden, knechten und zu Hörigen machen. Alle Freiheiten gingen verloren. Gleiches Recht für alle würde es nicht mehr geben. Die Angeln wurden aufhören, ein Volk zu sein. Seine einzige und letzte Hoffnung war Nerthis, ihre Göttin, seine Göttin!

Angst empfand er nicht, bis die Reihen der Nordkrieger sich öffneten und eine Gestalt, einen Dänen von imposanter Größe, durchließen. Dieser Koloss war doppelt so groß, doppelt so breit wie er. Seine Arme hatten die doppelte Länge. Nur der Kopf, an dem ein langer, geflochtener Zopf hing, war klein und kreisrund wie ein Kinderarsch. Seine schwarzschillernden Knopfaugen waren rot unterlaufen, blickten tückisch und voller Mordlust. Mit seinem hervorspringenden gelben Gebiss hätte dieser Gigant die Knochen von Kühen knacken können. Ein einschüchterndes Mannsbild! Außerdem stank dieser Riese fürchterlich aus dem Hals, als sei er gerade aus einer Scheißgrube geklettert. Dieses Monster von Mannsbild wurde von anhaltenden Hochrufen seiner Mitkrieger begleitet.

Offa versuchte seine Beklommenheit abzuschütteln, was ihm nicht gelang. Hier sollte nun ein Kalb gegen einen ausgewachsenen Bullen kämpfen. Völlig aussichtslos, dieses Unterfangen! Viele seiner Landsleute zogen sich bereits zum Waldrand zurück, um das Elend um ihren Fürsten nicht mit ansehen zu müssen.

Die Nordkrieger dagegen johlten vor Begeisterung.

Schon war der Hüne, der trotz seiner Körpergröße flink auf den Beinen war, an Offe herangeglitten und versetzte ihm einen Faustschlag, dass der quer durch den Ring flog und zu Boden ging. Sofort war der Nordkrieger bei ihm und brach ihm durch einen gezielten Fußtritt mehrere Rippen und verletzte seinen rechten Knöchel.

Der Fürst versuchte, sich wegzudrehen. Es war aussichtslos. Wieder knallte der Riesenfuß in seinen Brustkorb. Das Knacken weiterer Knochen war auf dem gesamten Schlachtfeld zu vernehmen. Der Fürst lag mit dem Rücken auf dem Boden, seine Schmerzen raubten ihm fast den Verstand.

In diesem Moment beugte sich der Schlächter zu ihm hinunter, wollte ihm die Nase abbeißen. Offas blutige Hände schnellten nach oben, um sich zu schützen. Dabei gerieten seine blutgetunkten Finger in die Augen des Mannes. Der riss seinen Kopf mit einem Ruck zurück, brüllte wie ein wütender Stier und versuchte verzweifelt, das in seinen Augen brennende, ätzende Blut herauszuwischen. Doch je mehr er rieb, säuberte und mit den Fingernägeln schabte, umso mehr verlor er seine Sehkraft. Fast blind, schreiend, um sich schlagend suchte er nach seinem Gegner, tapste hilflos durch das Viereck.

Offa wusste, einen weiteren Angriff des Ungetüms würde er nicht überleben. Jetzt musste er handeln. Er schlich sich von hinten an den Koloss, ergriff den langen Zopf. Legte ihn wie einen Strang um dessen Hals und zog mit allen Kräften, die ihm verblieben waren, die Schlinge zu. Hoch wurde er von dem Recken in die Luft geschleudert, doch der Fürst ließ das Haar nicht los. Röchelnd sank der Hüne zu Boden und blieb leblos liegen.

Abgesehen von mehreren jubilierenden Lerchen und einigen krächzenden Krähen war es totenstill auf dem Schlachtfeld. Auch die Angeln, die eigentlich jubeln, frohlocken konnten, schwiegen bei diesem Drama vor ihren Augen.

Der König der Dänen, dessen Landsmann so deutlich und unvermutet verloren hatte, reichte dem schwer atmenden Sieger sein Schwert. Damit sollte dem Verlierer der Kopf vom Körper getrennt werden; so war es bei Zweikämpfen der Brauch. Gerecht fanden die Nordkrieger diese Art von Strafe. Alle hielten den Atem an.

Da glitt in diesem Augenblick eine kleine weiße kreisrunde Wolke über den sonst blauen Sommerhimmel und tauchte das Kampfviereck für einen Moment in einen Schatten. Offa, der die messerscharfe Waffe bereits angehoben und zum Todesstreich angesetzt hatte, blickte gen Himmel, hielt einen Moment inne, dann senkte er die Klinge und trieb sie neben den Hals des Gedemütigten in den Boden. Unfassbar!

Die Nordkrieger murrten, zeigten deutlich ihren Unwillen. Manche der Angeln wandten sich ab, schämten sich wegen der Schwäche, ja der Feigheit ihres Fürsten, den Feind endgültig zu vernichten. „Man, uns Fürst, de wusse, wat he wull. De Wulk an de Heven hett eem de Weg wiest. De keem vun Nerthis!" Birger ahnte, warum Offa so gehandelt hatte.

Offa war sich durchaus bewusst, als Schwächling zu gelten. Er konnte nicht anders. Als Verehrer der Göttin Nerthis, für die Vergebung göttlicher war als Vergeltung, die den Tod eines Wehrlosen nicht billigen würde, entschied er sich für das Überleben des Dänen. Als stille Sieger zogen die Angeln ab.

In ihrem Gepäck fünfzehn Jahre Frieden, Tributzahlungen von den besiegten drei Völkern und, was die Mannsleute, ob jung ob alt, besonders lobten, sechzig Jungfrauen, jährlich. Diesen Teil der Geschichte musste der Bedächtige nun wirklich nicht weiter fortspinnen. Jedermann kannte sie. Seit dem Jahr der großen, nicht geschlagenen Schlacht, trafen jährlich nach der Ernte Kühe, Schafe und Jungfrauen aus dem Norden auf dem Thorsberger Hof ein.

Die Tiere, durchweg abgemagertes altes Vieh, wurden nördlich des Hofes auf einer freien Fläche verhökert, die Weiber auf dem südlichen Marktfeld. Mit dem erzielten Erlös pflegte man den Heiligen Hain und half in den Dörfern, wo Not und Hunger besonders groß waren. Die Tributleistungen trafen zwar regelmäßig ein, aber die Ware war, bis auf einige Ausnahmen, miserabel, besonders die Jungfrauen. Die Warnen schickten Weiber mit einer Weißfleckenkrankheit im Gesicht, die dort weit verbreitet war. Sie verlieh der Stirn, den Wangen und dem Unterkiefer das Aussehen eines Feldsteins.

Von den Dänen kamen Weiber voll von Narben einer überstandenen Seuche. Allein die Jüten entsandten eine Schar fröhlich-frecher, flapsiger Deerns im Kindesalter. Dort hielt man sich an die Zusage.

Dieses jährliche Ereignis zog viel neugieriges Volk zum Thorsberger Hof an, dauerte mehrere Tage und endete stets mit einem Fest, zu dem der Fürst einlud. „Triefauges Marktvergnügen" hieß dieser Vieh- und Brautmarkt bald und dabei blieb es.

„Kiek", hob Birger der Bedächtige nach weiterem Biergenuss hervor, „vun de Dag wurr uns Fürst ‚de Modige' nömt. De Nam, de hett he sik suur verdeent!" Doch mit den Jahren vergaß man den Ehrentitel und ersetzte ihn durch ‚Triefauge', weil Offas Augenleiden und die Tränensäcke täglich sichtbar blieben.

So mancher in der Trauerrunde nickte verständnisvoll. „Dor hört bannig Kuraasch to, Wedderdenken, ‚Rache' för de eegn' Söhn to vergeeten!" Dieser Auffassung schlossen sich viele an. Was war Offa Ockesson doch für ein großartiger Kerl gewesen.

Begeisterung packte die Trauerrunde, manche sprangen auf die Bänke, einige sogar auf die Tische. „Hoch schall Offa, de Modige, leeven, uk wenn he dood is! Hoch! Hoch!" Man hob die Bierkrüge, trank bis zur Neige, ließ sie neu füllen, dankte Birger für dessen wunderbare Geschichte mit einem dreifachen: „Hoo, hoo, hooo!" Jetzt wollte man sich auf dieser Beerdigung richtig besaufen, den Leichenschmaus genießen.

Doch da erstarrten die ersten Trinker, wurden blass, saßen stocksteif auf ihren Bänken, wagten sich nicht zu rühren. Wer war da neben Altbauer Birger aufgetaucht, stand fahl im Gesicht, aber lebendig neben ihm? Man wollte seinen Augen nicht trauen. Unfassbar! Offa, ihr toter Fürst!

Hatte man ihm trotz des Schwertes den Eintritt nach Walhalla verweigert? War er jetzt als ein Wiedergänger aus dem Schattenreich aufgetaucht? War es der Geist von Offa?

Bleierne Stille trat ein. Keiner sprach mehr, niemand räusperte sich oder wagte auch nur seinen Becher anzuheben. Sogar Klümmp verzichtete auf sein Rülpsen, unterließ jeden Furz.

„Ick heff döst! Hemm ji wat to suupen?", waren die ersten Worte des Leichnams. Der Wiedergänger aus der Unterwelt konnte sprechen! War es tatsächlich ihr alter Fürst, der von den Toten auferstanden war? Konnte so etwas mit rechten Dingen zugehen? Hatten hier die Götter ihre Hände im Spiel?

„Lang mi gau de Beerkroog!", forderte der „Tote" die Dorfleute auf. Ja, so kannten, so schätzten sie ihn! Ihr Fürst, ein Säufer vor den Herren von Walhalla! „Prost, ji Baggeluuten!" Offa leerte den Becher in einem Zug. So kannte man ihn.

Der anhaltende, todesähnliche Dauerschlaf hatte dem „Verstorbenen" gut getan, ihm neue Kraft gegeben. Auch die Verlegung seiner Bettstatt vom Hof in das kühle Grab trug dazu bei, seine letzten Lebensgeister wieder zu wecken. Und endgültig munter ließ ihn der himmlische Duft des Birkenweins werden, der zu den Grabbeigaben gehörte.

Am Anfang hatte ihn die ungewöhnliche Lagerstatt verwundert, doch vor Jahren war er bereits einmal total besoffen in ein leeres Grab gestürzt. Obwohl seine Knochen knackten, er sich mehrfach ausruhen musste, war es ihm gelungen, ohne Hilfe aus der Grabkammer zu klettern. Erst als er sich noch einmal umblickte, seinen Holzlöffel, sein Schwert und die stets stinkenden Fußlappen sah, war ihm bewusst geworden, dass man ihn hier beerdigt hatte.

Offa holte tief Luft, hatte diesen Tatbestand erst einmal verkraften müssen. Doch statt sich auf den Weg ins Dorf zu begeben, rutschte er in die Kammer zurück und machte sich über die reichhaltigen Beigaben her, hungrig wie ein ausgewachsener Wolf. Geknausert hatten die Dorfleute nicht, er war rundum satt geworden. Jetzt befand er sich ein wenig wackelig, jedoch in voller Größe auf seiner eigenen Beerdigung.

Alle blickten mit großen Augen, manche mit offenem Mund auf ihn, den auferstandenen Fürsten, Ältermann und damit auch Richter.

Der setzte in aller Ruhe seinen Bierkrug ab, blickte dann lange auf Ragna und beide Stiefsöhne. „Dat sünd de dree, de seggt hemm, dat du dood büst", meldete sich Birger der Bedächtige. Die drei, Kotze, Klümmp und Ragna, hatten seinen Tod bezeugt. „De hemm di lebendig in't Graff bröcht", ergänzte er. „Dat weer Mord", meldete sich eine erste Stimme aus der Trauergemeinde. „Mord! Mord! Mord!", setzten weitere nach.

Offa hob den Arm, alles schwieg und wartete auf sein Urteil. „De dree sünd ut mien Sipp. Dood makt ward nich!" Viele bedauerten diesen Richterspruch, gab es doch jetzt wieder ein leeres Grab, das groß genug für die Dreierbande sein würde.

Der alte Fürst mit seinem großen, mitleidigen Herzen ordnete eine sofortige Verbannung für Ragna und ihre Söhne an. Nicht einmal in ihrem Leben durften sie einen Fuß in das Land der Angeln setzen und Kotze wurde die Würde eines Fürsten auf alle Zeit entzogen.

Blass, aber voller Groll, ohne Widerstand zu leisten, ließen sich die drei abführen. Am Rande des Dorfplatzes angekommen, wandte sich der entthronte Kotze noch einmal um, hob seine Faust und brüllte: „Dat ward ju noch Leed doon. Dat Wedderdenken, de Wraak, de is mien!" Seine wüste Drohung, seine Rache sollte das Volk der Angeln wie ein tosendes Sommergewitter bis ins Mark treffen. Und so kam es auch.

Güte und Nachsicht des alten Fürsten zahlten sich nicht aus.

Die Wiederauferstehung des Scheintoten wurde zum Fest aller Feste. „Maken wi dat Beste ut mien Beerdigung", rief Triefauge den Trauenden zu und spendierte die erste Runde für alle.

Noch in der Nacht verstarb er – endgültig.

Die Großmutter ergriff wieder Ockes Hände und streichelte sie. „Dat all is passert, ass du opp Jagd weerst." Nun wusste es der Kurzgewachsene, konnte die Veränderungen auf dem Hof und in seiner Sippe einordnen. Sein Vater lebte nicht mehr. Ein Verlust für die Angeln, keine Frage. Auch wenn er es in den letzten Sommern unterlassen hatte, Führung zu zeigen, Ockes persönlicher Schmerz hielt sich in Grenzen. Zu oft hatte sein Vater ihn zu Unrecht bestraft, als Winzling gehänselt, ihn übergangen, stets seine Stiefbrüder vorgezogen.

Unerklärlich jedoch empfand er die wenig kummervolle Miene von Agnes, seiner Großmutter. Eigentlich müsste sie wegen ihres verstorbenen Sohnes Tränen vergießen. Verschwieg sie ihm etwas? Warum war sie so besorgt um ihn, strich weiter seine Hände?

Gestern habe man Triefauge zum zweiten Mal beerdigt und viele Leute seien wirklich voller Trauer gewesen. Anschließend habe man sich zum Thing getroffen. Der eine Ältermann tot, der andere außer Landes, also musste ein neuer Baas her für Steenfeldlund, und ein Fürst für das Volk. Aber wer? Keiner der möglichen Kandidaten traute sich die Herausforderung zu, gestand die Götternahe. So hatten Altbauer Birger der Bedächtige und der betagte Bernsteinhändler Matts Jürgensson das Amt abgelehnt. Sie seien zu alt für eine solche zusätzliche Bürde.

Da man nicht weiter wusste, unterbrachen die Mannsleute ihr Treffen und wandten sich an Agnes die Götternahe, die im Heiligen Hain unter den Eichen ihr Zwiegespräch mit Nerthis hielt. „Man, wat heff ik mi verfeehrt, ass de Mannslüüd vör mi stunn. Ik, de Ole, schull hölpen! Ik alleen schull de Mannslüüd een Weg wiesen! Dat heff ik daan!"

Während sie ihre Runen warf, hatten Krähen und Elstern einen fürchterlichen Krach veranstaltet, seien aufgeregt aufgeflattert und anschließend voller Groll abgestrichen. Ungewöhnlich sei das Verhalten dieser Strichvögel gewesen. Gewöhnlich ließen sich diese nicht so leicht vertreiben.

Die Ursache? Viele Hunderte, putzmuntere, kleine und junge Buchfinken seien in die Kronen der Eichen eingefallen. Auch die Männer hätten voller Erstaunen dieses Naturereignis wahrgenommen. „Kiek, in düsse Moment heff ik dat wusst, wat mi de Runen segg'n wulln. Dat heff ik de Mannslüüd verkloorfiedelt."

Wer klein und frisch geschlüpft sei, wie die Buchfinken, hatte sie den Thingmännern erklärt, der sei damit nicht machtlos. Der könne sich auch gegen Große durchsetzen. Wenn es den Lütten gelingt zusammenzuhalten, sich unerschrocken zu zeigen, laut und selbstbewusst zu sein, würden sogar Krähen und Elstern das Weite suchen.

Matts Jürgensson, der mit den vier Weibern, sei zuerst aufgesprungen und habe gerufen, nicht bei den Alten, sondern bei den Jüngeren nach einem zukünftigen Fürsten Ausschau zu halten. Birger der Bedächtige habe ergänzt, es müsse auch nicht immer ein großgewachsener Kerl gewählt werden. Wichtig seien Mut, Umsicht, Durchhaltevermögen und „een grode Hard för anne Lüüd", und diese Worte hatte er ausdrücklich betont.

Merkwürdig, dachte Ocke, welche rätselhafte Geschichte wollte ihm seine Großmutter jetzt wieder mitteilen? Doch von einer weiteren Frage wurde er abgelenkt.

Seine Schwester Goodje kam in den Hain gestürmt, stoppte kurz, sah ihn seltsam an, lachte hell auf und schloss den Rückkehrer von einer erfolglosen Jagd in ihre Arme. „Man, Broder, fein, dat du wedder to Huus büst. Du warst bruukt! Dat chanze Dörp söcht di!"

Keine Frage wegen seiner fehlenden Jagdbeute. Ein solches Interesse an ihm, dem Kurzbein, war ihm noch nie widerfahren. Jetzt wurde er neugierig.

Bevor er zum Thorsberger Hof aufbrach, wollte er von den beiden, die ihm besonders nahe standen, wissen, wer zum Ältermann, wer zum Fürst aller Angeln auf dem Thing gewählt worden war. Die Großmutter wie Goodje schwiegen eine kurze Zeit. Dann konnte seine Schwester sich nicht mehr beherrschen und es platzte aus ihr heraus: „Du, Broder, du büst de Baas vun uns Angeln wurn, uns Fürst!" Es verschlug ihm den Atem.

Seine Großmutter hatte noch einmal seine Hände genommen und verhalten, aber eindringlich erklärt, dass er seinem Volk ein glaubwürdiger und gerechter Führer sein werde.

Tatkraft habe er bewiesen, als er den Adler bezwang. Umsicht, als er den grauen Hengst, dat Beest, zuritt, und Durchhaltevermögen, als er trotz aller Fehlschläge immer weiter auf die Jagd zog, um für das Dorf Wildbret zu besorgen.

„Man, Ocke, un ass du Börge Bärentatze Dag för Dag hulpen hest, kunn jedeen sehn, wat för'n groodet Hard du hest."

Ocke fehlten die Worte. Er, der Winzling, den man früher Putjehupp rief, war jetzt Fürst aller Angeln. Er, aus der Sippe der Offassons, der Wichtigtuer, der ewige Versager, ihn hatten die Thingmänner auserkoren.

Es sollte sich bald herausstellen, dass all sein Können, seine Fähigkeiten und Fertigkeiten benötigt wurden.

Die drei Schicksalsgöttinnen lehnten sich zufrieden in ihren Stühlen zurück und zogen weitere Fäden aus ihrer sorgfältig gelegten Lebensspindel.

21

Idea Slappfoots Heimkehr mit Häme und Hindernissen, von Korl Kooh, dem Fürsten der Kühe, dem Angler Rind, Brautleuten, denen eine Vermählung untersagt wird, Salinas eigener Welt und warum eine Hornisse einen Viehzüchter in den Ruin treibt

Immer wieder unterbrach Idea ihren Rückweg vom Alten Moor nach Smedeby. Die Jagdbeute war eine Bürde voller Gewicht, ihre Kraft ließ merklich nach. Der durch den andauernden Regen aufgeweichte, matschige Weg erschwerte das Vorankommen. Auch wenn es einfacher war, den Hinterschinken der Hirschkuh auf einer Schleppe zu ziehen, statt ihn auf dem Rücken zu tragen, das Zuggewicht drückte auf ihre Schultern, die immer stärker schmerzten. Das galt auch für ihren verkrüppelten Fuß.

Am Eingang zu ihrem Heimatdorf hielt sie, richtete ihre Jagdbeute, ordnete Kleidung, ihre Haare, die Jagdwaffen und nahm sich vor, den Schleiffuß anzuheben, damit es nicht so tollpatschig aussah, wenn sie durch die Dorfstraße zog. Ihren Dolch versteckte sie nicht mehr. Alle Welt sollte sehen, wie sie zu ihrem Erfolg gekommen war. Sie streckte sich, hob das Kinn keck an, jetzt konnte sie ihren Sieg als erfolgreiche Jägerin auskosten! Doch was kam da auf sie zugestürmt?

Bereits nach wenigen Schritten endete ihr Triumphzug, wie sie sich ihn gewünscht und ausgemalt hatte, durch wütendes Hundegekläff und spottenden Kinderlärm. Die Köter, vom lockenden Fleischgeruch angezogen, kläfften wegen der blutigen Beute wie verrückt. Einige verbissen sich im Hinterlauf der Kuh, zerrten ihn mit ihren spitzen Reißzähnen von der Schleppe durch den Morast der Straße, weitere Hunde hetzten hinzu, verbissen sich in Sehnen, Haut und Knochen.

Idea hob ihren mannshohen Stützstecken voll ohnmächtiger Wut und schlug mehrfach zwischen die Meute. Da johlten nicht nur die Kinder begeistert, auch die durch den Lärm neugierig gewordenen Dorfleute beteiligten sich mit aufmunternden Rufen voller Spott und Sticheleien an dem ungewöhnlichen Schauspiel zwischen den Dorfkötern und dem Weib mit dem Slappfoot.

Idea war schier verzweifelt. Ihre erste Jagdbeute – Hundefutter? Nein!

Sie riss ihren kräftigen Wanderstock hoch in die Luft und setzte zu einem die Hunde vertreibenden Rundschlag an. Kernig, kraftvoll, konsequent! Bei dieser Drehung verlor sie jedoch wegen ihres Knickfußes den Halt, stürzte in den Straßendreck, sodass das Wasser aus den Pfützen hoch aufspritzte und ihr Gesicht schwarze Flecken erhielt.

Das Lachen der Leute überschlug sich. Zu komisch war diese Bauchlandung der Unbeholfenen im Matsch des Gehweges. Diese Belustigung, so fanden mehrere, erreichte damit einen Höhepunkt. Die eigenwillige Tochter von Sigvald Sörensson am Boden, voller Schmutz, nass am ganzen Körper und Hunde mit fletschenden Zähnen geifernd um sie herum.

Wer mutmaßte, jetzt würde sich ein heulendes, zeterndes Weib erheben, wurde enttäuscht. Idea ließ sich ihr Elend nicht anmerken, richtete sich am knastigen Eichenstab auf und … schwieg. Dieses Schweigen wurde so beklemmend, dass sogar die Hunde still wurden, ihr Kauen verlangsamten.

Mit ausgestrecktem Arm, ohne Hast, ohne ihre Stimme zu heben, wies sie auf die Gaffer, die ihr Gelächter und hämisches Grinsen einstellten. „Ik heff dat Achterdeel vun een Hirschkoh mitbröcht! Fleesch vör all' Sippen vun uns Dörp. Uk wat to Bieten för de Kinner un uns ole Lüüd!" Sie zeigte auf den Dolch an ihrer Seite. „Ik heff de Deert sölm dood makt." Wenn das Fleisch nicht ein Fraß für die Hunde, sondern ein Essen für alle Dorfleute werden sollte, mussten alle mithelfen, es zu bergen.

Die Kraft ihrer Stimme nahm zu. „Man, wenn ji nich inne Strümp kam, freeten uns Dörpsköters dat Fleesch!" Da hatten es die Frauen wie Männer eilig, verscheuchten die Hunde. Sie teilten die Hinterhand untereinander, begutachteten die Beutestücke, nickten begeistert und eilten in ihre Häuser, zufrieden, dankbar, einige auch beschämt.

Nur eine Gruppe junger Mannsleute nahm keinen Anteil, feixte über Ideas Aussehen und höhnte laut über ihre Dolchfertigkeit. „Tofall, tofall, mehr weer dat nich", schrie Malte Karlsson, den sie mal auf einem Kornfeld, weil er ihr an die Wäsche ging, mit einem kräftigen Hieb auf seine freigelegte steife, blauköpfige, aufrechte Gurke abgewiesen hatte. Der Wortführer der Jungmänner, ein Hunz Biethansson, ergänzte: „Slappfoot, du mutst weeten, Mannslüüd bruuken dat Mess för de Jagd, de Wiever för Wuddeln in de Köök!"

Dann setzte Malte nach: „Lögengeschichten vertellst du! Alleen opp Jagd, een Wief, dor gackern ja de Höhner!" „Toock, toock, tooock – toock, toock, tooock", ahmte der Jungmänner-Trupp eine aufgescheuchte Hühnerschar nach, grölte grob, kehlig, rüpelhaft, feierte seinen Einfall.

Nun reichte es der Jägerin. Zuerst die verdammten Köter, dann der Sturz und nun der Spott. „Mit een Mess kann ik beeder smieten ass ji Baggeluuten!" Erst gluckste die Jungmänner-Gruppe, dann rief sie plump und lauthals: „Idea iss mall, dull, dwallerig, bregenklöterig so ass ehr Mudder." „Schlappfoot is tumbig, de Mudder is tumbig, ehr Sipp hett een Klaps weg!" Und wieder bog man sich vor Lachen.

Die Schmiedetochter traf diese Beschimpfung tief. Sie wusste, worauf Malte Karlsson und seine Freunde anspielten. Ihre Mutter Salina war bereits seit vielen Jahren von allen guten und auch den bösen Geistern verlassen, irrte umher, tat jedoch niemandem etwas zuleide.

Bei einem Sturm hatte ein herabfallender knorriger Ast ihren Hinterkopf getroffen. Sie stürzte, verlor kurz die Besinnung, konnte sich aber ohne fremde Hilfe wieder aufrichten und wurde von Sigvald, ihrem Mann, dem Schmied, behutsam in das Handwerkerhaus zurückbegleitet.

Von diesem Tag an veränderte sich schlagartig ihr Verhalten. War Salina vorher noch voller Fürsorge, Aufmerksamkeit und Hingabe für ihre Sippe, galt diese Beobachtung danach nicht mehr. Sie war sich selbst genug. Vergaß die Namen ihrer Kinder, vergaß sich zu kleiden, regelmäßig zu essen. Wenn niemand ihr beim Anziehen half, ging sie unbekümmert ohne Kleidung mit ihren mageren Hängebrüsten und ihren faltigen Hintern aus dem Haus, setzte sich, als gehöre sie dazu, bei den Nachbarn an den Essenstisch, löffelte, solange sie hungrig war, summte zufrieden vor sich hin und verließ ohne Dank und Gruß die fremde Tafel.

Wer Salina mit Verständnis beobachtete, bemerkte einen steten „Sonnenschein" auf ihrem früher einmal wunderschönen Gesicht. Es strahlte immer noch voller Güte.

So recht störte sich niemand an Salina, und von Maltes Vater, Kuhbauer Korl Maltesson, genannt Korl Kooh, stammte der Schnack: „Old, dat warn wi all, man keen een weet, wi schiet uns dat in uns Öller gahn deit."

Seinen Spitzmanen Korl Kooh verdankte der Maltesson-Bauer seiner abgöttischen Zuneigung zu seinen Kühen. Reinweg vernarrt war er in seine Rinder. Sie erhielten die Zuwendung, die sein klug haushaltendes, sparsames Weib, die bienenfleißige Börgitte eigentlich verdient hätte.

Täglich säuberte Korl mehrfach den Stall, streute die Liegefläche der Tiere mit hellem Sand und darüber eine Lage weiches Stroh. Die Mähne am Kopf der Tiere wurde kunstvoll geflochten und mit Buchenzweigen verziert. Der Steert, der Schwanz, der Tiere am Morgen wie am Abend ausgekämmt und mit einem farbigen Band versehen. Die Euter wusch er mit Quellwasser, die Zitzen bestrich er mit Birkenöl. Um die Fesseln wickelte der leidenschaftliche Kuhbauer Tücher, weil ihm dort eine Verletzungsgefahr besonders groß erschien.

Die Herde erhielt in den Wintertagen Schutzdecken und jedes Rind einen eigenen Namen: Helene von der Glockenwiese, Erna die Erleuchtete, Vera Wunderbar, Gitte die Ungeduldige. Die fünfte, die er mehr streichelte als sein Weib, trug die Bezeichnung Gloria von Tutten und Schönschiss.

Keuchte einer seiner Lieblinge, schlug er des Nachts daneben sein Lager auf und versorgte das erkrankte Tier mit angewärmtem Kräuterwasser.

„Korl iss wat spleenig mit sien Kööh, unkloog, meist een beeten düürdreit." Bedingt durch die für Smedeby außergewöhnlich hohe Milchmenge seiner Rinder, die er zum Tausch anbot, verziehen die Dörfler ihm aber diese Kuh-Narretei.

Zu der von allen bestaunten Milchleistung war er durch die Zusammenführung zweier verschiedener Rinderrassen gekommen.

Ein Händler hatte ihm von Kühen beim Volk der Jüten mit prächtig prallen Eutern erzählt. Bauer Maltesson wurde neugierig. Was machte er falsch? Er knetete, streichelte, massierte die Euter seiner Kühe stündlich, sprach mit ihnen, redete ihnen gut zu, wechselte das Futter, das Trinkwasser; nichts half, die Euter blieben schlaff, wurden nicht so rund wie die der Jütenkühe.

Da fasste er sich ein Herz. An Ort und Stelle wollte er sich ansehen, warum die Jüten-Rinder so viel besser waren. Unter erheblichen Bedenken und mit vielen Anordnungen übertrug er seiner Sippe die Betreuung der Rinder. Mit den wenig freundlichen Worten: „Ward een vun mien Kööh krank oder geit dood, smiet ik ju achtkantig vun'n Hoff", verabschiedete er sich und verließ Smedeby mit seiner gesamten Barschaft, der Honigernte, die für die Wintermonate gedacht war, und der Silberfibel seines Weibes. Die hatte er ihr zur Vermählung, verbunden mit Treueschwüren, überreicht. Sein schönstes Geschenk von ihr waren zwei trächtige Mutterkühe gewesen, die sie mit in die ausgehandelte Ehe eingebracht hatte.

Die wunderschön verzierte Fibel, die Börgitte nur bei besonderen Anlässen trug, stammte aus dem Familienbesitz der Maltessons, wurde von Generation zu Generation weitergegeben, erlangte in dieser Sippe die Achtung eines Heiligtums. Korl Kooh nahm darauf keine Rücksicht, Kühe waren ihm wichtiger.

Über viele Vollmonde hinweg blieb der Rinderbauer verschwunden. Dessen jüngerer Bruder, erster Knecht auf dem Hof, liebäugelte bereits mit dem Gedanken, die Wirtschaft und dazu das Weib von Korl, die immer noch hochbusige Börgitte, zu übernehmen, als der eines Tages, aber nicht allein, vor dem Hoftor stand.

Mager, fast hager geworden, die eine Kopfseite grünblau, ein Ohr fehlte, humpelnd, die Nase dick geschwollen, der Unterkiefer ohne Zähne, ein Jammer von Mannsbild. Seine Augen jedoch, die strahlten, obwohl er mit Schmerzen ein Bein nachzog!

Neben ihm an einem geflochtenen Tau stand ein muskulöser, feurig schnaubender Bulle mit weißgelbem Fell, der ungeduldig mit einem Vorderhuf im Sand scharrte. „Ik heff emm! Hier iss he! Uns nüüe Bull! Een Jütlänner! Wild achter jede Koh rann! De hett Füür in sien Moors un Saft in sien Klööten!" Nach jedem seiner Kurzsätze legte er eine Pause ein, weil seine fehlenden Zähne ihn dazu zwangen.

Korls Einzug nach Smedeby war nicht unbemerkt geblieben. Wer es einrichten konnte, eilte zum Rinderhof.

„Fiefmal iss mi de kievige Bull utbüxt, man ik heff emm jümmer wedder infung!", berichtete er stolz. Was er nicht erzählte, sahen die Dorfleute mit eigenen Augen, einen völlig erledigten, entkräfteten, auch arg verletzten Bauern, der lange nicht immer Sieger im Kampf gegen diesen „drooksnutigen" Kraftprotz aus Jütland geblieben war.

Mit ihm deckte er seine Kühe, ließ sie mehrfach bespringen, um sie ganz sicher trächtig zu bekommen. Der Mut des Kuhbauern aus Angeln zahlte sich tatsächlich aus. Bereits die ersten Kühe gaben doppelt so viel Milch wie andere Rinder in Smedeby. Die Neuen waren ein gutes Stück größer und fleischiger als die in den Nachbarstallungen.

Und einen weiteren sichtbaren Unterschied gab es, der sich in allen folgenden Rindergenerationen fortsetzte. Rotfell-Kühe wurden es, mit einer einheitlichen braunroten Farbe. Dem Maltesson-Bauern war es doch tatsächlich gelungen, eine eigene Angelner Kuhrasse zu züchten.

Korl sonnte sich in seinem Erfolg, spazierte mit breiter Brust durch den Ort. Seine Sippe dagegen litt, weil er das ganze Gesparte für den Ankauf des Bullen ausgegeben hatte. Zwei Winter über waren sie am Rande des Verhungerns gewesen. Drei der Söhne verdingte er gegen ihren Willen als rechtlose Hilfskräfte ins Dorf der Jüten, wo er den Bullen eingetauscht hatte. Diese Arbeitskräfte gehörten zur Handelsmasse neben dem Honig, allen gesparten Silberlingen und der Familienfibel.

Als der Fürst der Kühe, wie er sich selber gerne bezeichnete, sich weigerte, sogar gegen Tauschware und Silberlinge seinen Prachtbullen den Nachbarn und anderen Rinderbauern aus der Umgebung zur Verfügung zu stellen, allein seinen Kühen den „Jütländer" gönnen wollte, verlor Maltesson den Beistand der Götter durch eine Hornisse.

Dieses wunderschön gemusterte Insekt mit einem überaus kräftigen Stachel setzte sich nach einem längeren Flug über Teiche und Tümpel entspannt auf die Hinterbacke des Vorzeige-Bullen, der angekettet und zusätzlich angeleint auf der mit einem mannshohen Gatter eingezäunten Sommerweide friedlich graste. Wenn dieses blöde Rindvieh nicht selbstvergessen seinen Schwanz angehoben und damit die Hornisse aus ihrer Mittagsruhe herausgerissen hätte, wäre es zum anschließenden Unheil nicht gekommen.

Tief traf das verärgerte Insekt mit seinem Giftspieß durch das Fell in das Fleisch des grasenden Urviechs. Dieses wollte mit seinem Maul den plötzlichen Schmerz im Hinterteil wegbeißen, drehte sich heftig, dabei zersprang die Kette und riss das Haltetau.

Ohne Hast hob sich die Hornisse in Richtung des Dorftümpels in die Luft. Der Bulle, dessen Augen vor Wut, Schmerz und ohnmächtiger Verzweiflung bereits rot angelaufen waren, nahm das leicht-locker fliegende Insekt als niederträchtigen Feind wahr, raste ihm aus dem Stand in weiträumigen Sprüngen hinterher, durchbrach mühelos das Gatter und galoppierte mit erhobenem Kopf, um es ja nicht aus dem Blick zu verlieren, hinterher. Während die kleine Hornisse über den Teich in die Ferne entschwebte, versoff der große erhitzte Jütländer im morastigen Wasser, weil er es versäumt hatte, auf den Verlauf seines Fluchtweges zu achten. Am Rande des tiefen Dorfteiches stand mit den Augen voller Tränen der Maltesson-Bauer.

Korl Kooh war durch den Tod seines Prachtstücks am Boden zerstört. Einen neuen Jütland-Vererber konnte er sich nicht leisten. Oder doch? Hatte nicht die umsichtige Börgitte in einem Erdloch unter ihrem Bett eine eiserne Ersparnis für Notfälle angelegt? Die müsste als Anzahlung reichen und dazu würde er zwei von den eingekreuzten Kälbern nach Jütland mitnehmen. Er eilte hoffnungsvoll zum Hof zurück.

Merkwürdig, niemand war im Haus. Umso besser, konnte er doch so unbeobachtet an die Silberlinge herankommen! Korl grinste, alles würde sich zum Besseren wenden! Er hob den Holzrahmen der Bettstatt an. Dort, wo die Notration sein sollte, gähnte ein leeres Loch. Keine Silberlinge! „Wief! Wief! Fruunsminsch!", brüllte Korl. „Wo büst du? Verdammt schast du sien! Bruukt man di, büst nich dar!" Korl vermied es, seine Frau mit ihrem Namen anzusprechen. Wief nannte er sie, Fruunsminsch, wenn er sich über sie ärgerte.

Sie war ihm durch den Vater aufgezwungen worden. Zur mehrfachen Begattung war es zwar ohne echte Lustrufe mit Börgitte gekommen, doch nie zu einer Art Zuneigung. Das konnte ruhig jeder im Dorf wissen! „Wief, Fruunsmisch du", brüllte er noch einmal in voller Lautstärke. Jetzt, wo er sie dringend benötigte, war sie nicht zu finden. „Verdammi, verdorri, verflöhen!" All sein Fluchen half nichts. Sein Weib blieb verschwunden. Börgitte hatte gemeinsam mit ihrem Schwager, dem ersten Knecht, und den gesparten Silberlingen das Weite gesucht, kam nie wieder nach Smedeby zurück. Ihr Bedarf an einem Mannskerl, der nur Kühe im Kopf hatte, war gedeckt.

Korl Kooh blieb mit seinen Kühen und seinem letzten, nun einzigen Sohn, dem großkotzigen Malte, allein auf dem Rinderhof zurück. Eine Frau kam nicht wieder ins Haus.

Ideas Mutter Salina war, wie Korl mit Kooh, mit dem Beinamen „de Tütteliche" versehen. Wenn sie es in ihrer Verwirrtheit zu arg trieb, die Dorfkinder entkleidete, versuchte, auf einer Sau zu reiten, weil sie diese für ein Pferd hielt, die Gatter zu den Viehweiden öffnete, in der Nacht, wenn alle schlafen wollten, trällernd durch den Ort tanzte oder Hansdeede Swien, der die größte Schweineherde von Smedeby sein Eigen nannte, täglich vor die Tür schiss, weil sie die Schwelle seines Hauses mit dem Brett ihres sonstigen „Stammsitzes" verwechselte, sperrte Sigvald Sörensson sein Weib für einige Tage in den Hühnerstall, damit sie zur Ruhe kam. Lange hielt das Wegsperren – auch aus Mitleid – nicht vor, dafür jedoch konnte niemand so täuschend echt gackern und krähen wie Mutter Salina die Tütteliche.

Fünfzehn Kinder hatte sie geboren, vielleicht auch siebzehn, so genau wusste man das nicht. Bis auf drei Mädchen und drei Jungen waren alle anderen im Kindesalter früh gestorben. Idea war die Zweitjüngste. Nur sie und ihr blinder, verstümmelter Bruder waren im Dorf verblieben.

Ihr ältester Bruder, Sören Sigvaldsson, der spätere Erbe der Schmiede, in den ihr Vater seine ganze Hoffnung gesetzt und ihn zum Schmied ausgebildet hatte, war nach einem nächtlichen Saufgelage mit seinen Freunden in den Schweinepferch von Hansdeede Swien, wo er sich wohl auskotzen wollte, gestürzt. Die sieben Schweine machten sich sofort über ihn her.

Was Ideas Vater blieb von seinem Sohn: drei Zähne und zerrissene Lederteile von dessen Schuhwerk. Sogar Umhang und Hose von Sören verschlangen die allesfressenden Schweine.

War Sigvald bis zu diesem schrecklichen Geschehen ein stets frohgesinnter Mann gewesen, änderte sich sein Verhalten deutlich. Er wurde ernst, nachdenklich, zurückhaltend, Met oder Bier zu trinken lehnte er ab. So kannte ihn Idea, die Jüngste, auch nur. Von einem „fröhlichen Vater" hörte sie die Leute nur reden.

Ihre Schwestern waren in andere Dörfer verheiratet worden, obwohl zwei von ihnen sich mit Nachbarjungen in Smedeby sehr gut verstanden hatten. „Nee", hatte Sigvald Sörensson ihnen erklärt, „dat ward nix. De Jungs möhn ji ju ut de Kopp slaan!" Die Mutter des einen möglichen Bräutigams war die Schwester von Sigvald und bei dem zweiten Bewerber kam dessen Vater aus der Sippe von Salina, ihrer Mutter.

„Bi uns Angeln", so versuchte der Vater seinen Töchtern klarzumachen, „ward nich in de egene Sipp de Bruut oder de Brüdigam söcht." Dieses eiserne Reglement, Vermählung in der eigenen Sippe auszuschließen, galt in allen Dörfern der Angeln, auch auf den Einzelgehöften. Man wusste von keinem der Götter, wo der Bruder mit der Schwester vermählt worden war. Was in Walhalla als Gesetz galt, musste auch auf der Erde eingehalten werden! „Dat Blood verdriggt sik nich! Sunn Kinner sünd unkloog in ehrn Kopp. Wegg'n hemm veer Oogen, annern keen Been, keen Nääs. Dat gifft Lütten, wo de Kopp nich dor is, wo he hinschall. Ik war een anne Sipp för ju finn!" Um ganz sicherzugehen, blickte sich Sigvald in den Nachbardörfern für seine Töchter um.

Junge, zupackende Kerle, zwei Knechte und sogar einen Schmied fand der Vater für seine Töchter. Der Brautpreis, den er für sie bezahlen musste, halbierte seinen Kuh- und Schafbestand, keine Hühner, kein Schwein blieben ihm mehr.

Nachdem die Schwestern aus dem Haus waren, sah Idea sie nie wieder. So war es oft. Mit dem Wechsel der Sippe trennten sich die Lebenswege endgültig. Die Weiber hatten auf Haus, Küche und Stall zu achten, für die Kinder und Greise zu sorgen. Zeit, Tage unterwegs zu sein, um das Heimatdorf, die Eltern, Geschwister oder Freunde aus Kindertagen aufzusuchen, blieb für die Frauen keine.

Das galt nicht für die Mannsleute, von denen man sogar erwartete, Land und Leute aufzusuchen, Neuheiten ins Dorf zu bringen oder bessere Arbeitsmethoden zu erkunden. Handelsleute trugen ebenso dazu bei, von fremden Sitten und Gewohnheiten zu erfahren.

Ganz weit im Norden, an den Dänen vorbei, wo das Eis beginnt, berichtete ein befreundeter Händler von einem Volksstamm, in dem man nur in der eigenen Sippe zu Mann oder Weib kam, weil deren Götter es so wollten. Ungeheuer würden dort leben, Riesen wie auch Zwerge. Bei anderen fehlten die Gliedmaßen und deren Sprache könne man nicht verstehen. Beute würden diese entsetzlichen Wesen nicht nur durch die Jagd auf Tiere, sondern auch auf Menschen in anderen Dörfern machen. „Ik bün eenmal dor in de Nachbarschaft ween. Ni un nümmer gah ik dor dat tweete Mal henn!" Wieder waren Ideas Gedanken abgeschweift.

Da legte sich eine Hand auf ihre Schulter. Sie wandte sich um, ihr Vater, der Ältermann! Er sah sie freundlich und zugleich anerkennend an. „Wat heff ik een düchtige Deern! Alleen op Jagd, un treekt een halve Hirschkoh nah Huus!" Er beließ es nicht bei dem Lob, nahm sie in den Arm, was er ganz selten tat. „Ik bün stolt op di!"

Der Vater, der das Ende des Streits zwischen Malte und seiner Tochter noch mitbekommen hatte, ergänzte: „Du hest di böös wat inbrockt, hest seggt, du kannst mit dat Mess beeder umgahn ass de Mannslüüd. Malte un sien Frünn sind bi mi ass Öllermann ween."

Also waren diese gemeinen Spötter, diese jungen Kerle bei ihrem Vater gewesen, hatten gepetzt, geklagt, ihr Recht auf einen Wettkampf mit ihr, Idea, eingefordert. Auch bei einem solchen Anliegen entschied am Ende der Ältermann des Dorfes, was zu geschehen habe.

Gerne hätte Sigvald sich auf die Seite seiner Tochter geschlagen, ihr eine Demütigung erspart, doch er durfte seine eigene Sippe nicht bevorteilen. Argwöhnisch beobachteten die Dörfler in Smedeby die Einhaltung eines für alle gleich geltenden Rechtes.

Bereits für den nächsten Tag wurde der Zielwurf mit dem Jagddolch festgesetzt.

Dieser Wettkampf jedoch nahm ein unvorhergesehenes Ende.

22

Von Georg Görrisson mit Süük in de Been, einer
Revolte auf dem Thing, Hansdedde Svien und dem
Recht des Stärkeren und warum Sigvald Sörensson
kurzen Prozess macht

Es hatte sich in Smedeby wie ein Lauffeuer herumgesprochen, die Jungkerle des Dorfes wollten der eigenwilligen Sörensson-Tochter Idea Slappfoot zeigen, wo der Hammer im Hause hängt. Jetzt, kurz nach dem Mittagsmahl, es war ein nebliger Tag, trafen sich zahlreiche Neugierige auf dem Dorfplatz. Die blank gescheuerten Messer der beleidigten Jungmänner blitzten in der gerade zwischen grauen Wolken durchgebrochenen Sonne. Weiber, wie Idea großspurig getönt hatte, besser als Mannsleute? Nie und nimmer, wenn es um die Handhabung von Dolchen ging! Da hatte die Tochter des Ältermannes wohl ihren Mund zu voll genommen.

Idea war höchst verunsichert. Geschwächt von den vielen Stunden mit der schweren Last, erschöpft, sodass auch ihre Hände zitterten, sah sie der Auseinandersetzung mit den geübten jungen Jägern mit gemischten Gefühlen entgegen. Warum hatte sie sich auch nur so hinreißen lassen? Wollte sie ihren Krüppelfuß verleugnen, zeigen, dass ein Weib genauso fähig war wie ein Kerl? Oder beabsichtigte sie ihrem Vater zu beweisen, dass sie in ihren Fertigkeiten nicht hinter denen ihres ältesten, von Sigvald vergötterten, von den Schweinen gefressenen, Bruders zurückstand, sondern sogar besser war?

Der Messerwurf auf die weiße Blume, den Schwanz eines Hasen, fand auf dem Dorfplatz in Anwesenheit zahlreicher Neugieriger statt. Treff- und zielsicher waren die jungen Männer. Treff- und zielsicher auch Idea, was die Weiber wie die Mannsleute gleichermaßen in Erstaunen setzte. „Wer harr dat dacht", rief einer aus der Reihe der Zuschauer, „een Deern, de de Steert vun een Haas drapen deit!" Alle drei abgesprochenen Runden des Dolchzielwurfes blieben ausgeglichen. Jeder der neun Teilnehmer traf den Hasenschwanz. Wie sollte es weitergehen? Die Entfernung vergrößern, das Ziel verkleinern?

Idea merkte, ihre Kraft ließ nach.

Urplötzlich erscholl Gesang, fröhlich, friedlich, stimmungsvoll, der sich rasch lauter werdend näherte. Salina! Ihre Mutter! Völlig nackt, mit ihrem ausgemergelten, knochigen Körper tanzte sie mit einem Strauß Wildblumen in den Händen in die Mitte des Dorfplatzes. Mit sich überschlagender, aber fordernder Stimme rief sie. „Danzen, danzen is anseggt! Wer vun de Mannslüüd danzt mit mi?" Breit öffnete sie ihre mageren Arme und trat mit entrückten Augen auf die Gruppe der Jungkerls zu, knickste, strahlte sie voller Hoffnung an. In kürzester Zeit war der Platz wie leergefegt, von allen Mannsleuten befreit, auch Malte und seine Freunde suchten das Weite.

Wieder einmal war es so weit, dass Sigvald Sörensson sein Weib in den Hühnerstall sperrte.

Niemand in Smedeby nahm Anstoß daran, dass Idea von diesem Tag an ihren Dolch sichtbar am Gürtel trug. Wer so trefflich damit umgehen konnte wie dieses tapfere Weib, der war auch zur Jägerin berufen, war die übereinstimmende Dorfmeinung mit dem Zusatz: „Uk wenn se man een Wief is!"

Auf diesen erfreulichen Stimmungswandel gegenüber seiner Tochter ging Sigvald bei der Eröffnung der jährlichen Allmende ein. Diese Zusammenkunft aller Männer gab es bereits seit Urzeiten.

Vor über neunzig Monden hatte man den Sörensson zum Dorfältesten gewählt, ein Jahr durfte er nach der Ordnung von Smedeby das Amt noch bekleiden, dann musste gewechselt werden. Man hatte mit Dorfältesten auf Lebenszeit in der Vergangenheit irgendwann einmal äußerst schlechte Erfahrungen gemacht. Es sei nicht gut, wenn jemand zu lange an der Spitze bliebe, war die vorherrschende Auffassung, die Tatkraft würde sinken und die Verführung, mehr an sich persönlich und weniger an das Wohl der Dorfgemeinschaft zu denken, nehme zu. „Een Dörp, de bruukt uk aff un ann een nüe Winn'n!" Kein anderer Ort in der Umgebung des Schmiededorfes vertrat diese Auffassung. Ein Ältermann auf Lebenszeit und möglichst aus derselben Sippe war der Brauch.

„Man dat weer bald scheef gahn", begann der Vater, als er Idea von diesem turbulenten Treffen in der Allmende-Scheune berichtete. Das Einladen mit einem Thingstab aus Eisen und auch zur rechten Zeit sei ebenso von ihm ordnungsgemäß erledigt worden wie die Bereitstellung von ausreichendem Pökelfleisch, gesalzenen Heringen, Fladenbrot und natürlich den Getränken vom Leichtbier über Met bis zum Birkenwein. Bis zu diesem Zeitpunkt war alles gut gegangen.

Eine erste Auffälligkeit habe es beim Götterumtrunk gegeben. Wie in jedem Jahr wurde im Schmiededorf zur Allmende ein Mutterschaf abgestochen. Dessen Blut fing man in einer gebrannten, nur für diese Zeremonie eingesetzten Schale auf. Anschließend wurde sie von Mann zu Mann weitergereicht.

Einige schlürften, andere nippten nur, fast alle leckten sie sich anschließend mit der Zunge das Blut von den Lippen. Das Schafopfer galt als Dank gegenüber der Fürsorge der Götter. Der Bluttrunk bekundete die Bereitschaft, den Weisungen der Gottheiten widerspruchslos zu folgen und sich zugleich als Teil der Dorfgemeinschaft zu bekennen.

Dem Ältermann, der die Weitergabe der Opferschale aufmerksam verfolgte, war die erste Unregelmäßigkeit bei Hansdeede Swien aufgefallen. Der nahm die Schale zwar mit beiden Händen, wandte jedoch kurz den Kopf, als er trinken sollte, und gab sie dem Nächsten, ohne das Blut anzurühren.

Auch sein Sitz-Nachbar, Korl Kooh, tat nur so, als wolle er trinken, und manch einer in der großen Runde folgte ihrem Beispiel. Was tat sich da? Warum verweigerte man den Gottheiten den Gehorsam? Oder schmeckte ihnen in diesem Jahr das Schafblut nicht? Merkwürdig! „Wenn dor man nich wat in'n Busch iss!" Was braute sich da zusammen?

Und noch etwas fiel Sigvald auf, es wollte so recht keine – wie sonst üblich – ausgelassene Stimmung aufkommen. Niemand war so richtig munter und fröhlich. „Ja, ik harr glieks anne Anfang seggt, wi fein de Lüüd di, Idea, ass Jägerin oppnahm harrn, dor melle sik Hansdeede de Swienbuur. Wi wülln nich, dat dat Allmendeland nüe verdeelt ward! Dat wurr doodenstill in'ne Schüün."

Die Tochter merkte ihrem Vater immer noch seine Erregung durch die Forderung des Schweinebauern an. Einen solchen Vorgang hatte es, soweit man denken konnte, bisher nie gegeben – keinen Landtausch mehr!

Das Dorfregulativ schrieb den jährlichen Wechsel aller Wiesen, Weiden und Äcker, die man gemeinsam dem Wald, dem Sumpf und dem Moor abgerungen und anschließend urbar gemacht hatte, vor. Diese Flächen wurden Allmendeland genannt, es gehörte allen Sippen, die sich an der Landgewinnung beteiligten.

Und noch immer Jahr für Jahr, das galt auch für Smedeby, legten die Schmiede wie Bauern und Kätner auf Geheiß des Dorfältesten mehrere Wochen im Jahr ihre Arbeit in Haus, Hof und Werkstatt nieder, um an den Waldrändern zu roden, Bäume, Brombeersträucher und Baumwurzeln zu entfernen, Sumpfland trockenzulegen, das Moor zu entwässern oder abzugraben.

Mehr Ackerland bedeutete mehr Anbau von Gerste, Hirse und Hafer. Getreide galt als Grundlage für das lebenswichtige Brot. Der Ältermann wusste von Dörfern, wo man aus Faulheit, Bequemlichkeit oder Unverständnis das Roden über mehrere Jahre unterließ. Die Folge: Der viele Regen förderte das Wachstum der Sträucher, Büsche und Bäume so nachhaltig, dass die Felder immer kleiner wurden, weil die Natur durch ihr stürmisches Wachstum die Ackerflächen und Wiesen zurückdrängte.

Manche Ansiedlung, mancher Ort wurde deshalb ganz aufgegeben. Die Menschen zogen weg, die Natur siegte. Roden oder weichen, das blieb für die Bauerndörfer die Schicksalsfrage.

Sigvald habe zuerst seinen Ohren nicht trauen wollen. Diese Dorfordnung wollte Hansdeede aufheben, nicht mehr als gültig anerkennen? Unfassbar! „Wi wülln nich, dat dat Land nüe verdeelt ward!" So waren die Worte von Hansdeede gewesen.

Jeder behielt also das Land, das er in diesem Jahr unter den Pflug nehmen musste oder auf dem Rinder, Schafe, Schweine weideten. Jeder sorgte also in Zukunft nur noch für sich selbst. Pflügte, rodete, entwässerte alleine, ohne die Nachbarn, ohne die Gemeinschaft der Dörfler.

Ein Austausch der fruchtbaren mit den steinigen Flächen, der feuchten mit den trockenen Wiesen, der kleinen mit den größeren Weiden sollte nicht mehr stattfinden!

Sigvald Sörensson war, als habe er sich mit dem eigenen eisernen Schmiedehammer vor den Schädel geschlagen.

Jetzt erhob sich auch noch Korl Kooh, Besitzer von fünf roten Angelner Milchkühen, zwei Jungbullen und vier Kälbern, der bei der Landverteilung im vergangenen Jahr mit vier höher gelegenen fruchtbaren Wiesen und zwei sorgfältig eingezäunten großen Ackerflächen bei der Auslosung besonders gut weggekommen war.

„Wat de Swienbuur seggt, hett Hand un Foot! Jede mutt sölm sehn, wi he trechtkümmt! Ik will mien Land uk behooln! Nee, tuschen, dat will ik nich mehr!" Mehrere der Bauern und auch der Schmiedewerker schlugen zustimmend mit ihren Bechern auf die dicken hölzernen Tischplatten. Hansdeede und Korl schienen für ihre Forderung bereits bei den Nachbarn mit Erfolg geworben zu haben.

„So geiht dat nich!", habe er als Dorfältester dazwischengedonnert. „Man, wat weer ik in brass!", schilderte er seiner Tochter seinen Zorn. Wenn jeder nur für sich alleine sorge, gehe Smedeby zu Grunde. Den Kampf gegen das Vordringen von Wald und Sumpf würden sie nur gemeinsam gewinnen. Das gelte auch für das Entwässern der Wiesen, den Bau eines Weges durch den Ort, den Aushub von Gräben und die Errichtung von Palisaden für die Verteidigung gegen Räuber und Kriegerbanden.

Als er habe Luft holen wollen, sei Hansdeede aufgestanden und habe laut gerufen, dass jeder sich selbst der Nächste sei. Tüchtigkeit dürfe man nicht bestrafen. Er und Korl seien nun mal die besten Bauern im Dorf. Nehme man auf die Faulen Rücksicht, hätten alle gleich wenig. Hunger würde es geben und damit das Ende von Smedeby. Hansdeede habe sich nach seiner bedeutenden Rede selbstgefällig umgesehen, viel Beifall erhalten und auf das Wohl der Götter geprostet und seinen Becher nicht nur bis auf den Boden geleert, sondern mit seinen Fingern noch die letzten Tropfen herausgefischt.

Mit dem Prost auf die Gottheiten war dem Schmied ein Gedanke gekommen, für den er einen Tag später seinen alten, anhänglichen, zahnlosen Kater schweren Herzens im Moor opferte. Es hatte Sigvald viel Überwindung gekostet, diese treue Katze zu töten, er hatte sie selbst aufgezogen. Aber die Gottheiten mussten bei Laune gehalten werden.

Wenn alles versagte, wusste der Ältermann, blieb als Rettungsanker nur Nerthis, die Heilige aller Angeln mit ihrem Einsatz für Gerechtigkeit, Treue und Gemeinsamkeit. Ihr Wille, ihre Wünsche und Erwartungen gaben dem gesamten Volk Richtung, den Weg und das Ziel. Auf diese Tugenden kam es an, so sollte es weiter sein!

Und so fragte Sigvald in die Thingversammlung hinein: „Is dat gerecht, wenn een in dat letzt Johr man alleen een Wisch mit veel Water, een Acker mit veel Steen un een Weide wiet wech von sien Hoff kreggn hett, dat he dat vun nu an sien Leven lang behooln mutt? Dat is Georg Görisson passert. I kenn emm all, de Buur mit Süük inne Been."

Der Görisson litt seit Jahren unter angeschwollenen Beinen, Waterbeen nannte man die Krankheit, die ihn mehr auf die Bettstatt denn in die Wiesen und auf die Äcker zwang. Sein Leiden trat auch bei allen seinen Kindern auf, sodass die Sippe sich bei den Feldarbeiten oft verspätete. Sie kamen zumeist erst Anfang des Winters dazu, ihre Ernte zu bergen. Sie stachen ihren Weiß- wie Rotkohl zu spät, wenn dessen Blätter bereits verrottet waren. Die Nachbarn halfen, so gut es ging. Am Elend dieser Sippe änderte sich wenig.

Wenn bei der Verteilung des Landes bei der letzten Allmende auch noch Pech dazukam, ging es den Görissons mehr als dreckig, war die Auffassung des Ältermanns. „Hüüt hett Georg de Süük. Un Morn?", fragte Sigvald in die Runde. Sollte diese Sippe vor den Augen des gesamten Dorfes elendig krepieren? Eine Krankheit, ein unvorhersehbares Unglück, konnte jeden treffen! Bei diesem Bedenken merkte so mancher Anwesende, dass er dem Kuh- wie dem Schweinebauern auf den Leim gegangen war.

Erste Zweifel an der geforderten Neuregelung wurden spürbar. Arme würden immer arm bleiben. Reiche stets reicher werden! Die Thingleute prosteten sich weiter zu. Aber so weit würde es gar nicht kommen, beruhigte man sich, hatten doch alle zu Anfang der Allmende durch den Bluttrunk ihre

Verbundenheit mit den Göttern bekundet, jeder damit seine Zusage für Gerechtigkeit in Smedeby gegeben!

Es war der Schweinebauer, der die beginnende Unsicherheit bemerkte, aufstand, seinen Becher anhob und rief: „Nich so veel snacken. Een Hoch opp unse Allmende!", und alle aufforderte, mit ihm anzustoßen und auf das Wohl von Smedeby zu trinken. „Dat weer doch een Snack, kloog makt von Hansdeede", fanden die Männer, die jeden Anlass zum Anstoßen nutzten.

Als der Bauer seine Rede fortsetzte, kratzten sich mehrere am Kopf, im Nacken, einige im Schritt, so verlegen waren sie. „Ik heff dat Blood hüüt nich sapen, annern uk nich. För uns gellt nich, wat Nerthis meent. Walhalla is wiet wech, Smedeby is hier. Veele vun uns sünd düchdig, manch een is fuul. Ik will nich, dat Düchdigkeit bestraaft ward!"

Hansdeede setzte sich. Und wieder hämmerten viele ihre Becher auf die Tische. Betrogen, getäuscht bei der Opferblut-Trinkerei hatte fast jeder schon einmal, aber so offen ausgesprochen bisher nur der mutige, vorlaute Schweinebauer. Die Sache mit den Fleißigen und Faulen mochte ja zutreffen, aber die Feldverteilung ohne den Segen der Götter, das ging zu weit.

Was der Schweinebauer und Korl da forderten, war eine Abkehr von denen, an die man glaubte, die am besten wussten, was gut für das Dorf, das Land und die Sippen war.

Ihre Ahnen lebten bereits mit dem Glauben an die Mächtigen in Walhalla, und jetzt auf einmal sollte es ein Leben ohne den Schutzmantel von Nerthis geben! Das konnte nicht gut gehen!

Andere Götter, bösartige, arglistige, kriegerische vielleicht, würden sich der Angeln bemächtigen oder die unberechenbaren Wesen aus den Anderwelten. Nein, was der Schweine- und der Kuhbauer da wollten, war ein Weg ins Verderben!

Und nicht wenige Männer waren mit ihren Gedanken bei ihren Weibern. Wenn sie erzählen würden, man hätte sich von den Walhalla-Göttern gelöst, würden diese mit gespreizten Fingern auf sie zustürmen, um ihnen die Augen auszukratzen. Was noch bitterer wäre, die Weiber brächten es aus Zorn fertig, über vier, fünf Monde den Beischlaf zu verweigern.

Keine Götter mehr, keine körperliche Liebe und immer nur ackern auf den schlechtesten Feldern, weil Korl und Hansdeede im Besitz der besten bleiben würden? Nee, nee un nümmer! Nich mit uns!

Sigvald Sörensson, der als Dorfältester auch für die Einhaltung des Regulativs, der Dorfregeln für Smedeby, zu sorgen hatte, wartete, bis wieder Ruhe in der Allmende-Scheune eingekehrt war, dann rief er, erst leise verhalten, später mit schneidender Stimme: „De Svienbuur hett sik an uns gode Göttin Nerthis, an uns Dörp un uns Allmende-Recht versündigt. Dreemal, Buur, dreemal hest du di gegen Smedeby wend! Dat makt di to een Fiend von uns Dörp!"

Mit Gegnern, so hatte Sigvald der Männerversammlung mitgeteilt, galten seit alters drei Möglichkeiten: sie zu vertreiben, zu vernichten oder, sollten sie widerrufen, ihnen zu verzeihen. „Hansdeede, ik frag di, wat wullt du?"

Ermutigt von der Zustimmung, die er bei seiner vorangegangenen Rede erhalten hatte, und in der Annahme, dass der Schmied eigentlich ein Weichling sei, rief er lautstark: „Ik", und er setzte noch einmal an, „wi wülln nich, dat dat Land nüe verdeelt ward! Jede behölt, wat he hett!"

Er sah sich erstaunt um, keine Becher polterten mehr auf die Tischplatten. Schweigen herrschte, kein Prosten, keine Zustimmung mehr für ihn.

„Is dat dien letzt' Wuurd", fuhr ihn der Schmied an. Hansdeede, von kleinerer Statur, reckte sich, rotzte neben die Bierbank und grinste dem Sörensson überheblich ins Gesicht: „Ja, du Klöötenbieter!" Dann breitete er seine Arme aus, stieg auf den Tisch, warf sich mit den Worten „Mi kann keen" mächtig in die Brust. Er rülpste mit aller Kraft, blickte trotzig auf die vermeindlichen Feiglinge zu seinen Füßen und wiederholte: „Mi kann keen! Wat ik will, maak ik!" Stille trat ein, Totenstille!

Einer in der Thinghalle hielt sich nicht an den Aufstand des Schweinebauern, an dessen Eigenmächtigkeit, dem Dorf die kalte Schulter zu zeigen, das war der Ältermann Sigvald Sörensson. Er, der als Einziger auf der Allmende Waffen tragen durfte, zog sein Schwert, schritt auf den Aufrührer zu, stieg auf den Tisch und trennte mit einem Streich dessen Kopf vom Körper.

Das Blut spritzte in hohem Bogen aus dem Halsansatz, verteilte sich über Tische und Bänke, auch über die Dorfleute, die neben Hansdeede Platz genommen hatten, und versickerte langsam im Lehmboden der Scheune. Und dort versickerten auch all die Träume derjenigen, die das Gemeindeland gerne in persönliches Eigentum überführen wollten.

Sigvald nutzte den über eine Bank gekippten Oberkörper von Hansdeede, um sein Schwert an dessen Hose vom Blut zu reinigen, steckte es zurück in die Scheide, griff sich den enthaupteten Kopf und drehte sich an der Tür noch einmal um, bevor er das Thing verließ, und sprach in die beklemmende Stille. „Wer bi uns in Angeln gegen de Götter oppstahn deit, mutt weeten, heh verleert de Ehr, sien Kopp un dat Leven!"

Am nächsten Morgen prangte der Schädel des Schweinebauern aufgespießt auf einer hohen Stange am Ortseingang. Jeder sollte wissen, wie man in Smedeby mit Götterfrevlern verfuhr.

Die Sippe des Schweinebauern blieb, weil sie es auch so wollte, Teil der Dorfgemeinschaft, eine Mitschuld für das Vergehen des Oberhauptes der Sippe lehnte man ab. Nur seine persönliche Verfehlung, die verurteilte man.

Idea war über das Verhalten ihres Vaters überrascht, zugleich entsetzt! Hansdeede für sein Vergehen hinzurichten, die Todesstrafe zu verhängen, wer gab ihm das Recht dazu? „Dat is ass een fuule Appel in een Korf", war seine Antwort, „nimmst emm nich rutt, rotten all de annern uk!" Der Schweinebauer sei ein Ketzer gewesen, habe das für alle gültige Recht nach der Herrschaft der Götter nicht mehr anerkannt. Ihn leben zu lassen, hätte andere ermutigt, es ihm gleich zu tun.

„Een Jede bi uns mutt weeten, wer stevig, stark un mastig is, hett nich mehr Rechte ass een, de dat nich is! Kiek, Deern, een Öllermann, de mutt uk doon, wat he segg'n deit!" Damit verwies Sigvald Sörensson auf die Pflichten seines Amtes, für die Einhaltung der Gesetze zu sorgen. „Dree Weg heff ik Hansdeede wiest. Nee, he wull mit sien Kopp dörch de Wand! De heff ik eem affhaut. Ass Öllermann iss dat mien Plicht!"

Mit ihren Einwänden hielt sich Idea zurück, noch immer war ihr Vater mächtig erregt. Mit seinem Auszug aus der Thinghalle war das Treffen der Männer und die Neuverteilung der Ländereien abgebrochen worden. Beim kommenden Neumond würde man die Männerrunde fortsetzen. „Man ik will, dat wi twee Saaken anners maken."

Bei der Landvergabe hatte ihn mächtig geärgert, dass einige fruchtbare, andere zumeist nur magere Felder bei der Auslosung erhielten. Er würde statt der Einzelflächen die Ländereien in mehrere Gruppen ordnen. Jeder Bauer bekäme aus jedem Bündel ein Stück Land. Und wer einem armen Schlucker wie Georg Görisson, der unverschuldet erkrankt sei, als Nachbarn dauerhaft helfen würde, der bekäme eine Wiese zusätzlich. „Een, de hölpen deit, de hett uk een Toslaag verdeent."

Während der Schmiedemeister ein wenig selbstgefällig über weitere Neuerungen grübelte, gerieten Ideas Gedanken auf Abwege. Sie wäre zu gerne bei diesem aufregenden Allmende-Abend dabei gewesen, um ihren neuen Freunden Leve aus Hollenhude und Ocke vom Thorsberger Hof darüber in allen Einzelheiten berichten zu können.

Was ihr im eigenen Dorf nie zuteilgeworden war, hatte sie bei diesen beiden fremden Jungjägern vom ersten Augenblick an erfahren: unvoreingenommene Zuwendung und Vertrauen. Ihr Krüppelfuß, hier in Smedeby stets Stein des Anstoßes, war bei ihrer neuen Moorbekanntschaft kein Anlass für Abstand oder Spott gewesen.

Mit welchem Selbstbewusstsein doch der Thorsberger seinen Kleinwuchs und der Hollenhuder sein gespaltenes Gesicht trug. So würde sie es mit ihrem Knickfuß auch wollen und können.

„Deern, wo büst du?", fuhr sie ihr Vater, wenn auch nicht böse, sondern mehr aufmunternd an. „Ik, ik", und Idea kam ein wenig ins Stottern, „heff över de, de Allmende spekuuleert, wat dor allns passeert is." Dass sie immer wieder an Leve Holgersson aus dem Dorf an der Traner Au dachte, erzählte sie ihrem Vater nicht und beließ es bei der Notlüge. Der Ältermann schien auch keinen Wert auf eine genaue Antwort zu legen. Er kannte seine Tochter. Sie verbarg ein Geheimnis, aber welches?

Auch wenn in den nachfolgenden Monaten in Smedeby alles seinen gewohnten Gang ging, machte sich doch eine unerklärliche Unruhe unter den Dörflern breit.

Allein die drei Nornen, Urd, Werdandi und Skuld, die ihre Fäden für das Dorf der Schmiede zur Seite legten, kannten den Grund dafür.

Auch über das Geschehen in Bönsbarg waren sie sehr wohl im Bilde.

23

*Ein Heiligtum in höchster Gefahr, vom Eber
Abraham, der glutäugigen Goodje, von Erkennt-
nissen über Britannien, einem misshandelten
Friesen und warum ein heißer Hahn Schweinezüchter auf einen folgenreichen Einfall bringt*

Sintflutartiger Regen prasselte seit Tagen auf Bönsbarg nieder. Jesper hatte auf seinen Reisen solche Massen wie hier in seiner Heimat noch nie erlebt. In den Niederungen des Dorfes stand das Wasser bereits hüfthoch. Die ersten Häuser waren zusammengestürzt, die Sippen und deren Vieh hatten Obdach bei den Nachbarn oben auf dem Höhenrücken erhalten.

Zwei Kinder wurden vermisst, eine ganze Schafherde ertrank und deren aufgedunsene Kadaver trieben auf den weitflächigen Überschwemmungen, die sich im und rund um das Dorf gebildet hatten.

„Dat is uns Enn, Weltünnergang", flüsterten sich die ersten Dörfler angstvoll zu, „de Götter, de hemm sik losmakt vun Bönsbarg." Endzeitstimmung herrschte, Verzweiflung, weil der Himmel seine Tore für weitere Fluten geöffnet hatte.

Auch für Eier-Grete, mit der Jesper jetzt gemeinsam in der umgebauten Waldhütte mit dem Namen „De lütte Sonnenhoff" lebte, galt das Unwetter als ein unübersehbares Zeichen der Götter. „Ruut, wech möhn wi ut uns Heimat! Bliev'n wi hier, gahn wi all dood!"

Und um ihre Auffassung zu bekräftigen, erzählte die Alte, dass sie vier oder fünf Mal bereits solche Wassermassen, verbunden mit Überschwemmungen und der Vernichtung ganzer Jahresernten, erlebt hatte. „Wat wer dat een Elend, de Hüüser tonicht, dat Land ünner Water, de Lüüd toschann'n makt." Von solchen Überflutungen hatten die Altvordern nie berichtet. Erst seit ihrer Jugend traten solche Wassermassen auf. Wenn diese nun noch mehr würden? Welcher Ausweg bot sich für die Bönsbarger und ihr Volk? Sie, Eier-Grete, würde einen Weg finden, damit die Männer auf dem kommenden Thing darüber berieten.

Bis kurz vor Neumond, vor dem großen Regen, hatte es erlebnisreiche, aufregende, auch stolze Tage im Dorf gegeben. Aus den umliegenden Siedlungen, ja sogar aus Hollenhude und auch aus dem Land der Jüten und Dänen waren Neugierige gekommen, die Genaueres von dem Erfolg der Bönsbarger über die Räuber, die Suardenen, wissen wollten. Diese Gewalttäter waren es gewesen, die den Angriff in dem Trugschluss wagten, mit diesen feigen, verschlafenen, ängstlichen Bauern leichtes Spiel zu haben.

Die Angereisten begutachteten die neue Art des Palisadenbaus, die Stecklöcher in Bauchhöhe, auch den stabilen begehbaren Wehrgang rund um die Ansiedlung. Viele bestiegen vorsichtig den hohen Wachturm.

Über alle Neuheiten gab man bereitwillig Auskunft. Dass die Männer in der entscheidenden Stunde der Schlacht völlig besoffen, verteidigungsuntauglich, dafür kotzend und später kreuz und quer auf dem Wehrgang lagen, sich nicht mehr gerührt hatten, verschwieg man. Nein, nicht aus Scham, sondern diese außergewöhnliche Verteidigungstaktik der Bönsbarger sollte ein Geheimnis bleiben. Man wollte weder Feind noch Freund gegenüber alle seine Karten aufdecken, versicherte man sich – augenzwinkernd – gegenseitig.

Es gab noch einen zweiten Anlass für die zahlreichen Besucher. Das Bönsbarger Riesenschwein. Ein Eber, weiß wie eine Taube, groß wie ein Rind und drei Fuß länger als die schwarzbraunen Hausschweine, die mit ihren stets schnüffelnden Rüsseln ganze Wiesenflächen auf der Suche nach Fressbarem umpflügten. Jespers meistens treuer, aber auch trotziger, eigenwilliger, imposanter Reisebegleiter! Immer wieder wurde er danach gefragt, wie er zu diesem Riesentier gekommen sei. „Dat is slicht weg to vertelln." Dazu benötigte er nur wenige Worte.

Bei seiner Rückkehr aus dem von den Römern besetzten Britannien machte Jesper in dem Franken-Kloster Halt, das ihn einst gegen die Wiederherstellung einer Eisenpforte an den groben, oft bösartigen Schmied verscherbelt hatte.

Zwei der älteren Mönche konnten sich noch an ihn, den Mann für die Scheißhäuser, erinnern. Sie tuschelten mit dem Abt, der hörte aufmerksam zu, zuerst stirnrunzelnd, dann heftig nickend und schließlich mit erleichterter, fröhlicher Miene.

Er bat Jesper, mit ihm zum Schweinekoben zu kommen. Jesper blieb verblüfft stehen und staunte. Noch nie hatte er ein so bärengroßes Borstenvieh, und dann noch in der Farbe eines Schimmels, zu Gesicht bekommen. „Ein Teufelswerk", bezeichnete der Klostervorsteher diesen Zufall der Natur, aber friedlich, ergänzte er, äußerst umgänglich, fast sanftmütig zu nennen.

„Wat schall dat warn", dachte Jesper. „Will de Abt mi dat Swien andreihn?"

Während er noch über die Absichten des Abtes nachdachte, hatte der bereits mit der Geschichte dieses Weißschweines begonnen. Ein Bauer aus der Umgebung hatte es dem Kloster zu Ehren der Mutter Maria mit dem Versprechen übergeben, es nicht zu schlachten, denn ein Schwein in dieser Farbe sei ein Gotteswunder. So habe man am Anfang im Kloster auch gedacht und manche Mönche eine Heiligsprechung in Erwägung gezogen.

Als Ferkel sei dieses Tier auch putzig, possierlich, ja drollig gewesen. Es wurde Liebling aller Mönche und Novizen. Aber dann! Das Wachstum von diesem Borstenvieh habe nicht aufgehört. Es fresse alle Vorräte weg und biete keinen Nutzen. Ja, wenn man es mit anderen Sauen zusammentun könne, käme vielleicht etwas Gutes dabei heraus. Aber kein Bauer wolle den weißen Eber, fürchte den Einzug des Teufels in seinem Schweinestall. Er, Jesper, täte ein gutes Werk, ihn mitzunehmen, nur töten dürfe er das Tier nicht. Man habe sich mit einem heiligen Eid gegenüber dem Bauern verpflichtet.

Der Mann aus Angeln schüttelte den Kopf. Was sollte er mit einem solchen Großtier, es würde seinen Rückweg in die Heimat belasten und verzögern. Noch einmal bekundete er seine Ablehnung.

Da ließ der Abt zwei prallvolle Säcke mit Silberrundlingen bringen. Jesper blieb stumm. Man brachte einen dritten Geldbeutel. Jesper nickte. Der Abt atmete erfreut auf. Fast hätte er diesen Mann aus dem Norden, ihren ehemaligen Scheißhausentleerer, vor Erleichterung in seine Arme geschlossen.

Was ihm im Eifer seiner Verkaufsverhandlungen nicht aufgefallen war, waren die Veränderungen in den Augen des Nordmannes. Eine kleine Bemerkung des Klostervorstehers hatte den Wechsel von wenig Interesse zu höchster Aufmerksamkeit bewirkt. „Ja, wenn man den Eber mit anderen Sauen zusammentun könnte!"

Da fuhr es ihm durch den Kopf: Würde man diesen Riesen mit normalen, schwarzen Mutterschweinen in Angeln zusammentun, würde es zu größeren Ferkeln mit mehr Fleisch kommen. Er würde sicher Landsleute im Angelnland finden, die diesen Eber nicht für ein Teufelswerk hielten, wie diese Eingott-Gläubigen es taten.

Mit seinem neuen Reisebegleiter machte sich Jesper auf den langen Weg durch das Land der Franken, dann der Friesen im Westen, anschließend der Sachsen, bis er endlich die Trave erreichte. An dessen Mündung in das Meer, wo zahlreiche Schiffe ent- und beladen wurden, gelang es ihm, mit guten Worten und zwei Goldlingen eine Überfahrt zum Buckholmer Fjord zu bekommen.

Ob an Bord oder vorher auf der langen Landstrecke, sein Rieseneber erfuhr überall eine eifrige Beachtung, doch zugleich eine Scheu, ihm näherzutreten. Zu außergewöhnlich und fremdartig waren dessen Größe und Farbe. Da mussten Fabelwesen ihre Hand im Spiel haben, und mit denen wollte man sich nicht anlegen. Doch in Bönsbarg wurde fast alles anders!

An allen Seiten standen die wissbegierigen, oberklugen Bauern um das Schweinegatter auf dem Sonnenhof, fachsimpelten, stellten argwöhnisch Vermutungen nach allen Seiten an. Was wohl die Götter zur Schaffung eines weißen Langschweines mit mindestens zwei bis vier zusätzlichen Rippen bewogen haben würde? Oder sei diese ausgefallene Kreatur vielleicht aus der Andernwelt entsprungen?

Einige schlugen vor, den Eber als Reitpferd zu nutzen, für andere schien er als Zugochse vor einem Karren geeignet und Dritte empfahlen Jesper, ihn im Wald beim Suchen nach Pilzen einzusetzen. Auf jeden Fall sorgte dieses Tier für viel „Snackerie, Sabbelee un Gedöhns".

Es als Zuchttier zu nutzen, kam noch niemandem der Gaffer in den Sinn. Erst als ein aufgescheuchtes Huhn sich durch die Männerbeine auf die Schweinekoppel flüchtete, weil ein heißer Hahn es verfolgte und bestieg, dämmerte bei einigen Schweinebauern die Erkenntnis.

Der Hahn, blind vor geiler Gier, setzte in einem plumpen Flug über die Mannsleute hinweg und landete zielsicher auf dem Rücken der erwählten Henne, die sich vor lauter Schrecken flach legte, das Gackern vergaß und sich dem kraftvollen, stürmischen Treter aller Hühner hingab. Nach seinem Erfolgstritt schüttelte der Hahn sich, reckte seinen Hals, krähte kraftvoll und machte sich majestätisch auf den Weg zu einer neuen Liebe. Auch die Henne sträubte ihre Federn, sodass eine Staubwolke sie einhüllte.

„Dat is dat! Dat is dat!" Julius Andersson, ein jüngerer Bauer aus Steenfeldlund, dem südlichen Angeln, war ganz aufgeregt. Wenn er jetzt seine dunkelfarbige muntere Sau von diesem Eber decken ließ, was würden das wohl für Ferkel werden? „Wat meent ji", wandte er sich an die anderen Bauern, „wenn mien Sööch un düsse Kaventsmann vun Swien een Pott un een Pann warn, swatt un witt tosam'n kam, gifft dat een Kuddelmuddel?"

Es wurden die Köpfe gekratzt, die Schultern hochgezogen, die Handflächen nach außen gekehrt, allgemeine Ratlosigkeit herrschte. Ein weißes und ein pechschwarzes Borstenvieh?

Grete, mit ihrem Sinn für das Praktische, mischte sich ein. „Versöök dat man mal, ward all scheef gahn!" Als der Bauer aus Steenefeldlund zusagte, mit seiner Sau in den nächsten Tagen wiederzukommen, und Jesper als Deckpreis nur ein Ferkel aus dem Wurf für sich einforderte, fingen sogar die Bönsbarger an, sich Gedanken über neue Möglichkeiten in der Schweinezucht zu machen. Größere, längere Schweine in Steenfeldlund und nicht hier im nördlichen Angeln, das durfte doch nicht sein. „Nee, nee un dreemal nee, wi in Bönsbarg leven doch nich achtern Mond! Wi versööken dat uk!" Ein Wettstreit um eine neue Schweinerasse im Land der Angeln hatte begonnen.

Als Rotkopf-Bauer Bernd, der Nachbar des Sonnenhofes, seine Bereitschaft an der Ebernutzung laut bekundete, brach der Damm. Jetzt wollten alle Bönsbarger dabei sein! Grete ordnete die Reihenfolge für den Einsatz des weißen Riesen, dessen unglaubliche Zeugungsfähigkeit bei diesem imposanten Tier vorausgesetzt wurde. Doch eine Frage blieb. Welchen Namen trug dieses Deck-Tier, der Vater aller neuen Schweine?

Jesper zupfte an seinen weißgrauen Zöpfen. „Ik heff emm Abraham nöhmt, so ass de Bruunkittel in't Kloster emm roopen dään. Düsse Abraham, so vertelln se, kunn bi keen Wieferrock nee seggn! Fruuns, dor weer he in sien Element. So geit dat mien Ever uk. Keen Söch iss vör düsse ‚Breeker' seeker. Alleen, wenn he een rüüken deit, ward he tumbig in sien Kopp!"

Wenn so ein weitgereister, erfahrener, alter Mann wie Jesper vom Sonnenhof für diesen ungewöhnlichen Namen so beredte Worte fand, musste man ihn übernehmen, obwohl man in Angeln gewohnt war, Deck-Eber Günter, Gotfried oder Gustav zu rufen.

Es störte die praktisch denkenden Bauern auch nicht, dass Abraham nach diesem merkwürdigen Glauben der Klosterleute nicht einer Göttergruppe, sondern einem einzigen Gott zugeordnet wurde. Wie armselig waren diese Mönche! Bot doch Walhalla, wenn man wollte, Götter für jede Gelegenheit: die Sonne, den Regen, den Donner, die Ernte, die Jagd, das Gemüse, für Handel und ein sicheres Haus, sogar für einen gesunden Schlaf.

Ein Hauch von höherem Segen erreichte die Namensgebung und damit die zukünftige Schweinezucht der Angeln. Der weiße Abraham wurde ein gesuchter, erfolgreicher, legendärer Vererber!

Wegen des anhaltenden Unwetters blieben die Besucher nur kurz in Bönsbarg, kehrten besorgt in ihre Heimatdörfer zurück. Meldereiter berichteten von weiteren verheerenden Auswirkungen des Sturzregens. Das Dorf Bollingstede gebe es nicht mehr, es sei in den Wassermassen untergegangen. Das gelte auch für Satterup. Fünf Bauernhöfe und drei Katenstellen seien mit Mann und Maus Opfer der Fluten geworden. Die

Smedebyer, wegen ihres Sandbodens nicht betroffen, halfen allerorten.

Eine besondere Not herrschte jedoch rund um den Thorsberg. Der Heilige Hain und die Heilige Quelle ihrer Göttin Nerthis befänden sich in höchster Gefahr. Jede Hand werde zur Rettung benötigt. Obwohl die Traner Au über die Ufer getreten war und verheerende Not ausgelöst hatte, entsandte Leve einen Trupp aus Hollenhude zur Unterstützung seines Jagdfreundes Ocke.

Bernd Bengtsson der Jüngere, der Tatkräftige, und Jesper der Erfahrene, so war die Auffassung der Bönsbarger, sollten sich als Erste unverzüglich auf den Weg durch Regen und Sturm in den Süden aufmachen. Ein Trupp von handfesten Knechten würde unverzüglich folgen.

Grete werde für Abraham sorgen, Bernd der Ältere die Geschicke des Bauernhofes in der Zwischenzeit regeln. Das klang besser als getan, denn dem Altbauern fehlten alle Zähne, die Gicht fesselte ihn an die Bettstatt und ein genauer Überblick über die Bestellung der Felder fehlte ihm auch, weil er stets alles vergaß, was er sich für seinen Arbeitstag vorgenommen hatte.

Auf dem Weg zum Thorsberg begegneten Jesper und Bernd weitere Helfer, sie kamen aus allen Teilen des Angelnlandes, um die Rettung des Heiligtums sicherzustellen.

Hunderte waren im Einsatz rund um den Thorsberg. Mit Schaufeln, Spaten, Bohlen und Büschen war man dabei, ein Bollwerk gegen den anhaltenden Wasserstrom zu errichten.

So weit das Auge blickte, hatte die Flut alle Weiden, Wiesen und Wälder in einen riesigen See verwandelt. „De nü ankam sünd, hölpen op de rechte Siet, de all länger anpacken dohn, gahn op de linke Siet!" Klar, unaufgeregt und präzise erfolgte das Kommando von einem Mann mit tiefer Stimme und zwergenhaftem Wuchs, der auf einem pechschwarzen Pferd herangeprescht kam. Ocke de Lütte, der neue Fürst aller Angeln und Ältermann von Steenfeldlund.

Er ließ sich die Namen und Dörfer der Neuankömmlinge nennen, dankte ihnen und schon ritt er zu einer weiteren Notstelle. Man merkte, die Zeit lief ihm davon. Wäre der Damm nicht gegen Abend fertiggestellt, würden die Fluten die Quelle und alle Heiligtümer zerstören, ihre Göttin Nerthis ihre Heimat auf Erden verlieren.

Immer wieder lösten sich ganze Lehmberge von der Krone des matschigen Dammes. Damit entstanden große Lücken, durch die das schäumende Wasser in die heilige Stätte hineinströmte. Aussichtslos schien der Kampf mit den Elementen. Hinzu kam, dass der Wasserspiegel unaufhörlich stieg.

Jesper war, wie alle anderen Helfer, nass bis auf die Knochen, voller Schmutz und Schlamm, mit breiten Lehmspuren im schweißglänzenden Gesicht, da fiel es ihm plötzlich wie Schuppen von seinen Augen. Es gab – vielleicht – doch eine Möglichkeit, die Heilige Quelle zu retten.

Der Bönsbarger erinnerte sich: Zu Beginn seiner Zeit in Britannien gehörte er zu den Sklaven, die bei tosendem Wind und peitschendem Regen einen Deich aufzuschütten hatten, um die Hafenstadt Lundonia vor dem steigenden Hochwasser zu retten. Mit mehrschwänzigen Lederpeitschen, an deren Enden Bleikugeln eingeflochten waren, trieben die Römer die Sklaven unablässig, pausenlos an.

Auch damals stieg die Flut schneller, als sie schaufeln konnten. Der Kampf gegen die wütenden Wellen schien für alle verloren! Für die Bewohner Lundonias, für die Herren aus Rom, für die Sklaven aus aller Welt.

Da entriss ein eigentlich gutmütiger, bärenstarker, kahlköpfiger Friese, mit dem man ihn, Jesper, zusammengekettet hatte, dem brutalen Aufseher die Peitsche, zog ihn an sich heran, nahm seinen Hals in die Armbeuge.

Trotz des heftigen Sturms herrschte für einen Augenblick durch die Aufsässigkeit eines Leibeigenen Stille auf der Krone des Dammes. Erschrocken hielten die anderen Sklaven mit ihrer Arbeit inne. Alles wartete auf den Moment, in dem der Friese den Peitschenschwinger endgültig den Hals umdrehen würde.

Das tat der nicht. Im Gegenteil, er winkte mit seiner freien Hand den Deichvorsteher für Lundonia, einen vornehmen Römer, der die Oberaufsicht führte, herbei. Der war bereits mit gezücktem Kurzschwert auf dem Weg zum rebellischen Sklaven. Jesper wurde es angst und bange, denn auch er an der gemeinsamen Fessel würde unweigerlich mit niedergemacht werden. Aber dazu kam es nicht.

Der Deichbevollmächtigte stoppte unvermittelt, weil der Friese lauthals Sturm und Regen übertönend „Düürbruch! Düürbruch! Düürbruch!" brüllte und auf das Ende des Dammes zeigte und eine entsprechende Handbewegung machte.

Trotz seiner Wut auf den Widerborstigen verstand ihn der Oberaufseher, rannte zurück und trieb alle Sklaven zu der vom Friesen markierten Stelle, um hier sofort eine Lücke graben zu lassen. Alle schufteten, als ginge es um Leben und Tod. Das tat es auch. Nur noch eine Handbreit waren die Wellen voller Gischt von der Krone des Deiches entfernt. Doch der entstandene Durchbruch erfüllte seinen Zweck.

Wenige Augenblicke später brach sich das aufgestaute Wasser Bahn und flutete mit unaufhaltsamer Gewalt in die tiefer gelegene Flussebene. Dabei riss es mehrere Arbeiter von der bröckelnden Deichkante mit in die Tiefe.

Deren Leichen wurden erst Tage später gefunden und geborgen. Vergraben wurden sie nicht. Für Leibeigene, so fanden die Römer, sei ein Grab zu aufwendig, kostspielig und von ihren Gottheiten auch nicht gewollt. Sollten sich doch Krähen und Möwen über die Leichen hermachen!

Der Ratschlag des Friesen, der aus den Erfahrungen seiner Heimat wusste, wie man einer Sturmflut wirkungsvoll begegnete, bewahrte Lundonia, diese wohlhabende Hafenstadt, vor ihrem Untergang.

Zwei Tage später nagelte man den Retter, auf Anordnung des Rates der Kaufleute und Händler, nackt und lebendig an das Stadttor. Als Mahnung, so wurde verkündet. Niemand dürfe sich der Anordnung der Obrigkeit, der Römer, widersetzen!

Nach langen, qualvollen Stunden hauchte der Friese sein Leben endgültig aus. Erst als er zu faulen begann, wurde er abgeschnitten und den stets hungrigen Stadthunden zum Fraß vorgeworfen.

Jesper war noch einmal davongekommen. Doch entsprechend den Verordnungen dieser Römer erhielt er, weil er mit dem Aufsässigen an einer Kette hing und damit auch vom Keim der Aufsässigkeit befallen sei, fünfundzwanzig Peitschenhiebe als Strafe zugesprochen. In die heftig blutenden Wunden rieb man Salz, damit der Schmerz auch lange anhielt und er alle Gedanken an Aufstand und Freiheit vergessen sollte. Eine Mittäterschaft konnte ihm nicht nachgewiesen werden.

Noch Tage und Wochen litt er unter der Tortur, bekam Fieber, Schüttelfrost und sein Rücken schien zeitweise wie gelähmt. Hätten nicht andere Sklaven ihm geholfen, wäre er elendig krepiert.

„Düürbruch!", wäre das nicht auch für den Thorsberg die Rettung? Der Alte stieß seinen Spaten in den Morast, griff Bernd in den Arm, „kumm, ik bruuk dien Hölp!" So rasch es der regennasse Boden zuließ, eilten sie zum Fürsten, der am Rande des brodelnden Wasserbeckens stand. Noch außer Atem hörten beide, was Ocke Offasson seinen Angelner Landesleuten zurief: „Kiek dor de Spleet, uns Damm höllt nich. Daal vun de Diek, fix, anners kam't wi all to Doode! De Götter sünd bös op uns! Een Opper mutt her!"

Mit diesen Worten zog er Silberstern, seinen schweißglänzenden, temperamentvollen Hengst mit einer weißen Blesse, ganz nahe an die Abbruchkante, zog sein zweischneidiges Jagdmesser aus der Lederscheide und hob den Arm, um dem Tier mit einem tiefen Stoß in den Hals einen schnellen Tod zu bereiten.

Ein Tieropfer als letzter Versuch, die Götter gnädig zu stimmen. Es war Bernd Bengtsson, der ihm in den Arm fiel. „Hol an! Jesper vun'n Sonnenhoff weet een'n Weg!"

Zorn blitzte in den Augen des jungen Fürsten auf. Noch einmal bog er seinen Messerarm zurück. Der Bönsbarger hatte mit beiden Händen kraftvoll zugepackt. „Een Düürbruch oppe anne Siet, de bruuken wi", rief Jesper Ocke zu. „Dat Water mutt daal nah de Wischen! Affloopen!"

Der Fürst, noch immer in seiner Bewegung eingeschränkt, dachte kurz nach. Ja, das könnte tatsächlich gehen. Ocke schluckte, auch wenn es ihm schwerfiel, seinen Ärger hinunter und beorderte alle Freiwilligen zu der von Jesper angezeigten Stelle für den Durchbruch. Wasser in die Tiefe leiten, damit der Druck vom Damm genommen würde, das sollte versucht werden.

Nur wenige Spatenstiche reichten für einen Abfluss der Fluten. Fast augenblicklich sank der Wasserspiegel, die abrutschenden Lehmbrocken kamen zum Halten. Die Wucht wurde dem Wasser genommen, es lief in die angrenzenden Wiesen. „Hoo, hoo, hooo" brüllten die Mannsleute vor Begeisterung.

Erleichterung machte sich bei den vielen Hundert Helfern breit. Das Unglück war abgewendet. Jetzt konnten sie sich getrost auf den Heimweg begeben, um im eigenen Dorf die Schäden des Hochwassers zu beheben.

Da erscholl ein verzweifelter Ruf: „Hölp, hölp, hölp!" Ein Reiter, nein eine Reiterin, galoppierte mit rasendem Tempo auf die Männer zu, zog kurz vor ihnen hart an beiden Zügeln, sodass ihr geschecktes, temperamentvolles Kleinpferd auf der Hinterhand einbrach und drohte, auf den Rücken zu stürzen. Damit hätte es die Reiterin unter sich begraben.

Es war Bernd aus Bönsbarg, der blitzschnell die junge Frau aus den Steigbügeln zog, um sie aus der Gefahrenzone zu ziehen. Statt für diese Rettungstat zu danken, blaffte dieses Weib, das beim Sturz seine Haube verloren hatte, ihn mit blitzenden Augen an. „Laat mi los, du drieste Kirl! Ik hölp mi sölm!", und damit wandte sie sich dem Fürsten zu. „Broder, dor sünd Kinner ünnen in de Wisch! Wenn dat Water anstiegen deit, kam se dor to Doode!"

„Wer een Perd to Hand hett, kümmt mit mi", rief Ocke, ohne lange zu überlegen, schwang sich auf Silberstern, der aus dem Stand losgaloppierte. Ohne auf die Einwände der aufgebrachten Reiterin zu achten, nahm Bernd deren gerade noch zitternd auf die Beine gekommenes Pferd und schloss sich den anderen Rettern an. Kinder in Not, da musste geholfen werden!

Wenige Stunden später, es war bereits Abend und noch immer fiel Regen, versammelte sich der Rest der Helfer in der großen Halle des Dorfältesten. Viele waren bereits fort. Bernd und Jesper waren vom Fürsten persönlich gebeten worden, über Nacht zu bleiben. Erschöpft, abgekämpft, wie sie sich fühlten, blieben sie gern.

An langen Holztischen bewirtete man die Helfer und Retter mit Fladenbrot, kaltem trockenem Braten, Salzheringen und viel Bier. Was für ein Tag, der mit scheinbarer Ausweglosigkeit begonnen und mit der Sicherstellung des Heiligtums und der Rettung der Kinder geendet hatte! Ein großer Erfolg, weil alle mit angepackt hatten. Die Angeln, gleich aus welchem Ort, hatten ihre Heiligtümer nicht im Stich gelassen!

Übermütig hob Bernd seinen Bierkrug und prostete mit Schwung Jesper so heftig zu, dass ein erheblicher Teil der Bierbrühe herausschwappte und einen Gast, der hinter ihm stand, vom Scheitel bis zur Sohle begoss.

„Du, du dreedubbelte Döösbaddel du", erscholl da eine wütende weibliche Stimme, die ihm bekannt vorkam: Goodje, Ockes Schwester, die kühne Reiterin, deren Pferd er ungefragt für die Rettung der Kinder benutzt hatte.

Da stand sie nun, begossen mit dem Bier aus Bernds Krug wie ein regennasser Hund. In ihren zu einem Kranz geflochtenen hellblonden Haaren platzten munter Bierschaumbläschen. Auch das weiße, wohl ausgewählte Brusttuch war mit gelben Bierflecken übersät. Die eigentlich anmutige Schönheit mit dunkelblauen Augen, kleiner, aber kecker Nase und mandelförmigen Mund stand stocksteifstill, sprachlos und litt.

Bernd, der die ganze Bescherung jetzt erst wahrnahm, litt auch. Sein schlechtes Gewissen wegen seines ungestümen Verhaltens meldete sich. Was sollte er tun? Verlegen blickte er sich um und bemerkte schadenfroh grinsende Gesichter.

„Op de Kneen mit di, du Tüttelpoot", zischte ihm von der Seite Jesper zu. „Furts! Furts!" Rasch!

Da sank Bernd vor Goodje auf die Knie und stammelte eine Vielzahl von Entschuldigungen und goss sich zum Erstaunen der Zuschauer den Rest aus dem Bierkrug über den eigenen Kopf. „Hoo, hoo, hooo", erscholl die Zustimmung aus allen Ecken. Beifall brandete von allen Seiten für diese Selbstbestrafung auf. Welch eine Bierflut, gleich zwei Gäste nass bis auf die Haut. Das musste begossen werden! Voller Begeisterung prostete man sich zu und stürzte Bier, Met und Fruchtwein in die Kehle.

An beiden Ohren zog Goodje den geduldig, reumütig knienden Bönsbarger zu sich hoch. Der blickte sie so verzweifelt, treuherzig und schuldbewusst an, dass sie nicht anders konnte, als ihm spontan einen Hauch von Kuss auf die Stirn zu drücken.

Da ging Bernd Bengtsson noch einmal zu Boden. Einerseits freudig erschüttert durch das unerwartet sanfte Handeln dieses Weibes, andererseits in der vagen Hoffnung, noch einmal an seinen Löffeln in den Himmel der Seligkeit gezogen und geküsst zu werden.

Dazu kam es nicht. Goodje verließ auf der Stelle die Festhalle und ließ Bernd in der Bierlache knien. Ockes Schwester flüchtete nicht nur wegen der Nässe und des ekelhaften Biergeruchs, sondern auch wegen ihrer Kühnheit, einen völlig Fremden geküsst zu haben. Was war nur mit ihr geschehen?

Jesper griente still vergnügt in sich hinein, war er doch Zeuge eines Vorfalls zwischen zwei jungen Leuten, der nach seiner Beobachtung durchaus Folgen haben konnte. Vereinzelt noch tropfte Bier aus Bernds klatschnassen roten Locken. Von seiner Haarpracht war nichts mehr übrig geblieben. Aber diesen Moment vorhin, den würde er nicht vergessen.

Der junge Fürst trat mit einem trockenen Tuch zu den beiden Bönsbargern und bat sie wegen des zunehmenden Lärms in einen Nebenraum. Doch bevor die drei aufbrachen, erschien Goodje umgekleidet, umwerfend reizvoll mit rotem Rock, gewebter weißer Bluse, blauer Schürze und setzte sich zu den anderen Weibern, scheinbar ohne Notiz von Bernd zu nehmen.

Der Bönsbarger blickte voller Interesse zu ihr hinüber. Welch ein stattliches Weib, so ansehnlich, betörend und voller Anmut! Schlank war sie! Wie stolz sie ihren Kopf trug! Schwester eines Fürsten, für ihn als einfachen Bauern unerreichbar! Doch sie, wenn auch nur einmal, hinter den Busch ziehen, würde er mit Begeisterung.

In diesem Augenblick sah Goodje kurz auf, als habe sie seine verwegenen Gedanken erraten. Rot färbten sich Bernds Wangen, puterrot. Sein ganzes Haupt glühte vor Verlegenheit. Er senkte seinen Kopf, fuhr sich mit beiden Händen durch seine Haare, als wolle er alle seine sündigen Gedanken herausreißen! Wie konnte es mit ihm nur so weit kommen! Er, der stets ruhig und gelassen war!

Eigentlich ein hübscher Kerl, dieser Bauernlümmel aus Bönsbarg, hochgewachsen, breitschultrig, mit kräftigem Kinn und klugen Augen – so schoss es Goodje durch den Kopf. Zwar ungelenk, ungehobelt, tollpatschig, aber wie er ihrem Bruder in den Arm gefallen war, das Messer entriss, dazu gehörte eine ganze Portion Mut!

Jetzt dieses überrote Gesicht dieses Tölpels! Was bewegte ihn nur? Wie er dort verschüchtert saß, kurzatmig japste, wie eine Flunder auf dem trockenen Strand. Empörend, wie er mit ihr, der Schwester eines Fürsten, umgesprungen war. „Dat war ik düsse Kirl nich so gau vergeeten", sprach sie mehr zu sich selbst. „Mi dat Peerd klaun, un mi natt maken."

Und doch, welche unbändige Kraft in dem Kerl steckte, als er sie vom Pferd wegzog. Und seine Arme erst! Sie holte tief Luft. Eine Tischnachbarin reichte ihr einen Krug mit Bier. Sie dankte und wandte sich wieder dem Tisch ihres Bruders zu. Doch er und die Bönsbarger waren nicht mehr in der Festhalle. Schade, wirklich schade! Goodje ließ sich über diesen aufregenden Tag in einen Schnack mit ihrer Nachbarin verwickeln.

Im Vorraum der Scheune reichte der Fürst den beiden Männern die Hand, herzlich, voll ehrlicher Überzeugung dankte er für ihre Hilfe. Wie selbstverständlich trug der Kurzbeinige stets einen Hocker unter dem Arm. Der ermöglichte es ihm, auf Augenhöhe mit den Leuten zu sein, mit denen er sprach.

Man merkte es Ocke Offasson an, wie wichtig ihm diese Geste der Freundschaft war. „Ji beiden, Jesper, du un Bernd, hemm uns groff chuut hulpen. Dat warn wi nich vergeeeten! Dat war ik ju nicht vergeeten."

Wäre der heilige Eichenhain mit seinen zwölf hohen Bäumen zerstört und die Heilige Quelle unterspült worden, das erkannte der Fürst trotz seiner Jugend, hätte das Volk der Angeln den Mittelpunkt der Götterverehrung verloren, zugleich den Ort für das Große Thing eingebüßt.

Der Thorsberg war nicht nur seit Urvaterzeiten Nerthis und anderen Göttern geweiht, hier opferte man ihnen. Er war auch die Stätte, zu der Göttergläubige aus allen Teilen des Landes hinwanderten. Die Verzweifelten hofften hier unter den knorrigen schützenden Eichen bei einem Schluck aus dem Quellwasser auf Trost, die Entmutigten auf Unterstützung, die Ratlosen auf Antworten, wie es für sie weitergehen sollte. Hier schlug das Herz der Angeln, hier suchte man Trost, die Nachsicht und Vergebung der Mächtigen aus Walhalla zu erhalten.

Unter den Augen der Alten, der Sehenden, der Götternahen wurden die Gegenstände geopfert, dem nahen Moor übergeben, die einem die liebsten waren: eine Gürtelschnalle, eine gebrauchte Satteldecke, ein silberner Armreif, Zähne, Haare, zu eng gewordene Beinkleider, Bernsteine mit und ohne eingeschlossene Insekten, ein verzierter Dolch oder auch Steigbügel, getöpferte Teller, Krüge bis hin zum Rasierstein, dem hölzernen Suppenlöffel oder einem Kamm aus Fischgräten.

Nicht selten kam es vor, dass auch Katzen, zahme Krähen, Hunde, Hasen und in Fallen gefangene Eichhörnchen, die Kadeeker, im schwarzen Moorwasser versenkt wurden.

Die Beschützer des Thorsberges, weise Greisinnen und Greise, schritten erst dann ein, wenn jemand aus nicht enden wollendem Kummer den Freitod im Moor suchte. Ein solches Verhalten galt als verpönt, verwerflich! Nerthis, ihre oberste Göttin, die Schöpferin der Erde, hatte ihnen das Leben geschenkt, um es zu erhalten, nicht, um es wegzuwerfen!

Einander zu achten, zu dienen, zu helfen war man aufgefordert. Selbstsucht war verpönt, denn der Not durch Wind, Wetter und Feinde konnte man nur gemeinsam begegnen. Auf sich allein gestellt würde man scheitern. Für jeden, der gegen diese Tugenden verstieß, galt, dass die Eingangspforte für das kommende, prächtige Leben in den stets sonnigen Festhallen von Walhalla geschlossen blieb.

Voller Aufmerksamkeit verfolgten Jesper und Bernd Ockes Worte über Wesen und Wirken der Thorsberger Heiligtümer. Freimütig bekannte der Fürst, dass er vieles von seiner Großmutter Agnes erfahren habe, die zu den Götternahen und zu denen gehöre, die die Aufsicht über Hain und Quelle wahrnahmen.

Der oberste Ältermann der Angeln hob seinen Bierkrug: „Dat weer hüüt een goode Dag för uns Angeln, un uk för mien Peerd", ergänzte er, das er fast geopfert hätte.

Er hob den Krug in die Höhe, trank jedoch noch nicht. Mit einem leichten Schwung schüttete er den obersten Teil seines Getränks auf den lehmgestampften Boden. „Düsse erste Szug, de iss för uns Götter." Jesper und Bernd taten es ihm gleich, schenkten den Gottheiten ihren ersten Schluck, gossen etwas Bier auf die Erde, um ihnen für ihren Beistand zu danken. „Man, nu", Ocke hatte ein breites Grinsen im Gesicht, „nicht lang tüddeln, daal mit dat Beer!" Prost! Zugleich stürzten sie den Gerstensaft in sich hinein, rülpsten anschließend kräftig und ließen ihre Krüge wieder auffüllen.

Jesper, der Alte, überschätzte sein Können, verschluckte sich heftig und begoss mit seinem Bier den Hosenlatz, was ihm den Spott seiner Mitzecher einbrachte. Damit war der unterhaltsame Teil dieses Treffens bereits beendet, denn Ocke suchte für ein gewagtes Unterfangen Rat, Verständnis und Unterstützung.

Zuerst kam er auf seine Schwester Goodje zu sprechen. „Bi mien Süster mutts mit alln's reekken", versuchte er ihr Verhalten auf dem Damm und später in der Festhalle zu erklären. „Se iss, wat se iss, fidel un fröhlich, man se kann uk füünsch warn."

Er werde, erklärte er den Bönsbargern vertraulich, Goodje dem ältesten Sohn des Königs der Warnen „Jeffe" Jeffesson zur Frau geben. Eine solche Verbindung könne dem Frieden beider Völker dienen und zugleich erhielte man einen Verbündeten in Notfällen.

Er habe alles bereit eingefädelt. Nur Goodje weigerte sich noch, als Friedenstaube vermählt zu werden. Doch wenn es um den Schutz und die Sicherheit aller Angeln gehe, habe die Sippe des Fürsten Opfer zu bringen. Die Flausen werde er diesem störrischen Weib, seiner Schwester, noch austreiben.

„Will Jufa ehr denn to Fru!", fragte Jesper, sichtlich beunruhigt. „Nee", antwortete Ocke. „Man, he mutt uk dat doon. wat sien Vadder seggn deit." Entschlossen griff er seinen Bierkrug, leerte ihn bis zur Neige, wischte sich den Schaum vom Mund. „Wat mutt, dat mutt!" Dann kam er zu einem zweiten Anliegen, das ihm Sorge bereite.

„Man ik heff noch wat, wat mi opp'n Maag ling deit!" Mit der Rettung des Heiligtums hätten sie noch einmal, dank Jesper, im letzten Moment Glück gehabt. Doch die Zeiträume, in denen es eine solche Hochflut gab, würden kürzer. Nicht nur, dass die Ernte eines ganzen Jahres vernichtet würde, Hungerjahre schlossen sich an, weil man auch das Saatgut verzehrt habe. Was wäre, wenn das Hochwasser ihr Heiligtum gänzlich zerstörte?

Wenn Nerthis, die Göttin der Schöpfung, des Friedens, der Fruchtbarkeit, der Gerechtigkeit im Land der Angeln kein Zuhause mehr habe? Nerthis sei die Mitte, die Seele, die Heimat des Volkes der Angeln. „Ik bruuk Hölp", sagte er niedergeschlagen und mutlos. Da räusperte sich Jesper, der viel herumgekommen war, viel gesehen und manches Schöne wie Schreckliche erlebt hatte.

„De Römer in Britannien, de hemm keen Hain, keen faste Huus för sehrs Götter." In kostbaren Stein gehauen, gemeißelt standen deren Götter – ähnlich aussehend wie Menschen aufrecht auf einem Sockel.

Wenn bei den Soldaten, den Legionären kein Gott vorhanden war, ließ deren Ältermann eine neue mannshohe Figur schaffen. Bei den Römern gäbe es Handwerker, die nichts anderes täten, als Götter-Statuen herzustellen. Stürzte einer von diesen „Steinmenschen" von seinem Podest und brach entzwei, „musse fix een nüe Gott her! Een Dag ohn Götter, dat weer för de Römers een groot Malöör!" Ihre Steingottheiten schleppten sie stets mit sich. Einen einmaligen festen Standort, wie bei den Angeln der Heilige Hain, kannte dieser Volksstamm der Römer nicht.

Auch bei den Braunkitteln in Franken, in deren Kloster er gelebt hatte, deren Scheißhäuser er reinigen musste, war es ganz ähnlich. Die nahmen ihren Christengott sogar mit auf ihre Lagerstatt. Ihr Gott verbarg sich in einem Holzkreuz. Jeder dieser Brüder trug so eines bei Tag und bei Nacht bei sich.

„Man, dat möhn wi Angeln utprobeeren", schloss Jesper seinen Bericht, „Nerthis schull to dreegn sien. Wenn't Hochwater kam deit, dreegn wi ehr to een Stäe, wo dat dröög is."

Ocke und auch Bernd lauschten aufmerksam. Darüber würden sie nachdenken, versicherten sie Jesper. Warum sollte es nicht auch für die Angeln eine Möglichkeit geben, ihre Göttin als jungen Eichenbaum in einem Ochsenkarren oder auf einem Boot dorthin zu bringen, wo weder Wasser, Sturm noch Feuer sie vernichten würde?

Besonders Jespers Bericht aus Britannien hatte den Fürsten aufmerksam werden lassen. Neugierig war er auf Land und die Leute dort geworden. Jesper erzählte: „Britannien süht meist so ut ass uns Angelnland, man grötter, veel grötter. Godes Land, so wiet du kieken kannst, un meist alleen een Hümpel an Lüüd. De meisten hemm de Römer doodhaut. De regeern dor mit harde Hand. För Buuern, Handwarker, Fischer, Jäger un Handelslüüd gifft dor veel to doon. Dat Wedder is door komodig, veel Sünnschien un Regen to rechte Tied. Wenn ik noch mal een junge Mann weer, ik wull Buuer in Britannien warn", beendete Jesper seinen Satz und sein trunkener Kopf sank auf den Tisch.

Der junge Fürst war ganz aufgeregt. Er würde Jesper gerne bei einem Angelnthing dabei haben, um mehr von diesem Britannien zu erfahren, ließ er Bernd wissen.

Ein wenig verkatert vom vielen Bier, nachdenklich, doch eher sorgenvoll, machten sich die beiden Bönsbarger am nächsten Morgen auf den Rückweg. Miteinander sprachen sie wenig, weil Goodje, dieses ihn aufwühlende Weib, in Bernds Gedanken für Unruhe und Verwirrung sorgte und wenig Platz ließ für andere Überlegungen. Er träumte ohne Hoffnung einen verlorenen Traum von einer unerreichbaren Braut.

Auch Jesper war mit eigenen Fragen beschäftigt. Welche Zukunft sein Volk der Angeln bei häufigem Hochwasser, ständigem Regen, Hungersnöten und Herausforderungen durch kriegerische Nachbarn haben würde, ging ihm nicht aus dem Kopf.

Als endlich ein erster Sonnenstrahl durch die hoch aufgetürmten Wolkenberge drang, erfasste beide wieder Zuversicht.

Bei vollem Sonnenschein erreichten sie ihr Dorf. Bernd sattelte sein schweißnasses Pferd ab und war gerade damit beschäftigt, es mit einem Strohbüschel trockenzureiben, als sein von Gicht geplagter Vater Bernd Bengtsson der Ältere mit schlurfenden Schritten zu ihm trat, ihn musterte und in seine rissigen Hände spuckte.

Kein Willkommen kam über die zerfurchten, schmalen Lippen des Zahnlosen. Er beobachtete seinen kraftstrotzenden, stets eifrigen und fröhlichen Sohn, räusperte sich, und das, was der Alte dann mehr nuschelnd als sprechend von sich gab, fuhr wie ein Dolchstoß tief in Bernds Glieder. „Ik heff", dann holte er tief Luft, „een Fru vör di funn. To Sommertied, wenn dat Heu in de Schüün is, gifft Hochtied!"

Bernd blieb, was selten geschah, einen Augenblick sprachlos. Natürlich hatte es in den letzten Jahren von Freunden, Nachbarn und manchem Weib aus dem Dorf versteckte Andeutungen über ihn als Heiratskandidaten gegeben. Er hatte solche Reden mit Hinweis auf sein jugendliches Alter aber abblitzen lassen. Nun wurde es ernst! Goodje würde es nicht sein. Im Gegenteil, durch die Wahl seines Vaters würde sie, die er einfach nicht vergessen konnte, gar nicht mehr in Frage kommen. „Wat een Schiet uk!"

Die Eltern bestimmten bei den Angeln gemeinsam mit den Alten der Sippe die Vermählung ihrer Kinder. Die Betroffenen wurden nicht gefragt.

„Kenn ik ehr", stotterte der total überraschte Sohn. „Nee", und damit schlurfte Bernd Bengtsson der Ältere ins Haus zurück.

Sein Sohn blickte ihm entgeistert hinterher, schlimmer hätte es nicht kommen können! Die glutvolle Goodje als Muss-Braut für einen bei diesem unberechenbaren Volk der Warnen, er Muss-Bräutigam für ein völlig unbekanntes Weib.

Waren damit nicht alle Tore für ihn geschlossen und sein kühner Traum von Zuneigung und Herzlichkeit in der Ehe geplatzt? Jetzt konnte er nur noch den Göttern vertrauen, ihrem Willen, ihrer Weisheit. Und tatsächlich, diese hatten ein Einsehen mit Bernd Bengtsson aus Bönsbarg.

Die drei Schicksalsgöttinnen konnten sich ein feines Lächeln nicht verkneifen.

24

Von einer Braut wider Willen, von Hochzeitsbräuchen in Angeln, Bauer Bothmannsson, einer Erbfeindschaft und warum ein Bullenschädel in Bönsbarg Abscheu, Empörung und Schrecken hervorruft

Bernd Bengtsson der Jüngere schüttelte seine feuerrote Lockenpracht, kratzte sich seine ersten spärlich sprießenden Bartstoppeln: strahlender Sonnenschein an seinem Schicksalstag. Was hatte sein grummeliger, grantiger, stets leichenblasser Vater sich nur dabei gedacht? Bernd war schier verzweifelt. Ein Weib ehelichen zu müssen, das er bisher nicht einmal zu Gesicht bekommen hatte, von dem er nichts wusste, es gar nicht kannte! Eine Zumutung dachte er, sprach es jedoch nicht aus.

War sie ansehnlich oder hässlich, fleißig oder faul, roch sie aus dem Mund, schwitzte sie auf der Lagerstatt oder furzte sie wie ein Fuhrknecht? Keine Silbe über diese Unbekannte hörte er, weder auf dem Hof noch im Haus. Bei so viel Geheimnistuerei musste etwas faul an dieser Braut sein. Mit sich selbst redend kam er zu einer Reihe von Vermutungen: „Se ward wiss patzig un pamig sien, krallkrötig, knauserig, flötzig un füünsch, de chanze Dag" – er stellte sich ein geiziges, argwöhnisches, unwirsches, bösartiges Weib vor!

Die stets stille Mutter war nicht eingeweiht. Das tat Bernd der Ältere nie bei Abmachungen von solchem Ausmaß. Zugeknöpft und selbstherrlich, so war er, angefüllt mit Altersstarrsinn bis zum Kragen! Die Entscheidungen des Vaters waren unumstößlich!

„Man, watt een Malöör uk!" Bernd schimpfte mit sich selbst. Hätte er nicht gleich bei seiner Rückkehr von der Rettung des Heiligen Hains auf dem Thorsberg Vater und Mutter schildern sollen, dass Goodje vom Thorsberger Hof, die Schwester des Fürsten aller Angeln, ihm nicht mehr aus dem Kopf gehe, sie die Braut für ihn sein könne, nein sein musste! Sie oder keine! Auch wenn diese Deern dem Fürstensohn der Warnen zum „Fraß" vorgeworfen werden sollte, die Hoffnung auf sie, die würde er nicht aufgeben!

Doch er, döösig wie er war, hatte sich durch Respekt vor den Eltern und den Dorfregeln nicht getraut. Een Bangbüx, een Hasenfoot, dat wer he! Alle seine Träume, seine Wünsche, ja auch sein heißes Verlangen nach Goodje musste er endgültig aufgeben, sich dem neuen Weib zuwenden.

Aus Vullebrüch kam die Braut, auch das noch! Einem Flecken hinter dem Mond!

Am späten Vormittag würde der Handel um den Ehestand zum Abschluss kommen, nuschelte der Vater beim Frühstück. „Du mutst weeten, een Mann ohn Wief, is ass een Schipp ohn Stüer."

Zufrieden tunkte der Alte das Fladenbrot in die warme Milch, um es anschließend wegen seiner fehlenden Zähne laut schlürfend in sich hineinzuwürgen. Die überschüssige Milch lief ihm dabei die Mundwinkel hinunter und kleckerte über den Küchentisch. Die Verschmutzung störte ihn nicht, für den Dreck war sein Weib zuständig. Er, der Vater und Hausherr, für den Handel und kluge Worte. „Söhn, dat mutst di marken: Good Frühstück is dat Best för'n chanze Dag, een goode Arnt dat Best vun't Johr, un een goode Fruu dat Best för't chanze Leven!"

Wenn es um ein gutes Geschäft ging, dann lebte der Alte, der sich im Gegensatz zu Bernds Kinderzeit nur noch einsilbig, verschlossen und ungnädig zeigte, auf. Früher hatte sich dieser Griesgram anders verhalten, war freundlich und verständnisvoll, ein zugewandter Vater. Fünf tote Kinder und das Wissen, dass er ein schlechter Bauer war, hatten sein Wesen völlig verändert.

Sein zukünftiger Schwiegervater, verkündete Bernd der Ältere, würde persönlich kommen, die Braut sei erstmals dabei und die Brautwerber aus beiden Sippen habe er mit je zwei Silberstücken ausgezahlt. Ihre Aufgabe, zwei junge Leute „zusammenzuschnacken", wie man hier bei den Angeln es sagte, sei erfüllt.

Dat hemm se alln's över mien Kopp weg in Gang sett, wat een Tostand, dachte Bernd. Man ik hol beeder mien Snut, kannst nix an maken! „Mit einem völlig unbekannten Weibstück bereits in wenigen Wochen sein ganzes weiteres Leben, Bett, Hof, Haushalt, Freud und Leid bis zum Tode zu teilen" – dem Bräutigam graute. „Dat heff ik nich verdeent", schoss es ihm durch den Kopf.

Aber musste es nicht Frederikke, seiner zukünftigen Beischläferin, ähnlich ergehen? Für sie war er auch ein völlig Fremder. Wusste sie, ob er grob oder sanft mit ihr umging, sie lobte oder nur hässlich verspottete, sie brutal schlug, wenn sie sich nicht willig zeigte? Ihr neben der Arbeit in der Küche auch noch das Melken und Misten der Kühe und Füttern der Schweine aufbürdete? Sie piesackte, mit anderen Weibern hinterging oder ihr des Nachts Gewalt antat?

Warum war es nicht vorher zu einem Treffen von ihnen und, wenn nicht anders machbar, auch mit den Eltern gemeinsam gekommen? Mancher Vorbehalt, manche Befürchtung für beide hätte man ausräumen können. „Man, jümmer dat kuuse Reglement, dat seggn deit, wat man nich dörf", stöhnte Bernd.

Die Hochzeitsregeln der Angeln ließen einen solchen Weg nicht zu. Die Alten bestimmten das „Glück" der Jungen. So galt es seit alter Zeit, so hatte es zu bleiben. „Kinnerschiet is Ehekitt!" Mit diesem uralten Schnack beruhigten sich die Eltern und tröstete man die Jungen. Wenn erst die Kinder in der Wiege lägen, würde „Freeden, Freud, Eierkooken" in Haus und Heim einziehen.

Wussten die Alten in einer Sippe nicht am besten, welcher Deckel auf welchen Topf passte? Sie, die Altvorderen, kannten doch die Stärken und Schwächen ihrer Kinder, ihre Fähigkeiten und Fertigkeiten, ihre Ansichten und Einsichten und natürlich auch die jeweiligen Besitzverhältnisse, die Vermögenslage der Braute1tern. Zuneigung zueinander würde sich im gemeinsamen Alltag schon einstellen.

Klafften die Unterschiede, was die Größe des Hofes, die Anzahl des Viehs oder die Vielzahl von Weiden und Waldstücken anging, zu weit auseinander, wurde das Brautgeld in

Höhe und Umfang zum Ausgleich herangezogen. Als Faustregel galt: „Mit de Antall vun de Steerten vun de Kööh dor müsse dat liek sien."

Bauer Bertram Bothmannsson aus Vullebrüch hatte als Mitgift für Frederikke, seine älteste Tochter, eine trächtige Milchkuh, zwei Jungschweine, zwei Schafe, davon ein Bock, einen eifrigen Hahn, zehn Legehennen sowie eine Holztruhe aus Eiche voll mit Tand, Tischwäsche und Trödel in Aussicht gestellt.

Das sei durchaus großzügig, merkte Bertram an und Bernd der Ältere teilte dessen Ansicht, denn wenn Kuh und Schwein beim Brauthandel angeboten wurden, gab es selten noch zwei Schafe zusätzlich. Das sei der Stellung des zukünftigen Schwiegersohns als Ältermann von Bönsbarg geschuldet, begründete der Vullebrücher seine Großzügigkeit. Auch die Ehrengabe, die er bereits bei diesem ersten Besuch geheimnisvoll unter einem Tuch verborgen mitgebracht habe, gelte dem jungen baldigen Baas des Dorfes. „Bernd Bengtsson ut Bönsbarg, een Kirl, de een groode Tokunft hett", lobhudelte Bothmannsson.

Der Bauer aus Vullebrüch konnte nicht ahnen, dass gerade dieses wohlüberlegte Geschenk einen Sturm der Entrüstung und Empörung, Tränen, Trauer und Verzweiflung auslösen würde.

Dabei war der Handel bis dahin voller gegenseitiger Rücksichtnahme und in Harmonie verlaufen. Die beiden Altbauern schlugen sich nach dem kräftigen Händedruck, der das Brautgeschäft endgültig besiegelte, unbeholfen fast wie Freunde auf die Schultern.

Mit zwei mit Blumen geschmückten Ochsen, deren blank geputztes Geschirr sich in der Sonne spiegelte, war die Brautgesellschaft aus Vullebrüch auf dem Bauernhof von Bernd dem Älteren vorgefahren, hielt vor dem Hauptgebäude und entbot ihren Gruß. Brautvater Bothmannsson wurde standesgemäß vom Familienoberhaupt der Bengtssons willkommen geheißen und ins Wohngebäude gebeten. Begann der Gast mit einem gemächlichen „Moin", antwortete der Gastgeber überschwänglich „Moin, Moin".

Die zukünftige Braut ließ man zur ersten Begutachtung für den Bräutigam und die Leute des Dorfes auf dem Kutscherbock alleine sitzen.

Die Bönsbarger, in deren Alltag es wenig Abwechslung gab, hatten Arbeit und Aufgaben zur Seite gelegt, waren eilig zum Hof ihres möglichen Ältermannes gekommen, um einen Blick auf die zukünftige Nachbarin zu werfen. Hier und heute zu erscheinen, fand man, sei ein Gebot der Höflichkeit, von Neugierde sprach niemand.

Recht verloren wirkte Frederikke auf ihrem erhöhten Sitz, eingewickelt in eine Decke. Die mit Spitzen abgesetzte weiße, gestärkte Haube verbarg einen Großteil ihres Gesichtes. Spitzmäusig, schmallippig und dünn schien sie. Und ihr fehlte, da waren sich die gaffenden Männer einig, ein bei den Frauen der Angeln üblicher wallender, wogender, Würde ausstrahlender Busen, der großflächige Männerhände vollständig ausfüllte. Dieses Weib schien flach wie ein frisch gehobeltes Brett. „Man, dat ward keen Vergnöögen för Bernd mit ehr in't Bett. He kümmt hard to ling'n", hörte man erste Stimmen.

Da kam Bewegung in die Braut, die sehr wohl bemerkte, wie sie angestiert wurde. Sie drehte ihren Kopf in Richtung der Bönsbarger und lächelte diese scheu an. Es war, so empfanden es nicht wenige, als würde die Sonne aufgehen, so voller Anmut, Leichtigkeit und Hingabe war ihr Lächeln. Doch diese Wirkung hielt nicht lange vor. Sanftmut war zwar angenehm, aber verpönt.

Die Frau im Haus musste anordnen, anweisen, lautstark sagen können, was Kinder, Mägde und weitere Bedienstete zu tun hatten. In Bönsbarg galt: „Een Fruu, de nich schellt, een Hund, de nich bellt, een Katt, de nich muust, döögt nix in een Huus."

Die Anzahl der Gaffer auf die Braut nahm zu. Ein neu eingetroffenes freches Weib bemerkte laut, wenigstens trage die Vullebrücherin noch alle Zähne und weiß seien sie auch. Diese Beobachtung löste weitere Mutmaßungen über den Körper des Weibes, doch auch den Wuchs und den Zustand von Beinen und Füßen aus, denn eine Bauersfrau hatte von Sonnenauf- bis Sonnenuntergang ohne Unterlass auf den Beinen zu sein.

Eine Art Schonzeit zwischen all diesen vielen Gängen gab es nur am Waschplatz unten an der Au, wenn man die Tücher und Kleider wusch, wrang, knetete und zum Trocknen auslegte. „Een Huusfru, de mutt stämmige Been un breede Fööt hemm, will se mit all de Arbeit trecht' kam", meldete sich die forsche, zugleich nüchterne, praktisch denkende Ruferin noch einmal, „man, de dor baben opp'n Kutschbock, de mutt sehn, dat se mehr an't Lief kriegn deit!"

Es war Bernd, der aus eigenen Stücken, obwohl es gegen das Reglement war, Frederikke aus der Zurschaustellung befreite, sie rücksichtsvoll vom Sitz hob und zum Leidwesen der Dorfleute mit ihr in den Gemüsegarten hinter dem Wohngebäude verschwand. Schade, fand die Mehrheit der Bönsbarger, auch deshalb, weil der hübsche blau-weiß gewebte Rock, der die Beine der Braut verbarg, aufwehte, als sie sich vom Kutscherbock erhob.

Nun standen die Brautleute allein, was gar nicht sein durfte, das erste Mal einander gegenüber. Herzklopfen, Sprachlosigkeit. Bernd der Jüngere grübelte krampfhaft, mit welchen Worten und in welcher Form er mit seinem „Weib im Wartestand" ein Gespräch beginnen konnte.

Da hob seine zukünftige Braut ihren Kopf, blickte ihm direkt und tief in die Augen, was ihn erschauern ließ, denn dieses junge Weib schien tatsächlich „Sonnenschein-Augen" zu haben, voller einschüchternder Strahlkraft und tiefer, anhaltend wärmender Wirkung.

Von Sonne jedoch war nichts mehr zu spüren, eher von einer Mondfinsternis, als sie es war, die zuerst zu Worten fand. „Ik war nich dien Bruut! Ik will di nich! Kannst maken, wat du wullt! Ik nich!"

Bernd traute seinen Ohren nicht. Hatte sie ihm tatsächlich eine Abfuhr erteilt? Um sich zu vergewissern, bohrte er in einem seiner Ohrlöffel. Das junge Weib, das sehr wohl das Unverständnis seines zukünftigen Bräutigams bemerkte, wiederholte klar und ohne zu zögern: „Dien Bruut war ik nie nich!", dabei traten ihr Tränen in die Augen. Sie ergriff seine Hände, beide. „Ik, wi bruuken dien Hölp! Anners gifft dat een groot Malöör!"

In diesem Augenblick schien ein Damm bei ihr zu brechen, die Sätze flossen nur so von ihren Lippen. Sie sei keine Jungfrau mehr, wie man es von einer Braut fest erwarten würde! Aber damit nicht genug. Sie trage ein Kind unter dem Herzen von dem Mann, dem sie und der ihr voller Zuneigung zugetan sei. Noch könne sie ihren Zustand unter ihrem langen Rock verbergen, aber bald würden es auch andere bemerken. Er, Bernd, sei doch bald Ältermann, einer der Klugen, er könne doch einen Ausweg für sie finden.

Zwischen den Sätzen heulte sie bitterlich, schluchzte immer wieder auf, wrang ihre Hände und sah ihn bittend, flehend an.

Wie war dieses junge Weib in Not, fuhr es Bernd mitleidig durch den Kopf und doch konnte er seinen Zorn bei seiner Frage an sie nicht verbergen: „Un wer is de Kirl, de di dat Balg makt hett?" Er würde also eine gebrauchte Braut ins Ehebett tragen. Hörner habe man ihm aufgesetzt!

Der junge Vater sei Willem. Er komme auch aus Vullebrüch. Seit ihrer Kindheit gebe es die Freundschaft zueinander, gegen den Willen ihrer beider Eltern. Zwischen ihren Bauern-Sippen bestehe eine Art Erbfeindschaft, ein Dauerstreit, solange man denken könne, vielleicht auch noch länger! Weshalb es überhaupt zu einem Bruch beider Bauernfamilien, deren Höfe in Sichtweite lagen, gekommen war, konnte niemand mehr sagen.

Doch das wusste man, wenn sich ein eingefleischter Vullebrücher erst einmal zu einer Entscheidung durchgerungen hatte, blieb er dabei und die nachfolgenden Generationen übernahmen diese Auffassung ohne Widerspruch und pflegten sie. Das gab Ruhe und Richtung für alle Beteiligten. Wer so lebte, Änderungen vermied, erhielt sich, so meinte man, das Wohlwollen der Götter. An dieser Sicherheit war den Menschen in diesem, tief in den Wäldern versteckten, Flecken höchst gelegen. „Vertru uns Götter un du hest dien Ruh", nach diesem Grundsatz lebte man.

Die Folgen der Nachbarschaftsfehde beider Sippen in Vullebrüch wurden auch im Alltag stets sichtbar. Man sprach nicht miteinander, ging sich stur aus dem Weg. Kein Lächeln, kein Gruß, rein gar nichts. Auch bei Kühen und Pferden wurde streng darauf geachtet, dem Viehzeug des anderen Hofes aus dem Weg zu gehen. Wer sich nicht an das Verbot hielt, bekam Hiebe, und nicht zu knapp, mit abgeschälten Weidenruten. Pferd und Rind wussten zwar nicht, weshalb man sie prügelte, aber die Menschen waren eben so, wie sie waren, merkwürdige Wesen.

Willem, so teilte Frederikke mit, wieder voller Tränen, und auch sie seien viele Male durchgewalkt worden, wenn man von ihrer Zweisamkeit erfuhr. Die Hoffnung ihrer Liebe habe oft Schläge erhalten, bis das Blut aus der aufgeplatzten Haut spritzte. Auch bei ihr konnte man die blauen Flecken an ihrem ganzen Körper oft nicht zählen, so zahlreich seien sie gewesen. Bei ihren geheimen Treffen hatten sie sich gegenseitig Mut, Durchhaltebereitschaft und Treue versprochen.

Frederikke holte tief Luft. Nein, aufgegeben habe man nie! Im Gegenteil, diese verbotenen Begegnungen hätten sie beide noch mehr zusammengeschweißt. Das Ergebnis dieser Verbrüderung, war der Bönsbarger versucht zu sagen, wird ja bald für jedermann erkennbar. Ihn rührte die Zuneigung der beiden. Nun war guter Rat teuer. Es musste wegen der Schwangerschaft der Braut rasch etwas geschehen.

Beide, Bernd wie Frederikke, sahen erschrocken auf. Aus der Küche hörte man ein Stühlerücken. Der Brauthandel am Küchentisch war beendet, der Schlusspunkt gesetzt. Der Bräutigam wurde von seinem Vater, der mit dem Bothmannsson-Bauer vorne auf den Hof getreten war, zum Ochsenkarren gerufen.

Die Aufforderung galt auch der Braut, von der erwartet wurde, dass sie das große graue Tuch endlich von diesem, von ihrem Vater so bezeichneten, außerordentlichen Geschenk zog. „Ik heff", erklärte Bertram selbstgefällig und ein wenig protzend, „veel Sülver opp'n Disch packen musst, anners harr ik de Gaav nich kreegn! Sowat, dat is verdammt düür!"

Die Bönsbarger, die sich wie durch Zauberhand alle wieder eingefunden hatten, warteten mit Spannung auf die Enthüllung des Geschenkes. Die Vermutungen reichten von Kisten voller Äpfel über ein Bündel mit Unterkleidern bis zu einem getöpferten mächtigen Jütepott. Einige hielten den Atem an, als das Tuch das Präsent freigab.

Ein riesenhafter, mit spitzen Hörnen ausgestatteter, weißgekochter, mächtiger Schädel eines Wisentbullen wurde sichtbar. Stolz und auf Anerkennung hoffend, steckte Bertram Bothmannsson seine Daumen in die gewebte Weste. Er stellte sich für das Lob in Positur.

Stille, Todesstille machte sich breit, keine Begeisterung, kein Jubel, kein Beifall. Stattdessen folgte ein lautstarkes, aufheulendes Sturmgewitter wie mit Hunderten von Blitzen und einem nicht enden wollenden Donner. Die Erde schien zu beben. So schrecklich aufjaulend, empört, so voller ungehaltenem Zorn, meldeten sich die Bönsbarger. Sie waren wie entfesselt!

Bernds Mutter taumelte, weiß im Gesicht wie die Federn eines Schwans. Sie lief kreischend ins Haus zurück. Sein Vater, ohnmächtig vor Wut, griff sich eine Mistforke, die an der Hauswand stand, um damit auf Bertram Bothmannsson loszugehen, ihn aufzuspießen! Der Bönsbarger schrie wie von Sinnen. „Wech vun uns Hoff! Wech, aver standepede! Nie un nümmer kümmst du mi wedder ünner de Oogn! Hau aff! Anners spörst du mien Messfork!"

Blitzschnell entwand Bernd dem rasenden Vater die bäuerliche Waffe und bugsierte ihn, ohne auf seinen Widerstand einzugehen, zurück in das Wohngebäude, verriegelte die Tür.

Nebenher hörte er noch die quäkende Stimme von seinem Nachbarn Klaas, den alle, wenn er nicht zu sehen war, Plattnääs oder auch de Querdriver nannten: „Nich alleen opp düsse Hoff, uk in uns Dörp hest du verdammte Vullebrücher nix mehr verlorn! Aff mit di un dien Dochder!" Im Kreis von Gleichgesinnten war Klaas ein Muster an Mut.

Bauer Bothmannsson begriff diesen unvermittelten Ausbruch von Zorn nicht, war starr vor Schrecken. Er beabsichtigte doch etwas Gutes, Einmaliges für seinen neuen Schwiegersohn mit diesem durchaus kostspieligen Geschenk zu tun. Der kahle Schädel sah zwar mit den leeren Augenhöhlen angstmachend aus, tat aber niemandem mehr etwas zuleide.

Köpfe von Wisentbullen waren gesuchte Trophäen bei den Angeln. Man brachte sie über dem Haupttor in das Giebelkreuz weit sichtbar an und jeder, der die Tür durchschritt, musste sich diesem Kadaver beugen, denn nur mit Hilfe der Götter, davon war man überzeugt, konnten Kreaturen dieser Größe zur Strecke gebracht werden. Und eine zweite Wirkung unterstellte man den männlichen Wisenten: Man war davon überzeugt, dass der Mut, die unbändige Kraft und das Ungestüm dieser Bullen eine direkte Wirkung auf die Mannsleute des Hofes haben würden. Kein Weib würde sich einer solchen Bullenkraft wiedersetzen können. Ja, diese Auffassung galt überall, nur nicht in Bönsbarg!

Hier schien alles anders zu sein. Warum versetzte der Schädel eines toten Tieres ein Dorf so in Aufruhr?

Der Vullebrücher verstand die Welt nicht mehr.

Doch früher, als er erwartet hatte wurde er über das rätselhafte Verhalten der Dörfler aufgeklärt. Hätte er sich doch nur die Mühe gemacht, mehr über das Vorleben der Sippe der Bengtssons zu erfahren. Jetzt war es zu spät, war der Stein in den Brunnen gefallen.

25

Was ein aufgebrachter Wisentbulle alles bewirken
und Anne-Pann in ihrem Zorn erreichen kann,
von einem Balg unter dem Bauch, einer fast
gescheiterten Wahl und wie aus Feinden verträgliche
Nachbarn werden

„Mak, dat du Land gewinnst!", wurde der Bothmannsson-Bauer in diesem Augenblick von Bernd dem Jüngeren angefahren, „anners gifft dat Mord un Doodslag!"

Mit Blick auf die eisernen Gesichter der Bönsbarger, die sich in der Zwischenzeit mit Messern und Dreschflegeln ausgerüstet hatten, kletterte der Vullebrücher eilig auf den Kutschbock zu seiner Tochter, nahm die Leine auf und die Peitsche zur Hand.

Bevor er abfuhr, rief er Bernd mit heiserer Stimme aber durchaus selbstbewusst zu: „Dien Vadder un ik hemm uns de Hann gevn. Kannst maken, wat du wullt, de Bruuthandel, de gellt! Een Handslag is bi de Angeln ass een Swuur! Dor kümmst nicht vun ruut!"

Dann zog Bertram die Zügel an, rief den Ochsen ein langes „Hüüü" zu und verließ den ungastlichen Ort. Die teuer eingetauschte Jagdtrophäe blieb auf der Fuhre.

Der Bothmannsson-Bauer grübelte. Was bewog die Bönsbarger nur dazu, so heftig aus der Haut zu fahren? Schon bald erfuhr er von Bernd das ganze tragische Geschehen.

Dieser Bullenschädel erinnerte die Dorfleute, jede Sippe, an einen Tag, der in der Geschichte ihres Ortes zu den grauenvollsten gehörte. Vielleicht hatte der Bothmannsson nichts davon gewusst – oder doch? Bernd der Jüngere sollte die Sache klarstellen, verlangten die Mannsleute wie die Weiber, die immer noch auf seinem Hof aufgebracht standen. Er sei schließlich der Bräutigam.

Klaas die Plattnase hatte für alle gesprochen, als er den Bothmannsson des Dorfes verwies. Jemand, der so brutal mit beiden Füßen auf ihren Gefühlen herumtrat, hatte sein Recht verwirkt, Gast in Bönsbarg zu sein.

Galt dieses Verbot nicht auch für die Tochter des Schädel-Mannes, die Braut? Ja! Wenn man sie in Zukunft täglich sah, würde man unablässig an die schwarzen, traurigen Stunden von damals erinnert. Erschwerend kam hinzu, sie würde das Weib eines Ältermannes sein, eine herausragende Stellung einnehmen.

Die Dörfler waren so von Abscheu und Unmut erfüllt, dass sie alle eifrig nickten, als Klaas nicht ohne Hintergedanken vorschlug, die Wahl des Ältermannes für Bönsbarg mit dem Kandidaten Bernd Bengtsson dem Jüngeren noch einmal zu überdenken.

Der Altbauer, der selber lange Zeit mit diesem Ehrenamt geliebäugelt hatte, witterte Morgenluft. Es musste schon ein Wunder mit Bernd dem Jüngeren geschehen, denn aus dem Brautgeschäft kam die Sippe der Bengtssons nicht mehr heraus. Abmachungen solcher Art waren den Angeln heilig, denn Götter wurden dadurch Zeugen!

Bernd spürte den wachsenden Unmut der Dorfleute gegen sein zukünftiges Weib und damit auch gegen seine eigene Person. Dieser verdammte Schädel. Aber es musste doch einen Ausweg geben! Bernd kam ein Gedanke. Er verwarf ihn und doch ließ der ihn nicht mehr los. Er würde seinen väterlichen Freund Jesper aufsuchen, ihn um Rat bitten.

„Mit Hannen in de Büx, dor griepst du keen Haas", hatte Jesper, der Erfahrene, der Zugvogel, der in so vielen Ländern gewesen und dem er vertraute, ihn gemahnt. Er, der junge Rotschopf, war mutlos geworden. Alles hatte sich gegen ihn verschworen, der missglückte Brauthandel, die Aussichtslosigkeit einer Hochzeit, was Goodje anging, und nun schlug auch die Stimmung für die Wahl des Ältermanns seines Dorfes um.

Er, der bisher nur Zustimmung erhalten hatte, merkte, dass immer mehr von ihm abrückten und zu Klaas Plattnase wechselten. Den kennzeichnete zwar ein betagtes Alter, er war gegen jeden und gegen alles, geizig, großspurig, doch wenn es darauf ankam, konnte man sich auf ihn verlassen.

In diesen Tagen jedoch schien er seine Sparsamkeit zu vergessen, im Gegenteil seine Spendierhosen anzuhaben. Trafen sich einige Mannsleute unter der Dorflinde, wer war unverzüglich zur Stelle? Plattnase, stets mit einem Krug bis an den Rand mit Honig- oder Birkenwein gefüllt. Klaas, sonst stets ein Miesepeter, wandelte sich zur Verwunderung aller zum Spaßmacher.

Bereits beim kommenden Vollmond sollte das Dorfthing den zukünftigen Baas von Bönsbarg endgültig aufs Schild heben. „Veel Tied blifft mi nich", murmelte Bernd vor sich hin, „wat kann ik bloß doon?" Als man ihm das ehrenvolle Amt antrug, hatte er voller Überzeugung zugestimmt. Er wollte gerne diesem Dorf und seinen Menschen dienen. Doch nun schien dieser Wunsch wie ein Schmetterling in die Ferne zu entschweben.

Tage zuvor war auch Jesper, ohne sich von ihm zu verabschieden, fortgeritten. Allein seine Mutter und die betagte Grete blieben ihm als enge Vertraute.

Eier-Grete, die mit Jesper Haus und Bettstatt teilte, war es gewesen, die den Stein für seinen immer wieder herausgezögerten Besuch bei Frederikke, seinem zugehandelten Weib, und deren Sippe, ins Rollen brachte. „Jung, do wat, anners doon de annern wat mit di", mahnte sie ihn.

Sie, die Eier-Händlerin, war auf ihren Verkaufsrunden auch im Flecken Vullebrüch gewesen, mit wachen Ohren, wie sie ihm berichtete. Der große Zorn von Bauer Bothmannsson, seinem zukünftigen Schwiegervater, habe sich gelegt und er würde, wenn er Besuch aus Bönsbarg bekäme, den nicht gleich vom Hof jagen. Verständigung sei angesagt, eine Lösung für die baldige Vermählung zu finden. Vor der Wahl zu Bönsbargs Ältermann riet sie ihm, einen Versuch zu unternehmen.

Grete unterbrach ihren Bericht über den Aufenthalt in Vullebrüch, schnäuzte sich in den Ärmel, ließ sich einen vollen Krug Starkbier reichen und fuhr fort.

Als sie sich bereits auf dem Rückweg gemacht habe, waren plötzlich seine Braut und ein blondbärtiger Jungkerl aus dem Gebüsch gestürzt und hatten sich ihr in den Weg gestellt.

Bernds zukünftiges Weib, und dabei grinste die Alte über ihr ganzes faltiges Gesicht, habe nicht nur einen, nein mindestens drei Röcke übereinander getragen. Nur wer genau hinsah, dem fielen die prächtigen, vollen Brüste und der gewachsene Bauchumfang auf. „Magst glovn oder nich, ik heff hennkeeken!"

„Dat is Willem, mien ganze Levde", hatte Frederikke ihren weizenblonden Begleiter vorgestellt und Grete beschworen, bei Bernd ein gutes Wort für sie einzulegen. Er möge möglichst rasch kommen. Noch sei das Geheimnis um den Balg in ihrem Bauch nur ihrer Mutter bekannt. Wenn ihr Vater davon erführe, würde er sie totschlagen. Diese Schande würde er nicht auf seiner Sippe sitzen lassen! „Do wat, de Not is groot in Vullebrüch", so endeten ihre mahnenden Worte.

Bernd hatte sich aufs Pferd gesetzt und auf den Weg gemacht, von Eier-Grete ausgestattet mit drei grünen Hühnereiern und dem Ratschlag, dass erfolgreiches Handeln damit beginnt, die Leidenschaften seines Gegenübers zu kennen. „Man, de Bothmannsson-Buuer de mach Eier, un grööm möhn se sien!"

Doch vor dem Ortseingang von Vullebrüch war Bernd zum Halt gezwungen worden. Ein zweirädriger Ochsenkarren war von der schmalen Furt durch die Au abgekommen und mit einem Rad im Morast steckengeblieben. Zwei Männer, ein älterer und ein sehr viel jüngerer, versuchten, bisher ohne Erfolg, das Gefährt aus Fichtenholz wieder flottzumachen. Bernd sprang von seinem Reittier, griff das Halfter des Ochsen, der wohl wieder Kräfte gesammelt hatte, und tatsächlich gelang es zu dritt, den Wagen aus der Au zu ziehen. Der Bönsbarger erhielt einen herzlichen Dank. „Dat hett fix wat bröcht, dat dree Mannslüüd anpackt hemm", meinte der Ältere.

Man kam ins Schnacken. Bernd lernte endlich Willem, den Mann kennen, den Frederikke in ihr Herz geschlossen hatte. Hier, bei dieser zufälligen Begegnung mochten die Götter „Schicksal" gespielt haben, vermutete der Bönsbarger. Mit keiner Silbe erwähnte er, was er alles von Willem und seiner Neigung zu Frederikke wusste, noch nicht! Bernd merkte, dass Vater und Sohn ihn nicht genau zuordnen konnten. Er beließ es dabei.

Er werde Piet vun de Kuppel gerufen, stellte sich der Ältere vor, und sei ein passionierter Schweinezüchter. Ob er nicht, da er aus Bönsbarg käme, ein gutes Wort bei Jesper vom Sonnenhof, dem Besitzer des weißhäutigen Riesenebers, einlegen könne? Er würde sich gerne baldmöglichst mit einer Sau auf den Weg zu diesem Abraham aufmachen.

Man höre überall Wunderergebnisse von diesem Vererber aus dem Frankenland. Dessen Nachkommen sollten länger, breiter, hochbeiniger und viel fetter sein als die hiesigen Schweine. Sein Sohn Willem habe ihn überredet, so zu handeln. Er selber als Vullebrücher würde lieber nach dem Grundsatz leben „Bliev bi dat, wat du hesst!"

Er werde tun, was er könne, deutete Bernd an und wies auf Jespers Regeln hin. Von jedem Dorf müssten stets zwei Säue Abraham zugeführt werden, denn dieser Eber werde erst heiß und sprungbereit, wenn zwei Säue ihn umgarnen würden. In Bönsbarg mache bereits die Kunde vom „flotten Dreier" die Runde, wenn aus den Nachbardörfern Jungsauen angeliefert wurden. Der Eber, diese stets willige Kreatur, könne seine Heimat, das Frankenland, nicht verleugnen. Dort werde der Beischlaf, ob von Mensch oder Tier, mit Freude und Abwechslung vollzogen.

Piet müsse aber wissen, wer die Zweitsau aus einem Dorf bringt, bestimme allein Jesper. Nur seine Entscheidung gelte, denn Jesper vom Sonnenhof kenne alle Stärken und Schwächen seines Abrahams, des Sauenbeglückers.

Mit einem Handschlag endete der Schnack und Bernd ritt mit Bangen zum Hof der Sippe seines zukünftigen Weibes, stieg vom Pferd und wurde äußerst zurückhaltend vom Bothmannsson-Bauern empfangen, jedoch nicht vom Hof verwiesen. Bertram bat ihn nicht ins Haus, sondern bot ihm einen Platz auf der Bank neben der Haustür an. Diesen Augenblick nutzte Bernd, sein Gastgeschenk, die grünen Eier, zu überreichen. Er fasste mit Schwung und Vorfreude in seine Hosentasche. Was er fand war Rührei, gemischt mit Eierschale. Vermutlich war ihm das Malheur bei der Rettung des Ochsenkarrens passiert. Er hatte nur an die Rettung der Fuhre, nicht an die Eier gedacht!

Als er die Hand aus der Tasche zog, glänzte sie gelb von Dotter. Lange Fäden vom Eiweiß tropften auf die Erde. Das verdutzte Gesicht des Bönsbargers sprach Bände. Sein zukünftiger Schwiegervater konnte sich ein breites Grinsen nicht verkneifen, der Bann war gebrochen.

„Vertell mi, Jung, wat wer so bös an mien Geschenk, de Kopp vun de Wisent-Bull, de Bullenschädel?"

Dann berichtete Bernd, der die vielen Missverständnisse offengelegt wissen wollte, ohne von Bothmannsson unterbrochen zu werden, warum man in seiner Sippe und in ganz Bönsbarg über Wisentbullen einen Bann gelegt habe. Diese Kreatur führe in seinem Dorf – auch als Gerippe – immer noch zu Angst und Schrecken. „Dat weer för Dag un Dau, ass dat Unheel över uns Dörp keem."

Er sei noch ein kleiner Büxenschieter gewesen, als das Unglück geschah. Ein Jäger aus Bönsbarg habe einen Wisentbullen ganz in der Nähe des Ortes im Dickicht des Waldrandes ausgemacht, einen Einzelgänger, einen Riesenbullen. Der, erlegt und geschlachtet, würde für alle Sippen des Dorfes Fleisch in Hülle und Fülle bedeuten. Hungern brauche bis zum kommenden Neumond niemand mehr. Ein Tier in solcher Größe habe vorher keiner zu Gesicht bekommen.

Der Jäger warnte: Es sei eine alte, eine erfahrene, eine besonders gefährliche Kreatur. Nur in größeren Jagdgruppen sollte man ihn zur Strecke bringen. „Keeneen kann son Beest ass düsse Bull alleen dood maken!"

Gegen alle Ratschläge hätten sich auch Bernds sehr viel ältere Brüder Bro und Bast mit Wiego, ihrem Freund, zur Jagd aufgemacht. Sie hätten das Glück gehabt, die Spur des Wisents zu finden, ihn zu stellen und ihm mit ihren Speeren grässliche Wunden beizubringen. Mutig, ja fast übermütig waren sie gewesen. Doch dem Bullen den tödlichen Stoß zu versetzen, war ihnen dennoch nicht gelungen. Was anschließend geschah, habe man sich zusammengereimt.

Der verletzte Bulle, durch seine vielen blutenden Wunden rasend vor Wut, habe die drei, bevor sie fliehen konnten, auf die Hörner genommen, ihre Körper gegen die Bäume geschmettert, dann zerfetzt und so zu einem Brei aus Haut, Blut und Knochen zertreten, dass man später nicht mehr habe erkennen können, wessen Kopfteile zu den zermatschten Körpern gehörten.

Anschließend, vom Blutrausch befallen, galoppierte das mächtige Tier mit gesenktem Kopf durch das von den nach ihm suchenden Mannsleuten verlassene Dorf. Es sei mitten durch eine Gruppe von Jungdeerns und kleineren Kindern gestoben, die sich beim Brunnen aufhielten.

Dort habe sich der Bulle einmal um seine Achse gedreht und seine spitzen Hörner tief in die Körper seiner Feinde, der Menschen, deren Geruch er aufgenommen hatte, gestoßen. Doch damit nicht genug. Er habe sich in deren Beine, Arme, Bäuche verbissen und einem laut schreienden Mädchen den Kopf abgerissen, ihn ausgespien und den Schädel zertreten.

Erst als es den Lärm der zurückkehrenden Jäger vernahm, habe das mörderische Tier mit bluttropfendem Maul den Ort seines Wütens verlassen, sei im nahen Eichenkratt verschwunden und blieb trotz aller Suche wie von der Erde verschluckt. Man war sich einig, bösartige Wurzelgeister aus der Andernwelt hätten ihn bei sich versteckt und irgendwann würden sie ihn frei und auf die Dorfleute wieder loslassen. Deshalb zog die Angst vor einem Wisentbullen nie aus Bönsbarg ab.

Das Werk seiner Zerstörung – und dabei sah Bernd dem gespannt zuhörenden Bauern direkt ins Gesicht –: neun Tote, dazu drei Kinder und vier Jungdeerns, die der Bulle zu Krüppeln zertreten habe. Fünf der Opfer seien allein aus seiner Sippe gewesen, seine Geschwister!

Als seine Mutter die Nachricht erhielt, habe sie Trost in der Tiefe des Dorfteiches gesucht, war jedoch im letzten Augenblick gerettet worden. Aus ihrem Kummer sei sie nie wieder ganz erwacht, des Sprechens nur stockend fähig. Sie und auch sein Vater seien nach diesem grauenvollen Unglückstag andere Menschen geworden. Ihre Freude am Leben sei erloschen, endgültig! Das Lachen sei aus seinem Elternhaus verbannt, auch das Wort Wisent sei verpönt auf dem Hof wie im Dorf. Niemand wolle mehr an diesen Schreckenstag erinnert werden.

Immer nachdenklicher verfolgte Bauer Bothmannsson die Schilderung. „Ik kann dien Vadder verstahn, dat he mi mit mien Bullen-Bregenkasten vun de Hoff jagt hett! Dat bruukt veel Tied, dat sik dat wedder inrenken deit!" Einer solchen Hoffnung gab sich Bernd nicht hin, bei so vielen Toten, die es gegeben hatte, blieb der Schmerz unendlich. Bei seinen Eltern würde die Zeit keine Wunden heilen; fünf tote Kinder!

Lange schwiegen beide Männer. Dann blickte Bertram aus Vullebrüch den Bräutigam, seinen Schwiegersohn aus Bönsbarg, direkt an und unterbreitete ihm einen überraschenden Vorschlag.

Zwar gelte bei den Angeln ein Handschlag wie ein Schwur vor den Göttern, wenn es aber ein Einvernehmen von beiden Seiten gäbe, könne man eine Abmachung auch aufheben. Er habe sehr wohl beobachtet, dass weder Frederikke noch er, Bernd, mit vollem Herzen bereit seien, dem Willen ihrer Eltern zu folgen. „Wat nich geit, geit nich", zeigte er sich verständnisvoll, „man dat ward di wat kosten! So eenfach kümmst du nich ut Geschirr!"

Bernd begriff, die Auflösung des Brautvertrages wäre möglich, die Bedingung für die Wahl des Ältermannes damit erfüllt. Er würde wieder frei und Frederikke könnte ... doch das rückte noch in weite Ferne: Aber welche Pferdefüße, welche Fallstricke gab es noch? Wenn der Bothmannsson-Bauer von „Kosten von nich ruut ut Geschirr" sprach, meinte er Silberlinge, wollte er sich seine Koppeln einverleiben, oder meinte er sogar seinen Hof in Bönsbarg?

Bernd schwieg und ließ den Bauern sprechen. Der beklagte unumwunden die vielen Silberstücke, die er für die Wisent-Trophäe habe ausgeben müssen, die Blamage für ihn, aus einem Dorf ausgewiesen worden zu sein, und das Los seiner armen Tochter, einen präsenten Bräutigam zu verlieren. Dabei verzog er sein Gesicht, als müsse er vor Kummer gleich heulen. Alles was ihm armen Bauern widerfahre, sei nicht nur ein Ansehensverlust für seine Sippe, sondern auch für seine Hofwirtschaft von Schaden. Wo solle er nur die vielen Silberstücke hernehmen, um einen vertretbaren Ausgleich zu bekommen, wieder, wie er es nannte, Würde zu erhalten? Silberstücke benötige er, viele davon!

Bertram Bothmannsson bewies, ein typischer Bauer des Angeln-Landes zu sein. Er klagte und klagte, beschrieb seine Misere, sein Elend, seine wirtschaftliche Not in höchsten Tönen, zerfloss in Selbstmitleid. Er bot – mit schlitzohriger Absicht – ein Bild des Jammers. Er war ein gerissener Händler, der sein Gegenüber in die Verteidigung zwang, ihm ein schlechtes Gewissen aufbürdete.

Schon triumphierte Bertram und holte zu einem den Bönsbarger vernichtenden Schlag aus, als die Haustür schwungvoll geöffnet wurde. Frederikkes Mutter, Anne-Pann, ein resolutes Weib, lang aufgeschossen, mit schmalem Gesicht, hager, gebieterisch, spitznasig und mit hochgesteckten Haaren, erschien. Sie baute sich vor ihrem Mann auf, beide Arme kraftvoll in die Hüften ihrer imposanten Erscheinung gestemmt, und ließ erst einmal ihre Person auf beide Männer wirken, bevor sie sprach: „Ik heff an de Döör luschert. Ik weet Bescheed. Man, du schacherst un weetst gar nich wi ring dien Korten sünd", ging sie ihren Ehemann direkt an.

Der Bauer hob den Kopf. Unerhört von diesem Weib, seiner eigenen Frau, ihm so in die Parade zu fahren! Da er Anne-Pann kannte, schwieg er. Diese ließ sich nicht aufhalten, eröffnete dem verblüfften Hofvorsteher, dass seine Tochter bald ein Kind zur Welt bringen werde und dessen Vater ausgerechnet Willem von dieser verfeindeten Sippe sei, nicht Bernd aus Bönsbarg. Deshalb müsse der Brautvertrag schnellstmöglich aufgelöst werden! „Hest du mi verstahn", fuhr sie den Bothmannsson-Bauern heftig an. Der erschrak und schwieg.

Ihr Mann könne doch kein Silber für eine Braut verlangen, die keine Jungfer mehr sei und jetzt auch noch ein fremdes Balg in ihrem Bauch trage! „Bertram, kiek de Wohrheit in't Gesicht. Nu kümmt de Voß ut't Lock!" Er müsse nun das tun, was das Beste für seine Frederikke und ihren ersten Enkel sei. „Un dat segg ik di batz in't Gesicht." Sein Weib stand in Flammen. So aufgebracht hatte er sie noch nie erlebt.

Bertram kam mit sich überein, das Erdbeben von Anne-Pann abzuwarten und – mit höchst betroffenem Gesicht – weiter zu schweigen. Doch das Beben hatte noch lange nicht seinen Höhepunkt erreicht. Sein scharfzüngiges Eheweib holte tief Luft und erklärte ohne Wenn und Aber, sie würde noch heute zum Hof von Piet vun de Kuppel, ihrem angeblichen Todfeind, gehen, dort mit Adelheide, Willems Mutter, reden und klären, was weiter zu tun sei. Die Fehde zwischen den Höfen müsse endlich beendet werden. Jetzt sei dafür ein passender Zeitpunkt. „Hest du dat in dien Kopp kreegn? Keen Striet mehr mit uns Nachborn!"

Die Anwesenheit von Bernd, dem möglichen neuen Ältermann von Bönsbarg, hatte ihr ebenso den nötigen Mut gemacht wie das Geständnis ihrer Tochter. Sie verließ die beiden

Männer, den Kopf hoch erhoben, auch ein wenig stolz auf sich. Erst in der Küche ließ sie ihren Tränen vor Erleichterung freien Lauf. Ihr Auftritt war ihr nicht leicht gefallen.

Diesen Moment der atemlosen Stille, des Verblüfft- und Erschrocken-Seins des Bothmannsson-Bauern, nutzte Bernd für einen versöhnlichen Vorschlag: Er sei bereit, gleich aufzubrechen und zu Piet zu gehen, den er als durchaus freundliches Mannsbild kennengelernt habe.

Er würde versuchen, zwischen beiden Sippen zu vermitteln, vorausgesetzt Bertram Bothmannsson würde seine versteckte Forderung mit den Silberstücken vergessen und bereit sein – da bekam der Vullebrücher vor Verblüffung ganz große Augen –, mit einer seiner Sauen zu Abraham dem Wundereber seines Freundes Jesper zu kommen. Der Bönsbarger wusste um den Wert seines Vorschlages, denn Frederikkes Vaters größte Freude waren dessen Schweine.

Eine gedeckte Sau von dem Eber aus dem Frankenland, was gab es Besseres! Der Bothmannsson-Bauer frohlockte, sprang von der Bank auf, ergriff Bernds Hand, schüttelte sie voller Dankbarkeit, denn schon lange war es sein Wunsch gewesen, die Qualität seiner Schweine zu verbessern. Dafür, ergänzte er, sei ihm kein Preis zu hoch. „Du kannst vun mi verlang, wat du wullt!"

An diese Worte erinnerte Bernd seinen ehemaligen Schwiegervater, als er von seinem Treffen mit Piet, Bertrams Dauerfeind, zurückkam. Der habe – vermutlich unter dem Druck von Adelheide, seinem Weib – einer Heirat von Willem und Frederikke schweren Herzens zugestimmt, wenn sein Sohn die Mitgift erhalte, wie sie dem Bönsbarger zugedacht gewesen war. Seinetwegen könne man die zwei Schafe, davon einen Bock, weglassen, jedoch nicht den mächtigen Schädel des Wisent-Bullen! Der müsse auf dem Giebel des Hauses der Sippen derer von Piet vun de Kuppel angebracht werden.

Der Bönsbarger Schlichter blickte Bertram den Schweinebauern erwartungsvoll an. Würde der den Forderungen seines ewigen Feindes nachgeben?

Eine lange Pause entstand. Da wurde ganz in der Nähe eine Tür laut geschlossen, anschließend energisch an die Wand geklopft. Der Bothmannsson-Bauer zuckte zusammen, Anne-

Pann war auf dem Wege. „Wenn't nich anners geit, un wenn dat de Will vun uns Götter is, mak ik mit. Man licht is dat nich för mi!" Bernd, der bereits den Erfolg seiner Verhandlungen hatte schwinden sehen, atmete erleichtert auf.

Anne-Pann erschien und sah ihr Mannsbild streng an. Der erhob sich hastig von der Bank, und bevor sie zu einer Bemerkung ansetzen konnte, rief er: „Is allns klor, de Bruthandel is ünner Dack un Fack. Dank an di Bönsbarger", und er strahlte dabei sein Weib an. Die jedoch ließ nicht locker, wollte alle Ungereimtheiten zwischen den beiden Sippen endlich geklärt wissen. „Un wat is mit de Sÿög, Piet luuert all opp di", fragte sie, war durchaus gnädig gestimmt. Bertram schluckte seinen aufkommenden Ärger mannhaft herunter. Also würde nicht nur er, sondern auch Piet eine willige Sau nach Bönsbarg treiben. Was jetzt ja kein Nachteil mehr sei, denn durch die Vermählung ihrer Kinder blieben die Ferkel in der Familie.

Eine kurze Zeit später erlebten die Vullebrücher, die durch die Gegnerschaft, das Hin und Her zwischen den befeindeten Höfen ständig aufgeschreckt waren, ein wahres Wunder. Seite an Seite, beide mit einer kurzen Treiberpeitsche in der Hand, durchaus freundlich zueinander, trieben der Bothmannsson-Bauer und Piet vun de Kuppel einträchtig ihre beiden Säue Richtung Bönsbarg, um dem Rieseneber Abraham einen Freudentag zu bereiten. Endlich Frieden!

Ungläubig rieb man sich die Augen, von Feindschaft keine Spur. Auch für Vullebrüch war es ein Freudentag.

Als Bernd, zurückgekehrt von Vullebrüch und zufrieden mit seiner Vermittlung, die Bönsbarger unterrichtete, stieß er zu seiner Verblüffung mehr auf Ablehnung denn auf Anerkennung. Klaas Plattnase wurde am deutlichsten: „Dat heet, du hest keen Bruut mehr. Dat hett dat in uns Dörp noch ni nich gevn, een Öllermann ohn een Fru. Wenn dat mit dien Wahl man chut cheit!" Damit war Klaas, und viele mit ihm, kopfschüttelnd abgezogen.

Bernd war tief erschüttert. Mit Freude und in Hochstimmung war er in sein Heimatdorf eingezogen und nun war ihm, als habe man einen Kübel kaltes Wasser über ihn entleert. Und dieser Unsinn von Plattnase. Erst der Zweifel wegen der Braut, die ständig an das Unglück mit dem Wisent erinnern würde, jetzt die Zurückweisung wegen einer fehlenden Braut. Manchmal verstand er seine Bönsbarger nicht.

In wenigen Stunden würden sich die Männer zum Thing treffen. Die bereits früher erfolgten Opfer, so hatte der Alte, der Götternahe des Dorfes, erklärt, galten weiter, also mussten nur neue Wahlsteine ausgegeben und zwei Schalen aufgestellt werden, je eine für Bernd und eine für Klaas, denn der trat jetzt auch als Kandidat an.

Für Freibier nach der Ältermann-Wahl sorgte Plattnase, obwohl ihn diese zusätzliche Ausgabe heftig schmerzte. Eigentlich konnte aus seiner Sicht nichts mehr schiefgehen. Er würde der neue Öllermann werden, ein Mann mit viel Erfahrung und erfrischender Lebensart!

Klaas und seine augenblicklichen Freunde hatten in den vergangenen Tagen Zweifel an den Fähigkeiten eines viel zu jungen Ältermannes gestreut. Sie erwähnten dessen mangelnde Lebenstüchtigkeit und sogar dessen rote Lockenpracht wurde ins Spiel gebracht. Ob Leute mit diesen ungewöhnlichen brandroten, seltenen Haaren wirklich den Beistand der guten Götter genießen würden? Sei es nicht genau das Gegenteil? Rot sei die Farbe des Bösen, der Geister der Andernwelten. Das Misstrauen, die Missgünstigkeit, die Hinterlist, alle diese negativen Eigenschaften seien der Farbe Rot zuzuordnen. Und war die Fellfarbe des rasenden Wisent-Bullen nicht auch rot gewesen? Solche und weitere Gerüchte, Vermutungen und Verdächtigungen, machten im Dorf die Runde.

Die Waage der Zustimmung, davon ging jedermann aus, habe sich eindeutig zur Seite von Klaas geneigt, obwohl, obwohl niemand so recht einschätzen konnte, welche Wirkung die Besuche von Eier-Grete bei den Weibern von Bönsbarg haben würden. Die Eier-Händlerin war von Haus zu Haus gegangen und hatte die Weiber aufgefordert, ihren Männern den Kopf zu waschen.

Wer hätte dafür gesorgt, dass der Angriff der mörderischen Räuberbande misslang, Bönsbarg gerettet wurde? Bernd der Jüngere! Und wenn es wieder einmal einen Überfall geben sollte, und solche kämen unweigerlich, sei Plattnase, der bei einem Speer nicht wisse, wo vorne und wo hinten sei, der geeignete Anführer? „Nee, mit emm kunn man keen Blompott winn!"

Durch Bernds tapferen Einsatz sei kein Kind zu Tode gekommen, keine Frau vergewaltigt worden. Für den Mut, den er bewiesen habe, brauche kein Weib an seiner Seite zu stehen, auch wenn, und da gab es sogar von Eier-Grete eine Einschränkung, es besser für ein Dorf sei, von einem Zwei- und nicht von einem Einspänner geführt zu werden. Plattnase war beweibt, hatte fünf Kinder gezeugt und bereits zwei Enkel, Jungen, wie er betonte!

Jesper war von seinem Ausritt noch nicht zurück. Wie gerne hätte Bernd in dieser Stunde noch seine Hilfe, seine Einschätzung, seine aufbauenden Worte eingeholt. Ein wenig enttäuscht über das lange Wegbleiben seines Freundes war er schon. Da, jetzt klang es zwölfmal laut von Schlägen auf die eiserne Pflugschar. Das Schicksal nahm seinen Lauf!

Der Alte, der das Thing eröffnete, schlug am Rande des Runds sein Wasser ab, so wie er es immer tat. Mit zu viel Druck auf der Blase gelang es ihm nicht, die Weisungen der Götter auszumachen.

Das Thing begann mit der Aufnahme von zwei Jungkerls, die das Alter von vierzehn Jahren erreicht hatten und damit als Vollwertige in die Männerwelt aufgenommen wurden. Sie mussten den Göttern und den Thingleuten laut erklären, aufrichtig, gerecht und frei von eigenen Wünschen zu handeln – so war es in Bönsbarg Brauch.

Für die Amtszeit des Öllermanns galten fünf Jahre: Leistete er sich keine Fehler, Fehltritte oder Versäumnisse durfte er für weitere fünf bleiben. Nach zehn Jahren war Schluss. Die Bönsbarger misstrauten Langzeitführern.

Die Erfahrung lehrte die Dorfleute, es brauchte immer wieder neue Besen, die für Verbesserungen sorgten. Außerdem habe man es mit Dietmar Dollfriedsson, dieser Ratte, erlebt. Der habe sein Ältermann-Amt missbraucht, das Dorf fast ins Verderben gestürzt. Macht auf Zeit ja, aber nicht auf Dauer!

Wechsel, der müsse sein, meinte die Mehrheit der Bönsbarger. Plattnase Klaas oder Jungspund Bernd? Endlich konnte man einmal auswählen! „Man fröher, dor weer dat anners bi uns in Bönsbarg", rief der Alte, der Götternahe, in Erinnerung. „Weer de Vadder Öllermann, un he bleef dood, wurr de Söhn Öllermann. Dat Amt keem vun een Sipp nich weg! Man chuut, hüüt is dat anners!" Wer von den Thingleuten nicht gerade mit seinem Bierkrug beschäftigt war, nickte zustimmend.

Der weise Götternahe wollte gerade den ersten Bauern aufrufen, seinen Wahlstein in die Schale von Klaas oder in die von Bernd zu legen, als Jesper vom Sonnenhof plötzlich, ein wenig außer Atem, abgekämpft, aber mit wachen Augen erschien, sich nicht auf seinen für ihn vorgesehenen Stein setzte, sondern stehen blieb, um zu reden, zu berichten und sein Fernbleiben zu erklären. Neugierde breitete sich aus.

Jesper blickte in die Runde, niemand erhob wegen seines Redewunsches einen Einwand, und es war Klaas Plattnase, der den Mann vom Sonnenhof dazu sogar ermunterte. „Man to, man to! Hest twee nüe Söögen für Abraham funn? Dien Ever hett ja een Potenz ass een Karnickelbuuck!" Alles lachte, einige gröhlten sogar. Klaas sah wohlgefällig in die Runde. Dieser Spaß war ihm gelungen. Der stoßfreudige Abraham gab Anlass zu vielen zotigen Bemerkungen.

Jesper wartete, bis wieder Ruhe eingekehrt war. Zu Beginn erinnerte er daran, dass er mehrere Tage fort gewesen sei. Der Grund, er habe sich auf seine alten Tage als selbst ernannter Brautwerber versucht, und das mit Erfolg. Alle blickten ihn gespannt an. „Man to", vernahm man wieder Plattnases Stimme. „För wen hest du een Bruut funn? Du sölm hest doch Grete, bruukst keen! Vertell! Jesper, du weetst doch: Hett dat Wief de Büxen an, is de Mann een Dunnerjan!"

Über seinen gekonnten Reim, wie er meinte, konnte Klaas sich ausschütten vor Lachen. Die Freude bei den anderen Thingmännern war durchaus geteilt. Nicht jeder wusste ein sanftes Eheweib in seinem Haus.

Der Mann vom Sonnenhof ließ sich durch die Unterbrechung nicht beirren. Der, um den es gehe, wisse noch gar nichts von seinem Glück, setzte er seine Rede fort und blickte dann ganz bewusst seinen Freund Bernd an.

Der sprang auf. „Wat ik. Meenst mi? Nee, dat ward nix! Ik bruuk Ruh un keen Bruut!" Allgemeines Kopfnicken setzte ein. Eine Frederikke reichte dem Bönsbarger! Von einer neuen Braut wollte er nichts mehr wissen!

Die Sippe der Bengtssons hatte es in den vergangenen Wochen wahrlich nicht leicht gehabt. Erst der vermaledeite Bullenschädel, dann eine Braut mit einem Balg und schließlich die gescheiterte Hochzeit.

Besonders Bernd war arg geschüttelt worden. „De Deern, um de dat geit, heet…" der Mann vom Sonnenhof machte eine lange Pause, „heet… Goodje!" Jesper kam gar nicht dazu weiterzusprechen, da stürmte Bernd direkt auf ihn zu, fasste ihn an beiden Armen. „Goodje, de vun de Thorsbarg?" Als Jesper mit „Ja" antwortete, war es um Bernd geschehen.

Er riss die Arme hoch, hüpfte wie ein Frosch, der in eine Schale mit Honigwein gefallen war, tanzte, jubelte, freute sich unbändig. Die Thingmänner sahen sich verständnislos an, hatte dieser Rotschopf seinen Verstand verloren?

Der blieb plötzlich stehen, blickte zu Jesper: „Un se hett ja seggt?" „Ja!", war dessen Antwort. „Un ehr Broder uk? Ehr Sipp?" „Dat hemm se!" „Un wann gifft Hochtied?" „Een Dag, bevör uns Sünn de anne Dreih kriegn deit, mittenmang in de Sommertied!"

Ein Fest in Aussicht, mitten im Sommer! Diese Nachricht befeuerte die Mannsleute, die bisher stumm das Geschehen um Jesper und Bernd beobachtet hatten. Sogar Plattnase rieb sich die Hände. Vier, fünf Tage lang freies Saufen und Fressen, bis nichts mehr in den Wanst hineinpasste. Welch eine Aussicht! „Man, dat warn beste Tieden för Bönsbarg", rief Klaas Plattnase schwer begeistert, „uns Dörp ward dat good mit Bernd hemm!" „Hoo, hoo, hooo", brüllten die Thingleute.

Erst nach seinem Ausbruch wurde Klaas bewusst, dass die anderen Männer genauso dachten. Gegen Bernd Bengtsson, den Rotschopf, den Retter von Bönsbarg und Bräutigam, würde er jetzt nichts mehr ausrichten können.

In Plattnases Schale lag am Ende der Wahl zum Ältermann ein Stein, sein eigener.

Beim anschließenden Gelage rühmten die Thingmänner ihre Weitsicht und kluge Entscheidung. Sie waren immer schon der Meinung gewesen, Bernd sei der überaus geeignete erste Sprecher für das Dorf. Kein Wort verlor man darüber, vorher anderer Auffassung gewesen zu sein.

Als die Frauen erfuhren, dass Bernd zukünftiger Baas von Bönsbarg sein würde, schmunzelten sie nur, genossen still den Erfolg, denn sie waren es gewesen, die ihren Mannsleuten eingeheizt hatten: „Man, du seggst ‚ja' to Bernd, anners ruut ut mien Bett", war ihre wirkungsvollste Waffe gewesen. Wer weiter gut von seinem Weib haben wollte, musste also Bernd wählen.

Die Großmäuligkeit ihrer Männer ärgerte die Weiber von Bönsbarg. Das Erbrochene von der Sauferei anlässlich der Ältermann-Wahl würden diese Kerle am nächsten Tag selber aufwischen müssen, da waren sich die Weiber alle einig. Und so kam es auch. Die Bönsbargerinnen waren nicht nur listig, sondern auch durchsetzungsfähig.

Bernd war nicht zur Feier geblieben. Er wollte für sich allein sein, nachdenken, vertraut mit all dem werden, was auf ihn zukam. Der Himmel tat sich für ihn auf.

Warum wurde Goodje nun sein Weib und nicht die zukünftige Königin der Warnen? Was war geschehen? Warum hatte Ocke, ihr Bruder und Fürst der Angeln, sich so gänzlich anders entschieden?

Er musste wissen, wie und weshalb es zu diesen erstaunlichen, zugleich so erfreulichen Veränderungen gekommen war. Natürlich würde er sich nicht mit beiden Beinen in das neue Glück stürzen. Nein! Der gescheiterte Brauthandel musste nicht wiederholt werden! „Nee, eenmal, dat reckt mi!!

Mit einer gebrauchten Braut würde er sich – auch bei aller Zuneigung zu Goodje – nicht mehr einlassen! Dieser Gedanke, nach dem Königssohn der Warnen Ersatz für eine missglückte Vermählung zu werden, beschäftigte ihn unablässig. Bernd gab sich einen Ruck. Trübsal zu blasen war gar nicht seine Art. Jetzt war er Ältermann von Bönsbarg, musste in allem auch ein Vorbild sein.

Grübeln lähme die Tatkraft! Wer hinter dem Feuer sitze, der fange keine Hasen. Mit solchen Aufmunterungen versuchte der alte, viel gereiste Jesper in schwierigen Augenblicken Land unter seine Füße zu bekommen. So zu denken könnte auch ihm, Bernd, guttun. Versuchen würde er es!

Mit dem Brauthandel, den der Sonnenhofbauer gemeinsam mit Goodjes Bruder vollzogen hatte, musste er sich trotz seiner Bedenken abfinden. Vermählung mitten im Sommer, da blieb nur wenig Zeit zur Vorbereitung. Das Haus, der Hof, die Viehställe, alles musste den letzten Schliff erhalten, auf Hochglanz gebracht werden. Jetzt hieß es für ihn, die Ärmel aufzukrempeln und seine Überlegungen für Neuerungen umzusetzen.

Goodje, eine Fürstentochter, in seinen Armen! Aber würde er ihr gerecht werden? Und was schenkt man einem Weib, das vom prachtvollen Thorsberger Hof kommt, Größe und nicht Kleinteiligkeit wie hier in Bönsbarg gewohnt ist?

Jetzt würde er das verwirklichen, was er sich schon lange vorgenommen, aber wegen der vielen Vorbehalte der Eltern und Dorfleute auf die lange Bank geschoben hatte. Einmal, so fand Bernd, muss man mit dem Kopf durch die Wand gehen. Mehr als blaue Flecken würde es nicht geben. Wenn sich der junge Bönsbarger da nicht irrte. Neuerungen kosten ihren Preis und besonders in Bönsbarg, seinem Heimatort.

Auch Ocke Offasson, der junge neue Fürst aller Angeln, wusste um die Sturheit, die unglaubliche Standhaftigkeit, die oftmals bis zum Starrsinn reichende geringe Veränderungsbereitschaft seiner Landsleute. „Wat se nich kenn', dat doon se nich!", war der häufige Schnack seiner Großmutter. War dagegen denn überhaupt kein Kraut gewachsen?

Vielleicht, ja vielleicht wusste Nerthis Mittel und Wege!

26

Fürst Ocke Offasson zeigt Führung, von Nisse dem Grinser, dem Los der Witwen, einer beängstigenden Bedrohung im Norden und wie es dem Hammel Schnarup gelingt, himmlischen Beistand zu erhalten

„Dor kümmt de klimper-kleene ‚Kiek in de Welt' mit de groode Klööter un lütte Been", so oder ähnlich, Ocke erinnerte sich zu gut daran, wurde ihm früher nachgerufen: „Große Klappe, kurze Beine!" Wenn er es äußerlich auch nicht zeigte, es schmerzte ihn immer noch, früher nicht für voll genommen worden zu sein, allein wegen seines Kleinwuchses.

Davon war jetzt, wo die Mannsleute vom Thorsberg und von Steenfeldlund ihn zum Fürsten der Angeln gewählt hatten, nicht mehr die Rede, so hoffte er! Es ließ sich nicht ändern: Er würde wegen seiner Kurzbeinigkeit vermutlich als Ocke der Kurze, der Kleine, wenn er Glück hatte als der Kadeeker, das Eichhörnchen, in die Geschichte der Angeln eingehen. Sein Volk schätzte die flinken, pfiffigen Bäumekletterer; jedoch nicht als Eierräuber aus Singvogelnestern.

Als er Birger den Bedächtigen auf seine überraschende Wahl zum Baas aller Angeln ansprach, antwortete der: „Wenn de Götter weeten wülln, wat in een Kirl stecken deit, geev'n se emm ehn Opgaav, een Amt." Und dessen Bruder Nisse der Grinser ergänzte: „Dien Vadder, Offa de Moodige, dien Grootvadder, Ocke de Muulfuule, un de Erste vun jurs Sippe, Offa de Düchtige, hemm kantige Kurrasch wiest, uns Angeln good daan. Mag ween, dat uk ut di noch wat warn deit!" Seine Vorgänger, die Fürsten aus seiner Sippe, seien alle tüchtig und tapfer gewesen. Solche Tugenden erwartete man also auch von ihm.

Am Vortage war er gewählt worden, nun musste er sich sofort seiner Aufgabe als würdig erweisen. Ocke blickte in die wieder einmal düsteren Wolken über dem Hof, als erwarte er himmlische Hilfe.

Die Aufzählung seiner Vorgänger-Fürsten empfand der Neugewählte weniger als Ehre, sondern als zusätzliche Belastung. Trotzdem, entmutigen lassen würde er sich nicht, anpacken entsprach seinem eigenen Anspruch.

Als Fürst auf Probe, so fühlte er sich derzeit, und vollends ernüchterte ihn Agnes, seine Großmutter: „Mutst weeten, Jung, Fürst to sien is düür!" Für die Pflege und den Schutz von Nerthis' Heiliger Quelle, dem Eichenhain und Opferstein hatte der Erste der Angeln zu sorgen: Zwei Knechte im Winter, vier im Sommer, mindestens zwei Mägde als Helferinnen für die dort Aufsicht führenden Götternahen, waren vom Thorsberger Hof abzustellen. Hinzu kam, Unterkünfte für die Ältermänner beim Großen Thing zur Verfügung zu stellen.

Die alte Agnes war auch der Auffassung – was für Ocke kein Trost war –, es gäbe Männer, die durchaus geeigneter seien, Fürst zu sein, diese Aufgabe vermutlich auch besser als er, Ocke, lösen würden. Diese Kandidaten, die säßen auf ihren Säcken mit den Silberlingen, seien einfach zu knickerig – Geizknochen; aber zugleich Besserwisser.

Bei dieser Einschätzung wurde die Alte richtig laut, weil ein solches Verhalten sie ärgerte: „Son'n Lüüd, de hemm keen Mors in de Büx! Een goode Öllermann, de mutt uk över sien Schatten peern köhn", also nicht nur mit den Silberlingen klug haushalten, sondern sie auch für Feste, Feiern und zur Schaffung guter Laune einsetzen; durchaus spendabel sein!

So war sie, die Götternahe, ehrlich, aufrichtig, zugleich durchtrieben, schlitzohrig und gerissen. Für die von ihr beeinflusste Wahl ihres Enkels zum Fürsten aller Angeln setzte sie alle diese Fähigkeiten bewusst und mit Erfolg ein.

Vermutlich wäre sie diesen krummen Weg nicht gegangen, wenn nicht ihre Tochter, Ose die Dritte, auf deren Urteil sie etwas gab, Ocke als Weiterdenker bezeichnet hätte. Man dürfe ihn wegen seiner Zwergenhaftigkeit nicht unterschätzen. „Ut düsse Jung, dor ward wat Grodes ruut suuern", ein tüchtiger Fürst werden!

In den vielen Monaten seiner Mitarbeit beim Handelstrupp von Dirk dem Dänen hatte ihr Enkel Verantwortung, Hilfsbereitschaft und Klugheit gezeigt, das war ihr von Ose übermittelt worden. Wenige Tage später erhielt sie die schreckliche wie traurige Nachricht von deren grausamem Tod durch eine wütende Meute blutrünstiger Wölfe.

Ocke wählte für das erste Große Thing unter seiner Führung den Spätherbst. Die Ernte sollte beendet, die Vorratshäuser in den Dörfern gefüllt und das Vieh aufgestallt sein. „Dat hett Hand un Foot", meinten die Abgesandten aus den Dörfern, „in düsse Tied, dor warn wi to Huus nich bruukt!" So viel Rücksicht nahmen die Vorgänger nicht immer.

Doch diese Spätherbstzeit war auch mit Nachteilen verbunden: beißende, eiskalte Regenschauer, Sturmböen, durchweichte, schlammige Wege und dunkel wurde es bereits am frühen Nachmittag, hell spät am Morgen. So blieben nur wenige Stunden Tageslicht, um lange Strecken zu gehen oder zu reiten.

Auf Gäulen, zu Fuß, mit Ochsengespannen, allein oder auch in Gruppen trafen die Dorfältesten auf dem Thorsberger Hof ein. Viele trugen nach innen gewendete Tierfelle von Fuchs, Marder, Hase oder Rind als Umhänge, damit das Regenwasser rascher abfloss. Verärgert, müde und hungrig – einige waren mehrere Tage unterwegs gewesen – trafen sie auf dem Fürstenhof ein. Auch Leve aus Hollenhude und Smedebys Ältermann waren dabei.

Verwundert rieben sich die Ankommenden die Augen. Tatsächlich, der junge Fürst hatte ein Brauchtum aus alter Zeit wieder aufgegriffen. Rund um den Hof brannten zwölf große Feuer. So war es – daran konnten sich die Greise noch erinnern – bei dem Großvater des jetzigen Fürsten, Ocke de Muulfuule, gewesen. Feuer als Schutz gegen die Dämonen, gegen die Geister aus der Andernwelt, damit diese vom Thing ausgesperrt blieben.

„Nich unkloog, wat de Jung sik dor utdacht hett", war die übereinstimmende Auffassung. Zu diesem Wohlwollen trug sicher bei, dass gleich mit dem Betreten der Unterkünfte heiß gebrühtes Bier wie auch fetttropfender Braten gereicht wurden. Auch an die Leckermäuler war gedacht – zusätzlich reichte man Rote Grütze, das Lieblingsgericht der Angeln.

Aus den Schlafhäusern und Viehställen, in denen man Lagerstätten aufgeschüttet mit Stroh hergerichtet hatte, drang ein zunehmend lauter werdendes „höö, höö, hööö!" Manche stimmten mit knarrenden Stimmen schwermütige Lieder über die gute, alte Zeit an. Und wieder machte der tapfer gewonnene Zweikampf von Offa, dem ersten Fürsten der Angeln, seine Runde.

Für das Lob ihrer Schutzgöttin Nerthis hatte man wie stets eine grauenvolle, misstönende Melodie gefunden. Wenn der Singsang auch den Ohren wehtat, hatte er doch einen Vorteil. Nicht nur Ratten, Mäuse und Kakerlaken suchten das Weite, auch sämtliche Flöhe nahmen Reißaus.

Bald bereitete sich gesättigte Zufriedenheit in den Schlafstätten aus. Der Anmarsch zum Thorsberg und zu den Heiligen Stätten war anstrengend und ermüdend gewesen.

Für die größeren Kinder des Hofes gab es keinen Schlaf. Die sorgten für ein ständiges Feuer an allen zwölf Brandplätzen, denn es galt auch in den Nachtstunden, die Kobolde mit ihren langen Klauen, giftigen Atem und brennenden Augen, die unter der Erde im Wurzelwerk hausten, abzuwehren, denn Helligkeit verabscheuten sie.

Ausgestattet mit einer fünfschwänzigen Peitsche kontrollierte der Großknecht Pede Pietsch die am Anfang eifrige, in den Morgenstunden jedoch erschöpfte junge Helferschar. Einschlafen durfte man nicht, das setzte sofort schmerzhafte Hiebe.

Obwohl die Jungkerls wie -deerns todmüde waren, gab es für alle zur Eröffnung des Großen Things noch ein außerordentliches Ereignis. Um die Götter gnädig und edelmütig zu stimmen, ließ Fürst Ocke einen prachtvollen, in die Jahre gekommenen, hellfarbigen Hammel in das Rund der Thingstätte führen. Man nannte ihn nach seinem Geburtsort Schnarup. Hier unter den Augen der Thingmänner sollte die Kreatur abgestochen und ihr Blut in einer heiligen Schale aufgefangen werden. Es war Sitte, dass jeder der Thingmänner davon einen tiefen Schluck nahm, sich damit dem Urteil der Götter unterwarf.

Wie in den Vorjahren würde die Schlachtung Pede Pietsch vornehmen. Pede, der eigentlich den Familiennahmen Pedesson trug, war zu seinem „Pietsch" durch seine Vorliebe für Peitschen jeder Art gekommen; Spötter erzählten, er nehme seine Lieblingspeitschen sogar mit auf seine Lagerstatt. Sie drapiere er mit Sorgfalt zwischen sich und sein Weib.

Mit seiner Langpeitsche konnte er nicht nur kunstvolle Knallgeräusche erzeugen, sondern, bedingt durch das verlängerte Peitschenband, junge Hunde, Katzen und Hühner, die sich außerhalb des Stalles aufhielten, wieder einfangen. Jungknechte, die seinen Anweisungen nicht oder nur widerwillig folgten, spürten ebenso schmerzhafte Striemen durch die Lederschnur auf ihrer Haut wie Schwein oder Kuh. Ein brutaler Schläger war Pede Pietsch nicht. Sein verlängerter Arm diente der Ordnung auf dem Hof.

Sein Peitschenkönnen grenzte an Zauberei. Mit der scharfen Schnur gelang es ihm, Äpfel zu spalten, Fliegen auf drei Meter Entfernung zu treffen. Allein Ameisen waren vor Pede Pietsch sicher.

Da stand er nun im Angesicht der Thingmänner, müde von der durchwachten Nacht, stolz mit gestrecktem Rücken, den kräftigen Prachthammel, einen Schwarzkopf, am kurzen Strick in der linken, das doppelschneidige Langmesser in der rechten Hand.

Alle Aufmerksamkeit galt allein ihm. Er genoss sie und hob, um diesen Moment vor dem entscheidenden Stoß in den faltigen Hals des Schafbocks zu genießen, nur zögernd langsam seinen Arm. Der Großknecht ließ sich unendlich Zeit.

Schnarup sah ihn mit aufmerksamen, treuen – denn die beiden kannten sich bereits seit Jahren – Augen an. Peitschenhiebe erhielt er von Pede nie, weil der wusste, bei dem dicken Fell blieb jeder Schlag ohne Wirkung.

Der Messerarm erreichte seine Stoßhöhe. Zugleich stieg die Spannung unter den Dorfältesten. Nur bei Klaas Plattnääs nicht so recht. Ihm war ein Käfer in sein Nasenloch gekrabbelt. Mit einem ohrenbetäubenden Hatschiii rotzte er den Krabbler aus der Nase. Alle fuhren vor Schreck zusammen, so laut donnerte sein Prusten über den heiligen Thingplatz. Zugleich wurde das laute Geräusch als mehrfaches, sich abschwächendes Echo vom nahen Eichenkratt zurückgeworfen.

Schnarup, trotz seines Alters mit empfindlichem Gehör ausgestattet, begann zu zittern, stieg auf die Hinterbeine, riss damit die Leine aus der Hand von Pede Pietsch und raste blind vor Angst durch die Reihen der Thingmänner, verließ wild galoppierend den Opferplatz, rannte sechs Weiber, die mit Wasser von der Quelle kamen, über den Haufen, erblickte die offene Hoftür von Nisse dem Grinser, bockte sich durch dessen Küche, kackte vor den Herd, pinkelte – immer noch den Plattnase-Donner im Ohr – über sämtliche Schlafstätten dieser Sippe, zerdepperte mehrere Töpfe und Krüge und verließ mit einem sehenswerten Sprung durch das offene Fensterloch Haus und Hof und geriet damit auf den Dorfplatz.

Dort wurde der in Panik geratene Hammel vom Geschrei, doch auch dem Jubel der Dorfkinder empfangen, was seine Furcht nicht gerade verringerte. Die Absperrung, die die Kinder notdürftig mit Tauen, Seilen und Buschwerk vornahm, erwies sich als völlig wirkungslos. Mühelos überwand der Bock die Barrieren und setzte mit erhobenem Kopf in gleichmäßigen eleganten Sprüngen seine Flucht aus der Dorfmitte fort.

Den Kindern, die ihm mehr fröhlich als furchtsam auf den Fersen waren, schlossen sich Knechte und Mägde mit Forken, Fußfesseln und faustgroßem Feldgestein an. Kein Wurfgeschoss hielt den alten Schnarup auf. Der raste direkt auf den bis zum Ufer gefüllten Dorfteich zu. „Laat emm", riefen die jüngeren Knechte, die ihm dicht auf den Fersen waren, „heh versöppt glieks in'ne Diek."

Doch der erfahrene Hammel war klug genug, dem Wasser auszuweichen. Aber dann: Alle Verfolger blieben wie angewurzelt stehen. Mit einem wundervollen Satz überwand die Kreatur den Zaun zum Heiligen Hain, stoppte, drehte sich um, hob sein Haupt über das Strauchwerk und meckerte, wenn auch etwas kurzatmig, den Verfolgern fröhlich zu, als wollte er verkünden: „Holt mich doch, ihr Feiglinge! Man to, ji Bangbüxen, hier bün ik!"

Keiner der Gaffer verstand die Sprache der Schafe, aber allen war bewusst, dieser bockbeinige, störrische alte Hammel mit dem schwarzem Kopf war in Sicherheit, denn der Heilige Hain galt seit alters als Stätte des Friedens. Wer sich dort aufhielt, durfte weder verfolgt noch getötet werden. Im Gegenteil, ob Mensch oder Tier, man erhielt einen Anspruch auf Hilfe, Nahrung und Schutz. Hier zwischen den uralten, knorrigen Eichen war der geweihte Ort der Gottheiten. Hier war man ihnen besonders nahe. Unter den hohen Bäumen erfuhren die Götternahen des Volkes ihre Botschaften von den Mächtigen aus Walhalla, von den drei Nornen, aber besonders von Nerthis.

Noch bevor das Wehklagen um den Verlust des Opfertieres begann, stieg Ocke, der trotz seiner Kurzbeinigkeit ein außergewöhnlich geschickter Kletterer war, auf einen der hohen Steine, mit denen man den Hain begrenzt hatte. Alle blickten gespannt zum jungen Fürsten auf, der sich ihnen zuwandte. „Schnarup is uns affbüxt! He weer klöcker ass wi. Dat hett keen Straaf verdeent!" Mit einem zuerst zögerlichen, dann lauter werdenden „Höö, höö, höö" erhielt der Fürst Zustimmung von Jung wie Alt. Keine Strafe für Schnarup!

„Uns Götter hemm spraaken. De wülln hüüt keen doode Hammel. Nee, de wülln, dat düsse Kreatur hier leven deit, hier in uns hillige Hain sien Gnadenbroot kriegn deit!" Und dann erklärte Ocke, gewieft-gewitzt, wie er war, den aufmerksam lauschenden Leuten, dass die Götter mit diesem lebendigen Opfer ein besonderes Zeichen von Zustimmung zu Leben, Brauchtum und Gepflogenheiten der Angeln geben würden. „Man mehr, leeve Landslüüd, kann man vun sien Gottheiten nicht verlang!" Als hätte er die Worte verstanden, ließ Schnarup ein anerkennendes Meckern ertönen.

Damit kam das erste Großthing unter Führung des jungen Fürsten ohne den Bluttrunk aus. Da Agnes Krüge mit kräftigem Met auf die Plätze der Thingmänner hatte stellen lassen, fiel keinem der Verzicht auf den roten Lebenssaft schwer. Ockes Großmutter wusste genau, weshalb sie für einen genussvollen wie betäubenden Trunk sorgte. Sie wollte ein Unrecht für die Frauen aus der Welt geschafft wissen. Es ging um eine seit alters praktizierte Tradition, die den Weibern schadete, deren Mannsleute man vor ihnen ins Grab legte.

Da Weiber auf dem Thing nicht zugelassen waren, benötigten sie für ihr Vorhaben einen geschätzten Redner, sowie bei den Mannsleuten Verständnis für ihr Anliegen: „Wittfruuns dat Leven lichter to maken." Zu oft hatte sie von unglücklichen Frauen und ihrem Leid erfahren.

Die Götternahe griff sich am Vortage der Versammlung Nisse den Grinser, von allen gemocht, weil stets frohgemut. Nisse war arm, weil er und sein Weib nicht haushalten konnten. Diesem Thingmann versprach die Alte eine Ziege, zwei Gänse und einen Beutel Salz, wenn er für sie auf dem Thing das Wort ergriff. „Man hol dien Snut, dat wi beiden snackt hemm", beendete sie ihre Anweisung, „anners gifft dat nix!"

Nisse, dem an einem Mehr an Mitteln für seine Sippe sehr gelegen war, forderte, nachdem wegen der Jagd auf Schnarup wieder Ruhe eingekehrt war, das Wort. Ohne jegliche Einleitung erhob er sich und rief: „Dat mutt een Enn hemm mit dat Doodmaken vun uns Wiever!" Ratlos blickten sich die Thingmänner an. Was war in Nisse gefahren? „Hoo, hoo hooo!" Man würde doch nicht seine Weiber umbringen! „Dat is to veel. Een Schann is, wat du seggn deist, Nisse!" Erste Unmutsrufe ertönten: „Nisse, hol dien Sabbel!" Seinen Mund halten würde er nicht! Die Ziege, die Gänse, das Salz gaben ihm genügend Mut, sich nicht zu setzen.

Ocke griff schlichtend ein, das freie Wort galt auf dem Thing, auch wenn man die Auffassung des Redners nicht teilte. „Laat emm vertelln, wat he opp'n Harten hett!" Nisse nickte dem jungen Fürsten erleichtert zu und kam auf eine Gepflogenheit, eine seit hunderten von Wintern praktizierte Sitte der Angeln zu sprechen, die es besonders in kleinen Orten immer noch gäbe, „dat, wenn de Mann starvt, uk dat Wief, de mit emm dat Lager deeln deit, to Doode kam mutt."

Empörung machte sich breit. „Höö, höö, hööö!" Ein uraltes Recht, auch wenn nicht alle Dörfer es mehr einhielten, sollte aufgegeben werden? Nein! „Dat hört hier nich henn, Nisse. Hau aff, du Dööskopp!"

Nisse ließ sich nicht beirren. Ihm ging die Zusage von Agnes für seine Sippe nicht aus dem Kopf. Hauchte ein verehelichter Mann sein Leben aus, um sich auf den Weg nach Walhalla zu begeben, musste sein Weib ihn begleiten, sich selber töten.

Die Erklärung dafür war einsichtig: Niemand konnte sagen, wie lang es dauerte, wie steinig, wie mühevoll es war, um als Mann in den Götterhimmel zu kommen. Durst und Hunger konnten den Verstorbenen quälen, Kälte, Nässe, Einsamkeit. Da würde ein Weib an seiner Seite für tröstende Worte sorgen, für aufmunternden Met, sattmachenden Salzhering, wärmende Gewänder, gewaschene Fußlappen und ein blank geputztes Messer.

Also stürzten sich die frischen Witwen in das Schwert, wenn es vorrätig war, oder schnitten sich mit Messern die Handgelenke auf, nahmen einen Strick oder ersäuften sich im Moor. Die alte Regel, Das Weib folge dem Mann auch im Tode, war einzuhalten! „Wat de Olen recht weer, hemm uk de Jung'n to doon!" Agnes wusste, ihre Tochter, Ose die Dritte, war strikt dagegen gewesen.

Auf ihren Handelszügen durch Angeln gemeinsam mit Dirk dem Dänen hatte sie wiederholt und schmerzhaft den Freitod von Frauen erlebt. Damit müsse endlich Schluss sein, dem Spuk müsse ein Ende gesetzt werden! Die Frauen würden bereits zu Lebzeiten ihrer Mannsleute unablässig für sie arbeiten, nach deren Tod auch noch, dass empfinde sie, Ose, als ungerecht!

„Dor mutt een nüe Recht her! Dat kann nich angahn, allns för de Mannslüüd to doon! För de Fruuns möhn de solvigen Rechte gelln!" Diese Auffassung trug sie wieder und immer wieder Agnes vor. Die Alte verstand sehr wohl das Leid der Weiber. Keiner der Angeln-Fürsten rüttelte bisher an diesem Brauch. Agnes war sich sicher, in Ocke einen Anführer zu wissen, der für Veränderungen aufgeschlossen war. Sie würde das Vermächtnis ihrer verstorbenen, von Wölfen zerrissenen Tochter umsetzen!

Nisse, ihrem Sprachrohr auf dem Thing, erläuterte sie bereits während des „Ziegenhandels": Sie, die Weiber, seien die Packpferde für die Mannsleute, wären Tag für Tag mit Beginn der Morgendämmerung auf den Beinen, besorgten das Brennholz, das Wasser von der Quelle, backten das Brot, brieten die Eier – wenn es welche gab –, räucherten die Wurst, süselten Stunde für Stunde mit den Kindern, räumten, fegten, wuschen, tränkten das Vieh, jäteten das Gemüse, paalten die Erbsen, schnippelten die Bohnen, kochten die Karotten, spannten sich selber vor den Pflug, um Furchen für Hirse und Hafer zu ziehen, während die Männer hinter Hase und Hirsch herjagten und genüsslich das Bier schlürften, das sie, die Frauen, die Hüter der Häuser, brauten. Und zum Dank für all die Arbeit und die Pflichterfüllung nahm man ihnen frühzeitig das Leben! „Dat mutt opholn!"

Nisse legte bei diesem Redeschwall der Alten den Kopf in die Hände. So viele Worte verwirrten ihn. Agnes ließ nicht locker, ihre, wie sie fand, hilfreichste Bemerkung für Nisse, damit er auf dem Thing Erfolg haben würde, sparte sie sich bis zum Schluss auf. „Wo is seggt wuurn, dat Nerthis, uns Göttin, meen deit, dat de Mannslüüd nich alleen nah Walhalla gahn köhn." Keiner der Götter habe angeordnet, dass die Frauen sich zu ihren Männern ins Grab legen sollten. „Dat hemm sik alleen de Mannslüüd utdacht, nich uns Gottheit!" Dann trumpfte sie auf: „Wat good is för de Mannslüüd, is uk good för de Wiever!" Gleiches Recht sollte er, Nisse, auf der Versammlung einfordern!

Sollen sich die Männer doch auch mit Dolch, Strick, Beil oder Axt freiwillig in den Tod befördern, wenn ihr Eheweib, oder eines ihrer Eheweiber, starb. Gerade jüngere Mannsleute würde es treffen, denn der Tod im Kindsbett trat häufig und früh ein. Die Frauen, ob alt, ob jung, würden es als hilfreich empfinden, wenn ihre Männer sie in den großen Wolkenpalast begleiteten.

Auf dem Weg dorthin hätte man durchaus die Möglichkeit, ein gutes Wort miteinander zu wechseln, vielleicht sogar mehrfach beizuliegen. Auch wenn Nisse dieser Gedanke eines Beischlafs nach dem Tode verlockend erschien, war dem Grinser nicht wohl bei dieser Sache. Jetzt sollten sich auch die Männer beim Tod ihrer Frau ins Schwert stürzen?

Dem Altbauern wurde angst und bange. Ihm lag es mehr, eine fröhliche Begebenheit vorzutragen, zu lachen und sich zu freuen. Aber was die Götternahe von ihm erwartete, ging weit über seine Fähigkeiten hinaus. Nein, verderben mit den Mannsleuten, seinen Saufkumpanen, wollte er es sich nicht.

Er grübelte und grämte sich. Aus dieser Fuchsfalle musste es einen Ausweg geben! Er ersann ihn, die alte Agnes vor Augen. Also unterbreitete er am Schluss seiner weiter von ärgerlichen Ausrufen begleiteten Worte den Vorschlag, doch Agnes die Seherin mit ihren Runen zu befragen!

So klug und so ernsthaft war Nisse dem Fürsten noch nie begegnet. Ocke traute dem Frieden nicht. Was trieb den Grinser nur dazu, sich auf die Seite der Weiber zu schlagen? Mit der Anrufung seiner weisen Großmutter, damit konnte sich nicht nur Ocke, sondern auch die Thingmänner anfreunden. Allein Klaas Plattnääs, aus dem Dorf Bönsbarg, widersprach. „Man uns Göttin Nerthis is keen Mann, de is een Frau. Wenn wi ehr fragen doon, sleit de sik opp de Siet vun de Wiever! Dat köhn ji mi glöövn!"

Da ging ein Sturm der Entrüstung durch die Mannsleute. „Höö, höö, hööö!" Der Göttin, ihrer Schutzgöttin, die stets redlich und gerecht handelte, Einseitigkeit vorzuwerfen, dass ginge zu weit! Es fiel Ocke schwer, die hochgehenden Wogen der Empörung zu glätten. „Man sinnig, man sinnig!" Der Fürst forderte Ruhe ein und verwies Klaas aus dem Thing.

Erst als dieser in der Erkenntnis, einen gewaltigen Fehler begangen zu haben, die Versammlung verließ, beruhigten die Mannsleute sich. Begriff dieser Bönsbarger gar nicht, dass die Mächtigen in Walhalla auch voller Zorn, ja böse sein konnten? Strafende Gottheiten, die fürchteten die Angeln. Erlebten sie doch zwischen den Sonnenwenden die unendlichen Regenfälle, Überschwemmungen, die Vernichtung ihrer Ernte, das Ausbleiben von Wild und Fischen, Strafen über Strafen. Götter durfte man nicht reizen, ihnen nicht widersprechen!

Ockes Vorschlag, die Anrufung der Seherin unverzüglich vorzunehmen, fand Zustimmung. Man begab sich zum Heiligen Hain, unterbreitete den Wunsch, und die Alte warf, mit einem verstehenden Blick auf Nisse, ihre Runenstäbe. Lange überlegte sie, blickte wiederholt in die Wolkenberge über dem Thorsberger Hof, als wollte sie dort Rat holen, schließlich sprach sie: „Uns Gött meen: Wenn een Wief ut frie Will mit ehr Mannsbild inne Dood gahn will, schall se. Dat gellt uk anners rum för de Mannslüüd. Man een Dwang dörf dat vun hüüt an nich geven!"

Es war Birger der Bedächtige, der aufstand und dem Handeln des Fürsten, die Seherin zu Rate zu ziehen, Anerkennung zollte, was Ocke durchaus gut tat. „Höö, höö, hööö!", verstärkten die Thingleute das Lob. „De ole Agnes to frag, dat weer klog! Dat man in Tokunft een Wief alleen ut egen Stücken mit inne Dood geit, hett Hand un Foot", keinen Zwang mehr, nirgendwo im Land der Angeln. Die Witwen erhielten ihr Recht auf Leben!

Nisse der Grinser, mit diesem Ergebnis hochzufrieden,

setzte sich und dachte nur noch an den anstehenden Gänsebraten. Endlich mal ein Festessen in seiner Sippe.

Derweilen erhob sich Birger der Bedächtige, rülpste kehlig, befreiend und sprach: „Leve Landslüüd, mi liggt all lang Tied wat oppe Maag." Man sah es seinem sorgenvollen Gesicht an. Was Birger weiter sagte, ließ nicht den Fürsten, sondern alle Anwesenden ernst und besorgt werden. Seit einigen Sommern gelte der zwischen den Angeln, den Warnen, Dänen und Jüten von Offa Ockesson dem Mutigen ausgehandelte Friede nicht mehr: Die Vertragszeit war abgelaufen. Noch würden die Waffen schweigen, noch habe es keinen größeren Angriff gegeben, nur kleine Übergriffe im Norden des Angelnlandes. „Man wi bruuken Freeden opp Duuer! Wenn de dree Stämme wülln, haun se uns all dood, wiel se Krieger sünd, man wi Angeln nich!" Er rülpste noch einmal kraftvoll und nahm seinen Platz ein.

Ocke wusste um diese Gefahr. Nicht zuletzt Agnes hatte ihm geraten, Kundschafter unauffällig in den Norden über den Buckholm-Fjord hinweg tief in das Land ihrer gefährlichen Nachbarn zu entsenden und zusätzlich die fahrenden Händler, die viel herumkamen, zu befragen.

Diesen Rat befolgte der Fürst und erfuhr dabei auch, weshalb es bisher bei wenigen Überfällen am Rande des Angelnlandes geblieben war. Dänen, Jüten und Warnen mussten sich seit vielen Monden gegen einen grausamen Feind im Norden wehren. Es handelte sich um das mächtige Bärenvolk, wie man es nannte. Dessen eigentliche Heimat war die unwirtliche, karge und wüste Landschaft zwischen den Eisbergen, wo die Sonne sich nur im Sommer zeigte.

Die Bären, deren Krieger sich mit dem Fell dieser Großtiere kleideten, fürchtete man im ganzen Norden. Sie galten als gefährlich und gewalttätig. Sie hatten wegen Mangels an Nahrung ihr Zuhause verlassen und waren mit Gewalt in das Gebiet der Nachbarn eingedrungen.

Die Bären galten als wüste Schlächter. Wo sie auftauchten, hinterließen sie geschändete Frauen, viergeteilte Kinder und an Tore wie Bäume genagelte Mannsleute. „De ‚Boorn', de kenn keen Götter, nee, de wülln so sien ass een wille Boor, ruug, groff, barboorsch un bös", so erzählte man sich ängstlich.

Birger der Bedächtige ergriff noch einmal das Wort. Noch trotzten Jüten, Dänen und Warnen dem Ansturm dieses Kriegervolkes. Alle ihre Kämpfer würden in den nördlichsten Grenzgebieten benötigt. Doch was würde geschehen, wenn man die „Bären" besiegte? Birger sprach von einem brüchigen Schweigen der Waffen mit ihren Nachbarn.

Die Thingmänner lauschten seiner nachdenklichen Rede mit Aufmerksamkeit. „Man wenn de Boorn-Lüüd de Snuut vull hemm un trüch to sehrs Heimat gohn, wat kümmt denn? De Warnen, de Jüten un de Dän', de trecken to uns, wiel se nix mehr to doon hemm." Birger setzte bewusst eine Pause: „Mag ween, annern Dags stahn se bi uns vör de Döör!" Diesmal erfolgt der Rülpser erst, als er sich setzte.

Als habe er etwas Wichtiges zu ergänzen, erhob sich der Alte noch einmal. „De urole König vun de Warnen, Jeffe Jaffasson, is een griese een, kannst nich truun, man sien Söhn, de noch keen Wief hett, de schall patent sien, keen ‚Hau emm daal'!"

Bei dem Hinweis auf die noch fehlende Frau des zukünftigen Herrschers der Warnen schoss Ocke jählings ein Gedanke durch den Kopf. Einen Krieg gegen die Nordvölker würden sie, die Angeln, nie gewinnen, aber wäre nicht doch eine andere, dauerhafte, friedliche Lösung möglich?

Sie würde Goodje, seiner Schwester, nicht gefallen. Im Gegenteil, mit Händen und Füßen würde sie sich dagegen wehren, aber versuchen könnte er es! Immer mehr freundete er sich mit seinem Einfall an. Was war wichtiger, Wohl und langfristige Sicherheit seines Volkes, oder die persönlichen Neigungen seiner Fürstenschwester?

Seine Sippe würde für sein Anliegen kein Verständnis haben, vielleicht sogar mit ihm brechen. Sein hohes Ziel würde auch persönliche Opfer von ihm fordern, er liebte Goodje. Doch Friede und Freiheit für alle Angeln waren das oberste Gebot! Dafür musste jedes Mittel recht rein! Verständigung erreichen durch ein Bündnis der Fürstenhäuser wäre die Lösung!

Hatte nicht Ocke der Schweiger, sein Großvater, ähnlich gehandelt, eine seiner Töchter mit dem König der Jüten vermählt? Auch wenn sie bei der Geburt von Zwillingen im

Kindbett elendig starb, wurde vonseiten der Jüten seit der Zeit nie ein Krieg gegen die Angeln geführt.

    Wenige Tage nach dem Ende des Things schritt der junge Fürst zur Tat. Mit gemischten Gefühlen erinnerte sich Ocke an den Brauthandel mit Goodje. Er wurde ein Abenteuer ganz eigener Art, wo sich Scheitern und Erfolg die Waage hielten.

27

Bärenkrieger, eine zusätzliche Gefahr, von einer unwilligen Friedenstaube, Ullerich Eisenschädel und Pede Palisade, einem reiterlosen Pferd und wie es rudernden Angeln gelingt, nicht von der Stelle zu kommen

Ocke war sich sicher, die mordenden Bärenkrieger bedeuteten nicht nur eine Gefahr für ihre direkten Nachbarn – die Warnen, Dänen und Jüten. Irgendwann würde der Krieg auch sein Volk, die Angeln, erreichen. Der junge Fürst fühlte sich zum Handeln aufgefordert.

Auf dieses Geschäft mit dem König der Warnen hätte er sich gar nicht erst einlassen dürfen! Seine Schwester führte sich wie eine rasende Furie auf.

Mit Knechten und den Dienstmägden regelte er an diesem nasskalten Herbsttag gerade die Arbeitsaufgaben, als Goodje voller Zorn, ohnmächtiger Wut und zugleich am Boden zerstört, hereinplatzte. „Nee, nee, nee, ik will Jufa nich ass Brüdigam. Wenn du dat deist, bün ik nicht mehr dien Süster!" Blanke Tränen quollen aus ihren rot umrandeten Augen. Sie schluchzte herzzerreißend auf und verließ mit einem „Nee Nee!" die Halle des Hofes.

In den folgenden Tagen versuchte Ocke seiner Schwester zu erklären, dass die Angeln einen weiteren Waffenstillstand, eine langfristige Befriedung mit den Ländern im Norden benötigten. Die Warnen, die Dänen und Jüten seien eben nicht wie die Angeln geborene Bauern. Allein in der Viehzucht würden sie sich auskennen, das Roden von Bäumen sei ihnen fremd. Sie seien eher Raubfahrer mit ihren Booten. Mit Überfällen sicherten viele Nordvölker ihr Leben. Ganze Dörfer der Angeln würden darunter leiden. Die Kinder in die Sklaverei verkauft, die Frauen in ihre nordischen Heimatorte verschleppt, die Männer massakriert. Ocke wusste, er malte ein pechschwarzes Bild von ihren Nachbarn, aber wie sonst sollte er Goodje davon überzeugen, als Friedenstaube seines Volkes zu dienen. Die Götter wollten es so!

Es war der König der Warnen, Jeffe Jaffasson, der durch einen gezielten Hinweis eines Händlers aus Steenfeldlund um eine Fürstentochter der Angeln nachgesucht hatte. Ein „Glücksfall", fand der Fürst, bestände doch endlich die Möglichkeit für ein langfristiges Bündnis. Dieser Jeffe sei der mächtigste aller nordischen Könige, zugleich Wortführer für die Jüten und Dänen.

„Freeden mit dree Länner opp een Slag, is dat nix?", versuchte er bei seiner Schwester um Zustimmung zu werben. „Keen Överfall, keen Dooden, keen Jungs un Deerns in'ne Slaverie! Wenn du Bruut vun sien öllste Söhn warst, sünd wi een Sipp, gifft dat keen Hauerie!"

Seine Schwester lachte höhnisch auf, bezeichnete ihren Bruder als blauäugigen Träumer und erinnerte Ocke an den Beinamen, den der Warnen-König trug: Jeffe Jaffasson, de Buschemann. Als arglistigen Kinderschreck bezeichneten ihn die Menschen. Er sei hinterhältig, bösartig und verschlagen. Jeden Schwur habe er bisher gebrochen. Auf Versprechen von ihm könne eine Kuh scheißen! „He döcht de chanze Dag nix, segg'n de Lüüd!"

Dann war Goodje ganz leise geworden, was ihn rührte, aber nicht umstimmte. „Mien Leven, dat makst du twei!" Sie würde an einer solchen Mussehe zerbrechen. Ihm war bewusst, dieser König Jeffe Jaffasson war ein harter Brocken, wild, wüst, unbarmherzig, ein schwieriger Verhandler.

Dessen erstes Weib, so wurde berichtet, habe sich nach der Geburt von drei Kindern mit dem Vogt des Hofes in die Büsche geschlagen, „düürbrennt", sagten die Leute. Die zweite Frau war mehr dem eigenen Geschlecht als einem Mann zugetan. Erst als er seine Gemahlin gemeinsam mit seiner Schwester auf deren Lagerstatt zufällig beobachtete, wurde Jeffe sich ihrer Neigung bewusst. Er ließ gleich beide strangulieren und in Stücke zerhacken.

Dem Tod von Weib Nummer drei wurde besonders viel

Aufmerksamkeit zuteil. Sie erlitt einen Herzanfall mit der warmen, starken Wurzel ihres Lieblingspferdes, eines temperamentvollen kleinen Hengstes, im Mund. Die Vierte entschlief normal im Kindbett und die Fünfte entwickelte einen solchen Mundgeruch, dass sogar der stets geile König dem Ehebett entfloh. Er gab sie an seinen Bruder, dem beide Beine fehlten, weiter, weil dessen Möglichkeiten, dieser Mundstinkerei zu entkommen, eingeschränkt waren – eine Bruderliebe ganz eigener Art!

Der Thorsberger tröstete sich, Goodje sollte Jufa, den Sohn, und nicht Jeffe, den Ehefrauen verschleißenden Vater, ehelichen. In dieser Auffassung irrte der Fürst. Während die Thingmänner bedächtig oder voller Eifer die bisherigen Ergebnisse ihres Treffens besprachen, glitten die Gedanken des Jungfürsten ab.

Den Tag des Brauthandels hatte Ocke noch sehr lebendig vor Augen. Ein fast wolkenloser Himmel und viel Sonnenschein. Laut und lärmend mit zehn vollständig bewaffneten Begleitern und mehreren bösartigen Hunden ritt der König der Warnen auf dem Thorsberger Hof ein, ließ sich Essen und Trinken schmecken. Er ging jedoch mit keinem Wort auf seine Begegnung vor vielen, vielen Jahren mit Ockes Vater Leckauge, Offa Ockesson dem Mutigen, und dessen Sieg im Zweikampf ein. Der junge Fürst atmete erleichtert auf.

Schmerzhaft waren die Erinnerungen. Sein ältester Bruder war während der Verhandlungen um einen Stillstand der Waffen heimtückisch von einem Krieger der Nordvölker ermordet worden. Nach dem Wunsch seines Vaters hätte er der kommende Fürst sein sollen.

König Jeffe schien wohl in die Jahre gekommen zu sein, friedlich, ja freundlich wirkte er, bis er – in geläufigem Anglisch zu Beginn des eigentlichen Brauthandels – so ganz beiläufig mitteilte: „Ik koop keen Katt inne Sack! Ik will de Bruut sehn, noch hüüt!"

Goodje erschien ängstlich und voller böser Vorahnungen. Sie zitterte, als der Machthaber der Warnen sie mit lüsternen Augen unverhohlen ansah und von ihr laut und unnachgiebig forderte, sie müsse sich entkleiden, ganz, bis auf die nackte Haut. Er fasste sie grob an die Brüste, grunzte, die Größe schien ihm zuzusagen. Anschließend zählte er ihre Zähne, beklopfte das Hinterteil und fingerte im Anschluss schamlos in ihrem Loch herum. „Een Jungfer, dat büst wohl, wat?" Dann steckte er sich seinen Fummelfinger genießerisch in den Mund und leckte ihn sauber.

Vor Verlegenheit wäre Goodje am liebsten im Erdboden versunken, hätte diesem gierigen alten Knacker von König mit voller Wucht in den Schritt getreten. Doch sie bemerkte rechtzeitig, dass sich einer der Begleiter mit einem Dolch in der Hand, wie zufällig, an der Seite ihres leichenblass gewordenen Bruders aufhielt.

„Man dünn un spittelich is de Bruut, keen Füür in ehr!", urteilte Jeffe in der vollen Absicht, den Brautpreis zu erhöhen. Was eine Anmaßung, fuhr es Ocke durch den Kopf, seine Schwester war ein wohl gewachsenes junges, wunderschönes Weib. Der Dolch in der Nähe seines Halses zügelte seine Zunge. „Dien Süster, de kann froh sien, dat mien Öllste ehr nehm deit!" Dieser unverschämte König ließ in der Herabsetzung seiner Schwester einfach nicht locker. Jetzt sollte die Wahl von Goodje eine Gnade sein! Welch eine Anmaßung!

Seine Schwester wurde vor die Tür geschickt, anschließend der Brautpreis verhandelt. „Tein Köh, tein Swien un dat Peerd dor!" Damit zeigte er auf Silberstern, Ockes Lieblingspferd. Von einem Friedensvertrag sprach er nicht.

Da erhob sich der junge Fürst, der innerlich vor Zorn zitterte, drehte sich kurzentschlossen zur Tür, ging aus dem Haus und ließ den König der Warnen sitzen. Der glotzte ihm mit empörten Augen hinterher. Eine solche Behandlung ihm gegenüber hatte bisher noch niemand gewagt. Laut schrie er Ocke hinterher: „Du lütte Klookschieter, een kläffende Köter, mehr is nich an di!"

Doch Jeffe Jaffasson verließ nicht den Hof, stieg nicht auf sein Pferd, ritt nicht fort. Er stand von der Bank auf, klopfte mit aller Härte und erheblicher Wut an die Tür, hinter der der Angeln-Fürst verschwunden war. „Kumm trüch, Fürst! Ik heff de lang Weg nich maakt, um opp dien Mors to kieken!"

Er habe noch eine kleine Angelegenheit mit ihm, dem Ersten seines Volkes – so ganz vertraulich –, zu beraten. Außerdem, so ergänzte er mit listigen Augen, habe er den auf fünf

Winter ausgelegten Frieden zwischen ihren Völkern nicht erwähnt. Sein Ältester Jufa, der sein Nachfolger würde, sei ein wohlgestaltetes Mannsbild mit ebenmäßigen Gesichtszügen, feingliedrigen, aber festen Händen. Er könne singen, das Schwert schneidig führen und Verse vortragen. Er liege leider, und da flocht der König eine Pause ein und zupfte mehrfach seinen Bart, lieber Männern als Weibern bei. Die ganze Sache schien Jeffe äußerst unangenehm, deshalb forderte er auch Stillschweigen von Ocke Offasson.

Also, Kinder werde es mit seinem Sohn nicht geben. Leider! Aber die Königssippe der Jaffassons dürfe nicht aussterben. Dafür habe er jedoch eine, wie er fände, kluge Lösung. Er selber, er, der König der Warnen, stehe persönlich für königlichen Nachwuchs zur Verfügung, solange er seinen Schweif noch hochkriege. Obwohl ins Alter gekommen, habe er immer noch starke Lenden und Lust auf Weiber!

Voller Stolz erzählte er dem Angeln, der erschüttert und sprachlos war, von dreizehn, es könnten auch siebzehn Bastarde auf seinem Königshof sein, die er mit Mägden seines Hauses im Heu, in Waldhütten, sogar in einer Schubkarre, mal bei Regen, bei Sonnenschein, mehrfach bei heftigem Gewitter, gezeugt habe. Seine Manneskraft gelte als unerschöpflich. „Gifft keeneen bi de Warnen, de so vull Kafüüt ass ik bün!" Ohne auf Ockes eiserne, abweisende Miene zu achten, schwadronierte der Warne weiter von seinen großartigen Zeugungsfähigkeiten.

Als er in das steinerne Gesicht des jungen Fürsten sah, wechselte er das Thema, lobte die fleißigen Angeln und besonders die ersten Erfolge des jungen Fürsten.

Eine Zeit lang setzte er mit dem Schmus fort, als er sich plötzlich umwandte, seinen Dolch zog und ihn Ocke unter das Kinn hielt. „Kiek nich so oppsternaatsch, du Krümel vun Kirl! Hier ward makt, wat ik segg! Hest du mi verstahn? Anners laat ik mien Lüüd vun de Keed! Keen een Wuurd över dat, wat wi besnackt hemm", und zugleich verstärkte er den Druck seines Dolches, „in kotte Tied kümmt mien Söhn un holt düsse Goodje, de Bruut, aff!" Kurzerhand hatte der Gewaltherrscher die Macht über den Thorsberger Hof an sich gerissen. Es würde Mord und Totschlag geben, wenn er, Ocke, den Brauthandel ablehnte. So weit durfte es nicht kommen!

Während er fieberhaft über einen Ausweg nachsann, galoppierte ein Kerl mit dem Umhang eines Warnen auf den Hof. Er schien in großer Eile zu sein. Auf seinem schweißnassen Ross preschte er direkt vor den Eingang, sprang ab und fiel erschöpft, völlig aufgelöst und verzweifelt vor König Jeffe auf die Knie: „König, oh mien König, in Faaborg-Sund, opp uns Hoff is de Düvel los!" Er holte tief Luft, streckte die Arme empor. „Du büst keen Herrscher mehr. Jufa, dien Söhn, sitt opp dien Troon, mien König!"

Der Mächtige der Warnen, aufgebracht durch die unvorhergesehene Unterbrechung, baute sich voller Wut vor seinem Boten auf. „Heff ik di nich lehrt, dat heet ‚Herr König'!" Noch während der Reiter eifrig nickte, trieb der Allmächtige über die Warnen ihm den Dolch, den er noch in der Hand hielt, brutal bis zum Heft in den Nacken. Anschließend säuberte er die Waffe im Rock des Getöteten und schritt – nicht zu seinem Pferd. Zur Verblüffung aller Hofleute sprang er gekonnt in einem Satz in den Sattel von Silberstern, dem prächtigen, temperamentvollen Reitpferd von Ocke. Sein eigenes Tier, einen Braunen, nahm er an die kurze Leine und blickte sich, bevor er mit seinem Trupp den Thorsberger Hof verließ, noch einmal zu Ocke Offasson um. „Freeden, fief Johr, keen Dag mehr! Dien Peerd hier geit mit mi! Wenn allns ünner Dack un Fack is, mach wehn, de Voss kümmt wedder to di!" Nicht nur seine Schwester, auch sein eigenes Ross wurden Teile dieses Diktat-Brauthandels.

Der junge Fürst war verzweifelt. Mit dem Dolch zum Vertrag gezwungen, Goodje einem wüsten Menschen ausgeliefert und als Scheinkönigin an die Warnen verkauft, was war bloß in ihn gefahren! Alles, ja alles packte er falsch an. Die Götter schienen ihn verlassen zu haben. Dieser Brauthandel stand unter einem Unglück bringenden Stern – oder nicht? Die Wende an diesem schwarzen Tag kam am späten Nachmittag, aber sie kam.

Noch vor Sonnenuntergang trabte Silberstern ermattet ohne Reiter, ohne Sattel, jedoch mit blutigen Streifen am Unterbauch auf den Thorsberger Hof zurück. Knechte, Mägde, alle Bediensteten fanden sich voller Neugierde und Aufregung vor dem Stall ein.

Was war geschehen? Wo war König Jeffe Jaffasson geblieben, wo seine Krieger. Furcht erfasste die Leute. Hastig tauschte man Vermutungen aus, erinnerte an Überfälle von feindlichen Völkern.

Ocke ließ alle Tore schließen und befahl Pede Pietsch, für die Verteidigung zu sorgen. Er selbst ließ satteln und machte sich mit Knechten und befreundeten Bauern auf die Suche nach den Vermissten.

Die untergehende Sonne glühte noch einmal feuerrot am Himmel auf, als sich den Thorsbergern nach mehrstündigem Ritt ein entsetzlicher Anblick bot. Sie hatten gerade das Ufer vom Buckholmer Fjord erreicht, als einer der Knechte den Fürsten auf eine Schar kreisender Krähen ganz in der Nähe ihres Standortes hinwies.

Alle glitten aus den Sätteln, nahmen die Zügel der Pferde in die Hände und zogen mit ihnen zur angezeigten Stelle. Hunderte von Krähen stoben kreischend, widerwillig auf. Ein grauenvoller Anblick bot sich dem Suchtrupp.

Dort lagen Leichen, elf Körper, elf abgeschlagene Köpfe, abgeschlachtet wie bei einem Schweineschlachtfest. Die Krähen, jedoch auch Möwen, waren eifrig gewesen, hatten die Gesichter bis auf die Knochen von Haut, Fleisch und den Augen befreit, die Bäuche mit ihren spitzen Schnäbeln weiter geöffnet und die Gemächer der Männer frei gelegt. Trotzdem blieb erkennbar, der Warnen-König und seine Krieger waren die Opfer.

„De hemm se dood slaan op uns Angelner Land! Wenn dat een wies ward, gifft dat Krieg. Een König so um de Kant to bring, meent, de Freeden is weg, de Waffen warn bruukt!" Die rasch zusammengestellte Gruppe aus Bauern und Bediensteten teilte die Auffassung ihres Anführers. Jetzt war guter Rat teuer, denn eine Auseinandersetzung mit den Warnen durfte es nicht geben. Tatsächlich, auf dem Grund und Boden ihres Landes war es zu den Morden gekommen. Würde diese Tatsache ruchbar, wäre ein Krieg gegen ihr Volk unweigerlich die Folge.

Die Leichen in die See zu werfen oder zu verscharren reichte nicht aus. Man wusste doch im Faarborger Königspalast, wohin der Herrscher und zu welchem Zweck er weggeritten war. Man würde ihnen, den Angeln, die Schuld für den Königsmord zuschieben, denn bei ihnen sei die entsetzliche Tat geschehen.

Angst machte sich unter den Männern breit, von denen keiner eine Waffe trug. Eine Lösung musste her!

„Dat Beste is, wi haun aff, so fix, ass dat geit", meinte Nisse der Grinser. „Afftövn", dafür war Birger der Bedächtige, aber abwarten worauf? Ocke war zwar froh, dass diese beiden tüchtigen Ackerbauern seinen Trupp verstärkten, doch gerade hilfreich waren ihre Vorschläge nicht.

Auch ihre Ansichten über die Art der Kopfabtrennung bei den Opfern halfen nicht weiter. Während Nisse glaubte, man habe ein scharfes, aber gebrauchtes Küchenmesser benutzt, bestand Birger wegen der blutigen Hautfetzen am Hals auf einer Axt und ergänzte langsam mit vielen Pausen: Es könnte ... auch ein gezacktes Hackebeil ... gewesen sein, ... so grausam ... und grässlich hatte man die Körper traktiert.

Da meldete sich plötzlich einer der Knechte, der nach den reiterlosen Pferden suchte. Er hielt ein merkwürdiges, halbmondartig gebogenes Kurzschwert mit abgebrochenem Griff in der Hand. Es hatte die Form einer Bärenklaue. Auch eingestanzte Zeichen, Bärenzähne, waren erkennbar. Beklommenheit macht sich breit. Krieger des Bärenvolkes hier an der Küste des Angeln-Landes?

Ganz weit im Norden fochten sie doch ihre Kämpfe. Was bewog sie, mit ihren Booten in den Buckholmer Fjord einzufahren? „De meen nich uns Angeln, nee, de Warnen wülln se anne Kraag. König Jeffe Jaffasson un sien Lüüd hemm se dood slaan!"

Es war der alte erfahrene Birger, der diese Einschätzung traf und diesmal pflichtete Nisse ihm bei. Die aufgetrennten Leiber, das herausgerissene Gedärm, die fehlenden Herzen, dieses bestialische Vorgehen ließ auf das mörderische Bärenvolk schließen. Nicht die Krähen allein hatten die Leiber zerfetzt. Als „Herzenfresser" seien die „Bären" bekannt und gefürchtet, weil nach ihrem Glauben ein roh verzehrtes Herz mehr Kraft, mehr Durchhaltevermögen und ein längeres Leben gewähren würde.

Menschfresser im Fjord von Buckholm, vor der Haustür der Angeln! Kälteschauer überzogen den Rücken des jungen

Fürsten. Wie und mit welchen Mitteln konnte er seine Landsleute vor diesen Feinden schützen? Mannsleute, die das Handwerk der Krieger ablehnten, Frauen und Kinder, die schutzlos waren.

Wäre die Flucht, wie Nisse sie vorschlug, der Ausweg? Doch wohin? Was würde aus der Ernte werden?

Aber vielleicht waren sie, die Angeln, noch gar nicht im Augenmerk der blutgierigen Bären, nicht das südliche, sondern das nördliche Ufer des Fjords gemeint.

Bärenkämpfer im Rücken der Warnen, Birger der Bedächtige könnte recht haben. Jetzt war rasches Handeln gefragt. Ocke entschied: „Wi töhm nich bit morn fröh. Hüüt Nacht noch rudern wi övern Fjord!" Sie beluden das immer noch am Strand dümpelnde Boot der Warnen, mit dem der König gekommen war, mit den blutigen Köpfen und versuchten sich, so gut es ging, als Binnenländer mit dem Rudern. Die Körper verscharrte man pietätvoll unter Trauerweiden.

Fast wäre es unter einem sternenklaren Himmel zum Streit zwischen Nisse, Birger und den Knechten über die günstigste Ruderhandhabung gekommen, weil das Boot mal nach Luv, mal nach Lee ausbrach, jedoch keine Fahrt aufnahm, sich ständig im Kreis drehte, bis Ocke, obwohl durch angstvolle Erfahrungen dem Wasser feindlich gesonnen, mit „Een-ruck, twee-zuck" das Kommando für ein geordnetes Rudern lautstark übernahm.

„Dat wurr uk bi lütten Tied", brabbelte Birger in seinen mit Speiseresten angefüllten Bart. Und je länger sie in dieser Nacht unterwegs waren, umso zügiger kamen sie voran. Zugleich entwickelten sich die Blasen an ihren ungeübten Ruderhänden beträchtlich.

Es war diese nächtliche Fjordfahrt, die ihnen nicht nur Dank, Beachtung und Wohlwollen der Warnen einbrachte, sondern zu einem neuen Friedensvertrag führte.

Nach vielen Stunden erreichten sie das Norduferdes Fjords. Weithin sichtbar brennende Fackeln wiesen ihnen den Weg nach Faaborg-Sund zum Königspalast des Volkes, den sie noch vor Sonnenaufgang erreichten.

Anfänglich wusste Jufa Jeffesson, der die Abwesenheit seines Vaters zu einem Thronsturz genutzt hatte, mit diesem kurzbeinigen Fürsten aus dem Nachbarland und seinen wenig stattlichen Gefährten nichts anzufangen. Die Palastwache hatte diesen Trupp aufgegriffen und gefesselt in die Empfangshalle geführt. Der Zwerg sah gar nicht nach einem Fürsten und die schlichtgekleideten Begleiter wenig nach richtigen Bauern aus.

Doch als dieser Ocke Offasson, dieser Winzling, mit lauter und selbstbewusster Stimme von dem Eindringen der Bärenhorde, der Fjord-Überquerung mitten in der Nacht, von den Feinden im Rücken der Warnen berichtete und zum Schluss den Kopf seines Vaters, des alten Königs, aus einem schäbigen, schweißdurchtränkten, durchlöcherten Fußlappen schlug, stand der Neukönig von seinem thronähnlichen Sitz auf, stürzte sich auf Ocke und umarmte den Angeln. Anschließend brach dieser junge Herrscher, von seinem Hofstaat umringt, in nicht endenwollende Tränen aus.

„Vadder! Vadder", rief er mit leidvoller Stimme und setzte für den, der genau hinhörte, mit einiger Zufriedenheit fort „uns König is dood! Mien Vadder, een groode König, is dood!" Dann räusperte er sich: „Wat een Tragik, wat een Mallöör, de Bärenkrieger hemm mien beste Vadder dood haut!" Auch der gesamte Hofstaat brach nach dem Vorbild des Thronräubers in Tränen aus. Der rief in die anhaltende Trauer: „Mien Vadder un ik, wi harrn noch veele Johrn Siet an Siet tosamm' uns Volk regeern kunnt!"

Was für ein Heuchler, dachte Ocke, dem die Botschaft des Kriegers vom Vortage noch im Ohr klang. Hier am Hof war es zu einem Umsturz gekommen, deshalb der überstürzte Aufbruch des alten Königs vom Thorsberger Hof!

Jetzt musste der Sohn seinen Vater nicht mehr erschlagen, dafür hatte die Bande des Bärenvolkes gesorgt. Sie, die Angeln, überbrachten also dem neuen König eine Freuden- und keine Trauerbotschaft. Zugleich versetzten sie durch ihre unmittelbare Nachricht über den Mord der „Bären" die zahlreichen kampferfahrenen Männer des Königshofes in die Lage, sofort den Feind am Ufer des Fjords aufspüren zu können.

Der Bären-Trupp, der erst am frühen Morgen mit seinen Booten Richtung Faaborg-Sund aufgebrochen war, wurde dank der Warnung der Angeln von den Warnen vernichtend und vollständig aufgerieben.

Diese Kämpfer waren wahrlich genauso mitleidslos wie die Bärenkrieger. Sie brachen mit Beilen bei den Getöteten die Brustkörbe auf, entfernten deren Herzen und pressten diese blutige Masse ihren toten Feinden in die aufgesperrten Mäuler. Die Leichen dieser Totschläger ihres bisherigen Königs ließ man am Strand liegen. Hunde, angelockt vom Blutgeruch, machten sich über sie her.

Fürst Ocke und seine Getreuen wurden zu besonderen Gästen der Siegesfeier erklärt, verbunden mit dem Wunsch des neuen Königs, der Angelner möge den Ehrensitz an seiner linken Seite einnehmen. Die rechte blieb einem blondgelockten, feinsinnigen, stets weich lächelnden, jungen Mann überlassen. Unter dem mit Met, Bier, gesalzenem Schinken, gebratenen Hühnern und Schüsseln mit wohlschmeckender Sauerampfersuppe überladenen Tisch hielt dieser Schönling unauffällig, aber wiederholt Neukönig Jufas Hand, wie Ocke es von seinem Platz aus beobachtete. Beide Männer schienen sehr vertraut miteinander.

Dem jungen König fielen sehr wohl die häufigen verwunderten Blicke des Angelner Fürsten auf. Da beugte er sich zu ihm hinüber. „Weetst Bescheed", und die anglischen Worte kamen nur stockend aus seinem Munde, „dat ik dien Süster nich ass Wief hemm will. Ik heff mien Leevde funn!"

Jufa wies dabei auf den Blondkopf neben ihm. „Dat ist Rondal, de Preester an uns Hoff. Wi sünd een Pott un een Pann! Wenn Goodje kam wer, harr mien Vadder mien Bruut Rondal dood makt, kannst mi glööyn! Nee, dat wull ik nich. Mien Glück schull he nich twei maken!" Die Bärenkrieger hatten für Klarheit gesorgt! „Wenn de Bären emm nich een Kopp lütter makt harrn, harr ik dat dahn!"

Ocke, der von einer solchen Neigung zwischen Mannsleuten nur so nebenbei von Knechten und bei Gelagen gehört hatte, war mehr als erschrocken. Doch er besann sich der Worte seiner Großmutter Agnes: „Wo de Levde hennfallt, dat setten de Götter fast!" Also war alles rechtens. Wenn die beiden Jungkerle Freude daran hatten, sollten sie doch so leben, wie sie es sich wünschten. Er hob seinen Krug mit dem leckeren

Honigwein, prostete den beiden aufrichtig zu, lächelte fröhlich und wünschte ihnen Glück und den Segen der Götter.

Die Feier über den Sieg gegen die Bande der Bären dauerte bis in die Morgenstunden. Sie wurde begleitet durch protzende Reden, Gesänge und eine unmäßige Sauferei.

Nur Jungkönig Jufa Jeffesson wie auch Ocke Offasson behielten einen klaren Kopf, denn für den kommenden Tag waren die Friedensgespräche vorgesehen. Der Fürst aus Angeln hoffte auf ein von Verständnis, Dankbarkeit und von Vertrauten getragenes Verhandeln mit dem fast gleichaltrigen Herrscher der Warnen.

Ocke wurde bitter enttäuscht. Gleich die ersten Worte von Jufa ernüchterten ihn. Aus Dank für die Hilfeleistung der Angeln würde es einen Frieden nur für fünf Sommer geben. Nicht länger! „Dat is mehr ass groottöögsch vun uns Nachbarn, vun de Jüten, de Dän' un uns Warnen", ergänzte er „dickdoonsch". Großspurig, überheblich und dünkelhaft gab sich Jeffesson, schwang sich zugleich zum Sprecher aller drei Völker auf; tat es seinem Vater gleich! Doch damit nicht genug.

Alle Fischer aus den Dörfern der Angeln seien aufgefordert, jedes fremde Schiff bei ihm, dem König, hier in seinem Palast in Faaborg-Sund, zu melden. Jedes!

Und die dritte Forderung der Warnen brachte Ocke Offasson in eine noch größere Verlegenheit. Vom kommenden Sommer an hatten die Angeln in dieser Friedenszeit einhundert fette Ochsen an die Nordvölker zu liefern. Ursprünglich habe man an dreihundert gedacht, aber die Warnung vor dem Überfall der „Bären" habe ihn, Jufa, nachsichtig werden lassen. Also bleibe es bei einem jährlichen Tribut von einhundert Rindern.

Ocke empfand diese Begehren als Zumutung, es versetzte ihm einen Schlag in den Magen. Nicht verhandeln wollte der Führer der Warnen, nein, diktieren, was die Angeln zu tun und zu lassen hatten!

Jufa sah ihm frech grinsend ins Gesicht, wartete auf eine sofortige Antwort. Ocke, erschrocken und hilflos, erbat sich Bedenkzeit und ging mit seinen Getreuen in eine Ecke des Palastes, wo sie ungestört miteinander sprechen konnten. „Nie un nimmer maken wi dat, wat düsse verdammte Kirl will", meldete sich Nisse der Grinser. „Wi reisen furts aff!"

Das würde bedeuten, unbeugsam zurückzukehren, jedoch auch ohne die Garantie, Frieden für die Angeln an der Nordgrenze zu bekommen. „Fief Johr Freeden is beeder ass nix", gab Birger der Bedächtige zu bedenken. „Un uthandeln möhn wi uk, dat Goodje, dien Süster, nich nah Faaborg-Sund trecken schall", ergänzte er.

Tatsächlich, es hatte keinen Handschlag am Ende des Brauthandels auf dem Thorsberg gegeben, weil König Jeffe so ungestüm weggeritten war. Ocke stimmte Birger zu, hier war noch Klarheit zu schaffen, denn in Faaborg-Sund wusste niemand von dem nicht abgeschlossenen Brauthandel.

Was ihn besonders beschäftigte, waren diese jährlich zu liefernden einhundert Rinder. Von diesem Tribut wäre jedes Dorf im Land seiner Angeln betroffen, damit stand viel Ärger ins Haus. Wer würde schon gerne eine solche Zwangsabgabe leisten? Wie konnte er sich nur aus dieser Schlinge befreien?

Da erinnerte er sich an eine Beobachtung vom Abend der Feier über die Vernichtung der Bärenkrieger, dass der König, wie sein Vertrauter Rondal, sobald Zeit dazu war, ganz verzückt mit ihren Bernsteinen spielten. Dieses „Gold des Nordens" trugen sie auch – zwar nur in geringer Zahl – am Hals sowie als Schmuck um ihre Handgelenke. Bei ihm auf dem Thorsberger Hof standen von diesen Steinen viele Säcke im Vorratsraum, Geschenke von Ältermännern an die Fürsten zu den Thingtagen. Diese Steine galten als normale Handelsware bei den Angeln, weniger als wertvoller Tand.

Bei der Fortsetzung der Verhandlung ergriff Ocke sofort das Wort. Er und seine Männer seien mit allen drei Forderungen einverstanden. Triumphierend blickte Jufa Jeffsson seinem Bruder im Geiste, den Priester, an, als wollte er bestätigt wissen, welch geschickter Schacherer er doch sei. Schon rief er eine Magd, um mit Met das Geschäft gebührend zu begießen.

Der Fürst der Angeln, räusperte sich, sagte jedoch nichts. Alle in der Runde blickten ihn an. „Dat mit dat Drinken, dat mutt een Ogenslag töövn!" Die Warnen blickten ihn wegen der Verzögerung irritiert an. Ocke räusperte sich noch einmal. Also in der kommenden Woche werde er in Begleitung seiner

Schwester Goodje hier auf dem Königshof von Faaborg-Sund erscheinen. Diese Zusicherung, sie als zukünftige Braut von Jufa zu vermählen, habe er dem Altkönig als Brauthändler gegeben. „Een Wuurt mut uk een Wuurt blievn", betonte er mit Nachdruck. Das Wort unter Männern müsse gelten. Er, Ocke, würde sein gegebenes Versprechen halten.

Jufa und Rondal sahen sich betroffen an, damit hatten sie nicht gerechnet.

Der Thorsberger ließ sich nicht unterbrechen. Er werde an dem Tag nur kurz bleiben können, weil ein bedeutender Handel mit den Friesen anstehe. Diese Leute vom Westmeer wollten zehn große Säcke mit edlen Bernsteinen eintauschen, um diese in Britannien als Handelsware zu nutzen.

„Wat, tein Sack?", entfuhr es Jufa. „Grode Büddel?" Ocke nickte.

Noch sei der Handel mit den Friesländern nicht abgeschlossen, aber diese seien ganz wild hinter dieser Kostbarkeit her. „Töv aff", kam voller Eifer der Zwischenruf vom König der Warnen, „laat uns fofftein maken, de Puust holn!"

Diesmal waren es die Warnen, die sich zur Beratung zurückzogen, eine Unterbrechung wünschten. Es dauerte gar nicht lange, da kamen sie zurück und unterbreiteten ihr Angebot, von Forderungen sprach niemand mehr.

Wenn die Braut Goodje auf dem Thorsberger Hof bliebe, nicht nach Faaborg-Sund käme, die zehn Sack Bernstein nicht die Friesen, sondern die drei Nordländer erhielten, würde man auf den Ochsen-Tribut schweren Herzens verzichten. Außerdem würde jeder Fischer von der Angeln-Seite des Fjords drei Silberstücke für die Meldungen von feindlichen Schiffen erhalten!

Ocke, dieser zwergenhafte, schlitzohrige Jungfürst der Angeln, nahm alle seine Beherrschung zusammen, wog zuerst voller Bedenken seinen Kopf hin und her, gönnte sich einen Schluck aus dem Metkrug.

Alle Augen waren auf den Verhandlungsführer der Angeln gerichtet. Der legte wieder eine quälend lange Pause ein. Die Anspannung, besonders beim König der Warnen, wuchs. Der Bernstein, der schien es ihm angetan zu haben. Fast wäre er aufgesprungen, als Ocke seine – durchaus kostbare – Bernsteinkette, die er um den Hals trug, über den Kopf streifte und selbstvergessen die goldgelben bis rotbraunen Steine durch seine Finger gleiten ließ.

In diesem Augenblick war es um Jufas Geduld geschehen. Mit auf die funkelnde Kette gerichtetem begehrlichem Blick sagte er hastig: „Ik heff noch een lütt Geschenk för di!"

Ocke blickte gespannt auf. Was wollte der Warne ihm noch zusätzlich zukommen lassen?

„Twee Landslüüd vun di, Angeln, bi mi in Deensten, wülln trüch in sehrs Heimat."

Es kam regenmäßig vor, dass man Jungkerle aus den Dörfern Angelns raubte, sie zuerst als Sklaven schuften ließ und, wenn sie sich als vertrauensvoll erwiesen, als Bedienstete zwang, Arbeit im Palast zu verrichten. Sold gab es keinen, nur Kost und Unterkunft.

Der König ließ die zwei rufen, die es vor mehr als fünfzehn Wintern nach Faaborg-Sund verschlagen hatte.

Es erschien Ullerich, genannt Eisenschädel, ein Mann großgewachsen wie ein Baum, gekleidet wie ein Krieger, doch ohne ein Kettenhemd. Er führte den Befehl über die Palastwache und konnte mit seinem durch Schwertstreiche zerklüfteten Gesicht als Kinderschreck gelten. Seine über der Nasenwurzel zusammengewachsenen schwarzen Augenbrauen unterstrichen den finsteren Anblick, den er bot.

Doch als der seinen Mund auftat und „Moin, Fürst" rief, verflüchtigte sich dieser Eindruck, denn Ullerichs Stimme war von schwingendem Wohlklang. „Wenn't geit, will ik in Deensten to di opp de Thorsbarg-Hoff!" Dieser Riese von Kerl gefiel Ocke auf Anhieb. Er nickte, sagte jedoch nichts.

Zu dem Beinamen Eisenschädel war Ullerich, wie der Angelnfürst später erfuhr, gekommen, weil er seine Gegner weder mit Schwert noch Messer, sondern allein durch eisenharte Kopfstöße zu Boden zwang. Sogar einen wildgewordenen Ochsen hatte er durch diese eigenartige Kampftechnik zur Strecke gebracht. Legendär wurde sein Ruf als Eisenschädel, als er in einem Freundschaftskampf zwölf Dänen und zugleich deren Pferde nacheinander umstieß.

Jetzt trat auch der zweite Angelner in Erscheinung. Pede Palisade, eine ellenlange dünne Gestalt mit einer blutrot-weißen Hasenscharte über der Oberlippe, Fistelstimme und fröhlich blitzenden Augen. „Palisade, he is Buumeister bi uns", erklärte der König, „düsse Palast, de is rundum seeker, wi bruuken düssen Kirl nich mehr!"

Ein Baumeister, fuhr es Ocke durch den Kopf, der sich in allen Fragen der Verteidigung, der Errichtung von Palisaden, Wehrgängen, Türmen und Zugbrücken auskannte, der wäre für ganz Angeln ein Gewinn, denn der Schutz der Dörfer wurde überall fahrlässig vernachlässigt.

Bevor Ocke einen weiteren Met-Schluck nahm, schob er seine Bernsteinkette über den Tisch in die offene Hand von Jufa, der sie entzückt aufnahm, einige der Steine sogar küsste, so begeistert war der König.

„Du schast mien Keed hemm, un ik krieg de Lüüd", erklärte Ocke und reichte dem König zugleich die Hand, um diesen Teilhandel endgültig abzuschließen, die Bernsteinkette im Tausch gegen die zwei Mannsbilder. Wieder gönnte er sich einen tiefen Schluck und ging schließlich auf die ganze Abmachung ein.

„Laat uns dat man so maken, ass wi dat besnackt hemm, so hätt de Seel Ruh", eine der Redewendungen seiner Großmutter. Innerlich jubelte er. Welch ein Erfolg. Niemand verlor bei diesem Handel ein Wort über die Beschaffenheit der Bernsteine. Bei denen gab es „sonne und solche". Diese Halsabschneider von Warnen würden nicht die besten Exemplare erhalten, diese kleine Rache wollte er sich gönnen!

„Mehr kannst ... von een Bootstour ... nich verlang", brummte Birger der Bedächtige mit verschmitztem Gesicht auf der Rückfahrt vom Palast der Warnen. „Wi behooln uns Ossen, fief Johr keen Krieg, twee akkurate Landslüüd, un Goodje kann frien, wer ehr in de Mööt kümmt."

„Dat mutt fiert warn", trumpfte Nisse der Grinser auf. Und schon begann der gesamte Trupp die als Geschenk an den Thorsberger Hof erhaltenen Bierkrüge zu öffnen.

Es begann eine Sauferei ohnegleichen. Schon bald verlor man die Kontrolle über sich selbst, über den Kahn, über Backbord und Steuerbord, verlor die Ruder, spie kraftvoll über die Bordwand, köpfte weitere Krüge und sogar der junge Fürst, der sich sonst meisterhaft unter Kontrolle hatte, versank in gnädiger Umnachtung.

Erst als es unter dem Kiel knirschte, das Boot nicht mehr schaukelte, kamen die ersten zur Besinnung und blickten verwundert auf. Sie waren fast wieder dort gelandet, wo sie in See gestochen waren. Brüllendes Gelächter der Warnen empfing die volltrunkene Truppe.

König Jufa Jeffesson hatte ein Einsehen mit diesen traurigen Gestalten. Er befahl seinen Leuten, das Schiff der Angeln in Schlepp zu nehmen, um sie sicher an das gegenüberliegende Ufer zu befördern. „Un dat mit de Bernsteen, dat dörf nich to lang duuern!", rief er ihnen mahnend hinterher. So war es damals gewesen, ein guter Tag für sein Volk, die Angeln!

Birger der Bedächtige stupste den Fürst in die Seite und flüsterte ihm zu: „Ocke, wo büst du mit dien Gedanken!" Und damit erinnerte er den ersten Ältermann daran, nicht zu träumen, sich nicht in der Vergangenheit zu verlieren bei Jeffe, Jufa und Rondal, sondern weiter die Zügel für die augenblicklichen Beratungen im Großen Thing in den Händen zu halten. Noch sei die Versammlung nicht beendet und er habe doch noch als Fürst eine Botschaft zu verkünden.

Mit „Dank an di, Birger" meldete sich der Thorsberger in der Wirklichkeit zurück, erhob sich, und als Ruhe eintrat, brachte er sein Anliegen vor, das er nicht nur mit Agnes der Götternahen, sondern auch mit Leve von Hollenhude, dem Ältermann von Smedeby und einigen Altbauern vorbesprochen hatte. Von Bönsbarg war kein Abgesandter zum Thing erschienen.

Nicht mehr allein die Mannsleute aus dem benachbarten Steenfeldlund sollten, wie es bisher Brauch war, den Fürsten der Angeln bestimmen, sondern dieses Recht würde auf die Ältermänner aus allen Dörfer und Flecken des Angelnlandes übergehen.

Am eifrigsten nickten die Steenfeldlunder Zustimmung. Würde man doch bei einer falschen Wahl, einer Fehlentscheidung nicht ihnen allein die Schuld in die Klotzen schieben können. Mehr Mittun stieß bei allen Vertretern aus den Ortschaften auf offene Ohren und ungeteilte Billigung. Damit würde der Fürst ein „Erster" für alle Angeln! „Höö, höö, hööö", tönten die Stimmen der Thingmänner. Man dankte für Speis und Trank, klopfte sich gegenseitig auf die Schultern und verabschiedete sich mit „Moin, Moin".

In der Gewissheit, bei einem ordentlichen Thing dabei gewesen zu sein, begaben die Dorfältesten sich unverzüglich auf den Heimweg, hinein in weitere wüste Herbsttage mit zunehmender Kälte, häufigen Regenschauern und bei zum Teil unpassierbaren Wegen.

Der junge Fürst war sich dessen bewusst, so reibungslos würde das kommende Treffen der Ältermänner nicht ablaufen, dann würde es keine Schonzeit mehr für ihn und seine Jugend geben.

Es kam jedoch viel arger, erbärmlicher, ja dramatischer, als Ocke es sich je hatte vorstellen können. Es wurde ein Großthing im Exil, so war es der Wille der Nornen.

Für das Dorf Bönsbarg nahm Werdandi, die Schicksalsgöttin der Gegenwart, einen eigenen Faden auf.

28

Angenehme und abstoßende Augenblicke für Bernd Bengtsson aus Bönsbarg, von Greis Gerhard dem Götternahen, dem ersten Fest aller Feste, Oskamps Zählkunst und einer Braut schön wie die Morgenröte

Es war tatsächlich so eingetroffen, wie Bernd Bengtsson es hatte kommen sehen – leider! Sein Hochzeitsgeschenk an Goodje war und blieb umstritten. Sein Traum, einen gesonderten Stall für die Tiere des Hofes zu errichten, schien zu platzen. Er wollte keine gemeinsame Behausung mehr von Menschen und Vieh, nicht mehr in Riech-, Hör- und Sichtweite mit ihnen leben! Keine muhenden Kühe, gackernden Hühner, blökenden Schafe, schmatzenden Schweine, Ziegengemecker und Entengequake in Küche und Schlafraum. Schluss damit.

Er, Bernd, wollte dieses geregelte, von allen Bauern-Sippen durchaus als harmonisch empfundene Zusammensein endlich getrennt wissen! Nicht mehr Mensch und Tier unter einem Dach! Unvorstellbar für alle anderen Dorfleute.

Ein eigenes Wohngebäude nur für die Menschen, ein zweites Haus auf der rechten Seite des Hofes als Stall für Kühe, Kälber, den Bullen und ein weiteres gegenüberliegend, in dem die Pferde, Schweine, Schafe und Gänse unterkommen sollten! „Tüünkraam, dumme Tüüg!" Wer sollte denn im Winter die Wärme für die Menschen spenden? Die Feuerstelle erlosch bereits am frühen Abend; dann zog klirrende Kälte ins Haus.

Da bot es sich an, seine Lagerstatt in der Nähe der Rinder einzurichten; Bauch an Bauch mit einer Kuh zu nächtigen. Die roch zwar streng, malte unablässig mit ihren Zähnen, laut und dauerhaft, furzte fürchterlich, doch man fror wenigstens nicht.

Weniger erstrebenswert war ein molliger Schlafplatz bei den Pferden, denn die schlugen manchmal unberechenbar schmetternd aus. Bettfreund bei den Schweinen zu sein, verbot sich allein deshalb, weil diese Allesfresser bei einem Schlafenden durchaus fähig waren, die Beine, Brust und dessen Gesäß anzuknabbern. Also mied man deren unmittelbare Nähe. Wichtig war nur die Eigenwärme der Haustiere. Sie sorgte in Wintertagen für Schutz vor dem Erfrieren.

Den längsten Widerstand gegen den Bau gesonderter Viehstallungen leistete sein Vater. So etwas wie „Flausen inne Kopp", „scheef wickelt", vernahm er aus dessen zahnlosem Mund. Diese Bemerkungen ergänzte der Altbauer durch Vorwürfe: „Du wullt dien ole Vadder driest för de Döör setten! Ik schall doodfreern!"

Bei dieser niederträchtigen Unterstellung am Mittagstisch war seine sonst so stille Mutter eingeschritten. „Vadder", und damit zog sie ihren Holzlöffel aus dem gemeinsamen Suppentopf, „du deist uns Söhn unrecht. Wi beide blievn in't Huus! De Füüerstää ward breeder un höher. Wenn dat Veehtüch ruut is, gifft dat veel Platz vör uns all!" Niemand würde aus dem Haus geworfen. Bernd mit seiner Braut würde den einen Teil des Hauses bewohnen, sie die anderen Räume beziehen, die „Abnahme".

Die Mutter erwähnte auch die Diele, den Eingang des Hauses. „De grode Vördeel blifft för beide, de Jungen un de Olen. Alleen wi trecken mit uns Tüüch opp de linke un Bernd mit sien Bruut oppe rechte Siet!" Für ihre Verhältnisse war es eine lange Rede über die Neuaufteilung im lang gestreckten, mit Stroh gedeckten Wohnhaus.

Die Mutter tauchte wieder ihren Löffel in die fade, fleischlose, abgestandene Suppe und blickte auf ihren Mann, Bernd den Älteren, der am Tischende thronte. Ein genuscheltes: „Verflixt, verdori, verdammt" bekam die Mittagsrunde, zu der auch die Mägde und Knechte zählten, von ihm zu hören.

Er erhob sich, warf aufgebracht seinen Löffel in die Suppe, sodass es weit spritzte. Erregt verließ er verärgert und schlurfend das ihm vertraut gewordene Heim.

Ungerührt vom Abgang ihres Mannes wandte sich Bernds Mutter dem Sohn zu und ermunterte ihn, mit den Stallbauten unverzüglich zu beginnen. Alles andere würde sich regeln, denn Vadder, wie sie ihren Ehemann ansprach, habe weder nein noch ja gesagt. Nur unflätig geschimpft habe er, das sei ein Fortschritt, bereits ein halber Erfolg! Der Zuspruch seiner Mutter machte dem Bönsbarger Mut, etwas Neues in seinem Dorf zu wagen.

In den nächsten Tagen wurden unter Einsatz aller Bediensteten Buchenstämme, davon gab es genug, zu Brettern gespalten, Stützpfosten in den Boden getrieben, biegsame Weidenzweige zwischen die Pfeiler geflochten, die Balken für die Decke und das Satteldach eingezogen, Latten gelegt und mit der frischen Rinde des Haselnussstrauches festgezurrt.

Die Mägde des Bengtsson-Hofes stampften mit bloßen Füßen in Wasser und vermengten Lehm und Stroh. Anschließend verstrichen sie dieses Gemisch auf die geflochtenen Wände und drückten es zwischen die Zweige.

Bernd machte die Erfahrung, die wohl alle Bauwilligen erleben. Wer an einer Straße sein Haus errichtet, hat viele Baumeister. Da der Bauernhof der Bengtssons mit seiner hohen Toreinfahrt in Sichtweite des Dorfes lag, verging kein Tag, an dem Neugierige ungefragt fachkundige, aber auch viele einfallslose, ja zum Teil kränkende, herabsetzende Bemerkungen den Bauleuten zuriefen.

Wenn auch die neuen Ställe wegen ihrer Größe durchaus Anerkennung fanden, blieb ein eiserner, stur-starrsinniger Vorbehalt gegen seine Absicht, die Zweisamkeit von Mensch und Tier unter einem Dach aufzugeben. Keiner im Dorf und auch in den Orten um Bönsbarg herum wohnte und lebte so. „Wenn dat man chut geit!" Die Bedenkenträger wurden nicht weniger. „Uns Öllermann, de hett sik vergaloppeert. Beeden splienig, dat iss he!"

Es war Jesper vom Sonnenhof, gutmeinender Ratgeber für ihn in jeder Frage, der ihn darin bestärkte, Mensch und Tier voneinander zu trennen. Bei den Römern in Britannien befände sich weder Kuh noch Schwein im Schlafraum der Menschen. Dadurch gäbe es viel weniger Krankheiten bei den Leuten, weniger Lärm und Unruhe. Dort würde man am Abend Steine im Herdfeuer erwärmen und sie anschließend mit in die

Bettstatt nehmen, so brauchte man nicht zu frieren. Ganz so dumm seien die Römer doch nicht.

Noch vor der vorgesehenen Zeit würde man den Bau des ansehnlichen Kuh- wie Schweinestalles fertiggestellt haben. Bernd freute sich – zu früh!

Einen Tag später stürzte noch vor Sonnenaufgang ein Knecht aufgeregt in die Küche. Alle Pfosten beider Bauten seien abgebrochen, der Rest des Bauholzes nicht mehr aufzufinden und die Lehmgruben hätten Übeltäter mit stinkender Jauche aufgefüllt. Die Arbeit vieler Tage war vernichtet!

Bernd litt, war am Boden zerstört, denn damit würde sein Hochzeitsgeschenk an seine Braut, sie auf einem Dreiseithof empfangen zu können, null und nichtig, abgesehen von dem sonstigen großen Schaden.

Was zu Anfang wie ein plumper Jungenstreich aussah, entpuppte sich als folgenreicher Anschlag auf eine Baumaßnahme, die einen neuen Weg für ein gesünderes Wohnen weisen wollte.

Alle Arbeiten mussten von Anbeginn wieder aufgenommen werden. Geeignete Bohlen und Bretter fehlten ebenso wie Pfosten und gestampfter Lehm, sogar die Haselnuss-Bänder blieben unauffindbar. Der Bönsbarger war ratlos, hilflos, fand nicht einmal mehr Kraft sich aufzuregen, so grenzenlos enttäuscht war er.

Die Arbeit wurde eingestellt, denn ohne genügend Baumaterial war alles aussichtslos. Wer die Zerstörung und den Diebstahl des Holzes verursacht hatte, konnte trotz eines eilig einberufenen Things nicht ermittelt werden. Doch es gab Vermutungen. „Uns Götter, de wülln dat nich! Veehtüch un Lüüd hörn ünner een Dack! Uns Gottheiten hemm sehrs Hänne in't Speel hat."

Verärgert und entmutigt verließ Bernd als Erster die Männerrunde und schlich wie ein geprügelter Hund zurück zu seinem Hof. Sein Vater behielt recht, er, Bernd, hatte sich unreife Flausen in den Kopf gesetzt.

Am folgenden Morgen, die Sonne war bereits aufgegangen, wurde er durch seinen Großknecht aufgeschreckt. „Öllermann, Öllermann, ruut ut dat Bett. Dat musst di ankieken. Dat is nich to glöövn!"

Mehr als neunzig Manns- wie Frauensleute bevölkerten die Baustelle, gruben und sägten, hämmerten und flochten, brachten neues Holz und tauschten den verdorbenen Lehm aus. Von jeder Bauernstelle, aus jedem Handwerker-Haushalt, aus Katen und Häusern der Händler waren Helfer zum Wiederaufbau erschienen.

Auch wenn viele die spleenige Absicht von Bernd nicht billigten, empfand man die mutwillige Zerstörung der Stallbauten als gemein, hinterhältig und ungerecht. Bei der Vielzahl der Zupackenden und der von den Nachbarn zur Verfügung gestellten Materialien holte man in wenigen Tagen den Zeitverlust wieder auf. Bönsbarg zeigte Gemeinsinn, so wie es ihre Göttin Nerthis von ihnen erwartete. Der Umtrieb des Viehs in die eigene Stallung konnte beginnen.

Regen setzte wieder einmal ein. Ein anhaltender, nässender Landregen, der jeden Umhang, jede Jacke, jedes Hemd durchweichte, der auch durch die unbedeckten Dachsparren in den Neubau tröpfelte.

Da fiel es auch dem jüngsten Knecht auf, bei allem Eifer hatte man das Stroh für das Dach vergessen. Vorrat dafür gab es nicht, denn der harte Winter verlangte Viehfutter bis zum letzten Halm. Dachstroh gab es auf keinem Hof. Was nun? Bernd entsandte Bedienstete, in der Umgebung nach Roggen- oder Haferstroh zu fragen. Sie kamen alle mit leeren Händen zurück.

Was würde nur Goodje zu einem halbfertigen Geschenk sagen, und was erst sein Vater, der nichts anderes tat, als zu quengeln?

Ratlosigkeit und Furcht vor einer großen Blamage bedrückten Bernd. Die Dorfleute, die die Fehlleistung am Bau auch bemerkten, spotteten bereits „Bernd dacklos"! Andere spotteten: „Opp de Bengtssons Hoff, dor gifft dat wat, dor gifft dat Hüüser ohn een Dack!"

Vielleicht wusste Jesper der Vielerfahrene einen Ausweg oder der uralte, allein lebende Greis Gerhard, der als geschickter Handwerker galt und dessen gekonnt geschnitzte Tierköpfe besonders bei Bootsbauern hoch begehrt waren. Ja, zu Gerhard dem Götternahen, zu diesem Alten, der stets das Thing eröffnete, würde er gehen, der kannte sich aus mit dem Hausbau.

Wenige Monde nach dem schrecklichen Unglück durch den Wisentbullen, das ihm seine Geschwister raubte, war dieser Greis in ihr Haus gekommen, schwer erkrankt, bewegungsunfähig durch eine stinkende, eiternde Wunde in seinem Rücken, hinfällig, kurzatmig, das „Rasseln" in seinem Körper war unüberhörbar.

Seine Mutter, die wegen ihrer getöteten Kinder in ständiger Trauer lebte, war es gewesen, die diesen hilflosen Fremden mit seinem breiten weißen Bart halbtot unten am Fjord-Strand fand. Sie wollte Brot gegen Bücklinge bei den Fischern tauschen und kam mit der Botschaft zurück: „Dor bruukt een uns Hölp! Uns Götter wülln, dat keen dood geit! Dat meent uk fremde Lüüd!"

Es war dem Weib des Bengtsson-Hofes nach vielen Wochen aufopfernder Pflege gelungen, den Weißhaarigen wieder gesunden zu lassen. Den schrecklichen Tod ihrer Kinder vergaß sie bei ihrem Tun nie, aber die Sorge um das Überleben des Unbekannten milderte ihre Trauer.

Die Bezeichnung „Götternaher" erhielt dieser grobknochige Mann, der andere Mannsleute um Hauptteslänge überragte, weil er mit Runenhölzern umzugehen und sie auszudeuten verstand. Auch Geschichten voller Abenteuer über Gottheiten, Trolle, Riesen und Zwergmenschen konnte er erzählen sowie Lieder in verschiedenen Sprachen mit brüchiger Stimme krächzen. Mit seiner Vielseitigkeit vermittelte Gerhard den Eindruck, von den Mächtigen in Walhalla auserwählt zu sein. Eine Art Zauber umgab ihn. Der Greis Gerhard wurde der Liebling aller Kinder des Dorfes.

Weil er sich gut mit allem auskannte, boten die Bönsbarger ihm an, im Ort zu bleiben. Man stellte dem Alten eine alte Hütte und Bauholz zur Verfügung. Weil er alleine ohne ein Weib leben wollte, ergab es sich, dass man von den Höfen regelmäßig die Kinder mit Essen zu ihm schickte; Gnadenbrot für den Greis.

Allein Bernds Mutter, die diesen freundlichen wie auch nachdenklichen Mann wusch und pflegte, ahnte, weshalb der die Einsamkeit vorzog. Man hatte Gerhard auf einem Schiff der Sklavenhändler sein ganzes Gemächt abgehackt, ihn verstümmelt und zusätzlich ein Kreuz an den Rücken geschnitten, als Zeichen der Schande. Was war geschehen?

Er war als zweiter Steuermann auf einem Schoner während seiner Nachwache mit der Hand an seiner Gurke eingeschlafen. Das Boot geriet in eine Untiefe. Doch es gelang, es wieder freizubekommen. Für den selbstherrlichen Kapitän kein Grund, auf eine abschreckende Strafe zu verzichten. Man warf den Entmannten über Bord. Die Sicherheit für Schiff und Besatzung galt als oberstes Gebot. Wer bei der Nachtwache einschlief, gefährdete die gesamte Mannschaft.

Festgeklammert an einen treibenden Baumstamm war es Gerhard gelungen, das Südufer des Buckholmer Fjords zu erreichen. Dort fand ihn die Mutter des Ältermannes.

Die zahlreichen Jahre an Bord, die freie Zeit während der Flauten, nutzte Gerhard für Holzschnitzereien. Diese Fertigkeit setzte er in seiner neuen Heimat fort. Es gelang ihm, ausdrucksvolle kleine Holztiere für die Kinder oder Suppenschalen für die Frauen zu fertigen. Wenn ein Hofbesitzer die beiden Pfosten seines Eingangstores verziert haben wollte, erledigte er mit Sorgfalt auch einen solchen Auftrag.

Hilfsbereit und aus der Gemeinschaft des Dorfes nicht wegzudenken, das war er. Über seine bewegte Vergangenheit verlor er kein Wort, weigerte sich darüber zu sprechen.

Honigwein war seine schwache Seite und fluchen konnte er wie ein Rohrspatz. Bernd wusste, wenn er jetzt in dessen Hütte trat, würde Gerhard wie immer ausrufen: „Ik bün dröög in't Muul ass een Moors vun een Koh an'n Winterdag!"

So kam es auch. Die Hälfte des in einem Krug mitgebrachten Honigweins goss der Götternahe sofort in einen Becher um und leerte diesen, ohne ihn einmal abzusetzen. „Segg Dank an dien Mudder! Wer se nich ween, weer ik all lang dood", so begann er jedes Treffen mit Bernd. „Wat quält di?"

Der Alte kannte ihn, vor ihm konnte er nichts verbergen. Hier in dieser Hütte hatte der weit gereiste Mann ihn in die Sprache der Friesen und Sachsen eingeführt, hier wurde ihm das Schnitzen von Figuren beigebracht. Gemeinsam waren sie mit Jesper und mit gleichaltrigen Freunden aus dem Dorf viele Monde zu den Fischern an den Fjord gegangen, um von ihnen in die Geheimnisse der Bootsführung eingeführt zu werden. Bernds kurzsilbiger Vater war stets dagegen gewesen. Der entschied, einen schlichten Bauern aus ihm zu machen, mehr brauchte ein Dörfler nicht zu sein!

Es sollte sich nur wenige Zeit später herausstellen, dass die Kenntnisse der Bönsbarger, mit Kähnen umzugehen, für die Angeln von Vorteil sein würden.

Bernd schilderte Gerhard das Unglück mit der vergessenen Dachbedeckung. Der Greis füllte erneut seinen Becher, trank aber nicht. Stattdessen erfuhr der junge Hofbesitzer, wie das Volk der Friesen, denen es um Fischfang, nicht um den Getreideanbau ging, die also kein Stroh zur Verfügung hatten, ein Dach deckten und es regensicher auftrugen.

Die Latten band man dicht an dicht auf die Sparren, legte darauf trockenes breites Schilf, das nicht rotten würde, und zum Schluss auf diese Unterlage handbreite, sorgfältig ausgestochene Grassoden, dicht an dicht.

„Man dat höllt?", fragte Bernd ungläubig. „In Freesland, wo dat veel mehr Brusen deit ass bi uns, wo bannig veel Water ut de Wulken kam deit, dor höllt so een Dack."

Daraufhin nahm der Alte seinen Becher, „Prost opp dat nüe Huus", und trank ihn in einem Zug aus. Während sie weitere Einzelheiten besprachen, reifte in Bernd die Absicht, es tatsächlich mit diesem andersartigen Dach zu versuchen, zumal Gerhard sich anbot, mit Rat dabei zu sein. Der Ältermann wusste um das Risiko, denn alles, was neuartig war, würde von der Mehrheit seiner Landsleute abgelehnt.

Bereits zehn Tage später war das Grassodendach unter Häme und Hohn mancher Dörfler fertiggestellt. Es konnte das letzte Vieh umgetrieben, anschließend die Feuerstelle im Haus vergrößert, die Diele umgestaltet und der Schlafraum für die Alten so wie für Bernd und Goodje hergerichtet werden.

Die Herdstelle wie die Küche blieben für die gemeinsame Nutzung. Hier trafen sich alle: Bauer, Knechte, Mägde, die Alten wie die Jungen zu allen Mahlzeiten und in den Wintertagen schlug man rund um das Feuer hier sein Lager auf.

Nur noch leise schimpfend zog Bernd, der Ältere, mit seiner Frau in den Ostteil des Wohnhauses, in die Abnahme, wie es bei den Angeln hieß, und Gerhard steuerte als Vorhochzeitsgeschenk ein großrahmiges, mit zwei stolzen Schwänen verziertes, neues Hoftor bei. „Mien Dank an düsse Hoff", fügte er bescheiden hinzu.

Der Schwanenhof war geboren, rechtzeitig zur Vermählung.

Auch im Dorf war man nicht untätig geblieben, hatte für dieses anstehende Großereignis verfallene Zäune wieder aufgerichtet, den Häusern einen neuen Schliff gegeben, den Weg durch den Ort, ein Dreckloch neben dem anderen, ausgebessert. Was möglich war, wurde aufgefrischt, geschmückt, poliert. Auch sich selber vergaß man nicht: „Feiertagsfein" nannte man es in Bönsbarg, denn eine Hochzeit, die wurde vom gesamten Dorf gefeiert. Jeder steuerte so viel er sich eben leisten konnte bei. Brot, Backobst, Eier, Strauchbesen, Rebhühner, ein Rinderviertel, Ringelblumen für die Tische und vieles mehr.

Über die ganze Länge des Dorfplatzes stellt man Tisch- und Bankreihen auf, schmückte sie mit Buchengrün. Das Fest für alle konnte am kommenden Tag beginnen. Warum erst dann? Hatte nicht bereits die Vorbereitung Mühsal, Kraft und Schweiß gekostet? „Man, wat hemm wi ranklotzt! To düsse Tied all nah Huus? Nee, laat uns man sun' Lütten kriegn!"

Der Abend sei noch lang und die blumenreiche Girlande, die die Frauen des Dorfes gebunden und um die Haustür des Hochzeitshauses mit viel Geschick angebracht hatten, seien einsehbare Gründe für eine Vor-Hochzeitsfeier, ein Girlandenfest! Man müsse sich doch für die vielen anstehenden Festtage ein wenig in Stimmung trinken. Die Bönsbarger überboten sich darin, endlich mit gutem Gewissen ein erstes Trinkgelage zu bestehen.

Gesagt, getan. Die vom Bräutigam für den eigentlichen Hochzeitsschmaus vorgesehenen Bierfässer wurden geöffnet, denn wo das Bier fehle, sterbe der Rest des Lebens. Es wurde probiert, angestoßen, wieder probiert, über die Güte des Bieres gefachsimpelt, wieder angestoßen, das erste Lied angestimmt, vorsichtig geschunkelt, wieder angestoßen, jetzt bereits mit mehr Volumen gesungen, angestoßen. Prost! Nicht zu vergessen, auch der Met und der Birkenwein waren auf ihren Geschmack hin zu prüfen. „Prost!"

Es dauerte nur eine kurze Zeit, dann grölte man den Gesang, stellte sich auf die Bänke, später auch auf die Tische. Es gab ein Gelage, wie Bönsbarg es lange nicht mehr erlebt hatte. Alles nach dem Motto: „Gelebt, geliebt, gesoffen und trotzdem auf die Götter hoffen."

Am nächsten Morgen, als dieses Ereignis als kleine Hochzeitsprobefeier in die Geschichte des Dorfes einging, zählte der kleine Oskamp, der Frühaufsteher war und sich mit Zahlen auskannte, bei seinem Rundgang über den Dorfplatz vierundzwanzig Schnapsleichen, schwer atmend, fünf davon Frauen. Bis auf drei, die in Bierlachen auf den Tischen wie tot lagen, waren alle anderen unter die Bänke gerutscht, schnarchten, schliefen oder wälzten sich in vollgekotzter Kleidung.

Für drei Männer, die bei einer Schlägerei zu Boden gegangen waren, legte der Kleine eine eigene Zahlenreihe an. Oskamp, findig und klug, wusste, Ausgangspunkt für solchen Hader waren oft die Weiber. Sie kreischten laut und voller Wollust, wenn fremde Männerhände wie Tausendfüßler über die Schenkel in die Tiefen der Seeligkeit vordrangen, unauffällig, verdeckt unter den Tischen. Gierige mit erregt geröteten, geilen Gesichtern.

Für die meisten Mannsleute gehörte das Begrabschen zur Festfolge. Jedoch nicht für alle. Die Folge: Erwischte man einen Heißfinger, gab es etwas auf die Backe. Der Fall war damit geklärt, nachtragend war man nicht.

Eifrig, wie der kleine Oskamp nun einmal war, lieferte er seine Zählung umgehend beim Bräutigam ab. Bernd, der bereits früh am Abend sein Lager aufgesucht hatte, weil er seiner Braut am kommenden Morgen ausgeschlafen entgegenreiten wollte, sagte nur vier Sätze: „Gah mi los mit düsse verflixten Bönsbarger! Suupköppe, dat sünd düsse Baggeluuten! Veruntwindig Halfdoode alleen vör de Hochtied! Mi gruust, wenn ik an de nächste Dage denken do!"

Seine Hochzeit fing ja stürmisch an, wie sollte es nur in den nächsten Tagen weitergehen? Das eigentliche Fest hatte noch gar nicht begonnen! Was würde Goodje zu diesen saufenden Bönsbargern wohl sagen, diesen durchaus ehrlichen, aber ungehobelten Dorfleuten? Würde sie rasch wieder das Weite suchen?

Auf einem geschmückten Schimmel, ganz standesgemäß, ritt die Braut in Bönsbarg ein. Die blonden Haare hochgesteckt, wie es in Angeln nur verheirateten Frauen zustand. Mit entgegenkommendem, offenem Lächeln, tiefschwarzen Augen wie Baggerkuhlen, einem kirschroten Mund zog sie die Bönsbarger in ihren Bann. Sie war schön wie die Morgenröte! „Höö, höö, hööö!", klang es laut aus allen Kehlen. Begeisterung machte sich breit, eitel Freude. Goodje strahlte über das ganze Gesicht. Bernds Besorgnis wegen der Unvernunft und Unberechenbarkeit der Dörfler entschwand ... zu früh.

Die Bönsbarger begutachteten fachmännisch die Braut, deren ansehnliche Brüste und die durchaus vorhandenen breiten, zum Kinderkriegen geeigneten Hüften. Mit dem ersten Eindruck waren die Gäste durchaus zufrieden.

Später bei der eigentlichen Hochzeitsfeier wurde gerade über das Rot der Lippen sich ereifert. Welche Art Farbe die Braut bevorzuge. Pflaumen- und Fliederrot wurde vermutet, Hagebutte-Rotdornrot meinten andere. Gretapfelrot wurde wegen seines schwachen Glanzes von der Mehrzahl ebenso abgelehnt wie das Rot der Roten Rübe.

Am Ende blieb man beim Rot der Kirsche und Klaas Plattnase reicherte die schlichte Auseinandersetzung mit der Bemerkung an, dass ein solcher Mund wie der von Goodje, zum Kosen und nicht zum Kampfe geschaffen sei. Den Zusammenhang verstand zwar niemand, Klaas schon gar nicht, aber der Satz klang gut. „Man, de Flapp is för't Snuuteln dor, nich för Striet un Krakeeln!"

Ein rotgoldener Umhang schmückte die Braut ungemein. Auch Bernd, der Bauer des Schwanenhofes, der einen nervigen, stets tänzelnden Braunen ritt, gab eine hervorragende Figur zu Pferde ab. Dieser groß gewachsene, breitschultrige Rotkopf mit kantigem Kinn und ansehnlicher Nase löste bei mancher der Frauen heiße Träume der Sehnsucht aus. Ein schönes, ein prächtiges-preisendes, ein passendes Brautpaar, war man sich einig.

Kleinere Kinder, gewaschene und ungewaschene, streuten auf dem Weg zum Dorfplatz eine Vielzahl bunter Blumen. Die Frauen mit frisch gewebten Röcken und Blumensträußen in den Händen standen Spalier und daneben ihre gleichfalls herausgeputzten und endlich mal gesäuberten Mannsleute, mit einem Dreschflegel oder der Mistgabel über der Schulter als Zeichen eines arbeitsamen wie wehrhaften Bauern-, Händler- und Handwerkerdorfes.

Viel Zustimmung begleitete die beiden, bis sie den Dorfplatz erreichten. Dort erfolgte das Willkommen. Diese Aufgabe stand Gerhard dem Greis als Ältestem aller Bönsbarger zu. Damit begann eine Hochzeitsfeier, die als Fest aller Feste weit über die Grenzen des Ortes bekannt, berüchtigt und von den Nachbardörfern geneidet wurde.

29

Weitere Feste aller Feste in Bönsbarg, „Schnüsch",
die göttliche Speise, von versalzenen Schweine-
köpfen, einem Nachtigallen-Konzert, Kinder-
übermut und wie es zu einhundertachtundachtzig
Halbtoten kommt

Greis Gerhard, dieser weitgereiste Götternahe, der würde sicher die passenden Worte für das Brautpaar, für Bernd und
Goodje, finden. Auch Plattnase Klaas erklärte sich großzügig,
wie einige bereits befürchtet hatten, bereit. „Düsse Buur mag
good sien för een Woort, man nich för een Reed!" Die Dörfler
stellten ihn mit drei zusätzlichen Krügen Met ruhig.

Die Pferde wurden von Knechten zur Fütterung auf die
Koppel geführt. Die Brautleute bat man, auf den mit Zweigen
ausgeschmückten erhöhten Sitzen Platz zu nehmen. Für die
Bediensteten der Braut, die mit drei turmhoch beladenen
Ochsenkarren angereist waren, wurde gleichfalls gesorgt. Je-
der Gast war den Bönsbargern gleich viel wert; die Götter
machten ja auch keine Unterschiede, wenn man vor Walhallas
Toren stand.

Greis Gerhard, in einem grauen, frisch gesäuberten Umhang, nahm einen mit Birkenwein gefüllten Becher und goss
den oberen Teil des Weins auf die Erde. Dieser erste Schluck
stehe allein Nerthis zu. Deren Fürsorge und Nachsicht, deren
Wohlwollen, strafende Gerechtigkeit und Zuneigung möge in
Zukunft auch dem jungen Paar gelten. Dann reichte er Bernd,
anschließend Goodje den Becher. Klaas Plattnase, vom Met
benebelt, untermalte diesen würdigen Augenblick mit einem
lauten, leider auch fürchterlich stinkenden, Furz.

Die gesamte Hochzeitsgesellschaft, ob klein, groß, jung
oder alt, erhob sich wegen der Feierlichkeit, nicht wegen des

Windes von Plattnase, von ihren Plätzen. Auch deshalb so rasch, freiwillig und entschlossen, um damit dem Dunstkreis von Plattnases Darmentleerung zu entfliehen.

Goodje, den Becher noch in der Hand, strahlte über das ganze Gesicht und dankte den Dorfleuten für diese warmherzige Aufnahme, prostete ihnen zu und vermied es – jetzt als Frau des Ältermanns und damit erstes Weib des Dorfes –, sich die Nasenlöcher zuzukneifen. Sie musste tapfer sein und zu ihrem Gatten, dem Baas des Ortes, stehen. Mit diesem ungehobelten Klaas würde sie später ein kräftiges Wort reden!

Die Zuneigung der Brautleute zueinander, ihre Harmonie, riss Klaas, vom Darmdruck erleichtert, zu einem neuen, beinahe dichterischen Beitrag hin. Er sprang auf die Bank und rief: „Wat een Bruut, wat een Bruut, wat hemm wi Bönsbarger dat doch chut!"

Diesem offensichtlichen Trinkspruch wurde von allen mit Kopfnicken zugestimmt und die Gelegenheit unverzüglich genutzt, schon einmal den Becher zu leeren, ohne das Nachfüllen zu vergessen. „Prost!"

Gerhard setzte seine Rede fort, wies Goodje vom Thorsberger Hof auf die Tugendhaftigkeit der Mehrzahl der Bönsbarger hin, ihre Trinkfestigkeit, ihre Freude am Leben trotz schwerer Arbeit und häufiger Not. „Hier bi uns, dor kann man chut to Huus sien!" „Höö, höö, hööö", tönten die Gäste zustimmend.

Goodje bekam feuchte Augen, erhob sich noch einmal, nahm ihren Krug und dankte, was Klaas als Aufforderung verstand, seinen Reim zu wiederholen: „Wat een Bruut, wat een Bruut, wat hemm wi Bönsbarger dat doch chut!" Diesmal verzichtete die Hochzeitsgesellschaft auf Zustimmung und trank gleich in vollen Zügen bis auf den Grund der Becher, rülpste und genoss.

Während die Brautleute sich wiederholt voller Glück in die Augen sahen, wurde in großen runden Jütepötten der Hochzeitsschmaus von den Mägden aufgetragen. Ein Raunen lief wie ein Lauffeuer über Tische und Bänke, ein erstes Schmatzen setzte ein, ein Zungenschlecken und es gab sogar einige Hochrufe. „Hoo, hoo, hooo, wat sünd wi Bönsbarger doch bannig froh!"

„Schnüsch", die Lieblingsmahlzeit der Angeln, die mit Milch aufgekochte Gemüsesuppe, ergänzt durch gelbe Butterstücke, dazu roter, geräucherter Schinken mit breitem weißen Fettrand, wurde gereicht. Nur Schwarzsauer, die Blutsuppe, die es zur Winterzeit gab, war als Lieblingsessen noch höher angesehen. „Nee doch nee, Walhalla meent dat good mit uns Bönsbarger: Hüüsch, hüüsch, hüüsch, hüüt dor gifft dat Schnüsch", rief eine der jungen Mägde, die es Klaas gleichtun wollte, über alle Bänke. Auch diesen Vers ehrlichen Entzückens nahm die Gesellschaft freudig auf, um sich gegenseitig zuzuprosten.

Jeder Gast hatte seinen eigenen Löffel dabei, Teller kannte man nicht. Zu viert, manchmal auch mit fünf anderen Gästen löffelte man gemeinsam die heiße, mit weiteren Butterklumpen verstärke Köstlichkeit aus der gemeinsamen Terrine.

Es störte die Esser nicht, wenn mancher Schweißtropfen, Teile von Speichel oder der Rotz aus einer Nase im Topf landeten. Die Begeisterung für diese Art von Beköstigung kannte keine Grenzen.

Den Schinken teilte man mit Jagdmessern und aß ihn mit den Händen. Es wurde geschlürft, geschmatzt, das Saufen zwischendurch nicht vergessen. Man schwelgte, lobte, rülpste und schlug sich voller Wohlwollen auf den Leib. „Wat een Eeten, wat een Eeten, düt Hochtiedsschnüsch ward nich vergeeten", posaunte Plattnase über den Dorfplatz, der mit diesem neuen Reim diese vorwitzige dichtende Magd in die Schranken weisen wollte. Auch wenn sein Satz an Schlichtheit kaum zu überbieten war, nutzte man ihn, um anzustoßen, wiederholte ihn gern, hob die Becher, legte den Kopf in den Nacken und berauschte seine Sinne. Prost!

Die Götter meinten es an diesem Festtag gut mit den Bönsbargern. Der Himmel war blau, die Vögel jubilierten und es wehte ein sanfter Sommerwind. Die in vollem Grün stehenden Bauernwälder boten Schutz. Frohsinn und Frieden herrschte. Alle wurden satt.

Das Brautpaar fiel sich in die Arme, aber erst, als es den Schwanenhof erreichte, vorher wäre es nicht schicklich gewesen.

Greis Gerhard hatte die Gäste vor Ankunft der Brautleute nicht nur ermahnt, sondern zum mäßigen Saufen vergattert.

Es galt, zumindest für einen Tag, gegenüber der Braut Sitte und Anstand zu wahren. Deshalb zählte der lütte Oskamp bei seinem morgendlichen Dorfplatz-Rundgang auf den Tischen keinen „Überlebenden" vom Vermählungstag, dafür einundzwanzig unter den Tischen. Wie sie dalagen, äußerst friedlich, einige Arm in Arm, wohl um dem Dorf keine Schande zu machen. Sieben Weiber gehörten dazu. Opfer von einer handfesten Keilerei waren nicht auffindbar, was den kleinen Zählmeister enttäuschte.

Das sollte sich am nächsten, wieder sonnigen Tag ändern. Schuld daran waren gekochte, völlig versalzene Schweineköpfe. Dieses Essen förderte den Durst und das Verlangen nach viel Bier. Abgesehen davon war ihnen von Gerhard nur für den Haupt-Hochzeitstag Zurückhaltung auferlegt worden.

Bereits am späteren Vormittag war es nicht nur sommerlich warm, sondern endlich einmal richtig heiß. Die Hitze flimmerte. Fliegen fielen erschöpft ins Gras, das Vieh zog sich in den Schatten der Buchen und Eschen zurück, Maulwürfe waren zu schlapp, sich zu krümmen, Amseln stellten das Singen ein, die Hühner das Eierlegen. Die Sonne schien gnadenlos vom hellblauen wolkenlosen Himmel an diesem außergewöhnlichen Sommertag.

Diese Wetterlage trug zu einem Mehr an Bierverbrauch bei. Alles flüchtete sich in schattenspendende Winkel und Ecken, nur nicht die Bönsbarger. Die trotzten der prallen Sonne an den Tischen auf dem Dorfplatz. Dahinter steckte weder Übermut noch Sonnenhunger, sondern allein der Tatbestand, dass die hübsche Braut vom Thorsberg über dreißig Krüge mit gut gelagertem Met mitgebracht und auf die Tische verteilt hatte.

„Wat een Geneeten", brüllte Klaas Plattnase voller Freude, „hüüt, dor laten wi nix anbrenn'n!", hob zugleich seinen Becher mit der braungelben Köstlichkeit, strich sich den Schweiß von Stirn und Brust und prostete jedermann zu, ohne das Rülpsen zu vergessen.

Die Tapferkeit dieses in die Jahre gekommenen Altbauern, der brütenden Hitze zu trotzen, war ansteckend. Keinen gab es, der in den Schatten floh. Ob Mann, ob Weib, man blieb gerade in solchen schweren Stunden eine geschlossene, trutzige Gemeinschaft.

Auszuharren war Ehrensache, auch wenn man bereits schweißgebadet und von der Sonne rot verbrannt war. „So een Dag ass hütt, püük un gropper, de mutt utkostet warn, prost", meldete sich Klaas letztmalig, bevor er geräuschlos, grenzenlos besoffen, unter seine Bank glitt.

Auch dieses Beispiel machte Schule. Lautlos, volltrunken, der Ohnmacht durch die unerbittliche kochende Wärme nahe, sackten weitere Opfer der Metmenge unter die Tische in die sandige Erde des Platzes.

Viele kamen mit der Unterschiedlichkeit der Getränke Bier, Wein und Met nicht zurecht und erbrachen sich. Die Standfesten im Stehen, die Gottgefälligen auf den Knien und die Mutlosen erledigten im Liegen ihr Geschäft. Das erleichterte zwar für einen Moment, aber nicht auf Dauer. Ganz Hartnäckige, die besonders Willensstarken unter den Bönsbargern, ließen sich nach der Magenentleerung einen wieder aufgefüllten Krug zu ihrer Liegestatt unter der Bank reichen.

Bereits am frühen Abend, als das Hochzeitsgelage mit munteren Reden, lockeren Reimen, Gesang und Spottversen richtig losgehen, Fahrt aufnehmen sollte, waren Bänke und Tische leergefegt. Fliegen, die sich wieder aufgerappelt hatten, Wespen und Mücken machten sich über die Reste der Getränke her, taumelten, träumten und verstarben.

Allein das Brautpaar war putzmunter. Der voller Glück und Freude strahlende Bernd hatte gleich zu Beginn des Festes Schatten spendende Haselnusszweige hinter ihrer Bank aufgerichtet, sodass die Sonne sie nicht zu arg strapazierte. Der jetzt vermählte Ältermann hatte Goodje allen Nachbarn wie Dorfleuten persönlich vorstellen wollen, dazu war es jedoch durch deren unfreiwillige Flucht unter die Bänke nicht gekommen.

Einander zugetan, eng umschlungen verließen sie den Festplatz zu einem Waldspaziergang. Damit entflohen sie dem süßlich-sauren Duft von Erbrochenem, der wie eine Glocke über dem Platz des verlorenen Kampfes gegen Wärme und Warmbier schwebte.

Am Morgen danach folgte die große Stunde des kleinen Oskamp. Obwohl sich einzelne eiserne Festgäste, zumeist auf den Knien rutschend, nach Hause begaben, meldete der Lüürlütt voller Stolz, aber auch fröhlich grinsend und alle zehn Finger zu

Hilfe nehmend, seinem Ältermann, der gemeinsam mit Goodje gerade Grießbrei löffelte, er habe mehrfach nachgezählt und sei auf einhundertachtundachtzig, „eenhunderttachuntachendi", Leblose gekommen; einhundertundein davon seien diesmal Weiber gewesen. Eine Balgerei habe es am Vortage nicht gegeben, dazu hätten die Kräfte nicht mehr ausgereicht!

Bernd legte dem Zahlenmeister ein Silberstück für dessen Bemühungen in die Hand, denn der kleine Bursche hatte sich auch als flinker Aufräumer einen anerkannten Ruf erworben.

Bernd Bengtsson kannte seine Bönsbarger. Im Lauf des Tages würde der gewaltige Rausch, den sie sich angesoffen hatten, mit Hilfe von Schafsmilch, Quellwasser und Sauerampfer langsam verziehen. Gegen Abend, da war sich der Bräutigam sicher, würden die alten Kräfte zurückkehren. Man war an diesem Tag noch einmal gefordert.

Die Feierlichkeiten zur Hochzeit sollten mit einem Festessen bei Sonnenuntergang ausklingen. „Hüüt gifft dat alleen Water un Dünnbeer, mehr Lieken ass to Tieds köhnt wi in uns Dörp nich bruuken!"

Er, der Baas des Dorfes und taufrisch Vermählte, war ganz mit sich zufrieden. Das lag nicht nur an den vielen erfüllten Stunden voller Glück, Liebe und Leidenschaft mit Goodje. Auch nicht allein an der Herzlichkeit ihrer Beziehung zueinander und dem von seiner Braut hoch gelobten Hochzeitsgeschenk, dem neu erbauten schmucken Dreiseithof, dem ersten dieser Art in Angeln.

Nein, Bernds Ausgeglichenheit resultierte von der Klarstellung, die Goodje, die Fürstentochter, vorgenommen hatte, als er ihr am Hochzeitstag entgegengeritten und vor ihr auf die Knie gesunken war. Atemlos, aufgeregt und eher stammelnd als zusammenhängend berichtete er seiner Braut, dass er sie vom ersten Moment des Zusammentreffens beim Hochwasser in sein Herz geschlossen habe. Und da käme sie auch nicht mehr heraus. „Ik weer henn un wech, ass du opp dat Peerd ankeemst!" Und er habe zu sich selber gesprochen: „De Deern, anners keen!"

Goodje, ganz überwältigt von diesem liebevollen Geständnis, zog den Knienden nicht zu sich heran, sondern kniete sich vor ihn. So näherten sie sich Auge in Auge, sahen sich an und schwiegen. Nach einem Moment, dann mit einem kleinen, schelmischen Lächeln erzählte Goodje, bei ihr sei der Funken in dem Augenblick übergesprungen, als er, Bernd, sie mit Bier übergossen und doof, tumb und treuherzig reuevoll angeglotzt hatte.

Dann waren sie sich lachend in die Arme gefallen. Lange und ausgiebig war die Umarmung gewesen, bis Goodje sich neben ihm ins Gras setzte, seine Hand nahm und auf einmal ganz ernst wurde.

„Ik bün nich de Brut vun Jufa de Warne. Ik bün dat uk nie nich wurn. Ik wull dat uk ni nich warn! Ut frie Stücken war ik dien Bruut!" Also war Goodje gar nicht als Friedenstaube wie Ocke, ihr Bruder, der Fürst, es vorgehabt hatte, eingesetzt worden.

Goodje berichtete: Es seien traurige Tage auf dem Thorsberger Fürstenhof gewesen. Jeffe Jaffasson, der ins Alter gekommene König der Warnen, den man den Gewaltigen nannte, war persönlich auf dem Anwesen ihres Bruders erschienen. „Stell di dat vör, een König opp unse Hoff!"

Großkotzig habe der sich bei dem Brauthandel aufgeführt, selbstherrlich!

Doch zu einem Handschlag, zum Abschluss des Handels sei es nicht gekommen. König Jeffe sei ermordet worden und ihrem Bruder, Ocke, dem Fürsten, sei es gelungen, mit dem Nachfolger des Königs, Jufa, einen längeren Frieden zu vereinbaren. Jetzt herrsche Ruhe in den Grenzgebieten.

Als ihr Bruder vom Königspalast der Warnen in Faaborg-Sund zurückgekommen sei, war sein erstes Wort an sie gewesen: „Du büst frie! Dien Brüdigam, de kannst sölm sööken!" Also wurde sie nicht mehr als Friedensstifterin benötigt, konnte sich aus eigenem Willen für ein Mannsbild entscheiden. Was war sie erleichtert gewesen, hatte Tränen der Freude vergossen.

Wenige Tage später sei Jesper vom Sonnenhof auf dem Thorsberg erschienen. Der Bönsbarger war als Brautwerber ohne Auftrag aufgekreuzt, unsicher, zurückhaltend, bescheiden. Er würde gerne den Ältermann, den Herrn des Hofes, dringend sprechen wollen, in einer bedeutenden Angelegenheit, erklärte er der Magd, die ihn empfing. „Dat hört sik an, ass geit dat um Dood oder Leven", hatte diese spöttisch geantwortet und Ockes Schwester Bescheid gegeben.

Goodje hatte den Alten, der so viel erhabene Würde, so viel Glaubwürdigkeit und Redlichkeit ausstrahlte, sofort gemocht. Sie hatte Jesper in die Küche des Hofes gebeten und ihn dort bewirtet.

Ungläubig, voller Ergebenheit hatte der alte Jesper ihre Hand genommen und heftig, fast wie ein junger Liebhaber, mehrere Male geküsst, als sie ihm unumwunden, jedoch mit Herzklopfen, mitteilte, sie würde seine Brautwerbung annehmen. Sie sei bereit, Bernd den Jüngeren von der Sippe der Bengtssons zum Manne zu nehmen, und würde es gerne tun, hatte sie hinzugefügt. Als sie es aussprach, war sie sich ihrer Entscheidung sicher.

„De Ole", erzählte sie Bernd, „ de iss in de Höchde sprung ass een Hoppetutz. So hett he sick freut!" „Heff keen Tied mehr", habe er noch gerufen, sei aus dem Haus gestürzt, habe sich auf sein Reittier gesetzt und dem die Sporen gegeben.

„Ja", seufzte Goodje, „nu bün ik bi di, ligg in dien Arms un heff di leev!" Diese besondere Stunde, da war sich Bernd sicher, würde ihm zeit seines Lebens in Erinnerung bleiben.

Obwohl es ihm schwerfiel, verabschiedete sich der Bräutigam mit Wehmut aus seinen Träumen der Wiederbegegnung mit Goodje. Noch war die Hochzeit nicht beendet.

Mit einer Festspeise sollte an diesem milden Sommerabend begonnen werden. Es handelte sich dabei um die von jedem Alter, vom Kleinkind bis zu den Betagten, überaus hoch geschätzte Rote Grütze. Jedem in Angeln, ob Weib-, ob Mannsbild, lief bereits bei dem Namen Rote Grütze der Speichel im Munde zusammen. Die Augen schlossen sich vor Genuss, die Gesichter glätteten sich vor Hingabe, Kleinkinder unterbrachen ihr Plärren, Greise verloren ihre Falten, Feinde vergaßen den Grund ihres Streites, Säuglinge verweigerten die Mutterbrust.

Sogar die Hunde, die den Rest aus den Näpfen auslecken durften, wurden von diesem Sehnen nach der Labsal angesteckt, verzichteten auf Bellen und Beißen, verlegten sich aufs Betteln.

Diese friedensstiftende Wirkung der Grütze wurde auch auf der Hochzeit erzielt. Man dankte allen Gottheiten, die man kannte, schlug den Löffel in das rot glänzende Glück, futterte und fraß, schmatzte und mampfte, als hinge das Leben davon ab.

Im Anschluss an die Rote Grütze reichte man – um dem Magen etwas Gutes zu tun – frisch gebackenes Brot, kalten Braten, Käse. Doch damit nicht genug. Für Leckermäuler kamen aufgehäufte Bretter mit Blaubeerkuchen auf den Tisch, für Genießer legte man gebratene Hühnerschenkel dazu.

Die Hochzeitsgesellschaft feierte einen wundervollen Abend mit Neckereien, schwermütigen Liedern, selbst gedrechselten Versen und sogar an Zungenbrechern versuchte man sich. „Fischers Fiete fischt fix fidele Fische. Fidele Fische fischt fix Fischers Fiete." Die Braut hatte diesen Schnack bei einem Besuch der Schliefischer gehört und foppte damit so manchen Gast.

Immer wieder kam es zu Lobreden auf das junge Paar, die Tüchtigkeit der Bönsbarger, den Segen von Wald, Wolken und Wiesen, auf die Ernte und das Viehzeug und auch den Rieseneber Abraham vergaß man nicht. „Prost."

Trotz aller gut gemeinten Worte auf die Götter und die Erde gab es keine Erwähnung des ansehnlichen Dreiseithofes des Bräutigams. Mit dieser Neuerung konnte sich niemand im Dorf abfinden.

Zur Freude von Bernd erfolgte das Zutrinken über die Tische maßvoll und zurückhaltend. „Kiek, Goodje, uns Bönsbarger, de hemm toleert, soopen ward nich mehr. Uk mit Water un Dünnbeer sünd se vergnöögt!"

Trotzdem wechselte die Stimmung im Laufe des Festes zur Verwunderung des Ältermannes von einer lockeren in eine stürmische Fröhlichkeit. Wie Bernd erst viel später erfuhr, hatten die Mannsleute aus Gründen der Sicherung des Wohlbefindens Krüge mit Met, Honigwein und Starkbier unter ihren Umhängen mitgebracht. Die standen, vom Brautpaar unbemerkt, unter Bänken und Tischen.

Es war der stets lebensfrohe Klaas Plattnase, der sich nach Speis und Trank zuerst erhob und die Mannsleute zum Reihentanz aufforderte. Für Weiber sei diese Art aufreizender Bewegungen nicht schicklich, war man in Bönsbarg der Auffassung. Abgesehen davon seien diese zu kurzatmig, um einem ganzen Tanz durchzustehen.

Also fassten sich allein die Mannsbilder an den Schultern. Sie stampften nach vorn, traten nach hinten, zur Seite, drehten sich und waren vergnügt. Doch nicht erkennbar für die Männerrunde tanzten die angeblich flach atmenden Weibsbilder verborgen unter den knöchellangen Röcken alle mit Männer-Gebrumm begleiteten Schritte mit. Nur bei den Drehungen wurden die Grenzen des Sitztanzes erkennbar.

Bald jedoch nahmen die Mannsleute, die ihr Stoßen, Treten und Hüpfen „Tanzen" nannten, wieder auf ihren Bänken Platz, völlig außer Atem gekommen.

Noch bevor man zu einem neuen Trunk und Schnack ansetzen konnte, streckte der Bräutigam seinen Arm weit sichtbar in die Höhe. Alle kamen zur Ruhe. Man schaute gespannt zum Kopfende der Hochzeitstafel. Sollte eine weitere Rede erfolgen?

In die einsetzende Stille meldete sich Bernd mit bewusst sanfter Stimme: „Lüüds, snackt een beeden suutje, sinnig. Geef Överdack, spaart juhrs Ohrlöpel opp! Wat I hörn doon, is een lütt Wunner!"

Nachtigallen über Nachtigallen, die unscheinbaren, aber durch ihren Wohlklang unüberhörbaren Göttervögel. „Dor, dor wedder!" Tatsächlich, jetzt hörten alle diese Meistersänger, die ein beherztes Jubilieren anschlugen. Ein ganzer Schwarm von ihnen war in die Bäume um den Dorfplatz eingefallen. Nachtigallen in solcher Vielzahl zu dieser Stunde konnten nur als ein Fingerzeig von Nerthis gewertet werden, ihr Bekenntnis, an der Seite des glücklichen Brautpaares und aller Bönsbarger zu stehen. Ein Ständchen der Vögel zur Hochzeit.

Ergriffen von dem nicht enden wollenden Konzert der Meistersänger verließen die Gäste dieses traumhaften Abends nach und nach, still und behutsam, den Festplatz, ohne ein Wort zu verlieren. Sogar Klaas verzichtete auf einen Reim.

Goodje lehnte ihren Kopf an Bernds Seite. Er legte seinen Arm um seine junge Frau. Sie waren die Letzten, die sich auf den Heimweg begaben.

Obwohl Oskamp der Zähler am folgenden Morgen auf allen Vieren unter den Tischen wie Bänken, hinter dem Brunnen, in jedem Gebüsch suchte, fand er keine Bönsbarger. Dafür stieß er auf mehrere Dorfköter, die sich über die Bierreste hergemacht hatten. Die Hunde hingen mehr tot als lebendig in

Strauchwerk und Büschen, röchelten mit glasigen Augen, bis Lütt Oskamp sie mit kaltem Quellwasser wieder an ihren Wachdienst erinnerte.

Der Ältermann, det die Botschaft von den fehlenden Säuferleichen mit Stolz und Genugtuung aufnahm, beglich den Bericht des Kleinen großzügig, diesmal mit drei Silberlingen.

Diese Zufriedenheit erhielt nur wenige Stunden später einen erheblichen Dämpfer. Die Schuld daran trugen die von den Feiertagen ermüdeten Bönsbarger Eltern. Sie hatten, um in Ruhe vor ihren Görn ausschlafen zu können, ihre Kinder zum „Aufräumen" auf den Festplatz geschickt.

Die Jung-Bönsbarger fanden bei ihren Putzarbeiten unter den Bänken und Tischen die vom Vortage mitgebrachten, zum Teil noch verschlossenen Met, Wein- und Bierkrüge. Geschickt wurde dieses herrenlose Gut geöffnet, probiert und von Jung zu Jung, Deern zu Deern weitergereicht. „Man, jümmer een Sluuk", war die Anweisung der Älteren. Auf diese Art wurden die zahlreichen Krüge geleert. Um den Geschmack der verschiedenen Sorten zu genießen, wechselten die Gören in ausgeknobelter Reihenfolge zuerst von Bier zu Wein und Met, anschließend begann man mit dem Met. An diesem Wechsel hielt man bis zum letzten Tropfen fest.

Verzogen die Kleinen zu Anfang noch wegen der Schärfe der Getränke die Gesichter, glätteten sich bald ihre Züge. Niemand wollte sich ausschließen noch ausgeschlossen werden. Wirklich tapfer verhielten sich die Jung-Bönsbarger.

Bedingt durch die Sommerwärme, die auch diesen Tag wieder vergoldete, fielen die Probiertrinker um wie die Fliegen. Aus ihrer zuvor laut getönten Absicht, zu singen und zu tanzen wie die Alten, verabschiedeten sie sich in unterschiedlicher Form. Einige krümmten sich auf der Erde, lachten hektisch, die Mehrzahl kotzte sich die Seele aus dem Leib, den Rest befielen taumelnde Träume.

Als die Mannsleute am Spätnachmittag auf den Platz kamen und die Bescherung erblickten, wurden mehrere Ochsenwagen bespannt und die Jungtrinkerinnen wie -trinker aufgeladen. Man fuhr zum Dorfteich, dessen Wasserstand niedrig war, und warf die gesamte Bagage zur Ausnüchterung in das kalte Wasser.

Von diesem Teil der Hochzeitsfeier wurden keine Zahlen geliefert, weil Oskamp, auch voll des süßen Honigweines, zum Rechnen nicht mehr fähig war.

Über das Hochzeitsfest der lütten Bönsbarger erfuhren Bernd und Goodje erst, als es geendet hatte, weil beide auf dem Schwanenhof geblieben waren. Sie verabschiedeten den Vogt des Fürstenhofes, der mit mehreren Bediensteten die Braut auf der Hinreise begleitet hatte. Zwei der Knechte des Thorsberges beließ er in der Obhut des Ältermannes.

Bernd sah den Vogt wegen dieser zusätzlichen Knechte verwundert an. „De Bröder sünd nich alleen för de Arbeit opp dien Hoff. Nee, beide köhn mit Mess, Sweert un Spieß umgahn. Een Süster vun een Fürst, de mutt Schuul un Seekerheit hemm!"

Bernd Bengtsson war sich durchaus bewusst, worauf er sich bei seiner Heirat mit Goodje eingelassen hatte. Als Geiseln waren Angehörige der Fürstensippen von hohem Wert.

Der Bräutigam widersprach dem Vogt, der im Auftrage des Fürsten handelte, nicht, hielt jedoch diese Vorsichtsmaßnahme von seinem Schwager Ocke für völlig übertrieben. „Wat schall bi uns in dütt lütt Dörp all passeern", meldete er nur leise seine Zweifel an. „Buschemänner, de kam in Bönsbarg nich vörbi!" Er sollte bald eines Besseren belehrt werden, leider.

Die Hochzeit von Goodje und Bernd endete mit einer zweitägigen Nachfeier. Am ersten dieser beiden Abende musste noch einmal das ganze großartige Fest ausführlich beschnackt werden. Um bei bester Stimmung und guter Laune zu bleiben, hatte man ausreichend Getränke aus den Nachbardörfern herangeschafft, die eigenen Bestände waren alle aufgebraucht.

Der zweite, letzte Abend diente dazu, sich über alle Reste, ob Speis oder Trank, herzumachen. Auch dieser Abschluss verlief in Ruhe, Frieden und ohne Kindergetöse, weil alle, wirklich alle Jung-Bönsbarger mit Haus- und Hofstrafe belegt worden waren. Diese Anordnung betraf auch Lütt-Oskamp. Es wurde daher nicht gezählt, obwohl auch bei diesen Nachhochzeitstagen die „Ernte" Volltrunkener reichlich ausfiel. Weitere Schlägereien gab es keine.

Die Bönsbarger, ob klein, ob groß, fanden, sie hatten unvergessliche, fröhliche, wunderschöne Festtage erlebt. Über die persönlichen Tiefpunkte ging man großzügig hinweg. Man hoffte auf weitere Feiern solcher Art für das Dorf.

Diesen Wunsch erfüllten die Götter nicht. Im Gegenteil, Bönsbarg, zwischen sanften Hügeln und sattgrünen Weiden gelegen, blieb kein Hort des Friedens. Das Böse näherte sich diesem Ort mit großen Schritten. Langsam, aber unaufhörlich. Doch zuvor machte es im Dorf der Schmiede, in Smedeby, halt.

30

Vom erbärmlichen Schicksal des kleinen Imo aus Smedeby, den Künsten von Melf Mommesson, von überraschenden Aufträgen, dem Ritt der Dreihundert und warum die Weiber von Klocksbüll, Monsbüll, Pustebüll, Kleesbüll und Osterwestersnutebüll in helle Entzückung geraten

Es war die Abendstunde, die Zeit, in der sich die Sonne verabschiedete. Idea Slappfoot kam aus Hollenhude zurück. Sie schwebte wie auf den Flügeln einer Taube, träumte, trug den seligen Glanz einer Verliebten im Gesicht. Leve, dieses kraftvolle, kluge, ernsthafte und so vertrauensvolle Mannsbild, hatte ihren Kuss erwidert! Nicht wässrig-widerwärtig, heftighastig, wie sie es bereits durch Lasse, diesen Dröönbüddel, Dummschwätzer, erfahren hatte, sondern behutsam, zurückhaltend. Es war mehr als ein Hauch gewesen, das hatte sie gespürt. Trotz seines zerstörten Gesichtes ging eine besondere Zärtlichkeit von seiner Berührung aus, die sie tief bewegte und die sie nicht mehr vergaß.

Bei seiner körperlichen Zuwendung war es nicht geblieben. Mit seinem verbliebenen Auge hatte er sie ein wenig angespannt – angstvoll – angesehen, tief Luft geholt und gefragt: „Kunnst du di vörstelln, mien Bruut to warn?"

Noch bevor sie zu einer Antwort ansetzen konnte, war er bereits umgekehrt, winkte ihr fröhlich, verschmitzt zu und verschwand hinter einem Heuschober, der zu Hollenhude gehörte.

Idea betrat die gewundene Dorfstraße ihres Heimatortes. Jeden, den sie traf, würde sie in diesem Augenblick des Glücks umarmen wollen. Doch der Weg zur Schmiede ihres Vaters war wie leergefegt. Es war die feste Zeit des Mittagessens in Smedeby. Da war man beim Gong der Pflugschar, die vor dem Hof- oder dem Werkstatt-Tor hing, pünktlich im Haus. Nicht zu früh, nie zu spät. Ausnahmen waren undenkbar, Ausreden nicht zugelassen. „Middagtied, dat iss Göttertied", so war es ihr seit ihrer Kindheit eingebläut worden.

Wer das paradiesische Walhalla später genießen wollte, hatte auf den Gongschlag genau in der Küche zu sein. Zwar herrschte dort das Weib des Hauses, keine Göttin. Doch so manche der Smedebyer Küchen-Ältesten waren in ihrem Ton und Gehabe nicht weit davon entfernt. Ob Mannsbild, ob Greis, Kind, Knecht oder Köter: alle fügten sich diesem Küchen-Reglement. Katzen eingeschlossen.

Wer wollte schon gerne das Essen im Stehen einnehmen, nur die Reste aus dem Topf kratzen dürfen, das Geschirr allein reinigen und statt Leichtbier Wasser trinken, nur weil er den Gongschlag überhört hatte. „Ob Slag anne Döör to sien, dat is keen Recht, nee, een Plicht is dat!"

Die überwiegende Anzahl der Smedebyer empfand „dat Middageeten" nicht als Muss. Sie genossen es, gemeinsam essen zu dürfen, voneinander zu hören, miteinander zu schnacken, ja, überhaupt eine Mahlzeit einnehmen zu können. Wer wie sie besonders in den Wintermonaten oft Hunger litt, Jahr für Jahr, für den bedeutete die sattmachende Bespeisung ein Gottesgeschenk.

Auch im Hause von Sigvald Sörensson war man dieser Auffassung. Dort schwang Kruut-Alma, Ideas Großmutter, den Suppenlöffel.

Übermütig, voller Freude griff Idea sich den Eisenstab, um die Pflugschar vor ihrer Werkstatt zum Klingen zu bringen, die Ankunft anzukündigen. Ihr Vater und Alma sollten sogleich von ihrem Bräutigam erfahren.

Doch niemand öffnete das Tor, keiner blickte ihr neugierig entgegen. Was war geschehen? Stille in der Schmiede, kein Laut kam aus dem Haus. Idea befielen Unruhe, Besorgnis, Angst. Vorsichtig öffnete sie die Tür zur Küche.

Kummer, Verzweiflung, Trauer schlugen ihr mit Macht entgegen. Die „Halbmaske", der geheimnisvolle Auftraggeber für die vielen Waffen, war in der Nacht zuvor, unbemerkt von den Dorfleuten, im Handwerkerhaus von Sigvald Sörensson, dem

Ältermann, erschienen. Er war gekommen, um die Waffen abzuholen und zugleich das Faustpfand, Ideas kleinen Bruder, abzuliefern. Dieser unheimliche Krieger, so erzählte ihr Vater später, habe seine Zusage, den Jungen lebend zurückzubringen, zwar eingehalten, aber über das „Wie" kein Wort verloren.

Erst als alle Ware verladen war, warf man Imo, ihren kleinen Bruder, den man in eine Art Beutel gesteckt hatte, seinem Vater vor die Füße. „De Jung ward di nich vertelln, wer wi sünd un wo uns to Huus is!" Mit diesem kurzen Satz, dem ein hämisches Lachen folgte, verschwand die ganz in schwarz gekleidete Gestalt.

Als man den Sack hastig öffnete, habe er, der Vater, einen Schreikrampf und die Großmutter eine Art Schock bekommen. Diese Ungeheuer hatten den Kleinen verstümmelt, geschändet, geblendet. Beide Augen dem erst fünf Winter alten Jungen ausgebrannt, die Zunge halbiert und ihn wohl viele Male missbraucht. Diese Unmenschen!

Wenn er nur nicht damals den großen Auftrag angenommen hätte, stöhnte der Ältermann. Er, der Vater, trage die Schuld an der brutalen Misshandlung seines Sohnes.

Während der tief erschütterte Vater von einer Selbstanklage in die nächste fiel, lag Imo in den schützenden Armen von Alma, seiner Großmutter, und schlief. Er würde wegen der fehlenden Augen sein weiteres Leben in ständiger Dunkelheit zubringen müssen und mit dem Rest der Zunge nie in der Lage sein können, Leid oder Freude mitzuteilen.

Idea war betroffen und traurig, weinte stille Tränen. Noch vor wenigen Stunden war sie himmelhoch-jauchzend gewesen, jetzt war sie am Boden zerstört, litt mit der ganzen Sippe.

„Wat sünd dat för Undeerten, de Kinner half dood maken", wandte sich Kruut-Alma an den Schmiedemeister. Doch der hob nur kurz seine Achseln: „Keeneen weet, wer se sünd. Uns Jung kann uns dat uk nich mehr vertelln!", er schluchzte tief auf.

Dann blickte Sigvald Sörensson zu Idea, um Trost, vielleicht auch Hilfe von ihr zu erhalten. So verloren hatte sie den Vater noch nie erlebt. „Man, uns Malöör is lang nich to Enn. Uk för uns Dörp süht dat pickendüster ut!"

Unheilvolle, dunkle Wolken ballten sich über Smedeby. Mit sorgenvollem Gesicht erzählte er seiner Tochter von einem weiteren Unheil für das gesamte Dorf, die Schmiede und Bauern. Der unbekannte Waffenhändler hatte ihm unmissverständlich erklärt, dieses sei der letzte Großauftrag für Schwerter, Spieße und andere Kriegswerkzeuge. Einen neuen gäbe es nicht.

„Man, een heele Johr hemm wi all in't Dörp Arbeit hatt! Keen musse hungern!" Auf seine Frage nach dem Grund, keine Aufträge mehr nach Smedeby zu vergeben, habe dieser verdammte hochnäsige Kerl die Qualität der Schmiedeerzeugnisse aus ihrem Dorf für erbärmlich, für schlecht erklärt. Vieles gehe schnell zu Bruch. Das Eisen aus Smedeby halte nicht dauerhaft.

Der Grund dafür läge in der Verarbeitung und auch am Raseneisenerz aus dem Angelnland, zu viel Erde, zu wenig Eisen. Anschließend habe die Halbmaske geprahlt, bei den Dänen im Norden sei alles besser. Sie bezögen ihr gutes Eisen von Völkern am Rande der Eisberge. Ein damit geschmiedetes Schwert sei bruchsicher, messerscharf und verschleiße fast gar nicht. Auch wenn der Weg in den Norden aufwendiger und weiter sei, er komme nie wieder nach Smedeby! „Man, un lacht hett he, chrääsich lacht, ass he affhaun dää un uns de lütte Imo in een Sack vör de Fööt smeet!" Das hohnvolle Lachen des Grausamen bekäme er nicht aus seinem Kopf.

Sigvald hatte es bereits seit längerer Zeit bemerkt, die Aufträge für die Schmiedebetriebe waren deutlich weniger geworden. Die Folge: So manche Handwerker-Sippe musste sich bei den Mahlzeiten bereits einschränken und Brei aus Brennnesseln löffeln und Wasser statt Leichtbier trinken. Keine Aufträge, keine Einnahmen, Not und Hunger drohten.

Der Versuch von Sigvald Sörensson, gemeinsam mit mehreren Dorfleuten und drei Gespannen mit Ochsenkarren dieses bessere Erz aus dem Norden gegen Honig, Hirse, Hafer und Salz einzutauschen, war fehlgeschlagen. Bereits in den ersten Dörfern der Dänen wurden sie zur Umkehr gezwungen.

Diese Leute wollten die neuen Roheisen-Quellen allein für sich nutzen, Beile, Äxte, Kettenhemden und andere Eisenwaren ohne andere Mitbewerber herstellen. Alles Reden und Handeln half nichts. Die Smedebyer stießen bei den Dänen auf Granit und wurden am Ende ausgelacht.

Auch erfahrene Händler schafften es nicht, diese Barriere zu durchbrechen. Einer von ihnen wurde von wütenden Schmiedeknechten, ob Jüten oder Dänen, mitsamt seinem Weib und den Kindern totgeprügelt. Neun Leichen zählte man später, zwei waren noch nicht einmal drei Lenze alt. Den Händler selber, einer aus Angeln aus dem Dorfe Wackersrott, nagelten sie nackt an eine Eiche, mit dem Kopf nach unten.

Diese brutale Handlung erzielte, was sie sollte, eine abschreckende Wirkung. Alle Versuche, Eisenerz aus dem Norden einzutauschen, stellte man daraufhin ein. Die Angst ging um, keiner wagte mehr, den Eisenerzhandel mit Dänen und Jüten aufzunehmen, noch ihre Gebiete zu durchqueren.

„Man dat geit nich alleen um dat Smeden vun't Isen för uns Dörp", begründete Sigvald seine Trübsal, „an uns Arbeit hangt een Rottensteert!" Idea begriff, keine Aufträge für die Schmiede würden auch bei den Köhlern, die für die Beschickung der Meiler und Herstellung der Holzkohle zuständig waren, bei den Eisenleuten und bei den Handelstrupps keine Beschäftigung mehr bedeuten. Ein wirklicher Rattenschwanz an Folgen für so manche Sippen, Elend und Armut würden folgen.

Ihr Vater ergriff ihre Hände und blickte seine Tochter ernst an. Niemand sonst im Dorf sei abkömmlich, nur sie. „Mag ween, dat dor, wo de Sachsen, de Franken un Alemannen to Huus sünd, dat dor Isen funn ward, dat wi bruuken köhnt." Sie, Idea, die sich als tüchtige Händlerin gerade bewährt habe, müsse zurück nach Hollenhude, um von dort zur Eisensuche in neue Landschaften aufzubrechen. Ohne einen Moment zu zögern, sagte Idea zu.

Der Ältermann stellte ihr dafür sein Pferd, Schmetterling, einen überaus dickbäuchigen, gutmütigen Schwarzen mit viel Mähne und Hufen breit wie Seerosenblätter, zur Verfügung. Es fiel ihm schwer, sich von seinem treuen Gaul mit dem Tempo einer Schnecke zu trennen.

Idea, die noch gar nicht dazu gekommen war, von ihrer Zuneigung zu Leve zu berichten, empfand den Auftrag als ein Zeichen der Götter. Zurück zu Leve!

Misstrauisch beäugte ihr Vater ihr widerspruchsloses Verhalten. Eine solche Gefügigkeit war er von seiner Tochter nicht gewohnt.

Unverzüglich begann Idea, gemeinsam mit der Großmutter, mit der Vorbereitung dieser über viele Wochen dauernden Unternehmung. Man füllte Beutel mit Brot, Backpflaumen, gepökeltem Fleisch, getrockneten Salzheringen und viel Roter Beete, Ideas Lieblingsgericht, als plötzlich eine Gruppe blondhaariger, breitschultriger Männer – Reiter – mit wettergegerbten bärtigen Gesichtern im Dorf erschien. Nur mit Messern an ihren Gürteln, keinen weiteren Waffen. Eine stürmische Horde, niemand hatte sie kommen hören. Wild sahen sie aus, doch sie schienen friedlich gestimmt, weil sie fröhlich feixten.

Die ersten Schmiede und Bauern, die sich bereits Forken und Spieße griffen, stellten diese wieder zur Seite und traten neugierig zu den Angekommenen, grüßten mit einem „Moin, Moin" und luden die Gäste, obwohl es völlig Fremde waren, zu Speis und Trank an die Tische auf dem Dorfplatz. Das Gastrecht hielten die Smedebyer hoch, ohne auf Rang, Stand, Weib oder Mann und einen anderen Götterglauben zu achten. Man konnte ja auch selber einmal Fremder in einem Dorf sein, Hunger und Durst verspüren.

„Ik bün Sigvald Sörensson, Öllermann vun Smedeby. Wat liggt an, wat wülln ji?"

„Man, ik heet Melf Mommesson. Mien Vadder weer Momme Melfsson de Jüngere, he gung dood opp See. Mien Grotvadder heete Melf Mommesson de Öllere, he is uk in'ne See versaapen. Dat wer uk so mit sien Vadder un …" Da wurde es Sigvald zu bunt und er wiederholte seine Frage: „Wat liggt an, wat wülln ji bi uns in Smedeby?"

Wer im Dorf Beine hatte, war gekommen, um die „wilden Kerle" zu sehen, sie zu begutachten.

Melf genoss die Neugierde. „Wi kam ut Freesland", antwortete der Wortführer dieser Friesen, „sünd Seelüüd un Veeh-Buuern. Wi bruuken Hölp, Isen un Mannslüüd. Man, Scheep buun wi uk. Dor liggt de Knütt!"

In tadellosem Anglisch erklärte der Vormann aus dem Land der Friesen, warum es bei ihnen Not und Elend gab. „Uns Dörper ling meist all an de Küst vun't ruche Westmeer. Wi sünd achter all de Kreaturen ran, de sik inne See tummeln doon; uk de groden Wale hörn darto! Wat wi fischen oder fang, ward tuscht."

In aller Breite berichtete Melf, dass sie ihren Fisch, die Felle von Seehunden, den Seebären, den Walrössern an allen Küsten des Westmeeres an die Leute brachten. Sie handelten bei den Franken, den Sachsen, den Jüten und Dänen und seit vielen Monden auch in Britannien. Das sei eine große Insel, auf der nur geizige, streitsüchtige, sich grämende, genusslose Kleinbauern lebten.

Die Smedebyer bestaunten diesen hochgewachsenen, energisch auftretenden Bartträger, der, während er sein Anliegen erläuterte, bereits sechs Hühnerschenkel, drei Fladenbrote, acht Salzheringe verzehrte und drei volle Krüge Bier in seinen bodenlosen Schlund stürzte. Der sich den Schaum aus dem Bart putzte und regelmäßig einen kräftigen Furz ließ.

Ihr Anliegen war klar. Die Friesen benötigten dringend Unterstützung. Was war geschehen?

Kurz nach der Wintersonnenwende war es zu einer verheerenden Springflut an der gesamten friesländischen Küste gekommen. Da es weder Damm noch Deiche gab, drang die zerstörerische See weit ins Land hinein, auch in die Buchten, in denen die Fischfänger aus Klocks-, Mons-, Puste-, Klees- und Osterwestersnutebüll ihre Boote ankerten.

Über fünfzig Schiffe riss die zurückrollende, räuberische See mit hinaus aufs Meer, wo sie jetzt völlig zertrümmert irgendwo auf dem Grund des Westmeeres lagen. „Wat een Malöör för uns Sippen, wat een Verlust!"

Melf schien vor Trauer einen Kloß im Hals zu haben. Schon reichte man ihm zwei weitere Bierkrüge, weil alle ahnten, die tragische Geschichte sei nicht zu Ende. Und das war sie auch nicht.

Der kühne Westmeerfahrer hatte sich die bitterste Botschaft bis zum Schluss aufgespart. „Ass dat losgung mit dat Störmen, dat Ruuschen und Püüstern weern de Mannslüüd von Kocksbüll, Monsbüll, Pustebüll, Klees- un Osterwestersnutebüll noch an Bord. De sünd elendig versaapen. All!" Schweigen herrschte in der gesamten Runde. Mitleid machte sich bei den Smedebyern breit.

Diese Dörfer seien jetzt leergefegt von Mannsleuten, erklärte Melf. Nur noch einige lahme, lustlose Greise würde es geben, aber viele lüstern sinnliche, gierige, geile Weiber zu Hauf. Er hätte bereits drei von ihnen in seinem Haus aufgenommen, auch seine Freunde hatten so fürsorglich gehandelt. Aber genug sei genug! Mehr Weiber seien auch vom stärksten Friesen nicht zufriedenzustellen. Man dürfe doch die ehelichen Pflichten in keiner Weise vernachlässigen. „Is nix ringer, ass wenn een Wief dull op een is!" Ein zorniges Weib, so wusste man auch in Smedeby, war für jedes Mannsbild eine ewige Last. „Man, un nu kam ji Smedebyer Mannslüüd in't Speel", platzte es freimütig aus diesem Friesen heraus.

Ein Sturm der Entrüstung brach unter den Weibern des Dorfes los, als vereinigten sich zwei verheerende Springfluten. Helle Empörung, jedoch nicht bei den Mannsleuten. Blickte man in die Runde, sah man bei ihnen nur erwartungsvoll grienende Gesichter, Lüstlinge, zukünftige Lustmolche, Feinschmecker und Leckermäuler. Mehrere rollten bereits ihre Zunge wie ein Schlemmer über die aufgestülpten Lippen. Einige stöhnten bereits voller Vorfreude.

„Du höllst di door ruut", griff die erste Frau ein, packte ihren Ehemann und Beischläfer am Kragen und zog ihn aus der Runde der Gaffer zurück nach Hof und Haus. Das Beispiel machte Schule. So rasch und so unduldsam waren Smedebys Mannsleute selten von ihren Weibern auf die heimische Bettstatt gezerrt worden!

Die noch unvermählten Jungkerle blieben. Auf die hatte es Melf Mommesson mit seinen Freunden auch abgesehen. „Dörf ik", wandte sich der Vormann der Friesen an Sigvald, den Ällermann, der ahnte, was folgen würde. „Man to", antwortete der. Der Friese hieß die gut dreißig Jungmänner, sich in einer Reihe aufzustellen. „Ji hemm hört, dat wi in Not sünd. Uns Wiefer bruuken Mannslüüd! Sünd jüm mit dorbi?" Wie aus einer Kehle brüllten die springfreudigen Jungochsen. „Jaaaaa!"

Mit dem nächsten Befehl von Melf rechnete, Sigvald ausgenommen, niemand. „Büx daal!" Die Smedebyer starrten den Friesen verwundert an. Meinte der es ernst, sollten sie alle ihre Beinkleider aufnesteln, ihre Blöße zeigen? Unbeirrt wiederholte Melf seine Aufforderung: „Büx daal!" Er wollte erstklassige Ware, potente, kraftvolle, ausdauernde, lustlockende Jungmannsleute, keine Langweiler, Versager oder Luschen. Ein anerkennendes Raunen ging durch die Zuschauer. Was man da erblickte, konnte sich sehen lassen!

Da standen sie nun, die Hosen auf den Knöcheln. Ein wenig verlegen, zu allem bereit. „Wi bruuken in Freesland stämmige Wuddeln, stevige Gurken, keen slaaksige Kicherarfen!"

Man begutachtete gegenseitig die Gemächter. Melf war hochzufrieden, nur bei zwei Smedebyern war die Entwicklung von deren „Kostbarkeit" in den Kinderschuhen stecken geblieben, sie schieden aus.

Damit war der erste und wohl auch bedeutendste Teil der neuen Zusammenarbeit zwischen den Seefahrern vom Westmeer und den Landleuten aus Smedeby beendet; der Gesamthandel jedoch noch nicht zum Abschluss gekommen.

Die völlig zerstörte Fischfangflotte forderte eine Vielzahl von passenden Planken sowie von Eisenteilen für die Kappe des Kiels, für Bug, Heck und Mastfuß. Sigvald wusste, das Holz war vorrätig, die Herstellung der Eisenteile würde man – wegen des Notfalls – vorziehen müssen. Die derzeitige Auftragsflaute könnte mit diesen Arbeiten überbrückt werden. Ein Göttergeschenk!

Die Friesen erzählten voller Freimut, bereits bei den dänischen Schmiedehandwerkern gewesen zu sein. „De wulln uns dat letzte Hemd uttrecken", empörte sich Melf wegen des geforderten hohen Preises. Halsabschneider seien diese Schurken. Ihr Eisen sei zwar besser als das in Angeln, aber für den Bootsbau reiche die Beschaffenheit allemal.

Was den Friesen besonders wütend machte, die Dänen verlangten, dass die Friesen in Zukunft nur bei ihnen Werkzeuge und Waffen erstanden und dass ein Teil von jedem Schiffshandel an den Schmiedeverbund dieser Dänenräuber abzugeben sei.

Der Vormann, ein Kraftmensch, soff nach Ende seiner Einlassung noch rasch zwei weitere Bierkrüge nacheinander aus, um seinen aufkommenden Zorn auf dieses „räuberische dänische Gesindel" aufzuhalten; zwei dumpfe Fürze folgten. „Düsse Swienpietscher, Moorslöcker, Achterpaarts un kiebige Kanuten", begann Melf eine Reihe unflätiger Beschimpfungen, die Sigvald Sörensson durch eine bedächtige Bemerkung unterbrach. „Schimpen döcht nix, laat uns to Enn kam'."

Er sei von der entwaffnenden Ehrlichkeit der weit gereisten Gäste höchst beeindruckt. Man ließ sich unbefangen in die

Karten sehen. Ein schlitzohriger Händler dagegen, der würde seine Notlage verschweigen, um nicht zu viele Silberlinge ausgeben zu müssen.

Aufrichtigkeit, fand der Smedebyer, sollte durch Ehrlichkeit beantwortete werden. Deshalb wies er, ohne zu zögern, auf die geringe Festigkeit des Angelner Raseneisenerzes und der geschmiedeten Erzeugnisse hin. „Dat weeten wi", meinte Melf und rülpste so tiefschürfend und kraftvoll, dass die Bierkrüge auf den Tischen in Schwingungen gerieten. Wieder wunderten sich die Smedebyer. „Wat stickt dor een Knööf in düsse Kirl!"

Alle hatten sich wieder auf dem Dorfplatz eingefunden. Da die Musterung der zukünftigen Beglücker der Weiber von Klocks-, Mons-, Puste-, Klees- und Osterwestersnutebüll beendet war, bekamen die Ehemänner wieder Freigang. Ihre Weiber wichen jedoch nicht von ihrer Seite. In aller Mittelpunkt stand wieder der Vormann der Friesen, Melf Mommesson.

Den Magen lautstark entleeren konnten die Smedebyer auch, doch dieser wüste Seefahrer von der Westküste beherrschte die Rülpskultur meisterlich. „Man, wat een Kirl!", fanden mehrere Weiber und bekamen bei diesem Kraftprotz schmachtend glänzende Augen. Welche Oberarmmuskeln er doch habe und erst seine breiten Schenkel. Ein Mannsbild von besonderer Güte!

Seemann Melf, der nichts dagegen zu haben schien, weiter von Interesse, besonders bei den vollbusigen Smedebyer Weibern, zu sein, führte zugleich eine weitere Fähigkeit vor, die er in den vielen Stunden, wenn Flaute auf See war und Müßiggang an Bord herrschte, wiederholt geübt und zur Perfektion gebracht hatte.

Er könne über die Entfernung von sechs Metern mit seiner Rotze eine Fliege auf der Holunderblüte dort am Rande des Platzes treffen! „Dat geit nich, dat gifft dat nich! Twindig Fööt wech, dat hett dat noch nie nich geven", meldeten sich die Bedenkenträger.

„Man too", meldeten sich die Frauen, die den Anblick seiner muskulösen Zunge genießen wollten.

Der Kraftmensch holte tief Luft, es gurgelte, rumpelte, röhrte und schmatzte in Magen, Hals und Mund des Kunstfertigen, bevor eine fette gelbgrünbraune Masse auf seine

Zuge geriet und er sie mit speziellem explosivem Zungen-Stoßschlagwurf auf das Holunderblatt abschoss.

Unglaublich, der Teufelskerl traf die unschuldige, nichts Böses ahnende, sich sonnende Fliege mit seinem ganzen Rotz. Welch eine Fertigkeit. Welch ein Können! Meisterlich!

„Man de Freesen, de könnt mehr ass Brod eeten!", meldete sich ein erster Smedebyer nach überstandener Verblüffung. Hochrufe und eine Reihe von Beifallsbekundungen folgten. „Höö, höö, hööö!" Welch eine unglaubliche zuckende Zunge!

Die Mannsbilder jubelten, die Weiber des Schmiededorfes rollten die Augen, bekamen nicht nur feuchte Hände von diesem Helden. Von ihm und seinem Zipfel und Zubehör würden sie heute Nacht träumen. Bereits bei dem Gedanken daran bekamen einige Schweißausbrüche. Dieser Mann setzte Maßstäbe!

Melf erhob sich, nickte nach allen Seiten und nahm die prasselnde Zustimmung der Anwesenden gelassen zur Kenntnis. Niemand hatte bemerkt, dass einer seiner Freunde vorher eine tote Fliege auf dem Blatt befestigt hatte. So ganz auf sein Können wollte sich der Westküstenmann auch nicht verlassen.

Jetzt galt seine ganze Aufmerksamkeit dem Ältermann der Smedebyer. „Man dat Isen, dat wi för uns Scheep bruuken, mutt nich dat Allerbeste sien! Wi hemm all fröher Isen ut Smedeby hatt!", kam Melf wieder auf den Handel und die Eisenteile zurück. Alle zertrümmerten Boote sollten ersetzt werden, gut und bald, denn ohne den Handel über See, ohne Fischfang, würde das Elend in viele Friesendörfer einziehen.

Man einigte sich: Lieferung der Eisenwerkstücke und Hölzer gleich nach der Fertigstellung gegen Tücher, Tran, Salz und Trockenfisch. Die jungen Mannsleute aus Smedeby sollten in den Stunden, in denen sie von Weibern in Klocksbüll, Monsbüll, Pustebüll, Kleesbüll und Osterwestersnutebüll Ausgang bekämen, tüchtig am Bootsbau mitarbeiten.

Idea erschien auf dem Dorfplatz, an ihrer Hand der blinde kleine Imo, dessen Schritte unsicher, tapsig waren. Die Schmiedetochter war dem Lärm auf dem Platz nicht gefolgt, packte weiter ihre Satteltaschen, denn der Ritt zur Erkundung neuer Eisenerzlager würde lang und mühselig werden.

Ihr Vater stellte sie dem Friesenführer vor und schilderte, dabei kämpfte er mit seinen Tränen, das bedrückende Schicksal seines jüngsten Sohnes, der weder sehen noch sprechen könne.

Melf Mommesson strich dem Kleinen über das Haar, fluchte über die Tat der Halbmasken-Krieger und wandte sich direkt Idea zu. „Ik weet, wi man dien lütte Broder wat hölpen kann!" Zwar seien die Friesen überaus tüchtig, doch die fehlenden Augen könnten auch sie nicht ersetzen. Aber was die Sprache angeht, da wüsste er einen Weg.

In seinem Haus in Monsbüll, da habe er eine Magd, „de iss nich witt, nich bruun, nee swatt, geneter-swatt, de hett grode Titten un een mächtige Mors. Man se is een Seel vun Minsch!"

Diese Magd, die weit weg aus dem Süden stammte, habe er auf einem Sklavenmarkt im Land der Franken gegen zwei Seehundfelle eingetauscht. „Dat Wief hett mien Broder dat Snacken bibröcht."

Der Junge sei mit einer verkürzten Zunge geboren worden, konnte nur stammeln, nicht sprechen. Alles hatte seine Sippe mit ihm versucht, nichts habe geholfen. Erst dem schwarzhäutigen Weib sei es mit Geduld und Können gelungen, seinen Bruder sprechfähig zu machen. „Man, de Swatte, dat is een düchdige Deern!"

Voller Spannung hörten alle dem Friesen zu. „Un wi geit dat dien Broder to Tieds?", frage Idea. „He is fidel un kreekel un snackt ass een Veehhändler."

Wenn Imo wenigstens Worte wechseln könnte, wäre das Leben für ihn doch weniger beschwerlich, schoss es der Schmiedetochter durch den Kopf. Als habe er ihren Gedanken erraten, blickte der Friese sie an. „Wat meenst du, schülln wi dat mit Imo nich uk versööken?"

Mit der ersten Wagenladung der Hölzer würde der Junge mit in das Friesendorf kommen und von der schwarzen Magd angeleitet werden. Dankbar und herzlich ergriff Sigvald die Hände von Melf. Welch ein großherziges Angebot! Dann blickte er zu Idea, die nickte unmerklich.

„Lat uns dat versööken!" Die Männer umarmten sich, als seien sie bereits vertraute Freunde. Melf Mommesson war von der Geste des Smedebyers so gerührt, dass er gleich zweimal ruckhaft rülpsen musste.

Gut gesättigt und fast besoffen zogen die Gäste aus dem Land der Friesen gröhlend und fröhlich ab. Ihre Pferde, die einiges gewohnt waren, würden auch ohne Zügelführung den Weg in ihre heimatlichen Stallungen finden.

Die Angeln aus den Dörfern würden ihnen gut abgelagertes Holz geben, die Smedebyer und deren Nachbarn für das Eisen sorgen. Jetzt konnte der Neubau der Boote unverzüglich beginnen.

Die Festtagsstimmung der Friesen hielt an bis kurz vor dem Heimatort von Melf, Monsbüll. Dort, wo einmal Häuser gestanden hatten, schwebten dunkle Rauchwolken über verbrannten Balken.

Wüste Krieger, schwarz gekleidet, alle mit Halbmasken, waren über das Dorf hergefallen. Wenn nicht der kleine Christian Mommesson, Melfs Bruder, die Reiter früh bemerkt und laut rufend gewarnt hätte, wäre die gesamte Einwohnerschaft tot. Alle hatten sich in die nahen Birkenwälder retten können. Es war sogar noch Zeit geblieben, das Vieh fortzutreiben, weil sich der Kriegertrupp verritt. Wohl aus Wut darüber hatten sie alle Häuser angezündet.

Auch in vier weiteren Friesendörfern wüteten die Maskenmänner wie die Berserker, Mensch und Vieh wurden sinnlos abgeschlachtet, Haus und Hof in Brand gesetzt.

Von diesen furchtbaren Geschehnissen erfuhren die Smedebyer durch einen Boten, den der Friesen-Vormann entsandt hatte. Der Seefahrer ließ mitteilen, Angeln und Friesen sollten gemeinsam gegen diesen grausamen Feind vorgehen. Heute sei diese blutrünstige Reiterschar über die Fischersiedlungen hergefallen, morgen könnten Dörfer in Angeln die nächsten Opfer werden.

Sigvald Sörensson teilte die Auffassung von Melf. Doch dem Boten sagte er nur, die Angeln würden sich in dieser Sache beraten. Aus Vorsicht, Scham und Feigheit verschwieg er die Mittäterschaft von Smedeby bei den Halbmasken-Kriegern. Er und alle Schmiede des Dorfes hatten die Waffen für dieses Volk angefertigt. Doch nur er allein kannte die Auftraggeber.

Sein Schwur, Stillschweigen zu bewahren, niemanden zu nennen, band ihn weiter. Er verfluchte sein damaliges Handeln. Es war aus der Not fehlender Aufträge geboren, trotzdem war es falsch gewesen!

„Vadder, wi möhn de Friesen hölpen, de sünd bannig inne Kniep." Seine Tochter Idea war unbemerkt in die Küche getreten, wo er seinen Gedanken und seiner Schuld nachhing. „Segg de Öllerlüüd in de annern Dörper, wer mit anpackt, wer de Freesen opp de Been hölpen will, schall Bescheed gevn!"

So war sie, seine Deern, dachte an das Elend anderer Leute und kam zugleich mit praktischen Vorschlägen. Sie würde ihm fehlen, wenn sie jetzt ihren Ritt in die Ferne antrat. „Du hest recht", antwortete der Vater, „un de Hölp mutt gau gahn. Wenn de Winter kamen deit, un de Freesen hemm keen Huus un Hütt, ward de Drangsal grötter!"

In wenigen Tagen gelang es, über dreihundert Freiwillige aus fast allen westlichen Dörfern der Angeln zu finden, die sich mit Bauholz und Werkzeugen auf den beschwerlichen Weg zur Westküste machten. Bauern, Handwerker, Händler, Knechte, junge wie alte Leute, die Haus und Hof, Vieh und Felder ihren Sippenmitgliedern überantworteten, um Aufbauhilfe bei völlig Fremden zu leisten. Kruut-Alma, Ideas Großmutter, konnte sich nicht erinnern, jemals so viele Anpacker gesehen zu haben. Wohl dreihundert Berittene machten sich zur Hilfeleistung auf den Weg.

Bei den Friesen war die Freude über die unerwartete Unterstützung groß. Da in der Heimat die Ernte vor der Tür stand, wenig Zeit blieb, wurde Tag wie Nacht der Hausbau vollzogen.

Während die Aufbauhelfer nach der Fertigstellung in ihre Heimat zurückgingen, blieben die jüngeren Angeln in den Küstendörfern. Sie erlernten dort den Bootsbau von der Kiellegung über die Anordnung der Spanten bis hin zur Erstellung der Ruderbänke. Auch wenn sie, die jungen Arbeiter aus Smedeby und anderen Dörfern, des Nachts heftig gefordert wurden, versagte niemand von ihnen bei der Tagesarbeit. Der Bau eines Bootes fand ihr uneingeschränktes Interesse.

Diese Jungmänner blieben standhaft, obwohl sie in die Fänge der unersättlichen Weiber von Klocksbüll, Monsbüll, Pustebüll, Kleesbüll und Osterwestersnutebüll geraten waren. In die Heimat zurück wollte – vorerst – keiner!

Die großherzige Hilfeleistung der Angeln, der „Ritt der Dreihundert" sollte sich – obwohl gar nicht beabsichtigt – ebenso als Segen für den gesamten Volksstamm erweisen wie die Bitte des weitsichtigen Ältermannes von Smedeby, Sigvald Sörensson, den Jungen die Fertigkeiten, Feinheiten und Vorzüge des Schiffbaus durch die fachkundigen Friesen beibringen zu lassen.

Stets war der Ältermann auf der Suche nach einem weiteren Standbein für eine auskömmliche Beschäftigung seiner Dorfleute. Noch gab es durch die erfolgte Bestellung der Eisenbeschläge für den Bootsbau Arbeit für die Handwerksbetriebe und noch gaben sich die Auftraggeber mit der geringen Eisenqualität zufrieden. Aber wenn deren Ansprüche stiegen und kein hochwertiger Rohstoff zur Verfügung stand, was dann?

Die Felder, die man in seinem Heimatort und in den Nachbardörfern beackerte, waren nur klein und, was in dieser Landschaft erschwerend hinzukam, der Boden war zumeist sandig, keine dicke schwarze fruchtbare Erde, wie man sie an der Slie-See, um den Thorsberg herum und an der Küste des Ostmeeres vorfand.

Dort musste man nicht mühselig, wie hier auf den kargen Sandflächen, tiefe Brunnen graben, um spärliches Wasser zu schöpfen. In den anderen Teilen des Angelnlandes sorgten zahlreiche Bäche, Auen, Teiche und Tümpel für einen ständigen Wasservorrat.

Die Geest, „de flegen Masch", wo ihre Vorväter gesiedelt hatten, war und blieb wegen des mageren Sandes ein armes Gebiet. Wer nur auf den Ackerbau setzte, verlor. Das galt auch für die Viehwirtschaft. Waren die Wiesen, ob in Steenfeldlund, Poppholt, Possebüll, Ullegraff oder anderen Bauerndörfern, im Sommer sattgrün, gaben Gras und Heu in Hülle und Fülle, sah es in den Geestgegenden völlig anders aus, wenige spärliche Halme, weite Trockenflächen, gelb-geschrumpfte Pflanzen. Keine Landschaft, um satt und wohlhabend zu werden!

Dieser dürre, magere Boden setzte damit auch der Viehwirtschaft Grenzen. „Man, wi opp'e Geest möhn opp twee Been stahn", wiederholte der Ältermann auf jeder Allmende, „Buur sien alleen reckt nich ut."

„Wenn wi uk wat in'ne Pann smieten wülln, wat in'ne Melk krömeln, geit dat nich ohn een tweete Been. Dat meent, een Handwark hört opp jede Hoff!"

Bereits Sigvalds Vorgänger predigten dieses Wissen und es fruchtete. Auf der Geest waren viele, weil hier bei ihnen das Raseneisenerz unter der Grasnarbe lag, „zweibeinig" geworden. Der Schmiedemeister war trotzdem voller Sorge. Hätte Idea, seine Tochter, auf der Suche nach besserem Eisen keinen Erfolg, würde man „umsatteln" müssen, ein anderes Handwerk versuchen. Käme sie ohne eine gute Botschaft zurück, dann wäre das Ende des Dorfes vorgezeichnet. Was seine Altvorderen bereits erwogen hatten. Man würde die Heimat verlassen müssen. Dort neu siedeln, wo es Eisen, Sonne und Aufträge gäbe.

Melf Mommesson, der Friese, der Meister mit der Rotze, war für ihn wie eine Erleuchtung gewesen: Hölzer und Beschläge für den Bootsbau, vom Mast bis zum Ruder, von der eisernen Harpunenspitze bis zum Ballast für den Kiel, Bestandteile für den Bootsbau zu liefern!

Birken-, Fichten-, Buchenwälder gab es um die Dörfer herum genug. Und eines wusste Sigvald aus seiner langjährigen Erfahrung auch: „Een örnliche Handwarker, de kann mehr ass Brod eeten." Handwerksleute, die waren vielseitig und findig. Bäume zu fällen, Holz aufzusägen, Spanten herzustellen, Ruder zu schnitzen würde man mit ein wenig Übung auch in Smedeby hinbekommen.

Und um sich Mut zu machen, brummte er vor sich hin: „Wi oppe Geest sünd nich tuntig, tumbig, tüttelig, ass de Lüüd in de Mitt vun Angeln dat seggn doon! Nee! Wi kenn Kooh un Kalf, vun Göös un Swien laaten wi uns noch lang nich bieten!"

„Wat seggst du dor, Vadder?" Idea war gekommen, um Abschied zu nehmen, und hörte die letzten Worte des Schmiedemeisters.

Schweren Herzens und mit schlechtem Gewissen, sie in ein vermutlich gefährliches Abenteuer zu entsenden, nahm er Abschied von seiner Tochter, denn der Ritt würde sie in viele unbekannte, fremde Gebiete führen.

Idea Slappfoot machte sich auf den Weg, der Eisensuche entgegen. Dieser Auftrag hätte sie beinahe das Leben gekostet.

Doch während Skuld, die Schicksalsgöttin der Zukunft, Idea aus Smedeby im Auge behielt, nahm die Norne Werdandi für Ocke vom Thorsberger Hof den Faden auf.

31

*Von Fürstenzweifel, Frostwintern und Fischerfrevel,
von Pede Palisades plietschen Vorschlägen, von ausbleibenden Heringsströmen und warum Carl Stint
doch nicht aufgeknüpft, sondern Heringskönig wird*

Heute war wieder so ein eiskalter Tag. Trat man vor das Haus, schnitt einem der aufkommende heftige Sturm tiefe Falten ins Gesicht, ließ die Hände rissig und den Atem in kleinen, blassen Wolken sichtbar werden. Seit drei Monden war kein Schnee mehr gefallen, und doch hielt der unverwüstliche machtvolle Winter das Land weiter in seinen starren, starken Klauen.

Ocke Offasson, der zwergenhafte junge Fürst der Angeln, wünschte sich zwar das Ende der winterlichen Leidenszeit herbei, doch zugleich wollte er Frost, Eis und Kälte als Verbündete nutzen, um endlich die hartnäckigen Feinde seines Volkes auf dem Kolkrabenberg zu vertreiben. Tauwetter taugte nichts dafür. Die Männer und Pferde benötigten einen festen Grund unter Fuß und Huf, keinen knöcheltiefen matschigen Morast.

Er blickte zum fahlen Nachthimmel. Dort oben in einem gespenstisch unwirtlichen Licht zeigte sich der Mond mit einer schmalen Sichel. Für den Erfolg seiner Unternehmung benötigte er eine Himmelsscheibe, die von Nacht zu Nacht an Umfang und Leuchtkraft zunahm, die allen Beteiligten bewies, die Götter seien auf ihrer Seite. Tief eingegraben war die Furcht der Menschen vor den gespensterhaften Gestalten, die seit Generationen auf und um den Kolkrabenberg ihr todbringendes Unwesen trieben.

Trotz des Bärenpelzes, den er eng um seinen Körper geschlungen hatte, fror Ocke erbärmlich. Solange der Orkan noch wütete, durch die blätterlosen Bäume, über die kahl geschorene Landschaft brauste, fauchte, in die Lungen biss und ungeschützte Hände mit schmerzhaften, blau geränderten Frostbeulen überzog, würde er niemanden finden, mit ihm das Wagnis einzugehen, Angeln vom Fluch dieser Unholde zu befreien. Geduld wurde von ihm gefordert, eine Tugend, die ihm nicht lag.

Bevor Ocke ins Haus zurückkehrte, packte er einen Berg gespaltener Holzscheite auf seinen Arm. Eigentlich eine Aufgabe für die Jungkerle in seiner Sippe, für ständigen Nachschub des Feuerholzes zu sorgen.

Er war anderer Auffassung. Auch ein Fürst sollte sich für eine solche schlichte Tätigkeit nicht zu schade sein. Ohne das Feuer würden weder Mensch noch Tier den grausamen Winter überleben. Alle waren dafür verantwortlich, ob Tag ob Nacht, diese Leben sichernden Flammen mit neuer Nahrung zu versorgen.

Erst vor dem letzten Mond, als noch Schnee das Land wie ein Leichentuch bedeckte, hatte man auf dem Gehöft der Görressons in Steenfeldlund vergessen, gegen Mitternacht noch einmal Holz auf die Feuerstelle nachzulegen. Drei Kinder und mehrere Schweine erfroren elendig.

Auch aus anderen Dörfern waren bittere Botschaften über die gnadenlose schwarze Kälte zum Thorsberger Hof gedrungen. Der Frosttod hielt reiche Ernte bei Mensch und Tier. „Mi gruust vör de Wintertied", hatte Agnes, seine Großmutter, am Tag zuvor gestöhnt, als man zusammengerückt gemeinsam am lodernden Feuer saß. „Johr för Johr ward de Küll mehr, geit de Frost deeber in de Eer. In mien Kinnertied weer dat lang nich so hard!"

Auch von anderen Älteren hörte der Fürst ähnliche Berichte. Sicher, auch er wusste, für die Greise war die Kinderzeit eine verklärte, stets herrliche Welt, doch trotzdem nahm er deren Beobachtung ernst. Nicht nur das Wetter verschlechterte sich, sondern auch der Anbau auf den Äckern und die Bedingungen für die Viehwirtschaft. Bisher hatte sein Volk Jahr für Jahr auf Besserung gehofft, eine unendliche Geduld gehabt. Wie lange noch?

Ocke legte die Holzscheite ab, setzt sich in die Nähe der prasselnden, Funken versprühenden Flammen, um wieder warm zu werden. Seine Gedanken wanderten in die schwierigen Wochen zurück, die seit dem ersten Großen Thing unter seinem Vorsitz vergangen waren. Die Götter meinen es in diesem Jahr nicht gut mit uns, den Angeln, stellte der Fürst für sich fest. Bereits in kürzester Zeit hatten mehrere schlechte Nachrichten den Thorsberger Hof erreicht.

Die erste betraf eine der früher ganz seltenen Sturmfluten des Ostmeeres, die jetzt Winter für Winter die Küste heimsuchten. Sie führten zu weiten Überschwemmungen der flachen Ebenen zwischen den Steilküsten des Buckholmer Fjords. Bis tief ins Binnenland reichten diese „Seen". Sie würden erst mit Ende des Frühjahres austrocknen, dann war jedoch eine Aussaat für die neue Ernte nicht mehr möglich. Hunger für Hunderte drohte, gegenseitige Hilfe wurde notwendig!

Auch viele Fleisch spendende Wildtiere waren vor den Wassermassen geflüchtet. Eine weitere Not zog – wieder einmal – in die Dörfer ein. „Man, so veel Storm, so veel Water, so veel Schiet hemm wi fröher nie nich hatt", wusste die Großmutter des Fürsten zu der veränderten Wetterlage beizutragen. „Wi Angeln sütten bös in de Kniep." Ja, die Bedrängnis war nicht nur gefühlt für sein Volk mehr geworden, das Schietwetter war die Wirklichkeit.

Nun kam eine neue Herausforderung hinzu, vorgetragen von den Fischern von Kattrott-Münde an der Ostmeer-Küste, von Cappella an der Mündung der Slie-See und von denen aus Ekenisse und Brodersunde. Sie waren gemeinsam auf dem Thorsberger-Hof mit einer beunruhigenden wie folgenreichen Beobachtung vorstellig geworden.

„De Hering blifft ut! Harn wi fröher in een Wuuch dördig Böde randvull fung, blifft dat to Tieds bi twee!"

Ocke Offasson war sich bewusst, was eine solche geringe Ausbeute für Folgen haben würde. Nicht nur weniger Handelsware für die emsigen Küsten- und Slie-Fischer, sondern zugleich Einschränkungen bei vielen Sippen, für die der Fisch zur täglichen Mahlzeit gehörte. Das galt im Frühjahr besonders für den Hering. Ob gebraten, gekocht, getrocknet – stets gut gesalzen –, bedeutete er eine gern und viel gegessene Speise.

Auf die Ursache für den drastischen Rückgang dieses Fisches angesprochen, erklärten die Küstenleute: „Dat liggt an't

Water vu de Slie-See." Weil Carl „Stint" Andresensson, der alte, krumm gewordene, aber zähe Vormann aller Fischer von Kattrott-Münde, das fragend-zweifelnde Gesicht des Fürsten sah, erklärte er die für seinen Berufsstand plausible Beobachtung: „Dor liggt to Tieds een groode Barg an Slick un Sand, wo de Slie in't Ostmeer will. Dat Sliewater is meist sööt, dat Meerwater, dat is soltig. Un dat kann nich an de Barg vörbi. Dor kümmt keen Saltwater in de Slie. Du kannst mi in de Büx hoppen. Man, so iss dat ass ik dat seggn do", schloss er seine Rede.

„Wat iss to doon?", fragte Ocke. „Ja ..., nee, ja ..., nee", versuchte Carl Stint, der sich verschluckt hatte, zu einer Antwort zu kommen. „Ja, ... nee, ... nix! Alleen een grode Storm, de de Sand wegschuufen deit, de bruuken wi!"

Bevor Carl sich zu neuen Worten bequemte, zog er sein Kauholz aus dem Mund, der nur noch drei schwarze Zähne beherbergte. „Man ..., dat ... mit ... de ... Storm ... kann ... lang ... duuern! ... Du ... Fürst ... mutst ... dat ... regeln", forderte er und alle ihn begleitenden Fischer forderten laut „Ja, dat mutst du!"

„Ho jurs Flapp, holt Muul", mischte sich Ullerich Eisenschädel, der wie Pede Palisade an dem Treffen teilnahm, ein. Sofort verstummte das Aufbegehren der Fischer, denn dieser finster blickende Baum von Kerl verhieß kein „gut Kirschenessen". Also schwieg man.

„Ji ‚Herings-Kanuten' hemm de Götter vergrätzt", stellte Eisenschädel klar, „mit jurs Ruders hemm ji de Heringe dood haut." Carl Stint Andresensson zuckte zusammen. Es war also doch bekannt geworden, was sie in ihrer ohnmächtigen Wut wegen der ausbleibenden Fischschwärme getan hatten.

Sie waren voll von Bier gewesen und tief enttäuscht, weil nur drei kleine zappelnde Fische sich in ihren Netzen nach vielen Stunden Schinderei verfingen. Wille, der Jungfischer, war zuerst rasend geworden und schlug mit dem Ruder peitschend schnell auf das Wasser, die anderen schlossen sich ihm an. Mancher Fisch wurde bei dieser Schlägerorgie getroffen, verletzt, halbtot oder ganz tot geprügelt.

Am Ende, als sie sich erschöpft von ihrem Anfall auf die Ruderbänke setzten, schämten sie sich, hätten sie alles getan, um diese Tat ungeschehen zu machen.

Nun wussten sogar die Bediensteten des Fürsten davon. Es half alles nichts: Carl Stint gestand ihre Verfehlung und fragte ohne seine sonstigen Pausen: „Wat könnt wi doon, wenn wi de gode Will vun uns Gottheiten wedder in't Loot kriegn könnt?"

Die Fischer hatten bereits mit Opfern vielfältiger Art bei den Göttern um Gnade gebettelt: mit blanken Silberlingen, getöpferten Tassen und Tellern, einem geschmiedeten Anker, zwei Lederschuhen, einer Gürtelschnalle aus Kupfer und einem Knecht, der eines Tages halbtot an das Ufer der Schlie-See gespült worden war. Alles wurde, begleitet von inbrünstigen Gebeten, im Heiligen Moor versenkt. Doch nicht ein Hering mehr war in der Schlie-See gesichtet worden. Alle Opfer waren umsonst gewesen!

Pede Palisade trat neben Ullerich und bat den Fürsten um das Wort. Wer genau hinsah, bemerkte Schalk in seinen Augen. „Dat de Götter füünsch opp de Fischerslüüd sünd, duulhoorig, keen Opfer see, to Ruh bröcht hett, dat kann böös utgahn. De Hüüser vun de Fischer köhn affbrenn, dat Veetüch dood gahn, de Höhner, Enten un Göös wegloopen, dat Holt för de Scheep vull vun Worm sien. Keen kunn mehr mit Scheep to See."

Palisade gefiel sich darin, den anhaltenden Zorn der Gottheiten in schwärzesten Farben zu malen. Und seine mit Absicht ohne Leidenschaft – schlicht – vorgetragene Rede zeigte Wirkung.

Die Leute von den Fischersiedlungen entlang der Schlie-See wurden blass, zitterten, bekamen Schweißausbrüche, Carl Stint verlor sein Kauholz, mehrere sanken auf die Knie.

Pede ließ sich nicht beirren, sondern wandte sich dem Fürsten zu. Er, Pede, wisse nicht, was die Mächtigen in Walhalla besänftigen würde, aber für die Sicherung und den Schutz des Heiligen Hains und der Heiligen Quelle habe er einen Vorschlag.

Ocke hatte den erfahrenen Baumeister gleich nach ihrer Rückkehr vom Königshof in Faaborg-Sund damit beauftragt, für eine bessere Sicherung der heiligen Stätten zu sorgen. Sie war bei der großen Überschwemmung vor dem letzten Winter fast überspült worden. „Wat hest du di utdacht, Pede?", fragte er.

„Wi buun een Damm, een ‚hillige Damm' rund um die Eeken und de Quell!" Bei der Antwort beließ es Pede Palisade nicht. Es dürfe kein gewöhnlicher Schutzdeich aus schwarzer Erde sein. Der würde dem Willen und Wunsch der Götter nicht gerecht. Nein, er müsse aus gelbem, wie Gold funkelndem Sand bestehen. Doch dieses Material habe er weder hier auf dem Thorsberger Hof noch in der Umgebung finden können.

Und um seiner Not Nachdruck zu verleihen, hob er beide Arme gespreizt in die Höhe und rief: „Nerthis, Nerthis, du uns Göttin, wies uns een Weg!"

In diesem Augenblick schlug die große Stunde von Carl Stint Andresensson, die dieser später bis an sein Lebensende verfluchen würde. Der Vormann der Fischer trat einen Schritt vor, sodass jetzt alle Augen auf ihn gerichtet waren.

„Fürst Ocke Offasson, ik weet een Weg, ik weet, wo dat Sand so geel ass Gold gevn deit!"

Einige der Bediensteten des Hofes sahen sich vielsagend an, Ullerich Eisenschädel schlug seine Stirn in zwölf Falten. Wollte dieser nach Fisch stinkende Alte es besser wissen als Baumeister Pede Palisade?

Ja, der hatte tatsächlich eine Lösung bereit. Da gäbe es doch diese Düne am Ausgang der Schlei zum Ostmeer. Die bestände aus wunderbar weißgelbem Sand. Den könnte man per Boot über die Slie-See bis an das Ufer von Steenfeldlund bringen. Von dort müsste man Ochsenkarren zum Heiligtum einsetzen. Die anderen Fischer nickten eifrig, ohne zu ahnen, dass sie für den Transport zuständig sein würden.

Eine gottgefällige Lösung war gefunden, Erleichterung machte sich allenthalben breit.

Ocke nutzte sofort die Gunst der Stunde und schlug einen Verbund für die Verbringung des Goldsandes vor. Die Fischer würden für den Seeweg, die Bauern für den Landweg sorgen. Per Handschlag besiegelte man die Abmachung.

Monatelang schufteten die Fischer, gruben die Düne Stück um Stück ab, füllten die Boote, entluden sie am Fuße des Thorsberger Hofes und ruderten die oftmals kippelige, spröde Slie-See zurück.

„Ik bün fardig mit Jack un Büx", grummelten viele der Beteiligten. So mancher war erschöpft, voller Ärger, Zorn und Wut, denn die Zeit für den Sandtransport ging für den Fischfang verloren. Der Unmut bei den „Sandfischern", wie Spötter sie bald bezeichneten, stieg ins Unermessliche.

Ihr Vormann Carl Stint Andresensson wurde als Wurzel allen Übels ausgemacht. Sein abschließender Handschlag mit dem Fürsten sei der Grund ihrer Schwerstarbeit! Das sollte dieser büßen. Hitzköpfe forderten seinen Tod. Es ging nur noch um die Frage: „Schall de Ole in't Moor oder in de Slie-See versaapen warn oder wülln wir emm mit de Been nach baben ünner een Eekboom ophang?"

Dazu kam es nicht! Ein Wunder war geschehen. Eine Vielzahl an Heringsströmen war in der Slie-See aufgetaucht. Die Sanddüne, die man weitgehend abgegraben und zum Heiligtum befördert hatte, lag nicht mehr wie ein Korken vor einem Krug. Der Wasseraustausch zwischen dem salzigen Ostmeer und der Slie-See mit ihrem Süßwasser kam wieder ins Lot. Der Hering fand im Mischwasser wieder passende Bedingungen für seinen Nachwuchs.

Die Absicht, Carl Stint aufzuknüpfen, gab man schweren Herzens auf, denn die Mehrheit hatte sich nach einer Reihe von Abstimmungen für den Hängetod unter der Eiche entscheiden. Manche Sippe hatte bereits Platzhalter zum Hinrichtungsort entsandt, denn die vorderen Reihen für Zuschauer waren besonders begehrt.

Stattdessen wurde ein Fest zur Rückkehr des Herings anberaumt. Den alten Vormann, der immer noch um sein Leben fürchtete, ernannte man zum ungekrönten Heringskönig. Die Einsicht bei den Fischern hatte gesiegt.

Wendig waren die Slie-Fischer beim Wechsel ihrer Meinung, schneller als beim Wechsel ihrer Hemden. Die trugen sie, sparsam wie sie waren, von einer Sonnenwende zur nächsten, bis sie steif wie Buchenbretter waren und ihr penetranter Fischgeruch Händler um ihre Dörfer einen Umweg machen ließ, Bienen aus ihren Behausungen vertrieb, Möwen flogen ihre Siedlungen nicht mehr an, der Flieder verwelkte, die Weiber verweigerten den Beischlaf.

Besonders zufrieden war Pede Palisade. Sein heiliger Damm war fertiggestellt, die Heiligtümer geschützt, die Fischer erfuhren wieder Gnade vor den Göttern und sein Plan war aufgegangen. Ein Deich aus dunkler Erde hätte es auch getan.

Doch wie lange blieb es bei der erweiterten Mündungsöffnung der Slie-See? Würde nicht nur ein kräftiger Wintersturm aus Ost oder West ausreichen, um die Sanddüne wieder wachsen zu lassen?

Es war Fürst Ocke, der auf die Notwendigkeit einer dauerhaften Lösung hinwies. Aber wie? Gegen Wind und Wetter, Flut und Versandung waren die Menschen machtlos. „De Hering för't Eeten, de bruuken wi Angeln ass dat Water to't Trinken", schloss er seine nachdenkliche Anmerkung.

Noch lange beschäftigten den jungen Fürsten zwei Gedanken, die ihm bei dem Ausbleiben der lebenswichtigen Heringsströme gekommen waren. Wäre es nicht möglich, die Aufmerksamkeit der Fischersleute auf andere Fischarten zu lenken, wenn sie denn in ähnlichen Mengen in der Slie-See vorkamen?

Bei seinem zweiten Einfall musste er lächeln, so verrückt war der. Seit Generationen kamen die Heringsströme zu ihnen in die Slie-See. Daran waren die Fischer gewöhnt. Aber gab es nicht auf der großen Erde auch anderswo eine solche Menge dieser leckeren Heringe?

Was wäre, wenn die Slie-Fischer nach neuen Fischgründen in anderen Gewässern suchen würden. Man müsste dafür zwar Haus, Hof und die Heimat verlassen, doch für ihn und seine Sippe gäbe es einen Fischfang ohne Verluste, ohne Unterbrechungen, ohne die ständige Angst, der Hering würde für immer ausbleiben.

„Büst wohl mall inne Kopp!", würde ihn Carl Stint anfahren, „een ole Boom ass mi, de kannst nich woanners planten! Weg vun de Slie? Nee, nich een Daag!"

Zu all den Herausforderungen, die den jungen Fürsten umtrieben, gehörte noch eine weitere. Sie wurde durch eine Angst machende Nachricht vom Kolkrabenberg in den Vordergrund gerückt. Sie betraf ein tragisches Unglück, zu dem es bereits im Spätsommer gekommen war. Jetzt erst erfuhr man am Thorsberger Hof durch einen Händler, der der Kälte getrotzt hatte, von einem schrecklichen Geschehen.

32

Das Heer des Schreckens und der Sturm auf den Kolkrabenberg, von einer Fürstenrede gegen die Furcht, dem Tod zweier Helden, den Bräuchen der Avionen und wie Rummelpötte zu einem Sieg beitragen

Der Handelsmann, der trotz des Winters auf gute Geschäfte mit dem Thorsberger Hof hoffte, wusste von fünf Jungdeerns, Mädchen nicht älter als acht Winter, zu erzählen. Sie hatten in der Nähe des Kolkrabenberges Brombeeren suchen sollen. Am Abend des Tages waren sie nicht wieder in ihre Dörfer zurückgekommen, schienen spurlos verschwunden. Die tagelange Suche nach ihnen blieb ohne Erfolg.

Es war, als seien sie wie vom Erdboden verschluckt. Von Wurzelgeistern gefangen gesetzt? Von Kobolden, Unholden gehetzt, geknebelt und jetzt geknechtet? Opfer von gefräßigen Bären oder Wölfen? Verschleppt von den flüchtigen Nebelfrauen?

In den betroffenen Sippen wurde geweint, getrauert, gerätselt, spekuliert. Wer vergriff sich an noch kindlichen, unschuldigen jungen Weibern?

Erst viele Wochen später fand ein Entenjäger am Fuße des düsteren Berges, wo ein dichtes, verflochtenes Dornengestrüpp jeglichen Zugang verhinderte, eine Haarspange und Fetzen von Tüchern.

Also mussten die grauenvollen Bewohner dieser dunklen, gespenstischen Anhöhe ihre Hände im Spiel haben, diese „Tiere in Menschengestalt", „de Undeerten", wie man sie nannte! Niemand traute sich näher an die verfilzte undurchlässige Wand von Weißdornen heran, weil man dort grauenhafte Geräusche hörte, ein Knurren, ein Fletschen, ein Hecheln, aber kein Bellen! Also Wildhunde waren es nicht, aber was dann?

In die Hand meuchelnder Gespenster wollte man sich nicht begeben, doch zugleich die Kinder zurück haben.

Der Thorsberger Hof war letzte Hoffnung der Trost suchenden Sippen. Fürst Ocke musste helfen. Er, der Führer aller Angeln, höchster Richter, Beschützer der heiligen Stätten, sollte um Rat und Tat gebeten werden. Diese Bitte trug der Handelsmann vor, als er an der Feuerstelle mit heißem Fliedersaft versorgt und wieder zu Kräften gekommen war. Keine Frage, jetzt musste gehandelt werden!

Und so geschah es. Ocke entsandte Reiter in die geschädigten Dörfer und versprach den besorgten, zornigen und zugleich hilflosen Sippen der Kinder Einsatz und Unterstützung. Aber wie? Und wann?

Noch war das weitflächige Sumpfgebiet um den Kolkrabenberg herum wegen des Frostes begehbar. Wie lange noch? Mit Beginn des Tauwetters wären die Wege zum Berg unpassierbar.

Ocke Offasson wandte sich an die weißhaarige, krumm gewordene Agnes, seine Großmutter, deren faltenreiches Gesicht immer mehr schrumpfte, doch deren Augen wach, flink und stets aufmerksam blieben. „Ass ik lütt weer, dor hett dat anfung mit de Spöökerie opp de Kolkrabenbarg. Un wo dat Bangsin in't Speel is, dor verleern de Lüüd de Kloogheit ut ehrn Kopp!" Die Alte wusste noch aus ihren Kindheitstagen von den Schrecken um den Berg der Kolkraben.

Die Furcht vor dieser scheinbar uneinnehmbaren Höhe, die den Handelsweg zwischen dem Fischerdorf Sliestorp und Hollenhude vollständig sperrte, vermutete der Jungfürst, sei von Jahr zu Jahr, von Generation zu Generation weitergegeben worden. Was wirklich dort auf und um diese hohe, die Landschaft beherrschende Anhebung geschah, danach fragte man nicht mehr. „Spiejööken-Kram is dat, Bangmakerie!", bestärkte Agnes seine Überlegungen.

„Weetst wat, mien Jung", dabei blickte sie ihren Enkel direkt an und es blitzte in ihren Augen, „Füüer mutt man mit Füüer dood maken, un Spöökenkram mit Spöökenkram!" Über diesen versteckten Ratschlag, da musste Ocke erst einmal nachdenken. „Spöökenkram mit Spöökenkram angriepen?"

Blitzartig kam ihm bei dieser Wiederholung ein Gedanke. Ja, so musste es versucht werden! Doch dazu benötigte er Hilfe. Seine beiden Landsleute, die er beim König der Warnen freigekauft hatte und die sich immer mehr als patente, unerschrockene, einsatzfähige Kerle mit überraschenden Vorschlägen entpuppten, die würde er einweihen und zu seiner Rückeroberung des Kolkrabenberges mitnehmen – Ullerich Eisenschädel und Pede Palisade. Sie erwiesen sich immer mehr als unentbehrlich.

Der Ältere, Ullerich, lange Jahre Führer der Palastwache auf der Warnen-Burg, gut geübt in aller Art von Kampf, vom Kopfstoß bis zum Fußtritt, wortkarg, handelte stets nach dem Grundsatz: „Do, wat du wullt, de Lüüd snackt doch!"

Er sollte später, so Ockes Vorstellung, die Verteidigungsfähigkeit der Angeln gegen Angriffe von Raubgesindel, See- und Sklavenräubern und sonstigen Feinden verbessern. Denn Jahr für Jahr erreichten den Thorsberger Hof aus den Grenzdörfern im Norden wie im Süden immer häufiger Klagen von Überfällen.

Sein Heldenname Eisenschädel wurde nach einem Sturz in volltrunkenem Zustand direkt auf den Kopf von einem fast fünf Meter hohen Wachturm bestätigt. Er überbestand ihn unbeschadet bis auf den Bruch beider Beine, beider Arme, einer Schulter, mehrerer Rippen und des rechten Daumens klaglos. Nur das abgerissene rechte Ohr ließ sich nicht wieder ersetzen.

Sein jüngerer Freund Pede Palisade erwies sich als ein wahrer Meister für Verteidigungs- und Schutzanlagen aller Größe. Auch darin hatte man im Land der Angeln einen Nachholbedarf.

Was die Zusammenarbeit mit Pede und zugleich seine Freundschaft mit Ullerich beeinträchtigte, war Palisades ständige Furzerei. Zu jeder Tageszeit, bei jedem Wetter, ob vor, während oder nach dem Essen und nicht nur nach Erbsen-, auch nach Hirse-, Gersten- und Rote-Bete-Brei ging Pede ein flotter Furz in die Hose. Er konnte ihn unterteilen, hohe wie tiefe Töne erzeugen, mit und ohne Duftnote freisetzen. Gegen eine Kanne Bier oder einen Pott Met bot er auf Wunsch auch Sondertöne an.

Ocke, der die Kunstfertigkeit dieses Baumeisters kannte, stellte gleich zu Beginn ihrer Zusammenarbeit klar: „Puupt ward nich! Dat gellt för all de Tied, wo wi opp de Kolkrabenbarg sünd!" Pede wollte zuerst dem Fürsten widersprechen, denn er wusste um die Wirkung seiner explosiven Fanfarentöne. Ochsen konnte er damit in die Flucht treiben, Maikäfer fielen in Massen aus den Buchen, Hühner wagten sich Tage später nicht aus ihrem Stall. Ja, sogar Gewitterwolken machten um den Thorsberg einen Umweg. Mit gespensterhaften Gestalten hatte er noch keine Erfahrung gemacht, also unterließ er seinen Einspruch.

Als Kundschafter, beide in braune Bärenpelze eingemummt, verließen sie den Hof und ermittelten in der Umgebung des Kolkrabenberges, mit welchen Gegnern sie es zu tun haben würden. Es war ihnen gelungen, sogar den dritten Verteidigungswall unauffällig zu überwinden, weil die spitzen Dornen im Winter an Wirkung einbüßten. Ja, erste Gespräche konnten sie belauschen und Mädchenstimmen in anglischer Sprache drangen an ihr Ohr, bis ein ohrenbetäubender Furz von Pede sie zwang, ihre Ermittlungen sofort abzubrechen und sich auf die Flucht zu begeben. Verfolgt wurden sie nicht, weil auch die Feinde vor Pedes Gestank flüchteten.

„Man wi weeten, wer dor is", berichtete Ullerich. „Dat sünd Avionen, veele, de dor huusen", setzte Pede Palisade fort. Dann begann Pede: „Wat de Lüüd hörn doon, sünd wille Hunde, rund umme Barg ankeet!", und Ullerich ergänzte: „De Köter hemm se de Tung affsneen, bellen köhnt se nicht. Man hörn deit man de Köter!"

Mit Stammesmitgliedern der Avionen hatte Ocke seine eigenen Erfahrungen bereits erlebt. Dieses Volk war es gewesen, das seinen Tod sehenden Auges in Kauf nahm, Lämmchen und ihm keinen Schutz bot. Sie waren es also, die die Jungmädchen aus den Dörfern raubten, Sommer für Sommer. Damit musste endgültig Schluss sein!

„Keen Deert mit söss Been is dor, keen, de Füür spien deit!", bekundete Ullerich. „Allns Löögen – allns Tüünkram!", schloss Pede sich an. Das angebliche Fehlen von feuerspeienden Ungeheuern, ob mit sechs Beinen oder drei Köpfen, wie auch immer, ermutigte Bauern wie Bedienstete, sich an die Seite des Fürsten zu stellen, gemeinsam den Feind zu verjagen.

Fieberhafte Arbeiten begannen in den Dörfern. Stroh und Heureste, Tücher verschiedener Farben und Pferde, viele Pferde forderte der Fürst aus den umliegenden Orten an. Einer der Ersten, der mit weiteren Reitern erschien, war Holger Levesson aus Hollenhude, der sich trotz der Winterzeit auf den langen Weg zum Thorsberg aufgemacht hatte, um seinen Freund und Fürsten Ocke Offasson zu unterstützen. Auch Bernd aus Bönsbarg, sein Schwager, war zur Stelle, Jesper vom Sonnenhof an seiner Seite.

Auf dem Hof herrschte ein reges Treiben. Pede Palisade, voller Einfälle, nicht nur beim Bau von Wehrtürmen und Gerüsten, war in seinem Element. Das Furzen verlegte er in die Nachtstunde, gab es nicht auf, denn ohne eine solche Entlastung war sein ständiges Bauchgrimmen nicht aushaltbar.

Große Gestelle entstanden, auf ihnen band man riesenhafte Strohpuppen mit zwei, drei, sogar in einem Fall mit fünf Köpfen, wild gekleidet, furchtbar anzusehen, fest. Die Pferde, gleichfalls mit Tüchern konturlos gemacht, trugen diese pompösen Großmasken, geführt von Männern, die sich als die in allen Orten gefürchtete Krähenkrieger verkleideten.

Zusätzlich, so die Anordnung des Fürsten, musste jeder einen Rummelpott mitführen. Es handelte sich um schwarze getöpferte Jütetöpfe, die mit einer getrockneten Schweineblase stramm überzogen waren. Zog man einen Strohhalm durch ein kleines Loch in dem unbehaarten Fell auf und ab, erzeugte man damit unheimliche tiefe wie schräge Töne, die in ungeübten Ohren furchterregend klangen, Gänsehaut bei Unkundigen erzeugten.

Ein „Heer des Schreckens" war geboren. Nur der Aufmarsch dieser „Armee der Ungeheuer" fiel schwer, weil der späte Abend, eine der letzten dunklen Frostnächte, genutzt werden sollte und musste. Es brannte schon mal ein Pferd durch, fielen Puppen auseinander, weil die Riemen aus Rinderfell rissen. Tücher brannten, weil Fackeln zu früh entzündet wurden, Rummelpötte zerbrachen unter Pferdehufen. Chaos, wo man hinsah!

Eine Vielzahl von Knechten und Mägden, die während der Vorbereitung maßlos und fröhlich Met tranken, um ihre

Angst zu bekämpfen, um sich Mut zu machen, waren, weil volltrunken, nicht einsetzbar. Es ging alles drunter und drüber.

Erste Bauern aus Braruplund, Ekenisse und Ullegraff rüsteten sich, sich aus dem Staube zu machen. „De sik dat utdacht hett, mit Kallekuuten-Poppen Avionen to verdrievn, de hett nich Grillen, nee, de hett Grapen inne Kopp!" Rasch wurde die Anzahl derer, die dieses Unterfangen als kindisch, abartig und irre bezeichneten, größer. Ein, wenn auch nicht lautes, doch durchdringendes Hornsignal zwang alle zur Aufmerksamkeit.

„Hüüt Nacht geit dat los, keeneen löppt weg!", meldete sich eine kantige, vor Zorn knarrende, kräftige Stimme. Ocke Offasson, der kurz gewachsene Fürst, hoch zu Ross. Alle blickten ihn, zum Teil erschrocken, an. Da saß kein Winzling auf dem Pferd, kein Lüürlütt, Putjehupp. Ein aufrechter, selbstbewusster, energischer Baas aller Angeln meldete sich zu Wort, selbstsicher, unerschrocken und sich seiner Verantwortung bewusst. Sogar sein großrahmiges Reitpferd schien den Ernst des Augenblicks zu spüren, stellte das Tänzeln ein, stand wie eine gemeißelte Figur in einem Felsen, geballte Stärke ausstrahlend.

Wer noch etwas sagen wollte, schwieg. Wer bisher abgelenkt war, spitzte seine Ohren. „Angeln, Fründe, Kanuten, Landslüüd", begann der Erste Ältermann des Angeln-Volkes seine Rede. „Wat wi vorhemm, dat süüt ut ass een Rummelpott. Man, dat is dat lang nich! Wi wülln de Avionen vun de Kolkrabenbarg an' Kanthaken kriegn. Dat ward keen Pläsier."

Eine merkbare Ernsthaftigkeit zog auf dem Versammlungsort ein. Keiner sprach mehr. „Dat geit um Dood un Leven!" Ocke erinnerte an die vermissten Mädchen, an die Schrecken des Kolkrabenberges so lange man denken konnte, an den unterbrochenen Handelsweg zwischen Sliestorp und Hollenhude. Würde es hier keine Beschränkung mehr geben, könnten Fischer aus Cappela und Kattrott-Münde ihren Fang sogar bis Hollenhude und in die weiteren Dörfer an der Traner Au eintauschen und weiter zum Westmeer fahren. Er malte mit Worten eine hoffnungsvolle Zukunft. „Man dat langt nich!"

Boote vom Westmeer mit Salz und Schmuck, Geräten und blitzendem Geschmeide würden wieder ins Land der Angeln finden, bis nach Cappella und weiter zum Ostmeer fahren können. „Wi hemm veel to lang an de Spijöök opp düsse Barg glöövt. Dat mutt een Enn hemm!" Beifall, Begeisterung brandete auf.

„Ullerich mit de Isenkopp un Pede Palisade, de wi vertruun, sünd opp de Barg ween. Keen Undeert mit veele Been weer dor, keen Koh mit twee Köpp!" Noch einmal versuchte er seinen Landsleuten die Angst vor Ungeheuern zu nehmen. Die Furcht vor tatsächlichen Gespenstern, verwachsenen Gestalten gab es in allen Volksstämmen. Deshalb setzte er diese furchterregenden Unwesen jetzt als Waffe gegen die Avionen ein. „Man, wi hemm düsse Undeerten in uns Törn. Wi sünd dat, de de Avionen bang maken doon!"

Brausende Zustimmung, von allen Seiten erfolgte das „Höö, höö, hööö!", obwohl die Mehrzahl noch lange nicht von der Geisterlosigkeit des Rabenberges überzeugt war. Zu tief saß die über Generationen fortgeführte und mit zusätzlichen Geschichten angereicherte Angst.

Der Fürst spürte das Unbehagen seiner Landsleute. Er unterbrach seine Rede, die Aufmerksamkeit wuchs, auch weil er bei den nächsten Worten seine Lautstärke zurücknahm. „Veele vun ju weeten, Johr för Johr gahn Kinner, Deerns ut Angeln, över'n Diek, warn nich mehr sehn. Mien Grootmudder Agnes, de in de Nächde vun uns Götter steit, weet, wat passeert!"

Agnes hatte ihr Wissen über alle Jahre zurückgehalten, damit die Angst in den Dörfern vor den Besetzern des Kolkraben-berges nicht noch größer wurde. „Mi gruust vör dat, wat ik ju vertelln mutt", sagte Ocke.

Die Avionen raubten junge Deerns, jungfräulich mussten sie sein, und zweimal im Jahr bei ihren geheimnisvollen Götteropfern wurden diese Kinder gefesselt auf den Opferstein gelegt. Bevor es dazu kam, war es das Vorrecht der Avionen-Priester, die Mädchen zu entjungfern.

Es seien die „Heiligen" des Volkes, die die Deerns von der Kehle bis zum Schritt nach der Gewalttat aufschlitzten, das herausschießende Blut in Schalen sammelten, das Herz herausschnitten, kleinhackten und am Ende des Rituals alle Gliedmaßen zerteilten und in einem Topf auf offenem Feuer kochten. Das Fleisch verzehrte man gemeinsam, weil der Körper und die Gliedmaßen von besiegten Feinden Kraft und Stärke gaben.

Die Augen, ein besonderer Leckerbissen nach dem Glauben der Avionen, erhielten der oberste Priester und der Führer der Sippe. Sie sollten deren Weitblick stärken und deren Einblick tief in das Innenleben der Menschen verbessern.

„Dat maken de Avionen mit uns Kinner!" Grauen vermischte sich mit Wut, Abscheu mit Empörung, Hass mit Trauer; Aufgeregtheit allenthalben, eine entschlossene Bereitschaft, diesem Spuk endlich ein Ende zu machen.

Der Jungfürst, der die Wirkung seiner wohlerwogenen Worte spürte, hob noch einmal seine Stimme und rief den Mitstreitern, den Weibern wie Mannsleuten, zu: „Schall dat mit düsse chräsigen Avionen so blievn?"

„Nee un dreemal nee, nee, nee", schallte es zurück.

„Wülln wi dat mit de grusam Lüüd vun'ne Barg endlich to Enns bring?"

„Ja, ja, ja, dreemal ja!"

„Hemm wi stämmigen, stivigen, starken, däägten Angeln Bang för de Buschemanns vun Avionen, düsse Heiopeis?"

„Nee un dreemal nee, nee, nee", brüllten Bauern und Bedienstete mit wachsender Begeisterung zurück, weil ihnen dieses Wort-Wechselspiel mit ihrem Fürsten nicht nur gefiel, sondern sie auch wärmte, denn es war bitterkalt um diese Nachtzeit.

„Sünd wi Angeln op'n Kiewiev?"

„Ja, un dat bannig good", meldete sich die Meute.

„Wat hemm de Krintenkacker vun Avionen verdeent?", rief Ocke aufstachelnd in die Menge. „Keile, Hiebe, Haue, Schacht un Prügel", echote es. „Schacht, Schacht, dat dat Blood man so sprütten deit!"

Ocke merkte, wenn er jetzt nicht aufpasste, bekam der Angriff auf die Avionen ein Eigenleben, würden Vorsicht, Ordnung und Gehorsam verloren gehen. Zur Flucht wollte man sie bringen, nicht töten! Der Glaube verbot ihnen, den Angeln, Leben zu vernichten.

Deshalb nahm er seine Lautstärke zurück und betonte jedes der folgenden Worte:

„Wi Angeln strien för dat Recht! Wi Angeln strien för dat Levn! Wi Angeln strien för uns Götter. Wi strien för Nerthis, uns Göttin, de hüüt an uns Siet mitmaken deit!"

Jubel brandete auf, laute, fast überschwängliche Begeisterung. Das Wissen um den Beistand der Gottheiten milderte die immer noch bestehende Furcht, verdrängte sie jedoch nicht.

Jetzt hieß es, sich den guten Willen der Machtvollen von Walhalla auch durch persönliche Opfer zu sichern. Trotz aller Absage der Angst und einer Niederlage fasste der eine oder andere noch in die Tasche seines Rockes und vergewisserte sich, die Hasenpfote, den blank geschliffenen Schwarzstein oder auch den ersten ausgebrochenen Zahn als Glücksbringer dabeizuhaben.

Man übergab dem trüben Moorwasser vor dem Aufbruch gegen die Avionen, was einem lieb und wichtig war: Fibeln, Fußlappen, Nadeln aus Fischgräten, Schilde und Schleifsteine, Kämme, Kannen, Runenhölzer, manche eine Handvoll Gerste, Hirse oder Hafer. Auch drei abgestochene Hunde, zwei Ziegen und ein Schafbock dienten der Gottgefälligkeit.

Die zweite Nachthälfte war bereits weiter fortgeschritten. Bodennebel stand in den Niederungen zwischen den Birken rund um den Berg. Der Aufmarsch der über einhundert Pferde mit den Maskengestellen erfolgte fast geräuschlos. Der frostfeste Boden trug mühelos auch die schwersten Rösser.

Das fahle Mondlicht verstärkte eine gespensterhafte Kulisse. Ullerich Eisenschädel und Pede Palisade fütterten die auf Menschen abgerichteten, um den gesamten Berg verteilten Riesen von Wachhunden vor dem Angriff mit Fleischstücken, die man zuvor in eine Tunke aus Tollkirschen gelegt hatte. Die hungrigen Bestien schlangen das blutrote Fleisch, ohne es zu zerkleinern, in ganzen Brocken hinunter. Das Gift wirkte tödlich.

Fackeln wurden gezündet, die Rummelpötte begannen zu tanzen und die Nacht mit angstmachenden Geräuschen zu füllen und immer enger zog sich der Ring um den Kolkrabenberg. Es schien, als würden alle Geister aus der Unterwelt auferstehen, die Feuerfrauen aus der Erde kommen, das Ende der Welt bevorstehen.

Von der Spitze des Hügels musste dieser Aufmarsch der unheimlich wirkenden Riesenpuppen im flackernden Licht der Fackeln wie das Ende allen Lebens wirken.

Da setzte Lärm auf dem Berg ein, Gebrüll, Angstgeschrei, Todesschreie. Ullerich Eisenschädel und Pede Palisade, die den schmalen Pfad zur Bergspitze wiederfanden, waren die Ersten in der Siedlung der Avionen.

Ein grauenhaftes Bild bot sich ihnen. Überall verstümmelte Leichen, Kinder, Weiber, Alte, doch keine Mannsleute. Blut, überall Blut, wo man hinsah. Die Menschen eines ganzen Dorfes waren niedergemacht, massakriert worden, abgeschlachtet von den eigenen Mannsleuten. Vätern, Nachbarn, Freunden! An der Spitze dieser Sippenmörder die Priester.

Doch wo waren die Mannsleute, wo der Opferstein, wo die verschwundenen Kinder der Angeln?

Da, am Rande des großräumigen Platzes stand eine haushohe, breite Scheune, eine Art Tempel, aus mächtigen Baumstämmen mit Reet gedeckt, das Tor fest blockiert.

Aufgeregte Stimmen waren in dieser Festung zu vernehmen, viele tiefe Stimmen. Hier waren die Avionen, in diesem großen Saal waren sie versammelt. Hier brannten Fackeln, deren flackerndes Licht sah man durch die Ritzen der Seitenwände.

Tief unten vor der versperrten Tür war ein heller Lichtschein zu erkennen. Die Öffnung war zwar nicht groß, aber um nacheinander vorsichtig durchzuschlüpfen reichte es. Eisenschädel und Palisade, diese langjährigen Freunde, waren sich ohne Worte einig. Sie mussten in diese riesige Opferhalle, um die Jungdeerns aus Angeln zu retten.

Vorsichtig, fast geräuschlos, um nicht auf sich aufmerksam zu machen, und ganz leise, krochen sie in den Tempel der Avionen, Pede, der Jüngere, zuerst, Ullerich, der Ältere, folgte genauso vorsichtig, doch nicht vorsichtig genug.

Als Ocke mit seinen Begleitern den Gipfel erreichte, brannte die Riesenscheune lichterloh, schossen Flammen meterhoch aus dem Dachstuhl. Alles hatte Feuer gefangen, auch die Arvionen, die sich hier verbarrikadiert hatten. Kein Wehklagen, kein Schmerzensschrei wurde hörbar. Auch nicht von Ullerich Eisenschädel und Pede Palisade, die zugleich Opfer dieses verheerenden Feuers wurden. Eine gespenstische Kulisse bot sich in dieser Nacht allen Mitstreitern. Eine erschütternde Tragödie. Ein gesamtes Dorf mit all seinen Bewohnern hatte sich selbst getötet, angezündet und war elendig verbrannt. Unermessliches musste hier geschehen sein.

Nur drei kleine Mädchen aus Angeln wurden vor dem Opfertod gerettet. Sie waren in den Ziehbrunnen geklettert, hatten sich dort versteckt.

Auf Anordnung des Fürsten begrub man die rußigen schwarz-verkohlten Leichen und machte den Ort dem Erdboden gleich. Nichts sollte mehr an die Avionen erinnern, an ihre grausame Schreckensherrschaft.

Es gab weder einen Jubel über den Erfolg noch eine Siegesfeier – zu bedrückend blieben für alle Beteiligten die Bilder von der Unmenge von Verstümmelten. Tief erschüttert und traurig waren alle über den Tod der beiden selbstlosen Helden Ullerich Eisenschädel und Pede Palisade.

Gemeinsam dankte man der Göttin Nerthis für ihren Beistand. „Man ohn uns Fürst weer dat böös inne Grütt gahn", waren sich die Beteiligten einig.

Der Zeitpunkt des Angriffs zur Nachtzeit, in der der Sumpf durch den Frost begehbar war, hatte ebenso zum Erfolg beigetragen wie die selbst gebauten Gespenster und die aufrüttelnde Rede des Fürsten. Tüchtig, stark und tapfer habe man Ocke erlebt, „däägt", ja, das sei er gewesen, ein überlegt, maßvoll, mutig handelnder Anführer. Erstmalig sprachen Bedienstete und Bauern von Ocke de Drooke.

Über seinen Kleinwuchs, über seine große Klappe, für die er in jungen Jahren bekannt und berüchtigt gewesen war, verlor niemand ein Wort.

Der Ehrentitel „de Drooke" machte bald seine Runden durch das Land der Angeln. Seinen Träger erfüllte er mit Stolz, machte Ocke jedoch auch befangen. Wie sollte er in seinem jungen Alter diesen Erwartungen und Hoffnungen, die mit dem Beinamen „der Kühne" verbunden waren, zur Zufriedenheit aller Angeln erfüllen?

Es sollte sich zeigen, dass schon bald eine Bewährungsprobe auf ihn zukam, größer, gewaltiger, als er sie sich hätte je ausmalen können, eine Herausforderung voller Risiken!

Bevor man Ockes Namen in den Schriftzeichen der Runen in mächtige Steine meißelte, geriet er auf einen Weg voller Fallstricke, falscher Versprechungen und eigener Fehler.

Im Augenblick waren alle von seinem Erfolg – dem Sieg über die Avionen – erfüllt. Bald würde der Sonnenschein vergehen, der graue Alltag wieder einkehren, Not, Entbehrungen, Enttäuschungen, Niederlagen. Würde es dann immer noch Fürst Ocke de Drooke heißen?

Auch an den freien Seeweg zwischen dem Ost- und dem Westmeer würde man sich bald gewöhnen, an das Wegräumen der Hindernisse zwischen Sliestorp und Hollenhude.

Ocke spürt es, eine drohende Gefahr zog unwiderruflich wie eine pechschwarze Gewitterwand auf die Angeln, sein Volk, zu. Doch wie konnte er sich einer Gefahr stellen, die gespensterhaft nicht greifbar blieb?

In solchen Augenblicken voller Selbstzweifel trösteten ihn oft die Worte seine Großmutter, der Götternahen. „Mien Jung, alleen büst du nich opp uns Eer. Uns Göttin Nerthis steit an uns Siet. Un vergitt de Nornen Urd, Werdandi un Skuld nich. De dree hemm de Tüderbänner vun di un vun uns Angeln inne Hannen!"

Ockes Unruhe legte sich trotz der tröstenden Worte seiner Großmutter nicht, denn niemand auf der Erde kannte die Absichten der Schicksalsgöttinnnen.

Was kam da auf ihn und sein Volk zu?

Mit seinen Sorgen bleibt er allein zurück, denn Bernd, der Mann seiner Schwester, hatte ebenso rasch zurückreiten müssen wie Leve aus Hollenhude, der ein Versprechen einlösen sollte und wollte.

33

Rätselhafte Weissagungen, von Leves Ritt ins Unbekannte, grausamen Chatten, Hanni Malersson, den Sachsenführern Hengist und Horsa und wie es gelingt, mit Roter Bete aus der Gefangenschaft zu entkommen

„Wer sööte Honig eeten will, de mutt sik uk de Stickel vun de Imm' gefall'n laten." Immer wieder gerne lauschte Leve den Lebensweisheiten seiner Großmutter. Gisela war voll und erfüllt davon. Es waren zwar Allerweltsweisheiten, aber es lohnte sich darüber nachzudenken!

Dem jungen Ältermann von Hollenhude ging es um ihren Rat bei der zugesagten Suche nach den verschwundenen Fürstensöhnen der Sachsen. Wer konnte sie geraubt haben? Wer wäre so dreist, so leichtsinnig, sich mit den mächtigen Sachsenhäuptlingen Hengist und Horsa anzulegen? Wer war so verwegen, ihren unbändigen Zorn heraufzubeschwören?

Leve hatte Boten in alle Nachbardörfer entsandt, sogar nach Smedeby, der Heimat von Idea. Er rief die Angeln dazu auf, sich an der Suche nach den Jungsachsen zu beteiligen. Hoffnung, Idea bald wiederzutreffen, machte er sich keine, denn im Dorf der Schmiede gab es für sie viel zu tun. Aber vielleicht? Träumen war auch Ältermännern erlaubt.

Ideas geheimnisvolles Geschenk an ihn, kurz vor ihrer Abreise, bestärkte ihn darin, das Weib seines Lebens gefunden zu haben. Als er die Ahornblätter abdeckte, fand er eine handgearbeitete schwarze Augenklappe. Damit konnte er die vielen Menschen Angst machende, oft entzündete, Augenhöhle verdecken. „Broder, de kleedet di", war der Schnack seiner Schwester Elise, „süht ut ass een Vörmann opp'n Boot!" Mit seinen weiteren Vermutungen über das Schicksal der Kinder ging Leve noch einmal zur betagten Gisela.

„Man, Grootmudder, mag dat nich angahn, dat de Deerns inne See versaapen, vun Wölfe dood beeten oder eenfach affhaut sünd?" Die Alte sah ihren Enkel, dessen tiefe Furchen im zerstörten Gesicht weiter vernarbten, aufmerksam an. Gerne würde sie ihm helfen, dafür habe sie vor seinem angekündigten Besuch die Götter angerufen und die Runenhölzer geworfen.

„Un wat seng' de Hölter?", unterbrach Leve sie ungeduldig. „Tööf aff, mien Jung, mutts nich hibbelich warn, ass wenn du in een Bett vull vun Lüüs ling' deist! Spaddelig to warn hölpt nix!" Damit wies sie seine Ungeduld in die Schranken und kam zugleich zu den Runen und ihrer Weissagung zurück.

Schmerz und Freude, Angst und Hoffnung würden ihn auf seinem Ritt ins Unbekannte begleiten. Die Farbe Rot würde seine Unternehmung erschweren und zugleich erleichtern, Leben und Tod ihm begegnen und die, die ihn begleiteten, ein Schutz für ihn sein!

Leve kratzte sich selbstvergessen unter der neuen Kappe an der leeren Augenhöhle. Wenn das Wetter von Sonne auf Regen umschlug, meldete sich die Wunde mit klopfenden Schmerzen. „Grootmudder, wat schall ik mit dat Radel anfang', wat du mi vertellt hest?", fragte er sie. „Süh Jung, dat muttst di marken", antwortete die weise Gisela, „uns Götter sünd keen Handwarkslüüd. Vörschriften levern, nee, dat wülln se nich! De wülln, dat wi sölm spekuleern doon! Du ass Öllermann muttst weeten, wo't langgeit!" Damit entließ sie ihn, ratlos und ein wenig enttäuscht. Mit diesem Rätsel konnte er nichts anfangen. Was sollte er von Gottheiten halten, die es nur bei Andeutungen beließen, nicht klar sagten, worauf er sich einzustellen habe.

Niedergeschlagen trat er vor die Tür. Als er aufblickte, traute er zuerst nicht dem, was er sah. War sein Traum von der vergangenen Nacht zurückgekehrt? Nein, sie war es tatsächlich. Idea, hoch zu Ross, war eingetroffen. Leve jubelte vor Freude. Wiedervereint!

Für eine längere Umarmung blieb keine Zeit. Aufbruchsstimmung, Aufbruchszweifel, auch Aufbruchsschmerz herrschten im Dorf. Den Sachsen helfen zu müssen, davon war man überzeugt. Aber mussten die Hollenhuder unbedingt die Spitze der Retter einnehmen?

Auf Leves Kommando zum Aufbruch wartete eine Gruppe Berittener, Bauernsöhne und Freie, die sich auf den Höfen als Knechte verdungen hatten, ein gutes Dutzend, Idea und Elise, seine Schwester. Allen Beteiligten war bewusst, ungefährlich war es nicht, in die Stammesgebiete des Krähenvolkes, der Sueben, Sugambrer, Bataver, der Chatten oder wer sonst noch im Süden siedelte und kämpfte, einzudringen. Viele von denen waren gewiefte Krieger. Sie dagegen, die Angeln, mussten sich allein auf die Kraft ihrer Köpfe verlassen.

Leve blieb guten Mutes. Aus den Weissagungen seiner Großmutter waren weder der Tod der beiden entführten Sachsen herauszuhören noch ein Misserfolg seines Suchtrupps. Aber was bedeutete die Farbe Rot als Zeichen des Unheils wie der Unterstützung?

Da bellte eine kratzige, hasserfüllte Stimme über den Dorfplatz. Lenner Nicosson, der Vater von Nico, dem Verräter, den man wegen seiner Untaten verbannt hatte: „Ik wünsch ju de Pest, de Pest anne Nack! Buuern ass Redder, ass Hölper vun de chräsigen Sachsen, affartig. De kenn nix anners ass Mord un Doodslag. Ik lach mi scheckig. All uns Götter warn böös mit ju! Bliev hier! Verdammt, verdammt schülln ji sien!", und damit verschwand er hinter einem Schweinekoben.

Der Fluch traf tief, Furcht zog auf. „Wer keen Bang hett, kümmt mit", befahl der scheinbar unbeeindruckte Leve, stieß seinem Pferd die Fersen in die Seite und galoppierte an. Drei Reiter folgten ihm, alle anderen verweigerten sich, zogen es vor, im Dorf zu bleiben. Lenners Warnung mit der Seuche und die Drohung mit dem Zorn der Götter zeigten Wirkung. Niemand ahnte in diesem Augenblick, wie nahe man dem Fluch kommen würde.

Tagelang zogen die vier kreuz und quer durch die Lande. Sie waren sogar an der Nordmeerküste gewesen, bei den Wenden im Hügelland und fragten auch auf den Einzelgehöften der Sueben nach den Vermissten. Überall Achselzucken, Verneinung, Kopfschütteln. Zweimal hetzte man sogar Hunde auf sie.

Diese Enttäuschungen machten sie freudlos, hilflos, mutlos. Warum musste auch Leve, dieser Sturkopf von Bruder,

Hector, diesem kantig kecken Jungsachsen nur eine solche Zusage geben, dachte Elise. „Broder, laat uns trüch nah Huus gahn!", forderte sie ihn bei einer Rast auf einer geschützten Waldlichtung auf. Leve blickte Idea an. Sie nickte zustimmend, doch bekümmert. Sie wollte ihm nicht wehtun, doch auch sie verlor alle Hoffnung.

Dann glitt der Blick des Ältermanns zu ihrem vierten Mitstreiter, dem steinalten, runzlig-punzligen, mit Gicht und schlichtem Gemüt geplagten Hanni Malersson, der stets voller unterhaltsamer Geschichten, aber auch „doof" auf den Ohren war. Seine Schwerhörigkeit verursachte auch seine Teilnahme an dieser Suche, weil er den Fluch des Lenner Nicosson gar nicht mitbekommen hatte. Erst nach einigen Stunden war ihm aufgefallen, dass nur wenige Sucher geblieben waren. „Hett uk wat Godes, dat wi veer alleen sünd, reekt dat Eeten doch recht wat länger", war seine gelassene Bemerkung zur Schrumpfung der Truppe.

Als Fährtenleser war dieser jagdkundige, weißhaarige Greis unersetzbar. „Een mit griese Haar ass ik", pflegte er zu protzen, „de iss ass een Huus mit Snee oppe Dag. Man dat heet nich, dat nich noch Füüer in mien Lenden sitten deit!" Je älter er wurde, umso mehr prahlte er mit seinen „Weibergeschichten". Es waren zwar alles Hirngespinste, aber sie schufen ihm eine innere Befriedigung.

Im Sattel saß Hanni wie eine Klette, ging er zu Fuß, überholten ihn die Sumpfschildkröten. In die Jahre gekommen, legte der Alte sich ein eigenes Lebensziel zu: „De Kraag hool warm, nich to veel Eeten inn'e Darm. Bi Wiever treek nich blank, bliffst kreetel een Leven lang!" Auch wenn er mit seiner unglaublichen Stärke im Bett noch im hohen Alter ständig protzte, blieb er Frauen gegenüber ungefährlich, eher respektvoll und höflich.

Der Grund für seine Weiberprotzerei war eigentlich ein tragisch-trauriger. Im Alter von zwölf Jahren keilte ihm eine Kuh so nachhaltig zwischen die Beine, dass seine Wurzel zu einer Zwiebel schrumpfte, seine Männlichkeit entschwand. Eine Vaterschaft, die er sich über alle Jahre wünschte, blieb ihm verwehrt.

Hanni, mit stets wachen Augen, der von der Unterredung der anderen nichts mitbekam, legte plötzlich einen Finger an seinen Mund, dann warf er sich zu Boden. Die drei blickten verblüfft auf. Hatte ihn eine Wespe gestochen, ein Gichtanfall erreicht, waren es Magenkrämpfe, wollte dieser erfahrene Jägersmann vor irgendetwas in Deckung gehen?

Zu mehr Vermutungen kamen die anderen nicht, weil Netze über sie geworfen wurden, geschickt, gekonnt. Sich zu wehren erschien aussichtslos.

Lautlos war eine Gruppe junger Mannsleute mit nackten, bemalten Oberkörpern und feuerroten Haaren aufgetaucht, die Gesichter durch zwei schwarze Stricke geviertelt, grässlich anzusehen. Alle vier, auch die beiden jungen Frauen, fesselte man mit Härte, knebelte sie und zog ihnen Tücher über ihre Köpfe. Blind waren sie von diesem Augenblick an. Alles vollzog sich so rasch, dass alles Sträuben zwecklos wurde. Der Schrecken dieses blitzschnellen Überfalls lähmte sie.

Unbarmherzig warf man die vier über den Rücken ihrer Pferde, band Arme und Beine zusammen und erst nach unendlich vielen Stunden erlöste man sie von dieser Marter.

Idea und Elise waren durch den Blutstau an Händen und Füßen ohnmächtig geworden. Auch Leve ging es elend. Nur Hanni, dieser nicht totzukriegende, zähe, knorrige Knacker, kapitulierte nicht, er tat nur so.

Beide Männer band man mit Lederriemen stramm an ein Gatter, die fast leblosen Mädchen locker an einen Baum. Allen zog man die Kapuze vom Kopf, anschließend entfernten sich diese Rotkopfkrieger.

Die Dämmerung zog auf, der nachlassende Abendwind bewegte die Blätter der Bäume und Büsche. Es wurde Nacht.

Der alte Malersson, mit seinen Jahren voller Erfahrungen, wusste es sofort. Sie waren in einem Kriegerlager der merkwürdigen, unberechenbaren Chatten gefangen.

In seinen Jugendjahren, erinnerte er sich, wurde dieser Volksstamm als friedlich bezeichnet. Doch diese Horde hier, mit Speeren, breiten Messern und langstieligen Wurfäxten bewaffnet, schien auf Raub, Totschlag und Gefangennahme aus zu sein. Nicht weit vom alten Hanni entfernt sah man einen Haufen aufgeschichteter Leichname, auf dem Krähen gefräßig ihre Schnäbel in die Gesichter und Bäuche der Toten piekten und Fleischfetzen herauszogen.

Abscheu befiel Hanni Malersson, obwohl er viel gewohnt war. Er wandte seinen Kopf zur anderen Seite. Dort hingen so fest gefesselt wie er selbst zwei Jungkerls, bleich, ausgemergelt, kraftlos – die Fürstensöhne? Sie lebten, wie lange noch? Ihre Lippen waren mit Sehnen zugenäht. Was mussten sie durstig sein!

Schwarze Nachtwolken zogen auf. Ein Lagerfeuer, weitab von den Gefangenen, wurde entzündet. Lärm und Lautstärke dort nahmen zu. Man konnte erkennen, dass Krüge kreisten und eine Art Tanz versucht wurde. Feierstimmung, ausgelöst durch vier weitere Geiseln. Sie versprachen ein ansehnliches Lösegeld, vermutete der Hollenhuder. „Man mit mi ole Kirl warn se keen Sott hemm!" Für einen alten Mann wie ihn würde niemand Silberlinge auf den Tisch legen!

„Wo sünd wi?", flüsterte Elise Hanni zu. Sie war wieder zur Besinnung gekommen. „De Rotköpp, dat sünd weken vun de Chatten", antwortete der Grauhaarige, gleichfalls leise. „De Mannslüüd, de farven sik dat Haar rot. Dat bringt Angst un Bang bi anne Lüüd!"

Plötzlich standen zwei dieser Raubkrieger vor ihnen, der eine leicht schwankend von Birkenwein, Bier oder beiden Getränken, der andere hielt sich die Hände vor den Bauch, würgte und kotzte einen graugrünen schleimigen Brei über Ideas Brust, Bauch und Beine. Auch Elise bekam etliche Spritzer ab. Beide erschauerten über diese entwürdigende Behandlung und der beißende Geruch dazu ließ Ekel bei ihnen aufsteigen.

Die beiden Chatten, Jungkerle noch, lachten schrill über die empörten Gesichter der Deerns. Dann rissen sie ihnen die bekotzten Gewänder herunter und beschmierten deren nackten Leiber mit schwarzer Erde, nicht ohne vorher heftig in ihre hart gewordenen Brustwarzen zu beißen, sodass Blut floss. Die Vorbereitung einer Opferung, ihnen Gewalt anzutun?

Ein strenger Ruf, eher ein Verweis, von einem hageren, älteren Chatten von der großen Feuerstelle setzte dem wüsten Treiben der bösartigen Schurken ein Ende. Den Krug mit Wasser, den sie mitgebracht hatten, entleerten sie mutwillig vor den Augen der überaus durstigen, ausgedörrten Gefangenen. Dabei lachten sie so gemein und ausdauernd, dass ihnen

Tränen in die Augen traten. Sie bemerkten nicht, dass sie in ihrem eigenen Erbrochenen standen.

Anschließend warfen sie den Hollenhudern noch deren Verpflegungsbeutel als weitere Böswilligkeit vor die gefesselten Füße. Wieder erfolgte mehr in bellender Form ein Kommando vom Lagerfeuer. Die Wüstlinge brüllten so etwas wie: „Sünd all opp'n Weg!"

Bevor sie endgültig gingen, nestelten sie, angesoffen wie sie waren, an ihren Hosenbünden, öffneten sie und pissten in den leeren Wasserkrug, den sie auch in die Nähe der Leidenden stellten. Zielwasser hatten sie nicht getrunken! Übermütig lachend zogen sie ab, ohne zu merken, dass ein Großteil des abgeschlagenen Wassers nur ihre eigene Kleidung erreicht hatte und feuchte Flecken im Schritt hinterließ.

In die einsetzende Ruhe war die brüchige Stimme von Hanni zu vernehmen: „Een Mann mutt weeten", meldete sich der gerade auf dem Gebiet des Kurzgriff-Pinkelns erfahrene Malersson, „een Wuddel, de is kötter, ass man denken deit!"

„Wenn wi hüüt Nacht nich frie kam, sünd de Deerns morn fröh dood", flüsterte Leve.

Während sein eigenes Volk, die Angeln, Tiere, aber keine Menschen opferte, um den guten Willen der Götter zu sichern, gab es Stämme, so hatte er von seiner Großmutter erfahren, die besonders Kleinkinder und junge Weiber zu diesem Zweck raubten. Noch heute müssten sie handeln, um den Tod der Deerns zu verhindern!

Jetzt meldete sich endlich auch Idea. Leve war erleichtert, wie hatte er um ihr Leben gebangt. „Ik, ik kann mi losbinn, man dat duuert wat!" Die stechend, abscheulich riechende, wässrige Kotze hatte die Stricke an ihren Händen und Füßen weich werden lassen. Während die Chatten in der Ferne gröhlten, grunzten, ein grässliches Gesinge anstimmten, kam Idea frei.

Rasch, aber vorsichtig, immer wieder lauschend, ob sich einer der Chatten näherte, machte sie sich ans Werk und erlöste die Gefesselten. Auch die beiden jungen Mitgefangenen, die so entkräftet waren, dass sie nur mit den Augen blinzeln konnten, wurden von ihren Stricken erlöst.

Schwieriger war es, ein Schneidewerkzeug für die Sehnen zu finden, die ihre Münder zusammenpressten. Es war Hanni

Malersson, der einen scharfkantigen Stein fand, auf den er zufällig getreten war.

Mit Selleriescheiben und saftiger Rote Bete fütterte man die Gemarterten vorsichtig. Doch wie sollte es weitergehen? Wie konnte man mit zwei dermaßen erschöpften Kindern das Lager unentdeckt verlassen? Die Nacht war zwar tiefschwarz, aber das hochlodernde Lagerfeuer verbreitete einen weithin hellen Schein.

„Kiek mal door", wies Hanni rechts und links vom Feuer. Trotz aller Feierlaune waren Wachposten aufgezogen. Sie machten ein Entkommen unwahrscheinlich. Enttäuschung und Mutlosigkeit machten sich breit. Was war noch möglich?

Idea griff noch einmal in ihren Proviantbeutel, weil auch ihre Freunde anzeigten, Hunger zu haben. Kein Brot, kein Speck, kein Trockenfisch, nichts gab es mehr! Doch! Sie fühlte im äußersten Zipfel etwas längeres Rundes, wie ein dicker Daumen. Ein weiteres Stück Rote Bete, für die ihr Vater in Smedeby gesorgt hatte. – Er kannte die Vorlieben seiner Tochter. „Veel is dat nich", meinte Hanni mit verhaltener Stimme, „man beeder ass nix!"

Elise nahm Idea die rote Wurzel für einen ersten Bissen aus der Hand, um sie anschließend weiterzureichen: „Hol an!", flüsterte Leve und entriss seiner Schwester das Wurzelstück. Alle fuhren erschrocken auf. Wollte er, ihr Öllermann, alles alleine essen? So kannte man ihn doch nicht!

Leve sah wohl die entrüsteten Blicke. Er schüttelte seinen Kopf, grinste ein wenig, kratze mit dem Fingernagel die trockene Spitze weg und drückte dann den noch feuchten Stumpf dieser Rübe auf seinen Handrücken. Ein roter Punkt wurde sichtbar, weil ein fahles Mondlicht immer mehr die Wolkendecke zerteilte. Alle blickten gespannt auf diesen Fleck, was war da in Leve gefahren?

„Wat schall dat Kinnerspeel?", flüsterte Hanni Malersson, der so gar nichts mit diesem roten Klecks anfangen konnte. Doch Idea erriet Leves Gedanken. „Wi kriegn de Pest! Rode Placken vun de Kopp henn to de Fööt." Und Elise ergänzte: „Wi hemm de Süük, de rode Dood!"

In der folgenden Stunde wurden alle, auch die beiden Sachsen, die ein wenig kräftiger geworden waren, mit der Roten

Bete gepunktet, gemustert, gesprenkelt. Anschließend legte man sich die Fesseln wieder locker an. Die roten Verzierungen trockneten und vermittelten dem, der nicht so genau hinsah, den Eindruck, eine schwere Krankheit sei über die Entführten hergefallen.

Mit dem ersten Morgengrauen näherten sich auch die Chatten. Blutgier, Lüsternheit und Mordfreude kennzeichnete ihre Gesichter. Auf die beiden jungen Weiber schienen sie es zuerst abgesehen zu haben.

Da stoppte der Anführer seinen Schritt. Im unwirtlichen Licht bot sich ihm ein grauenvolles Bild. Sechs entstellte Menschen, die in ihrem Fesseln zuckten und sich vor Schmerzen krümmten, aus deren Mündern Schleimflüsse krochen und deren Augen angstvoll geweitet waren.

„De Pest! De Süük! De Dood!" Die Chatten-Krieger schrien durcheinander, Panik erfasste die Mannsleute. Keiner sah mehr genauer auf die Gefesselten. Man wendete hastig, griff seine Waffen, seine Gewänder, löste den Pferden die Fußfesseln und galoppierte, so rasch man konnte, davon.

Die Pest, diese Strafe der Götter, die ganze Dörfer, ganze Sippen und Stämme ausrotten konnte, der musste man entfliehen; weit weg! Es gab kein Halten mehr. Eine kopflose Flucht der gesamten Horde setzte ein.

Die List wirkte, wohl auch wegen des Zwielichtes und weil die Rotkopf-Mordgesellen von den Getränken benebelt waren. Erleichterung, Erlösung, Freude erfasste die Geretteten, wobei der Leichenhaufen, von dem eine Wolke von Verwesung ausging, sie rasch wieder zur Besinnung brachte. Zu lange durfte man in diesem verlassenen Lager nicht bleiben. Die Gefahr einer Rückkehr der Rotköpfe bestand durchaus.

Leve ließ einen Windschutz errichten, um dort die beiden noch kraftlosen jungen Fürsten zu versorgen und wieder aufzupäppeln. Zu essen gab es genug: Fleisch, Fisch, Fladenbrot. Die Chatten hatten in ihrer Panik nur das Nötigste mitgenommen. Auch Waffen fanden sich an, zwei gefüllte Beutel mit Silberlingen, einer mit Bernsteinen und manches mehr.

Um die beiden Jungen rascher gesund zu bekommen, wurden sie mit heilendem Öl aus Leves Satteltasche eingerieben. Ihre Kleidung, bis auf eine Kniehose, hing man zum Auslüften unter eine Buche. Diese eigentlich fürsorgliche Hilfe wäre den Mannsleuten aus Hollenhude fast zum Verhängnis geworden.

Nur langsam erfolgte die Besserung der beiden Sachsen. Der tagelange Entzug von Wasser und Brot, dazu die Folter mit einer Peitsche hatten tiefe Spuren hinterlassen. An einen Aufbruch war nicht zu denken. Der alte Malersson war anderer Auffassung. „Weg möhn wi hier, nix ass weg. Schiet wat opp de Sachsen, toerst hemm wi uns eegen Fell to retten!" Leve blieb stur. „Nerthis, uns Göttin, deelt de Minschen nich. All sünd ehr heel wichtig, liekeveel se Angeln oder Sachsen heeten."

Es war der dritte Abend. Die vier saßen am Lagerfeuer. Man hatte die Leichen begraben, das Lager aufgeräumt, Idea und Leve schmiedeten Hochzeitspläne, Elise ärgerte sich, weil sie bereits wieder an diesen Hector, diesen vermaledeiten Jungfürsten aus dem Sachsenland, dachte, der sie so mit Schwung übers Knie gelegt und herzlos behandelt hatte.

Hanni Malersson genoss die nachgebliebenen Bier- und Weinreste der Chatten, als beide Männer fast gleichzeitig ein Messer am Hals spürten und die Frauen angstvoll aufschreckten. Sie waren zu sorglos gewesen. Jetzt waren sie umstellt. Der Tod trat aus seinem Schatten. Ihr Lebensende kam unwiderruflich!

Männer mit mächtigen Kampfhelmen, Schwertern, Schilden und mehr als mannshohen Wurfspießen schafften eine drohende Kulisse. Leve wurde so etwas wie, „Wi heetst du, Bloodsüüper", ins Ohr gezischt.

„Ik bün, ik bün de Öllermann Leve Holgersson ut Hollenhude. Ik, ik bün een vun de Angeln." Seine Stimme brach vor Angst. Nichts geschah, noch nicht.

Da kam einer der Besetzer ihres Lagers mit Hemd und Gürtel eines der entführten Fürstensöhne zurück. Sie hingen immer noch von den Vortagen zum Trocknen unter den Bäumen. Der Krieger sprach erregt den Anführer an, der hinter Leve stand. „Fürst, Fürst, kiek hier, dat is de Rest vun jurs Söhns!"

Da grub sich das Messer tiefer in den Hals des Hollenhuders. Idea schrie entsetzt auf: „Nee, nee, maak emm nich dood!" Schnell schloss sich eine Hand um ihren Mund. Eine erste Blutbahn lief an Leves Hals hinab.

Bei Hanni stach der hinter ihm stehende Krieger brutaler zu. Ein Schwall von Blut ergoss sich aus seiner Kehle.

„Vadder, Vadder", gellte da eine Stimme hinter der Buschwand des Windschutzes. „Wi sünd nich dood! De Angeln hemm uns hulpen! Vadder, Vadder laat dat sien!"

Leve spürte, wie die Messerspitze von seinem Kehlkopf zurückgezogen wurde. Er war noch einmal mit dem Leben davongekommen! Für den alten Hanni Malersson kam jede Hilfe zu spät.

Beide Sachsenfürsten, Hengist wie Horsa, waren mit ihren gut sechzig Berittenen bei der Suche nach ihren Kindern auf dieses Lager gestoßen. Sie hatten einen Chatten aufgegriffen, der sie vor dem Pestlager eindringlich warnte und sofort weitergaloppiert war. Nirgend sonst in den Stämmen, bei denen die Sachsen sich nach den Vermissten erkundigten, waren sie vor dem Roten Tod gewarnt worden. Um dem Schrecken auf den Grund zu gehen, hatten sie den Weg in das verlorene Lager eingeschlagen.

Auf dem Heimritt nach Hollenhude erinnerte sich Leve gerne an die überwältigende Dankbarkeit der beiden Väter, denen die Angeln ihre Söhne hatten retten können.

Auch die Schuldgefühle der Sachsen wegen des Todes von Hanni Malersson beschäftigten den Ältermann. Hart trafen ihn die Vorwürfe seiner Schwester. „Doodmaaker sünd ji Sachsen, Mörder!", hatte Elise laut geschrien, als Hanni sein Leben aushauchte. Dem Truppführer, der den Todesstoß ausführte, verpasste sie Maulschellen und zerkratzte ihm das Gesicht, so rasend wütend war sie gewesen. Hätte man auf den Alten gehört, wäre man gleich aufgebrochen, wäre der noch am Leben!

Im Lager hatte Elise heftig geschimpft: „Mit ju Sachsen, nee, will ik nix mehr, nie mehr to doon hemm." Gemeinsam mit Idea setzte sie sich an eine eigene Feuerstelle abseits der Krieger.

Elise sollte sich wundern, wie rasch sich eine Auffassung ändert, wenn die Umstände andere werden.

Mit diesen Abschlächtern von Hanni Malersson wollten sie nichts gemein haben. Trotzdem war Elise tagsüber – so ganz unauffällig – durch das Lager der Krieger gestreift. Aber Hector, den sie eigentlich durch Missachtung strafen wollte, fand sich nicht unter den Mannsleuten. Schade!

Wie gerne hätte sie diesem dünkelhaften Kerl ihre kalte Schulter gezeigt. Er sei vermutlich wie alle Sachsen: anmaßend, grässlich und grausam. Diese Sachsen, die konnten ihr gestohlen bleiben. Endgültig, bis in die Ewigkeit!

Die Nornen waren einer anderen Auffassung.

34

Ein verheerendes Unglück in Hollenhude, von
der anglischen Sprache, dem „zweiten Gesicht",
Erfahrungen in Britannien, dem Fluch des
Lenner Nicosson und warum die Dörfler Ratten
den Krieg erklären

Leve war, was die Berichte der Sachsenfürsten am Lagerfeuer über dieses Land Britannien anging, zwischen Glaube und Zweifel hin- und hergerissen. Abgesehen davon beschäftigte ihn der unnötige Tod von Hanni Malersson und ganz besonders Idea, zu der er weiter eine Zuneigung empfand.

Wenige Tage nur blieben Angeln und Sachsen zusammen, bis die Genesung der beiden Jungmänner ihre Rückkehr aus dem ehemaligen Kriegslager der Chatten erlaubte.

Drei verschiedene Lagerfeuer gab es beim Trupp der schwarzmähnigen Krieger und Seefahrer. Ein mächtig großes für die Fürsten, Hauptleute und Krieger, eines für die Halbfreien und die Bauern, die zu solchen Feldzügen verpflichtet wurden, und eines, ganz am Rand gelegenes, für die Sklaven.

Diese Rechtlosen gehörten zumeist anderen Volksstämmen an, die man entweder raubte oder auf dem Sklavenmarkt erwarb. Für die schäbigsten Arbeiten waren sie gerade gut genug: Latrinen und Gräben ausheben, das Vieh versorgen, Ställe ausmisten, bei Schlachten für Ersatzwaffen sorgen. Alle Hilfe, ohne Lohn, bei kargen Mahlzeiten und einer eisernen Fußfessel, die auch des Nachts nicht geöffnet wurde.

Solche Unterschiede, erklärte Leve den Anführern Hengist und Horsa, würden die Angeln nicht kennen. Auch gebe es bei ihnen keine Sklaven. Nach ihrem Glauben seien alle Menschen gleich und sollten so auch geachtet und behandelt werden.

Da konnten sich die durchweg bärtigen, breitbrüstigen, bodenständigen Sachsen vor Lachen ausschütten. „Gloom ji Angeln, wi kleien sölm inne Schiet! Nee, dat doon uns Lüüd!" Für minderwertige Arbeiten seien die Sachsen nicht geboren: Ihre Götter, machtvolle Mannsleute, verlangten Kämpfe, Kriege, Eroberungen und riskante Abenteuer, um ihre Sippen satt und zufrieden zu bekommen. Zum Herrschen, ja, zum Beherrschen seien die Sachsen bestimmt!

Hengist berichtete voller Stolz von gefahrvollen Beutefahrten auf stürmischer See zu den Franken, den Friesen im Norden wie denen im Westen und besonders nach Britannien. Wenn die Westsee es gut meine, mit wenig Getöse und maßvollem Wellengang, sei die Überfahrt zu dieser Insel in wenigen Tagen zu leisten.

Auf diesem großen grünen Eiland gäbe es viel unbestelltes Land, kaum Kälte, lange Sommer, nur mäßig Regen, aber Silbergruben, bestes Eisenerz, sogar Kohle – beides fände man nicht unter dem Rasen, sondern gewann die Bestandteile zum Schmieden aus dem Inneren von Bergen. Tuche, Trockenfische, Wildfleisch, Waffen und so manches Weib habe man sich von dort geholt. Britannien sei ein fruchtbares Land.

Ein Volk, das sich die „Römer" nenne, beherrsche diese Insel. Die unterjochten Völker würden wie Sklaven behandelt. Aber Britannien stände vor Veränderungen. Immer mehr von den Römer-Kriegern, ihre Legionäre, würde man von dort abziehen und nach Rom in ein mächtig großes Dorf irgendwo weit im Süden zurückholen. „Wat dor opp de Insel blieven deit, sünd Striet, Arger un Krieg ünnernanner", betonte Hengist, „beste Laage för uns Sachsen!" Die verschiedenen Stämme auf dieser Insel seien heillos zertritten, für Eroberer günstige Bedingungen, hörte Leve heraus.

Bei Leves Fragen nach den Leuten in diesem Land voller Möglichkeiten nahm Horsa das Wort. Die er kennengelernt habe, ob Pikten, Briten oder Scoten, seien faul, falsch, verschlagen. Deshalb habe man sie bei den Raubzügen gleich einen Kopf kürzer gemacht. „Wenn de Lüüd dor uk bannig tumpig, tüffelig un tutig sünd, de Spraak mit de ‚Kopp aff', de verstahn se."

Sollten die Angeln einmal Lust auf eine neue Heimat haben, sei Britannien für Bauern, Händler und Handwerker überaus geeignet. Der Boden sei fruchtbar, Missernten gäbe es selten und der Fischreichtum an der Küste, in den vielen Seen und Bächen sei unermesslich. Diese Erfahrung gelte auch für das Wild in den Wäldern.

Leve erinnerte sich noch gut daran. Es war am zweiten Tag gewesen, am Abend, nachdem sich alle über einen leckeren Wildschweinbraten hergemacht hatten. Met dazu war reichlich geflossen. Da waren die beiden Fürsten mit ihrem Anliegen herausgerückt. Sie wünschten sich Siedlungen mit Leuten, denen sie vertrauten, an der Küste und im Binnenland Britanniens. Es sollten Dörfer sein, die sie mit Getreide, Fisch und Fleisch versorgten, mit Schiffszubehör und Handelsgütern! Wichtig sei ihnen die Redlichkeit der Sippen, ihre Verantwortungsbereitschaft und Verlässlichkeit.

Für eine solche Aufgabe seien besonders die Angeln, die als fleißig, friedfertig und fügsam galten, gut geeignet, war Hengist der Auffassung und Horsa ergänzte: „Wat wi ju gevn wülln, is een goode Rat to rechte Tied, de bewahrt jurs Volk vör Elend, Not un Schiet", womit er auf die wiederholt schlechte Ernte der Angeln anspielte.

Mit eigenen Landsleuten, gaben sie zu erkennen, hätten sie eine Landnahme auf der Insel und Dorfgründungen versucht. Doch der Ruf der Sachsen in Britannien habe durch die Kriegszüge an der Küste ein wenig gelitten. Sobald ihre Krieger mit ihren Booten zurück zur Heimat ruderten oder ihre Segel setzten, überfielen diese gemeinen Briten, die Pikten oder wer sonst noch sein Unwesen auf der Insel trieb, die neu errichteten Sachsen-Siedlungen und schlugen alles kurz und klein. Kam man einige Monate später zurück, fände man nur noch Knochen vor, weder Kinder noch Knechte, dem Boden gleichgemachte Dörfer, die Felder zerstört, das Vieh geraubt oder gleich geschlachtet.

Horsa setzte bei Leve alle seine Überredungskünste ein: Den Angeln als ein Volk der Friedensliebe würde so ein Schicksal erspart bleiben. „Dreehunnert Bööte opp een Slag Johr für Johr kunn wi Sachsen ruutrüüken für een Reis nah Britannien", lockte anschließend Hengist und Horsa schmeichelte: „Dat Pullen, dat Rudern maaken wi. Een Kinnerspill ward dat. Ji Angeln kieken inne See, un wi seiln ju in een nüe

Tohuus!" Leve ließ, als ganz gelassener Ältermann, alle diese rosigen Versprechungen geduldig über sich ergehen. Zusagen gab es keine. Weder für die dreihundert zur Verfügung gestellten Boote pro Jahr noch für eine Landnahme in Britannien.

„Kiek mal", ergänzte Hengist, „Angeln und Sachsen, dat is doch een Pott un een Pann. Uns Spraak is nich wiet wech von dat, wat ji in Angeln snacken, un beide hörn wi to de Germanenstämme!" Auch als Hengist den gemeinsamen Götterhimmel Walhalla erwähnte, nickte der Ältermann aus Hollenhude und dabei blieb es. Ein Bündnis mit den Eroberern Britanniens zu schließen, sei Aufgabe des Fürsten aller Angeln, nicht die eines Ältermannes!

Während die beiden Anführer unablässig ihre Bierkannen füllen ließen, blieb Leve auch im Trinken zurückhaltend. Den ungeteilten Respekt der Fürsten wie Krieger hatten er, Elise und Idea sich durch ihre unerschrockene, pfiffige Rettungstat erworben. Sie würde nicht vergessen werden.

Man werde in Verbindung bleiben, vereinbarte man, als sich die kleine Schar der Angeln vom großen Trupp der Sachsen trennte. „Wenn ji uns Kämpfer bruuken, köhn ji opp uns telln", versicherte Hengist zum Abschied im besten Anglisch.

Als habe sie Leves Gedanken erraten, kam Idea bei ihrem Ritt, Bügel an Bügel, zurück nach Hollenhude auch auf die anglische Sprache zu sprechen. Ihr sei bei den Händlern in ihrem Dorf, ob es Dänen oder Jüten waren, und jetzt auch wieder bei den Sachsen, Sueben und sogar den Chatten aufgefallen, wie diese häufig Wörter der Angeln verwendeten. Mit ein wenig Mühe und Übung sei eine Verständigung untereinander möglich. „Mag wen", antwortete Leve, „dat hett fröher mal een grode Sipp vun alle de Germanen gevn, denn hemm se Striet hatt un sünd wegtruuken in anne Länner, hemm nüe Spraaken kennlehrt. De Wöör hemm sik mischt!"

„Mag ween", nahm Idea ihren Gedanken über die Ähnlichkeit der Sprachen noch einmal auf, „wi in Angeln bruuken uk Wöör, de bi anne Völker to Huus sünd." Viel Übereinstimmung, hatte sie in diesen letzten Tagen gemerkt, gab es mit der besonderen Sprache der Sachsen. „Dat weer, ass weern wi, de Angeln un Sachsen, Broder un Süster, wat de Spraak angeit!"

Die junge Smedebyerin nahm sich vor, nicht nur darüber mit ihrem viel herumgekommenen Vater zu sprechen, sondern auch über die Mengen an gutem Eisenerz und Kohle, die es auf dieser Insel im Nordmeer geben sollte. Die Sachsen berichteten ja von wahren Wunderdingen für das Schmiedehandwerk.

„Un ik", schloss sich Leve an, „war bi dat Groode Thing opp'n Thorsbarg vertelln, dat de Sachsen uns Angeln bannig good in Britannien bruuken könnt." Doch zugleich schränkte er ein, warum sollten die Angeln trotz mancher Not ihre schöne Heimat verlassen? „Man wat schülln wi dor, hier is doch uns Heimat an'ne Slie un uns Traner Au!"

Elise ritt schweigsam, was sonst gar nicht ihre Art war, hinter den beiden her. Leve und Idea waren bereits wieder zu ihrem Lieblingsthema, der anstehenden Vermählung, zurückgekehrt. Elise war immer noch traurig wegen Hanni Malersson und seinem unnötigen Tod. Sie würde diesen stets hilfsbereiten wie unterhaltsamen Alten in guter Erinnerung behalten und die Götter ersuchen, ihm einen Platz unter seinen Freunden in der fröhlichen Festhalle hinter den Wolken freizuhalten.

Die Hollenhuderin blieb verwirrt, weil ihre Gedanken, ob sie es wollte oder nicht, stets wieder bei diesem Hector, dem Schuufjack von sächsischem Fürstensohn, haften blieben. Zugleich hatte sie eine merkwürdige Unruhe gepackt. Trotz der erfolgreich verlaufenen Rettung der Sachsen sah sie ein Unglück auf ihr Dorf, auf alle Sippen, ja auf die Angeln insgesamt zukommen. Es schien ihr wie eine aufziehende drohende, pechschwarze Abenddämmerung zu sein, die die Erde verdunkeln würde.

„Man, ik bün all ass de ole Gisela, uns Grootmudder", wandte sie sich an ihren Bruder. „Wo ik hennkieken do, is dat swatt, gneeterswatt." Eigentlich gehörte sie nicht zu den Schwarzsehern, doch Vorahnungen überkamen sie seit ihrer frühesten Kindheit. Diese überfielen sie ganz ähnlich wie ihre Großmutter. Elise sollte mit ihrem „zweiten Gesicht" recht behalten.

Nur wenige Tage nach der Rückkehr der drei geschah das Unglück. Eine grauenhafte Maulpest, die die Huftiere befiel, war in Hollenhude über Nacht, ohne Vorwarnung, eingezogen. Mit keuchendem Dauerhusten, fließendem Schleim aus dem Maul begann diese ansteckende Tierkrankheit. Dann schwollen die Klauen, die Beine wurden dick, versteiften sich, die Tiere sanken zu Boden und verendeten elendig, qualvoll erst nach Stunden. Sie brüllten ihren Tod über den Hof.

Alle Mittel und Maßnahmen von Waschungen, Ausräucherung der Ställe bis zum Wechsel des Tierfutters, alle Beschwörungen, Götteropfer, die man anwendete, versagten. Die Maulpest ließ sich von niemandem bezwingen. Die Paarhufer – Kühe, Schweine, Schafe – krepierten wie die Fliegen. Kadaver über Kadaver türmte sich auf den Höfen zu hohen Bergen.

Jemand hatte unerkannt ein totes weißes Pestkalb in die Kälberbox von Leve Holgersson, den Ältermann und Viehbauern, abgelegt. Wenige Tage später verendeten dessen Rindviecher, Pferde und Schweine. Damit nicht genug, die Seuche sprang auf beide Nachbarhöfe über.

Furcht und Verzweiflung herrschten. Was war zu tun? Alles hatte man zur Rettung der Tiere, doch ohne Erfolg, versucht. Ratlosigkeit herrschte, Furcht, Angst vor dem Verhungern. Ohne das Fleisch, die Milch der Haustiere würde jede Sippe sich noch weiter einschränken müssen.

Leve als Baas des Ortes an der Traner Au wusste, es gab keinen Ausweg, um die Pest zu stoppen. Er rief das Thing zusammen und verkündete seine Entscheidung: „All de Kreaturen in uns Dörp möhn wi dood maaken!" Nach vielen langen Reden stimmten alle schweren Herzens zu. Nein, nicht alle!

Lenner Nicosson lehnte das Töten seiner Tiere rigoros ab. „Wer dat deit, de mutt mi toerst dood haun!", unterstrich er seine Weigerung. „Mien Köh sünd nich full vun Süük!" Wieder war es der stets unzufriedene Lenner, der sich der Gemeinsamkeit des Dorfes widersetzte. Erst der Fluch, den er ihnen bei der Suche nach den Jungen nachschleuderte, jetzt sperrte er sich dagegen, die Seuche zu stoppen, weil seine Herde nicht befallen sei.

Leve bot ihm Silberlinge für den Neukauf gesunder Kühe an. Lenner lehnte ab. Leve ergänzte sein Angebot mit einer zusätzlichen Weide, damit der Kleinbauer seinen Rinderbestand aufstocken könne. Auch dafür gab es vom sturen Nicosson keine Zustimmung. Er schloss die Tore zu seinem Hof und verriegelte sie mit einer eisernen Kette.

Die Totalkeulung im Dorf war erfolgt, die Kadaver verscharrt, nur die Tiere von Lenner Nicosson blieben verschont. Keiner durfte seinen Hof betreten, Speere standen am Hoftor bereit. Er selber bewaffnete sich mit Pfeil und Bogen. Eine friedliche Lösung schien nicht möglich.

Die Hollenhuder scheuten sich davor, mit Gewalt in die Stallungen ihres schwierigen, hitzköpfigen Nachbarn einzudringen.

Ein aufkommender Westwind kam ihnen zur Hilfe. Der trieb einen süßlich bitteren Leichengeruch quer durch den Ort. Die Quelle war rasch ausgemacht. Der Stall von Lenner Nicosson. Sein Viehzeug musste jetzt auch von der Seuche befallen sein!

Da gab es kein Halten mehr. Alle Dorfleute trafen sich unaufgefordert voller Zorn mit Dreschflegeln, Schilden und Forken vor dem Tor des Pesthofes.

Der lügenhafte Widerständler wurde rasch überwältigt, die Tür zum Stall aufgebrochen. Mannsleute wie Weibern bot sich ein grauenhaft, grässlicher Anblick. Nur tote Schweine, Schafe, Kühe, an denen Hunderte von Ratten ihre scharfen Zähne in das Fleisch schlugen, tausende schillernde Schmeißfliegen sich niedergelassen hatten und ihren Hunger stillten und dazu Krähen über Krähen, die durch eine offene Dachluke eingedrungen waren, sich jetzt in den freigelegten Gedärmen Leckerbissen herauspickten. Die Hollenhuder wandten sich voller Ekel ab, so mancher kotzte sich die Seele aus dem Leib. Diese Leichenfledderei würden sie so bald nicht vergessen.

Hier musste die Seuche bereits vor Wochen gewütet haben, hier, wo es die einzigen weißen Kühe in Hollenhude gab. Und war das tote Kalb im Stall des Ältermannes nicht auch weiß gewesen?

Langsam dämmerte es Bauern wie Händlern und Handwerkern. Hier in Lenners Stall begann es mit der Pest! Der Nicosson hatte sie nicht nur verschwiegen, sondern durch sein in Leves Stall verbrachtes weißes Jungrind zu deren Ausbreitung beigetragen. Diese blindwütige Tat kam einem gemeinen Verbrechen gleich! Verzweifelt brüllte Jule Jörgensson, einer der Bauern auf einem Einzelgehöft, dessen noch gesundes Vieh gekeult werden musste: „Lenner, weetst, wat du büst? Een Verbreeker büst du! Man, gegen dat Föder Mist, wat du makt hest, kann keeneen gegenan stinken!"

Lenner Nicosson brachte eine folgenreiche, anhaltende, bittere Not über das ganze Dorf. Kein Rind-, kein Schweine-, kein Schaffleisch mehr, keine Milch für die Kinder, keine Wolle zum Weben.

Alle Sippen der Angeln waren nach einem Thing-Beschluss verpflichtet, den Ausbruch einer Seuche unverzüglich dem Fürsten auf dem Thorsberger Hof zu melden. Leve war dieser Bestimmung sofort mit einem berittenen Boten nachgekommen und hatte angeordnet: „Keeneen dörf henn to düsse Pesthoff gahn. Wi leng een Sneer rundum", eine Schneise, ein Graben sollte um diesen Pesthof gezogen werden. Klar und unmissverständlich waren die Anweisungen des jungen Ältermanns in diesen düsteren Schicksalstagen von Hollenhude.

Bereits drei Tage nach der Erstürmung von Lenners Hof kehrte der Reiter mit einer in diesem Ausmaß nicht erhofften Botschaft zurück. Sollte es durch eine Totalkeulung aller Bestände in Hollenhude gelingen, eine Ausbreitung der Pest auf andere Dörfer zu verhindern, würde er, Ocke Offasson, der Fürst aller Angeln, dafür sorgen, dass jeder Geschädigte je zwei Rinder, Schweine und Schafe für einen Neubeginn erhielte, jedoch nicht, bevor man alle Ställe ausgeräuchert, gründlich gesäubert und ausgetrocknet habe.

Im Heiligen Hain des Thorsberges werde man der Göttin Nerthis opfern, damit aus dem Unglück für Hollenhude nicht eine Katastrophe für das Angelnland werde.

In ihrer Jugend, daran konnte sich Großmutter Gisela mit Schaudern erinnern, war eine solche Tierpest mit einer verheerenden Wirkung für alle Sippen durch das Angelnland gezogen. Auch die Zugochsen, wichtig für Pflüge und Wagen, waren daran krepiert. Mannsleute wie Weibsbilder und auch die Kinder spannten sich in den tierlosen Jahren selber vor den Wendepflug. Viele brachen dabei vor Erschöpfung zusammen, erzählte die Alte. Allein auf dem Thorsberger Hof starben fünf Leute. Der Epidemie folgten viele Hungerjahre.

Nur kurz brandete der Jubel über die ermutigende Nachricht des Fürsten auf, denn es musste Gericht gehalten werden. Der, der die Seuche bei sich verschwiegen, der für ihre Ansteckung auf andere Viehbestände gesorgt hatte, dessen Verurteilung stand an. Tod? Verbannung? Ausschluss aus der Dorfgemeinschaft? Der Fürst als oberster Richter hatte ein gerechtes Urteil zu fällen, der Vorschlag dazu sollte auf dem Hollenhuder Thing erfolgen.

Am kommenden Morgen wollte man den Schuldigen überführen. Als Leve mit seinen Knechten den Nicosson Hof betrat, war der Bauer nicht auffindbar. Wie sein Sohn, Nico Lennersson, entzog er sich durch Flucht der Bestrafung.

Um die Pest an ihrem Entstehungsort wirkungsvoll zu bekämpfen, ordnete der Ältermann das Abbrennen des gesamten Hofes und aller Ställe an. Bevor an allen Ecken Feuer gelegt wurde, bildeten die Bewohner von Hollenhude, von den Kindern bis zu den Greisen, ausgerüstet mit Knüppeln, Keulen, Forken und Spießen einen weiträumigen Kreis um das Hofgelände.

Alle waren zum Krieg gegen die Ratten aufgefordert. „Alleen een doode Rott is een goode Rott!" Diese Tiere seien die Überträger der Maulseuche, davon gingen die Dorfleute aus.

Man konnte es zwar nicht nachweisen, man vermutete, dass diese Aasfresser zur Ausbreitung der Seuche ganz maßgeblich beitrugen. Sie an Ort und Stelle zu erschlagen, würde die Nachbardörfer schützen. Gnade irgendwelcher Art durfte es nicht geben.

Man rückte um die bereits brennenden Gebäude enger zusammen, um keinen Durchschlupf zu lassen. Hier, wo es Fressen für die Ratten im Übermaß gab, waren alle diese Nager zusammengeströmt. „Keen dörf ruutkam", schallte das Kommando des Ältermanns.

Dann erschienen die Ratten zu Hunderten, das Feuer trieb sie aus ihrer „Speisekammer". Wie schwarze Wellen trieben die gesättigten, dickbäuchigen Tiere auf die Knüppelschwinger zu.

Die Hollenhuder gewannen ihre Schlacht gegen die Armee der Ratten. Die Pest blieb, „den Göttern sei Dank", auf das Dorf an der Traner Au beschränkt. Es hätte viel, viel grausamer kommen können.

Leve nahm sich vor, diese Maulseuche auf dem kommenden Thorsberger Thing vorzutragen. Viele der Siedlungen im

Land der Angeln waren oft nur auf Sichtweite voneinander entfernt. Dazwischen lagen Einzelgehöfte wie eine Perlenkette. Für die Ausbreitung einer Pest, für die Ansteckung von Rindern, Rössern, Schafen, Schweinen von Hof zu Hof, vorteilhafte Bedingungen, leider! Flucht vor einer solchen Epidemie war aussichtslos.

Eingeengt zwischen der Slie-See im Süden, dem Ostmeer und dem Buckholmer Fjord im Norden blieb allein zum Westen hin ein Ausweichen für die Viehbauern. Doch dort war der Boden sandig, nicht fruchtbar. Wohin sollten alle Sippen ziehen, wenn es noch einmal eine Maulpest in dem Ausmaße geben würde, wie sie Großmutter Gisela erlebt hatte!

Leve, der Ältermann, erinnerte sich bei diesen Befürchtungen um die Ausweglosigkeit einer Pest an die Reiseerfahrungen der beiden Sachsenfürsten, die von einer grenzenlosen, endlosen Weite Britanniens sprachen. Von grünen, sanften Landschaften bis zum Horizont, einer geringen Besiedlung, von fruchtbaren Böden und einem stets milden Winter.

Diese Insel war jedoch vom Land der Angeln unendlich fern und außerdem waren sie weder Bootsbauer noch Seekundige. Zum Fischen auf der Slie-See, den Auen und in der Küstennähe des Ostmeeres reichte es gerade noch. Sich jedoch auf hoher See zu bewähren, Tage und Nächte zu rudern oder zu segeln, dazu waren seine Landsleute weder geboren noch ausgebildet.

Trotzdem gelang es dem Hollenhuder nicht, die Verlockungen und Lobpreisungen von Hengist und Horsa zu vergessen. Britannien, die neue Heimat der Angeln? Trugbilder!

Was er im Augenblick als Hirngespinst, als Träumerei empfand, sollte bald für Leve eine abenteuerliche Erfahrung werden.

Jetzt würde er mit Ideas Vater sprechen wollen. Um diese wunderbare Braut würde er werben, allein um sie! Dieses Weib hockte bereits seit Tagen bei der Großmutter in deren Hütte. Sie nächtigte sogar dort. Ganz andere Sorgen beschäftigten Elise.

Die Vorahnungen, die sie immer wieder überfielen, trieben sie um. Von der alten, der erfahrenen Seherin versuchte sie Antworten auf ihre Fragen zu erhalten. Sie wollte endlich erfahren, weshalb sie – wie man in ihrem Dorf sagte – ein „zweites Gesicht" habe. Warum spürte sie lange vor anderen Leuten, wenn etwas Bedrückendes, Belastendes, Beklemmendes auf ihr Dorf zukam?

Bedienten sich die Götter ihrer, wie ihre Großmutter es behauptete? Ihre Vermutungen auf dem Rückritt von den Sachsen waren tatsächlich Wirklichkeit geworden, wenn auch nicht in allen Einzelheiten. Das Böse, was sie geahnt hatte, stellte sich als die Maulpest heraus.

Ähnlich war es mit dem Spruch der alten Giesela, bevor man zur Suche nach den Kindern aufbrach, als die Alte die Farbe Rot zum Freund wie zum Feind erklärte. Die Rotköpfe, die Chatten, hatten sie gefangen genommen, die Rote Bete zu ihrer Befreiung beigetragen.

„Grootmudder, dat makt mi bang, dat ik wat weet, wat passeern deit", teilte die Enkelin ihre Gedanken der Großmutter mit. „Mutst keen Bammel hemm, mien Deern", beruhigte sie die Alte, „dat is een Gaav vun us Götter. Dat kann Flöök, man uk Segen sien. An'n Enn möhn de Minschen sölm weeten, wat to doon is!"

Dieses Göttergeschenk mit dem „zweiten Gesicht" bedrückte Elise unendlich, besonders die damit verbundene Verantwortung. Jede Weissagung war auch mit einem Irrtum behaftet, mit Fehlentscheidungen durch eine Fehldeutung.

Das galt auch für die Auslegung geworfener Runenstäbe. Ihre Lage zueinander, übereinander, wie sie gekantet, gerichtet, geschichtet waren. Mit jedem neuen Wurf änderte sich ihre Bedeutung.

Während die Großmutter bei diesen Übungen voller Ruhe, Gelassenheit und Geduld war, galten diese Tugenden nicht für Elise. Sie wünschte sich stets ein rasches Resultat. „Mark di", beschwichtigte sie dann die Alte, „keen Minsch kennt de Tokunft nipp un nau. Dat doon alleen uns Gottheiten."

„Man, wie Wiever", fuhr sie fort, „de wohrseggen doon, köhn alleen ‚um un bi' seggn', wat kümmt." „Um un bi" – ungefähr nur etwas andeuten – das würde sie sich merken, fand Elise. Also in Rätseln zu reden, wie die Großmutter es tat, genaue Aussagen zu vermeiden.

Als zukünftige Seherin müsste Elise reichlich lernen, auch die Kräuterkunde gehörte dazu. Wie man Kranken mit in heißem Met aufgekochtem Huflattich heilen könne. Aber auch wie man Feinde durch giftige Fliegenpilze umbringen oder Gegner mit dem Sud von Belladonna kampfunfähig machen könne. Auch erfuhr sie, sich vor einer Weissagung – wie es in Hollenhude Brauch war – ihr Gesicht kalkweiß zu bemalen und die Augen mit Russ zu umkreisen. Wie ein Totenschädel wirkte diese Maske, verlieh der Seherin ein übernatürliches, Furcht einflößendes Aussehen.

„Wat makst du dor, mien Deern?", fragte da plötzlich die Großmutter, die beobachtete, dass Elise beide Hände zu Fäusten ballte, die Daumen darin eingeklemmt. „Ik wünsch mi von Harten, dat dat mit mien ‚tweete Gesicht' nicht to öft kam'n deit!" Diesem Wunsch lag eine bedrückende Erfahrung zugrunde, die Elise im Kreis der Gleichaltrigen gesammelt hatte. Wer ein zweites Gesicht hatte, blieb oft allein, wurde wegen der übernatürlichen Fähigkeit gemieden. Ja, viele der Deerns und jungen Mannsbilder gingen ihr aus dem Weg, ängstigten sich vor ihr.

Da nickte Gisela nachsichtig, die aus ihrem langen Leben auch solche Erfahrungen kannte. „Dat liggt nich in dien Hand, wat kamen deit un wat nich. Dat setten uns Götter fast!"

Und es war wohl Nerthis, die Schutzgöttin der Angeln, die Elise zu ihrem Werkzeug an einem Schicksalstag des Volkes werden ließ. Auch dabei hatten die drei Nornen wieder ihre Hände im Spiel.

35

*Bönsbargs ewiger Kampf gegen das Grün,
von Hühnerhaltung, der Dreifelderwirtschaft, der
Palisade gegen das Wachstum und einem aufreibenden Einsatz gegen das Gift einer Kreuzotter*

Endlich einmal bescherten die Götter Bönsbarg ein traumhaftes Frühjahr. Tag für Tag eine wärmende sanfte Sonne, einen Hauch von Wind, und der notwendige Landregen suchte sich die Nachtstunden aus, um die Urgewalt der Schwarzerde zu entfesseln.

Bernd Bengtsson, der junge Ältermann des Ortes, genoss diese Wochen mit den bunten, farbenfrohen Blumenteppichen an den Wegesrändern, den sattgelben Löwenzahnwiesen, dem vielstimmigen Vogelgesang und Insektengesumm. Bernd empfand, es sei ein flammender, pulsierender, fröhlich machender Frühling. Eine wahrlich explodierende Natur, die ungeheure Macht des grünen Wachstums.

Sein Freund Jesper vom Sonnenhof hatte bereits zum Ende des Frostes orakelt: „Wenn de Snee fallt in dat natte Land, hett de Winter nich lang Stand!" So war es tatsächlich eingetroffen. Die Sonne übte ihre ganze strahlende Macht über das Land der Angeln aus, der Winter war gewichen. Endlich!

Nur einmal erinnerte sich Bernd, gab es in seiner Kinderzeit einen ähnlichen Jahresbeginn. In der Zeit danach herrschten viel zu oft prasselnder Regen, unberechenbare Frühjahrsstürme und plötzliche Frosteinbrüche. Die lebensnotwendige Aussaat des Getreides verzögerte sich, die Ernte von Roggen, Hirse, Hafer und Gerste brachte magere Resultate. „Een natte Tied, een arme Tied!", war die Erfahrung seiner Bönsbarger. Zu viel Regen führte zu geringen Ernten, weil die Saat in der Matsche „versoff". Wärme und nur geringe Niederschläge förderten das Wachstum.

So war es in diesem Jahr: „Een dröge Tiet, een fette Tied!" Die Sonne würde die Saat kraftvoll sprießen lassen. Der alte Jesper beließ es nicht bei dieser Feststellung. Seine Lebenserfahrung besagte: „Wenn de Sünn schient, drifft se de Hungersnot ut Land!" Für die Bönsbarger bedeutete die Sonne ein Geschenk ihrer Göttin Nerthis. „Dat muttst di marken, mien Jung", eröffnete Jesper seinem jungen Freund am frühen Morgen eines strahlenden Frühjahrstages mit wolkenlos blauem Himmel: „Wenn de Sünn vun't Himmel falln' deit, sitten wi all in Düstern!" Sonnenschein war eine Gnade der Gottheiten.

Nein, über das Ende der Sonne wollte der Ältermann in diesen Tagen, wo alles spross, alles wuchs, sich alles wundersam entfaltete, nicht nachdenken. Ihn beschäftigte und besorgte eine das Dorf immer enger fesselnde, fast einkesselnde, einschnürende Entwicklung, zu der ganz wesentlich neben dem Regen und der fruchtbaren schwarzen Erde die Sonne beitrug.

Was war in Bönsbarg von Vollmond zu Vollmond nicht alles über die Notwendigkeit der Rodung der Waldränder und Buschreihen an den Grenzen der Weiden geredet, ja sogar geschwafelt worden. Geschehen war nichts. Gar nichts! Was, wann und wie man dem wild wachsenden Grün begegnen sollte. – So konnte es nicht weitergehen!

Bernd Bengtsson hatte es bereits von seinem Großvater mahnend vernommen: „Nicht der gute Wille, allein die Tat gestaltet das Schicksal. Nich lang snacken, foorts anpacken!"

Gleich nach der Aussaat, so legte Ältermann Bernd fest, hatten alle Dorfleute, die über zwei gesunde Hände verfügten, sich mit Karre, Kelle und Klinge, mit Beil, Axt, Spaten und Schaufel beim Dorfwald einzufinden. Es galt, den Kampf gegen das stetige Vordringen von Jungbäumen, Büschen, Sträuchern und Rankgewächsen aufzunehmen! Jahr für Jahr ging wieder mehr Ackerfläche an die Wildnis verloren.

„Hüüt ward snackt, morn geit' los!", gab man aufmunternd von Hof zu Hof weiter. „Wat wi roden, dat kann Land för't Korn warn! Mehr Acker gifft een grötteree Ornt. Mehr Haver, Hirse un Roggen gifft mehr Koorn för't Brot", und der Ältermann prophezeite: „All uns Lüüd geit dat good, wenn wi de Böhme un Strüker an't Lief gahn!" Ein Mehr an Ernte bedeute ein Weniger an Not.

Bei so viel Erwartung und Zustimmung wuchs die Zuversicht, das Richtige zu tun. Und tatsächlich, am Anfang waren alle Bönsbarger mit Eifer, Fleiß und Tatkraft, strebsam und emsig mit am Werk, dem Grün Garaus zu machen.

Nach über neun Wochen knochenharter Plagerei jedoch bröckelte die Anzahl der Helfer, gab es nur noch eine Handvoll Entschlossener, die nicht aufgaben. „Veele Hannen maaken lichte Arbeit", dieser Schnack galt nicht mehr.

Zu dieser bedrückenden, entmutigenden Entwicklung trug nicht nur das bis dahin erzielte magere Rodungsresultat, sondern auch ein tragischer Unglücksfall bei: Einige der Lütten, der Kinder, denen man eine Pause gönnte, spielten das beliebte Verstecken. Zwei ganz Plietsche verkrochen sich tief in altem, braunem Laub unter einem Busch. Da würde sie so rasch niemand finden, denn die fauligen Blätter türmten sie über Kopf und Körper.

So hörten sie auch nicht den Warnruf derer, die mit Äxten und Beilen einer Buche zu Leibe gerückt waren, um sie zu fällen: „Allns weg, de Boom kümmt!" Der stürzte, erschlug beide Kleinen, sie waren sofort tot.

Nach der Grablegung der Kinder waren es nur noch acht Bönsbarger, die unerschrocken dem steinharten Boden, den tiefsitzenden Wurzeln, den knorrigen Bäumen und spitzen Dornen den Kampf boten. „Wi, de oprechten Acht, wi laten uns nich ünnerkriegn", sprachen sie sich gegenseitig Mut zu, um durchzuhalten.

Einen ganzen Mondverlauf dauerte es, um zwei, drei Schritte gegen das dicht gewachsene Buschwerk vorzudringen. Goodje, Bernds Eheweib vom Thorsberger Hof, blieb ebenso an seiner Seite wie Wippsteert, der kleine Oskamp, zwei Großknechte und tatsächlich auch der ständig stöhnende Altbauer Klaas Plattnase, der Unverwüstliche. Auch Bernds treue Nachbarn, Jesper der Vielgereiste und Eier-Grete, gehörten dazu. Klaas, auf sein knarziges Atmen angesprochen, erwiderte: „Stöhnen, dat möhn ji ju marken, is de halve Arbeit!"

„Kiek di um, Öllermann", rief an diesem Tag Plattnase Bernd Bengtsson zu, „in't letzt Johr hemm wi opp de anne Siet rodet. Weetst, wat passert iss, dat wast alln's wedder dicht!" Es war ernüchternd, entmutigend, beklemmend. Was man vor Monaten an neuem Land dem Wald abrang, wuchs an anderer Stelle wieder genau so rasch nach.

Der viele Regen begünstigte das Wachstum, besonders von Dornenpflanzen und Bodendeckern. „Fröher vör veele, veele Johrn, ass dat nich so natt weer, gung dat beeder mit dat Friemaken för Wischen und Acker", ergänzte der Altbauer. Bernd stimmte ihm zu, die ständige Feuchtigkeit, dazu die Sonne, waren vor Jahren noch nicht so zähe, starke Gegner gewesen. Die Götter meinten es gut, zu gut mit dem Regenreichtum für das Land der Angeln.

Eine Hilfe für das Heute, die benötigte man! Einen Weg, das Wachstum zu begrenzen, wünschte sich Bernd. „Man, dat mutt doch een Weg gewen, dat Gröön lütt to holn!" Nur wie?

Brandrodungen, die man versuchte, mit Feuer die Bäume zu besiegen, blieben wegen der fehlenden längeren Trockenheit meist ohne Wirkung. In Vollebrüch, einem der Nachbardörfer, wo man zu dieser radikalen Waldvernichtung an einem sonnigen Tag griff, hatte das Feuer angetrieben durch plötzlichen Sommersturm über die Bäume hinaus zwei weitere Dörfer erfasst und Hunderten von Menschen Häuser und Hütten geraubt.

Es war Goodje, die aufgrund ihrer Erfahrungen vom Thorsberger Hof einen machbaren Vorschlag gegen den Waldwuchs äußerte. „Trecken wi een Tuun an'n Waldrand lang!"

Zustimmung erhielt sie von allen Seiten so einhellig, dass die Jungvermählte ganz verlegen wurde. Bernd nahm seine Frau spontan in die Arme und es fuhr ihm dabei eine Redewendung von Plattnase, dem verhinderten Poeten, durch den Kopf. „Dat Grön daal to maken bruukt Mess un Schüffel. Man een Wief is an Best mit een Sööten bedeent!" Auch wenn dem Ältermann die Sinnhaftigkeit dieses Verses fehlte, wiederholte er ihn laut, küsste sein Weib und rief: „Wat büst du een düchdige Deern! Dat ward maakt!"

So wurde Bönsbarg eines der ersten Dörfer im Land der Angeln, das sein Acker- und Weideland durch eine Begrenzung aus Pfosten gegen den wilden Strauchwuchs der Weiden, Erlen, Dornen, Fliederbeeren, von Haselnuss und vielen weiteren Pflanzen schützte. Eine dauerhafte Lösung, da waren sich Bauern oder Bedienstete einig, sei es nicht. Allein, ein Gewinn an Zeit. „Dat geit hier nich um Leven oder Leven laten, nee, de Natur kennt keen Pardon", grummelte Plattnase, „wi möhn uns wehrn!"

„Vör een kotte Tied hemm wi Ruh, man nich för de Ewigkeit", ergänzte Bernd auf der Thingversammlung des Dorfes, zu der er nach Abschluss der Rodungen einlud und wo die entmutigten Männer ihre Auffassung äußern konnten und es mit bewegten Worten auch taten. Der Bönsbarger Ältermann beließ es nicht bei den vordergründigen Klagen. „Wat iss mit uns Dörp, wat in tein, dördich Johr?"

Die Anzahl der Menschen in ihrem Heimatort stieg von Winter zu Winter durch mehr Kinder und Ansiedlung von Jungbauern, weiteren Sippen sowie von Knechten und Mägden, die hier Arbeit fanden. Doch der Umfang der Ackerfläche blieb gleich. Irgendwann würde es nicht genug Essen für alle geben.

„Dat duuert wat", meinte der Jungbauer Drees Nielsson beschwichtigend, „laat uns de Brache plöögen!" Die Brache galt in der Abfolge der Dreifelder-Regelung als unantastbar. Jedes dritte Jahr durfte eine Fläche nicht bearbeitet oder genutzt werden.

Da gingen die Wogen auf dem Thing aber hoch. „Nie un nimmer", brüllte der alte Klaas. Er wies auf seine Jugendzeit hin, wo man einmal den Frevel beging und die Brache aussetzte, den Acker Sommer für Sommer für den Anbau von Roggen und Hafer, Hirse und Gerste nutzte. Schon nach wenigen Wintern verringerten sich die Erträge um die Hälfte und mehr. „Nee, uns Erde, de mutt sich verpusten, anners wast dor nix mehr."

Der Ältermann ließ über dieses Dorfreglement, das im gesamten Angelnland galt, noch einmal entscheiden. Klarheit wolle er, die bekam Bernd. Bönsbarg blieb dabei: In jedem dritten Jahr durfte eine Koppel nicht bearbeitet werden. Keiner widersetzte sich, auch Drees nicht. Harmonie war eingekehrt, alles entsprechend des Bönsbarger Brauchtums „Beeder een dröög Brot in Freeden ass fette Speck in Striet!" Schon näherte man sich in Gedanken dem Umtrunk nach Ende des Things, als Unruhe aufkam.

Laute Stimmen hörte man am Eingang zum Thingplatz. Wippsteert wurde sichtbar. Man merkte es, ihm war nicht wohl, diese Männerrunde stören zu müssen. „Jesper, wo is Jesper? Eier-Grete geit dat schiet! De Dood, de Dood kümmt to ehr", rief er in die Runde, wischte sich mit dem Jackenzipfel Tränen aus den Augen und schluchzte tief.

„Mien Jung, hool an di, wat is schehn?", ging Bernd auf den völlig aufgelösten Lüürlütt ein. „Een Slang, een grode swatte mit een geele Streek oppe Rüch, de hett ehr beeten. Een Giftotter!" Oskamp Klimperkleen, der bei Grete ein zweites Zuhause gefunden hatte, holte tief Luft, strich sich weitere Tränen von den Wangen: „Ehr Finger is swulln, ehr Arm puulsterig dick. Goodje is bi ehr, hölpt, wo se kann." Der Biss einer giftigen Kreuzotter galt als böses Unglück, denn er führte fast immer zum Tode.

Eier-Grete, wie alle sie nannten, war ein vom Leben gezeichnetes, gebeugt gehendes, aber unbeugsames altes Weib, mit stets aufmerksamen, oft jedoch auch misstrauischen Augen in einem faltenreichen, von weißem Haar umkränzten, Gesicht. Sie, die nie ein Eheweib wurde, fand mit dem gleichaltrigen Jesper in Bönsbarg ihr Glück im Alter. Sie lebten zusammen, erinnerten sich gemeinsam, genossen Hand in Hand die Morgensonne, den Tag oder schwiegen auch miteinander. Vertrautheit kennzeichnete die beiden, Rücksichtnahme.

Die zwei waren im Dorf wegen ihrer Hilfsbereitschaft angesehene und gern gesehene Nachbarn. Während Jesper sich mit seinem weißen Vollbluteber aus dem Land der Franken, dem stets potenten Prachtstück Abraham, mit Silberlingen für das Besteigen von Sauen sein Zubrot verdiente, bestanden Gretes Einkünfte aus dem Verkauf von weißen, grünen und braunen Eiern. Zumeist tauschte sie ihre Waren gegen Honig und Hirse, Sellerie und Salz, Heringe und Hafer. Wegen dieses Handels mit Hühnereiern erhielt sie von den Leuten einen Erkennungsnamen – Eier-Grete hieß sie nur noch. „In Froonsarbeit is dat Wief behend", hieß es landauf, landab, „man mit de Eier, dor find' se keen End."

„Vertell, Jung, wat is passert?", fragte Bernd. Stockend erzählte der Kleine, was und wie es sich mit dem Schlangenbiss zugetragen hatte. Wie immer, kurz vor dem Schafengehen, überprüfte Grete noch einmal den Hühnerstall und die Legenester. Dabei, wie sie es sich angewöhnt hatte, als sie noch allein lebte, schnackte sie mit ihrem Federvieh.

Da sie jeder Junghenne bei deren erstem Ei einen Namen gab, kam es schon vor, dass sie ihre Hühner persönlich mit Gitte, Gerda, Lore, Thea oder Tolde ansprach. „Hier, mien lütt Deern, hest wat Fudder", hieß es bei ihr, wenn sie den Hühnern Körner hinstreute, „ji weeten, von nix kümmt nix! Lang man too!"

So war es auch an diesem Unglücksabend gewesen. Die Vorboten waren drei tote Hühner unter einem Holunderbusch. Grete, erschrocken und traurig, griff sich die verendeten Tiere, untersuchte sie von allen Seiten. Keine Wunde, kein Kratzer, nicht einmal eine Hautabschürfung an den Füßen. Merkwürdig! Rätselhaft! Keine Spur von einem Fuchs oder Marder zu erkennen.

In diesem Augenblick hätte Grete auf eine naheliegende Ursache für das Lebensende ihrer drei Hennen kommen können. Sie dachte jedoch an verdorbenes Futter, überhaupt nicht an eine Schlange.

Trotz ihrer Bestürzung wollte sie noch die restlichen Eier aus den Nestern einsammeln und ins Haus bringen. Da geschah es, beim vorletzten Nest. Beim Griff nach einem Ei erfasste ihre Hand etwas dickes, weiches, schleimiges, unter einer leichten Heuschicht verborgen. Sie riss voller Ekel ihre Hand zurück. Zu spät!

Eine Kreuzotter, die sich bedroht fühlte, schlug ihre Giftzähne in Gretes Mittelfinger. Zwar schleuderte die Alte allein wegen des Schmerzes die Schlage mit einer hastigen Armbewegung in das nächste Gebüsch, doch die beiden Bissstellen, aus denen Blut tröpfelte, waren zu erkennen.

Wäre der kleine Oskamp nicht zufällig in der Nähe gewesen und hätte den grellen Aufschrei von Grete gehört, wäre die Alte an Ort und Stelle inmitten ihrer Hühner krepiert.

Dieses kluge Bürschchen tat das einzig Richtige. Er sog ungestüm Blut wie Gift aus der Wunde und spie beides aus und wiederholte seine Rettungsversuche viele Male. Doch ein Großteil des Giftes kreiste bereits durch Gretes Körper, der von Krämpfen geschüttelt wurde.

Goodje, von Lüürlütt um Hilfe gerufen, setzte, angelernt von ihrer Großmutter, einen Kreuzschnitt direkt bei den Bisslöchern und auch sie versuchte das vergiftete Blut zu entfernen. Mehr war an Hilfe nicht möglich. „Man, alleen uns Götter hemm de Bavenhand, uns Grete to hölpen", flüsterte sie Oskamp zu. „Ik wünsch mi vun Harten, se doon dat", antwortete er.

Machtlos waren die Menschen Giftschlagen ausgeliefert. So sah es auch Jesper, der völlig außer Atem und voller Sorge eilig angerannt kam. Auch er flehte um den Beistand der Götter. Allein sie konnten seine Lebensgefährtin noch retten. Oskamp tat es ihm in rührender Weise nach, warf sich auch auf die Knie und richtete die offenen Arme gen Himmel. So wie er es bei dem Alten beobachtet hatte.

Jesper entledigte sich für das Götteropfer seines kostbaren mit Silber beschlagenen Gürtels. Der kleine Oskamp, der aus ärmlichen Verhältnissen stammte, steuerte seinen Kamm aus Fischgräten bei, auf den er so stolz war.

„Jung", sagte Jesper und nahm dabei den Kleinen in seine Arme „wenn dat nich helpen deit, mien Smachtreem un dien Luuskamm, denn weet ik nich, wat de Götter noch bruuken doon!"

Für die Güte und Gutherzigkeit, die der Kleine von Grete erfuhr, war dem kein Opfer zu groß. Wie oft steckte sie ihm Eier zu, einen Kanten Brot oder auch einen Apfel. „Man, goodhardig dat iss Grete, ass man Een!"

Wenn Oskamp ganz allein bei der Alten, die in einem todesähnlichen Schlaf schien, Aufsicht führte, rüttelte er sie manchmal ganz vorsichtig und flehte sie an: „Grete oppwaaken! Grete oppwaaken." Oder er versuchte es mit einem Scherzgedicht, das die Alte ihn gelehrt hatte. Es handelte sich um einen Spottvers, der ihr wohl selber einmal eingefallen war, als sie vom nächtlichen Abenteuer, das Klaas Plattnase widerfahren war, gehört hatte.

Der Altbauer, ein beherzter Säufer, war so randvoll betrunken, dass er seine Bettstatt nicht mehr fand. Er war auf dem Heimweg zuerst in eine Pfütze, dann in einen Eimer mit Seife gefallen, hatte sich am Herdfeuer die Füße verbrannt und vor lauter Schreck sein Gesicht in einem Pott mit Roter Grütze versenkt. So fand ihn sein Weib, die ihn mit einem Eimer kalten Wassers wieder auf den Weg der Tugend führte.

„Klaas Plattnääs mit de Licht inn'e Hann' kann sien Beet nich finn'n, fallt mit sien Kopp in't Schietlock rinn. Schietlock is so deep, fallt mit sien Nääs in een Putt full Seep. Seep, de is wat düür, fallt mit de Fööt in't Füüer. Füüer ist to kakenhitt, fall mit sien Nääs in Rode Grütt. Rode Grütt ist to wabbelig, fallt mit sien Fööt in't hölten Fatt. Dat Fatt, dat geiht twei, dor leggt de Hahn för Klaas Plattnääs een Ei. Kikeriki!" Sobald Klaas sich im Dorf blicken ließ, konnte er diesen Spottvers vernehmen. Er lächelte nur, sich darüber zu grämen lag ihm nicht.

Viele Tage hielten Jesper und Goodje abwechselnd Wache bei der Todkranken, fütterten sie, die häufig Schleim spuckte. Grete zitterte, wurde vom Fieber geschüttelt. Mit Brei aus Heilkräutern und viel Quellwasser rückte man der Vergiftung zu Leibe.

Unvermittelt – es war wohl der fünfte Morgen – schlug Grete ihre Augen auf. Das Gift war aus ihrem Körper gewichen. Große Freude herrschte bei allen Dorfleuten.

Noch tagelang rätselten die Bönsbarger, wer wohl für diese Wunderheilung verantwortlich sei, denn das Schlangengift dieser Otter galt als tödlich. Die Götter, besonders Nerthis, die Schutzgöttin der Angeln, nahmen die erste Stelle als Retter ein, Goodjes Heilsäfte folgten, dann bereits die Zähigkeit der Alten. „De Olsch, de is so taag un stuur, de wull nich dood gahn", war die Meinung der Nachbarn. Nicht wenige wiesen auf die Wirkung der beiden Opfergaben – Gürtel und Kamm – hin, die jetzt tief auf dem Grund des Moorlochs lagen.

Doch eine Gewissheit gab es bei allen Bönsbargern. Die Nornen, in deren Hände die Lebensfäden aller Menschen lagen, hielten an denen von Eier-Grete weiter fest, weder lösten sie die hauchdünnen Schnüre noch zerschnitten sie diese Lebensstränge. Das Weiterleben der Alten, fanden viele, hatte auch eine praktische Seite, würde die Eierlieferung doch fortgesetzt.

Goodjes fürsorgliche Pflege, die zur „Wiederauferstehung" der alten Grete führte, schaffte zugleich ein engeres Verhältnis der beiden Frauen. So kam es, dass die Alte, die über eine lange Zeit nur Alleinsein und Einsamkeit gewohnt gewesen war, erstmals einem anderen Menschen – abgesehen von Jesper – ihr Vertrauen schenkte. Es folgte eine Goodje erschütternde Geschichte, die einer Lebensbeichte glich.

36

Eier-Gretes Lebensbeichte, von Dietmars
Schikanen, „Scheefmuul" Jörgen Feddersson,
Weiberneid und welchen Mutterschmerz
Gotteskinder auslösen

Grete, die als Weib nie den Schutz und die Sicherheit einer eigenen Sippe erfuhr, erzählte von einer bitterbösen Kindheit, zuerst stockend, dann jedoch wie erleichtert. Sie sprach von Fehlern und Versuchungen, Verfolgungen, andauernder Gewalt, Abhängigkeit und Ausgrenzung. Zu lange bereits war ihre Seele damit belastet gewesen. Eine Beichte, die Goodje Tränen in die Augen trieb.

„Wenn een Jung keen Öllern hett, kümmt he fix bi een Buuern in Arbeit un Broot. Man Deerns, de hemm dat swor, de hölpt keen een!"

Wo sie geboren sei, wisse sie nicht. Auch nicht, wer ihre Mutter und Vater seien. Die ersten Jahre habe sie hier in Bönsbarg gelebt, als eine der Bastarde von Dollfried Dietmarsson, so wurde gemunkelt. Sie sei Kind einer der vielen Köökschen und Küchenmägde, die dieser geile Fettsack geschwängert habe.

Dieser Großbauer und noch mehr sein ständig keifendes Weib betrieben ihre Haus- und Hofwirtschaft mit herrenlosen Kindern. Sie seien billige Arbeitskräfte gewesen, gehalten wie Leibeigene.

Bereits für kleinste Vergehen wurde sie geschlagen und gequält, jedoch immer nur in den vier Wänden des Hofes, damit niemand es mitbekam. Wer schrie, den sperrte man in ein finsteres Erdloch ohne Wasser und Brot. Wer fortlief und gefasst wurde, dem brannte man mit einem Brandeisen ein Kreuz auf den Rücken. Vier dieser Narben habe sie erhalten und höllische Schmerzen tagelang aushalten müssen. „Nee, dat weer een swore Tied!"

Wer geflüchtete Jungweiber einfing, erhielt von Hofbesitzer Dietmarsson eine Gans zur Belohnung. Alle wurden wieder gefasst, nur eine nicht. Sie trieb tot in einem Moortümpel.

„Haut hemm se uns Görn, bitt dat Blood keem!" Dietmarsson, der stets die Anweisungen seines Weibes Hedwig befolgte, handelte bei den Mädchen nach dem Grundsatz: „Nicht Honig, nur die Zucht zähmt das Weib!" Es genügte bereits, den Besen verkehrt herum aufgestellt zu haben, schon erhielt man eine Maulschelle.

„Nee, nich wi Deerns harn de Bessen umstellt, oft weer dat de dicke Dietmar, de Söhn. He hett uns piesackt und trietzt." Waren die Bretter des Fußbodens gerade blank gescheuert, streute dieser tückische, sluusohrig-hinterlistige Bengel in einem unbeobachteten Augenblick feinen Sand über die Diele. Auch sonst hinterging er die Deerns, wo er einen Anlass dafür fand.

Brodelte die Suppe im Kessel über dem Feuer, warf er Regenwürmer, tote Mäuse oder Fußlappen in den Topf. Und als Grete einen Spatz, der sich das Bein gebrochen hatte, schiente und ihn mit Brotkrumen und Wasser aufpäppelte, riss Dietmar ihn ihr aus der Hand, zerteilte den Körper und warf den blutigen Kopf auf den Küchentisch. Für solche Blutflecken und für alle anderen Versäumnisse wurden stets die Jungweiber bestraft.

Dietmar der Dicke feixte dazu. Rutenstreiche auf kleine pralle Mädchenärsche gefielen ihm besonders. „Man eenmal hemm wi düsse Hundsfott an'ne Büx kreegen. All veer Deerns hemm wi Dietmar in sien Pott pisst. Honig keem rinn un all's wuur umröhrt." Der Sohn des Dietmarssons-Bauern leerte seinen Krug mit der besonderen Mixtur in einem Zug, schlug sich voller Wohlbefinden dann auf den Bauch und rülpste genussvoll. „Man wat deit dat good, uk wenn dat wat sööt is", brabbelte er über den Mittagstisch.

In diesem Moment glitt ein listiges Lächeln über das runzlige Gesicht der Alten. Drei ganze Tage hatte Dietmar kotzen müssen, weil es den Deerns gelungen war, auch noch Körner für den Brechreiz in den Trunk zu rühren. „Wat hemm wi uns höögt", ergänzte Grete. Doch der Triumph hielt nur kurz vor.

Die Quälerei, die Pein, das Piesacken, das Hintergehen durch Dietmar wurde nicht weniger. Im Gegenteil! Gleich nach dem folgenreichen Überfall der Sklavenräuber auf Bönsbarg, als der verräterische dicke Dietmar und sie die einzig überlebenden Kinder des Dorfes waren, tauschte Dollfried Dietmarsson Grete am Abend dieses Unglückstages bei einem Fellhändler gegen eine Kopfbedeckung aus Rattenfellen für seine Frau ein. Er wollte vermeiden, dass Grete seinen Sohn als Verräter an die Sklavenhändler entlarvte.

„Man beeder gung mi dat bi de Händler Jörgen Feddersson, dat ‚Scheefmuul', uk nich." Die Mädchen, die dort Dienst taten, kamen oft vom Regen in die Traufe. Den stets unrasierten Fell-Händler, der mit einem vierrädrigen Karren und zwei Zugochsen die Dörfer aufsuchte, kennzeichnete ein äußerst schiefes Maul, aus dem unaufhaltsam mehrfarbiger, ekelhafter Speichel floss. Er tauschte Felle von Fuchs, Otter, Ratten, Wölfen und sogar Bären gegen Tand und Trödel ein.

Den Gesichtsschaden, der auch seine Sprache verzerrte, trug er seit seiner Geburt. Der Spott gleichaltriger Kinder, ihre Lachsalven über sein schräges Aussehen, klangen noch immer in den Ohren dieses Mannes, hatten seine Gefühle verhärtet, ihn steif, starr, grob und unbarmherzig werden lassen.

Die frischen Felle, innen blutig, voller Hautfetzen und Sehnen, musste Grete nun täglich auf den Knien säubern. Dazu benutzten die Helferinnen eine Lauge aus Holzasche, die durch ihre giftige Schärfe die Hände zum Brennen brachte. Bereits nach wenigen Tagen pellte Gretes Haut teilweise bis auf die Knochen ab. „Man, wat heff ich een Wehdag hatt, huult heff ik Nacht för Nacht."

Mit Eichenrinde gerbte man die Felle später, eine Arbeit, die viel Zeit und Kraft in Anspruch nahm. Alle Arbeitsgänge waren mit bestialischem Gestank verbunden. Ein Schutz für die Hände war verpönt, deshalb beständen ihre Hände heute mehr aus Narben denn aus glatter Haut, ergänzte die Alte.

Auch bei Jörgen Feddersson setzte es Hiebe, besonders für die Gerber-Weiber. Jedoch gab es einen Unterschied zu den Schlägen in Bönsbarg. Die Peitsche des „Hüüt-Händlers" bestand aus sieben Lederstriemen, die des Dollfriedsson habe sich auf fünf beschränkt.

Beim Fellhändler waren es die anderen Mägde, die sie, Grete, vor den Augen ihres Herrn zum Sündenbock machten – ob bei einem Riss im Hirschfell, ob die Lauge zu stark oder zu schwach angerührt war, eine Bürste brach oder der Arbeitsplatz nicht gesäubert war. Am Ende erhielt sie, die neu dazugekommen, die jünger und auch ansehnlicher als die anderen Balgerinnen, Hüüt-Weiber, war, allein die Schuld dafür. „Ik segg di: Froonsarbeit is behend, man se nimmt keen End. So weer dat bi mi!"

Dabei blieb es nicht. Da Grete bei ihrer Gerberei gerne summte und sang, den anderen so viel Frohsinn missfiel, griffen die anderen Weiber sie eines Tages, banden sie mit Tauen auf einen Balken und nähten ihr in dieser Nacht, als Jörgen der Händler im Nachbarort weilte, mit Sehnen den Mund zu. Auch wenn am nächsten Morgen die Naht wieder aufgeschnitten wurde, bluteten und eiterten die höllisch schmerzhaften Wunden noch viele Wochen. „Swien blifft Swien", bemerkte sie zu diesem erlittenen Martyrium, „dat köhn uk Deern wehn!" Speisen einzunehmen war ihr danach lange Zeit nicht möglich, trinken nur durch einen Halm. „Hest ass Deern keen Öllern, büst buutenvör. Keen een hölpt di", so begründete Grete diese Quälerei.

Ihre Wut auf die Weiber sei von Woche zu Woche gewachsen, auch weil es sich bei den handelnden Dorfweibern dieses Handelsmannes herumsprach, dass Grete vom Bauernhof mit dem pechschwarzen Haar ein einfältiges Wesen sei. Der könne man sogar eigenes Versagen aufbürden, denn wehren würde die sich nicht. War die Ware eingerissen, verfärbte sich das Fell oder passte die Größe einer Mütze am Ende der Käuferin doch nicht, war stets Grete die Schuldige.

Sogar Jörgen Feddersson ging so viel Hass und Hetze zu weit. Er, Scheefmuul, steckte Grete in unbeobachteten Momenten auch schon mal Wurzeln, Rettiche oder Rüben zu. Wenn er den „Siebenschwänzer" zückte, drosselte er bei ihr deutlich seine Kraft.

„De Fruuns hemm mi gequält, wiel ik in junge Johrn keck, keut, schier, püük un propper weer, een smucke Deern!"

Bald sei es jedoch nicht bei Sticheleien geblieben. Starb plötzlich im Dorf, in dem sie ihren Fellhandel betrieben, ein

Hammel, lahmte ein Hengst, hustete ein Hund Schleim, keimte auf dem Voracker die Hirse nicht, wurde ihr – angeblich – stechender Blick dafür verantwortlich gemacht.

Als die ersten Bauernweiber sich weigerten, Felle bei Jörgen zu kaufen, weil diese Schwarzhaarige, „düsse swatte Deern", bei ihm Dienst tat, verlor sie von heute auf morgen ihre Arbeit. Den Beutel mit wenigen Silberlingen, den der Handelsmann ihr gab, entrissen ihr später drei Dorfweiber am Ortsausgang als Ausgleich, so schrien sie, für einen toten Schafbock. Man sparte auch nicht mit Schmährufen wie „Stinke-Grete! Stinke Grete!", „Schand-Wief" oder „Grete Glimmermors", als sie die Hütte des Gerbers verließ. Doch die Dorfleute, in Aufruhr und Rage, bezogen Feddersson Scheefmuul, den Händler, grundlos in ihren Zorn mit ein, wünschten ihm „de Pest an de Lief" und weigerten sich, mit ihm Waren zu tauschen.

Niemand sei bereit gewesen, sie aufzunehmen. Über zehn Mondfolgen habe sie es bei der Fellbearbeitung ausgehalten. Am Rande eines anderen Dorfes, in dessen Allmende-Wald habe sie eine eigene Hütte gebaut. Aber nicht nur sie, auch Scheefmuul habe dieses böse Dorf Süllelrup noch am gleichen Abend mit seinen Ochsenkarren verlassen.

„Ass ik mien Hütt buut har, sööke ik Arbeit. Keen wull mi! Düsse verdammten Wiewer in dat Dörp", brach es aus Eier-Grete heraus, „de hemm de Schuld, se wulln mi nich in Huus un Hoff!" Ihr merkwürdiges Verhalten, der „stechende Blick" hatten sich wohl herumgesprochen. Auch in dem neuen Ort waren es wieder die Frauen gewesen, die sie zur „Aussätzigen" erklärten.

Da war ihr der Gedanke gekommen, ihren Liebreiz, ihre Anziehungskraft, ihre Anmut einzusetzen, um zu Silberlingen zu kommen. Triebe und Titten, Reize und Wollust hatten sich bei ihr ausgeprägter entwickelt als bei anderen Gleichaltrigen. Ein Grund mehr von den Frauen, sie zu meiden, auszugrenzen.

Jetzt drehte sie den Spieß um, benutzte ihren Zauber für ein eigenes Geschäft. Für die jungen Bauern und Handwerker ganzer Ortschaften wurde Grete ein geiles Vergnügen! Frei von allen Zwängen bot sich die schwarzhaarige Schöne dem gesamten Mannsvolk an. Je mehr die gehörnten Weiber zeterten, es als Zumutung empfanden, wenn ihre Männer in den Abendstunden Gretes Liebesnest voller Erregung und Wollust aufsuchten, um so ausgiebiger betrieb sie den Beischlaf. Riefen die Dorfweiber Dirne, Metze oder Hure ihr hinterher, hob sie nur aufreizend ihren Rock und bot ihre Blöße mit Bewegungen an, als würde ein Hund sie von hinten besteigen.

Da in ihrem damaligen Wohndorf der Ältermann, läufig wie ein Hüttenrüde, zu ihren häufigsten Besteigern gehörte, dauerte es mehrere Sommer, bis die „Fruunslüüd" sich gegen diese „Schneppe" durchsetzten und man Grete vertrieb. In einer mondlosen Herbstnacht legten die Neiderinnen an allen vier Ecken der Hütte Feuer. Da Grete von einem ihrer Gönner bereits gewarnt worden war, verbarg sie sich und was ihr von Wert war in einer Erdhöhle.

Hoch zu Ross, mit einem Umhang aus kostbarem Otternfell und einem randvollen Beutel mit Silberlingen, verließ sie hohnvoll lachend ihre Wirkungsstätte, zum Bedauern des gesamten Mannsvolkes, uralte Knechte und Krüppel eingeschlossen.

„Ja, so fung dat an mit mi. Een Flittchen bün ik wurn. Ik heff veele Dörper kennenlehrt. Man blieven kunn ik keen Stäe."

Ihr Rachefeldzug gegen die Eheweiber, ihnen ihre Männer abspenstig zu machen, gelang. Der Preis dafür war eine fortwährende Einsamkeit. Nirgendwo fand Grete Gefährten noch Freunde; Freier jedoch stiegen ihr unzählige nach. Nicht einmal traf sie einen Mann, der ihr mehr bot als das Vergnügen einer Nacht. „Ik weet", griff sie noch einmal das Alleinsein auf, „dörch de Welt kaamt wi all, man bloots nich all lieker good."

Die Anzahl der „Halbkinder", die sie nach drei- oder viermonatiger Schwangerschaft gebar, zählte sie gar nicht mehr. Ihre Trauer über die Fehlgeburten stumpfte nie ab. Fruchtbar sei sie gewesen, doch nicht einmal gelang es ihr, einen Balg auszutragen. Die kleinen Gotteskinder opferte sie Nerthis in Moortümpeln, stets verbunden mit der vergeblichen Hoffnung auf Hilfe. Kinderlos blieb sie ihr Leben lang, an den Gottheiten zweifelte sie.

Waren die Mannsleute für sie in jungen Jahren noch eine Lust, wurden sie mit zunehmendem Alter eine Last. Als einer ihrer Freier nicht mit Silber, sondern mit Hahn und einer

Henne seinen Lustgewinn beglich, kam ihr der Eier-Gedanke. Sie verließ das Dorf, durchwanderte Angeln und ließ sich am Ende ihres Lebens in ihrem Heimatdorf Bönsbarg nieder.

Niemand dort kannte ihr Vorleben, noch erinnerte man sich an die junge Grete. Da die schrullige Alte ganz schnackig war und eine Eierhändlerin fehlte, duldete man den Neuankömmling, zumal sie am Rande des Ortes, wo dieses Weib niemanden störte, eine baufällige Hütte wieder wohnlich gestaltete.

Hier lebte sie nun mit Jesper, teilte ihren Erlös aus den Eiern mit dem ehemaligen Sklaven. Hier würde sie sterben wollen, aber nicht durch den Biss einer Kreuzotter! „Nee, een mit Gift in't Blood, de wülln uns Götter in Walhalla nich!"

Grete, die zähe Alte, kam wieder auf die Beine. Sie war auch kräftig genug, um sich, gestützt auf Jespers Arm, das neue Wunderwerk der Dorfmänner auf dem halben Pfad zur Küste des Bockholmer Fjords anzusehen. Als Bernd Rotkopf es ihr mit beredten Worten erklärte, schüttelte sie mehrfach ihr Haupt. „Wat schall dat", waren ihre einzigen Worte. Für sinnvoll und zweckmäßig hielt sie diese neue Errungenschaft von Bönsbarg offensichtlich nicht.

37

*Eine ungewöhnliche Verteidigung für Bönsbarg,
von Hoddel „Hoot", einem Bärenjungen,
Bedrohungen für die Angeln, einem nächtlichen
Schrecken und dem tiefen Fall eines Zuchtbullen*

Bernd Bengtsson, der junge, schneidige, auf den Fortschritt setzende Ältermann von Bönsbarg, war bestrebt, die bestmögliche Verteidigung für sein Dorf und dessen Einwohner zu schaffen. Bönsbarg sollte für andere Orte Vorbild und Beispiel werden, so seine Absicht. Auf seine Anweisung hin wurde eine die gesamte Breite des Weges umfassende, tiefe Fallgrube ausgeschachtet und mit Buschwerk überdeckt. Es ging um einen zusätzlichen Schutz gegen Räuberhorden, die von See aus kamen, um Bönsbarg zu überfallen, und dabei den Hauptweg vom Strand zum Dorf wählten. Der ehrgeizige Baas war mächtig stolz auf „sein" Werk, dessen Vorteile er herausstrich, dessen Schwächen er in seinem Eifer jedoch übersah.

Immer wieder hatten Piratenschiffe in der Vergangenheit am Strand geankert, um von dort Bönsbarg zu überfallen, zu brandschatzen, Mannsleute zu morden, Weiber zu vergewaltigen, Kinder zu rauben.

Goodje äußerte Zweifel an der Wirkung der zusätzlichen Verteidigungseinrichtung. Von Jesper dagegen, der als Sklave hatte Fallgruben ausheben müssen, kam Zustimmung. Klaas Plattnase fand die Schikane überflüssig: „Bringt nix, döcht nix!"

Bernds Freude und Stolz an der Neuheit hielt jedoch nur kurz vor. Erstes Opfer der Fallgrube wurde sein eigener Zuchtbulle. Der schaffte es eines Nachts irgendwie, sein Weidegatter zu durchbrechen, und war, die Freiheit genießend, mit steifem, steil aufgerichtetem Schwanz die Schneise zwischen den Bäumen Richtung Buckholmer Fjord entlanggeprescht und plötzlich vom Erdboden verschwunden. Blökend, wütend, schnaubend fand man ihn am Boden der Grube.

Zwei Monde später, in der Abenddämmerung, ereilte Plattnase und zwei seiner Freunde das gleiche Schicksal. Sie sollten für ihre Weiber drei gut gefüllte Krüge mit Honigwein bei den Fischern gegen Heringe und Bernstein eintauschen. Doch diese waren, als sie bei der Fischersiedlung ankamen, auf hoher See. Und um den Wein nicht umkommen zu lassen, soffen sie alle Krüge restlos leer.

Singend, rülpsend, schwankend und Arm in Arm begaben sich die drei auf den Rückweg zum Dorf. Im Überschwang ihrer seligen Stimmung vergaßen sie die vorgeschobene Verteidigungslinie, die Grube, die sie mit ausgehoben hatten.

Am nächsten Morgen fand man die drei dort, unverletzt, schnarchend, Arm in Arm. Angesprochen auf die fehlenden Fische versicherten sie übereinstimmend, die seien plötzlich zu „fliegenden" Heringen geworden und in den Wolken verschwunden. Der Schreck sei ihnen so in die Glieder gefahren, dass sie sich zu ihrer Gesundung über die Getränke hergemacht hatten.

Die nächsten „Grubenopfer", die durch das die Öffnung abdeckende lockere Strauchwerk in die Tiefe stürzten, genau in dieser Reihenfolge, waren: ein Igel, zwei Ziegen, ein dreibeiniges Schwein und der tüddelig gewordene alte Hoddel Hoot, der bei Tag und allen Mahlzeiten nie ohne seine Kopfbedeckung auskam. Sie gehörte zu ihm wie Ohren, Mund und Beine.

Hoddel verletzte sich in jungen Jahren bei einem üblen Sturz im gesamten Gesicht, jedoch, oh Wunder, am Schädel gab es keine Schramme, nur eine blau schillernde Beule. „Wenn ik de Hoot nich opp'n Kopp hat harr, weer ik dood gahn", war seine Erkenntnis. Seitdem trug er seine Kappe auch im Schlaf auf der Lagerstatt. Nie setzte er sie ab.

Als Hoddel das Zeitliche segnete, legte man dem Leichnam die erbärmlich stinkende, löchrig gewordene Kopfbedeckung bei. Als die Klageweiber den Hut vom Schädel nahmen, erkannten sie den Grund für Hoddels Hutleidenschaft, ein breites rotes Blutmal auf dem kahlen Kopf. Hoddel hatte sich dessen geschämt.

Sein Unglück jedoch trug dazu bei, dass bei dem anstehenden Thing über Wohl oder Wehe der Fallgrube entschieden werden sollte. „Maak dat Lock dicht", wurde zur vorherrschenden Auffassung. Jesper gehören zu denen, die Geduld einforderten. Eier-Grete kam mit dem Vorschlag, die Grube anders zu nutzen, für die Fäkalien, den gesamten Kot des Dorfes.

Da kam es, wenige Tage vor der endgültigen Abstimmung über die Zukunft der Fallgrube, so gegen Mitternacht dort zu einem gewaltigen Getöse, merkwürdigen hohen wie tiefen Lauten, wütender Brüllerei.

Die Bönsbarger, vom Schlaf aufgeschreckt, griffen zu ihren Waffen und trafen sich – für solche Notanlässe verabredet – beim Hof von Bernd dem Ältermann. Mutmaßungen machten die Runde: von grausamen Kriegern, die im Anmarsch seien, von Sklavenhändlern, Seeräubern, wilden Horden von Warnen, Jüten und Dänen, die per Boot über den Buckholmer Fjord gesetzt hatten. Einige vermuteten auch Unholde, ausgesandt von erzürnten Göttern. Der Krach war so erbärmlich, dass auch Kobolde oder Riesen aus der Untererde in Frage kamen. Unheimlich klang dieses mächtige Gebrüll. Die Angst zog in Bönsbarg ein.

Trotz der Dunkelheit gelang es, die Kinder wie auch die Schmalztöpfe zu verstecken. Die Ställe wurden zusätzlich gesperrt, den Alten, die das Reden nicht ließen, das Maul gestopft. Fackeln entzündete man und begab sich, manche mit weichen Knien, voller Furcht, Beklemmung und Besorgnis, schleichend, schleppend, zögerlich zum Tatort – der Fallgrube.

„Bangbüxen sünd wi Bönsbarger nicht", flüsterte Klaas Plattnääs Bernd dem Ältermann zu. „Man Helden, de wülln wi uk nich warn", und zog sich in die hinteren Reihen zurück.

Je näher sie der tief gegrabenen Grube kamen, umso stiller wurde es dort. Allein ein gleichmäßiges Gebrumm war zu vernehmen. Keine Krieger mit fratzenhaften Gesichtern zu erkennen. Den Männern an der Spitze fiel ein Stein vom Herzen, die hinteren drängten nach vorn.

Die Abdeckung der Fallgrube war völlig zerstört. Der Blick in die Tiefe ließ den Bönsbargern den Amten stocken. Ein Bär! Ein mächtiges braunes Exemplar, das sich auf die Hinterbeine stellte, fauchte, die Zähne fletschte, als so viele neugierige Gesichter über dem Grubenrand auftauchten.

Die Kreatur hatte sich in die hinterste Ecke zurückgezogen. „Doodmaken!", brüllte Plattnase Klaas, jetzt wieder mutig, während der Gegner wehrlos schien. „Doodmaken!", riefen die anderen Männer.

Waren es nicht immer wieder die Bären, die in Schaf- und Ziegenherden einfielen, Kälber und sogar manche Kuh mit einem einzigen Prankenhieb erschlugen, ihre Beute fortzerrten und sie später ausweideten? Nicht nur im Winter; bei einem Mangel an Wild kam es vor, dass diese grauenvollen Riesentiere Menschen anfielen, sogar in den Sommertagen.

Als die ersten Speere den Bären trafen und er zur Seite kippte, rief Bernd der Ältermann: „Hol an!" Die Werfer blickten sich ratlos um. Warum unterbrach das Oberhaupt des Dorfes das Töten des Tieres, das bereits aus zahlreichen Wunden blutete? „Man, Bernd, wat schall dat? Halfdood is dat Veetüch all!", schallte es dem Baas von Bönsbarg entgegen.

Bernd wies auffordernd in die Grube. Zwischen den Vorderläufen des Großwildes wurde ein Bärenjunges sichtbar, tapste unsicher unter den schützenden Bauch des Muttertieres, kam wieder zum Vorschein, quiekte in höchsten Tönen; das Angst machende Bärenbrummen hatte es noch nicht gelernt.

„Op groot, op lütt, Bär blifft Bär", meldete sich wieder als Erster Klaas zu Wort. „Doodmaken, uk de Klimperkleene, dat mutt sien!", war seine Forderung. Und wo er hinblickte, erhielt er Zustimmung. Die Angst vor diesem Wildtier, das die Größe eines Menschen weit überragte, wurde von Generation zu Generation in Schauergeschichten an Winterabenden am Herdfeuer weitergegeben.

Bernd war gegenteiliger Auffassung. Er hatte Mitleid mit dem kleinen putzigen, hilflosen Geschöpf, dessen Mutter bereits so verwundet war, dass sie in der Grube verenden würde. Doch die Dorfmeinung kannte er, deshalb schwieg der Ältermann. Alle Bären waren Todbringer, davon war man felsenfest überzeugt.

Die ersten Wurfspieße wurden bereits angehoben, als plötzlich zwischen den dunklen, „fliegenden" Nachtwolken der Mond sichtbar wurde und ein blendend praller Lichtstrahl allein die Fallgrube beleuchtete. Es war, als wollte Walhalla aus der Ferne eine Botschaft überbringen. Dieses Naturschauspiel blieb nicht ohne Wirkung.

„Wat schall dat heeten? Wat seggn uns de Götter?"

Verwirrung, Verunsicherung, Ratlosigkeit wurden spürbar. Diesen Augenblick nutzte Bernd, unterstützt von seinem Freund Jesper. „Mondschien opp de Lüttbär meent, he dörf nich dood makt warn. Dat wülln uns Gottheiten nich!" Noch bevor es zu einem Widerspruch kommen konnte, rief Jesper: „Grete un ik, wi plegen de Lütt, wi trecken emm groot! Doodmaken köhn wi emm immer noch." Gut, wenn die Götter es so meinten, musste es wohl so sein.

Diesem Angebot von Jesper, der als erfahren in der Tierhaltung galt, wollten sich die Dorfleute nicht verschließen. „Man wenn he utbüxt un uns Veeh doodmaken deit, mutt he starven", drohte Plattnase.

Dieser Braunbär sollte, was niemand auch nur ahnen konnte, für die Angeln von großer Bedeutung werden.

Bernd, der sich sehr wohl des Risikos einer Bärenaufzucht bewusst war, atmete erleichtert auf. Jungtiere zu töten missfiel ihm, auch wenn sie zu den wilden gerechnet wurden. Stattdessen unterstützten Goodje und er – vom ersten Tag an – Jesper den Bärenvater durch morgendliche Milchlieferungen bei der Aufzucht des Jungtieres.

Trotz, vielleicht auch gerade wegen des Bärenfanges, so mutmaßten einige, schüttete man die Fallgrube zu, denn einen wirklichen Nutzen, so die Meinung der Mehrheit beim Thing, sei nicht gegeben. Bönsbarg gab seine vorderste Verteidigungslinie ersatzlos preis.

Um dem Ältermann, der weiter um die Sicherheit des Dorfes besorgt war, entgegenzukommen, setzte man eine zweite Reihe Palisaden, verstärkte das Tor zum Dorfeingang und rief einen Meldedienst von den Fischerhäusern am Fjord bis nach Bönsbarg ins Leben. Nicht ohne Grund, denn die Anzahl von Schiffen unbekannter Herkunft, die im Buckholmer Fjord kreuzten, nahm sichtbar zu.

Auf diese Beobachtung würde er, Bernd, abgeordnet von seinem Dorf, beim Großen Thing auf dem Thorsberg hinweisen. Wie konnte man sich gegen diese zunehmende Gefahr von See in den Küstendörfern schützen? Hilfreichen Rat benötigten sie.

Der Ältermann war sich mit dem erfahrenen Jesper einig. Angriffe auf die Angeln würden mehr werden, auch von den Nachbarn im Süden wie im Norden. Dazu gehörten weniger die Jüten, mehr die Dänen, Wenden, Reudigern und Warnen. Beide Mannsleute waren der Auffassung, ein Kampf um das Überleben ganzer Volkstämme schien eingesetzt zu haben, so hatten sie es auch von weit gereisten Händlern gehört.

Bedingt durch den unaufhörlichen Regen, von Kälte begleitet, gab es, wo man hinhörte, auch bei anderen Völkern einen folgenreichen Rückgang der Ernte, einen Wechsel von Wildtieren in südliche, wärmere Gefilden und immer wieder Hungerwinter. Sogar die Fische schienen sich auf dem Rückzug zu befinden.

Händler, die im Norden bis zur Eisgrenze vorgedrungen waren, berichteten von wütenden Kämpfen in den Grenzlanden zwischen den Eismeer-Stämmen und den Nordvölkern, die jeden Eindringling erbarmungslos verfolgten und niedermachten. „De Hunger bi uns, de is groot nuch, mehr Freeter könnt wi nich bruuken", begründete man den Krieg an den Grenzen. Alle dachten nur noch an das eigene Überleben!

Eine Beobachtung gaben diese erfahrenen Reisenden den Bönsbargern mit auf den Weg: „Wenn de Krieg dor ut is, kümmt he in't Angelnland." Besonders in Notzeiten gelte allein das Recht des Stärkeren. Wäre das eigene Dasein gefährdet, würde man sich bei den Nachbarn aneignen, was man benötigte.

Es würde dort zuerst angegriffen, wo der Widerstand am geringsten sei, bei den Angeln. „Dat mutt nich morn oder övermorn sien. Nee, dat kann wat duuren. Man dat groode Malöör, dat Unheel, dat kümmt! Een Volk drängt dat anne ut sien Heimat!"

Jesper wie Bernd gaben sich aufgrund solcher Berichte, die sie nicht als Schauermärchen abtaten, keinen Träumen hin. Das Land der Angeln würde eine leichte Beute für solche kriegsgewohnten Völkerschaften sein. Ackerbauern, Viehbauern, Händler und Handwerker waren sie, arbeitsam, zäh, zielstrebig an den Boden gebunden und stets um einen Ausgleich mit anderen Völkern bemüht. Weder Eroberungen noch Waffengerassel waren ihre Sache. Bernd Bengtsson wusste, die Mehrzahl der Menschen in Bönsbarg machte sich über all das, was kommen würde, keine Gedanken, lebte den Augenblick, war zufrieden, wenn man täglich satt wurde, es kein Unheil gab und man von Krankheiten gleich welcher Art verschont blieb.

In Ruhe gelassen werden wollte man, widersetzte sich deshalb größeren Veränderungen. Diese Dorfleute wollten so leben, wie es die Vorväter, die Ahnen, bereits getan hatten.

„Dat makt mi bang, wat du seggn deist", bemerkte Jesper, begleitet von sorgenvollem Kopfschütteln. „De Lüüd, de wülln nich sehn, wat opp se tokam'n deit. Se kieken wech un meen, de Götter, de warn dat trechtmaken. Dat glööv ik nich!", betonte der Kundige vom Sonnenhof.

Der Bönsbarger Ältermann sah die Zukunft seines Dorfes, seines Volkes ganz ähnlich. Aufwecken müsste man die Menschen. Aber wie? Und wenn es bereits zu spät dafür war?

Düster, pechschwarz schien die Wolkenwand, die am Horizont des Angelnlandes aufzog, düster, bedrohlich, unaufhaltsam.

Es war Skuld, die Schicksalsgöttin der Zukunft, die ihre Fäden aufhob, sie miteinander verglich, ordnete, um mit ihrem Werk zu beginnen. Noch kam sie nicht dazu, weil die Norne der Gegenwart, Werdandi, ihre Tätigkeit, die auf den Thorsberg ausgerichtet war, noch nicht beendet hatte.

38

Wildschweine, eine lähmende Plage, von der Rückkehr der Geächteten, Alwin dem Umsichtigen, dem Bruch mit den Nachbarn und warum der Thorsberger Trank als bitter und böse gilt

Da war es wieder, dieses scharrende, schnaubende Geräusch. Ocke Offasson, Angelns junger Fürst, stutzte, blieb stehen und erstarrte.

Nach langer Zeit war er wieder einmal allein auf Jagd unterwegs. Erster Ältermann eines Volkes zu sein, war Ehre und Bürde zugleich. Zwei Sommer herrschte er jetzt bereits vom Thorsberger Hof aus. Sorgte sich um den heiligen Eichenhain, die Götter-Quelle, den Opferstein, schlichtete bei Grenzstreitigkeiten, fällte Urteile bei Verbrechen sowie Versäumnissen und hatte darauf zu achten, dass Recht und Ordnung, das Regulativ seines Volkes, eingehalten wurden.

Das undurchdringliche Dornengebüsch gewährte ihm keinen Blick in das Unterholz. Wieder ein heftiges Knirschen, Kratzen und Knacken. Ocke rührte sich nicht. Riechen konnten die Wildtiere ihn auch nicht, weil er die letzten Stunden stets mehr gegen den Wind geschlichen als gegangen war. Brechendes Holz, dann Stille.

Die Sonne stand an diesem kalten Frühherbsttag bereits tief am Himmel, ließ das dichte Gestrüpp düster, dumpf und tief dunkel erscheinen. Rehwild, Hirsche, Auerochsen oder doch Borstenvieh – welches Wild hielt sich hier verborgen?

Gegen den Rat seiner Großmutter, hatte er sich auf diesen Weg in die zunehmend bleierne, beklemmende Finsternis begeben. „Jung, laat aff vun dien wunnerliche Infall! Dat kunn böös för di utgan", warnte sie. So verhielt sie sich stets, wenn er Alleingänge plante, übervorsichtig erschien sie Ocke.

Wildschweine wollte, musste er jagen. Eine Vielzahl von ihnen hatte in den vergangenen Wochen nicht nur um den Fürstenhof herum einen riesigen Schaden angerichtet, Kornfelder vernichtet, den Kohl weggefressen, Gemüsebeete mit ihren wühlenden Schnauzen umgepflügt. Sie waren eines Nachts tatsächlich in den Getreideschuppen eingebrochen, um dort die für den Winter gehortete Hirse und den Hafer zu fressen.

Trotz einer rasch organisierten Treibjagd blieb diese Schweinebande unauffindbar.

Die Dorfleute wie auch Ocke waren der Meinung, dass die bösartigen Viecher verschlagene, unsichtbare Verbündete im Wurzelwerk von Buchen und Birken haben mussten, Unholde aus der Andernwelt! Jeder Jagderfolg blieb deshalb aus.

Weder eine im Moor geopferte erdrosselte Gans noch ein abgestochener Hammel halfen. Im Gegenteil, die Angst ging um, der Jagdeifer der Mannsleute erstarb. Niemand wollte sich mit Kobolden, Einäugigen, Fünffüßlern anlegen. „Nee, Grootmudder, so dörf dat nich blievn", hatte der zwergenhafte Fürst erklärt, „bang maken gellt nich!"

Abgesehen davon wollte er, der Winzling, sich wieder einmal darin beweisen, trotz seines Kleinwuchses mit langbeinigen Mannsleuten mithalten zu können. „Man, Grootmudder, kannst glovn, ik heff dat Tüüg, de Toom un Tögel, düsse Rabauken an't Lief to gahn!"

„Hüüt büst wedder een Grootmuul", hatte die Großmutter erwidert und ihn trotzdem von Knechten und Mägden mit Jagdwaffen und ausreichendem Proviant ausstatten lassen. Hätte ihr Enkel Erfolg, würde die lähmende Angst aus den Dörfern weichen.

Noch stand er wie festgewachsen am Rande der kleinen Lichtung. Das Rascheln und Keuchen nahmen zu. Da brach mit einem ohrenbetäubenden Getöse ein wuchtiger Keiler zwischen den Rotdornbüschen hindurch. Gemeinsam mit ihm mehrere Bachen und schnüffelnde Frischlinge, die Herde, die die Felder verwüstet hatte!

Angst durchfuhr Ocke bei dieser Vielzahl an Gegnern. Er hob seinen scharf geschliffenen Speer, trat einen Schritt zurück, senkte ihn wieder, um doch die Flucht zu ergreifen. Dafür war es zu spät. Er sah sich um. Der mit dicken Muskelpaketen unter seinem dunklen, borstigen Fell ausgestattete Eber, das Leittier, kam direkt auf ihn zu. Der Schädel war überaus kräftig. Zwei gelbgraue spitz zulaufende, gebogene Hauer ragten aus dem Unterkiefer. Das Tier starrte ihn mit stechenden, scheinbar furchtlosen, tückischen Augen an.

Ein Grauen überfiel den Jungfürsten. Er wusste, den Kampf gegen diese Kreatur konnte er nur verlieren.

Schon nahm der Keiler Witterung von ihm auf, scharrte mit den Hufen, sodass er tiefe Spuren in der Grasnarbe hinterließ.

Es ging um sein Leben! Den Spieß wieder aufzunehmen, das Jagdmesser zu ziehen, den Schaft auf das bösartige Borstenvieh schnellen zu lassen und dann zur Seite zu springen, dass alles erfolgte fast gleichzeitig.

Der Schwarzkittel grunzte heiser, hob unvermittelt die schwarze Schnauze, sodass die Waffe abgelenkt wurde, nicht in den Hals, sondern in seine muskulöse Schulter fuhr. Voller Wut aufheulend sprang ihn das wilde Tier so heftig an, dass Ocke auf den Rücken stürzte.

Die aus dem geöffneten Maul grässlich stinkende Kreatur fiel über ihn her, den Unterkiefer mit den bauchschlitzenden Zähnen zum Todesstoß angesetzt. Den kleinen Jäger vom Thorsberger Hof lähmten die eiskalt blickenden, schwarzen Augen des rasenden Ebers. Ein Stoß, verbunden mit einem furchtbaren Schmerz, traf ihn. Blutstöße pulsierten aus seiner aufgeschlitzten Bauchdecke. Eine gnädige Ohnmacht erlöste Ocke Offasson.

Deshalb bemerkte er nicht, dass ein beklemmend schweres Gewicht auf seinen Körper krachte, wieder fortgewälzt und mit Spinnfäden und Kräutern versetzte Moorerde in seine klaffende Wunde gepresst wurde. Er spürte nicht mehr seinen flacher werdenden Atem, nicht den allmählich versiegenden Fluss seines roten Lebenssaftes.

Der Götterhimmel öffnete ihm seine Pforten, doch alles gegen den eisernen Willen eines stummen Mannes: Börge Bärentatze, sein väterlicher Freund. Der war seinem Herrn wie ein Schatten gefolgt.

Mit seiner zweischneidigen, schweren Axt brachte er den Keiler im letzten Augenblick zur Strecke. Die Bachen und Frischlinge flohen daraufhin.

Noch auf der Lichtung errichtete Börge über dem Schwerverwundeten ein provisorisches Dach und eine Lagerstatt aus Grassoden. Weil die tiefe Wunde sofort wieder aufbrechen konnte, wagte er keine Verlagerung, sondern verließ Ocke stets nur für kurze Zeit, um für Wasser und Brombeeren zu sorgen. Von denen und anderen Früchten gab es nur noch wenige.

Die Bauchdecke war vom Brustkorb bis zur Leiste gespalten. Die Wunde entzündete sich, Fieber und marternde Träume schüttelten den Fürsten der Angeln.

Viel Zeit zog ins Land, der treue Gefolgsmann wagte nicht, vom Krankenlager zu weichen. Aus dem Windschutz wurde ein fester Unterschlupf, fast eine Hütte, abgedeckt mit Farnkraut. Trockener Torf ermöglichte ein dauerhaftes Feuer.

Börge hatte den erschlagenen Eber ausgeweidet und in Stücke geschnitten. Diese vergrub er, damit sie nicht faulten, in der moorigen Erde. Für ausreichend Fleisch war damit gesorgt.

Der Winter zog mit kalter Nässe, Nebel und erstem Schnee ein.

Nicht nur auf dem Thorsberg, im ganzen Angelnland sorgten die Leute sich, nahm die Verzweiflung um das rätselhafte Fernbleiben des Fürsten zu. Keiner der vielen Suchtrupps fand auch nur die geringste Spur. Wie ein Lauffeuer sprach es sich herum: Die Angeln haben ihren Anführer verloren!

Dem ersten Schneesturm, der an dem einsetzenden Winter keinen Zweifel mehr ließ, folgte eine der größten Katastrophen, die das Land der Angeln je erlebt hatte. Kotze und Klümmp, die Geächteten, kehrten an der Spitze einer bis an die Zähne bewaffneten Räuberbande aus der Fremde zurück.

Mit gut siebzig wüsten Kriegern, unter ihnen Jüten, Warnen, Dänen, Friesen, Wenden, sogar Rotkopfleute und Angehörige der Avionen, bildeten sie eine furchterregende Truppe. Die Männer kennzeichnete eine Gemeinsamkeit: Sie waren von ihren eigenen Völkern wegen Totschlags, Vergewaltigung oder Mordes verstoßen worden. Viele hatten sich einer gerechten Strafe durch die Flucht entzogen.

Kotze war ihr anerkannter Führer. Brutal, bösartig, skrupellos geworden, verbunden mit einem unbändigen Hass auf seine Landsleute, die ihn in ungerechterweise, so fand er, in das Elend gepresst hatten. Die Unholde fielen von Süden her in das Angelnland ein. Ihr Ziel war der Thorsberger Hof.

Jedes Dorf, das sie auf diesem Weg durchqueren, machten sie dem Erdboden gleich. Sie nagelten die Mannsleute an die Hoftore, vergewaltigten jedes Weib, ob alt, jung oder Krüppel. Sie stießen mit ihren Spießen durch Kinderleiber und fackelten anschließend Haus für Haus, Scheune für Scheune ab. Mannsleute, die sich wehrten, wurden auf Kühe und Schweine gebunden und diese Kreaturen mit ihren Reitern in den Dorfteich gehetzt, wo alle, ob Mensch, ob Tier, elendig ersoffen. Diese gewissenlosen Krieger, die aus einer anderen Welt zu kommen schienen, legten eine Schneise des Grauens quer durch das Land.

Auf dem Thorsberg angekommen, beanspruchte Kotze sofort das Amt des Fürsten. Als Birger der Bedächtige Einspruch erhob, schnitt man ihm zuerst die Zunge heraus, dann hackte Klümmp mit höhnischem Grinsen dem Altbauern die Finger, die Zehen und die weiteren Glieder ab. Das Gemächt des Bedächtigen, der qualvoll starb, warf man den Dorfhunden zum Fraß vor.

Nur an Agnes die Götternahe und ihre Mägde wie Knechte traute man sich nicht heran. Die verbarrikadierten sich im Heiligen Hain unter den uralten Eichen. Vor strafenden Gottheiten fürchtete sich sogar Kotze.

Mit einem riesigen Besäufnis feierten die Verbrecher ihren Sieg und verpflichteten bereits an diesem Abend alle Bediensteten auf den zurückgekehrten ehemaligen Fürsten Kotze den Großen, wie er sich bezeichnen ließ. Auf der Erde, so verkündete er, gäbe es nur zwei Dinge von Bedeutung: „Ik un de Sunn!"

Als alle volltrunken und ermattet schliefen, gelang es der alten Agnes, mehrere berittene Boten in die noch unzerstörten Dörfer zu entsenden, um zu warnen: Alle Ältermänner sollten sich beim kommenden Vollmond im Alten Moor treffen. Ein leichter Schneefall verdeckte die Spuren der hilfsbereiten Reiter.

Wenige Tage nach der Inbesitznahme des Thorsberger Hofes durch Kotze erschien durchgefroren trotz wärmender Fellumhänge, mit vom Frost geröteten Gesichtern, eine stattliche Abordnung aus den nordischen Königreichen. Ihr Begehren war die Neuverhandlung des Friedensabkommens, das einstmals von Fürst Offa Ockesson, genannt Triefauge, nach seinem Sieg im Zweikampf geschlossen und durch seinen Sohn verlängert worden war.

Die Abordnung bestand aus höchsten Würdenträgern der Dänen und Warnen, zwei Königssöhne aus dem Dänenpalast gehörten dazu. Alwin der Umsichtige, der uralte Herrscher über die Jüten, lehnte eine Teilnahme ab. Abkommen seien Abkommen! Erst nach deren Ende könne man über neue verhandeln. „De hemm mien Wuurt, dorbi blifft dat!" Er galt als ein gerechter Anführer seines Volkes.

Wenn die Leute über ihn sprachen, nannten sie ihn den „Klööten-König", weil die beiden Kugeln in seinem Sack infolge eines Bullentrittes so groß waren wie Gänseeier.

Kein Bittsteller, der an das Tor seines jütischen Königspalastes auf dem Buggsberg anklopfte, wurde zurückgewiesen, kein Urteil in einem Streit gefällt, wo nicht beide, Ankläger wie Beschuldigter, angehört wurden.

Bei ihm am Königshof, darauf legte er großen Wert, wurde das „gute" von dem „bösen" Wasser getrennt. Kein Schmutzwasser durfte in eine Quelle gegossen werden. Ratten gab es auf seinen Besitztümern keine, Mäuse wenig, Füchse selten. Mit extra dafür abgerichteten Hunden begegnete er diesen Plagen.

Krankheiten gab es auf seinem Hof kaum. Alle seine zweiundzwanzig Töchter überlebten das Kindbett. Sie stammten von Zwillingen ab, Töchter des Fürsten aller Friesen. Eigentlich hatte er nur eine Braut kaufen wollen. Weil ihm jedoch beide „Tweeschen" gleich gut gefielen, er die eine nicht von der anderen unterscheiden konnte, wählte er zugleich zwei Eheweiber.

Als König Alwin davon erfuhr, dass die Angeln mit Ocke Offasson zu einem neuen Fürsten gekommen waren, entsandte er elf seiner Töchter, alle rothaarig, mit dem Angebot zum Thorsberger Hof, der neue Anführer möge sich eine oder mehrere davon aussuchen und die Nachbleibenden wieder zum Buggsberg zurücksenden.

Kotze, jetzt Herr über den Hof, empfing die Abordnung nicht in der wärmenden Fürstenstube, sondern im Schneeregen auf dem Vorplatz des Hauses. Es gab kein heißes Getränk zur Begrüßung, kein Brot, kein Salz, keinen Speck, nur die mürrischen Worte des Eroberers: „Wat wülln ji?"

Bevor der Führer des Trupps zu einer Antwort kam, machte Kotze ihm mit einer unmissverständlichen Geste klar, wer mit ihm sprach, habe vor ihm auf die Knie zu gehen.

Da war es mit der Geduld des einen der beiden Königssöhne zu Ende: „Wi holn ji Angeln dat mit de Gastfründschaft? Keen ‚Moin, Moin', keen Water, keen Stuuv, un oppe Kneen schülln wi uk noch! Bi uns to Huus ward Besöök anners behandelt!"

Eigentlich waren sie den weiten Weg bei Winterkälte vom Norden zum Thorsberger Hof in der Absicht geritten, die Tributzahlungen zu senken, aber den Stillstand der Waffen für weitere drei Winter zu verlängern. Die schroffe, abweisende Behandlung durch den Herrscher über die Angeln erschwerte ihre Absicht erheblich, ja ließ sie fast aussichtslos werden.

Der zweite Königssohn, mit weniger Temperament, aber mehr Witz ausgestattet, trat vor Kotze, doch statt zu knien, vollzog er einen tiefen Bückling mit der Anrede: „Oh groode allmächtige Fürst!" Diese Art schien Kotze zu gefallen. „Wi kaam in Freeden un wülln de Freeden!"

Mit diesen Worten zog er sein Schwert, um es vor dem selbst ernannten Ältermann der Angeln abzulegen.

Diese Geste legte der im Denken eingeschränkte Klümmp, der neben seinem Bruder Stellung bezogen hatte, falsch aus. Blitzschnell zückte er sein Messer, trieb es dem Königssohn in die Kehle. Blut spritzte. „Süh, Broder, so ward dat makt", damit drehte er sich zu Kotze um. Statt einer Antwort erhielt er dessen Faust mitten ins Gesicht. Doch ein folgenschweres Verbrechen war geschehen, rückgängig machen ließ es sich nicht mehr.

Wortlos banden die Gesandten den Getöteten auf seinen Gaul, nahmen die Zügel auf und verließen den Thorsberger Hof.

Deren Anführer wandte sich noch einmal um. „Weeten ji, wat dat bedüüden deit? Krieg! Een grooden Krieg! Wi warn ju Angeln dood maken!" Damit trat er seinem Pferd in die Flanken und galoppierte seinen Freunden hinterher, die bereits im wieder zunehmenden Schneefall verschwunden waren. Allen war klar, für dieses blutige Vergehen würden sich die Nordvölker rächen, die Angeln vernichten. Ihr Volk war von diesem Tag an als Königsmörder gebrandmarkt.

Kotze schüttelte sich kurz, dann rief er seinen Mitkämpfern, die die Drohung der Dänen vernommen hatten, zu: „Wenn de ut de Norden anrücken doon, haun wi aff!" Diese Aussicht auf Flucht fand mit einem „Höö, höö, hööö" breite Zustimmung. Sollten die Angeln doch alleine mit den übermächtigen Gegnern fertig werden.

Nur zwei der fünf von Agnes entsandten Boten kehrten auf Umwegen in den Heiligen Hain zurück. Die anderen waren in einen heftigen, anhaltenden Schneesturm geraten und darin umgekommen. Ihre Leichen fand man erst am Ende des Winters.

Trotzdem verbreitete sich die Nachricht über Kotzes Eroberung des Thorsberger Hofes ebenso rasch wie der Aufruf der götternahen Agnes, sich beim anstehenden Vollmond im Alten Moor zu treffen. Handelsleute, Jäger oder auch Knechte, die von Dorf zu Dorf zogen, leisteten bei der Weitergabe der Botschaften hilfreiche Dienste.

In einem der fernab vom Thorsberg gelegenen Orte sattelte gleich nach Erhalt der Nachricht ein junges Weib das Pferd und machte sich trotz aller widrigen Wetterumstände allein auf den Weg, um Hilfe zu holen. Ihre Sippe hatte sie davon nicht unterrichtet, weil man ihr diesen Ritt in den schneereichen Winter weder zugetraut noch erlaubt hätte. Sie hoffte auf den Segen der Götter bei ihrem kühnen Unternehmen.

Bei allem Wahnsinn, der ihn umtrieb, wusste Kotze der Große genau, war er wollte. Sich für zwei, drei Winter im Land der Angeln festsetzen, mit seinen Kumpanen wie die Maden im Speck leben und anschließend, nach erfolgter Rache, abrücken.

Mit der Sicherung seiner Alleinherrschaft begann er. Auf die Ältermänner in den Dörfern setzte er ein Kopfgeld aus. Sobald das Winterwetter es zuließ, machten sich seine Krieger in kleinen Gruppen auf den Weg und reinigten die Ortschaften von Kotzes Gegnern.

Es genügte, die Köpfe der Erschlagenen, dazu Getreide und Vieh zurückzubringen, um einen Batzen Silberstücke durch den neuen Herrscher zu erhalten. Die Köpfe spießte man auf angespitzte Pfeiler, rund um den Herrschaftssitz. Ein grässlicher Anblick, zugleich Futter für die Krähen.

Während die Scheunen auf dem Thorsberger Hof gefüllt mit Essbarem fast barsten, litten die Menschen in den Dörfern furchtbaren Hunger. Wie Mehltau legten sich diese drakonischen Maßnahmen des Mächtigen über das Land. Ein Regime des Schreckens herrschte.

Trotz des eiskalten Wetters wurden Mannsleute und Weiber zu Frondiensten auf dem Fürstenhof angefordert. Den Thorsberg baute Kotze zu einer Wehrburg mit meterhohen Palisaden, einem Wehrgraben und vier Türmen aus.

Von diesem Zeitpunkt an ließ er sich als Großer Fürstkönig bezeichnen. Wehe dem, der diesen Titel vergaß. Wer es tat, den ertränkte man zur Abschreckung in einer Jauchegrube.

Bei solchen brutalen Maßnahmen tat sich Lenner Nicosson hervor, der sein Heimatdorf an die Feinde verraten hatte. Er hatte den Göttern abgeschworen, war somit frei von Skrupeln. Er schlitzte bei Weibern, die er missbrauchte, anschließend deren Bäuche auf und ließ die Brüste als Leckerbissen braten. Er gefiel sich als Mannsbild des Grausamen. Sogar Kotze vermied es, in seine Nähe zu kommen.

Kurz vor der Wintersonnenwende erfuhr diese Leidenszeit der Angeln eine weitere Steigerung. Der Große Fürstkönig legte sich mit dem mächtigen Volk der Reudiger, Nachbarn der Angeln, im Südosten an.

Man trieb zwar, so gut es ging, Handel miteinander, lebte aber sonst nebeneinander her, weil die Sprachen unterschiedlich waren, wie auch die Götter, die man bevorzugte.

Kotze, noch unbeweibt, fehlte, so meinte er, ein für ihn angemessenes Weib von Rang an seiner Seite. Bei den Reudigern, so hörte er, solle es mit Dorine eine wunderschöne Königstochter voller Anmut und Grazie geben. Sie könne sogar singen, die Flöte spielen, sei aber, was die Auswahl eines Gatten angehe, wählerisch.

„De Deern, de mutt mien warn!", erklärte Kotze und entsandte Klümmp als Brautwerber. Ein Fehler, wie sich herausstellen sollte.

Als der vor dem Brautvater voller Selbstbewusstsein auftrat und erklärte: „Mien Broder will dien Dochder to Fruu hemm un dat Bruutgeld mutt hoch utfalln!", wurde Klümmp kurzerhand vor das Hoftor gesetzt mit dem Hinweis: „För een splienige Fürst as de vun de Angeln is mien Deern to schah! Se hett wat Beederes verdeent."

Kotze war tief beleidigt. Als er jedoch von einem fahrenden Händler erfuhr, der Herrscher der Reudiger sei mit seinen Kriegern wegen der Schlichtung von Grenzstreitigkeiten in die Ferne gezogen, keimte bei dem Fürstkönig ein verwegener Plan.

Er würde diese Braut rauben, solange der Königshof ungeschützt war. Mit seiner gesamten Kampftruppe, die auf über einhundert Mannsleute angewachsen war, zog er zum Palast der Reudiger und fand eine, bis auf die Bediensteten, verlassene Burg vor. Die sich heftig wehrende Braut ließ er fesseln.

Im Keller der Burg fand er den Schatz der Reudiger, den er bis auf den letzten Goldling raubte. Seine Mitstreiter plünderten zusätzlich alles, was nicht niet- und nagelfest war.

Kotze ritt voller Genugtuung zurück. Die Braut ließ in ihrem Widerstand gegen die Gefangennahme nicht nach. Im Gegenteil, sie verweigerte Essen, Trinken und gab auf keine Frage eine Antwort.

Da beging Kotze, dem dieses starrsinnige Verhalten widerwärtig war, einen zweiten Fehler. Er gab Dorine zur Abrichtung und zum Gehorsam in die Hände von Lenner Nicosson. Der zog die Gefesselte in seine Kammer, wo bereits zwei seiner Helfer warteten. Der eine trug einen Keil in der einen und einen Hammer in der anderen Hand. Der zweite einen mächtigen Krug, gefüllt mit Bullenpisse.

Die widerspenstige Braut fesselte man fest auf einen Tisch und band ein weiteres Tau um ihre Stirn. Rühren konnte sich das junge Weib nicht mehr. Der Knecht setzte den Keil zwischen ihre Zähne und trieb ihn mit dem Hammer in den Mund und durch die Zunge. Anschließend stürzte man die gesamte gelbbraune, stinkende Pisse in ihren Schlund. „So geit dat een, de etepetete is, de nich suppen will", begleitete Lenner den Abfüllvorgang.

Am frühen Morgen, noch bevor die Hähne krähten, krepierte die geraubte Braut in elender Weise.

Der Nicosson, auf den Tod der Prinzessin angesprochen,

antwortete mit einem Achselzucken: „Se hett wohl uns ‚Thorsberger Trunk' nich affkunnt!"

Der Mord des Fürstkönigs an der Königstöchter wurde rasch ruchbar. Damit tat sich ein neuer unversöhnlicher Feind für die Angeln im Süden auf. Die Reudiger würden Rache nehmen wollen. Doch wann?

Machtvolle Gegner waren dem Volk jetzt im Norden wie im Süden entstanden. Für diese Volksstämme galt nur eine Gesetzmäßigkeit: Genugtuung für Mord, Schmach und Unrecht zu erhalten, eine baldige Abrechnung mit denen vorzunehmen, die dieses Unheil mutwillig über sie gebracht hatten – den Angeln!

Es wurde nicht danach gefragt, wie Kotze Herrscher über das Angelnland geworden war. Zwischen dem Volk und seinem Führer wurde nicht unterschieden. Alle würden für die Morde verantwortlich gemacht werden. Die fürchterliche Rache würde damit auch alle treffen.

Von Götterhilfe weit und breit keine Spur: Die alte Agnes verzweifelte fast, denn die Runenhölzer gaben keine Antwort mehr.

39

Ein Thing im Exil, von der Kavalkade der
einhundert Rächer, von heiligen Vögeln,
dem fehlenden Fürsten, mutlosen Mannsbildern
und wie es doch noch zu einer Wende kommt

Die schmachvolle, demütigende Behandlung, ob der Reudiger, der Dänen oder Warnen, kümmerte Fürstkönig Kotze wenig. Er würde bei einem Angriff der Nachbarn das Weite suchen. Noch regierte der Winter im Angelnland, da ließ sich kein Gegner, kein Feind sehen. Er machte es sich auf seinem Thron komodig.

Verrat! Kotze glaubte, sich verhört zu haben. Was wollte dieser Kerl, der ohne anzuklopfen plötzlich in seinem Fürstensaal erschien? „Mi, mi hemm se dat vertellt! Wenn in dree Dage een Vullmond an't Heven steit, draapen sik de Öllerlüüd ut Angeln opp dat ole Moor!" Der Verräter, ein lang aufgeschossener, schmaler Knecht mit einem eiternden Geschwür an der Wange, schiefem Maul und einem hervorspringendem Kehlkopf, hielt verlegen seine Hand auf. Er wollte wohl seine Neuigkeiten vom Fürstkönig belohnt wissen. Als Eierdieb war er von seiner Brotherrin mehrfach erwischt und schließlich des Hofes verwiesen worden. Jetzt verdingte er sich, wo es Arbeit gab.

Mit drei Silberlingen und mehreren devoten Verbeugungen zog der Mann voller Genugtuung ab. Er merkte nicht, dass Kotze Lenner heranwinkte und ihn flüsternd beauftragte, diesem Kerl das Silber wieder abzunehmen, denn einmal Verräter, immer Verräter. Der Nicosson benötigte keine weiteren Anweisungen. Den Knecht stach er hinter der ersten Palisade ab.

Noch am Abend vergatterte der allmächtige Herrscher über den Fürstenhof und das Land die Krieger, die Waffen zu schärfen und das Trinken einzustellen, denn man würde in der Nachtmitte zu einem „Schlachtfest" reiten. Gefangene würde es nicht geben, nur Tote!

Trotz Nebel und einem leichten Schneeregen ritt der mordbereite Trupp einem Ereignis entgegen, von dem Kotze seit seiner Verbannung geträumt hatte: der vollständigen Vernichtung der Führungsleute des Volkes der Angeln.

Eigentlich bedauerlich, ein kinderleichter, müheloser Sieg. Niemand würde mit ihrem Kommen während des Things rechnen. Man träfe auf waffenlose, dumme-dreiste Tölpel. Die, die ihn außer Landes gejagt hatten, würden ganz, ganz langsam zu Tode gequält werden. Das war seine feste Absicht. Nur schade, dass der Ocke, dieser Zwerg, ihm durch die Lappen gegangen war. Kotze lachte hämisch auf, gab seinem Rappen die Zügel frei und schloss wieder zur „Kavalkade der einhundert Rächer", wie er sie nannte, auf.

Und es kam so, wie es kommen sollte! Man hatte es nur aus Gründen der Sicherheit gewagt, hier im Alten Moor kleine Lagerfeuer zwischen den Eiben zu errichten. Viele, aber nicht alle, Ältermänner Angelns waren gekommen. Die einen kamen nicht, weil ihre Köpfe auf den Pfeilern vor dem Fürstenhof prangten, andere, weil sie einfach Angst hatten.

Zu denjenigen, die es geschafft hatten, gehörten die Ältesten vom Kattrotter Haff und Ullegraff. Juuk de Jäger, ein Einzelgänger mit einer stattlichen Gurke, groß und biegsam wie der Stamm einer Eiche. Er war bei Weibern gefürchtet, von Mutterschafen begehrt.

Dabei war auch Hutte von Haffetoft, dem beide Ohren fehlten. Sie waren ihm in einem besonders kalten Winter abgefroren, weil er bei seiner nächtlichen Rückkehr vom Nachbarn zur Rechten sturzbetrunken, wie er war, die Einfahrt zu seinem Hof verpasste, einschlief und bei tiefem Frost von weiterem Birkenwein träumte. Der Flecken Sünnerschau war sogar mit zwei, also der Hälfte seiner Männer vertreten.

Weder der fröhliche Allifried aus Arft war gekommen noch Henner von Habernis-Huus. Auch nicht der einarmige Bert aus Braruplund, dem ein wütend gewordener Bulle mit einem Biss den linken Arm aus dem Körper gerissen hatte.

Sie alle waren den Häschern vom Thorsberger Hof in die Hände gefallen. Ihre kopflosen Körper legte man den Schweinen zum Fraß vor.

Die drei Ältermänner aus Silberstede, Bredestede und Iderstede hatten sich zusammengetan, weil der Baas aus dem Silberdorf ein Riesenpferd sein Eigentum nannte, auf dem die drei Bauern und zwei Bedienstete zugleich Platz hatten, ein Wunderwerk von einem Gaul!

Die Abgesandten aus Söruppe, Saustruppe und Thingleve hatten dieses Glück nicht. Sie mussten zu Fuß das winterliche Angelnland durchqueren.

Aus Drült kamen der kleine und der große Klaus. Der große, ein stets hilfsbereiter, gutmütiger und kinderlieber Kerl, war als Jungmann in der Küche zu Fall gekommen, mit dem Kopf gegen das Rost der Herdstelle geprallt, sodass der kochendheiße Topf kippte und die Karottensuppe über sein Gesicht schwappte. Die eine Gesichtshälfte und beide Augen verbrannten. Seit diesem Unglück ersetzte der kleine dem großen Klaus das Augenlicht, wich nicht von dessen Seite.

Fritze Friedrichsson traf mit Jagdhunden, drei Kläffern, ein, fünf Messern, Schwert, Lanze, Pfeil und Bogen. Ihn hatten eines Nachts mal böse Buben überfallen, nackt ausgezogen und alles geraubt, was er besaß. Seit dieser Erfahrung tat er keinen Schritt ohne seine Waffen und auch auf der Bettstatt legte er sie nicht ab. Im Gegenteil, er hatte es sich angewöhnt, auch im Schlaf mit dem Jagdmesser quer in seinem Mund zu schlafen.

Goldentofte war überhaupt nicht vertreten, weder mit einem Kopf auf dem Thorsberger Hof noch ihrem Ältermann im Alten Moor. Erst vor zwei Tagen hatten sie vom Treffen erfahren. Zu spät, fand man beleidigt in diesem Dorf. Aber alle wussten, die Goldentofter waren rasch beleidigt. Es genügte bereits ein unbedachter Augenaufschlag, um sie für Tage zu verstimmen.

Mit einem großen Hallo und viel „Moin, Moin" empfing man den vollgepackten Vierrädner der „Bergbauern". Es handelte sich um die Ältesten von Kottberg, Ringelberg, Bückeberg und dem Huckeberg. Sie hatten einen ihrer Erdkeller vollständig ausgeräumt, Schinken, Speck und Blutwurst, dazu

Trockenfisch und selbst gebrauten Schlehenwein auf ihren Wagen geladen und stellten nun ihren reichhaltigen Proviant mit dem Hinweis zur Verfügung: „Wenn Kotze Fürst blievn deit, geit dat mit uns Angeln to Enns. Dat starvt sik beeder mit een vulle Buuk un duune Kopp!" Einen ähnlichen Gedanken hatten die Hurupper, Haurupper und Sullerupper wohl gehabt, sie ritten volltrunken gröhlend auf ihren Kühen ein. „Wat kunn dat Leven good sien, wenn dat Kotze nich gevn dee!"

Der Auffassung schlossen sich die Anwesenden an. Die Maden, die sich bereits über die Schinken der „Bergbauern" hergemacht hatten, holte man geschickt mit der Messerspitze aus ihren Löchern, hielt sie für eine kurze Zeit ins Feuer, bis sie so recht knusprig braun schienen, schob sie mit entrückten Augen und Wohlgenuss in den Mund. Ein rechter Leckerbissen!

Die beiden Ältermänner aus Autschacker und Arrilde traf man nicht an, weil sie immer noch auf der Suche nach Ocke Offasson, ihrem so plötzlich verschwundenen und nicht auffindbaren, eigentlichen Fürsten waren. „Schlaag ju dat ut'n Kopp", hatten deren Dorfleute abgeraten. „He is all lang dood, un sien Liek warn ji ünner all de Snee nich finn." Doch nicht nur sie gaben ihren jungen Anführer noch nicht verloren.

Der kleine Fürst, der Kopf der Angeln, fehlte an allen Ecken und Enden. Auch jetzt wieder, zu Beginn des großen All-Angeln-Things, des ersten Treffens außerhalb des Thorsberges. Ein heilloses Durcheinander herrschte. Es fehlte an Führung und Ordnung. Zusätzlich sorgten die eingehenden Nachrichten von der Plünderung der Burg der Reudiger durch Kotze und dessen beleidigende Behandlung der Friedensabordnung der Warnen und Dänen für Furcht, Unruhe und Verbitterung.

Wo war Nerthis, ihre Göttin, geblieben? Warum versuchte sie nicht, Kotze und seinen Kämpfern Einhalt zu gebieten? Waren die Angeln von ihren Beschützern verlassen? Größer konnte das Unheil nicht werden! Und wohin sollte man fliehen, wenn es rund um das Land nur noch Feinde gab? Die Lage schien aussichtslos.

Unter diesen verheerenden Vorzeichen begann die wohl größte Versammlung aller gewählten Ältermänner der Angeln. Da der Fürst fehlte, hatte man den Vater von Idea Slappfoot, den Meister aller Schmiede, den erfahrenen Sigvald Sörensson auserkoren, das Thing zu leiten.

Es war ein frostklarer Abend, der Vollmond zog allmählich hinter den Wolken auf. Die Mannsleute saßen, eingemummt in Felle bis an die Nasenspitze, dicht nebeneinander. Das bot Schutz und ein wenig Wärme zugleich. Für den Thingsprecher hatte man auf einem quer gestellten Ochsenkarren einen erhöhten Platz geschaffen.

„Kotze, dütt Beest vun Kirl, düsse mallerige, bregenklöterige, dösige Dummbüddel, de mutt weg!" Mit dieser Schimpftirade eröffnete der Smedebyer die legendäre Versammlung. Diese Worte gefielen den Anwesenden. Es folgte ein lautstarkes „Höö, höö, hööö". „Wat mien Dochder Idea jümmer seggn deit, dat dröppt to. Wer sich to'n Schaap makt, ward vun'n Wolf freeten."

Wieder erklang ein „Höö, höö, hööö", doch wesentlich leiser. Recht hatte die Schmiedetochter zwar, aber wie sollten sie, die mit Waffen ungeübten Angeln, den kampfstarken Wolf vom Thorsberger Hof vertreiben?

Da trat plötzlich Unruhe zwischen den Mannsleuten auf. Bernd Bengtsson, Ältermann von Bönsbarg, erhob sich. „Recht hett Sigvald! Mood möhn wi wiesen! Wenn wi kuschen ass een Muus, fritt uns de Katt."

Ihn, den Bönsbarger, erreichte die Botschaft vom Treffen im Moor, als er gerade das Mittagsmahl gemeinsam mit Jesper, Grete und dem kleinen Oskamp einnahm. Auch Klaas Plattnääs, der trotz seiner eingedetschten Nase stets riechen konnte, wo es etwas, und möglichst umsonst, zu essen gab, saß mit auf der Küchenbank.

Trotz voller Backen griff er sich das letzte Stück Speck und den Rest des Trockenfisches, stopfte sich den Mund voll, strich sich über den prallen Bauch, grinste fröhlich und verkündete: „Melk un Brood, de maken bi Klaas de Backen rot!"

Die alte Grete sah es dem Lüürlütt Oskamp an, er war auch lecker auf die Speckscheibe gewesen, wagte jedoch nicht, dem Altbauern in die Parade zu fahren. Grete hatte damit keine Schwierigkeiten. Mit spitzer Zunge und einem Blick auf Klaas bemerkte sie: „Mit Fisch opp'n Disch is dat so ass mit verfreeten Gäst. Nah een kotte Tied fang' se an to stinken!"

In diesem Augenblick war der Vorhang an der Tür zur Seite gerissen worden und ein erhitzter, schweißnasser Reiter war eingetreten, hatte die Lage überstürzt erklärt, sich umgedreht und wieder auf sein Pferd geschwungen. „Ik mutt gau wieder! Un nich vergeeten, Thing is bien Vullmond."

Keine Frage, Klaas Plattnase, der Beleibte, bot sich sofort an, seinen Ältermann zu begleiten. Und so waren sie beide an diesem denkwürdigen Abend anwesend. Bernd, der für seinen Beitrag mit der feigen Maus wenig Beifall erhielt, schüttelte seinen Kopf und setzte sich wieder an die Seite von Plattnääs. „Mi hett dat gefulln, watt du seggt hest", flüsterte der. „Moot, Kuraasch möhn wi wiesen!"

Da drängte sich eine vermummte Gestalt zwischen ihn und den Altbauern. Unwillig blickte Bernd zur Seite. Es traf ihn wie ein Schock, wen er unter dem Umhang erkannte. Goodje, sein Weib! „Wiewer hemm bi'n Thing nix verlorn'", zischte er ihr zu.

Goodje nahm ihr Gesichtstuch ein wenig zur Seite und lächelte ihn an, sagte aber nichts. Sie hatte es allein auf dem Hof nicht mehr ausgehalten. Seit den Herbsttagen trieb sie die Sorge um ihren spurlos verschwundenen Bruder, den Fürsten. Hier auf der Versammlung hoffte sie auf Aufklärung, auf Gewissheit wie Trost. Außerdem wollte sie ihrem ärgerlichen, weiter grummelnden Gemahl ein kleines Geheimnis mitteilen. Doch bei dessen Stimmungslage jetzt nicht!

Die ersten Bedenkenträger wegen eines wehrhaften Widerstandes gegen die Willkürherrschaft von Kotze meldeten sich und erhielten wachsende Zustimmung. Auch Ethel Einersson, „Ede Dösch" vom Kattrotter Haff, gehörte zu dieser Gruppe. Früher hatte der Vormann der Fischer bei solchen Anlässen große, tapfere Töne gespuckt. Seit dem folgenreichen Unglück mit dem Riesenwal war er zögerlich und kleinlaut geworden.

Auch vom Vormann der Sliefischer aus Kiuskjeer gab es keine Zustimmung zu irgendeiner Art von Kampf. „Freeden, de teeknet uns Angeln ut. In'n Krieg trecken, dat doon wi nich!" Ein weithin donnerndes „Höö, höö, hööö" war gefolgt.

Man konnte es mit den Fingern greifen, die anfängliche kämpferische Stimmung verflog. Auch Leve, der junge Ältermann aus Hollenhude, konnte trotz einer leidenschaftlichen wie auch klugen Rede für einen aktiven Widerstand keine Änderung mehr erreichen.

„Hol dien Muul, dien Rappelsnuut", riefen einige sogar. „Sett di opp dien Mors, dien Achtersteven, du Klookschieter!" Leve giftete zornig zurück: „Gegen een Föder Mist kannst nich gegenan stinken!" Da gingen die Wogen hoch. Dieser einäugige Rotzbengel, dem würden sie es bei Gelegenheit zeigen.

Leve war seit mehreren Tagen mit sich und der Welt unzufrieden. Von einem Fellhändler, der gerade in der Winterzeit flotte Geschäfte machte, hörte er vom spurlosen Verschwinden seiner Braut Idea. Einzelheiten konnte man ihm nicht mitteilen. Sich jetzt auf die Suche nach Idea zu begeben ging nicht, seine Pflichten als Ältermann hatten Vorrang! Oder?

Zu seinen Sorgen gehörte auch seine wild-verwegene, törichte Schwester Elise, die selten tat, was er von ihr forderte. Jetzt auch wieder. Statt, wie andere Weiber, zu spinnen, zu nähen, zu weben und zu putzen, verlangte sie von ihm trotz Frost und Kälte ausreiten zu dürfen, das Pferd zu bewegen. „Laat ehr de Will", hatte ihm die Großmutter geraten. „De Deern, de mutt sik de Wind um de Ohrn weihn laaten, sik uttoben. Anners geit se mit di tu't Thing!"

Nein, mit auf die Versammlung der Mannsleute sollte und durfte sie nicht kommen! Er stimmte dem Ausritt schweren Herzens zu. Warum sie, die eine hervorragende Reiterin war, gleich zwei Pferde aus dem Stall zog, verwunderte ihn.

Allein die alte Giesela kannte das Ziel, billigte es und hoffte auf den Beistand der Götter. Bevor Leve sich auf den Weg zum Alten Moor aufmachte, stellte er zwei Reitergruppen für die Suche nach Idea, seiner Braut, zusammen. Am liebsten wäre er bei denen und gleichzeitig auf dem Thing gewesen. „Man mit een Mors", meinte die Großmutter, „kannst nich opp twee Hochtieden danzen!"

Zum ersten Mal missfiel es ihm, der Baas von Hollenhude zu sein.

Fast allen Mannsleuten war klar geworden, man würde sich Kotze ergeben, ihm in Zukunft Tribut leisten und bedingungslos gehorchen.

Ganz persönliche Gedanken trieben währenddessen den Schmiedemeister Sörensson, den Versammlungsleiter, um, der wie verloren auf dem Ochsenkarren thronte und die Auseinandersetzung um den besten Weg für das Volk der Angeln, ohne einzugreifen, verfolgte. Nach drei Tagen war seine temperamentvolle, draufgängerische Tochter immer noch nicht zurückgekehrt; auch ihr Pferd nicht. Die Suche der Männer wie der Weiber blieb ohne Erfolg. Ein tödliches Unglück? Ein Wolf, ein Bär oder Wildhunde, die sich über die mutige Jägerin hergemacht, sie zerrissen und gefressen hatten?

Seine Tochter, die den mordenden, meuchelnden Chatten eine Nase gedreht und den bärenstarken Sachsenführern Hengist und Horsa selbstbewusst und mutig entgegengetreten war – Slappfoot sollte es nicht mehr geben? Sigvalds Kummer war groß.

Auch die Leute in Smedeby zeigten sich betrübt und betroffen. Doch das hatte einen zusätzlichen Grund: Mit dem Ableben von Idea verpassten sie eine Hochzeit, waren doch die Schmiedetochter und Leve Holgersson so gut wie Braut und Bräutigam. „Wat een Schiet uk, keen Fieer, keen Fest, keen Suuperie!"

Dabei hätte man dem Ältermann aus Hollenhude, mit dem so furchtbar entstellten Gesicht, Idea von Herzen gegönnt! Mutig waren die beiden gewesen, trotzten dem Grundsatz, der in den meisten Dörfern galt: „Frie övern Mist, denn weetst du, wat du kriggst!" Trotz weit voneinander entfernter Heimatorte versprachen die beiden sich einander. Wenn so etwas Wagemutiges auf Dauer halten würde! Voller Bedenken schüttelten die Smedebyer ihre Köpfe.

Die Dörfler konnten sich noch genau an Joochen, den blondmähnigen blauäugigen, breitschultrigen Schmiedemeister aus dem Volk der Wagrier erinnern, der für zwei Sommer im Ort lebte, um in den Werkstätten neue Fertigkeiten zu lernen. Der, dem die Weiber zu Füßen lagen, tönte mit dem Schnack: „De erste Fru, de is een Muss, de tweete, de is alleen für de Lust, een drütte een bringt meist Verdruss." Mit dem zweiten Weib von Schmiedemeister Piet Henningsson brannte Joochen durch und ward nie mehr gesehen.

An solchen Geschichten hatte Sigvald derzeit keine Freude. Er litt, er trauerte. Mit Idea war das letzte ihm verbliebene Kind fortgegangen. Er wandte sich dem Geschehen in der Thingrunde zu. Lautstarke Reden wurden weiter geführt, leeres Stroh gedroschen, so schien es ihm. Einige der Mannsleute ereiferten sich heftig, andere waren dabei, den Vorräten der „Bergbauern" zu Leibe zu rücken. Man tauschte Wurst, Fisch und Speck aus, ließ gut gefüllte Becher mit Bier und Selbstgebranntem kreisen, briet die geschlachteten Rinder über dem offenen Feuer. Erste stimmten trotzige Lieder an.

Was sollte man auch anderes unternehmen? Die Schlacht war geschlagen, die Angeln würden sich dem Willen des Wüterichs vom Thorsberger Hof unterwerfen. Der Geräuschpegel stieg.

Deshalb bemerkte niemand, dass sich von allen Seiten dunkle Gestalten hinter die Sitzenden schlichen. Lautlos und äußerst geschickt. Die Gesichter mit schwarzer Muttererde beschmiert, die breitflächigen Messer im Mund, so, wie es Kotze angeordnet hatte. „Wenn ji an't kruupen sünd, möhn de Hannen frie sien!"

Befohlen hatte er auch, still zu verharren und erst aufzuspringen und die Opfer an den Haaren zu packen, wenn er das Signal mit dem Kuhhorn zum Angriff gab. Jeden abgeschnittenen oder abgeschlagenen Kopf würde er mit zwei Silberlingen belohnen.

Seit dem Überfall auf die Reudiger und der Plünderung ihres Palastes besaß er Silber in Hülle und Fülle. Der Fürstkönig glaubte seinen Schatz auf dem Thorsberg bei seinem Stellvertreter in sicheren Händen.

Lenner Nicosson der Grausame, von allen gefürchtet, von niemandem geliebt, war von ihm als Verwalter in seiner Abwesenheit eingesetzt worden. Der nutzte sein neues Amt, aber anders, als Kotze es erwartete, unbarmherziger, brutaler, als es die Bediensteten auf dem Hof und die Dörfler je erlebt hatten. Der entsetzliche Rachefeldzug des Lenner Nicosson machte auch vor der Sippe der Offassons keinen Halt.

Kotze schreckte auf. Da wieherte ein Pferd, jedoch weit außerhalb der Feuer. Ein zweites Wiehern folgte. Den Fürstkönig packte die Unruhe. Wer kam dort? Ältermänner, die sich verspäteten? Er steckte das Kuhhorn wieder in den Stiefelschaft.

Der Vollmond war in der Zwischenzeit ganz durchgebrochen. Bei seinem Schein warfen die Eiben lange, verzerrte Riesenschatten.

Aufgeregt wiesen einige der Ältermänner nach oben, gen Himmel. Dort kreisten mit gleitenden Schwingen zwei schwarz gefiederte Kolkraben, die Götterboten. Die Mannsleute erstarrten.

Diese Großvögel, die es um diese Jahreszeit hier am Alten Moor gar nicht geben durfte, galten als Überbringer für gute wie für böse Nachrichten. Welches Zeichen wollten die Gottheiten ihrem Volk vermitteln? Verwirrung, Ratlosigkeit erfasste die Mannsleute.

In Spiralen schraubten sich indessen die Vögel in die Höhe, segelten wieder gen Erde, zeigten einen majestätischen Flug, verschwanden am Horizont. Das Bangen blieb, Angst stellte sich ein.

Auch im Lager der Angeln hörte man die Pferde und wartete angespannt auf die verspäteten Besucher. Der Kreis öffnete sich.

Ein von einem dunklen Umhang eingehüllter Reiter führte an einem Zügel einen weiteren Reiter zu den Feuern und stieg ab. Der Zügelführende zog voller Mühsal einen Fuß nach, humpelte. Auf dem zweiten Gaul hockte ein riesenhafter Kerl und ein weiterer, wesentlich kleinerer.

Die Mannsleute waren wie vom Donner gerührt, erinnerten sich an die beiden Kolkraben. Wen entsandte ihnen Nerthis, ihre Göttin? Welchen Beistand kündigten die Rabenvögel an? Hoffnung keimte auf. Vielleicht würde sich doch alles zum Guten wenden! Wer waren diese drei vermummten Reiter? Unruhe machte sich breit.

Da erscholl ein laut schmetternder Ruf: „Idea, mien Dochder!", brüllte Sigvald Sörensson von seinem Podest. „Idea, mien Deern! Du levst! Wat bün ik uns Göttin dankbar! Idea! Idea!" Sigvald Sörensson war ganz aus dem Häuschen, weinte Freudentränen.

Es blieb jedoch nicht bei diesem einzelnen Aufschrei. Weitere Stimmen meldeten sich, schrien wild durcheinander. Erst allmählich konnte man einen Namen ausmachen: Ocke Offasson! „Ocke, uns Fürst! De Baas vun us Angeln is nich dood! Kiek, kiek, dor sitt he opp Peerd!" Völlig von Sinnen waren die Mannsleute.

Über alle Stimmen hinweg meldete sich jetzt auch laut und voller Freude Bernd von Bönsbarg. „Börge Bärentatze", schrie der Ältermann, der den alten Jäger bei seinem Aufenthalt auf dem Thorsberg kennen und schätzen gelernt hatte.

Er kämpfte sich durch die aufgeregten Mannsleute hin zu den Reitern, riss Börge fast vom Pferd und nahm ihn voller Dankbarkeit in die Arme. Bernd Bengtsson ahnte, wer für das Überleben des Fürsten gesorgt hatte. Börge tat diese Geste des Bönsbargers gut.

Während zwischen den Feuern eine aufgeräumte, fröhliche Festtagsstimmung herrschte, triumphierte im tiefen Schatten hinter dem Ochsenwagen verborgen Kotze. Nur gut, dass er mit seinem Hornstoß gewartet hatte. Jetzt saß auch die „letzte Maus", sein Todfeind Ocke der Winzling, in der Falle.

Auf dem Thingplatz gingen die Wogen hoch. Mehrfach gab es ein ohrenbetäubendes „Höö, höö, hööö" für die mutige, heldenhafte Idea. Lärmendes, anhaltendes Armeschwenken für Börge Bärentatze, den Retter des Fürsten, und als Ocke auf den Ochsenwagen geklettert war, grau im Gesicht, abgemagert, ganz ruhig und aufrecht dort stand, beugten alle Ältesten des Volkes der Angeln ihr Knie.

Stille breitete sich aus und wie auf Verabredung beteten die Mannsleute gemeinsam zu den Göttern, dankten Nerthis für die Wiederkehr ihres Fürsten. Ein bewegender Augenblick.

Der wurde durch Sigvald Sörensson zu einem für alle Beteiligten unvergessenen Ereignis. Der alte Schmied stimmte mit rauer Stimme das schwermütige Lied von der ewigen Wanderung der Angeln an, von ihrer Suche nach Haus und Heimat, nach einem Land, in dem man in ewigem Frieden leben könne.

Weit hallte der Gesang über das Moor, ergriff die Sänger. Goodje weinte in den Armen ihres Mannes. An die Eigenwilligkeit seines Weibes verschwendete er keine weiteren Gedanken. Er nahm sie noch fester in seine Arme, bis sie sich energisch dagegen wehrte und leise sagte. „Bernd, muttst acht gevn, dat uns in Tokunft nix passern deit!" Verwundert blickte er sie an „Uns?" „Mag ween, dat wi haast to drütt in't Huus sind." Es dauerte eine Zeit, bis er ihre Worte verstanden und begriffen hatte. Goodje würde ein Kind bekommen! Freude und Dankbarkeit durchfuhren ihn. Er nahm vorsichtig Goodjes Kopf in beide Hände, hob behutsam ihr Kinn und küsste sie ganz sanft auf die Stirn.

Kotze ließ sich Zeit, viel Zeit, ergötzte sich an diesem Bild von Demut und Dummheit, das die knienden Angeln boten. Ihr Schicksal war allein in seiner Hand. Nicht die Götter, er, der Große Fürstkönig, bestimmte über Tod und Leben. Seine Krieger waren von dem Geschehen vor ihren Augen wie gefesselt.

Weder Kotze noch seine Todesbringer bemerkten hinter ihren Rücken den Aufzug eines Gegners, der, wenn es darauf ankam, mit ihrer Grausamkeit und Gewalttätigkeit mühelos mithalten konnte. Krieger, in Schlachten erprobt, geübt in Raub, Mord und Todschlag, die Sachsenschlächter.

Unendlich leise bildeten die weit über einhundert bewährten Kämpfer um das Angeln-Lager einen zweiten Ring, pirschten sich an Kotzes Schurken, nur mit einem Spieß bewaffnet, im Schatten der Eiben heran. Jetzt erwarteten sie das Kommando ihrer Fürsten.

Ein schriller, durchdringender Pfiff erfolgte, Spieße schnellten durch die Nacht. Aufschreie gellten, Wehklagen, Todesröcheln durchdrang die Nacht.

Angelns Älteste warfen sich zu Boden, wagten nicht aufzublicken, schlossen ihre Augen. Die Götter hielten Gericht! Was war geschehen?

Die Sachsen hatten die gesamte Kotzen-Bagage mit einem Schlag niedergestreckt, gemetzelt und auch bei den Verwundeten nicht lange gefackelt.

Klümmp, der das Anschleichen verschlief, den man nachträglich fasste, flehte wegen seines jugendlichen Alters, auf die Knie gesunken, tränenreich um Gnade. Als trotzdem ein Sachse sein Schwert zum letzten Streich hob, rief Ocke Ockesson: „Hol stopp, mag ween, wi bruuken emm noch", und ließ seinen Stiefbruder an ein Wagenrad fesseln.

Noch einer überlebte den Massentod: Kotze!

Kurz bevor der grässliche Pfiff ertönte, hatte er sich nach unten gebückt, um sein Kuhhorn aus dem Stiefelschaft zu ziehen. Deshalb streifte ihn der ihm zugedachte Spieß nur am

Kopf. Kotze ging zu Boden, geriet unter den Ochsenwagen. Ein Schleier des einsetzenden kurzen Schneegrieselns entzog ihn den Blicken der sächsischen Krieger.

Die Kopfwunde blutete, aber nicht heftig. Kotze wagte nicht, sich zu bewegen. Als er die Augen öffnete, sah er durch die breiten Ritzen des Unterwagens über ihm seinen Stiefbruder Ocke stehen.

Rasende Wut überkam ihn, trotzdem rührte er sich nicht. Wenn er ihn, diesen Kurzbein, in die Hände bekäme, er würde ihn in einen Bottich mit giftigem Bärlapp stecken, ihm vorher die Haut abziehen und sich an seinem langsamen Sterben ergötzen! Wenn!

Da schreckte Kotze auf. Ein großer Kerl setzte sich mit dem Rücken zu ihm an das vordere Wagenrad. Trotz des dämmrigen Lichtes erkannte er den Mann. Börge Bärentatze, der treue Freund des kleinen Fürsten. Eine solche Gelegenheit würde ihm nie wieder geboten. Er zückte sein Messer.

Doch noch verharrte er. Um den tief liegenden Wagen herum lärmten nicht nur Leute aus dem Angelnland. In der Nähe der hinteren Räder standen fremde, große, bärtige Krieger. Sie säuberten mit Sorgfalt ihre Waffen. Wer waren diese Krieger? Wo kamen sie so plötzlich her? Wie war es diesen Riesen gelungen, sich so unbemerkt anzuschleichen, seinen Leuten in den Rücken zu fallen. Rätsel über Rätsel türmten sich vor Kotze auf, ließen ihn mit seinem Dolchstoß weiter zögern.

Hatten vielleicht doch die Gottheiten ihre Hände im Spiel gehabt, diese Wunder bewirkt?

Ach was, er glaubte nicht mehr an diese Spökenkiekerei. Er schritt zur Tat.

Keine der Nornen fiel ihm in den Arm.

40

Elise gehetzt von Wildhunden, von der resoluten Krischtina, der Annäherung von Angeln und Sachsen, einer fehlenden Leiche und Rettung in höchster Not

Elise ritt wie von Wölfen gehetzt. Regelmäßig wechselte sie zwischen beiden Pferden, um keines zu überanstrengen. Am Anfang, in der Nähe von Hollenhude, war alles noch gut gegangen. Den ersten Teil des Weges kannte sie. Zwar zerrissen Dornen und trockene Brombeerranken ihr Gesicht, die Hände und den Umhang, aber darauf nahm sie keine Rücksicht. Sie musste ihr Ziel, das Heerlager der Sachsen, in kürzester Zeit erreichen.

Nur sie, die geübten Kämpfer auf Land wie auf See, konnten helfen. Ihre wehrlosen Landsleute, so hatte die Großmutter gemeint, würden die Brutalität von Kotze, dem selbst ernannten Fürstkönig, und seiner Horde leichtgläubig unterschätzen.

„Vergitt nich, Deern, wi Angeln hemm de Sachsen hulpen, de beiden Görn vun de Fürsten to finn un to bargen. Mag ween, Hengist un Horsa hemme en Hart för uns Volk."

Mit dieser Zuversicht war die Hollenhuderin losgeritten, überhastet, wie sie feststellte, ohne Messer, ohne Essbares, ohne Begleitung. Der Hunger fraß in ihrem Magen, Beeren waren unter der leichten Schneedecke nicht zu finden. Was sie sah und pflückte waren blaugraue Schlehen, die durch den Frost einen süßen Geschmack hatten.

Da, ein Bellen! Sie war gerade durch dichtes Gebüsch geprescht und befand sich auf einer weitflächigen Lichtung. Ein Rudel zähnefletschender, heißhungriger Wildhunde nahm ihre Fährte auf, näherte sich ihr mit kraftvollen Sprüngen.

Der Schnee stob. Die Pferde zitterten vor Angst. Es waren Riesenhunde! Sie war in das Gebiet der Avionen geraten, die beißwütige Köter auf Menschen abrichteten. Was sollte sie jetzt tun?

Sie wechselte auf das kleinere, weiß gefleckte, wendigere Pferd, trennte sich von dem großrahmigen Braunen, überließ ihn dem Fraß der Wildhunde. Dabei heulte sie voller Verzweiflung, eine andere Lösung war ihr nicht eingefallen. Sie wusste, es war nur eine Rettung auf Zeit. Wenn die Meute den Gaul zu Boden riss und zerfleischt hatte, würden sie in ihrem Blutrausch die Jagd auf das zweite Pferd fortsetzen.

Mit ihrem Kopf voller beklemmender Furcht achtete sie nicht auf den Pfad. Dieses Versäumnis sollte sich bald rächen.

Das Weißgefleckte vertrat sich in ein Kaninchenloch, stolperte, fiel zur Seite und warf sie ab. Das Bein des Pferdes schien gebrochen. Alle verzweifelten Bemühungen, auf die Vorhand zu kommen, versagten. Der erschöpfte Gaul gab auf. Er blickte Elise mit schmerzvoll traurig großen Augen an, als wollte er damit ausdrücken: Töte mich, bevor die gierige Hundemeute kommt. Deren wütendes Kläffen kam tatsächlich näher.

Die Hollenhuderin, die den Sturz schadlos überstanden hatte, war ratlos und verzweifelt. Der Rüde, Anführer des über dreißig Bullenbeißer umfassenden Rudels, war bereits zu erkennen. Sie sprang auf, blickte sich um, rannte zum nächsten Baum, einer blattlosen Buche mit zahlreichen Zweigen, und kletterte in Windeseile hinauf. Unter ihr kläfften wütend die Köter und sprangen, ohne das junge Weib zu erreichen, am Stamm hoch.

Nur widerwillig, so schien es, gaben sie auf und machten sich über das Pferd her. Der Gaul schrie schrill voller Todesangst, herzzerreißend. Dann brach der Wehruf des Pferdes ab.

Den weit hallenden Lärm vernahm ein Trupp Berittener, der angaloppiert kam. Avionen? Krieger auf jeden Fall, schwarzbärtige, mit langem Haar, in Felle gehüllt, bewaffnet. Mit ihren Lanzen töteten sie fünf, sechs dieser blutgierigen Tölen, der Rest der Riesenhunde flüchtete.

Als die Krieger das junge, aufgelöste, anmutige Weib im Gipfel des Baumes erblickten, grinsten einige verblüfft, andere geil, lüstern.

Als die Ersten begannen, ihre Beinkleider zu lüften, rief einer, wohl der Unterführer der Berittenen: „Hol stopp, de erste Toslag bi een Deern hett de Fürst. Wi, de ehr fung hemm, sünd achteran an de Reeg!"

Er packte die sich wehrende Elise auf sein Pferd, ritt in vollem Galopp, wie von allen guten Geistern verlassen, und lieferte die Wehrlose auf dem Hof der Sachsenfürsten Hengist und Horsa ab, jedoch beim Einlass für die Knechte. Zornrot erhob sich die Hollenhuderin, riss sich los und lief zum Hauptportal, an zwei Wachen vorbei und platzte in die Mittagsrunde der fürstlichen Sippen.

Alle blickten verwundert auf und sahen ein arg lädiertes, jedoch wohlgeformtes Weib mit strähnigem Haar, aber blitzenden, wunderschönen Augen.

Ohne aufgefordert zu werden, brachte Elise in vielen hastigen Worten ihr Anliegen vor, Waffenhilfe für ihr Volk, die Angeln. Und man müsse sich noch heute auf den Weg machen. „Dat geit um Dood oder Leven", waren ihre abschließenden Worte.

„Wat kriegn wi dorför?", fragte einer der Mannsleute. „Nix!", erwiderte sie. „För nix gifft dat nix!", antwortete der düster blickende, bärenstarke Mann, erhob sich von seiner Bank und donnerte: „Ruut mit di! Kiek, bit Eeten will ik Ruh hemm!"

Die Wachen trugen die heftig zappelnde Elise vor die Tür. Dort brach sie in bittere Tränen aus. Die Sachsen, ihre letzte große Hoffnung, das tödliche Schicksal für das Angelnland abzuwenden, versagten ihre Hilfe! Es gab keine Rettung mehr! Kotze würde uneingeschränkt herrschen!

Während das junge Weib noch schluchzend auf der Treppenstufe saß und in Selbstmitleid zerfloss, brach ein lautstarker Tumult in der Essküche des Fürstenhauses aus. Krüge zerbrachen, Becher flogen durch die Luft, eine Suppenschüssel landete auf dem Boden, zerbrach in viele Stücke und heiße Bohnensuppe bespritzte Jung wie Alt.

Auf einmal herrschte Stille und die kräftige Stimme eines noch kräftigeren Weibes erscholl laut und energisch: Dickbacke, das Weib von Fürst Hengist, war bis auf den Vorplatz zu vernehmen: „Hör to, Vadder Hengist, du hölpst de Deern!

Un dat noch hütt! De Angeln hemm uns Söhns bargt, anners weern se dood gahn! Hest' hört, wat ik seggt heff?"

Ihr Beiname Dickbacke war eigentlich der Kosename, den Hengist Krischtina verehrt hatte. Als sie im heiratsfähigen Alter gewesen war, hatte sie mit mächtigen Backenstreichen alle die Verehrer bedient, die ihr an die Wäsche wollten. Nur bei Hengist machte sie eine Ausnahme. Er blieb von einer Dickbacke verschont und wurde ihr Ehemann.

Eine längere Pause trat ein. Hengist verließ die Sitzbank, trat mit festem Schritt vor die Tür, blieb auf der ersten Treppenstufe stehen und rief mit seiner dröhnenden Stimme: „Lüüds, dat gifft Arbeit! Horsa un ik, wi hemm beslaaten, wi griepen de Angeln ünnern Arm. Dat se sölm Bangbüxen sünd, hett wat mit sehrs Glovn to doon. Kommt inne Strümp, wi rien de Nacht düür." Den Anteil von Dickbacke an diesem Sinneswandel verschwieg er wohlweislich.

Dann drehte er sich um, nahm die verblüffte Elise bei der Hand, betrat mit ihr die Küche voller Scherben und schob sie seiner Frau Krischtina, einem flotten, forsch-füllligen, eigentlich auch friedlich-fröhlichen Weib, zu.

Unrecht konnte Krischtina nicht ausstehen, besonders, wenn es Stärkere gegenüber Schwächeren betraf. Dann flogen bei ihr die Fetzen, dann musste Hengist, dem sie sonst ein gutes Eheweib war, den Kopf einziehen. Die Kraft ihrer Worte untermauerte sie mit fliegenden Tellern, Tassen oder auch Suppenschüsseln.

Neun Kinder hatte Dickbacke geboren, drei lebten noch. Dazu gehörte Hector Horsasson, ihr Ältester, der sich seit fünf Monden auf See befand. Er war im Auftrage der Fürsten trotz der Winterstürme mit vier Booten nach Britannien unterwegs, um bedrängten Landsleuten gegen die räuberischen Pikten beizustehen.

„Elise büst du?", fragte Krischtina die immer noch schluchzende, aber jetzt glückliche junge Frau aus dem Land der Angeln. „Ja, ik bün in Hollenhude to Huus!"

„Dat weet ik", antwortete, zur Verblüffung von Elise, das resolute Weib des Hauses, nahm ihre Hand, führte sie zum Tisch, reichte ihr Speis und Trank. Heißhungrig machte sich die erschöpfte Reiterin darüber her.

„Du hest mit Honnig to doon?", folgte eine weitere Frage. Elise konnte wegen ihres vollen Mundes nur nicken und sich wundern. Woher wusste diese Frau – so weit weg von ihrer Heimat – so gut über sie und zugleich über das Hollenhuder Honiglecken Bescheid? Als die nächste Frage folgte, dämmerte es ihr. „Hest du jümmer noch een rode Mors?" Elise atmete tief ein, ließ ihren Esslöffel sinken: „Büst du, büst du de Mudder vun düsse Hector, de ik in't Gesicht spiet heff?"

Krischtina lachte laut auf. Dickbacke kannte ihren forschen wie vorlauten Sohn und gönnte ihm die Abreibung, die er von Elise in Hollenhude erfahren hatte. Beide Frauen verstanden sich vom ersten Augenblick an und freuten sich gemeinsam und ein wenig schadenfroh an Elises Bericht über das besondere Honiglecken in ihrem Dorf.

Als Horsa mit lauter Stimme zum Aufbruch rief, steckte Krischtina ihr ein kleines, in trockene Blätter gewickeltes Paket zu. „Dat is von mien Söhn Hector ... Wenn he Tied harr, wull he di dat lang bring. Man Tied hett he nienich", ergänzte Krischtina bedauernd.

Als Elise später am Alten Moor das Geschenk entblätterte, wurde ihr gleichzeitig heiß wie kalt und sie konnte ihre Tränen nicht zurückhalten.

Mit fast einhundertfünfzig Kriegern waren die Sachsen wild entschlossen aufgebrochen, ohne Aufenthalt durchgeritten und hatten es tatsächlich noch im letzten Augenblick geschafft, in der Nacht das Alte Moor zu erreichen. Kotzes Kavalkade der Rächer wurde verheerend vernichtet. Die Angeln waren wieder frei, der Alleinherrscher gestürzt, der Schrecken beendet, so glaubten es Angeln wie Sachsen; wie leichtgläubig sie doch alle waren!

Allmählich erst begriffen die Dorfältesten, die sich beim nächtlichen Kampf zu Boden geworfen hatten, nichts hören und nichts sehen wollten, dass die Sachsen ihre Retter waren.

Keinem fiel auf, dass Kotzes Körper fehlte, als man die Leichen ins tiefe Moorwasser warf.

Während die Sachsenkrieger bei jedem Leichnam die Taschen umkehrten, um sich Silberlinge und sonstige Gegenstände von Wert anzueignen, verbat ihr Anstand den Angeln, fremden Mannsleuten und dann auch noch Toten tief in die Tasche zu greifen. „Krieg kennt keen Gnade, dat möhn ji Angeln ju marken", war eine von mehreren abfälligen Bemerkungen ihrer Wohltäter. Und auch: „Ob arm, ob riek, de Dood makt alle gliek!" Die Mannsleute aus dem Land Angeln blieben stur ihrer Einstellung treu, Leichenfledderei lehnten sie ab.

Eine lange Zeit herrschte im Alten Moor ein verwirrendes Durcheinander. Erst als die Sachsen Krüge mit Met, Bier und Birkenwein aus ihren Satteltaschen zogen, um den Sieg zu feiern, ordneten sich die Verhältnisse. Die anglische Sprache bot für beide Völker eine Brücke der Verständigung. Doch nicht sie allein bewirkte eine Art von Verbrüderung der Angeln und Sachsen, sondern man hatte Vertrauen zueinander gefasst.

Während die Sachsen unerreichbare Sieger im Vieltrinken waren, gewannen die Angeln bei den Brett- und Würfelspielen, weil sie einen klaren Kopf behielten und den auch einsetzten.

Mehrfach wurde die feucht-fröhliche Verbrüderung der Angeln und Sachsen unterbrochen. Zuerst durch Ocke Offasson, der vom Ochsenwagen aus den tapferen Kriegern für ihren Einsatz, ihren Erfolg und Eifer dankte, noch zur rechten Zeit eingetroffen zu sein.

„Dor is alleen de Deern an schuld, de uns unbannig pustert hett. Elise, dat Prachtwief", brüllte ungefragt Hengist dazwischen und Horsa ergänzte: „Uk wenn se man bloß een Fruu is, Verstand hett se ass een rechten Kloogschieter. Man, wat een Wief!"

Diese Art von ehrlicher Hochachtung brachte alle Mannsleute auf die Beine. Sie hoben ihre Trinkkrüge, Becher und Pött' und brüllten gen Himmel, bis ihnen der Atem ausging: „Höö, höö, hööö. Prost op Elise! Prost!" Anschließend stürzten sie ihr Trinkbares bis auf den letzten Tropfen in ihre Kehlen. Die Stimmung kochte. Ein solches Gelage hatte das Alte Moor noch nicht erlebt.

Klaas Plattnase, dem dieses Lob nicht genug war, sprang auf den Ochsenkarren. Ihm, dem begnadeten Sprüchemacher war eingefallen: „Blau, geel, gröön, wat is dat Levn schön!" Zuerst blickte man ihn verblüfft an. Da den Männern der Schnack gefiel, wurde er in dieser denkwürdigen Nacht wiederholt eingesetzt: „Blau, geel, gröön, wat is dat Levn schön!" Überlebt zu haben, setzte bei den Angeln weitere Kräfte frei.

Am hoch auflodernden Feuer der Fürsten, Älteren und Hauptleute ging es ernsthafter zu. Es war Bernd Bengtsson, der sich unerschrocken an die beiden Sachsenführer mit der Frage wandte: „Wat kost dat uns Angeln, dat ji hüüt hier sünd, uns hulpen hemm?" Es war nicht die Art des Bönsbargers, um den Brei herumzureden.

Die Sachsen ließen sich mit ihrer Antwort Zeit. Horsa kaute weiter an einem Knochen, zupfte sich Fleischreste aus den Zähnen, trank und rülpste kräftig. „Meenst du", bequemte sich der Fürst zur Antwort, „wi wüllt Kotze ass Nachbar, een achtersinnige Voss, de man nich truun kann?" Die Runde um das Feuer nickte zustimmend.

„Kiek, dat is dat nich alleen", meldete sich jetzt auch Hengist, nachdem er mehrere schwer verdauliche Knorpel ins Feuer gespuckt hatte. „Doode Angeln, de döögn nix! Wi bruuken veel vun ju, sprickbeenig, quicklebennig!"

Der Bönsbarger fühlte es. „Door hoppt de Haas ut de Büddel!" Endlich käme die volle Wahrheit auf den Tisch, dachte auch Leve aus Hollenhude, den der junge Fürst wie auch Bernd und den Schmiedemeister aufgefordert hatte, bei den Beratungen mit den Sachsen dabei zu sein. Leve erschrak, sollte es so kommen, wie er befürchtete, würden die Angeln jetzt Abhängige, Sklaven der Sachsen werden, statt Fronbauern und Tributpflichtige von Kotze? Waren sie vom Regen in die Traufe geraten?

Hengist, der das Mienenspiel des Hollenhuders, zu dem der trotz des zerstörten Gesichtes fähig war, beobachtete, wandte sich Leve direkt zu. „So is dat nich meent, ass du denken deist!"

Der Einäugige erschrak, konnte der Sachsenführer erkennen, was in seinem Kopf vorging? „Nee, wi bruuken ju in Britannien, mit Sack un Pack, Mann un Muus!"

Was? Hatte Leve richtig gehört? Verlangte der Sachse, sie, die Angeln, sollten mit ihren Familien ihr Land verlassen und in ein völlig fremdes, unbekanntes, vielleicht auch höchst gefährliches Gebiet umsiedeln? Und handelte es sich bei diesem Britannien nicht nur um eine Insel? War sie groß genug für alle? Musste man dafür nicht einen gefahrvollen Weg über das Nordmeer antreten?

Angelner Bauern, Handwerkern, Händlern, die weder schwimmen noch rudern oder Boote bauen konnten, sollte es zugemutet werden, eine stets stürmische See zu durchqueren? Von diesem Nordmeer hatte man nur Schlechtes gehört. Orkane, die die Menschen wie Blätter in die Luft wirbelten, Riesenfische, die ganze Boote mit einem Biss verschlingen konnten. Grüne, gelbe, rote Seeungeheuer, die die Menschen auf den Meeresgrund ziehen, dort anketten und später verspeisen würden. Und damit nicht genug: Grausame Räuber, Menschenschlächter, die man Piraten nannte, sollte es außerdem zuhauf geben. Auf dieser See sollte es schlimmer zugehen als in der Anderwelt.

Leve schüttelte fassungslos sein Haupt. Dabei beließ es Klaas Plattnase, der sich unaufgefordert an das Feuer der Anführer gesetzt hatte, nicht. Er sprang voller Zorn und Entsetzen auf, rotzte Hengist frech vor die Füße: „Sünd ji Sachsen tumbig, tüüterig oder an Enn dumm un döösig? Hier in't Angelnland is mien Heimat, bün ik to Huus, hör ik henn! Dat Graff vun mien Öllern liggt hier. So weer dat all jümmer, so mutt dat blievn!" Er streckte seinen Kopf, ließ einen kräftigen Furz folgen und räumte verstimmt und aufgewühlt die Runde.

Nach dieser Schimpfkanonade über die Dummheit wie Beschränktheit der Sachsen und dem Hohenlied auf den Wert der Heimat musste sogar Sigvald Sörensson tief Luft holen. „Mit emm sünd de Peerde düürgahn", wandte er sich entschuldigend an die Sachsen. „Klaas meent dat nich so, ass he dat seggn deit!"

Auch ihm, den Smedebyer, der vom Reichtum Britanniens an Erz, an unbebautem Land, sicherer Sonne und mäßigem Regen gehört hatte, sei der Gedanke, sein Dorf zu verlassen, wie ein Schlag mit einem Schmiedehammer vorgekommen, erklärte er den beiden Fürsten. Aber gleich nein sagen, würde er nicht.

Diese Worte hörte Bernd Bengtsson, der zurück in die Runde trat und sich setzte. Dem Bönsbarger war das Lockangebot von Hengist und Horsa so auf die Blase geschlagen, dass er hinter eine Eibe getreten war, um sich zu erleichtern. „Wat de Smedebyer seggn deit, meen ik uk. Wi dörm nich glieks nee seggn!"

Im vergangenen Winter seien in seinem Dorf zwei Kinder an Hunger gestorben, in den Nachbarorten noch viel mehr und dazu zahlreiche alte Leute. In Ekenisse sei wegen des Mangels an Essbarem eine ganze Handwerker-Sippe zu Tode gekommen und in Poppholt seien seit fünf Wintern drei Höfe verwaist, die Besitzer und Bediensteten wegen des Fehlens von Fleisch und Getreide elendig gestorben.

Seit vielen, vielen Jahren, als eine Rinder- und Schweinepest hier gewütet, ganze Herden vernichtet hatte, ginge es mit dem Angelnland langsam, aber stetig bergab. Immer weniger Brotkorn, verursacht durch immer mehr dauerhaften Regen: Die großen Überschwemmungen führten zur Flucht der Wildtiere, die Jägerei wurde immer erfolgloser.

Der Bönsbarger blickte sich besorgt um. War es falsch, was er sagte, übertrieb er? Von seinen Landsleuten sah er nur gesenkte Köpfe, Mannsleute, die nachdenklich und voller Sorge in die Flammen des Lagerfeuers starrten.

Laute, aufgeregte Rufe vom Rande des Moores lenkten auch ihn ab. Was war da geschehen?

„Füüer, Füüer", riefen mehrere der Männer. „Dat brennt oppe anne Siet vun't Moor."

Auch wenn der Frost der vergangenen Tage streng gewesen war, die Moorteiche blieben tückisch und trügerisch. Warme Quellen ließen manche Eisdecke auf dem Moor dünn und brüchig bleiben. Wer trotzdem über das Moor ging, setzte sein Leben aufs Spiel. Wollte man den hell leuchtenden Brand in der Ferne bald löschen, blieb nur ein schmaler, im Licht des Mondes nur schwer auszumachender Pfad, der quer durch das Moor führte.

Die Mannsleute zögerten, berieten sich. Auch die Unterführer und Fürsten, die man zu Rate zog, trafen keine Entscheidung. Bereits am Tage war es ein Wagnis, den schmalen Damm zu überqueren. Jetzt in der Nacht wäre es ein Weg in den Tod. Der Weg um das Moor herum, auch zu Pferde, würde mehrere Stunden dauern. So würde man den vom Feuer Betroffenen nicht rechtzeitig zur Hilfe eilen können.

41

Die hoffnungsvollste und bitterste Stunde der Angeln, von mutigen Deerns, einem skrupellosen Schurken, einem Triumph, einer Tragödie und wie es Udo de Uhl gelingt, Kühen den Kopf zu verdrehen

Gebannt verfolgten Angeln wie Sachsen den Brand am anderen Rande des Altes Moores. Immer höher schlugen die Flammen, die Funken sprühten in den nächtlichen Himmel. Nein, ein Lagerfeuer konnte es nicht sein, ein Haus brannte! Hilfe war gefordert, aber jetzt in der Dunkelheit?

Während Angeln wie Sachsen sich wegen einer Hilfe bei der Brandstätte die Köpfe zerbrachen, befanden sich drei dunkle Gestalten, ausgerüstet mit Fackeln, bedachtsam Fuß vor Fuß setzend, auf dem Pfad zum immer heller lodernden Feuer. An der Spitze Idea, die sich seit ihren ersten Jagdunternehmungen im Alten Moor gut auskannte. Hinter ihr Goodje, die einfach nur helfen wollte, und schließlich Elise, die kein Abenteuer, keine Herausforderung ausließ. Sie hatten bereits die Mitte des Moores erreicht, als hinter ihnen ein Schrei zu hören war.

„Süüh, süüh, dor", brüllte voller Besorgnis Klaas Plattnase, der seinen Zorn mit Bier besänftigt hatte, „dree Deerns opp'n Weg to dat Füüer."

Daran, weiter den Sieg über Kotzes Kumpanen zu feiern, dachte niemand mehr. Man wartete voller Bangen und Hoffnung auf die Rückkehr der drei so tollkühnen wie törichten jungen Weiber. Nicht nur die Angeln, auch die Sachsen schickten Gebete an ihre Götter. Schlafen legte sich niemand. Bernd Bengtsson stand eine besonders große Angst um Goodje, die zukünftige Mutter ihres Kindes, aus.

Die ersten Strahlen der Morgensonne am Tag nach der Rettung durch die Sachsen kündigten kalte, aber schneelose Stunden an. Es herrschte eine bedrückende, mit Trauer durchzogene Stimmung im Lager beider Völkerschaften. Die Frauen waren noch nicht zurückgekehrt.

Es war Fürst Ocke gewesen, der auf eine Fortsetzung der Verhandlungen mit den Anführern der Sachsen drängte. Auch wenn er voller Bangen um Goodje, seine Schwester, war, würde er wissen wollen, warum gerade die friedlichen Angeln die geeigneten Verbündeten für die Sachsen in Britannien seien. Die beiden Fürsten rüsteten bereits für einen Aufbruch in ihre Heimat.

Hengist ließ sich nicht lange bitten und begann im besten Anglisch: „De Völker dor oppe Insel sünd füünsch, fuul, falsch un alleen opp Striet ut! Wenn een Sax meent, dat döcht nix, wat schülln wi Angeln denn dar?"

Horsa, der merkte, dass sein Zwillingsbruder eher Abneigung statt Zustimmung erfuhr, nutzte dessen tiefes Luftholen, um zu berichten: Bis vor einer Reihe von Wintern hatten die Römer auf der Insel geherrscht, die dort lebenden Völker unterjocht. Jetzt zogen deren Soldaten, die Legionäre, nach Rom zurück. Seitdem gehe es auf dieser wunderschönen Insel drunter und drüber. Die Pikten kämpften gegen die Scoten, die Waliser gegen die Pikten und alle gegeneinander und gegen die Briten. Dieses Volk habe die meisten Feinde. „Striethammel, Gröölbüddel un Krintenkacker gifft dor een chanze Reeg", warf Hengist ein, der am Anglisch Gefallen gefunden hatte. Eine wirkliche Gefahr aber seien sie nicht.

Es seien die Briten gewesen, die sie, die Sachsen, um Hilfe ersucht hatten. Zugleich boten deren Sippen ihnen an, das viele und fruchtbare Land zu besiedeln, denn sie wollten weder die Pikten, die Scoten, die Waliser noch andere von diesen kriegerischen Clans als Nachbarn.

Ein fleißiges, friedvolles, vertrauensvolles Volk werde händeringend gesucht. „Kiek", und jetzt erhob sich Hengist zu seiner ganzen beachtlichen Größe, rotzte mit zwei Fingern an der Nase zur Seite, „un de Besten för düsse Opgaav, dat sünd ju, de Angeln. Kiek, söcht warn in Britannien Buuern, Handwarker un Händler. Ji Angeln sünd verdreeglich un bannig fliedig." Sicher, sie, die Angeln, waren aber keine Abenteurer, ging es Ocke durch den Kopf. Veränderungen, Erneuerungen, etwas Anderes zu wagen, war nicht die Sache seines Volkes.

Horsas dröhnender Bass riss ihn aus seinen Gedanken: „Dat duuert nich lang, wenn dat mit de Flaagn', dat veele Water so blievn deit, versuupen ji Angeln. Dat köhn ji mi glovn", presste er aus seinem mächtigen Körper und rülpste danach anhaltend. Die letzte Bemerkung von Hengist traf den Angelnfürsten tief, weil sie mit seinen Befürchtungen übereinstimmte.

„Kiek", an diesem Wort hatte er Gefallen gefunden, „un dor is noch wat", ließ sich Hengist vernehmen. „In't Fröhjahr, dor geit dat mit uns Sachsen wedder los. Wi sailn, wenn de Wind will, nah Britannien. Wenn he nich Sinnes is, ward rudert. För veer, fief von ju blifft een friee Bank in uns Bööte."

Das war ein Angebot ganz nach dem Geschmack von Ocke Offasson. Mit vier, fünf Kundigen aus Angeln Land und Leute in Britannien aufzusuchen, zurückzukehren, auf einem Großen Thing den Ältesten dann zu berichten, anschließend zu entscheiden. Er würde selber diese Abordnung anführen, äußerte er freimütig.

Die anwesenden Ältesten der Angeln blickten auf und schüttelten ihre Köpfe mit den langen, blonden zottigen Haaren. „Dat ward nix", meldete sich Leve Holgersson. „Wenn de Warnen, de Dän'n, de Reudiger oder Annern Striet anfang', bruuken wi een Mann anne Spitz. Dat kann alleen uns Fürst sien. Oder wat?" „Nee, uns Ocke, de mutt blievn", war die allgemeine Meinung. Er werde hier im Angelnland dringend benötigt.

Ocke Offasson zeigte seine Enttäuschung nicht. Zugleich machte ihn das Vertrauen der Ältesten seines Volkes stolz. Aber die bisherigen Antworten der Sachsen hatten ihn noch nicht zufriedengestellt. „Wat hemm ji Sachsen för een Vördeel, wenn wi Angeln in Britannien ackern doon?"

Horsa antwortete ganz freimütig. Wären die Angeln auf der Insel, hätten die Sachsen dort ein Volk ihres Vertrauens, würden sie bei ihnen für ihre Seereisen Proviant einhandeln, dort auch Schutz finden, Werkzeuge und Waffen eintauschen können. Man würde gemeinsam diese Insel Britannien Zug um Zug zu einem Reich der Angelsachsen umgestalten. Ihre Götter, die der Angeln wie die der Sachsen, würden dort herrschen und ihre Sippen zugleich beschützen.

Ocke Offason kam nicht dazu, eine Antwort zu geben, wachsendes Freudengeschrei erreichte die Runde der Verhandler und dazu die Hymne von Klas Plattnase: „Blau, geel, gröön, wat is dat Levn schön. Blau, geel, gröön, wat is dat Levn schön!"

Einer der sächsischen Krieger kam wildfuchtelnd angelaufen und wäre fast über sein Schwert gestolpert: „De Deerns, de sünd trüch! Heel un fiedeel! Een Wunner, een Wunner! Dat möhn ji ju ankieken! Dat glöövt man nich!"

Schon drehte er um und rannte zum Moorufer zurück. Erschöpft, glücklich und zufrieden standen dort Idea, Goodje und Elise. Neben ihnen ein altes gebeugtes Weib, deren Gesicht und Hände voller Warzen waren. De Wuurten-Waltraud, wie man sie rief, die in einem kleinen Häuschen am Randes des Alten Moores lebte, die Kaninchen züchtete und damit ihren kargen Lebensunterhalt bestritt.

Sie war in jungen Jahren eine Schönheit gewesen, beliebt und angesehen bei Jungs und Deerns. Jeder von ihnen bemühte sich, in ihrer Nähe zu sein. Da wuchs ihr im zehnten Winter eine Warze auf dem Daumen. In kurzer Zeit kamen weitere auf den Armen, auf Nase, Stirn und Kinn hinzu. Kein Kräuterweib fand ein Mittel dagegen, ihre Eltern behielten sie eingesperrt im Haus. Warzen galten als Strafe der Götter.

Wenn es Waltraud gelang, Hütte und Hof zu verlassen, spotteten die anderen Kinder: „Wuurten, Wuurten-Waltraud, is nich schön, is nich kief, is een scheefe, schrullig Wief!"

Freunde für sie gab es keine mehr, Vater und Mutter schämten sich ihrer, halfen ihr jedoch, weit ab vom Dorf am Rande des Alten Moores eine Hütte zu finden. Dort war sie alt geworden und allein geblieben.

Aber nicht die Alte war es, die die Mannsleute, die Krieger und die Fürsten anstarrten, sondern das unglaubliche Wesen, das neben ihr stand. Ein hochgewachsenes, prachtvolles Tier. Ein weißer Hirsch! Ein heiliger Hirsch! Eine Kreatur mit einem mächtigen Geweih.

Er schien geschwächt, schnaubte, zitterte in den Flanken. Ehrfürchtig bestaunten die Männer dieses ungewöhnliche Tier.

Aus den Göttergeschichten von Walhalla wusste man von weißen Hirschen dort hinter den Wolken, aber hier auf der Erde?

Der Schmied aus Smedeby fasste sich als Erster ein Herz, durchbrach das Schweigen und rief seiner Tochter zu: „Gottloff, dat du wedder heel bi uns büst, Idea. Vertell, watt is angahn?"

Und dann folgte die wundersam beeindruckende und rührende Geschichte von Wuurten-Waltraud und der Rettung des Götterhirschen. Es war am Abend der Wintersonnenwende gewesen. Waltraud war trotz der Kälte vor die Hütte getreten, um Feuerholz zu holen. Da, nicht weit von ihrem Strohdachhaus, hörte sie ein krachendes Geräusch, dann ein Plätschern, ein Japsen, ein Röcheln, dort, wo der Moorsee begann.

Rasch war sie hingehumpelt und hatte sich fast zu Tode erschrocken – ein weißer Hirsch, der durch das Eis gebrochen war und um sein Leben kämpfte. „Wat harr ik maken schuld", hatte sie später den drei jungen Weibern erzählt. „Ik kunn dat Deert doch nich versuupen laaten. So een witte Kreatur, de is wat hillig!"

Ihr Dorf war weit weg, aber die Feuer auf der anderen Seite des Moores, die habe sie wahrgenommen, gerufen, geschrien, eine Fackel geschwenkt. Niemand rührte oder meldete sich dort.

Das Tier habe nur noch den Kopf über Wasser gehalten. „Dood, nee dood schull dat nich gahn!" Da hatte sie in ihrer Not und Verzweiflung die Fackel an das Dach ihres eigenen Hauses gehalten. „Dat Füüer, dat hemm wi sehn", erklärte Idea. „Un dat Deert ut'n Moor to klein wer bannig swor", ergänzte Goodje. „Man alln's hett good gahn", bemerkte Elise, „Waltraud hemm wi mitbröcht. Se hett tu'n Tied keen Dack övern Kopp!"

Ohne lange zu überlegen, hatten die drei Deerns den gefahrvollen Pfad über das Moor gewählt, um beim Brand zu retten, was zu retten war. Die Alte hatte sie auf den verzweifelt kämpfenden Hirsch hingewiesen. Trotz aller Mühsal war es ihnen gelungen, dieses heilige Tier zu retten und es, wie auch Waltraud, über den schmalen Damm hier ins Lager zu bringen. Die Hütte von Waltraud sei völlig niedergebrannt.

Angelns Fürst, von der Selbstlosigkeit der Alten tief bewegt, bot Waltraud an, ihren Lebensabend auf dem Thorsberger Hof mit der Aufgabe zu verbringen, den Heiligen Hirsch gesund zu pflegen und für ihn zu sorgen. Eine, wie alle wussten, ehrenvolle Aufgabe.

Die Alte glaubte anfangs ihren Ohren nicht zu trauen. Sie würde wieder in einem Dorf, in Nachbarschaft leben? Nicht mehr allein sein! Beklommen, ein wenig eingeschüchtert nahm sie den Auftrag dankbar an, konnte ihre Tränen jedoch nicht verbergen.

Völlige Ruhe war eingetreten. Ocke blickte sich um. Ob Angelner oder Sachse, Fürst, Knecht oder Krieger, alle beugten vor dem weißen Hirsch das Knie. Eine Göttergabe für die Angeln, so mutmaßten die Sachsen – so dachten auch die Angeln selber.

Dieses Tier würde das ganze Volk segnen, schützen, in eine friedvolle Zukunft führen. Eine frohe, einmalige Botschaft aus dem Götterhimmel, mutmaßte auch der Fürst.

Alles würde sich zum Guten wenden. Der Sommer wieder länger, der Regen weniger werden. Überschwemmungen würde es nicht mehr geben, keine Pest, keine Feuersbrünste. Die Wildtiere würden zurückkehren, die Wölfe weichen. Rodungen sich wieder lohnen. Der Friede an den Grenzen einkehren, aus Gegnern gute Nachbarn werden. Riesenfische die Slie und den Fjord meiden, die Heringe zahlreich werden und der Handel per Schiff vom Nordmeer über die Traner Au und Slie bis zum Ostmeer und in der Gegenrichtung würde sich erfolgreich entwickeln und den Angeln und ihrem Land eine ewige Blütezeit bringen. Dieser weiße heilige Hirsch würde Aufbruch und Neuanfang für alle bedeuten.

Ein Auszug seines Volkes nach Britannien, eine Landnahme dort, sei jetzt nicht mehr – dank der Götterbotschaft – erforderlich.

Ocke Offasson träumte in den Tag, verlor sich jedoch nicht in dieser wundersamen Welt. Den grauen Alltag vergaß er nicht. Agnes, seine Großmutter, hatte ihn stets daran erinnert: „Jung, blief mit beide Been oppe Eer, verleer di nich in Drömmerie!"

Deshalb sprach er die beiden Sachsenfürsten vor ihrem Aufbruch noch einmal auf deren Angebot an, im Frühjahr eine Abordnung der Angeln mit nach Britannien zu nehmen.

Horsas Antwort, der bereits auf seinem Pferd saß, war kurz, bündig und herzlich zugleich: „Dat blifft dorbi, wi hemm ju geern mit dorbi!" „Kiek", ergänzte Hengist, gleichfalls zum Abreiten bereit: „Wenn't so wiet is, kriegn ji Bott. Mien Söhn Hec-tor ward kam un seggn, to wat Tied dat losgeit. Ik glöv", und dabei grinste er so breit über sein ganzes bärtiges Gesicht, dass die Augen unter den buschigen Brauen fast nicht mehr zu erkennen waren, „he hett in Hollenhude noch wat to beschicken."

Dann wandte er seinen mähnigen Kopf und sah Elise in die Augen. Die errötete bis über beide Ohren und konnte sich nicht anders helfen, als dem Fürstenvater ihre Zunge herauszustecken.

Die ereignisreichen, dramatischen Tage am Alten Moor gingen ihrem Ende entgegen. Auch Angelns Ältermänner rüsteten zum Aufbruch.

Da traf ein völlig erschöpfter Reiter ein. Einer der Knechte aus dem Heiligen Hain. Seine Botschaft war bitter und traurig zugleich. Agnes die Götternahe sei tot, gemeuchelt von Lenner Nicosson. Fürstkönig Kotze hatte während seiner Abwesenheit Lenner den Schlitzer zum Verwalter über den Thorsberger Hof ernannt. Der, ausgestattet mit der alleinigen Macht, so berichtete der Bote noch außer Atem, hatte sich zum Herrn über Tod und Leben aufgeschwungen und vor den Grenzen zum Heiligen Hain nicht haltgemacht.

Er, Asmus vom Acker, sei der einzige Überlebende. Alle anderen, auch die alte Agnes, habe man in ein kaltes Grab gelegt. Auf Befehl des Statthalters wurde ein Loch in das Eis des Dorfteiches geschlagen, die gefesselten, lebenden Opfer dort hineingestoßen und unter die Eisdecke gedrückt. Auf Köpfe, die aus dem eiskalten Wasser ragten, wurde mit eisernen Lanzen so lange eingeschlagen, bis sie nicht mehr zu sehen waren. Blutrot sei das Wasser gewesen. Mit höhnischem Lachen, damit sogar die Götter besiegt zu haben, sei dieses grausame Gemetzel begleitet worden.

Am Ende dieser schrecklichen Tat, bereits reitfertig auf seinem Ross, habe dieser Lenner Nicosson laut gebrüllt. „Dat is nich dat letzt Mal, dat ik Angeln versuupen do! Ick kam wedder!"

Mit all seinen Leuten und dem Schatz der Reudiger sei er dann abgezogen. Niemand wisse, wo er sich jetzt aufhalte. Wehklagen hob an. Trauer legte sich auf die Ältermänner, Tränen flossen.

Ocke Offasson war fassungslos und wegen des Todes seiner geliebten und hoch verehrten Großmutter am Boden zerstört. Die Thingmänner liefen wegen der Unglücksnachricht aufgeschreckt, aufgeregt, kopflos durcheinander.

Niemand bemerkte deshalb, dass sich zwischen den Eiben, die den Thingplatz einrahmten, eine Gestalt mit wutentbranntem, gehetztem Gesicht heranschlich, mit flackernden Augen, einen blutigen Dolch in der Hand, eingehüllt in ein graues Tuch.

Diese kraftvolle Gestalt mit von Moorerde geschwärzten Wangen, Nase und Stirn wusste genau, wohin sie wollte. Sie befand sich auf dem Weg zum Ochsenwagen der „Bergbauern", hinter dem man den weißen Hirsch mit einem Tau angebunden hatte. Die heilige Kreatur wurde nicht bewacht.

Tief und immer wieder, wie Besessen, stach Kotze in Hals, Brust und Bauch des immer noch erschöpften, wehrlosen Tieres. Röchelnd sank der blutüberströmte Hirsch in die Knie und weil das Band straff gespannt war, krepierte der Heilige in dieser Haltung voller Demut.

So erblickte die alte Waldtraud, die einen Eimer voll Wasser brachte, den Hirsch, den sie zu betreuen und zu beschützen zugesagt hatte. Erschüttert blieb sie stehen. Noch bevor die Alte zu einem Schrei des Entsetzens kam, wurde sie von hinten brutal niedergestochen und verblutete.

Diese Wintersonnenwende, die voller Zweifel begonnen hatte, die zum Tod der einhundert Kotze-Rächer führte, zur Rückkehr des Fürsten Ocke Offasson und mit dem totalen Sieg der Sachsen zu einem erfolgreichen Ereignis geworden war, endete in einer unvorstellbaren Tragödie.

Die Götternahe Agnes, die Seherin, ermordet, der heilige, weiße Hirsch abgestochen und die alte Waltraud hinterrücks getötet. Grauenvoller konnte ein Unglück nicht werden. Die Nornen hatten die Fäden neu geknüpft.

Das Schicksal ließ sich nicht aufhalten, auch nicht weitere Schreckensmeldungen. Klümmp, Kotzes Bruder, hatte jemand aus seiner Gefangenschaft befreit, nur durchgeschnittene Taue ließen erkennen, wo er einmal angebunden gewesen war. Auch der stumme Börge Bärentatze wurde gefunden, grausam zerstückelt, voller Blut, beide Augen fehlten und das Herz war ihm aus der Brust gerissen worden.

Hier, im Umfeld des Thingplatzes, hatte ein grausamer Mörder gewütet. Die gleich begonnene Suche führte zu keinem Erfolg. Der Traum von Ocke Offasson von einer friedvollen, glücklichen Zukunft des Volkes der Angeln endete in einer nie dagewesenen Katastrophe.

Jeder spürte es, Nerthis, ihre Göttin, hatte sich von ihnen abgewendet. Endgültig?

Unter diesen düsteren Vorzeichen kam es noch am Ende des schicksalsreichen Tages auf dem Alten Moor zu einer Entscheidung. Das Angebot der Sachsen, eine Abordnung der Angeln im Frühjahr mit nach Britannien zu entsenden, würde man annehmen.

Leve Holgersson, Ältermann und Bauer, kundig in Kräutern und der Sicherheit eines Dorfes, sollte der Vormann des Erkundungstrupps sein, obwohl seine Kenntnisse von Ackerbau und Viehzucht nur leidlich waren. Doch er hatte Entschlusskraft, Mut und Umsicht bewiesen, diese Tugenden zählten.

Dem Einäugigen wurde Jesper vom Sonnenhof an die Seite gestellt. Beschlagen in mehreren Sprachen, erfahren in Abenteuern und ausgestattet mit Ortskenntnissen über die grüne Insel. Als einige der Ältermänner wegen des betagten Alters von Jesper bedenklich ihre Köpfe schüttelten, meinte Klaas Plattnase: „För Dummheiten kann een nie old nuch warn!"

Der Vorschlag des Fürsten, Udo de Uul mitzuschicken, der sich wie kein anderer in der Tier- und Vogelwelt auskannte, fand dagegen eine ungeteilte Zustimmung. Ihm, der „Eule", gelang es, Lock- wie Schreckrufe von Vögeln und Kreaturen täuschend echt von seinen Lippen zu zaubern. Ließ er den tief dunklen, schaurigen Ruf einer Eule ertönen, erstarrten sämtliche Mäuse, so weit das Auge reichte. Angstschauer überfielen die grauen spitznasigen Nager und voller Verzweiflung hetzten sie in ihre Behausungen, als säße ihnen der Tod im Nacken. Erst Tage später, so erzählte man, wagten die Mäuse sich wieder in das Licht der Sonne, so tief hatte sie der Ruf dieser Eule getroffen.

Zischte Udo wie eine Schlange, stoben die Hühner aufgeschreckt gackernd unter schützende Sträucher. Bellte er wie eine liebestolle gierig-geile Hündin, wurde er sobald von rastlosen, rasenden Rüden mit hängenden, zuckenden Zungen umringt. Wirkungsvoll gelang ihm auch das lüsterne tiefe anhaltende Muhen eines kuhhungrigen, zum Besteigen bereiten Bullen. Dann warfen die Kühe ihre Köpfe in die Höhe, stellten ihre Schwänze steif nach oben, durchbrachen jede noch so feste Umzäunung, um wild galoppierend, mit Sehnsucht in den Augen und geiferndem Maul, dem Ruf der Liebe zu folgen.

Es sollte sich herausstellen, dass Udos Begabung auch in Britannien Wirkung zeigte, als die Not für die Angeln groß und kein Ausweg erkennbar war.

Als Vierten im Bunde berief der Fürst einen Fachkenner für den Fisch. „För de Fisch in das sööte un dat salten Water", so ordnete er an, sei Gräten-Gernot der richtige Mann. „He kennt de Slie, de Fjord, jede Diek in't Land, he kann de Fisch meist rüüken." Gernot hatte den mächtigsten Karpfen aller Zeiten, groß wie ein Kalb, aus dem trüben Wasser des Brarup-Moores gezogen. Alle wussten von diesem Riesen, niemand hatte ihn je zu Gesicht bekommen.

Fische waren für Gernot, der in Thumbykjerholtfeld zu Hause war, seine Lieblingsspeise. Er nagte sie stets vorsichtig bis auf die Gräten ab. Danach wusch, trocknete und bearbeitete er sie und schuf aus ihnen kostbare Kämme.

Gernot, dürr wie eine in die Jahre gekommene Bohnenstange, wurde auch deshalb zur Mitreise verpflichtet, weil er Met, Birkenwein und Bier in großen Mengen in sich hineinschütten konnte, ohne von der Bank zu kippen. Dessen unglaubliches Fassungsvermögen, was Starkgetränke anging, da waren sich alle Ratgeber von Ocke einig, könnte sich bei möglichen Wettbesäufnissen mit den Sachsen oder auch in Britannien als vorteilhaft für die Angeln herausstellen.

Als Fünften einigte man sich auf den kleinen Oskamp. Er nehme an Bord wenig Platz ein, sei findig, gewitzt und überall gut zu gebrauchen. Jetzt, wo er wieder sprechen konnte, plapperte er unentwegt, sodass seine Mitstreiter gezwungen waren, ihn täglich für eine längere Zeit in einen Sack zu stecken, um ihn ruhig zu stellen.

Als der Lüürlütt von seiner gewünschten Berufung erfuhr, kannte seine Begeisterung keine Grenzen. Lautstark verkündete er, er werde sich zu Beginn der Überfahrt Kopf und Körper mit der tiefschwarzen Angelner Muttererde einreiben. Erst in diesem verdammten Britannien „war ik mi mien Heimat von mien Buuk, Been, Kopp un Mors affklein!"

„Dat schla di utte Koppf", meldete sich flugs der lange Gräten-Gernot, fasste Oskamp am Kragen und warf ihn mit einem Schwung in einen nahen Haufen frischer Pferdeäppel. „Rüük sölm! Stinker köhn wi opp Schipp nich bruken!" Bedeppert zog der Kleine unter dem Gelächter der Männer ab, um sich zu reinigen.

Idea hatte mit durchaus gemischten Gefühlen von der ehrenvollen Aufgabe für ihren Bräutigam Leve erfahren. Eine Abreise ohne eine vorangehende Hochzeit mit dem Ältermann von Hollenhude dürfte es nicht geben. Dafür würde sie sorgen! Wer könnte denn wissen, ob es nicht auf dieser fernen Insel wüste, wilde, wollüstige Weiber gab. Einer solchen Gefahr musste man vorbeugen.

Trotz aller aufkeimenden Hoffnung, vielleicht auf dieser Welt doch noch einen friedvollen Platz zu finden, dachte so mancher Thingmann in dieser Stunde an die Verwüstungen, die Kotze mit seinen Kriegern auf dem Thorsbergber Hof wie in vielen Dörfern hinterlassen hatte. Unendliches Leid war über ihr Heimatland gekommen.

Fürst Ocke Offasson, der sehr wohl die Niedergeschlagenheit seiner Landsleute spürte, wusste, jetzt hatte er zu handeln. Er kletterte, um besser gesehen und verstanden zu werden, auf einen großen grauen Findling. „Wenn uns Früün trüch kommt mit een gode Bescheed, ward dat ernst för uns Angeln. Denn gellt för jedet Dörp, jede Hoff, jede Placken, für Mannslüüd un Fruunslüüd, mitmaken oder dood blievn!"

Den Beschluss einer Auswanderung aus der Heimat, den würde ein Großthing aller Ältermänner fällen. Die Entscheidung sei verbindlich und gelte für alle! Allein Alte, Kranke und Krüppel dürften in der alten Heimat verbleiben. Die Landnahme in diesem verheißungsvollen Britannien würde nur dann erfolgreich sein, wenn sie, die Angeln, gemeinsam als ganzes Volk dieses Wagnis eingehen würden. Einzelne Sippen wären bei der dort herrschenden Streit- und Kriegslust verloren. Eine Spaltung seines Volkes würde er nicht dulden.

Was war in den jungen Fürsten gefahren. Noch nie hatten sie ihn so hart im Ton und unnachgiebig in einer Rede erlebt. Wie Donnerschläge und tausend oder mehr Blitze schlugen seine Worte bei seinen Landsleuten ein. Sie verlangten Einspruch und Widerstand, führten zu Aufruhr und Empörung.

Doch bei der grundsätzlich ausgeglichenen Gemütslage der Angeln legte sich dieser erste Sturm der Entrüstung bald. Ausweglosigkeit wich zarter Hoffnung, Verzagtheit keinemdem Mut. Waren die Altvorderen in der grauen Vorzeit nicht auch geschlossen in das Land zwischen Fjord und Slie eingezogen, hatten hier gesiedelt?

Und war es nicht doch zutreffend, was ihr kluger Fürst verkündete: „Wülln wi an uns Angelner Levensart opp Duur fastholn, frie sien, keen Slaavn warn, in Freeden leben un alleen uns Göttin Nerthis to Deensten sien, geit dat alleen in een nüe Welt, een nüe Heimat!"

Zustimmung erfuhr Ocke nach seiner Rede nicht. Nachdenklich und voller Sorgen verließen die Thingmänner das Alte Moor, wo Glück und Unglück unmittelbar aufeinandergefolgt waren. Auch der Fürst machte sich mit seinen Nachbarn voller Bangen auf den Heimweg zu seinem Hof.

Eine Ewigkeit entfernt blickten die drei wegweisenden Schicksalsgöttinnen auf dieses entmutigte Häuflein von Volk. Urd, die Norne der Vergangenheit, reichte die von ihr entwirrten hauchdünnen Fäden an Werdandi weiter. Diese ordnete sie und legte sie in die Hände von Skuld, deren Einfluss auf die Zukunft unendlich war.

Sie alle wussten um ihre Aufgabe, ihre Macht und ihre Möglichkeiten, dem Volk der Angeln, wenn es denn wollte, das Tor für eine neue Heimat voller Gelegenheiten wie Gefahren zu öffnen.

Danksagungen

Ein Buch zu erschaffen benötigt viele Tüchtige. Dazu gehört an erster Stelle Frauke Mielke aus Schleswig. Auf ihre Sorgfalt, ihren Fleiß und ihre Umsicht konnte ich mich jederzeit verlassen. Abgesehen davon ist sie eine Schriftdeutungskünstlerin. Da es mir entgegenkommt, meine Bücher „aus der Feder" zu schreiben, und meine Schrift nicht immer dem Gebot der Eindeutigkeit entspricht, war Fraukes Talent auch bei der „Angeln-Saga" gefragt. In der Umsetzung der niederdeutschen Anteile hat sie wieder eine einfühlsame Fachkompetenz bewiesen.

Diese Eigenschaft kennzeichnet auch Eike und Doris Fischer aus Flensburg. Beide zeigten Fein- wie Fingerspitzengefühl bei der Durchsicht der Texte. Manche ihrer Anregungen habe ich übernehmen können. Sie haben ebenso Dank verdient wie meine Frau Jenny Börnsen für ihre hilfreichen Korrekturen.

Was die niederdeutschen Redewendungen, Begriffe und, wie man bei uns in Angeln sagt, „Schnurren" (Döntjes) angeht, konnte ich mich auf meine Freunde von der Niederdeutschen Bühne, der „Nordangler Speeldeel", verlassen. Auf Henning und Jürgen Bachmann, Peter Dietrich „Fiete" Henningsen, Hans-Ulrich Kallsen, Nicolaus „Nico" Hansen und Jochen Clausen, aber auch auf Marianne Ehlers aus Kiel, Karla Fox aus Grundhof, Dieter Andresen wie Carl Andresen aus Schleswig und Werner Matthiesen aus Sterup.

Nicht zu vergessen der verstorbene Johannes Lausen, „Hanni Maler", aus Bönstrup, der fast vierzig Jahre unser Heimatmuseum als Direktor voller Witz und Flausen in plattdeutscher Sprache belebt hat und dieser volkskundlichen Ausstellung, einem „Anfassmuseum", eine eigene Prägung gab.

Mancher „Schnack" von Mitgliedern des Heimatvereins der Landschaft Angeln sowie des Schleswig-Holsteinischen und Norddeutschen Bühnenbundes ist mit Dank aufgenommen und umgesetzt worden.

Mein besonderer Dank gilt dem Verleger Ingwert Paulsen, einem Schleswig-Holsteiner, einem Freund der Landschaft

Angeln. Mit Geduld, Sorgfalt, Kompetenz und Souveränität hat er die „Angeln-Saga" realisiert.

Wie bei meinem ersten Buch in seinem Verlag, „Parlamentarismus im Dornröschenschlaf", ist es für den Autor ein Gewinn, wenn sich der Verlagsverantwortliche mit seinen Mitarbeiterinnen und Mitarbeitern persönlich und mit Hingabe der Drucklegung eines Werkes annimmt.

Georg Asmussen,
Stürme
Roman

Herausgegeben vom Heimatverein der Landschaft Angeln

2. Auflage, 282 Seiten, gebunden
(ISBN 978-3-88042-732-7)

Georg Asmussen beschreibt in seinem Roman anschaulich das Leben und die typischen Charakterzüge der Einheimischen an der Ostseeküste. Durch die fesselnde Darstellung der Naturgewalten an dieser Küste spürt der Leser die Überlegenheit der Umwelt gegenüber dem Menschen sehr deutlich. Zu Unrecht wird ja häufig vergessen, dass nicht nur die Nordseeküste immer wieder von Sturmfluten heimgesucht wird, sondern auch die Ostseeküste von ihnen nicht verschont bleibt. Besonderen Schrecken rief hier die Sturmflut vom 13. November 1872 hervor, die schwerste Sturmflut, die die Ostsee seit Menschengedenken erlebt hatte. Und nirgendwo sonst wird diese Sturmflut so packend geschildert. Ein Buch, das für jeden Urlauber an der gesamten Ostseeküste Reiselektüre sein sollte!

Husum Verlag · www.verlagsgruppe.de

Hartmut Hein,
Zwischen den Fahnen
Roman

671 Seiten, gebunden
(ISBN 978-3-89876-412-4)

Im Schleswig des Vormärz werfen große politische Ereignisse ihre Schatten voraus: Die Konfrontation zwischen den königstreuen Anhängern Dänemarks und den deutsch Gesinnten zeichnet sich ab, die schließlich zum Schleswig-Holsteinischen Krieg führt. Das Geschehen auf der politischen Bühne bestimmt auch das Leben der Menschen im Herzogtum – der Riss zwischen den gegnerischen Gruppen verläuft quer durch die Bevölkerung, durch Familien und zwischen Freunden.

Dem Autor gelingt es überzeugend, den großen Konflikt mit seinen unlösbar scheinenden politischen und sozialen Fragen anschaulich zu machen und in einem packenden Roman eine ganze Epoche lebendig werden zu lassen.

Husum Verlag · www.verlagsgruppe.de